U0741209

山东地方史文库（第二辑）

韩寓群 主编

山东军事史

谢德 谢祥皓 著

山东人民出版社

《山东地方史文库》编委会

学术顾问：安作璋
主　　编：韩寓群
副 主 编：蒿　峰　齐　涛
　　　　　宫志峰　赵彦修
编　　委：唐　波　王焕斌
　　　　　杨存昌　朱亚非
编务处主任：朱亚非
秘　　书：李建业

姜太公雕像

古齐长城（淄博原山）

鲁国故城（黄帝生于寿丘，今曲阜城东北8里）

孙武画像（明代）

孙膑画像
（明代）

马陵之战纪念馆
（山东莘县）

马陵道口（山东莘县道口村）

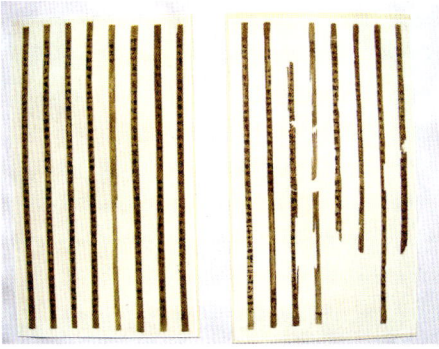

《孙子兵法》《孙膑兵法》汉墓竹简

《孙子集成》书影

隋代玉简册《三十六计》

银雀山汉墓竹简
博物馆

戚继光像

济南大明湖北岸铁公祠

青岛五四广场

蔡公时铜像

范筑先烈士纪念馆

济南"五三"纪念亭

"五三"纪念堂
（济南市趵突泉公园内）

镇守台儿庄地区的孙连仲将军像

鲁南抗日根据地抱犊崮山区

台儿庄战役时的台儿庄火车站

孟良崮战役"女子火线桥"架设处

"沂蒙母亲"王换于百年老屋

95岁高龄的沂蒙红嫂张淑贞（中）在王换于纪念馆前摄影留念（摄于2008年5月）

孟良崮战役纪念馆

粟裕将军墓

山东临沂新四军军部

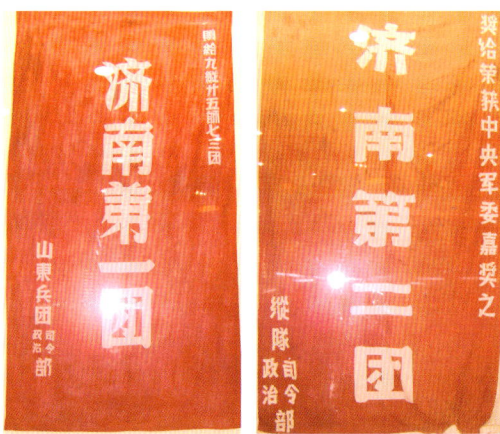
"济南第一团"、"济南第二团"锦旗

解放阁(济南战役
最先登城处。"解放
阁"三字为陈毅元帅
题书)

《山东地方史文库》总序

　　《山东地方史文库》历经三年多努力,终于正式付梓,这是一件可喜可贺的事情。

　　山东是中华文明的发源地之一。根据考古发现,距今四五十万年前,我们的祖先就在今山东沂源一带劳动、生息、繁衍,过着原始社会的生活。大约在四五千年前的虞舜时代,相当于考古学上的龙山文化后期,山东地区即已进入了人类的文明时代。山东历史悠久,文化灿烂,名人辈出。在这里曾产生许多伟大的思想家、政治家、军事家、科学家、发明家、文学家和艺术家,其中最著名的有:思想家和教育家孔子,思想家墨子、孟子、庄子、荀子,政治家管仲、晏婴、诸葛亮、房玄龄、刘晏,军事家孙武、吴起、孙膑、戚继光,科学家和发明家扁鹊、鲁班、氾胜之、贾思勰、燕肃、王祯,文学家和艺术家王羲之、刘勰、颜真卿、李清照、辛弃疾、蒲松龄、孔尚任,以及中国共产党山东党组织的创始人王尽美、邓恩铭等,其余多如璀璨明星,不可胜数。这些先贤们的思想和业绩都已载入史册,成为中国优秀传统文化的一个重要组成部分。时至今日,仍具有广泛而深远的影响。

　　山东的历史,是一部丰富多彩的历史,是一部灿烂辉煌的历史。山东人民在历史上所创造的物质文明和精神文明值得后人去发掘、探讨、借鉴和发扬光大。自上世纪80年代以来,在中共山东省委、省政府的大力支持下,省内从事社会科学研究工作的专家学者在山东地方史的研究方面做了许多卓有成效的工作,编写出版了包括《山东通史》在内的一批研究地方史的著作,为后人探讨和研究山东历史奠定了很好的基础。

新编《山东地方史文库》,包括新增订的《山东通史》和初步计划编写的10部《山东专史》。《山东通史》从纵的方面记述山东自远古至近现代的历史发展进程,包括山东社会形态的变化、重大历史事件、重要典章制度和重要历史人物的传记;《山东专史》则是从横的方面研究山东历代政治、经济、军事、文化、教育、科技、社会风俗、中外交往等方方面面的历史。采取这样纵横交错、互为补充的研究方法,可以让人们更加全面和系统地了解和认识山东历史,更能领悟到我们的先人所创造的博大精深的思想、灿烂辉煌的文化以及多姿多彩的社会生活,也可以从中总结和吸取先辈们给我们留下的宝贵而丰富的经验教训。毛泽东同志曾说过:"历史的经验值得注意。"邓小平同志也说:"历史上成功的经验是宝贵财富,错误的经验、失败的经验,也是宝贵财富。"他还有一句名言:"总结历史,是为了开辟未来。"研究和学习山东的历史,可以使我们更加深入认识山东的昨天,更好地把握今天,从而创造出更加美好的明天。

盛世修史,是我国的一个优良传统。多年来,中共山东省委、省政府在党中央领导下,以邓小平理论和"三个代表"重要思想为指导,深入贯彻落实科学发展观,带领山东人民沿着中国特色社会主义道路奋发前进,无论是在发展经济还是提高人民群众的生活水平上,都取得了突出的成就,进入了山东历史上发展最好、较快的又一个历史时期。《山东地方史文库》的编写出版,不仅继承和弘扬了山东悠久而丰厚的历史文化,而且有助于我们吸取前人的经验和智慧,为社会主义和谐社会建设提供有益的历史借鉴。

编写《山东地方史文库》的动议酝酿于2006年3月,当时担任省长的我意识到自己有义不容辞的责任。这个想法得到了山东师范大学以及省内从事山东地方史研究的专家教授的热烈响应和支持,尤其是安作璋教授,不顾年事已高,担任《文库》学术顾问,尽心竭力做了大量的组织工作、领导工作,山东师范大学的领导同志以及山东地方史研究所为此《文库》的编纂作出了很大贡献。作为主编,我感谢来自省内有关高等学校、科研院所的各位主编、作者和出版社的编辑同志为编写出版这一套高质量、高品位的《山东地方史文库》付出的辛勤劳动,感谢省党史委、史志办等有关部门领导的大力支持和帮助。《文库》的编写出版,仅是一个良好的开端,希望同志们在此基础上总结经验,再接再厉,为今后编写好出版好《文库》中的其他各类专史继续努力。

    是为序。

韩寓群
2009 年 7 月

序

　　山东自古号称"齐鲁文明礼仪之邦",历史悠久,文化灿烂。在这块雄踞陆海、美丽而富饶的祖国大地上,曾培育出许多伟大的思想家、科学家、发明家、政治家、军事家、文学家和艺术家。他们以博大精深的思想和智慧,与广大劳动人民一起共同创造了大量造福于人类的精神财富和物质财富,推动了生产力的发展和社会的进步,从而构成了山东历史丰厚而富有特色的内容,谱写了山东历史绚丽多彩的篇章。

　　本次编写出版的《山东专史》系列,为《山东地方史文库》的第二辑,包括《山东政治史》、《山东经济史》、《山东军事史》、《山东思想文化史》、《山东科学技术史》、《山东教育史》、《山东文学史》、《山东社会风俗史》、《山东移民史》、《山东对外交往史》等10部著作,较全面地研究和反映了山东古代至新中国成立前的政治、经济、军事、思想、科技、教育、文学、风俗、移民、外交等领域发展、变化的历程。《山东专史》系列和已出版的《山东通史》一样,在编写思路和结构上都采取纵横相结合的方法,不同的是,《山东通史》以纵带横,纵中有横;《山东专史》系列则是以横带纵,横中有纵。如果说《山东通史》是从纵的方面系统地探讨山东历史各个领域的发展演变,《山东专史》系列则是从横的方面对山东历史不同领域进行重点的研究,也可以说《山东专史》系列是对《山东通史》中一些重要领域的细化和补充,这两部著作相得益彰、交相辉映,比较系统全面地体现了《山东地方史文库》丰富的内容及厚重的文化积淀。

《山东专史》系列各卷的作者,均是山东省高校和科研机构中多年从事有关领域研究的教授、研究员等专家学者,他们在山东历史的研究方面均有较高的理论水平、丰富的资料积累和写作经验,因此对其撰写的书稿都能做到比较深入的研究。每卷作者在撰稿中都注意吸取当今学术界最新研究成果,并在此基础上,力求有所创新;对有争议的问题则采取了比较客观的立场和实事求是的态度。10部专史大都具有资料翔实、内容丰富、思路清晰、系统条理、文字流畅、深入浅出等优点;另附有与文中内容相关的多种图表,以便于读者更好地阅读和理解。

近年来,山东学者对于山东历史的研究取得了长足进步,先后推出了《山东通史》、《齐鲁文化通史》、《济南通史》、《齐鲁历史文化丛书》、《山东革命文化丛书》、《山东当代文化丛书》、《齐鲁诸子名家志》、《山左名贤遗书》、《齐鲁文化经典文库》、《山东文献集成》等多部大型系列著作(省直各部门、各地市县的研究成果尚未包括在内),表明了山东地方史的研究已走在全国各省地方研究的前列,对于研究山东、宣传山东、存史资政育人起到了重要作用。本次《山东地方史文库》中10部《山东专史》的出版,对山东地方史研究来说,无论从深度还是广度上看,都有新的开拓,也是山东省文化建设工程的又一项重大成果。对于当前和今后建设社会主义和谐山东,推进山东社会主义政治文明、精神文明、物质文明、生态文明建设,都具有重要的现实意义。

我衷心希望参加编写的作者和出版社的同志们,在老省长、《山东地方史文库》总主编韩寓群同志的领导和山东师范大学校领导的支持下,善始善终地继续做好《山东专史》系列第三辑、第四辑的编写和出版工作,并预祝这项艰巨而光荣的历史任务圆满成功。

安作璋

2011 年 5 月

前　言

　　《山东军事史》是《山东地方史研究丛书》之一种,《山东专史系列》中的"军事史"卷。立足于此,有些问题需要在书前作一些说明与界定。

　　其一,关于本书的性质定位。

　　山东是中国的一个省,山东地方史是中国历史中的一个地方性局部,山东历史中的一切重大问题,都必然与全国的大局形势紧密相连。因此,首先立足于国家之大局,来审视山东,定位山东,国家全局在先,山东详情叙后,是本书立意撰稿的一个基本立足点。

　　其二,关于"军事"概念的界定。

　　时至近代、现代,人们常以政治、经济、军事、外交等概念相并立,且各有分界。而在古代,当今意义上的"军事"概念则略显狭窄。"国之大事,在祀与戎。"祀者,礼也;戎者,兵也。一礼一兵,就涵盖了古代国家大事的全部。或如《孙子兵法》所言:"兵者,国之大事,死生之地,存亡之道,不可不察也。"兵事,关系到人民生死、国家存亡的全局,是头等大事。这一定位,在近现代也具有同样的性质,就是说,在关键时期,"军事"或"战争"活动,在事实上必然居于"统领全局"的地位。《孙子兵法》又言:"上兵伐谋,其次伐交,其次伐兵,其下攻城。"这一论断实际是对古代"军事"概念之内涵的高度概括。立足于此,政治、经济、外交斗争,绝不可能游离于"军事"斗争之外,而必然是相互紧密地结合在一起。这一基本观点,是本书在内容把握上的基本立足点。

　　其三,关于《山东军事史》的主要特点。

　　山东的军事史,在中国军事历史的整个发展过程中独具特色。

"军事"或"兵事"活动,其核心内容,不外乎战争过程与战争经验的总结。在历史上,前者表现为"战争史",后者则表现为"兵书"或相关撰著。这两项,在山东历史上,都出现了无与伦比的成就:古代部分,中国的兵学理论、兵学撰著,其最优秀、最典型者,几乎全部集中于山东;近现代部分,山东是中国人民抗击帝国主义侵略的前沿阵地,是抗日战争与解放战争中最残酷、最典型的战场。因此,山东的军事史不但由此形成了最突出的特色,而且由此几乎可以成为中国军事史的核心内容与典型代表。

书中内容可大致分为古代与近现代两部分,其具体特色分别是:

古代部分,集中表现了中国古代的优秀军事著作与其系统完备的军事理论体系。

古称"齐国兵学甲天下",或称"齐鲁兵学甲天下",中国古代的军事理论家与军事理论著作均集中于山东,黄帝、姜太公、管仲、司马穰苴、孙武、孙膑、吴起、墨翟(城防术)、荀卿(义兵)、诸葛亮、檀道济(《三十六计》)、戚继光等,尽在山东。其中,孙武著《孙子兵法》所建立的兵学理论体系,贯通中国兵学,为全部中国兵学历史发展的轴心;而檀道济著《三十六计》,则建立了战场应敌之策的理论体系。所以,系统、完备地阐释齐鲁诸家兵学思想体系,将是《山东军事史》古代部分的一大特色。

近现代部分,既以反映近现代山东十分丰富、复杂的军事斗争为主体,同时也集中反映了以维护国家主权为斗争目标的政治与外交斗争,而解放战争中几个最典型的、具有典范意义的战役,更为山东军事史增添了耀眼的光辉。

近现代山东关系国家全局的斗争主要有:

捻军的活动,山东是其主要地盘之一。太平军北伐,山东是主要战场。与之相呼应的,另有幅军、文贤教军、黑旗军等。

甲午战争,山东威海是主战场。义和团活动,山东也是主要区域之一。

辛亥革命,山东处于南、北势力的接触点,是最残酷的战场之一。

五四运动是维护国家主权的斗争,其核心利益就是山东主权、"还我青岛"。

日本侵华,早在张宗昌时代就有行动,出兵山东是其首要目标。"五三惨案"蔡公时所进行的外交斗争,是军事与外交结合在一起的重大斗争,是全国性的突出事件。

抗日战争时期，"台儿庄战役"是抗日战争时期影响最大、最震撼人心的战争之一。八路军一一五师的活动全在山东。抗日战争中，在鲁中南与胶东地区，发生了许多重大的惨烈事件。日、伪、匪、顽、国民党军、共产党军，错综交织，使山东成为中国抗日战争中最复杂、最残酷的战场。

解放战争时期，从谋划用兵的角度来考察，山东战场上的几次重大战役，例如宿北战役（山东野战军为主力部队之一）、鲁南战役、莱芜战役、孟良崮战役、济南战役等，都具有极高的典型性。尤其是莱芜战役与孟良崮战役，既是天时、地利、人和的典型结合，更是战役指挥的典范。

人民对战争的支援、对军队的支援，山东人民的贡献应该说是独一无二的。特别表现在抗日战争与解放战争中，完全可以说是"全民参战"，如"沂蒙母亲"、"沂蒙红嫂"，都是载入史册的。

其四，关于资料依据与撰写原则。

资料依据：古代部分，主要取材于正史及兵学撰著；近现代部分，主要取材于《山东省志》及各市市志、地区志或县志。注重实地考察，特别是各重大战役之遗址或纪念馆所存资料。注重吸取已经出版的将帅传记或地区性革命史，以及战争参与者的回忆录。

撰写原则：依据史实，秉笔直书。有功于前、有罪于后，或有罪于前、有功于后，功不折罪、罪不掩功，各书其实。行文间或有"情感倾向"之词语，凡此，均完全立足于国家与民族之大局，立足于对"人民"的利害后果。

以上几点，姑作前言。书中如有错误或不妥之处，深望读者能予指正。

目　录

第一章　上古、夏商西周时期山东的军事斗争

一、兵家始祖——黄帝

兵学,就其本质来说,是战争经验的总结,战争经验的升华。因此,自从人类社会进入战争年代之日起,在人类文明的总体发展中,就含蕴了兵学的内容。

中国历史进入文明时代,距今已有五六千年。考古学上所称"仰韶文化"、"大汶口文化",或是史籍中所称道的伏羲氏、神农氏以及炎帝、黄帝时代,就是中国文明时代的开端。这个时代,大致就是中国战争的起始年代。《史记·五帝本纪》称:"轩辕之时,神农氏世衰,诸侯相侵伐,暴虐百姓,而神农氏弗能征。于是轩辕乃习用干戈,以征不享,诸侯咸来宾从。"这就是见于正史记载的原始战争。

轩辕,就是黄帝,为有熊国国君少典之子,姓公孙,因居轩辕之丘,而名号轩辕氏。据《国语·晋语》载:"昔少典娶于有蛴氏,生黄帝、炎帝。黄帝以姬水成,炎帝以姜水成。成而异德,故黄帝为姬,炎帝为姜。二帝用师以相济(挤)也,异德之故也。"《新书·益壤》说:"黄帝者,炎帝之兄也,炎帝无道,黄帝伐之涿鹿之野。"这表明黄帝与炎帝本是同胞兄弟,后来分别成为姬、姜两姓部落的首领。黄帝是五帝(黄帝、颛顼、帝喾、尧、舜)之首,以有土德之瑞,土色黄,故号黄帝。

黄帝生于寿丘(在今山东曲阜),长于姬水。关于黄帝诞辰,目前学术界比较公认的说法是农历二月初二,又称"中和节"或"龙抬头"、"龙头节"。这一天是黄帝诞辰,也是炎黄子孙共同的节日。

远古时代,部落联盟之间相互征伐,战乱不已,生灵涂炭,而神农氏对此束手无策,于是"轩辕乃修德振兵",使用武力征服了诸多氏族部落。其中,史籍描述最多也最精彩的要数黄帝与炎帝、蚩尤的战争,这两次战争就是今人所称中国战争史上最早的两次战争,也是中国文明初开时期最有影响的两次战争。

(一) 黄帝与炎帝之战

关于黄帝与炎帝之战,《史记·五帝本纪》是这样表述的:

> 炎帝欲侵陵诸侯,诸侯咸归轩辕。轩辕乃修德振兵,治五气,蓺五种,抚万民,度四方,教熊罴貔貅貙虎,以与炎帝战于阪泉之野。三战,然后得其志。

这就是阪泉之战。对于这次战争,黄帝既有充分的政治与民心方面的准备,又有实际的物资实力与军事方面的准备:

"修德振兵","以征不享",就是首先取得当时的民心,依顺当时人们的信仰与习俗。如,享祭先祖与神灵是那个时代的基本思想倾向,谁不享祭就可以讨伐谁,因为那是不合民心的。人们在无可抗拒的自然力面前,只能祈求先祖与神灵的护佑。

"治五气,蓺五种,抚万民,度四方",就是通过适时耕种,获取食物,安抚万民,善度四方,使天下的百姓都心向往之,愿意归顺自己。这既是经济实力的准备,也是争取民心之所向。

至于"教熊罴貔貅貙虎",这或许正是当时可以利用的一种战争手段,即利用凶猛的动物作为自己的武器。古人驯服猛兽早有记载,如《周礼》中就有"服不氏"之职,专掌驯服猛兽。或曰"猛兽"为当时不同部落的图腾。

可见,黄帝所进行的战争,已经具备了后世战争的基本要素。

在其他古代典籍中,对于这次战争,或从不角度有所描述:

如《大戴礼·五帝德》引孔子之言,称炎帝为"赤帝":

> (黄帝)教与熊罴貔豹虎,以与赤帝战于阪泉之野。三战,然后得行其志。

《列子·黄帝篇》曰：

> 黄帝与炎帝战于阪泉之野，帅熊、罴、狼、豹、貙、虎为前驱，雕、鹖、鹰、鸢为旗帜。此以力使禽兽者也。

汉代贾谊《新书·益壤》则记曰：

> 炎帝无道，黄帝伐之涿鹿之野，血流漂杵。诛炎帝而兼其地，天下乃治。

黄帝率领以熊、罴、貔、貅、虎、雕、鹖、鹰、鸢等为图腾的各部落，在阪泉之野与炎帝各部落交战。黄帝和炎帝分别还使用了水攻和火攻，经三次激烈战斗，黄帝部落联盟终于获胜，确立了对中原地区的统治地位。黄帝便成为中原地区部落联盟的首领。由于参战的两个部落实力都很强，战争的规模颇为壮观，竟至"血流漂杵"。

此后，炎帝与黄帝等部落联合成为统一部族，"炎黄"一同被尊为中华民族的祖先。因此，华夏民族自称炎黄子孙。

关于阪泉之地望，一般认为是河北省涿鹿县东。据北京部分历史学家研讨认定，其战场遗址应在今京郊延庆县境内的阪泉村。

黄帝在位时期，政治安定，科技文化得到长足发展。传说有许多发明和创造都归于黄帝名下，如文字、音乐、医学、算数、养蚕、舟车、宫室、指南车等。据《史记》记载："黄帝二十五子，得其姓者十四人。"颛顼、帝喾、唐尧、虞舜，以及夏朝、商朝、周朝的君主都是黄帝的子孙。黄帝的功绩为后世所敬仰，被誉为华夏民族的"人文初祖"。

黄帝像（汉画像石）

（二）黄帝与蚩尤之战

传说蚩尤是上古时代九黎族部落酋长，中国古代的战神。

九黎族早期生活于中国的东南和长江、汉水流域一带。后来，黎苗部族活动区域日益扩大，北部已延伸到今河南、山东、江苏等省的部分地区，这样就与华夏部落集团相遇于今山东、河北一带，二者之间终于爆发了涿鹿大战。此战为古史中的一件大事，先秦时期的文献，如《尚书》、《山海经》、《战国策》、《逸周书》、《庄子》、《列子》，以及汉代的《史记》、《论衡》等文献对这件事都有记载，但是记述的内容却存在着差异，仅将几种较为常见的传说叙述于下：

其一，黄帝当政之前，已有蚩尤作乱。蚩尤生性残暴好战，有兄弟81人，尽皆兽身人首，铜头铁额，讲人语，食沙石，造兵杖、刀、戟、大弩弓等，威震天下。由于蚩尤暴虐，随意杀戮，百姓都想让黄帝行天子事。黄帝以"仁义"不能禁止蚩尤，只好动用兵戈征伐。后来天神感动，派遣九天玄女下凡，授予黄帝"兵信神符"，终于制伏了蚩尤。《史记·五帝本纪》曰：蚩尤作乱，"于是黄帝乃征师诸侯，与蚩尤战于涿鹿之野，遂禽杀蚩尤"。

此后，黄帝命蚩尤主管兵事，画了很多蚩尤的像，散发各地，以震慑万邦，止息动乱。由此，以后又有"蚩尤主兵"之说。

其二，《逸周书》及《山海经》等称："蚩尤作兵伐黄帝，黄帝乃令应龙攻之冀州之野。应龙蓄水。蚩尤请风伯，雨师从，大风雨。"蚩尤为给炎帝复仇，造兵器讨伐黄帝。黄帝乃令应龙去攻打蚩尤，双方大战于冀州之野（通指今河北省），一说为涿鹿之野（今河北省涿鹿县）。应龙能蓄水，蚩尤亦请风伯、雨师助阵，大兴风雨，交相伤害。后来黄帝又请天女旱魃下临，驱散了风雨，方擒杀蚩尤。

其三，黄帝与蚩尤战于涿鹿之野，蚩尤能作云雾，令大雾弥漫三天，黄帝军士皆迷乱不知方向，几乎惑乱。黄帝令风后取法星斗璇玑（古代测天文的仪器），以别四方，乃擒杀蚩尤。蚩尤死后，亦升天为星宿。或曰"黄帝利用指南车辨别方位，将蚩尤击败擒杀"等等。

其后，又有夸父继续作乱，亦被应龙擒杀（一说夸父"与日竞走"而累死）。刑天与帝争神灵，被黄帝斩断其头等。

（三）《黄帝兵法》与黄帝的军事思想

据史籍载录，黄帝时期即传有兵法。《汉书·艺文志·兵书略》之《兵阴阳》著录16家，其中就有："《黄帝》十六篇，图三卷。"另有《封胡》5篇、《风后》13篇、《力牧》15篇，皆为黄帝之臣。班固虽然注明为后人依托之作，但亦足以表明黄帝时代确有战争与用兵方面的言论或方略，即已有"兵法"存在，只是由于"失传"，才被后人"依托"。既实际参加并主持了战争，又有兵法流传，因此，黄帝理所当然地被后人推为中国兵学的始祖。

《汉志》所列，今多已不存，人们只是由古代典籍的述录中略窥其眉目。如《宋本武经七书·尉缭子·天官第一》言：

> 梁惠王问尉缭子曰："黄帝刑德，可以百胜，有之乎？"
>
> 尉缭子曰："刑以伐之，德以守之，非所谓天官、时日、阴阳、向背也。黄帝者，人事而已矣。何者？今有城，东西攻不能取，南北攻不能取，四方岂无顺时乘之者邪？然不能取者，城高池深，兵器备具，财谷多积，豪士一谋者也。若城下、池浅、守弱，则取之矣。由是观之，天官、时日不若人事也。案《天官》曰：'背水陈（阵）为绝纪（地），向阪陈（阵）为废军。'武王伐纣，背济水、向山阪而陈（阵），以二万二千五百人击纣之亿万而灭商，岂纣不得《天官》之陈（阵）哉！楚将公子心（正）与齐人战，时有彗星出，柄在齐。柄所在胜，不可击。公子心（正）曰：'彗星何知？以彗斗者，固倒而胜焉。'明日与齐战，大破之。黄帝曰：'先神先鬼，先稽我智。'谓之天时（官），人事而已。"

《尉缭子》开篇以"天官"命题，显然是想以黄帝之兵略为叙说之源头。又因时人对黄帝兵略的理解，多偏于时日、向背、阴阳、鬼神等，尉缭特驳而正之，强调指出，黄帝之兵略亦主要在于"人事"，即所谓"先稽我智"而已。另外，如孙武在《黄帝伐赤帝》中，几次言及由"休民""熟谷"而"赦罪"，并归结曰："一帝二王皆得天之道……民之请（情）。"（见《银雀山汉墓竹简》壹）这明显表现了对于"人事"的重视。

对于《黄帝兵法》本身，除去传言的片言只语之外，已难确考其内容。前言《汉书·艺文志》的著录及孙武与尉缭等人的言论，只是透出了一些零散的信息。明人沈际飞曾试图辑编《黄帝兵法》,所辑分上、中、下三篇,称《黄帝天官兵法》,所辑内容,则以流传的《黄帝兵法》的言论为纲目,而释以风后《握机经》或孙武、尉缭等人的述说,并有辑者补述的历代兵学述录或战争实例为说明。如上篇开始,即以"天官之原"为标题,先述录"《天官经》曰先神先鬼,先稽我知,谓之天官",后即以"《握机经》曰天地风云,龙虎鸟蛇,四为正,四为奇,余奇为握机"等为之解说(见沈际飞:《武经七书合笺》附录)。

这些内容,不可确指为是古代传说中的黄帝兵法,但它真实地反映了兵学家们对于黄帝军事思想的认知与尊崇。

班固在《汉书·艺文志》中曾对"兵阴阳"家评论说:"阴阳者,顺时而发,推刑德,随斗击,因五胜,假鬼神而为助者也。"黄帝时代在人类发展的历程之中,实处于由蒙昧、野蛮刚刚向文明过渡的时代,其时借阴阳、五行、鬼神等为其理论之辅翼,实为不可避免的色彩。而其刑德、道义之说,其"修德"、"抚民"之举,后虽历百世、千世,亦难以脱其轨迹。原因何在?这就是战争所赖以制胜的根基所在。

二、商汤的征伐

(一)商汤伐夏桀之战

汤,原名履,又称"成汤"、"商汤"等,为商部落首领,是帝喾后代契的子孙。契曾佐禹治水而有功,封于商,赐姓子氏,其后14世传至汤。商族兴起在黄河下游,即现在的河南、山东一带。夏朝末年,商族逐渐强大,威胁到夏桀的统治,夏桀便将汤召入夏都,囚禁在夏台。商族送桀以重金使汤获释。眼见夏桀暴虐无道,失去民心,汤决心灭夏。

汤始居"亳"(今山东省曹县境内),是个方圆仅有70里的地方。见夏桀无道,汤于是号召夏的附属小国弃桀归商。商汤借以征伐的基本策略就是修德爱民,争取民心。《孟子·滕文公下》曾对"商汤征葛"之战这样描述:

> "汤始征,自葛载",十一征而无敌于天下。东面而征,西夷怨;南面而征,北狄怨,曰:"奚为后我?"民之望之,若大旱之望雨也。归市者弗止,芸者不变,诛其君,吊其民,如时雨降,民大悦。

《奚我后》(徐悲鸿画)

　　葛,在今河南省宁陵县北。对不听劝告的葛、韦(今河南省滑县东南)、顾(今山东省鄄城东北)等夏朝属国,汤先后出兵攻灭之。

　　商汤的征伐自始至终本着一条原则:攻其国,爱其民。惟其如此,民之望之,方能如大旱之年而望甘霖也。约公元前 1600 年,商汤率领商部落士兵与夏军在鸣条(今山西省运城北)进行的一场决战,成为夏王朝覆灭的转折点,夏王朝就此灭亡。史称"汤以七十里而王天下","十一征而无敌于天下",建立了商朝,定都亳。汤为部落首领 17 年,建商后称王 13 年,病死。

(二) 商汤征伐的基本经验

其一,修德行仁,争取民心。

《史记·夏本纪》曰:

　　桀不务德而武伤百姓,百姓弗堪。乃召汤而囚之夏台,已而释之。汤修德,诸侯皆归汤,汤遂率兵以伐夏桀。

《殷本纪》又曰:

汤出,见野张网四面,祝曰:"自天下四方皆入吾网。"汤曰:"嘻,尽之矣!"乃去其三面,祝曰:"欲左,左。欲右,右。不用命,乃入吾网。"诸侯闻之曰:"汤德至矣,及禽兽。"

商汤修德行仁,恩及禽兽,并不是故意夸张。孟子亦讲:"数罟(网)不入夸池","斧斤以时入山林"。不要赶尽杀绝,要适当保持生态之平衡。由此,方能十一征而无敌于天下。

其二,任用贤臣。

汤征取天下的一位得力助手,是伊尹。

伊尹,名尹(一说名挚),亦名阿衡(或以"阿衡"为职务名),商初名相,今山东莘县人。伊尹出仕前,曾在"有莘之野"躬耕务农。据莘县旧志记载:"莘之北门外曰伊尹田,伊尹田北八里,古有莘亭。世传伊尹躬耕处也。"后为有莘氏女之私臣。汤闻其贤,欲求之,有莘氏不许,汤乃请婚其女,有莘氏方喜而许之。伊挚作为媵臣(陪嫁之臣)随嫁,又亲为庖人以滋味说汤,复论及王道,汤遂举以为相。一说伊尹本为处士,汤王五聘方肯往从,论及素王及九主之事,汤乃任以国政。①

伊尹既理政务,又曾去夏王朝考察,看到夏桀的暴虐与丑恶,就更坚定了随汤治政的决心。伊尹助汤灭夏,又协其安服诸侯,汤乃践天子之位。

《汉书·艺文志》"道家"载"《伊尹》五十一篇",皆亡佚已久。《史记·殷本纪》所言《咸有一德》、《伊训》、《肆命》、《徂后》、《太甲训》等,大约是其篇目。

其三,策略有序。

商汤首先"修德"以加强自身,争取诸侯的支持;次则选择葛伯为征伐的突破口,而且尽量做到仁至义尽,以期"未征其君"而"先服其民",使其征伐如同"久旱之甘雨",备受人们欢迎。

再次,选择有利之战机。依《史记·殷本纪》,"当是时,夏桀为虐政淫荒,而诸侯昆吾氏为乱,汤乃兴师率诸侯,伊尹从汤,汤自把钺以伐昆吾,遂伐桀"。这是选择昆吾作乱之时,乘势以进。

---

① 参见《史记·殷本纪》、《墨子·尚贤中》、《吕氏春秋·本味》等。

依刘向《说苑》，则先以"阻乏贡职"作试探，初起，桀尚能"起九夷之师以伐之"；明年，又不供贡职，则"九夷之师不起"。当诸侯不听夏桀调度之时，"汤乃兴师，伐而残之"。不论是乘其乱，还是待其衰，均为有利于我之战机。

最后，是进行强有力的战争动员。《尚书·汤誓》曰："格尔众庶，悉听朕言。非台小子敢行称乱，有夏多罪，天命殛之。……夏氏有罪，予畏上帝，不敢不正。"商汤完全是吊民伐罪，因此得道多助，故"十一征而无敌于天下"。

三、"武祖"姜太公

（一）家世与生平

姜太公即吕尚。本姓姜氏，故亦称姜尚，东海上（今山东省日照市）人，西周初年的政治家与军事家。尧、舜之时，其先祖伯夷尝为四岳，佐禹平水土甚有功，被封于吕，尚从其封姓，故称吕尚。

姜太公博闻多智，因生当殷纣之时，才无所用，"尝屠牛于朝歌，卖饮于孟津"。后闻周西伯（周文王）善养老，乃"以渔钓奸（读'干'）周西伯"。或称吕尚钓于渭滨，三日三夜无鱼食之。时西伯将出猎，卜曰："所获非龙非螭，非虎非罴，所获王霸之辅。"适遇太公于渭水之阳，相语十分投机，周西伯以为是其先君太公盼望已久的圣人，因曰："吾太公望子久矣。"故号之曰"太公望"，俗称"姜太公"。[①]

姜太公是周文王倾商、武王克殷的首席谋主，实居最高军事统帅之位。他既是西周的开国元勋，又是姜氏齐国的缔造者，是齐文化的开创者。在思想文化领域，姜太公又是一位极具传奇色彩的政治与军事思想家。他阅历丰富，思想宏阔，下通民情，上明天道，道、兵、儒、法、纵横诸家皆追溯他为本源人物，被尊为"百家宗师"。究其实质，乃以道、兵为其主流。

（二）辅周西伯"阴谋修德以倾商政"

对于周王朝的兴立，姜太公主要做了这样几件事：

---

①参见《史记·齐太公世家》及司马贞《索隐》等。

其一，谋释西伯昌。

《史记·齐太公世家》载：

> 吕尚处士，隐海滨。周西伯拘羑里（今河南省汤阴县），散宜生、闳天素知而招吕尚。吕尚亦曰"吾闻西伯贤，又善养老，盍往焉"。三人者为西伯求美女奇物，献之于纣，以赎西伯。西伯得以出，反（返）国。

此事是否确切，在司马迁时代就已颇有疑问，故文前加了"或曰"二字。然以美女奇物献于殷纣，诸书所言还是一致的。《史记·周本纪》即言，所求"有莘氏美女，骊戎之文马，有熊九驷"，纣见而大悦，曰："此一物足以释西伯，况其多乎！"依史籍所载散宜生、闳天、吕尚诸人的言行来看，此谋若出自太公，是完全有可能的。

其二，辅周西伯"阴谋修德以倾商政"。

据《史记·周本纪》记载，周西伯昌以仁德著称，自立事之日，即"遵后稷、公刘之业，则古公、公季之法，笃仁，敬老，慈少。礼下贤者，日中不暇食以待士，士以此多归之"。其时著名贤者如伯夷、叔齐、太颠、闳天、散宜生等皆往归之。西伯因"积善累德"，受到诸侯的拥戴，也由是引起了殷纣的憎恶，羑里之难即缘此而发。

自羑里归，西伯即尽量避免引起殷纣的注意，"乃为玉门，筑灵台，相女童，击钟鼓，以待纣之失也"。纣闻西伯之行，亦曰："周伯昌改道易行，吾无忧矣！"（见《淮南子·道应训》）西伯一方面麻痹殷纣，一方面继续修德行善，扩大影响。相邻之国"虞、芮之人有狱不能决，乃如周。入界，耕者皆让畔，民俗皆让长。虞、芮之人未见西伯，皆惭，相谓曰：'吾所争，周人所耻，何往为，只取辱耳。'遂还，俱让而去。"影响所及，皆谓西伯"盖受命之君"（《史记·周本纪》）。此间，西伯又得到了殷纣所赐之弓矢斧钺，取得了征伐诸侯的权力，伐崇、密须、犬夷。到了文王晚年，已形成"天下三分，其二归周"的局面。对于周文王的这一系列作为与谋划，史籍所称道者，主要就是姜太公。

《史记·齐太公世家》称：

> 周西伯昌之脱羑里归，与吕尚阴谋修德以倾商政，其事多兵权与奇

计，故后世之言兵及周之阴权皆宗太公为本谋。

又曰：

> 天下三分，其二归周者，太公之谋计居多。

可见，辅周西伯"倾商"者，主要是姜太公。

（三）辅佐武王观兵孟津，牧野伐纣

周武王即位，即以"太公望为师，周公旦为辅，召公、毕公之徒左右王，师修文王绪业"（《史记·周本纪》）。所谓"文王绪业"，就是由文王开创的事业，就是组织和领导讨伐商纣王的战争。

此举有两次大的军事活动：一是观兵孟津，二是誓师牧野。

两次行动，太公均居于主导地位，俨如战争的主师："师行，师尚父（即姜太公）左杖黄钺，右把白旄以誓，曰：'苍兕苍兕，总尔众庶，与尔舟楫，后至者斩！'遂至盟津。"（《史记·齐太公世家》）此次观兵，"诸侯不期而会者八百诸侯"，可见民心之所向。

居二年，及至伐纣之日，"卜龟兆，不吉，风雨暴至，群公尽惧，唯太公强之劝武王，武王于是遂行"（《史记·齐太公世家》）。武王亦充分尊重太公的指挥。

在接下来的牧野之战中，周武王在吕尚等人辅佐下，率军直捣商都朝歌（今河南省淇县）。由于纣师在牧野（今淇县南郊卫河以北地区）皆倒兵戈以迎武王，武王遂驰入商都，纣王自焚而亡。绵延六百年的商王朝在顷刻间覆灭了。

在两次军事行动的关键时刻，太公均起了关键作用。故司马迁在《史记·齐太公世家》中归结曰："迁九鼎，修周政，与天下更始，师尚父谋居多。"

（四）《太公兵法》——《六韬》

1.《六韬》"真伪"问题

谈及《六韬》，首先遇到一个问题就是所谓真伪问题，或者说此书是否为姜太公所作，是否成书于殷、周之际的问题。

《汉书·艺文志·道家类》载录：

> 《太公》二百三十七篇：《谋》八十一篇，《言》七十一篇，《兵》八十五篇。（班固自注曰：吕望为周师尚父，本有道者。或有近世又以为太公术者所增加也。）

此明东汉时尚曾见到太公之书，且有《兵》书八十五篇，《谋》八十一篇，并联未细列《六韬》之名。至《隋书·经籍志》方明确著录："《太公六韬》五卷。（自注曰：梁六卷，周文王师姜望撰。）"同时又著录《太公阴谋》、《太公金匮》等太公之书，计 10 种，22 卷。《隋志》所录，既冠"太公"之名，理当是《汉志》所录太公之书。《汉志》多以人名著录，已是惯例，对此，近人余嘉锡《四库提要辨证》有详辨。这表明姜太公确曾有兵书传世，无可怀疑。

今存《六韬》，旧题"周吕望撰"，亦为隋唐之前学界所公认的事实。如《庄子·徐无鬼》言："横说之则以《诗》《书》《礼》《乐》，从（纵）说之则以《金板》《六弢》。"陆德明《经典释文》引"司马、崔（即司马彪、崔譔）云：'《金板》、《六弢》，皆周书篇名，或曰秘谶也。本又作《六韬》，谓《太公六韬》，文、武、虎、豹、龙、犬也。'"

其后，唐成玄英之《疏》文，也作了大致相同的注解。崔譔、司马彪为西晋人，陆德明、成玄英为唐初人，均以《六韬》为太公之书。

又，《淮南子·精神训》曰："故通许由之义，而《金縢》、《豹韬》废矣。"高诱注："《金縢》、《豹韬》，周公、太公阴谋图王之书也。"《后汉书·何进传》言：大将军司马许凉、假司马伍宕说进曰："《太公六韬》，有天子将兵事。"谢承《后汉书》亦称"善诵《太公六韬》"。此又证明：《六韬》之书，已盛行于后汉，并非始于三国；且皆以为太公所作，亦不始于陆德明。对此，余嘉锡先生《四库提要辨正》卷十一广征博引，详为辨正。对三国时刘备、孙权等言及《六韬》，以及唐魏征《群书治要》、章怀太子李贤注《后汉书》所称《六韬》之语，对《太公六韬》与《汉志》儒家所录《周史六韬》之异等，余嘉锡先生亦详为析辨，此不俱引。

对今存《六韬》之"真伪"的怀疑，约起于宋代。晁公武《郡斋读书志》兵家类曾著录"《六韬》六卷"，题"周吕望撰"，并言"汉《艺文志》无此书。

梁、隋、唐始著录"。亦分《文》、《武》、《龙》、《虎》、《豹》、《犬》六目,似略有疑问。至陈振孙《直斋书录解题》卷十二亦录"《六韬》六卷",注曰:"武王、太公问答。其辞鄙俚,世俗依也。"叶适又以书中所言"避正殿"乃战国后事,认为"固当后于《孙子》"。到清代,《四库全书总目》则曰:"今考其文,大抵词意浅近,不类古书……其依托之迹,灼然可见。"近代张心澂《伪书通考》亦曰:"其伪昭然。"

综观疑伪所据,大致皆以书中词语浅近,或某些概念确系后出。其实,此类证据,最初著录《太公》之书的班固已经指明,其中有"为太公术者所增加"的内容,然而班固并未否定太公之书。若以此类理由否定《六韬》为太公之书,似亦明显证据不足。试问先秦古籍,特别是像太公、周公、老子、孔子等人,有哪一部书能如今人所谓"手定"者呢?其判别的关键因素,应当是看它是否反映了著者的原本思想。由此而言,《六韬》之书仍当系于姜太公之名下。至于其后增饰的"鄙俚"后出之语,可姑且置而不论。

2.《六韬》的内容与主导思想

《六韬》计含《文韬》、《武韬》、《龙韬》、《虎韬》、《豹韬》、《犬韬》6卷,共60篇。

韬,本指剑衣,使剑锋隐蔽于内,故引申之意,凡隐蔽深藏者均称之为"韬"。兵家之谋划策略深藏于胸中,亦通称韬略。

卷一《文韬》包括《文师》、《盈虚》等12篇,讲太公以渔钓干文王,提出"仁之所在,天下归之","德之所在,于下归之"等一系列取天下的根本原则,着力从政治的角度讲治国用人之道。

卷二《武韬》包括《发启》、《文启》等5篇,讲太公助文王修德惠民,观天道,定人谋,既依顺天地静因无为之道,又利用人事之利害、欲恶等诸种关系。

卷三《龙韬》包括《王翼》、《论将》等13篇,从王者师师之股肱羽翼之搭配,到论说将的德才、将的选择、将的权威等,开始较多地论述了治军方略。

卷四《虎韬》包括《军用》、《三阵》等12篇,主要讲三军器用、攻守之具、阵法的选择及各种具体境遇的战术问题,提出"将必上知天道,下知地理,中知人事"等重要观点。

卷五《豹韬》含《林战》、《实战》等 8 篇,讲述处军于森林、沼泽、山峦等特殊地理环境之中,以及处于敌强我弱、敌众我寡的形势之下的具体作战方略。

卷六《犬韬》含《分合》、《武锋》等 10 篇,讲兵力部署、"练卒"的选择以及步兵、骑兵配合作战等问题。

《六韬》全书以太公与文王、武王对话的形式写成。综观《六韬》所述,突出表现了以下思想观点:

在政治思想方面,主张"天下同利",指出"天下非一人之天下,乃天下人之天下","同天下之利者则得天下,擅天下之利者则失天下";并且认为"为国之大务,爱民而已",天下是属于民众的,因此,治理国家最重要的就是要得到民众的拥护。

在军事方面,主张"伐乱禁暴","上战无与战",强调"知彼知己","密察敌人之机",认为作战中最重要的是奇正变化,"不能分移,不可语奇"。要做到"形人而我无形","先见弱于敌",就要求战争指导者"行无穷之变,图不测之利",机动灵活地运用各种战略战术等。

《六韬》今存版本有:1972 年山东临沂银雀山汉墓竹简残本、1973 年河北定县八角廊汉墓竹简残本、敦煌遗书残本、《群书治要》摘要本、《四库全书》本、1935 年《续古逸丛书》据中华学艺社借照日本静嘉堂影宋刻《武经七书》本、丁氏八千卷楼藏刘寅《武经七书直解》影印本等。

北宋神宗元丰年间,《六韬》被列为《武经七书》之一,为武学科考的必读之书。

《六韬》在 16 世纪传入日本,18 世纪传入欧洲,现今已翻译成日、法、朝、越、英、俄等多种文字,广为流传。

(五) 《太公兵法》——《三略》

《三略》又称《黄石公三略》,共分上略、中略、下略三卷,约 3800 余字。传说是汉初黄石公(又称圯上老人)传授给张良的。《史记·留侯世家》记曰:"张良尝闲从容步游下邳圯上,有一老父……出一编书曰:'读此则为王者师矣。'……旦日视其书,乃《太公兵法》也。"可见,《三略》也是《太公兵法》。

由于《三略》之书名出现较晚，人或以为其成书亦晚，实并不然。可以确定其成书于秦、汉之前。略审此书之内容，即可发现春秋战国时代的痕迹。如《上略》有言：

> 夫将帅者，必与士卒同滋味而共安危，敌乃可加，故兵有全胜，敌有全因。昔者，良将之用兵，有馈箪醪者，使投诸河与士卒同流而饮。夫一箪之醪不能味一河之水，而三军之士思为致死者，以滋味之及己也。

醪，浊酒也。箪，竹器，古多言"箪食壶浆"以劳军。一箪之酒，纵有几壶，何能饮三军？然投之于河，则三军尽可略尝酒味也。此事为春秋末勾践所为，浙江会稽三里有水即称"投醪河"，又名劳师泽，亦写作箪醪河。从浙江省绍兴市鲍家桥至稽山中学的投醪河河段，长251米，宽约7米，至今保存完整。

若勾践之前未有投酒于江者，则此文只能写之于春秋战国之后了，显然非姜太公之言。又，《三略》中许多语言字句或思想观点，与春秋战国时人的语言、思想大致相同。如，《下略》言："夫兵者，不祥之器，天道恶之。不得已而用之，是天道也。"《老子》三十一章言："夫佳兵者，不祥之器，物或恶之，故有道者不处。"又曰："兵者，不祥之器，非君子之器，不得已而用之。"其言语之如此相近，其关系只能是《三略》取自于《老子》，而非相反。故《汉志》所称"或有近世又以为太公术者所增加也"，盖非虚言。所以说，《三略》之书，其主体内容当来自于《太公兵法》，来自于吕尚的思想与谋略，亦有后世"为太公术者"所增饰的内容。而"黄石老人"，如果不是传说中的"下邳神人"，则当是秦末之"为太公术者"的一位谋略家了。

《三略》的基本思想主要有：

一是以"谋略"为主体。

略，谋略，策略，方略。施行方略的主体是主君与主将，故其"略"之基本内容，亦在于治国方略与制胜方略。如《上略》开篇即言：

> 夫主将之法，务揽英雄之心，赏禄有功，通志于众。故与众同好，靡不成；与众同恶，靡不倾。治国安家，得人也；亡国破家，失人也。含气

之类,咸愿得其志。

此乃以"务揽英雄",罗致人才,为治国安家的根本。

二是杂合儒、道、法、兵、墨于一体。

此书的基本目标既是以"谋略"治国、驭世,故凡可为用者,均杂而采之。儒之本在于道德仁义立国,道之要在于以权谋驭世,法之精在于以赏罚用人。将兵须使之效命致死,求贤则不远千里之遥。既各有其用,故兼收并蓄。姑录数语以明之:

《上略》:

> 柔有所设,刚有所施,弱有所用,强有所加。兼此四者,而制其宜。
>
> 将谋欲密,士众欲一,攻敌欲疾。将谋密,则奸心闭;士众一,则军心结;攻敌疾,则备不及设。……将谋泄,则军无势;外窥内,则祸不制。

此皆具有鲜明的道家权谋色彩。所谓一般性谋略类皆如此。

《下略》:

> 道德仁义礼,五者一体也。道者,人之所蹈;德者,人之所得;仁者,人之所亲;义者,人之所宜;礼者,人之所体,不可无一焉。
>
> 贤人之政,降人以体;圣人之政,降人以心。体降可以图始,心降可以保终。降体以礼,降心以乐。……故有德之君,以乐乐人;无德之君,以乐乐身。乐人者,久而长;乐身者,不久而亡。

此皆以"儒"为基调也。

另如求贤、赏罚、察敌、用兵等,无须尽举。《三略》之所以呈现如此驳杂之色彩,大致当是其成书时代的反映。

春秋战国,诸子百家各呈其势。而作者既以"略"为主题,立足于"谋略",又有博采众家之迹,其优势与弱点均可由此而生:其书多次引录《军谶》《军势》,如《上略》,几乎全是《军谶》之言。其精彩之论,警世之句,时有所出,几如锦缎纷呈。然观其总体,则明显缺乏内在的有机联系,不论是立足于治政、治兵、治世,似均无自成体系的思想或理论。宛如剪取之杂花,共聚一丛,虽斑斓可观,然无一体之枝干、根柢。故其书与《孙子》、《吴子》

固不可同日而语,其与《尉缭子》、《六韬》亦非相类。

北宋神宗元丰年间,《三略》被列《武经七书》之一。其所存版本有:南宋孝宗、光宗年间刻《武经七书》本,《续古逸丛书》影宋《武经七书》本,丁氏八千卷楼藏刘寅《武经七书直解》影印本等。

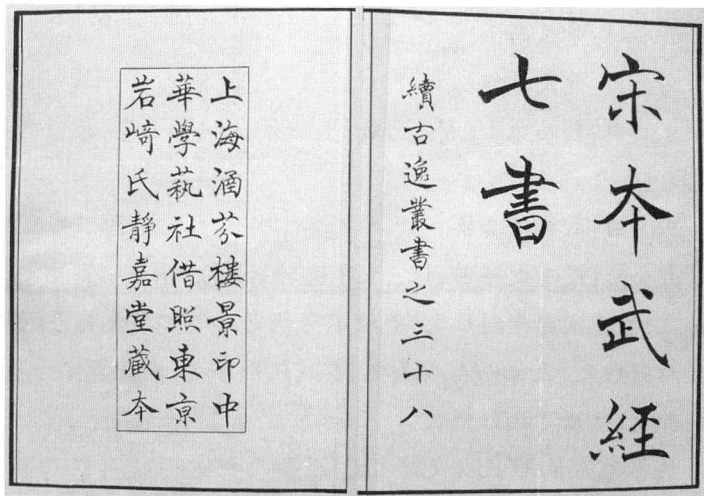

《宋本武经七书》书影

(六)姜太公军事思想的主要特点

从《六韬》、《三略》两部主要反映"太公兵法"的著作来看,姜太公的军事思想突出表现了以下特点:

其一,以"人"为本的思想。

《六韬·文师》曰:

文王曰:树敛何若,而天下归之?

太公曰:天下非一人之天下,乃天下之天下也。同天下之利者则得天下,擅天下之利者则失天下。天有时,地有财,能与人共之者,仁也;仁之所在,天下归之。免人之死、解人之难、救人之患、济人之急者,德也;德之所在,天下归之。与人同忧同乐、同好同恶者,义也;义之所在,天下赴之。凡人恶死而乐生,好德而归利、能生利者,道也;道之所在,天下归之。

此处所言"仁、德、义、道",其基点均在于"与人共",能施德利于他人。只有人所共归,才能拥有天下。

《文师·国务》篇,又写道:

> 文王问太公曰:愿闻为国之大务,欲使主尊人安,为之奈何?
>
> 太公曰:爱民而已!
>
> 文公曰:爱民奈何?
>
> 太公曰:利而勿害,成而勿败,生而勿杀,与而勿夺,乐而勿苦,喜而勿怒。
>
> 文王曰:敢请释其故。
>
> 太公曰:民不失务则利之,农不失时则成之,省刑罚则生之,薄赋敛则与之,俭宫室台榭则乐之,吏清不苛扰则喜之。民失其务则害之,农失其时则败之,无罪而罚则杀之,重赋敛则夺之,多营宫室台榭以疲民力则苦之,吏浊苛扰则怒之。
>
> 故善为国者,驭民如父母之爱子,如兄之爱弟,见其饥寒则为之忧;见其劳苦则为之悲。赏罚如加于身,赋敛如取己物。此爱民之道也。

爱民、重民、贵民,是商、周以来之民本主义思想的基本内容。《古文尚书》所载《夏书·五子之歌》言:"皇祖有训:民可近,不可下。民惟邦本,本固邦宁。"①至周初,亲历了在商、周王朝更替中目睹民众之巨大力量的武王、太公、周公,更是将"民"的意愿视同"天"的意志:"天矜于民:民之所欲,天必从之","天视自我民视,天听自我民听。"②"人无于水监(鉴),当于民监(鉴)。"③对于清醒的政治家来说,以"民"为立国之本的思想,可谓人所共识。尔后,时至春秋,人们又提出"夫民,神之主也,是以圣王先成民而后致力于神"④,"国将兴,听于民,将亡,听于神。神,聪明正直而壹者也,依人而行"⑤,把"民"放到了高于"神"、先于"神"的地位。

至战国孟子,继而提出了一系列的民本观点:与民同忧,制民之产,取于

---

① 见《十三经注疏·尚书正义》。
② 《尚书·泰誓》。
③ 《尚书·酒诰》。
④ 《左传·桓公六年》。
⑤ 《左传·庄公三十二年》。

民有制,省刑罚,薄税敛,只有"保民而王",才"莫之能御",最后孟子竟提出了"民为贵,社稷次之,君为轻"①的重大命题,这是对于"民本思想"所发出的振聋发聩的声音,从而把中国之民本主义思想推向了一个前所未有的高潮。

太公吕尚,一代圣哲,其与文王、武王、周公等共事,"爱民"思想与由"爱民"从而使"主尊人安"的思想,正是他们共同的思想基础。太公入主齐国,"因其俗,简其礼","通工商之业,兴鱼盐之利",正是顺民、爱民的具体措施。所以,鲜明的民本或人本观点,应当是姜太公军事思想的一大特色。

其二,"因任自然"的道家色彩。

《汉书·艺文志》将《太公》237 篇收入道家,又明言其中有《谋》81 篇、《兵》85 篇。《谋》与《兵》显然属于兵学范围;其《言》71 篇是否谈兵,则未可确知。而在其"兵家类""兵权谋十三家"之下又注曰:"省伊尹、太公、《管子》、《孙卿子》、《鹖冠子》、《苏子》、蒯通、陆贾、淮南王二百五十九种,出《司马法》入礼也。"此处所言之"省"与"出",显然都具有两个方面的内容,或两种性质。太公之书既省于兵家而列于道家,在班固看来,其书自当以道家性质为根本,而又兼有兵家之内容;同时其兵学内容也必然具有道家的思想观点。

《六韬》一书,当是《太公》之《谋》或《兵》的一部分,同样也表现了明朗的道家色彩。具体地说:

一是以"道"的概念居于最高的层次。如,在以"仁"、"德"、"义"三者如何树敛人心之后,即归结曰:"凡人恶死而乐生,好德而归利。能生利者,道也;道之所在,天下归之。"②在文王将死,乃"欲师至道之言以明传之子孙"③。

又如,在讲述治国之道时,总以清静无为为其理想状态。文王问古之贤君,太公讲帝尧之王天下,"金银珠玉不饰,锦绣文绮不衣,奇怪珍异不视,玩好之器不宝……削心约志从事乎无为"④。文王问:"圣人何守?"太公答

---

①《孟子·尽心下》。
②《六韬·文师》。
③《六韬·明传》。
④《文韬·盈虚》。

曰:"何忧何啬? 万物皆得;何啬何忧? 万物皆遒。政之所施,莫知其化;时之所在,莫知其移;圣人守此,而万物化,何穷之有?"又曰:"天有常形,民有常生,与天下共其生而天下静矣。太上因之,其次化之,夫民化而从政。是以天无为而成事,民无与而自富,此圣人之德也。"①这些都可以称之为标准的道家语言。以因任自然为最高,以无为成事为至德,何须有意识地去施政化民? 因此,"大智不智,大谋不谋,大勇不勇,大利不利。……无取于民者,取民者也;无取于国者,取国者也;无取于天下者,取天下者也。无取民者,民利之;无取国者,国利之;无取天下者,天下利之。故道在不可见,事在不可闻,胜在不可知"②。不智,不谋,无为,无事,这正是"太上因之",因其自然也。可见,若由基本的哲学观点划分,将《太公》入于道家,自无可厚非。

其三,充分尊重现实,因地制宜,勇谋善断,不拘卜筮,不惧鬼神。

从西周到春秋,是中国战争史上一个重大变革时期,同样也是中国兵学上的一大变革时期。正如班固《汉书·艺文志》所言:"下及汤、武受命,以师克乱而济百姓,动之以仁义,行之以礼让……自春秋至于战国,出奇设伏,变诈之兵并作。"由"仁义礼让"到"奇伏"、"变诈",就是这一变革的基本特征。在商、周更替之际,仁德与奇谋均发挥了重大作用。

在文王、武王的谋臣之中,周公姬旦以仁德著称,太公吕尚以奇谋见尊。太公充分认识到仁德对于立国治政的重大作用,他与文王"阴谋倾商政"的主要内容就是"修德"。然而太公并不单纯依赖仁德的自然感化,必要时仍要动用兵戈。而当兵众启行之际,又能果断地排除一切干扰,不拘卜筮,不惧鬼神,决然进军,堪称大智大勇。仁德与谋略在太公身上得到了充分集中的体现。

四、周公东征

周武王取得政权后,并没有完全消灭殷商,而是根据当时人们"灭国不绝祀"的原则,保留殷人的祭祀。周武王仍让商纣王的儿子武庚继续统治殷商故地。为加强对殷民的控制,巩固周王朝在中原地区的统治,武王同时又安排自己的弟弟管叔、蔡叔和霍叔驻守在殷都周围,以监视武庚,史称

---

① 《武韬·文启》。
② 《六韬·发启》。

"三监"。

周公名旦,周初政治家,周文王之子,武王之弟。武王死后,太子诵继立,是为成王。周成王即位之初,年龄尚幼,由周公旦摄政代行王事。这便引起了管叔、蔡叔的不满。管、蔡怀疑周公将篡取王位,管叔及其群弟乃流言于国曰:"公将不利于孺子(成王)。"①由于武庚早有复国的野心,这时不仅联合"三监",并且纠集徐(今江苏泗洪)、奄(今山东曲阜)、薄姑(今山东博兴东南)和熊、盈等方国部落联合叛乱反周。

周公奉成王命,率师东征,经过三年战争,终于平定管、蔡的叛乱。然后乘胜向东方进军,灭掉了奄(今山东曲阜)等50多个国家,把飞廉赶到海边杀掉,从此周王朝的势力延伸到海边。《逸周书·作雒》篇说武庚北奔,管叔自杀,蔡叔被囚;周公征服熊、盈之族17国,俘淮夷之族九邑。《孟子·滕文公下》则说其"灭国五十"。地居河汾之东的唐也起事策应武庚的叛乱,后为周公诛灭。

周公东征为稳定周朝的统治奠定了根基。由此,周初统治者更深刻地认识到封邦建国、蕃屏周室的重要性。于是,在武王分封的基础上,成王、周公再次大规模分封诸侯。周公分封71国,其中有53人是姬姓子弟,他们都是文王、武王和周公的后人,如文王之弟封于东虢、西虢,文王之子封于邘、晋、应、韩。原来属于武庚的封地和殷遗民被一分为二,以纣王庶兄微子继承了殷朝,封于商丘,奉其先祀;后在宋建国,称宋国。另一部分封武王少弟康叔于纣都一带,成立卫国,赐殷民七族。殷商之民遂被分割,逐渐服从于周朝的统治。封建亲戚,消弭了殷商残余势力叛周的隐患,使周成为国力和疆域都远远超过商朝的强大国家。

五、《周礼》与《军礼司马法》

(一)周公与《周礼》

《周礼》亦称《周官》或《周官经》、《周官礼》,是儒学的经典。全书共分6篇:《天官冢宰》、《地官司徒》、《春官宗伯》、《夏官司马》、《秋官司寇》、《冬官司空》。后,《冬官司空》亡佚,汉儒取性质与之相似的《考工记》补

①《尚书·金縢》。

之,称《冬官考工记》。王莽时,因刘歆奏请,《周官》被列入官学,并更名为《周礼》。东汉末年,经学大师郑玄为《周礼》作了出色的注解。由于郑玄学养深厚,注解精审,后又兼注三礼(《周礼》《仪礼》和《礼记》),《周礼》遂一跃而居《三礼》之首,成为儒家的煌煌大典之一。

《周礼》一书,并非一般性的私人撰述,而是周代国家政治制度的集结与规划,其中既有对夏、殷二代之礼制的袭承,又有周代所作的改造或设想。孔安国说,《周礼》所言,为"周家设官分职用人之法"①。司马迁说:"周公作《周官》,官别其宜。"②所以,《周礼》的基本内容就是周代设官分职及政教礼仪的规定。其六官的分工大致为:天官主管宫廷,地官主管民政,春官主管宗族,夏官主管军事,秋官主管刑罚,冬官主管营造。其涉及社会生活方面之广,在上古文献中十分罕见。

对于《周礼》的作者,历来亦有争议。此书作为周代官职制度的总结与规划,其主持制定者为周公,这是司马迁《史记》明确认定的,也是历代众口一词的。至于此书文本的具体写定,或并非周公本人,但亦当写定于西周时期。在儒家经学史上,由于"今文"与"古文"两派的斗争(《周礼》属于"古文经"),今文经学家曾指斥《周礼》为刘歆所"伪造",这一论断并无确凿依据,实为以感情代替论证。

(二) 《周礼》的兵学内容

作为一部"儒学"或"礼学"之经典,《周礼》和兵学有何关系?初看起来似乎不好理解,而作为同一时代、同一社会环境的不同方面,它们还是相互交织的,或者说既是"礼中有兵",又是"兵中有礼"的。自三代以至西周,"以礼治军"曾是兵学的主流,所以,"军礼"是《周礼》的重要组成部分,而"夏官司马"所主持的军事活动,也是严格照军礼的规定行事的。因此,《汉书·艺文志》将"《军礼司马法》百五十五篇"列入"礼经"之中。

今存《周礼》的兵学内容,一是《春官宗伯》所讲军礼,一是《夏官司马》所讲军制与"大司马"之职。

---

① 见《史记·周本纪》,裴骃:《集解》。
② 《史记·鲁周公世家》。

《春官宗伯》写道：

> 惟王建国，辨方正位，体国经野，设官分职，以为民极。乃立春官宗伯，使帅其属而掌邦礼，以佐王和邦国。
>
> ……
>
> 大宗伯之职，掌建邦之天神、人鬼、地示（祇）之礼，以佐王建保邦国：
>
> 以吉礼事邦国之鬼神示（祇）……
>
> 以凶礼哀邦国之忧……
>
> 以宾礼亲邦国……
>
> 以军礼同邦国……
>
> 以嘉礼亲万民……

吉、凶、宾、军、嘉，为国之五礼，军礼即居其一。在军礼之中，其细目又分为五：

> 大师之礼，用众也。
>
> 大均之礼，恤众也。
>
> 大田之礼，简众也。
>
> 大役之礼，任众也。
>
> 大封之礼，合众也。

"大师"，指国王的征伐。贾公彦曰："大师者，谓天子六军，诸侯大国三军，次国二军，小国一军。出征之法用众。"[①]"大均"，指"均其地正、地守、地职之赋"。"大田"，即田猎，分季节称春蒐、夏苗、秋狝、冬狩，"古者因田习兵，阅其车徒之数"。"大役"，指兴建工程，筑城邑，"所以事民力强弱"。"大封"，指正封疆界，或有沟树固之，亦须聚民合众。其时凡兴师动众之事，均须以军礼约束，所以同归于军礼之中。

《周礼·夏官司马》首先讲了军队长之编制："凡制军，万有二千五百人为军，王六军，大国三军，次国二军，小国一军，军将皆命卿；二千有五百人为师，师帅皆中大夫；五百人为旅，旅帅皆下大夫；百人为卒，卒长皆上士；二十

---

① 孙诒让：《周礼正义》卷三十四。

有五人为两,两司马皆中士;五人为伍,伍皆有长。"其军队编制与地方行政单位亦相应合,官位相通。夏官的最高政官为大司马,由卿一人担任。"大司马之职,掌建邦国之九法,以佐王平邦国。"其每年四次的军事演习,是例行的军事活动:

> 中春,教振旅,司马以旗致民,平列陈(阵),如战之陈(阵)。……中夏,教茇舍,如振旅之陈(阵)。……中秋,教治兵,如振旅之陈(阵)。……中冬,教大阅,前期,群吏戒众庶修战法。

春振旅,夏茇舍,秋治兵,冬大阅,均依规定的内容与形式进行,立表定时,后期违令则诛,一切依军法行事。这既是一项军事活动,也体现了严格的礼仪制度。

依《周礼》,诸侯与王,诸侯与诸侯,其间的许多活动,既是礼仪活动,又是军旅或外交活动。其中,"朝"、"觐"、"会"、"同"、"问"、"聘"等,都有其特定内涵。

由于对《周礼》一书所定职官礼仪是否曾经全部实施,历来就多有怀疑,因而,对书中礼仪职分的实际价值多有忽视。就军事、兵学而论,夏、商、西周,确曾存在过"以礼治军"的时代。虽然其后,特别是春秋之后,"变诈"之兵兴起,"仁义之师"既不复存在,"以礼治军"就变成了迂腐可笑的东西。但是,决不能由是而否认"以礼治军"的存在。战争本身,既是历史的产物,当然也是随历史演进的过程而演进的。

(三)《军礼司马法》

《军礼司马法》与《司马法》以及《司马穰苴兵法》,究竟是何关系?

《汉书·艺文志》于《六艺略》之《礼》学中,著录了"《军礼司马法》百五十五篇",又于"兵权谋十三家"自注曰:"出《司马法》入礼也。"这表明,《军礼司马法》与《司马法》本就是一部书,其书在刘歆《七略》中曾入于"兵",而班固认为当归于"礼",故曰"出《司马法》入礼也"。正因为是一部书,才能由此移彼。至于撰人为谁,班固未讲。

至《隋书·经籍志》,则于子部兵家中著录"《司马兵法》三卷",并题曰:"齐将司马穰苴撰。"其后所流传之《司马法》,或题三卷,或题一卷,计存五篇,亦有以司马穰苴为撰人者。司马穰苴为春秋后期齐国的将领,如果是三代至西周的《司马兵法》称司马穰苴为撰人,显然不合时序。然细考其实,即可释悬疑,即:今存《司马法》并非司马穰苴所撰,它与《司马穰苴兵法》当为二书。对此,司马迁于《史记·司马穰苴列传》中已经明言:

> 齐威王使大夫追论古者《司马兵法》,而附穰苴于其中,因号曰《司马穰苴兵法》。

此即表明在穰苴之前已有《司马兵法》存在,只是齐威王使大夫追论时,又使穰苴之兵法附于其中。可见,古之《司马兵法》与司马穰苴之兵法显系二书,齐威王不过是慕古之名而益附之。

至于今传《司马法》是古之《司马兵法》还是穰苴之法,清人孙星衍刊平津馆《孙吴司马法》时于《序》中言:

> 《太平御览》则引古《司马兵法》文与今本多同,又载《穰苴兵法》,不在此书。

对孙星衍的论断,近人余嘉锡《四库提要辨证》亦作了肯定:

> 余考之信然,则今本所存之五篇,乃威王诸大夫所追论之军礼,非其所附之《穰苴兵法》也。

此明今存《司马兵法》的编定,或出自齐威王"大夫"们之手。但他们仅是"追论"编定而已,其基本内容乃是古代所遗存的。而诸大夫在编定之时,又把司马穰苴之法附编其中,其名称也改为"司马穰苴兵法"。所以,今传《司马法》,追本溯源当为古之《司马兵法》,亦即《军礼司马法》,而非穰苴之法。以"百五十五篇"与今存之五篇相比,显然亡佚太多了。

(四)今存《司马法》

1. 今存《司马法》的基本内容

班固于《汉书·艺文志》中曾明言:

> 兵家者,盖出古司马之职,王官之武备也。……《易》曰"古者弦木

为弧,剡木为矢,弧矢之利,以威天下",其用上矣。后世燿金为刃,割革为甲,器械甚备。下及汤武受命,以师克乱而济百姓,动之以仁义,行之以礼让,《司马法》是其遗事也。自春秋至于战国,出奇设伏,变诈之兵并作。

此短短数语,即概括了中国古代战争发展的三大主要阶段:由弧矢之利,金刃革甲,到仁义礼让,最后到奇谋变诈。

今存《司马法》虽写定于战国初期,但所论绝非战国时代的思想观念,而是夏、商、西周时代的思想理念。《司马法》论述的范围涉及军事的诸多方面;保存了古代用兵与治兵的原则,包括夏、商、周三代的出师礼仪、兵器、徽章、赏罚、警戒等方面的重要史料。《司马法》对于人的因素、士气的作用都非常重视。慎战、备战是《司马法》战争观的一个重要方面,《司马法》曰:"故国虽大,好战必亡;天下虽安,忘战必危。"既非好战,亦不可忘战,体现了丰富的辨证哲理。《司马法》所反映的正是以仁义、礼让为基本特征的汤、武时代。

司马迁于《史记·司马穰苴列传》写道:

> 余读《司马兵法》,闳廓深远,虽三代征伐,未能竟其义,如其文也,亦少褒矣。若夫穰苴,区区为小国行师,何暇及《司马兵法》之揖让乎?世既多《司马兵法》,以故不论,著穰苴之列传焉。

司马迁的这段议论亦可表明:古之《军礼司马法》,就是司马迁所读之《司马兵法》,司马迁与班固均曾见读此书。司马迁深赞其"闳廓深远",即使是夏、商、周三代时期的战争,也未能完全实现《司马兵法》的仁义揖让,而至司马穰苴之用兵,不过是小国之间的霸权争夺而已,哪里会顾及这古老而又不合时宜的兵法呢? 这显然又表明,古代遗存的《司马兵法》与《司马穰苴兵法》确系二书,决非一事。由另一面看,《司马兵法》所阐述的理论原则,正是适应于三代之战争活动的理论原则。

2. 今存《司马法》的指导思想

《司马法》的指导思想是"以仁义为本,以礼让为行"。从战争的目的、战机的选择,到一系列战术原则的运用,无不鲜明地表现了这一思想。如开篇《仁本第一》写道：

> 古者以仁为本、以义治之之谓正；正不获意则权；权出于战，不出于
> 中人。是故杀人安人，杀之可也；攻其国，爱其民，攻之可也；以战止战，
> 虽战可也。故仁见亲，义见说(悦)，智见恃，勇见方，信见信。内得爱
> 焉，所以守也；外得威焉，所以战也。①

治理国家的正道就是仁义；当正道达不到预期的效果时(即"获意")，
则须以"权变"的手段以辅助它。战争，并非出自于"仁义"本身，而是出自
于权变的需要。也就是说，通过权变的手段，仍然要达到仁义的目标。"杀
人"的目的在于"安人"，"攻其国"的目的在于"爱其民"，战争的目的在于
制止战争，如此，虽杀，虽攻，虽战，都是合于仁义的，是允许的。三代汤、武
之师，正合于这一标准。

既是立足于仁义、爱民，其战机选择、战术原则，也必然要服从于这一基
本要求。故《仁本》篇紧接着又写道：

> 战道：不违时，不历民病，所以爱吾民也。不加丧，不因凶，所以爱
> 夫其民也。冬夏不兴师，所以兼爱民也。②

既兴兵打仗，必然耗费大量人力、物力，若正值农忙或困窘之时，则会大
大伤害民众。对于敌方来说，若乘其国丧，或因其灾害，也会大大伤害对方
的人民。夏有酷暑，冬有严寒，对双方的人民都有伤害。因此，在这些时间
兴兵，都是违背道义的，因而也是不可行的。这些军事原则，与春秋之后，因
凶、加丧，专乘人之危难，正好成了鲜明的对照。在战争的实际进行中，还有
一系列的道义原则：

> 古者逐奔不过百步，纵绥不过三舍，是以明其礼也；不穷不能，而哀
> 怜伤病，是以明其仁也；成列而鼓，是以明其信也；争义不争利，是以明
> 其义也；又能舍服，是以明其勇也；知终知始，是以明其智也。六德以时
> 合教，以为民纪之道也，自古之政也。③

---

①②③平津馆刊《孙吴司马法》。

"逐奔"、"纵绥",均言追击敌人。"逐奔"是追击徒步之敌,不要超过百步之远;"纵绥"是追击车骑之敌,"绥"是车上控制马驰的绳索,"纵绥"即放任车马奔驰而追;30 里为一"舍",言追击败北的车骑亦不能超过 90 里。

三代战争的主旨确是施行仁义,与之相应的礼法规定是完全可信的。如果已经伤残或丧失战斗能力,亦不可再加害其身;为道义而不为私利,如汤之征葛,是为匹妇、童子报仇,而并非为某人一己之私利,这就是当时通行的原则。"六德"的通行,确有其时,并非虚言。即使某国所行不道,须征师于诸侯,给予征伐,冢宰亦常颁布军令曰:

> 入罪人之地,无暴神祇,无行田猎,无毁土功,无燔墙屋,无伐林木,无取六畜、禾黍、器械;见其老幼,奉归勿伤;虽遇壮者,不校勿敌;敌若伤之,医药归之。既诛有罪,王及诸侯,修正其国,举贤立明,正复厥职。①

此可谓典型的仁义之师。诛其有罪之君,吊其无辜之民。敌国的五谷、六畜,亦为人民生活的需要,不能随意劫掠;爱护老人小孩,是天下公德,同样适用于对方;即使遇到青壮年,如果对方不抵抗,自亦无须敌视,伤病者更当一视同仁,救死扶伤……这些原则,在争霸称雄的春秋战国时代,已多被视为迂腐之见,弃如敝屣,而历代目光高远的政治军事家们,却无不审慎汲取其中的真谛。所谓王者之师,如刘邦入关中,"秋毫无犯";光武帝刘秀对降服者亦能"推赤心置人腹中"。若视仁德礼义如草芥者,何能得到天下人的拥戴呢?

---

① 平津馆刊《孙吴司马法》。

第二章　春秋时期战争经验的积累
与兵学理论的形成

一、春秋前期的军事斗争

(一) 齐鲁长勺之战与曹刿"论战"

齐国和鲁国都是西周初年分封的重要诸侯国。鲁国是周公姬旦的封地,实际就封者为周公长子伯禽,据有今山东西南部地区,都城曲阜(今山东曲阜)。齐国是姜太公吕望的封地,辖有今山东东北部的广大地域,都城临淄(今山东省淄博市东北)。齐国立国,推行"因其俗,简其礼"、"举贤而上功"、礼法并用等一系列政策,"通商工之业,便鱼盐之利",因而经济发达。时至春秋,不论是疆域或国力方面,齐国较之鲁国都居于优势地位。齐、鲁两国毗邻,当时诸侯兼并,大国争霸,各国时常发生矛盾冲突。齐、鲁长勺之战正是在这一历史条件下发生的。

鲁庄公十年(前 684 年,齐桓公二年),齐桓公即位不久,自恃实力强大,不顾管仲的谏阻,决定兴师伐鲁,以报复一年前鲁国支持公子纠复国的夙怨。

鲁庄公闻报齐军来攻,决定亲自率军迎战。这时,鲁国有一位名叫曹刿的人入见庄公。这便引出一段脍炙人口的议论——"曹刿论战"。今将《左传》原文移录于下:

> 十年春,齐师伐我,公将战,曹刿请见。其乡人曰:"肉食者谋之,又何间焉!"刿曰:"肉食者鄙,未能远谋。"乃入见。

问："何以战？"

公曰："衣食所安，弗敢专也，必以分人。"

对曰："小惠未遍，民弗从也。"

公曰："牺牲玉帛，弗敢加也，必以信。"

对曰："小信未孚，神弗福也。"

公曰："小大之狱，虽不能察，必以情。"

对曰："忠之属也，可以一战。战则请从。"

公与之乘，战于长勺。公将鼓之，刿曰"未可"。齐人三鼓，刿曰"可矣"，齐师败绩。公将驰之，刿曰"未可"。下视其辙，登轼而望之，曰："可矣。"遂逐齐师。

既克，公问其故。对曰："夫战，勇气也。一鼓作气，再而衰，三而竭。彼竭我盈，故克之。夫大国难测也，惧有伏焉。吾视其辙乱，望其旗靡，故逐之。"

曹刿即曹沫，《左传》《国语》《谷梁传》均称"曹刿"，《公羊传》称"曹子"，《史记》称"曹沫"，起初是鲁庄公时期的一位普通臣民。此人既有政治远见，又有军事才能。曹刿认为当时的主政者庸碌无能，未能远谋，他不忍看到国家遭受齐军的蹂躏，于是进见庄公。

曹刿开门见山地问："您凭借什么打仗？"

庄公说："衣食等养生之物，我不敢独自享用，一定把它分给他人。"

曹刿说："小恩小惠不能普遍施及百姓，人民是不会跟从您的。"

庄公说："祭祀用的牛、羊、玉帛等祭品，从来不敢虚报数目，祝辞也不敢以小充大，以恶为美，对鬼神一向都是诚实的。"

曹刿说："这都是小的诚实，不算大的信用，神灵是不会保佑您的。"

庄公说："大小案件，我虽不能完全做到明察秋毫，但必定会按实际情况秉公处理。"

曹刿说："这才是尽到了君主的责任。忠于国家、忠于人民，便可以借此一战。"曹刿遂与庄公同乘战车前往。

从上述对话中可以看出，曹刿决定迎战的基本立足点，就是政治、民心，是人民的拥戴。

及至齐、鲁两军相遇于长勺(今山东省莱芜市东北),鲁庄公要击鼓进军,曹刿坚持到齐人三次擂鼓,才令鲁军擂鼓进击,表现了明智的战机选择,果然击退齐军。

见到齐军败退,庄公想立即驰车追击,曹刿又拦阻下来。随后下车仔细察看齐军败逃时的车辙,又登车远望齐军的旗帜,见齐军"辙乱"、"旗靡",这才决定追击,结果大败齐军。这又表现了对敌情的审察。

战胜之后,庄公询问其中缘故,曹刿作了一次精湛的总结:"作战,靠的是勇气。齐人第一次擂鼓进军,士气最盛,应当避其锐气。二次擂鼓,士气就已衰减;三次擂鼓,士气几乎丧尽。这时我们擂鼓进军,齐军士气衰竭,我军士气盈满,所以能大败齐军。齐为大国,实力雄厚,难以预测,我害怕他们假装败逃,路设伏兵,所以不敢立刻追击。待看到他们车辙纷杂紊乱,旗帜东倒西歪,断定他们是真的败了,这才决定追击。"

《孙子兵法》曰:"避其锐气,击其惰归。"这正是长勺之战的经验总结。

(二) 展禽"以膏沐犒师"

展禽,名获,字季,又字禽,谥号惠,因食采于柳下,后人尊称"柳下惠"。《国语》、《吕氏春秋》等书中称"柳下季",是春秋时期鲁国著名人物。孔子、孟子皆对其推崇备至。孔子称赞柳下惠曰:"孝恭慈仁,允德图义,约货去怨,轻财不匮,盖柳下惠之行也。"①。孟子则赞曰:"圣人,百世之师也,伯夷、柳下惠是也。""闻柳下惠之风者,薄夫敦,鄙夫宽。奋乎百世之上,百世之下,闻者莫不兴起也。"②孟子将柳下惠与伯夷、伊尹、孔子并称为四大圣人,而"柳下惠,圣之和者也"③。因此,后人尊称柳下惠为"和圣"。

鲁僖公二十六年(前634年),为讨鲁国"洮、向"二盟,齐国出兵攻打鲁国西北边境,鲁弱而齐强,鲁僖公束手无策。

鲁国重臣臧文仲想以文辞告谢齐国,又苦于口拙辞穷,只好求救于展禽。展禽说:"鲁为小国,齐为大国,以小事大,天经地义,这是保全自身的最好办法。现在小国却不自量力,惹怒了大国,说几句好话能有什么用?"

---

①《孔子家语·弟子行》。
②《孟子·尽心下》。
③《孟子·万章下》。

但是,展禽最终还是决定想办法帮助鲁国退兵:让从弟展喜前往"以膏沐犒师"。

膏沐,本指妇女润发的油脂,凡遇礼仪之事,可备修饰之用。所以,"以膏沐犒师"即用"礼义"去犒劳齐国的军队。对此,《左传·僖公二十六年》记载曰:

> 齐孝公伐我北鄙。卫人伐齐,洮之盟故也。
>
> 公使展喜犒师,使受命于展禽。
>
> 齐侯未入竟(境),展喜从之,曰:"寡君闻君亲举玉趾,将辱于敝邑,使下臣犒执事。"
>
> 齐侯曰:"鲁人恐乎?"
>
> 对曰:"小人恐矣,君子则否。"
>
> 齐侯曰:"室如县(悬)罄,野无青草,何恃而不恐?"
>
> 对曰:"恃先王之命。昔周公、大(太)公股肱周室,夹辅成王。成王劳之,而赐之盟,曰:'世世子孙,无相害也。'载在盟府,大(太)师职之。桓公是以纠合诸侯,而谋其不协,弥缝其阙,而匡救其灾,昭旧职也。及君即位,诸侯之望曰:'其率桓之功!'我敝邑用不敢保聚,曰:'岂其嗣世九年,而弃命废职,其若先君何?'君必不然。恃此以不恐。"
>
> 齐侯乃还。

展喜说:"鲁国之所以有恃无恐,就在于我们所仰仗的是先王的遗命啊!想当年,周公与太公辅佐周朝,在成王两侧,如同左膀右臂。成王为劳赏他们,特别赐以盟约,让我们两国世代友好。誓命盟约尚保存在盟府中,由太师掌管。桓公九合诸侯,而先与庄公柯地为盟,不正是秉承先君的遗命吗?及至您即君位,诸侯都寄予厚望,相信您一定能够继承并光大桓公的事业,而不会轻易缮治兵甲。君侯今日前来,不过是想让我们听从罢了,一定不会灭掉我们国家。您还能因贪图这块土地而背弃先王的遗命吗?这样,您将何以面对先王?何以镇服诸侯?我们就是凭借这个,才不感到害怕。相信您会遵循先君的遗命!"

展喜以大义说之,以礼仪奉之,妥善地维护了鲁国的安全。

《孙子兵法》曰:"上兵伐谋","其次伐交","不战而屈人之兵"。"伐谋"、"伐交"正是"不战而屈人之兵"的有效手段。

(三) 晋楚城濮之战

发生于鲁僖公二十八年(前 632 年)的城濮之战,是春秋时期晋、楚两国为争夺中原霸权而进行的一次战略决战,主战场在山东西南部与河南北部,"城濮"就是今山东省鄄城县临濮集,所以,此次战役亦当入于山东军事史的范围。

战前,楚军虽在实力上占有优势,但晋文公能够积极听取谋臣赵衰、狐偃、先轸等人的意见,在战役指导上采取了扬长避短、避实击虚、后发制人的方针,并且善于运用谋略争取齐、秦两大国与自己结成统一战线,更善于分化曹、卫小国与楚国的关系,将"伐谋"、"伐交"战争策略运用到极致,因而在战略上时刻掌握了战争的主动权,最终击败了不可一世的楚军,"取威定霸",雄踞中原。

1."避君三舍"

晋献公二十二年(前 655 年),晋国以骊姬之乱,公子重耳被迫逃离晋国。重耳在外流亡 19 年,先奔狄,居 12 年;后经卫至齐,留 5 年;又经过曹国、宋国、郑国,来到楚国。楚王以诸侯之礼接待重耳,重耳谦让不敢当。

楚成王设宴款待重耳。席间,成王问:"我以诸侯之礼仪接待公子,公子若返国主政,准备怎样报答?"

重耳道:"子女玉帛,是主君所具有的;象牙犀革,是主君国中所出产的;那些偶尔波及晋国的,是主君多余的。既如此,还能用什么报答您呢?"

成王笑道:"虽然如此,必有所报,公子何以报答寡人?"

重耳思索片刻,毅然答道:"如果借助主君的护佑,得以返归晋国,他日晋、楚一旦交兵,两军遇于中原,我将避君三舍(退让 90 里)。如此,若楚军仍然进逼,我将左手拿着弓箭,右边挎着櫜鞬,与阁下周旋于疆场!"

这就是"避君三舍"典故的由来。看似酒席宴上的一句戏言,竟为日后晋、楚城濮之战战局的发展埋下了伏笔。

重耳流亡,虽曾受到过礼遇,但亦备尝艰辛。逃命之初,晋献公派人追杀,重耳的衣袖被寺人披斩断;窘困时,重耳乞食于野人,野人给以土块;断粮时,从臣介之推献出腿上的肉;重耳经过卫国、曹国及郑国的时候,都曾受到不同程度的歧视。生活的磨难,使重耳深察了民间疾苦,也磨炼了坚韧意志。鲁僖公二十四年(前636年),借秦穆公之力,由秦国军队护送,重耳终于返回晋国,并取代晋怀公成为晋国新君,这就是晋文公。

2. 大战前背景

晋文公是春秋时期继齐桓公之后真正成就霸业的第二位霸主,而确立其霸主地位最关键的一战,就是晋楚城濮之战。

鲁僖公二十七年(前633年)冬,楚成王率领陈、蔡、郑、许等国联军围攻宋国。宋国大司马公孙固到晋国请求救兵。当初晋文公流亡经过宋国时,宋襄公曾给以礼遇,并赠送文公80匹马。今日宋国有难,晋文公怎能坐视不救?

晋国大臣先轸主张出兵,认为这样一可报答宋襄公赠马之恩,解救宋国之患;二可立威信于诸侯,确立霸主地位。然而,晋文公考虑到当时晋、宋之间尚隔着曹、卫两国,劳师袭远,有侧背遇敌的危险;况且楚军实力强大,正面交锋也无必胜把握。当初自己流亡时,楚成王也曾经给以诸侯的礼遇,晋之于楚尚有"避君三舍"之约,所以晋军不便与楚直接冲突。

晋文公踌躇不决,狐偃向晋文公提出建议:楚国刚刚得到曹国,又与卫国新近联姻,先攻打曹、卫两国,调动楚军北上,就可一举解除齐、宋两国的危难。这样既避开了主动攻击楚国的名声,又能有效调动楚国的军队。这一建议得到晋国君臣的一致赞同,晋楚城濮之战的序幕由此拉开。

3. 晋楚大战

战略方针既定,晋文公以郤縠为中军主帅,狐毛领上军,栾枝将下军,于公元前632年正月,晋国三军由棘津(今河南滑县西南)渡河,进攻曹、卫。师出不久,郤縠病亡,以先轸有取五鹿(今河南清丰西北)之功,升为中军主帅。二月,进至敛盂(今河南濮阳东南),与齐昭公会盟,都城楚丘(今河南滑县东北)的卫人逐其君降晋。三月,晋军攻占曹都陶丘(今山东定陶西北),活捉了曹国国君曹共公。

此时,楚军不受调动,反而加紧围攻宋都商丘。于是宋国又派大夫门尹般向晋告急求援。

宋国讨救兵,若撇开不管,两国关系就会断绝;请楚国撤兵,楚又不会答应。如何处置?晋国主帅先轸向文公建议:

其一，设法使宋国不向我们求救，使其转而用礼物去贿赂齐、秦两国，请齐、秦两国出面求楚国撤兵。

其二，将曹君囚执起来，再把曹、卫两国的土地分送给宋国，以坚定宋国抗楚的决心。楚国爱惜曹、卫两个盟国，一定不会接受齐、秦两国的调解，而齐、秦两国喜爱宋国的贿赂而恼怒楚国的顽固，这样就势必挑起楚国与齐、秦两国的矛盾，很自然地使晋国与齐、秦两国站在了一起，结成了统一战线。

晋文公对此计颇为赞赏，马上付诸实施。楚成王果然拒绝了齐、秦的调停，晋、齐、秦三大国结成联盟，因而战争双方的实力对比发生了重大的变化。

楚成王见形势不利，恐秦乘机攻其后方，于是将兵退至申邑（今河南荥阳西北），并下令要求令尹子玉将楚军主力撤出宋国。他告诫子玉："切勿与晋军交战。晋侯在外流亡一十九年，年逾六旬，终为晋君。其人通达民情，备尝艰辛，上天赐他长寿，以昌大晋国。天将兴之，谁可废之？楚军非是晋敌，不如退让。"

但楚国主将子玉骄傲自负，不自量力，坚请与晋一战。

楚将子玉遂派使者宛春来到晋军，请以楚国解宋之围为条件，换取曹、卫的复国，恢复卫侯君位。晋帅先轸则建议说："楚国一句话就能安定三个国家（曹、卫、宋），我们如果不同意就会断送了他们，那么我们就是无礼了，还靠什么去作战呢？如果令楚国对曹、卫、宋三国施惠，不如我们先私下许诺曹、卫复国，以分化曹、卫二国与楚国的关系，再囚执宛春以激怒楚国。"晋文公依此行事，曹、卫两国果然断绝了与楚国的关系。

子玉既羞且怒，率军进逼曹国都城陶丘。晋文公则主动引军"退避三舍"（一舍30里）。做国君的反而退避臣子，对此，晋军吏都大为不解，并且感到耻辱。而文公"退避"，自有其深谋远虑所在：

一在道义上，为报答楚王之恩，践行"避君三舍"诺言；

二在政治上争得了主动——"君退臣犯，曲在彼矣"，形成我直彼曲之势，赢得了舆论上的同情；

三就军事上而言，既是要避开楚军锐气，同时也为麻痹楚军，诱使子玉轻敌深入，以便在预定战场与楚决战。退避三舍，以逸待劳，正好与秦、齐军会合。

楚军见晋军接连退避,也想就此罢兵。另外,也有人认为不应贸然进兵,主张持重待机。然而楚军主将子玉刚愎自用,仍旧想乘机聚歼晋军,夺回曹、卫,扩大战果,遂进兵不止。军行90里,晋、楚两军于城濮(今山东鄄城西南临濮集)相遇。

其时已至夏季四月初,宋成公、齐大夫、秦公子分别率兵前来助战。群情振奋,士气高涨。这时,大夫狐偃与晋将栾枝纷纷建议晋文公要坚定作战的决心,栾枝说:"汉水以北的那些姬姓小国(与晋国同宗)全被楚国灭掉了。只想着过去小的恩惠,就会忘记大的耻辱。不如与楚决战!"晋文公决定准备迎战。

4. "虎皮蒙马"与"曳柴扬尘"

晋军在秦、齐军声援下,配置为上、中、下三军,以上军居右,下军居左,分别由狐毛、狐偃及栾枝、胥臣率领;中军由先轸将之;晋文公亦坐镇中军。楚军以陈、蔡为右军;申、息两军为左军;主力精锐为中军,分别由子上、子西、子玉三将统领。晋、楚两军于有莘北面摆开阵势。

大战伊始,晋统帅先轸下令首先击溃较弱的楚右军。胥臣首先以"虎皮蒙马"冲入楚右阵,陈、蔡之军的战马惊惶跳踯,阵形大乱。胥臣等乘势掩杀,楚右师大败。上军狐毛又虚设二旗示敌将要后退,下军栾枝则使人拖拉树枝,扬起尘埃("曳柴扬尘"),伪为败逃,引诱楚军疾追;晋方中军先轸指挥精锐之兵,斜刺杀出,将楚军拦腰截断;狐毛、狐偃领军回师夹击子西,楚左军也溃散了。楚方主帅子玉收兵稍早,才得以保全中军。城濮之战以晋军获得全胜而告结束。

城濮之战,晋文公及狐偃、先轸等大臣在道义、谋略以及战术等方面表现出了极其出色的智慧,一战而称霸中原。城濮之战后,晋文公与齐、鲁、宋、卫等七国之君盟于践土(今河南郑州西北)。周襄王正式命晋文公为侯伯。《春秋》书"天王狩于河阳",就是指周王参加这次会盟。城濮之战,晋国终于实现了"取威定霸"的目标。

(四)管仲与齐桓公

1. 管仲相齐桓公

（1）管仲其人

管仲（约前723—前645），字仲，名夷吾，颍上（今安徽省颍上县）人，谥号敬，亦称管敬仲。管仲相齐桓公四十年，曾使桓公"九合诸侯，一匡天下"，成为春秋时代第一位霸主，管仲亦被称为"春秋第一相"，君臣俱名著史册。管仲作为一名政治家、经济学家、军事谋略家，其一生的成就甚为丰硕，而这些成就的取得，亦多得力于齐桓公的支持。

管仲的言论主要见于《国语·齐语》。另有《管子》一书传世，书中记录了管仲的治国思想，对后世影响深远。

（2）射钩与拜相

初，齐襄公醉杀鲁桓公，通其夫人，又数诛杀不当，诸公子均预感大祸将临，纷纷投奔于安全之所。而略有远见之诸臣，亦分辅诸公子避居他国。公子纠母为鲁女，故奔赴鲁国，有管仲、召忽辅之。公子小白（齐桓公）则由鲍叔辅之，奔莒（春秋时齐邑，今山东省莒县）。

齐襄公十二年（前686年）冬十二月，齐国爆发了以公孙无知为首的宫廷内乱。齐襄公被杀死，之后，公孙无知便自立为齐君。第二年春，新君无知到雍林游玩（"雍林"一作"雍廪"，《左传》视为人名，《史记》视为地名），竟被雍林人以旧怨而杀害。这样，齐国就出现了国君空缺的状态。此时，有资格继任齐国新君的，只有齐襄公的两个庶弟——公子纠与公子小白。

小白少时与大夫高氏、国氏友善，及雍林人杀无知，议立新君，高、国二氏即阴召小白速归。鲁国闻无知死，亦发兵送公子纠归齐。很明显，谁先入齐，谁即可立为齐君。小白由车驾30乘随行，鲍叔率五乘前行开道，中间15乘护卫小白，留十乘殿后。出莒城，由大道直奔齐都临淄。

鲁人为保证公子纠即位，一面发兵护送公子纠，一面由管仲将兵快速邀击小白。管仲遇小白于莒道，弯弓力射，恰中小白之带钩。小白中钩立

管仲像

仆装死。管仲信以为真,驰归报鲁,鲁人以为"万事大吉",便放缓了行进的速度。而小白于"佯死"之后,鲍叔等将计就计,即载之入辒辌车(载尸体之车)中驰行,昼夜兼程奔往临淄,六日入齐。城中早有高、国二氏为内应,立即宣布小白即国君之位。此人就是齐桓公。

齐国新君已立,遂发兵拒公子纠。齐、鲁两军战于乾时,鲁军败走。

天无二日,国无二主。桓公既立,岂能再容公子纠生存于世?齐国遂致书于鲁国,宣称:"子纠,兄弟,弗忍诛,请鲁自杀之。召忽、管仲,雠也,请得而甘心醢(剁成肉酱)之。不然,将围鲁。"①齐桓公特别对管仲的"一箭之仇"耿耿于怀。鲁人闻知,即杀公子纠,召忽自杀以殉,管仲则请囚而入齐。所谓"壮志未酬"则死不瞑目。

鲍叔深知管仲,曾向桓公进言曰:"臣幸得从君,君竟以主。君之尊,臣无以增君。君将治齐,即高傒与叔牙足也。君且欲霸王,非管夷吾不可。夷吾所居国国重,不可失也。"桓公信从其言,所以,虽然扬言要召杀管仲而甘其心,实则欲用管仲。对此,不但管仲心领神会,鲁之智者亦明此事。大夫施伯让鲁庄公杀而以其尸与齐,庄公不听,于是囚之而与齐。结果,管仲一入齐境,桓公即遣鲍叔迎而释之。管仲沐浴更衣以见桓公,桓公厚礼而委之以政。

管仲得以执政,既有桓公的识人善任,宽宏与信任,又得力于鲍叔之知人与力荐。管仲自言:

> 吾始困时,尝与鲍叔贾(经商),分财利多自与,鲍叔不以我为贪,知我贫也。吾尝为鲍叔谋事而更穷困,鲍叔不以我为愚,知时有利不利也。吾尝三仕三见逐于君,鲍叔不以我为不肖,知我不遭时也。吾尝三战三走,鲍叔不以我为怯,知我有老母也。公子纠败,召忽死之,吾幽囚受辱,鲍叔不以我为无耻,知我不羞小节而耻功名不显于天下也。生我者父母,知我者鲍子也。②

鲍叔既进管仲,又甘居其下。后世论及知人者,皆首推鲍叔,而"管鲍

---

① 《史记·齐太公世家》。
② 《史记·管晏列传》。

之交"，亦被誉为楷模。"知人善任"不但适用于治国理政，也当适用于方略治军。

2. 军政一体的军事制度

齐桓公立事不久，即欲"从事于诸侯"，以成其霸业。管仲曰"未可"。及其经济发展，民心安定，又急急于成事。然若公开"正卒伍，修甲兵"，则大国会随而效之，小国亦会加强守备，这样就很难"速得志矣"。管仲曰："君若欲速得志于天下诸侯，则事可以隐，令可以寄政。"①这就是"作内政而寄军令"的背景。

管仲推行了"作内政而寄军令"的措施。这既是一种政治上的管理措施，又是一种既隐蔽又稳定地增强军事实力的办法。即在内政改革的基础上，实行军政合一、兵民合一，把军事组织和行政组织统一起来。居民既是民众，又是兵士，平时既要从事各自的职业，又要于春、秋二季进行军事训练。官吏们既是行政长官，又是军事统领；既管行政，又管军事。这样也就做到了"守则同固，战则同强"，既扩大了兵源，又大大提高了战斗力。其具体方略，《国语·齐语》载曰：

> 管子于是制国："五家为轨，轨为之长；十轨为里，里有司；四里为连，连为之长；十连为乡，乡有良人焉。以为军令：五家为轨，故五人为伍，轨长帅之；十轨为里，故五十人为小戎，里有司帅之；四里为连，故二百人为卒，连长帅之；十连为乡，故二千人为旅，乡良人帅之；五乡一帅，故万人为一军，五乡之帅帅之。三军，故有中军之鼓，有国子之鼓，有高子之鼓。春以蒐振旅，秋以狝治兵。是故卒伍整于里，军旅整于郊。内教既成，令勿使迁徙。伍之人祭祀同福，死丧同恤，祸灾共之。人与人相畴，家与家相畴，世同居，少同游，故夜战声相闻，足以不乖；昼战目相见，足以相识。其欢欣足以相死。居同乐，行同和，死同哀。是故守则同固，战则同强。君有此士也三万人，以方行于天下，以诛无道，以屏周室，天下大国之君莫之能御。"

这种社会与军事相结合的战斗体制，亦为后来大规模的战争作了准备。

①《国语·齐语》。

以此方略经国治军,自可于隐形之中而国富兵强。

3. 九合诸侯,一匡天下

"九合诸侯,一匡天下",是指齐桓公三次联合诸侯出兵,六次和诸侯会盟,一共九次,故称"九合诸侯"。匡,纠正,匡正。例如《左传·襄公十四年》曰:"善则赏之,过则匡之。"

春秋初年齐国的疆域,大致东到海,南到穆陵关与泰山,西到古黄河,北到今冀鲁交界一带。在诸侯国中单论疆域而言,齐国是仅次于楚、晋的东方大国。当齐庄公和齐僖公主政时,齐国成为东方的霸主,史称"齐庄、僖于是乎小伯(霸)"。齐僖公死后,齐国经历了一段政局动荡的时间,随即齐桓公即位。齐桓公任用管仲为相,大力推行军政改革,齐国国力大大增强,于是开始走上称霸的道路。

春秋时期,周王虽形同诸侯,然仍冠有"天子"之名,从时政大局着眼,"尊周室,攘狄夷",仍是一面最有号召力的旗帜。当初郑庄公小霸之所以没有取得更为可观的成就,主要原因之一就是对当时的战略大局把握不准,与周室的关系时有扞格。管仲深谙时局,在当时的历史环境之下,便确立了称霸的目标。因此,其所开展的一系列军事与外交活动的基本原则,可归结为三条:

其一,树信誉。

齐桓公即位之初,曾于几次战争中侵掠了鲁国的土地。桓公五年,曾与鲁会盟于柯。当其即将歃盟之际,"曹沫以匕首劫桓公于坛上,曰:'反鲁之侵地!'"桓公猝不及防,迫于形势,只好许之。"已而曹沫去匕首,北面就臣位",桓公后悔,欲食其言而杀曹沫,管仲谏曰:"夫劫许之而倍(背)信杀之,愈一小快耳,而弃信于诸侯,失天下之援,不可。"①于是遂与曹沫三败所亡地于鲁。此事闻于诸侯,均大信于齐。

其二,尊周室。

所谓尊周室,既要尊重当时的周王,又要遵从西周以来固有的礼仪。对此事,管仲十分严格,可举三例:

桓公二十三年,桓公救燕,伐山戎。事毕,燕庄公为深表答谢,亲自送桓

---

① 《史记·齐太公世家》。

公,不觉竟超越了燕、齐两国之疆界,进入了齐境。桓公即曰:"非天子,诸侯相送不出境,吾不可以无礼于燕。"①于是分割燕君所至之地与燕。为遵从周礼,甚至可以割己之地。

桓公三十五年,桓公会诸侯于葵丘。"周襄王使宰孔赐桓公文武胙,彤弓矢、大路(诸侯朝服之车),命无拜。"②桓公欲许之。依周礼,受天子之赐不可不拜,故管仲立即止之,桓公乃下拜受赐。

桓公三十八年,齐使管仲助周襄王"平戎于周,周欲以上卿礼管仲。管仲顿首曰:'臣,陪臣,安敢!'三让,乃受下卿礼以见"③。管仲虽为齐之重臣,然齐桓公亦为周之臣。管仲于周,只是"陪臣"的地位,因而自信何敢受上卿之礼!

可见,管仲与桓公在征战与外交活动中,是恪守周之传统礼法的。惟其如此,才能愈加取得诸侯的信任。

其三,申道义。

所谓"道义",在当时,也就是周之礼法。管仲、桓公既能使自身恪守周礼,对于其他诸侯有违于周礼者,又能以武力与外交进行干预。如,桓公二十三年伐山戎之后,既救助了燕国,又"命燕君复修召公之政,纳贡于周,如成康之时"。

桓公三十年伐蔡,进而伐楚,理由就是责楚之"包茅不入贡于周室"。包茅,即祭祀用的菁茅,历来由楚所贡。似乎事情不大,然"不贡"即违于礼。故楚王亦曰:"贡之不入,有之、寡人罪也。"④既兴师问罪,乃申张道义。与此同时,又曾于桓公二十七年率诸侯救邢,迁之于夷仪。桓公二十八年卫文公有狄乱,"齐率诸侯城楚丘而立卫君"。此类举措,大有"兴灭国,继绝世"之义,亦颇得世人之赞许。

桓公对于自己所取得的霸业成就亦十分自赏,其于极盛之时,曾夸耀曰:

> 寡人南伐至召陵,望熊山;北伐山戎、离枝、孤竹;西伐大夏,涉流沙;束马悬车登太行,至卑耳山而还。诸侯莫违寡人。寡人兵车之会

---

①②③④《史记·齐太公世家》。

三,乘车之会六,九合诸侯,一匡天下。昔三代受命,有何以异于此乎?①

4.《管子》中的兵学思想

《管子》一书是春秋时期政治家、思想家管仲及管仲学派思想言论的著述总集,大约成书于战国时代。

今存《管子》,是西汉时由刘向编定的。原有 86 篇,现只存 76 篇。共分为八类:《经言》9 篇,《外言》8 篇,《内言》7 篇,《短语》17 篇,《区言》5篇,《杂篇》10 篇,《管子解》4 篇,《管子轻重》16 篇。内容庞杂,包括法家、儒家、道家、阴阳家、名家、兵家和农家等各家观点,是以春秋时期管仲为旗帜而集结的一部著作。在先秦典籍中,《管子》可以说是争议最多的一部:作者有争议,成书时代有争议,思想内容之归类亦有争议。这些我们姑且不论,单就《管子》中的兵学思想作一梳理。

今存《管子》书中涉及兵学的篇目主要有:《七法》、《兵法》、《地图》、《参患》、《制分》、《势》、《九变》、《霸言》、《小问》等。特别是前几篇,论述兵学思想比较集中。其主要观点可概括为以下几条:

(1)"兵"的重要地位

《兵法》篇曰:

> 明一者皇,察道者帝,通德者王,谋得兵胜者霸。故夫兵虽非备道至德也,然而所以辅王成霸。

通晓万物的本质,明察治世之道,懂得实行德政教化的,可以成为天子,成就王业;能够做到深谋远虑取得战争胜利的,可以成就霸业。所以,战争虽不是完备高尚的道德,但可以辅助王业和成就霸业。此处所言"明一"、"察道"、"通德",是指三皇、五帝及夏、商、周三代之时。这些,既是儒家向往的美好时代,也是道家向往的美好时代。春秋战国以降,这种理想状态显然不可恢复,而适应春秋战国时代的,正是用兵之术。所以,《管子》于开篇即讲了关于"兵"的重要地位。

---

① 《史记·齐太公世家》。

《管子·参患》又曰：

> 君之所以卑尊、国之所以安危者，莫要于兵。故诛暴国必以兵，禁辟民必以刑。然则兵者外以诛暴，内以禁邪，故兵者，尊主安国之经也，不可废也。

这些认识，与孙武"兵者国之大事，死生之地，存亡之道"的论断不谋而合。

（2）兵民关系

寓兵于农，寓兵于民，兵民一体，是管仲治军的基本方针之一。《管子》中的论述，对此亦有明确的反映。《七法》篇写道：

> 不能治其民，而能强其兵者，未之有也。能治其民矣，而不明于为兵之数，犹之不可。不能强其兵，而能必胜敌国者，未之有也。能强其兵，而不明于胜敌国之理，犹之不胜也。

胜敌，强国，强兵，其起始之点就在于治民。只有"和民一众"，才能调动自如。故《管子》又主张以"为兵之数"，用之于"聚财"、"论工"、"制器"、"选士"等，如《七法》曰：

> 为兵之数，存乎聚财，而财无敌；存乎论工，而工无敌；存乎制器，而器无敌；存乎选士，而士无敌；存乎政教，而政教无敌；存乎服习，而服习无敌；存乎遍知天下，而遍知天下无敌；存乎明于机数，而明于机数无敌。

为兵之数，即治军之方略，以此用之于政治、经济等各个方面，即可实现"故兵未出境，而无敌者八"。如此，方可"立于胜地，故正天下而莫之敢御也"（《七法》）。

（3）具体的战争规律

在有关兵学的部分篇目中，对战争的较为具体的规律也作了一定的探索，发表了许多深刻的见解。如，用兵之前必先衡量计算敌我双方的各种条件：

故凡攻伐之为道也,计必先定于内,然后兵出乎境。计未定于内,而兵出乎境,是则战之自胜、攻之自毁也。①

故举兵之日而境内贫,战不必胜,胜则多死,得地而国败。

举兵之日而境内不贫,战而必胜,得地而国不败。

举兵之日而境内不贫者,计数得也;战而必胜者,法度审也;胜而不死者,器备利而敌不敢校也。②

这些论述,其内容实质颇似于孙子的"五事"、"七计"。

又如,关于用兵之设虚实,误敌人,"善者之为兵也,使敌若据虚,若搏景(影),无设无形焉,无不可以成也;无形无为焉,无不可以化也。此之谓道矣。若亡而存,若后而先,威不足以命之"③。已方若能用虚实变化之术,可使敌人到处捕风捉影,摸不着边际。

对于行军作战之地形、地势,《管子》中还有《地图》一篇作专门的叙说:"凡兵主者,必先审知地图,辕辕之险,滥车之水,名山、通谷、经川、陵陆、丘阜之所在;苴草、林木、蒲苇之所茂,道里之远近,城郭之大小,名邑、废邑、困殖之地,必尽知之,地形之出入相错者尽藏之,然后可以行军袭邑。举措知先后,不失地利,此地图之常也。"

凡此种种,一是对于兵学的发展颇有增色,二是所论大约更切合于战国时期的战争实际。

二、春秋中后期的"伐谋""伐交"斗争

(一)晏婴"伐谋":不越樽俎之间而折冲千里之外

晏婴(?—前500),字仲,谥平,亦称晏平仲,莱之夷维(今山东高密)人。春秋齐国名相,历任齐国灵公、庄公、景公三朝,辅政长达40余年,以政治远见和外交才能著称。他主张以礼治国,曾力谏齐景公轻赋省刑。由于谦恭下士,仁政爱民,晏婴在诸侯和百姓中享有极高的声誉。西汉司马迁撰《史记》,将管、晏共立一传。刘向《晏子书录》称晏子"博闻强记,通于古

---

① 《七法》。
② ③ 《兵法》。

今"，"节俭力行，尽忠极谏"，"文章可观，义理可法"①，是可与春秋初年著名政治家管仲相提并论的人物。

春秋中期，列国纷争，战乱不息。晋国谋划攻打齐国，晋平公便首先派大夫范昭去齐，借以观察齐国的政治动向。

齐景公设宴款待范昭。席间，范昭提出用齐景公的酒杯来斟酒喝，景公当即就同意了。而当范昭饮下自己杯中之酒，正想换杯斟酒时，晏子立即撤掉景公酒杯，仍用范昭所用之杯斟酒。

之后，范昭又假装醉酒，不高兴地跳起舞来，要求齐国太师为其演奏一支成周乐曲。齐国太师亦回答说："盲臣未曾学过。"范昭只好无趣地离开了筵席。

依照当时的礼节，君臣应是自用个人的酒杯，所以晏子立即撤掉了景公的酒杯。而成周之乐是专为天子享用的乐曲，只有国君才能随之而起舞，范昭不过是一大夫，却想用天子之乐伴舞，所以太师不能为他演奏。范昭明知故犯，目的在于试探对方的反应，但还是被晏婴、太师识破。

中国古代有"兵胜于朝廷"之说，指以朝廷的政治威力战胜别国。即内政修明，可以不必用兵而使别的国家畏服。当范昭回到晋国后，便向晋平公报告"齐国不可攻伐"。原因就在于：想羞辱其国君时，被晏子看穿了；想冒犯其礼法时，又被其太师识破了。晋平公见到齐国政治清明，君臣和睦，因而放弃了攻打齐国的打算。

孔子听到这件事后，感叹说："不越樽俎之间而折冲千里之外，晏子之谓也！""樽"即酒樽，"俎"为肉案，此处泛指酒席。孔子意思是说："就在筵席之间，能挫败千里之外的敌人，晏子正是这样的人啊！"

周敬王二十年（前 500 年），晏婴病逝。孔子曾赞曰："晏平仲善与人交，久而敬之。"②

晏婴墓在山东淄博齐都镇永顺村东南约 350 米。现存《晏子春秋》则是一部记叙春秋时代晏婴思想、言行、事迹的名作。

---

①张舜徽：《文献学论著辑要》，陕西人民出版社 1985 年版，第 7 页。
②《论语·公冶长》。

（二）司马穰苴治军：不战而退晋、燕之师

1. 司马穰苴的家世

先秦时代的司马穰苴，有春秋后期与战国后期两个时代的记载。人生不过百年，两处记载决不会同是一人，或系载记之误。且《战国策·齐策六》所载"司马穰苴"系"为政者也"，无涉本书之宏旨，故此处只讲春秋末期之兵家司马穰苴。

《史记·司马穰苴列传》曰：

> 司马穰苴者，田完之苗裔也。齐景公时，晋伐阿、甄（鄄）而燕侵河上，齐师败绩。景公患之。晏婴乃荐田穰苴曰："穰苴虽田氏庶孽，然其人文能附众，武能威敌，愿君试之。"

这就是司马穰苴家世的基本史料。

田完，即陈完，陈厉公之子。因陈国内乱，陈完恐祸及其身，乃于陈宣公二十一年（前672年）奔齐。时值齐桓公十四年，桓公欲使为卿，陈完辞曰："羁旅之臣幸得免负檐，君之惠也。不敢当高位。"桓公乃使为工正（主管工匠的官）。

其时齐有懿仲欲将女嫁给陈完，乃为之占卜，曰：

> 是谓凤皇于蜚，和鸣锵锵。有妫之后，将育于姜。五世其昌，并于正卿。八世之后，莫之与京。①

春秋时陈国为妫姓，"有妫"即指陈之后裔。"姜"为齐姓，指姜氏齐国。占卜所预言"五世其昌，并于正卿。八世之后，莫与之京"，基本上成为现实。陈完（田完）五世孙田无宇事齐庄公，甚有宠；其后田乞（田厘子）为齐景公大夫，曾以"小斗进，大斗出"的方式，施阴德于民，以收买民心，使民心思田氏。及至田常（田成子），复修父政，齐人歌之曰："妪乎采芑，归乎田成子！"②八世至襄子，已成为能够废立齐国国君的重臣，成为齐国第一大族。京，大也，此时已无他族可与之抗衡。又过两代，至太公田和时，立为齐侯，列于周室，纪元年。至此，田齐完全取代姜齐。

---

①②《史记·田敬仲完世家》。

正是这个田氏家族,自春秋至战国,出现了一大批优秀的军事与政治人才。其代表人物,如司马穰苴(即"田穰苴")、孙武、田乞、田常、齐威王(田因齐)、田忌、孙膑、田单等,都是其佼佼者。这不仅对于当时的时代,即后世来说,也是相当杰出与罕见的。

田穰苴的具体生卒年代,已不可确考。由晏婴之推荐及领兵抗御晋、燕之师等史实来推断,其生存时代当大致与晏婴同时而略晚,约在公元前570年至前520年之间。由穰苴死后,田乞、田豹怨恨高、国二氏来看,似当为乞、豹的"庶叔"辈人物。现已无可确知其父、祖为谁。

2. 司马穰苴斩庄贾

约齐景公执政中期,晋、燕两国同时侵伐齐国,"晋伐阿、甄(鄄)而燕侵河上"(均在今山东西部),形势岌岌可危,景公束手无策。相国晏婴荐田穰苴"文能附众,武能威敌",齐景公方召穰苴以为将军。然穰苴是田氏家族中庶出的裔孙,出身卑贱,过去又无战功,直接从行伍之中提拔为三军统帅,权位凌驾于众大夫之上,军心、民心是否信服,就是第一个难题。为此,田穰苴提出要有一"宠臣"为"监军"作为自己任职的条件。穰苴曰:

> 臣素卑贱,君擢之间伍之中,加之大夫之上,士卒未服,百姓不信,人微权轻,愿得君之宠臣,国之所尊,以监军,乃可。①

"宠臣"就是为国君所特别宠信的人,"国之所尊",是国人所特别尊崇的人。齐景公选择了"素骄贵"的庄贾。

庄贾既深宠于景公,向来只有支配、指使他人的习惯,从来没有约束自身的意识,而今又居"监军"之位,有军权在握,更加目中无人。

田穰苴知庄贾为监军,乃相约第二天日中"会于军门"。穰苴提前驰至军中,"立表下漏"以待庄贾。"立表"即立木为表,视日影以定日中;"下漏"即开始滴漏(古之计时器)以开始计时。庄贾既"素骄贵",又认为自己为监军,因此,对于时间早晚并不以为意。亲戚、朋友为之送行,直至日夕才至军门。司马穰苴在军中等待,至日中不见庄贾,乃"仆表决漏",直入军中,申明约束法令。及庄贾至,田穰苴责问原由,庄贾以"亲戚"相送而答

---

① 《史记·司马穰苴列传》。

之。田穰苴乃斥曰：

> 将受命之日则忘其家，临军约束则忘其亲，援枹鼓之急则忘其身。今敌国深侵，邦内骚动，士卒暴露于境，君寝不安席，食不甘味，百姓之命皆悬于君，何谓相送乎？①

作为一名将军，从受命之日起，就应当忘掉家室；身临军阵整装待发，就应该忘掉尊亲；战鼓一响，就当不顾生死。如今敌人大军压境，人民惶恐，国君寝食不安，百姓如陷水火……当此之际，怎么还能侈谈"相送"呢？田穰苴遂召军正依军法处置，乃斩庄贾以徇三军。

庄贾试图派人驰报景公，以求救助，然于事无补，"将在军，君命有所不受"，穰苴不但斩了庄贾，而且对因救庄贾而"驰三军"者作了相应的处罚，由此竟使"三军之士皆振栗"。此乃"明刑"以振军威。

3. 退晋、燕之师

《史记·司马穰苴列传》所言齐景公时，"晋伐阿、甄，而燕侵河上"，因《左传》等未载此事，故颇有人怀疑。其实不然。一则司马迁向被称为严肃之史家，其所书必有所据，这些材料也许今已不存；二则这次战争，待晋师闻穰苴治兵，即"为罢去"，燕师闻之，乃"度水而解"，并未发生大的交战，对当时中原斗争的格局并无甚大之影响，《左传》不载亦非太大之缺憾。此次战事的存在，当无可怀疑。

司马穰苴受命之后，实际上只做了两件大事：一是严肃军纪，斩了监军庄贾；二是激励士气。司马穰苴对"宠臣"毫不姑惜，而对士卒则充满了体恤之情：

> 士卒次舍井灶饮食问疾医药，身自拊循之。悉取将军之资粮享士卒，身与士卒平分粮食，最比其羸弱者。三日而后勒兵，病者皆求行，争奋出为之赴战。②

从士卒的住宿、吃饭、饮水，到问疾医药，皆亲自过问，而且将将军之资粮，分享士卒，其自身则与享用最低的人相对等。将帅能如此屈身下士，关

---

① ②《史记·司马穰苴列传》。

爱士卒,与之同甘共苦,所以,"三日后勒兵",人人奋争出击,病弱求行,军威大振。晋、燕两国的军队竟闻风而退,齐军乘势追击,收复了全部失地。

《孙子兵法·地形》曰:"视卒如婴儿,故可与之赴深溪;视卒如爱子,故可与之俱死。"只有爱兵,才能用兵。

其稍后,战国初期之名将吴起,"起之为将,与士卒最下者同衣食。卧不设席,行不骑乘,亲裹赢粮,与士卒分劳苦。卒有病疽者,起为吮之"①。完全继承了司马穰苴的治军思想,真可称"爱兵如爱子",故能使士卒"战不旋踵",誓死效命。

齐军奏凯还朝,以"军容不入于国",故"未至国,释兵旅,解约束,誓盟而后入邑"。齐景公亲率百官在郊外迎接,以隆礼犒师。归朝后,正式拜穰苴为大司马。从此,田穰苴改称"司马穰苴"。

4. 司马穰苴的兵学思想

今存《司马法》非穰苴之兵法,本书第二章《军礼司马法》一节,已将《军礼司马法》、《司马法》与《司马穰苴兵法》的关系作了说明,故本节不再论及。若撇开《司马法》的内容,司马穰苴的军事思想是否还有的可讲呢? 回答是肯定的。今存《史记·司马穰苴列传》中穰苴的治军过程及其胜敌方略,均表现了重要的军事思想。此处再从理论观点的角度,略加叙述。

(1)重谋略

司马穰苴上任之初,就提出要一"国之所尊"的"宠臣"为监军,这就是一项重大的"阳谋",这个"宠臣"就是试法之物,大致早就"定格"于司马穰苴的谋划之中。因此,此人越是受宠,越是尊贵,就越发合乎要求。"将威"之所起,就要有权势恩宠者为之"奠基"。《六韬·将威第二十二》言:

> 将以诛大为威,以赏小为明,以罚审为禁止而令行。故杀一人而三军震者,杀之;赏一人而万人说(悦)者,赏之。杀贵大,赏贵小:杀其当路贵重之臣,是刑上极也;赏及牛竖马洗厩养之徒,是赏下通也。刑上极,赏下通,是将威之所行也。

"上极",即至高无上者;"当路贵重之臣",即占据上通下达要冲之地的

---

① 《史记·孙子吴起列传》。

位高权重者,如庄贾之流正是此类人物。除去得罪国君之外,此类人物显然没有被诛杀的可能,惟其如此,故一旦见诛,将震惊朝野。若杀一"牛竖"、"马洗"(即牛仆、马夫)等草芥小民,何能引起注意?司马穰苴既"文能附众,武能威敌",对兵书、史鉴显然是熟知的。《六韬》既称姜太公之书,司马穰苴何能不知?所以,司马穰苴之所以要杀一"当路贵重"之"宠臣",就是为树其"将威"。如晋文公斩颠颉,孙武斩阖庐之爱姬,均属此类行为。

(2)严军纪

既斩庄贾,三军震慑,实军纪已明。而复有王之使者"驰三军",此亦为军法所不容。由于"君之使不可杀之",他尚有复报于君的重任,"乃斩其仆,车之左驸,马之左骖,以徇三军"。军纪、军法高于一切,由此大明。

(3)将自主

能否独立自主地指挥战争,是战争能否取得胜利的关键之一。将军身居军中,明察敌情,若受他人牵制,往往脱离军中之实际。当然,这是指有指挥能力的将军。无能者优柔寡断,自身就会贻误战机。《司马法》曰:"进退维时,无曰寡人。"孙武曰:"臣既已受命为将,将在军,君命有所不受。"①又曰:"涂有所不由,军有所不击,城有所不攻,地有所不争,君命有所不受。"②并将"将能而君不御",作为"知胜"之五条之一。③汉将周亚夫更直言:"军中唯闻将军之命,不闻天子诏也。"④可见,保证将军独立指挥战争的权力,一向被视为一条重要原则。

司马穰苴拒绝景公赦免庄贾之"诏",直言"将在军,君令有所不受",在诸家所论之中,当是最早的。古者在任命将军之时,君主常常举行"授权"仪式,明智之君于"推毂授钺"之时,必曰:"阃门之外,将军制之。"言军队出了城门,即由将军全权处理。君主在授予军权的同时,也一并授予"信任"。

(4)爱士卒

前面部分叙之已详,此不赘语。

(5)振声威

---

①《史记·孙子吴起列传》。
②《孙子·九变》。
③见《孙子·谋攻》。
④《孙子十一家注·谋攻》,何氏注。

利用声威,以收实效。孙武曾言:"是故百战百胜,非善之善者也;不战而屈人之兵,善之善者也。"以声威取胜,正是"不战而屈人之兵"的重要手段之一。司马穰苴受命之后,声言"敌国深侵,邦内骚动,士卒暴露于境,君寝不安席,食不甘味",其势可谓"军情如火",大有万分危急之状。然穰苴接受军队之后,并未立即开赴前方,而是首先严整军纪,循抚士卒,激励斗志,"三日而后"方"勒兵"。而其时之士气,是"病者皆求行,争奋出为之赴战",个个摩拳擦掌,欲奋力一拼。以如此之声势,自然会震动敌国,其效果是:"晋师闻之,为罢去;燕师闻之,度水而解。"后复追击以收复失地,其基本形势乃"不战而屈人之兵"也。

司马迁曰:"自古王者而有《司马法》,穰苴能申明之。"①至于穰苴对于《司马法》究竟作了哪些阐发,今已难确考。至于《司马法》的内容与思想,前已叙说,此处不再细论。

(三) 孔子的军事思想

1. 孔子的家世与生平

孔子,名丘,字仲尼,春秋鲁昌平乡陬邑(今山东曲阜东南)人。生于鲁襄公二十二年(前551年)农历八月二十七(9月28日),卒于鲁哀公十六年(前479年)农历二月十一(4月11日)。孔子是我国古代伟大的思想家、教育家、政治家,儒家学派创始人,是世界十大历史文化名人之一。

孔子的祖先本是殷商后裔。周灭商后,周成王封商纣王的庶兄微子启于宋,建都商丘(今河南商丘一带)。微子启死后,其弟微仲即位,微仲即为孔子的先祖。自孔子的六世祖孔父嘉之后,后代子孙开始以孔为姓。其曾祖父孔防叔为了逃避宋国内乱,举家由宋国迁到了鲁国。孔子的父亲叔梁纥是鲁国闻名的勇士,叔梁纥晚年与年轻女子颜徵在结婚,生下孔子。由于孔子刚出生时头顶的中间凹,像尼丘山,又因孔子的母亲去尼丘山祈祷时生下孔子,故起名为丘,字仲尼。孔子3岁时候,父叔梁纥病逝,母颜徵在只好携孔子移居曲阜阙里,艰难度日。孔子17岁时,母颜徵在卒,孔子服丧3年。

①《史记·太史公自序》。

孔子一生做了三件大事：

一是奋力宣传并力求实践以"仁"与"礼"为核心的政治主张；

二是全力从事教育工作，弟子三千，贤者七十二，形成一代文化主流的儒家学派；

三是整理编撰古代典籍，删订《六经》(《诗》、《书》、《易》、《礼》、《乐》、《春秋》)，使之成为儒家学派的传世经典。

正是孔子的积极倡导与精心培植，才使得儒家学派成为中国文化思想史上的主流与核心。孔子的思想学说，集中载录于孔门弟子所集撰的孔门言行录——《论语》中，同时也表现于《六经》特别是《礼》与《春秋》的编订之中。

孔子以其在思想文化领域的突出贡献，被后世尊为"至圣先师"、"万世师表"，受到世人尊敬和推崇。1988 年，75 位诺贝尔奖的获得者在巴黎发表联合宣言，呼吁全世界："21 世纪人类要生存，就必须汲取两千年前孔子的智慧。"由此亦可见孔子思想之伟大。

2. 孔子的兵学观

孔子对于战争的态度，可以归结为三条：形式上反战，实际上备战，必要时参战。

(1)形式上反战

《论语·卫灵公》写道：

> 卫灵公问陈(阵)于孔子，孔子对曰："俎豆之事，则尝闻之矣；军旅之事，未之学也。"

"俎豆"为礼器，孔子少年时代即曾"陈俎豆"，"设礼容"，始终以"礼"为一生活动的基本原则。"军旅之事"则明言未曾接触。

《左传·哀公十一年》又记曰：

> 孔文子之将攻大叔也，访于仲尼。仲尼曰："胡簋之事，则尝学之矣；甲兵之事，未之闻也。"

"胡簋(音轨)"亦礼器。此语与上文大致相同。孔子对所问以"未学"、"未闻"相答，并非"实情"。孔子所习"六艺"，即"礼、乐、射、御、书、数","射"即射箭,"御"即驾车,都是古代军事之必修课。孔子既以是为教,何能不通军旅?其弟子冉有曾为季氏打了胜仗,季康子问曰:"子之军旅,学之乎?性之乎?"冉有曰:"学之于孔子。"(《史记·孔子世家》)可见,孔子懂军事。其所以言"未学"、"未闻",实为表明其反对战争的态度而已。

(2)实际上备战

《论语·颜渊》曰:

> 子贡问政。
> 子曰:"足食,足兵,民信之矣。"

《论语·宪问》曰:

> 子言卫灵公之无道也,康子曰:"夫如是,奚而不丧?"
> 孔子曰:"仲叔圉治宾客,祝鲍治宗庙,王孙贾治军旅。夫如是,奚其丧?"

这两条"治国"之道,均以"军旅"居其一。"食"为经济,"兵"乃军事,"信"为政治,三者具备,方可治国。《论语·颜渊》记载,子贡又曾问曰:

> "必不得已而去,于斯三者何先?"
> 孔子答曰:"去兵。"
> 子贡又问:"必不得已而去,于斯二者何先?"
> 孔子答曰:"去食。自古皆有死,民无信不立。"

取信于民,是政治上的本根所在,孔子奉"信"为首要,实际上也是一种军事观点。曹刿论战以体察民情为根本,孙武论战以"道"居"五事"之首,同样亦以"令民与上同意"为根本,可谓不谋而合。

可见,在孔子的治国方案里,"军旅之事"并非完全弃绝。

(3)必要时参战

《史记·孔子世家》曰:

> 定公十年春,及齐平。
> 夏,齐大夫黎鉏言于景公曰:"鲁用孔丘,其势危齐。"乃使使告鲁

为好会,会于夹谷。鲁定公且以乘车好往。孔子摄相事,曰:"臣闻有文事者必有武备,有武事者必有文备。古者诸侯出疆,必具官以从。请具左右司马。"

定公曰:"诺。"

"有文事者必有武备",即必要时要准备打仗。据《左传》及《孔子家语》记载,此次会晤,齐侯确实想用被俘的莱夷之兵劫持鲁侯,由于孔子早有准备,当场即以兵击退莱人,且斥齐侯曰:"两君合好,而裔夷之俘,以兵乱之,非齐君所以命诸侯也。裔不谋夏,夷不乱华,俘不于盟,兵不逼好,于神为不祥,于德为愆义,于人为失礼,君必不然。"(《左传·定公十年》)一番话辞直理壮,齐侯只好撤下莱兵。尔后,齐方又欲在盟约与礼仪上羞辱鲁国,亦被孔子依礼拒绝,并使齐侯归还了汶阳之田。此后二年,孔子又以"臣无藏甲,大夫毋百雉之城"为理由,策划了"堕三都"的活动。当公山不狃等率费人袭鲁之时,孔子又直接指挥了反击费人的战争,且"败诸姑蔑"。①

由上述可知,孔子虽有反对战争的愿望,但并不全然否定战争,甚至直接参加了他认为是"必要",或者说是符合于"周礼"要求的战争。孔子治国之"三要素"中总不弃其"兵",主张"有文事者必有武备",以及以"民信"为政治基础的见解,均不失为重要的兵学见解。孔子虽未致全力于"兵",但并非不知兵。

(四)子贡的外交战

子贡,卫人,姓端木,名赐,字子贡,是孔门七十二贤之一,比孔子小31岁。

子贡以善于经商著称,经常于曹、鲁两国间从商,因时逐利。孔子说:"赐不受命而货殖焉,亿则屡中。"子贡经商,猜测行情,竟每每猜中,因此,成为孔门弟子中的首富。

子贡曾任鲁、卫之相,于孔门中列言语科之优异者,孔子称其为"瑚琏"

①此事《左传》作定公十二年,《史记·孔子世家》作定公十三年。

之器(一种玉饰礼器),意思是子贡利口巧辞,能言善辩,办事通达,有外交才干。子贡确是当时一位出色的"外交家"。

春秋末年,"田常欲作乱于齐,惮高、国、鲍、晏,故移其兵欲以伐鲁"。孔子闻之,以为鲁乃父母之国,先祖坟墓所在,国家有急,不可不救,遂欲使门下弟子进行外交斡旋。子路请出,孔子止之。子张、子石请行,孔子弗许。子贡请行,孔子许之。孔子相信唯有子贡能完成这一外交使命,而子贡确实不负孔子所望,十分出色地完成了这一任务。

《史记·仲尼弟子列传》记载,子贡首行来到齐国,子贡说:

> 至齐,说田常曰:"君之伐鲁过矣。夫鲁,难伐之国,其城薄以卑,其地狭以泄,其君愚而不仁,大臣伪而无用,其士民又恶甲兵之事,此不可与战。君不如伐吴。夫吴,城高以厚,地广以深,甲坚以新,士选以饱,重器精兵尽在其中,又使明大夫守之,此易伐也。"

> 田常忿然作色曰:"子之所难,人之所易;子之所易,人之所难;而以教常,何也?"

> 子贡曰:"臣闻之,忧在内者攻强,忧在外者攻弱。今君忧在内。吾闻君三封而三不成者,大臣有不听者也。今君破鲁以广齐,战胜以骄主,破国以尊臣,而君之功不与焉,则交日疏于主。是君上骄主心,下恣群臣,求以成大事,难矣。夫上骄则恣,臣骄则争,是君上与主有却(隙),下与大臣交争也。如此,则君之立于齐危矣。故曰不如伐吴。伐吴不胜,民人外死,大臣内空,是君上无强臣之敌,下无民人之过,孤主制齐者唯君也。"

> 田常曰:"善。虽然,吾兵业已加鲁矣,去而之吴,大臣疑我,奈何?"

> 子贡曰:"君按兵无伐,臣请往使吴王,令之救鲁而伐齐,君因以兵迎之。"田常许之,使子贡南见吴王。

于此不难看出,子贡的外交游说,最重要的是知彼知己,首先切实掌握了对方的心态,而后抓住关键,因势利导,因敌制胜。

子贡首先以反语对刺激田常说:"鲁国是难伐之国,城墙既矮,地方又小,君主愚笨而不仁慈,大臣虚伪又无用,百姓害怕打仗,这样怎可与战呢?

你不如攻伐吴国,吴国城墙既高且坚,护城河又阔又深,大臣效忠,百姓亲附,重器精兵尽在其中。这样才容易讨伐。"

子贡此说,是紧紧抓住田常的实际需要而诱导之。因为田常的主要矛盾在于"内忧"而非"外患",这就决定了田常的个人利益与齐国的国家利益并不一致,而恰恰相反。齐国之胜正是田常之弊,而齐国之败才是田常之利,这就是子贡游说田常的根基所在。所以,当田常"忿然作色"时,子贡不慌不忙地解释道:"我听说内有危难,就攻打强国;外有危难,就攻打弱国。田大夫的危难不是在国内吗? 你三次向国君讨封都不成功。这种情况下,伐鲁好? 还是伐吴好? 伐鲁,一定能打败它,国君日尊,群臣显贵,大夫你能得到什么好处? 只会与国君逐渐疏远! 与权臣争衡日兹! 这样您在齐国还怎么待下去呢? 伐吴肯定失利,将士死亡,府库空虚,大夫朝廷上没有强劲的对手,又无残害百姓的过失。这样一来,孤立国君,独掌朝政,就只有大夫你啦!"子贡一语中的,田常顿时大悟,只有遵照子贡的意图行事。

继之使吴,子贡以同样的方式,紧紧抓住了吴王夫差"好大喜功"急于称霸的心理,从利、害两方面游说之:齐以万乘之国,而欲将千乘之鲁据为己有,与吴争强,其势必为王之患。夫救鲁,天下扬名;伐齐,利莫大焉。以抚泗上诸侯,威暴齐而服强晋,名存亡鲁,实困强齐。

当吴王担心越王勾践会乘虚而入时,子贡当即就对吴王保证,如伐齐,愿使越王跟随出兵,从而说服夫差弃越而伐齐。

子贡转而出使越国。越王勾践让人清扫道路,齐鸣鼓乐,到郊外迎接子贡,并亲为子贡驾车。子贡至舍安坐,越王才敢请教。《史记·仲尼弟子列传》写道:

> 勾践顿首再拜曰:"孤尝不料力,乃与吴战,困于会稽,痛入于骨髓! 日夜焦唇干舌,徒欲与吴王接踵而死,孤之愿也。"

子贡针对越王勾践的"会稽之痛",与吴王夫差暴虐、不辨忠奸、使国家敝于数战的现实情况,说服勾践卑身从吴,以重宝悦其心,以卑辞尊其礼,以此消除吴王的疑虑,而后静观时变。待吴国的精锐之师尽付于战场,则越王可乘其敝发兵灭吴,稳操胜券。这就是圣人所说的"屈节以求伸",也正是越王勾践所梦寐以求的。

子贡继之使晋，预示吴国胜齐，必以临晋，所以劝说晋"修兵休卒"，严阵以待。晋君亦欣然从命。

子贡遂去而之鲁。

尔后，事情的发展与子贡所预料如出一辙。吴与齐战于艾陵，大破齐师，果以兵临晋，两军对阵于黄池。由于晋国早有防备，伐晋失利，吴国损失惨重。越王勾践则乘机涉江袭吴，吴王首尾不得兼顾，遂放弃晋而归，与越战于五湖。三战不胜，城门不守。越王勾践十年生聚，十年教训，卧薪尝胆，终于一举灭掉吴国。

故子贡一出，存鲁，乱齐，亡吴，强晋，使越称霸。

子贡此事，既是"伐谋"、"伐交"之战，也是《孙子》"五间"之"生间"也。《国语》、《越绝书》、《吴越春秋》、《史记》皆载之。子贡之间，其间齐、吴、越、晋，即《李卫公兵法》所谓"间邻"之法也，而其策特妙，其辩尤精。

子贡此举，开战国纵横游说之学的先河。

（五）柳下跖奴隶起义

柳下跖，名展雄，鲁国柳下邑（今山东曲阜柳庄一带）人，或曰为柳下季之弟。著名的奴隶起义领袖，被历代统治者诬为"盗跖"或"桀跖"。

约春秋末年，展雄发动了声势浩大的奴隶大起义。跖，本指脚掌，起义奴隶多为赤脚，展雄又居柳下，或由此而称展雄为柳下跖。

起义军约初起于泰山之阳，在柳下跖的率领下，转战黄河流域，劫富室，侵诸侯，惩恶扬善，杀富济贫，受到各地奴隶及下层劳动人民的普遍欢迎。起义军作战勇猛，同仇敌忾，所到之处，"大国守城，小国入保"，各诸侯国奴隶主贵族闻风丧胆。在短短数月内，起义军就发展到近万人。起义沉重打击了奴隶主的统治，推动了我国历史由奴隶制向封建制的转变。由于奴隶主统治阶级的全力镇压，起义最终失败，柳下跖也在作战中牺牲。

柳下跖"生而长大，美好无双"，"知维天地，勇悍果敢"，追求"耕而食，织而衣，无有相害之心"的至德社会。孔子劝他效法"圣人之行"，罢兵休卒，柳下跖则斥之曰："丘之所言，皆吾之所弃也，亟去走归，无复言之！"这些引文见于《庄子》之《盗跖》篇。

《庄子》一书，由于"寓言十九"，"卮言日出"，"真真假假"，似乎可信度较差,然而书中所载决非"空穴来风"。或有夸张渲染,借以宣扬自己的思想主张,而所言之事亦多有所据。

《庄子》中《盗跖》篇称:

> 盗跖从卒九千人,横行天下,侵暴诸侯,穴室枢户,驱人牛马,取人妇女,贪得忘亲,不顾父母兄弟,不祭先祖。所过之邑,大国守城,小国入保,万民苦之。

这些记载,其褒贬倾向可姑且不论,应基本属实。既"侵暴诸侯",其所"从卒"显系广大奴隶。所掠"牛马"、"妇女",则当为"诸侯"、奴隶主的财产。

《盗跖》篇中还记述了跖与孔子一段辩论,跖指斥孔子曰:

> 今子修文武之道,掌天下之辩,以教后世,缝衣浅带,矫言伪行,以迷惑天下之主,而欲求富贵焉,盗莫大于子。天下何故不谓子为盗丘,而乃谓我为盗跖?

既欲求富贵,又要以"文武"为旗号,故跖称孔子为"巧伪人"。而柳下跖们则要为奴隶们的生存利益而斗争。

这些言论,显然认为孔子儒家的一套思想学说不合于现实,也许是道家借以攻击儒家的一种说辞。

又,在《庄子·胠箧》篇,庄子还记述了跖的一套理论:

> 故盗跖之徒问于跖曰:"盗亦有道乎?"
>
> 跖曰:"何适而无有道邪?夫妄意室中之藏,圣也;入先,勇也;出后,义也;知可否,知也;分均,仁也。五者不备而能成大盗者,天下未之有也。"

这一套理论,包含了圣、勇、义、知、仁五项基本要素,既有政治谋略,又有军事原则。可见,柳下跖能领导如此规模巨大的奴隶起义,绝非偶然。

《孟子·滕文公下》两称"盗跖",《荀子·不苟》称"盗跖吟口,名声若日月,与舜、禹俱传而不息"。

由庄、孟、荀等记载来看,柳下跖之起义是确实存在的,其规模与影响都是空前的。

三、中国兵学奠基人——孙武

(一) 孙武的家世与生平

1. 家世

孙子名武,字长卿,春秋末期齐国人,后人尊称为孙子或孙武子。

对于孙武的家世,史载甚少。《史记·孙子吴起列传》言:"孙子武者,齐人也。以兵法见于吴王阖庐。"司马迁似仅知其为"齐人"。

至东汉赵晔撰《吴越春秋》,其时大约因孙武在吴国隐居太深,世人莫知,所以赵晔又说:"孙子者,名武,吴人也。"(《吴越春秋·阖庐内传》)赵晔误以孙武为"吴人"。

其后,直至成书于宋代的《新唐书》和《古今姓氏书辨证》才稍加详明。由于二书所载大致相同,姑录《新唐书·宰相世系表》有关文字于下:

> 孙氏出自姬姓。……晋有孙登,即其裔也。
>
> 又有出自芈姓。……即令尹叔敖,亦为孙氏。
>
> 又有出自妫姓。齐田完字敬仲,四世孙桓子无宇,无宇二子:恒、书。书字子占,齐大夫,伐莒有功,景公赐姓孙氏,食采于乐安。生凭,字起宗,齐卿。凭生武,字长卿,以田、鲍四族谋为乱,奔吴,为将军。三子:驰、明、敌。明食采于富春,自是世为富春人。①

依此处所叙,孙氏之来历有三:一为姬姓,一为芈姓,一为妫姓。孙武即出自"妫"姓之孙。

田完即陈完,为陈厉公之子。由于陈国内乱,陈完怕祸及其身,乃于公元前672年逃至齐国,并改姓田氏。对田完后裔在齐国的发展,上章司马穰苴部分已有叙述。其中孙氏一支,则是从田无宇之子田书(亦即陈书或孙书)开始的。

田无宇(孙武的曾祖父),以勇力事齐庄公,甚有宠,官上大夫,在田、

----

① 《新唐书》卷七十三下。

鲍、栾、高的家族斗争中,无宇曾率田、鲍之族大败栾、高,"分其室"①,并由此而大大增强了田氏家族的实力,巩固了田氏在齐国的地位。

田书,为无宇之次子。其人亦颇有军事才能,有勇有谋。齐景公时,为大夫。景公二十五年(前523),齐派高发帅师伐莒,田书参与其事,并在独立执行追伐莒子任务中,立了大功。《左传·昭公十九年》载曰:

> 秋,齐高发帅师伐莒,莒子奔纪鄣。使孙书伐之。初,莒有妇人,莒子杀其夫,已为嫠妇。及老,托于纪鄣,纺焉以度而去之。及师至,则投诸外。或献诸子占,子占使师夜缒而登。登者六十人,缒绝。师鼓噪,城上之人亦噪,莒共公惧,启西门而出。七月丙子,齐师入纪。

孙书本为伐莒之副将,因莒子弃莒而奔纪鄣,乃使孙书独立执行追伐任务。适巧有一被莒共公杀掉丈夫的寡妇,早有蓄意报仇之心,乃以平日所纺麻绳,时时准备迎接外之攻伐者。孙书追攻至此,嫠妇自然成了内应。缒,即将绳索吊起来,可援之以上。孙书之兵刚刚登上60人,忽然绳断了,上者不能下,下者不能上,进退不能。孙书乃乘夜黑不辨兵力多少的条件,令上下鼓噪,大张声势,结果竟以虚假的声势把莒共公吓跑了。此乃"虚张声势"之谋也。夜登,有勇;鼓噪,有谋。孙书实亦颇可称道的军事人才。

由于这次战功,齐景公赐姓孙氏,并以乐安为食采之邑。自此,田书始称"孙书",并从此繁衍了乐安孙氏一族。"乐安"也就被孙书后人看成了自己的故乡。对于乐安今指何处,今人颇有争议,大致区分:汉代之乐安在今山东博兴,唐代之乐安在今山东惠民,金代之后的乐安在今山东广饶,均为春秋齐国之地。查先秦典籍,不见"乐安"之名,这就为后人留下了悬念与争执。

关于孙武的出生,时间、地点,史籍无丝毫资料,唯一一项确凿的年代,是孙武献书吴王阖闾,《史记》《吴越春秋》等均明确记载为吴王阖闾三年,即公元前512年。关于孙武出生时间、地点的推断,这是唯一的支撑点。

这一年既献《孙子兵法》,又有阖闾当场阅读的记载,则《孙子兵法》必已完成。《孙子兵法》作为一部具有如此完备理论体系的著作,如果没有相当深厚的学养及对历代战争经验的谙熟,是不可能完成的。因此,此时孙武

①见《左传·昭公十年》。

的年龄至少为 25 岁至 30 岁。据
此,孙武的生年大致当在公元前
542 年至前 537 年,或以公元前
540 年为宜。

又,若孙武出生于本年,则
孙书之"乐安"封邑尚不存在,其
时,孙武的父、祖均当居住于齐
都临淄,就是说,孙武的出生地
当在临淄或其附近的孙氏官邸。
其青少年时代的教育与学养,都
应当是在齐都临淄完成的,直至
避乱奔吴。

2. 避乱奔吴

孙武之父孙凭为齐卿,祖
父、曾祖父都是齐国的高官,孙

兵圣孙武(山东惠民孙子书院)

武从小就生活在这样一个文化素养相当高的家庭里。其时之政治权势与军
事实力是紧紧结合在一起的,所以,孙武同时又是生活于一个军事素养极高
的家庭环境里。对于孙武青少年时代所受的教育,史无详言,但仅从《孙
子》十三篇及有关孙武其他撰述的佚文来看,孙武不但熟读了当时既存的
兵书,而且对黄帝、三代以来的历史经验亦极为熟悉,可谓博览史籍。对其
当代的政治与"国际"形势,亦当如在指掌。既如此博学、明智,又有一个有
相当权势的家族背景,何以一定要离开齐国呢? 依当时各国之内外形势来
看,奔吴正是一项明智的抉择。析其原因,大致有三:

其一,齐国国内形势复杂,宗族斗争激烈残酷。

田、鲍、高、国,为当时齐国的"四大族"。田无宇时代,曾联合鲍氏,大
败栾、高而"分其室",其时在齐景公十六年(前 532 年)。稍后,约齐景公二
十年(前 528 年),田氏庶孽田穰苴又以才智挫败晋、燕之军,位居大司马之
职。齐景公二十五年(前 523 年),无宇之次子、孙武之祖孙书,复以伐莒之
功赐姓、封采。而此时,田乞之徒正以"大斗、小斗"之术收取齐国之民心。
面对田氏家族的蒸蒸日上,鲍、高、国诸族自然心怀怨愤。齐景公三十年

（前 518 年）前后，鲍氏与高、国两族联合谗害司马穰苴，使景公退之，司马穰苴遂发病而死。以如是之军功，居如彼之高位，竟死于谗害。这一事实，大约是孙武出走的直接原因。《新唐书》所称"田、鲍四族谋为乱"，当即言此。

其二，吴国的兴起之势是吸引孙武奔吴的外部因素。

吴国，由周初太伯、仲雍立国。太伯、仲雍是周族领袖古公亶父（后称周太王）之长子与次子。由于古公亶父钟爱幼子季历之子昌（即周文王），意欲传位于季历而后立昌。太伯、仲雍体察父意，遂奔荆蛮，从渭水之滨（今陕西岐山之地）来到今无锡、常熟一带，断发文身，与民并耕，当地人民拥戴太伯为勾吴之主。周武王克殷之后，则正式给予封号。由于吴越地处荆蛮，故春秋前期中原之争，多不涉其事。直至太伯之十九世孙吴王寿梦之时，方有兴起之势。寿梦诸子，特别是小儿季札，颇以仁德见称于时。寿梦本欲传位季札，季札坚辞不受，直至"弃其室而耕"，国人不再勉强。尔后，季札"聘于鲁，请观周乐"，表现了出色的文化教养。又使齐，使郑，适卫，如晋，与晏婴、子产、蘧瑗、史鳅、叔向等相交甚密，季札均能提出了适时的为政意见，表现了过人的见识。吴国由季札而大增其色。其后，伍员、孙武、范蠡、文种纷纷投奔吴、越之地，实与吴国当时蒸蒸日上的形势密切相关。可见，当时的吴国是"英雄用武之地"。

其三，大约与当时流行的星象学颇有关联。

伍员入吴，是为报父兄被杀之仇；孙武入吴，未见其说；而范蠡、文种之入越，却透露了这方面的信息。《越绝书》写道：

> 昔者范蠡，其始居楚，曰范伯。自谓衰贱，未尝世禄，故自菲薄：饮食则甘天下之无味，居则安天下之贱位。复被发佯狂，不与于世。谓大夫种曰："三王，则三皇之苗裔也；五伯，乃五帝之末世也。天运历纪，千岁一至。黄帝之元，执辰破巳；霸王之气，见于地户。伍子胥以是挟弓矢干吴王。"于是要大夫种入吴。此时冯同相与，共戒之："伍子胥在，自余不能关其词。"蠡曰："吴、越二邦同气共俗，地户之位非吴则越。"乃入越。①

---

① 《史记·越王勾践世家》，张守节《正义》所引，字句大致相同。

大夫种，即文种。地户，言地之门户。其时观星望气之学，以为天有门，地有户，王霸之气由是而现焉。依上述叙载，不但范蠡、文种因观气而奔吴越，伍员之奔吴，亦缘于此。由此似可推知，孙武之奔吴，大约也由此而起。

关于孙武奔吴的具体时间，当以孙武十七八岁至二十几岁为宜，即公元前520年前后。而这一时间，大致正是司马穰苴发病而死之时，或许正是司马穰苴之死，促成了孙武之决心奔吴。

3. 献书拜将

孙武之初入吴国，并无立即求仕之意，而首先是隐居著书。《吴越春秋·阖庐内传》记曰：

> 孙子者，名武，吴人也。善为兵法，辟隐深居，世人莫知其能。

孙武入吴，大约在吴王僚七至九年（前520—前518年）。由于孙武隐避，世人很少知其来历，故赵晔也径书之为"吴人"。明人冯梦龙编《东周列国志》，以孙武初到吴国，隐居于"罗浮山之东"。冯氏系明代长洲（今江苏吴县）人，对当地的地理环境与历史掌故十分熟悉，既编《东周列国志》，对东周遗事更当有考究。故冯氏所言，必当有据。又据宋谈钥《嘉泰吴兴志》卷四《山》，"罗浮山在县东十五里"，此"县"即吴兴郡长兴县，即今浙江省湖州市。又据该书所记，乌程伍林村有伍子胥宅，"昔子胥逃难筑室于此，旧基尚存"。此村亦在今浙江省湖州市境内。子胥已先期到吴，二人隐居之处如此接近，都具慧眼卓识，二人又自然成了知交。

伍子胥入吴后，为报父兄之仇，曾极力怂恿吴国伐楚。但由于公子光（阖庐）的阻挠，未能成事。子胥由是而看清了公子光的"内志"，乃向其进勇士专诸，并于吴王僚十二年（前515年）引发了"专诸刺王僚"的宫廷政变，公子光取代王僚，是为吴王阖庐。

阖庐当政，心情并未轻松多少。王僚之子庆忌流亡在外，正招纳死士，以图反扑；王僚的两位胞弟掩余、烛庸在降楚后又分别受封于楚，手中握有兵权，正虎视吴国。阖庐如何能"稳坐高堂"？阖庐有心伐楚，而所能用者，主要是伍员与伯嚭。此二人确有才智，特别是伍员，智深谋远，勇气过人，实为不可多得的帅才。然此二人均怀有对楚国的深仇大恨，"挟私怨而出征"，能否完全依循吴国的利益意图行事？——这正是阖庐举棋不定的原因所在。

《吴越春秋·阖庐内传》叙曰：

〔阖庐〕三年，吴将欲伐楚，未行。伍子胥、白喜(伯嚭)相谓曰："吾等为王养士，画其策谋，有利于国。而王故伐楚，出其令，而无兴师之意，奈何？"

有顷，吴王问子胥、白喜曰："寡人欲出兵，于二子何如？"子胥、白喜对曰："臣愿用命。"吴王内计：二子皆怨楚深，恐以兵往，破灭而已！

伍员、伯嚭既挟怨而往，就很可能不计利害，一往拼杀，即使损兵折将也在所不惜。阖庐之所以"放心不下"，正在于此。既而阖庐登台，向南风而啸，有顷而叹，群臣莫晓王意。唯有"子胥深知王之不定"，乃抓住时机，一旦而"七荐孙子"。

《吴越春秋·阖庐内传》写道：

子胥深知王之不定，乃荐孙子于王。

孙子者，吴人也，善为兵法，辟(避)隐深居，世人莫知其能。胥乃明知鉴辨，知孙子可以折冲销敌，乃一旦与吴王论兵，七荐孙子。

阖庐听了伍胥的推荐，仍怀疑他有私意，于是亲自召见孙子，问以兵法。孙子"每陈一篇，王不知口之称善，其意大悦"。单纯用语言表述，阖庐尚感不能尽兴，又提议"可以小试勒兵乎？""可以试诸妇人乎？"由此，又引出了"吴宫教战"的故事。《史记·孙子列传》《吴越春秋·阖庐内传》等均详载其事。

观阖庐的初意，确实是游戏性质：你既然说得头头是道，能付诸实施吗？给你深宫娇养的宫女，你孙武能如何训练？没想到，孙武慨然相允，信心十足。300名(一说180名)宫女，披甲持戟，击鼓操练。宫女们哪里见过这等阵势？只觉得新奇，个个掩口而笑，前仰后合，虽孙武三令五申，却全然不当回事。三鼓一过，诸女仍笑声不止。"孙子大怒，两目忽张，声如骇虎，发上冲冠"，乃取斧锧，行军法，首当其冲者，是阖庐的两个宠姬(二人为队长)。

孙武演兵场遗址(苏州)

阖庐眼看爱妃被捆缚,连忙使使臣持节驰救。然而"将在军,君命有所不受",孙武斩二爱姬以徇。之后,再行操练,虽左右进退,旋回跪起,宫女们循规蹈矩,不敢瞬目斜视。孙武报请阖庐检阅,而阖庐只是痛惜爱姬,已无心观看。阖庐虽哀思袅袅,但已深知孙武能用兵,最终拜孙武为将。

之后,孙武等为阖庐"西破强楚,入郢,北威齐、晋,显名诸侯",为吴国建立了大功。

(二) 关于"《孙子》十三篇"

对于孙武的著述,历代述录及考辨颇有参差:

公元前 512 年,孙武向吴王阖闾进献兵书时,阖闾即称"子之十三篇,吾尽观之矣"①。这表明,《孙子兵法》从问世之初,就是以"十三篇"作为一个整体而存在的。其后四五百年间,"十三篇"一直作为一个整体而流传,所以,司马迁说:"世俗所称师旅,皆道《孙子》十三篇。"②西汉墓葬出土的竹简《孙子兵法》,同样表明了"十三篇"是一个整体。

至西汉成帝河平三年(前 26 年),成帝"诏光禄大夫刘向校经传诸子诗

①②《史记·孙子吴起列传》。

赋,步兵校尉任宏校兵书",之后,"每一书已,向辄条其篇目,撮其指意,录而奏之"①,这就是刘向的《别录》。刘向死后,汉哀帝又使其子刘歆继承父业,刘歆乃"总群书而奏其《七略》",东汉班固又根据《七略》删取其要,写成了《汉书·艺文志》,而《艺文志》兵书类"兵权谋家"载:"《吴孙子兵法》八十二篇,图九卷。""《齐孙子》八十九篇,图四卷。""吴孙子"即孙武,以其为吴之将军,故称"吴孙子";"齐孙子"乃孙膑,膑既是齐人,又为齐国之军师,故称"齐孙子"。这样,由刘向、任宏校定的《吴孙子兵法》"八十二篇"传本由此产生。至东汉末年,曹操在注解《孙子兵法》时,又单独以"十三篇"为注。"八十二篇"本从此散亡。

隋、唐之后,《孙子兵法》仍以"十三篇"本流传。

直至1972年,山东临沂银雀山一号西汉墓不但同时出土了《孙子兵法》与《孙膑兵法》两种竹简,同时也出土了"《孙子》十三篇"之外的孙武著作,如《吴王问》、《黄帝伐四帝》等。"八十二篇"本方又略显眉目。但因数量太少,故《孙子兵法》现今仍以"十三篇"作为独立整体而流传。

依据这一结论,分析孙武的军事思想体系,只能以"十三篇"为主体,而辅之以其他资料。

按宋版《武经》刊本之顺序,"十三篇"名称依次是:《始计第一》、《作战第二》、《谋攻第三》、《军形第四》、《兵势第五》、《虚实第六》、《军争第七》、《九变第八》、《行军第九》、《地形第十》、《九地第十一》、《火攻第十二》、《用间第十三》。

《始计第一》

本篇为全书总纲,主要论述战争对于国家之生死存亡的极端重要性,以及决定战争胜负的五项基本因素。

《始计》写道:

> 兵者,国之大事,死生之地,存亡之道,不可不察也。故经之以五事,校之以计,而索其情:一曰道,二曰天,三曰地,四曰将,五曰法。

---

①《汉书·艺文志》。

"兵"者,战争也。孙子认为:战争是关系到国家之生死存亡的大事,必须高度审察。庙堂所议之"五事","道"、"天"、"地"、"将"、"法",是决定战争胜负的基本制约因素。

一曰道。

> 道者,令民与上同意,可与之死,可与之生,而不畏危也。

"道"就是道义民心,是使下层民众与君上保持思想一致的一种政治品格。国君修明政治,君民上下就可同心同德,臣之于君,下之于上,就能做到像子弟护卫父兄、手足捍卫头颅一样,人民与国君同生死,共患难,而不会离弃国君。《军志》说:"有德不可敌。"所以,"道"作为政治基础,是民心之所向,是立国之根本,故"道"居首位。

二曰天。

> 天者,阴阳、寒暑、时制也。

中国古代所言之"天",一般有多重含义。此处孙武所称之"天",是"自然之天",即昼夜、寒暑、风雨、晦明等天气与气候的变化。在人类控制自然之能力十分薄弱的古代,天象自然的变化对人类的活动影响很大。如三国时赤壁战前,周瑜指数曹操"今盛寒,马无蒿草,驱中国之众,远涉江湖"之类,乃其明显的不利因素也。

三曰地。

> 地者,远近、险易、广狭、死生也。

对于"地"的理解,并无太多的歧义。所需特加注意者,是首先要将自身置于自然条件恶劣、交通与通讯都十分原始的 2500 年之前的地理环境之中,才能深刻理解这一要素的重大意义。春秋时代,既没有汽车、火车、飞机、轮船,更没有机械化、摩托化。行军靠脚步,辎重靠大车;信息观烟尘,派斥候,或以马匹报捷,或飞箭传信……当时人们的一切活动,时刻都只能紧紧依附于"地"而进行。远与近,广与狭,险与易以及各种奇特的地形、地貌,都紧紧制约着人们的活动。孙武充分认识到"地"的作用,专门写了《地形》、《九地》、《行军》等特别依赖地理因素的篇目,要求针对不同地形之地理条件,及不同区位的人文条件而灵活用兵。明末清初著名军事地理学家顾祖禹于《读史方舆纪要》中论赞曰:"论兵之妙,莫如《孙子》;而论地利之妙,亦莫如《孙子》。"

四曰将。

> 将者,智、信、仁、勇、严也。

将,是战争活动的直接指挥者,是战争活动之主体因素的主要体现者。敌我双方之战争条件的准确认识与判断,客体因素的利用,主体因素的调动,完全取决于将。"将孰有能?"正是双方力量对比的基本条件之一。伟人毛泽东曾经将战争活动比喻为一种"戏剧",指出:"战争指挥员活动的舞台,必须建筑在客观条件(即孙子'五事')的许可之上,然而他们凭借这个舞台,却可以导演出很多有声有色、威武雄壮的话剧来。"①将军,就是战争这出戏剧的"导演",将军主观能动性的充分发挥,往往可以使战局转危为安,反败为胜,挽狂澜于既倒,扶大厦于将倾,成为引导战争走向胜利的最关键的因素。故孙子又曰:"夫将者,国之辅也。辅周则国必强,辅隙则国必弱。"②正由于将在战争活动中居于关键地位,因此,孙子主张"将能而君不御","将在军,君命有所不受","将"可以不受任何牵制而行使职权。

五曰法。

> 法者,曲制、官道、主用也。

曲制,军队之编制与节制,以金鼓、旌旗制之;官道,各级军官的素养及协同能力(一曰指"粮道");主用,后勤保障,器械、粮草之属。一切均有既定之法度。法严则治,治则强;法疏则乱,乱则衰。这是军队素质的具体表现,是形成军队强大战斗力的有力保障。

"五事"以"道"居首,表现了孙武的远见卓识。这既是对于历史经验的

---

① 《论持久战》,《毛泽东选集》第二卷,人民出版社1991年版,第478页。
② 《孙子·谋攻》。

深刻总结,也是对于战争本质的深透理解。战争从来就不是一种单纯的"暴力行为",战争本身,从来不是"目的"之所在,而是一种"手段",它必然要服从于既定的政治目标。德国19世纪著名军事著作家克劳塞维茨说过:"战争是一种政治行动","战争无非是政治通过另一种手段的继续"。① 战争服从于政治,是战争之本质所决定的根本特征。

《始计》篇在全面把握基础条件的同时,还明确提出了"因利制权"的"诡道十二策"作为辅助,从而确保战争的胜利。

《作战第二》

本篇主旨在于战争赖以进行的物质基础、经济基础。

> 孙子曰:凡用兵之法,驰车千驷,革车千乘,带甲十万,千里馈粮,则内外之费,宾客之用,胶漆之材,车甲之奉,日费千金,然后十万之师举矣。

《说文》:"作,起也。"《尔雅》及《诗传》亦曰:"作,为也","作,始也"。"作战"即准备战争,开始战争。战争是一件极其消耗人力、物力、财力的事件,故孙子曰:"日费千金,然后十万之师举矣。"曹操在注解本篇时,对此甚为赞同,并且从旁加注曰,"购赏犹在外之也!""日费千金"只是正常经费,"悬赏"的费用还要另外追加。可见,没有相应的物力、财力基础,战争是无法进行的。

立足于此,孙子主张速战速决,并提出"兵贵胜,不贵久"的战略指导原则,以及"取用于国,因粮于敌"的具体策略原则。

《谋攻第三》

本篇主旨在于确立战争的最高战略指导原则——"上兵伐谋"。

《说文》称"虑难曰谋"。攻守双方均关涉于国家的生死存亡,故欲求战争之胜,特别是求取"全胜",其难度是无须多言的。以最小的代价换取最大的战略利益,是摆在每一位决策者面前的首要问题。代价最小,莫过于不

---

① 克劳塞维茨:《战争论》第一卷,中国人民解放军军事科学院译,商务印书馆1978年版,第42、43页。

战;利益最大,莫过于全敌而屈。基于此,孙子首先确立了谋攻的大原则:

> 孙子曰:凡用兵之法,全国为上,破国次之;全军为上,破军次之;全旅为上,破旅次之;全卒为上,破卒次之;全伍为上,破伍次之。是故百战百胜,非善之善者也;不战而屈人之兵,善之善者也。

这就是为古今兵家所称颂的"不战而屈人之兵"的战略原则,它充分显示了孙子"全胜"的战略思想。如何才能达到这一目标,孙子又写道:

> 故上兵伐谋,其次伐交,其次伐兵,其下攻城……

"伐谋"者,以谋相伐也。言以奇策妙算,取胜于未战,故为"善之善"也。

诸家注《孙子》者所举战例,如汉韩信用李左车之计,驰咫尺之书,不战而下燕城;后汉王霸闭营坚守,周建、苏茂则以"粮食不足"而不战自退;春秋吴、晋黄池之会,吴以"振军威"而使晋服;战国燕、齐之战,鲁仲连以一封书信射于城中,使聊城不战自溃;西汉初定,韩信欲谋反,刘邦用陈平"伪游云梦"之计使之束手就擒……此类事例甚多,均能用最小的代价以夺取最大的战略目标。

"伐交",即通过外交手段达到目的,此亦可不必动用兵力。如曹沫之劫齐桓公,孔丘于齐鲁夹谷之会,蔺相如之"完璧归赵"、逼秦王击缶,毛遂歃血于楚,以及如苏秦、张仪辈"合纵连横"的大量活动,皆为外交斗争的典型事例。

外交斗争必须以军事实力为后盾,"有文事者必有武备"。"伐交"亦须才智之士的勇与谋。

"贵谋贱战"是《孙子兵法》的基本倾向。既而孙子提出知胜之道——"知可以与战,不可以与战","识寡众之用","上下同欲","以虞待不虞","将能而君不御",并最终归结于"知彼知己,百战不殆"。

《军形第四》

《军形》主守。

形,是指兵力部署所展现于外部的表象,故孙子要求"形人"而"我无形"。由于"形"之本质又含蕴了军事实力的"强、弱",故孙子又说:"强弱,形也。"明人赵本学于《孙子书校解引类》中注曰:"形者,情之著也,胜败之微也。见其形则得其情,得其情则得其所以制之之法。"故善守者能深藏其形,使敌无从得知我之虚实之所在,无所"措其爪"。《虚实》篇称"微乎,微乎,至于无形;神乎,神乎,至于无声",言藏形之甚密也。

本篇主旨在于攻守之道,其第一立足点又在于强固自身,首先立足于守,自身立于不败,然后待机而攻。《军形》篇写道:

> 孙子曰:昔之善战者,先为不可胜,以待敌之可胜。不可胜在己,可胜在敌。故善战者,能为不可胜,不能使敌之必可胜。故曰:胜可知,而不可为。不可胜者,守也;可胜者,攻也。守则不足,攻则有余。善守者,藏于九地之下;善攻者,动于九天之上,故能自保而全胜也。

"先为不可胜",就是立足于守;"以待敌之可胜",就是伺机消灭敌人,以守待攻。再严密的防守,总有其薄弱的一环;通宵达旦地戒备,也会有其松懈之时。所以,攻守要很好地配合,攻中有守,守中有攻,亦攻亦守,攻守兼备,伺其阙漏,乘其虚懈,猝然击之,方能置敌于死地。

如何做到"立于不败之地"?孙子指出:

在政治上,要"修道而保法",以求举国一心。杜牧曰:"道者,仁义也;法者,法制也。善用兵者,先修理仁义,保守法制,自为不可胜之政,伺敌有可败之隙,则攻能胜之。"①

在军事上,既要善于藏形,又要善于使敌人示形。分散敌力,集中己力,力争处于"以镒称铢"的优势地位。

在攻守策略上,沉着果断,既能"动于九天之上",又善"藏于九地之下",以期达到"战胜不忒"的效果。

《兵势第五》

《兵势》尚攻。

"势",指某种客观形态所含蕴的必然性趋向,常称形势、态势。

兵势,即根据一定的作战意图,运用兵力部署,从而造成一种能为我所

---

① 《十一家注孙子》。

用的客观必然性趋势。老子称"水"为"天下之至柔","石"为"天下之至坚",然"势"之所在,激水可以漂石。此足见"势"的力量。孟子曰:"虽有智慧,不如乘势。"①荀子曰:"劫之以势,隐之以厄。"②势之所趋,顺之者行,逆之者毁,故明智之士,必乘势、顺势,而后方能成事。

孙子用兵,尤讲"任势"。

> 故善战者,求之于势,不责于人,故能择人而任势。任势者,其战人也,如转木石。木石之性,安则静,危则动,方则止,圆则行。故善战人之势,如转圆石于千仞之山者,势也。

又曰:

> 激水之疾,至于漂石者,势也;鸷鸟之击,至于毁折者,节也。是故善战者,其势险。其节短,势如𰀓弩,节如发机。

这种态势的形成,主要在于正确运用"虚实"、"奇正"之术。故孙子曰:"势者,因利而制权也。""因利而制权"就是运用"虚实"、"奇正"之术造就一种有利的客观态势,以实现克敌制胜的目的。

《虚实第六》

《虚实》篇主要讲关于"虚实"的应对之策。

"虚实"概念在军事上所指具体含义甚广,据清初朱墉辑《武经七书汇解》引沈友曰:"虚者,怯、弱、乱、饥、劳、寡、不虞也;实者,勇、强、治、饱、逸、众、有备也。"

孙子言"兵者诡道","兵以诈立",究其实质,不外是"奇正""虚实"四字。"奇正",讲兵力运用的方式;而"奇正"所借以实施,并且能够取得相应之效果的基础所在,就在于对敌方之"虚实"的准确掌握和对于我方之"虚实"的巧妙部署。《虚实》篇道:

> 出其所不趋,趋其所不意,行千里而不劳者,行于无人之地也。攻

---

① 《公孙丑上》。
② 《议兵》。

而必胜者,攻其所不守也;守而必固者,守其所必攻也。故善攻者,敌不知其所守;善守者,敌不知其所攻。微乎微乎,至于无形;神乎神乎,至于无声,故能为敌之司命。

　　进而不可御者,冲其虚也;退而不可追者,速而不可及也。故我欲战,敌虽高垒深沟,不得不与我战者,攻其所必救也;我不欲战,画地而守之,敌不得与我战者,乖其所之也。

这一段近乎理想化的描述,其妙道正在于虚实之用。"所不趋"、"所不意",皆敌之虚空之处;"无人之地"、"其所不守",亦为敌之空虚之处。击其空虚,故无可阻挡,此即"进而不可御者,冲其虚也"。至于我之"画地而守"、"乖其所之",乃"避其实"也。

相反,我方之虚实,则当秘而不见,故能使"敌不知其所攻",故曰:"守而必固者,守其所必攻也。"

"避实击虚"、"因形而措胜",是赢得战争主动权(所谓"致人而不致于人")的基本保证。而要做到此,需要全面准确地察知敌情,不但要"知战之地,知战之日",而且还要采取"策之"、"作之"、"形之"、"角之"等具体措施,以尽可能掌握"得失之计"、"动静之理"、"死生之地"、"有余不足之处"。

《军争第七》

《军争》、《九变》、《行军》三篇,主要阐述行军作战中的具体原则与方法。《军争》讲常规之下的"争利",《九变》讲变态之下的"争利",《行军》讲不同地理条件下的处军原则及多种判断敌情的方法。

李筌曰:"争者,趋利也。""两军相对而争利",此"利"并非"货利"之利,而是"便利"之利。战场上最大之"利",就是战略要地。"利"在我,则我胜;在敌,则敌胜。故不得不争也。

　　孙子曰:凡用兵之法,将受命于君,合军聚众,交和而舍,莫难于军争。

各有谋略,故言军争为难。虽难,亦有其道,孙子所言"迂直之计",即其具体方略之一。

军争之难者,以迂为直,以患为利。故迂其途,而诱之以利,后人发,先人至。此知迂直之计者也。

迂,远也;直,近也。"以迂为直","以患为利",并非戏言。邓艾入蜀,不直走剑阁,乃西行七百里,其"形"为"迂",然"七百里"为无人之地,行而无阻,故较之直走剑阁者先入蜀。反之,若东汉马援征武陵五溪蛮夷,"从壶头(地名)则路近而水险,从充(县名)则涂夷而运远",马援决定进壶头,结果"贼乘高守隘,水疾,船不得上。会暑甚,士卒多疫死"。[①] 其"以直为直"而反"迂","以利为利"而反"害"。此乃未明"迂直之计"也。

故善争利者,能透过"迂"之形,能看到"直"之实。或表面示以"迂缓",而临机则突以"急直"而争利,如赵奢之走阏与是也。只有得"迂直之计",方可与军争利,得利而不危。

《九变第八》

九,在古籍中常表示"多次"或"多数",并非实指为九。用兵既要知常,更要知变。九变,言战场变数太多,故须机动用兵,灵活多变。

《军争》篇末,孙武写道:

故三军可夺气,将军可夺心。是故朝气锐,昼气惰,暮气归。故善用兵者,避其锐气,击其惰归,此治气者也。以治待乱,以静待哗,此治心者也。以近待远,以佚待劳,以饱待饥,此治力者也。无邀正正之旗,勿击堂堂之陈,此治变者也。

此处所举"四治",皆由常而变者也。两军初交,当其气盛心齐之际,决不可轻犯,必待其有可乘之隙、将骄卒惰之时而取之。就地形而言,则有圮地、衢地、绝地、围地、死地等差别,因此,指挥者必须依实际情况而随时决断,决不可机械地依照既定的指令行事。考虑问题,分析情况,必须从利、害两个方面考虑;若死守教条,固执己见,必陷于困境。孙子所称"途有所不由,军有所不击,城有所不攻,地有所不争,君命有所不受",皆立足于"变"字。

---

① 见《后汉书·马援传》。

《易》曰："见几而作，不俟终日。""几"者，变之微也。用兵之数，知变为大。故孙子曰："将通于九变之利者，知用兵矣；将不通九变之利，虽知地形，不能得地之利矣。"

《行军第九》

本篇主要讲了处军（军队驻扎）、相敌（侦察判断敌情）、附众（团结内部）三个问题。明人李贽在《孙子·参同》中曰："行军之道，察地形，识敌情，服士卒而已。"

处军之法，大致分四种类型：处山之军，处水上之军，处斥泽之军，处平陆之军。此四者，为当时作战行军所遇到的基本地形，故分类而叙之。另有多种特定之地形，如天井、天罗、天牢、天陷、险阻、潢井等，亦各有对策。

相敌之方法，自"近而静者，恃其险也；远而挑战者，欲人之进也"，至"兵怒而相迎，久而不合，又不相去，必谨察之"。所叙凡三十一事，皆依其表象，判断其内部情实。敌方之动态，草木之摇动，鸟兽之起伏，尘埃之形态，以及敌方营内之种种表现，均能反映出敌方的兵力、情绪及其进退之意图。孙武所列举之现象及其判断，既表现了朴素的唯物主义精神，又蕴了机智、丰富的辩证法思想（透过现象看本质）。

《地形第十》

本篇主要立足于地形、地貌的客观形势，着重论述了地形对战争活动的影响，以及如何运用地形的制约，导向己方之胜利。

《地形》篇道：

地形有通者，有挂者，有支者，有隘者，有险者，有远者。我可以往，彼可以来，曰通。通形者，先居高阳，利粮道，以战则利。可以往，难以返，曰挂。挂形者，敌无备，出而胜之；敌若有备，出而不胜，难以返，不利。我出而不利，彼出而不利，曰支。支形者，敌虽利我，我无出也。引而去之，令敌半出而击之，利。隘形者，我先居之，必盈之以待敌；若敌先居之，盈而勿从，不盈而从之。险形者，我先居之，必居高阳以待敌；若敌先居之，引而去之，勿从也。远形者，势均，难以挑战，战而不利。

　　凡此六者,地之道也。将之至任,不可不察也。

　　根据不同地形对作战的影响,孙子将地形分为通、挂、支、隘、险、远六种,并分别提出了不同的战术对策。通、挂、支,其文已解,无须赘释。隘,隘狭之通道,曹操曰:"隘形者,两山间通谷也,敌势不得挠我也。""盈",指前齐隘口,如此,方可拒敌人于隘口之外。若一方只居其半,则可进而从之,以与敌共此利也。险,指高山深谷,或坑堑荆棘,车马行人均难以迫近。如此者,必先居之。攻守、进退、联络,处处脱不开地理环境的制约,故孙子曰:

　　夫地形者,兵之助也。料敌制胜,计险厄远近,上将之道也。知此而用战者,必胜;不知此而用战者,必败。

《九地第十一》

　　《九地》篇依战场设置与敌、我军情的关系而论之。孙子依此类关系,将战地划分为九类地区:

　　孙子曰:用兵之法,有散地,有轻地,有争地,有交地,有衢地,有重地,有圯地,有围地,有死地。诸侯自战其地者,为散地;入人之地而不深者,为轻地;我得利、彼得亦利者,为争地;我可以往彼可以来者,为交地;诸侯之地三属,先至而得天下之众者,为衢地;山林、险阻、沮泽,凡难行之道者,为圯地;所由入者隘,所从归者迂,彼寡可以击吾之众者,为围地;疾战则存,不疾战则亡者,为死地。是故散地则无战,轻地则无止,争地则无攻,交地则无绝,衢地则合交,重地则掠,圯地则行,围地则谋,死地则战。

　　九种情况,九种对策。在此须特别说明者,这些对策,是中国古代诸侯之战的基本对策。诸侯之战的基本特征是:其一,士兵系为诸侯国王卖命,无必死之心,因而近其家乡则易散乱。其二,诸侯之间,各自为国,故其间可能经常深入他国作战,如"衢地则合交,重地则掠"等,均基于此言。

《火攻第十二》

　　火攻是古代用兵的重要手段之一。本篇主要讲述了火攻的种类、目的、条件以及实施的方法等。对于古代战争而言,一则粮草、营寨均为易燃之物,再则作战多以短兵相接,而人之抗御火势的能力又十分低下,故以火佐攻,常为制胜的重要手段。《火攻》写道:

> 孙子曰:凡火攻有五:一曰火人,二曰火积,三曰火辎,四曰火库,五曰火队。行火必有因,烟火必素具。发火有时,起火有日。时者,天之燥也。日者,月在箕、壁、翼、轸也。凡此四宿者,风起之日也。

"火人者,烧其庐舍营栅,以伤其人也。火积者,烧其禾麦刍草之积聚也。火辎者,烧其车乘也。火库者,烧其器械货财簿书所停之库也。火队者,临战之时,以火炮、火车、火牛、火燕之类烧其队伍也。"①"火发于内,早应于外……火发上风,无攻下风……"②发火之条件(因)、工具、材料等,均有讲究。孙武总结了这方面的经验,提出了一系列指导性原则。

以火攻敌,为害尤甚,兵家不得已而用之。

《用间第十三》

侦察敌情或离间敌人称做"间"。《间书》:"必用间,乃能先知敌情;必用间,乃能离间敌众也。"《孙子·用间》写道:

> 孙子曰:凡兴师十万,出征千里,百姓之费,公家之奉,日费千金;内外骚动,怠于道路,不得操事者,七十万家。相守数年,以争一日之胜,而爱爵禄百金,不知敌之情者,不仁之至也,非人之将也,非主之佐也,非胜之主也。故明君贤将,所以动而胜人,成功出于众者,先知也。先知者,不可取于鬼神,不可象于事,不可验于度,必取于人,知敌之情者也。

以战争耗费之大,关系之重,故求必胜;求胜之要,先在察明敌情;而先知敌情,又必依"知敌情者",这就是各种类型的"间"。

依其不同的来源、作用等,孙子将"间"分为五类:"有因间(一作'乡间'),有内间,有反间,有死间,有生间。五间俱起,莫知其道,是谓神纪,人

---

①赵本学:《孙子书校解引类》。
②《孙子·火攻》。

君之宝也。"

由于间谍之关系错综复杂,故对于"间"的掌握,亦非同寻常。"故三军之事,莫亲于间,赏莫厚于间,事莫密于间。非圣智不能用间,非仁义不能使间,非微妙不能得间之实。"①其中对于"反间"的地位,又特加强调。

孙子对伊挚、吕牙亦视之为"间":"昔殷之兴也,伊挚在夏;周之兴也,吕牙在殷。故惟明君贤将,能以上智为间者,必成大功。此兵之要,三军之所恃而动也。"足见孙子对用间之高度重视。

(三) "《孙子》十三篇"的逻辑结构与理论体系

通过上述"《孙子》十三篇"分篇要义的分析,"《孙子》十三篇"的逻辑结构与理论体系已初见端倪。下面再略加条理。

1. 关于"《孙子》十三篇"逻辑结构的探寻

"《孙子》十三篇"历经数千年风雨的涤荡而颠扑不破,时至今日,风采依然。这不禁引发人们思考:"十三篇"究竟具有怎样凝练的内在品质? 有着怎样完美的逻辑结构呢?

对于"十三篇"逻辑结构的最初探寻,大约是在《孙子》十三篇诞生1500余年后,即宋人张预为"十三篇"的排列顺序所作的探讨。此前,李筌虽然对局部篇目之间的联系作了解说,但未能贯通;而张预之解说,始贯通诸篇之关系、牵连及先后排列。其言曰:

> 管子曰:"计先定于内,而后兵出境。"故用兵之道,以《计》为首也。
> 计算已定,然后完车马,利器械,运粮草,约费用,以作战备,故〔《作战》〕次《计》。
> 计议已定,战具已集,然后可以智谋攻,故〔《谋攻》〕次《作战》。
> 两军攻守之形也,隐于中,则人不可得而知;见于外,则敌乘隙而至。形因攻守而显,故〔《形篇》〕次《谋攻》。
> 兵势已成,然后任势以取胜,故〔《势篇》〕次《形》。
> 《形篇》言攻守,《势篇》说奇正;善用兵者,先知攻守两齐之法,然

---

① 《孙子·用间》。

后知奇正;先知奇正相变之术,然后知虚实。盖奇正自攻守而用,虚实
由奇正而见,故〔《虚实》〕次《势》。

以"军争"为名者,谓两军相对而争利也。先知彼我之虚实,然后
能与人争胜,故〔《军争》〕次《虚实》。

变者,不拘常法,临事适变,从宜而行之之谓也。凡与人争利,必知
九地之变,故〔《九变》〕次《军争》。

知九地之变,然后可以择利而行军,故〔《行军》〕次《九变》。

凡军有所行,先五十里内山川形势,使军士伺其伏兵,将乃自行视
地之势,因而图之,知其险易。故行师越境,审地形而立胜。故〔《地
形》〕次《形军》。

用兵之地,其势有九。此论地势,故〔《九地》〕次《地形》。

以火攻敌,当使奸细潜行,地里之远近,途径之险易,先熟知之,乃
可往。故〔《火攻》〕次《九地》。

欲素知敌情者,非间不可也。然用间之道,尤须微密,故〔《用间》〕
次《火攻》也。①

张预之后,这方面之研究少有进展。直至近代蒋方震、刘邦骥著《孙子
浅说》,于目录中又将各篇要旨与关联概括为:

计篇第一,论军政与主德之关系。
作战第二,论军政与财政之关系。
谋攻第三,论军政与外交之关系。
形篇第四,论军政与内政之关系。
势篇第五,论奇正之妙用。
虚实第六,论虚实之至理。
军争第七,论普通战争之方略。
九变第八,论临机应变之方略。
行军第九,论行军之计划。
地形第十,论战斗开始之计划。

---

① 见《十一家注孙子》。

九地第十一,论战斗得胜深入敌境之计划。

火攻第十二,论火攻之计划。

用间第十三,论妙算之作用。

蒋、刘二氏写道:"统读十三篇,以主德始,以妙算终。此孙子之微言大义也。"对于《孙子》十三篇前后相承的纵向联系,蒋、刘二氏之概括,更以近现代之学术眼光,显示了十三篇深刻严谨的逻辑联系。

2.《孙子》十三篇"之逻辑结构与理论体系

总观上述诸论可以看出,"《孙子》十三篇"从撰著伊始,就已构建起一套科学严密、系统完整的兵学理论体系。其总体之结构形态是:

由总而分,由大而细,层层推进,层层深入,最后复归于总。

首先,总揽全局,以国家之存亡为其理论系统的根本目标。

其次,依次展开关系国家生死存亡的基本要素,并对其作用地位予以评估分析。

再次,依据基本目标的性质与要求,确立总体战略原则与策略原则。

而后,依据一般逻辑程序,依次深入战场实际,并确立不同战场环境中不同的战术原则及具体作战方法。

最后,以间谍信息对军情的掌握,贯穿始终,笼圈全局。

以具体篇目论,大致可列为五个层次:

第一层次:《始计》一篇,为全书之总纲。

以"庙算"为起始,对比敌我双方基本的战争条件,确立基本的战争依据,同时确立"因利制权"以佐其外的总体战略原则。

第二层次:《作战》、《谋攻》二篇。

立足敌我双方基本战争条件,确立根本性的战略原则:"兵贵胜,不贵久","上兵伐谋","不战而屈人之兵"等。

第三层次:《军形》、《兵势》、《虚实》三篇。

立足于战场形势瞬息万变的现实,确立了一系列行之有效的策略原则与战术原则。

第四层次:《军争》至《火攻》六篇。

层层推进,步步深入,从多角度深入各种复杂多变的具体战场环境中,从动态环境到静态形势,从策略到战术,到具体的"火攻"手段,总结出一系列带有普遍规律性的作战方法。

第五层次:《用间》一篇。

以情报作为勾连全书的一条红线,由始至终,将全书笼贯为一体。

五个层次,有统有分,相互勾连,首尾贯通,浑然一体。蒋方震、刘邦骥二氏于《孙子浅说》绪言曾总结曰:"十三篇结构缜密,次序井然,固有不能增减一字,不能颠倒一篇者。"可谓不刊之论也。

(四)《孙子兵法》的精神实质

如果用一句话概括《孙子兵法》的精髓要义,那就是:本之以仁义,济之以权谋。

关于《孙子兵法》之精神实质的争论由来已久。自魏武帝注《孙子》以来,大多注家只是着眼于《孙子兵法》之字句的理解,或是对某些方略、战术的实证。其间,唐太宗、李靖等虽然对《孙子兵法》的诸多方略有十分透辟的分析,其理解精深、独到,然而他们并未能站在更为超脱的高度,立足于全局,对《孙子兵法》的基本精神予以概括,对其思想学说的灵魂予以升华。

最先提出这方面见解的,当推唐代诗人、兵家杜牧。杜牧于《注孙子序》中写道:

> 孙武所著十三篇,自武死后凡千岁,将兵者有成者、有败者,勘其事迹,皆与武所著书一一相抵当,犹印圈模刻,一不差跌。武之所论,大约用仁义,使机权也。①

"用仁义,使机权",就是杜牧对《孙子兵法》之总体精神的概括。

杜牧的这一基本观点,同时表明了《孙子兵法》对诸家圣哲的基本兵学观点的继承与总结。如《司马法·仁本第一》曰:

> 古者以仁为本,以义治之之谓正;正不获意则权。权出于战,不出于中人。

---

① 见《全唐文》卷七五三。

三代立兵之本就在于仁义,用仁义的手段达不到目标,不得已而用战,这才使用"权变"。

同是西周初年的姜太公,明确提出"仁之所在,天下归之","天下非一人之天下,乃天下之天下也"等明朗的"仁本"观点,又以"兵权奇计"为手段,同样表现了"仁本"与"权谋"相补的观点。

又,《老子》五十七章:

> 以正治国,以奇用兵,以无事取天下。

老子以"慈"为宝。慈,即仁,此即老子之"正"。老子亦立足于"仁本"之"正",不得已方"以奇用兵"。

孔子以"仁"为其思想体系的核心,以民之"信"为立国之本。然而孔子亦曰"有文事者必有武备","有武事者必有文备",文、武之并用,也就是奇、正之相补。

可见,立足于仁义,而以权谋为辅,既是《司马法》及姜太公的基本观点,也是老子、孔子、孙子三大圣哲的共同之处。诸家圣贤何以如此所见略同?原因就在于,此乃是战争之本质及客观规律的深刻反映。

对于《孙子兵法》之精神实质的上述观点,激烈反对者、持异议者亦颇有人在,最典型者有宋人高似孙的《子略》。其言曰:

> 兵流于毒,始于孙武乎?武称雄于言兵,往往舍正而凿奇,背义而依诈。凡其言反覆,其变无常,智术相高,气驱力夺,故《诗》、《书》所述,《韬》、《匮》所传,至此皆索然无遗泽矣。①

高氏此论,似乎要把春秋以来"出奇设伏,变诈之兵并作"的历史性转变,归咎于《孙子兵法》之理论的传播,此乃本末倒置。

据载,高氏人品甚差,权臣韩侂胄当政之时,他曾暗献《九锡》之诗,为清议之士所不齿:"其读书以隐僻为博,其作文以怪涩为奇。"②如此品格,何谈"《诗》《书》遗泽"?实乃故作惊人之论也。即使撇开高似孙的人品,单

---

① 见马端临:《文献通考·经籍考》卷四十八。
② 参见宋人陈振孙:《直斋书录解题》卷二十。

就《孙子兵法》自身的内容而论,亦足可驳正高氏之说。

变诈之兵,春秋初年即已出现,郑庄公用兵已经表现得十分典型,而宋襄公坚持"以礼治军",不但他本人大败受伤而亡,"泓水之战"也成为中国历史上最典型的迂腐战例。就是说,《孙子兵法》的"诡道"理论,是春秋以来既存战争经验的理论总结,绝非由《孙子兵法》之理论"开启"了诡诈战争的先河。

稍加审视,孙武的"正"与"诡"界线是十分明确的:

《孙子兵法·始计》首先总论全局,具列"五事"、"七计"。"五事"、"七计",乃综合国力之所在,此皆为"正",何言"舍正而凿奇"? 又,以"道"居首,立足于道义、民心,此乃高举道义之旗帜,何言"背义而依诈"?

孙子之"诡道"缘何而来? 此乃在"五事"、"七计"之对比计算的基础上所采取的一种辅助措施。即孙子所言:"计利以听,乃为之势,以佐其外。势者,因利而制权也。兵者,诡道也……"①以"诡道"之策形成利我之"势",从而"佐"助"正面"基本国力之对抗。

可见,《孙子兵法》的基本立足点在于"正",在于"道义",而"奇计""诡道"诸策,皆为"正道"之佐助而已。《孙子兵法》的基本思路,正是以"正道"为根本,以"诡道"为佐助。杜牧称孙武之论为"用仁义,使机权",可谓切中之论。

(五)《孙子兵法》的历史地位与影响

1.《孙子兵法》在中国兵学发展史上的历史地位

(1)《孙子兵法》的核心地位

中国兵学的历史发展,以轩辕黄帝为起始,以"修德"、"振兵"为基本思路,其原初的本质就是"本之以仁义,济之以权谋"。

兵学的发展伴随着战争的发展而发展。由上古三代,特别是商、周时代的汤武革命,以及春秋时期的"奇伏变诈"战争,积累了十分丰富的战争经验。对此,《汉书·艺文志》曾有一段精湛的表述:

---

①《孙子兵法·始计》。

> 兵家者,盖出古司马之职,王官之武备也。《洪范》八政,八曰师。……《易》曰:"古者弦木为弧,剡木为矢,弧矢之利,以威天下",其用上矣。后世燿金为刃,割革为甲,器械甚备。下及汤武受命,以师克乱而济百姓,动之以仁义,行之以礼让,《司马法》是其遗事也。自春秋至于战国,出奇设伏,变诈之兵并作。[1]

中国古代战争的历史发展:上古为"弧矢之利",三代为"仁义之师",及至春秋战国,"变诈"之兵才骤然兴起。"变诈",就是权谋诡诈。至此,中国古代战争的基本形态已全部呈现出来,而各种形态战争的基本经验也都呈现在人们面前。《孙子兵法》正是在这一历史条件下出现的。

《孙子兵法》的出现,使这些基本的战争经验形成一个系统完备的兵学理论体系。这是一次总结,更是一次升华,由此奠定了中国兵学理论的基础体系。其后中国兵学的发展,从实际战争的思想指导到战争经验的理论总结,基本上是以《孙子兵法》为宗本,并在孙子兵学理论的框架指导下向前发展的。

由此,中国兵学的整个历史发展,就形成以《孙子兵法》为轴心的战争实践的指导与战争经验的总结。由此,笔者曾将中国兵学的整个历史发展,概括为一个轴心,两条主线,三大发展阶段。

一个轴心:就是《孙子兵法》,或称孙子兵学体系。

两条主线:

其一,中国历史上兵家战将的实际战争经验,主要存在于史籍之中。

其二,中国历代兵学撰著,专题兵学撰著及对专题兵书的注疏。

三大发展阶段:

第一阶段是先秦:《孙子兵法》诞生,中国兵学的奠基时期。

第二阶段是汉唐:《孙子兵法》的广泛应用,中国兵学的发展时期。

第三阶段是宋元明清:以《孙子兵法》统领兵学撰著,中国兵学的新开拓时期。

纵向、横向,均由《孙子兵法》居核心地位。

---

[1]《兵书略》后序。

（2）孙子兵学思想体系，总结并继承了其前代兵学思想的精华

《孙子兵法》中对前代兵书曾多有征引。如《军政》、《军谶》、《军势》等早已失传的兵学著作，在当时大致均已存在并广为流传。作为夏、商、西周三代治军理论之集中体现的《军礼司马法》，则是作为官方文献约束着当时的军事活动。如夏、商之际的商汤征葛之战，汤伐夏桀之战，商、周之际的武王伐纣之战等，几乎完全依照传统的《司马法》的规定而行事。比如，《司马法》说："虽交兵致刃，徒不趋，车不驰，逐奔不逾列，是以不乱。"（《天子之义第二》）而周商牧野之战，武王在进军时，即"不过六步、七步，乃止齐焉"，"不过于四伐、五伐、六伐、七伐，乃止齐焉"①。走上六步、七步，就要整理一下队形，刺杀（即"伐"）四次、五次，也要整理一下队形，与《司马法》的规定完全相合。《司马法》不但用之于三代，至春秋前期、中期，依然为许多人所遵行。《司马法》说："不加丧，不因凶，所以爱夫其民也。"《左传·襄公四年》即载曰："三月，陈成公卒，楚人将伐陈，闻丧乃止。"《左传·襄公十九年》又载曰："晋士匄侵齐及谷，闻丧而还。礼也。"此皆依《军礼司马法》的规定。

公元前638年宋楚泓水之战，宋襄公所严格遵行的"君子不重伤，不禽二毛。古之为军也，不以阻隘也。寡人虽亡国之余，不鼓不成列"②，完全是《军礼司马法》的规定。宋襄公泓水之战的失败，表明《司马法》的许多用兵原则在当时已无法通行。

《司马法》最核心的思想，乃在于以"仁"为本。班固《汉书·艺文志》称："以师克乱而济百姓，动之以仁义，行之以礼让，《司马法》是其遗事也。"可谓抓住了《司马法》的灵魂。《司马法·仁本第一》所言，"古者以仁为本，以义治之之谓正"，"杀人安人"，"以战止战"，"攻其国爱其民"等，正是《司马法》所高举的道义旗帜。对此，《孙子兵法》则有明朗的继承。《孙子兵法·始计》以"道"列于"五事"之首："道者，令民与上同意，可与之死，可与之生，而不畏危也。"国民与君主能够思想一致，同心同德，乃最大的道义所在，是以"仁"为本的基本要求。又如，"五事"中对"将"的要求："将者，智、信、仁、勇、严也。"此五德，亦皆本之于"仁"。

---

① 《史记·周本纪》。
② 《左传·僖公二十二年》。

可见,《孙子兵法》虽然产生于春秋时代,它对自黄帝时代就已存在的"修德振兵"的道义本质已牢牢把握并且予以弘扬。

(3)"《孙子》十三篇"吸取了其当时战争经验之精华,构建了系统完整的兵学理论体系

就"《孙子》十三篇"自身的理论体系来看,有两大特点:

一是牢牢立足于战略大局,高瞻远瞩,从总体上把握住克敌制胜的基本方略。

如开卷《计》篇首先提出了"五事"——道、天、地、将、法,十分准确、全面地反映了当时战争的基本条件。其"五事"以道义居首,更深刻地表现了战争的本质特征:军事的本质在于政治,任何军事活动的出发点与归宿点都必然是政治。这是一条贯通古今、颠扑不破的真理。

又如,《作战》篇专论战争的物质基础,没有"日费千金"的资财,就无法出动十万人的部队。由于战争的巨大消耗,充裕的物质保障是取得战争胜利的基本条件。这也是贯通古今、不可移易的真理。

《谋攻》篇,孙子又提出了"上兵伐谋"、"不战而屈人之兵"的基本战略方针,同样反映了战争活动的根本规律。战争的目的是使敌方屈从于我方的意志,绝不是滥杀无辜,更不是斩尽杀绝。当世界在经历了中世纪的疯狂屠戮和近代世界大战的深重灾难之后,人们再重温孙子关于"上兵伐谋"、"不战而屈人之兵"的教诲,是何等的亲切与圣明啊!《孙子兵法》能牢牢把握住战略大局,就使它获得了永不衰竭的活力。

二是深深植根于春秋战国时期权谋诡诈之战争实践,深透、精确地展示了敌我战场对垒的基本规律。

班固言:"自春秋至于战国,出奇设伏,变诈之兵并作。"既表现了中国古代战争历史发展的基本史实,更反映了春秋战国时代战争的突出特征。"变诈"就是权谋诡诈,《孙子兵法》所称"兵者诡道"、"兵以诈立",就是对此类战争本质特征的充分认定。由此所确立的一系列策略与战术,则是对春秋战国时代战争经验的总结。

作为战场的直接对垒,特别是在双方基本条件大致均衡的情况下,权谋的运用往往是克敌制胜的关键所在。《孙子兵法》的《计》篇,在细致叙说了"五事"、"七计"的基本条件之后,即把笔锋一转:"计利以听,乃为之势,以

佐其外。势者,因利而制权也。"所谓"因利而制权",就是依据我方战利的实际需要,而采取相应的具体方略。被后世兵家所讽诵的"诡道"十二策,即"能而示之不能"、"用而示之不用"等,就是对当时战场上所通行的诡诈之术的集中叙说,其要义在于"攻其无备,出其不意"。

权谋诡诈之战,正是后世战场对垒的基本形式。《孙子兵法》对此类战争规律的分析叙说,可谓淋漓尽致。如孙子自言:"故善出奇者,无穷如天地,不竭如江河。""战势不过奇正,奇正之变,不可胜穷也。奇正相生,如循环之无端,孰能穷之?"①人们尊之为经典,视之为极致,确如取之不尽、用之不竭的宝库。

(4)后世兵家百世之祖师

自《孙子》十三篇问世之后,历代兵家战将、权谋政要无不奉之为圭臬,视之为准则。兹依时序,略举数例:

春秋末,吴王阖庐三年(前512年),《孙子》十三篇初定,孙子献书给阖庐:"每陈一篇,王不知口之称善,其意大悦。"②

战国末,韩非称:"境内皆言兵,藏孙、吴之书者家有之。"③。此乃表明,当时孙子、吴起之书已广为流传,并且被视为兵学的首要典籍。

西汉初,韩信用兵,于井陉口背水为阵,大败赵军,斩陈余,擒赵王歇。其理论依据,就是《孙子兵法》的《九地》篇"陷之死地而后生,置之亡地而后存"。

司马迁言:"世俗所称师旅,皆道《孙子》十三篇。"④

西汉后期,名将赵充国用兵,伐谋、伐交,贵谋贱战,几乎处处体现了《孙子兵法》的思想学说。⑤

东汉末,曹操为兵学大家,曾撰写多种兵书。然对孙武之书,可谓情有独钟,所撰《孙子略解》自序曰:"吾观兵书战策多矣,孙武所著深矣。"(见孙星衍《平津馆丛书》所刊《孙吴司马法》)

至唐初,唐太宗李世民与名将李靖讨论兵法,几乎全是探究《孙子兵法》的精髓妙义。由于其见解深刻,论说精当,故其书《唐李问对》亦被宋人

---

①《孙子兵法·兵势》。
②《吴越春秋·阖庐内传》。
③《韩非子·五蠹》。
④《史记·孙子吴起列传》。
⑤参见《汉书·赵充国传》。

编入《武经七书》。

中唐名相杜佑撰《通典》二百卷,其中《兵典》十五卷,明确以《孙子兵法》为纲。

至宋代,由于边事告急,宋仁宗、神宗之时特重兵学,不但有名家梅尧臣、王皙、张预等注说《孙子》,神宗元丰三年(1080年)又诏令朱服、何去非编次《武经七书》,《孙子兵法》赫然居首。

其后,吉天保辑《十家会注孙子》,集录了自曹操以来十一家对《孙子兵法》的精要注解。此后,《武经七书》与《孙子十家注》就成了兵学发展的两大系统。

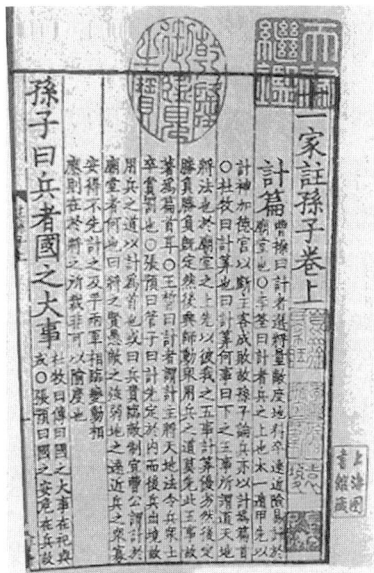
宋本《十一家注孙子》书影

至明代,李贽撰《孙子参同》五卷,则把《七书》中的其他六种全然看成了《孙子兵法》的解说。而宋初许洞《虎钤经》、明代戚继光《纪效新书》等,均明确以《孙子兵法》为最高指导。

以上所列简要之史实,足以表明《孙子兵法》在中国兵学发展史中的轴心地位。明末茅元仪撰《武备志》二百卷,其《兵诀评》曰:

> 自古谈兵者,必首《孙武子》,故曹孟德手注之,又为《兵家接要》二十万言,大约集诸家而阐明《孙子》者也。世有《武侯新书》者,亦所以明《孙子》,然赝书也,无所短长。孟德书不传,然《孙子》在,有心者可以意迎之,他书可弗传也。先秦之言兵者六家,前《孙子》者,《孙子》不遗;后《孙子》者,不能遗《孙子》,谓五家为《孙子》注疏可也。①

茅氏之论,实可推之于中国兵学:纵观历史发展,《孙子兵法》为轴心,贯通三大阶段;横观各朝各代,《孙子兵法》为灵魂,笼盖全部兵家战将。确如唐人杜牧于《注孙子序》中所言:"将兵者有成者有败者,勘其事迹,皆与武所著书一一相抵当,犹印圈模刻,一不差跌。"

可见,全部中国兵学,时时处处离不开《孙子兵法》也。

---

① 《中国兵书集成》第27册,第185—186页。

2. 孙子及《孙子兵法》跨越时空的巨大影响

《孙子兵法》是中国古典军事文化遗产中的璀璨瑰宝,中国古代最伟大的军事理论著作,它所阐述的谋略思想和哲学思想,对当时及后世都产生了极其深远的影响。若依今天的军事科学加以分析,"《孙子》十三篇"实包容了战略学、战术学、军事预测学、军事情报学、军事心理学、军事管理学、军事后勤学、军事地形学等多种学科,中国兵学的起点并非自孙子始,然而中国兵学真正成为一门独立的学科,则自《孙子兵法》为起始。今日军事科学的多种学科,研究其学科发展史,差不多都要追溯到孙子。

时至当今时代,《孙子兵法》的思想学说早已被广泛地运用于军事、政治、经济等各领域中,它既跨越了时间领域的制约,也跨越了行业领域的制约,跨越了空间地域的制约,成为世界领域广泛认可的优秀文化遗产。

世界兵学,东方首推中国,西方则首推古希腊、罗马。

对于孙子兵学在东方的地位,东方国家早已众口一词,称孙子为东方兵学之鼻祖,《孙子兵法》被誉为东方之"兵学圣典"、"百世谈兵之祖"。东方各国军事家无不从中汲取养料,用于指导战争实践和发展军事理论。这方面表现最突出的,要数日本。

大约在公元 8 世纪,即日本国奈良时代(710—784 年),日本国著名学者吉备真备即将《孙子兵法》带入日本。之后,逐渐有多种版本在日本流传,并且也陆续出现了许多日本人研究与诠释《孙子兵法》的著作。日本的许多著名将领如织田信长、丰臣秀吉、德川家康、武田信玄等人,无不以精通《孙子》而见称,时人甚至称武田信玄为日本的"孙子"。日本国的许多军事著述,如《甲阳军鉴》、《兵法记》、《兵法必传》等,亦多以孙子之兵学原理为依据。

其他亚洲国家,如朝鲜、越南等,也都有《孙子兵法》的多种版本流传。东方人对于《孙子兵法》的尊崇,是举世公认的。

论西方兵学,首先当推古希腊、罗马时代的军事名著,如希罗多德的《历史》、修昔底德的《伯罗奔尼撒战争史》等。其作品时代虽与孙子相近或略晚,然其书的理论化程度则远不如《孙子》。总体来说,这些作品均以叙说战争的历史为主,其间杂叙若干军事理论观点。严格地说,在这些著作里,史学与兵学尚未分离,兵学或军事学只不过是史学的"附庸"而已。而孙子的著作,则是浑然一体的军事理论著作,其立足点之高、理论概括性之强,都是古希腊、罗马时代的军事名著所无法比拟的。只有《孙子兵法》,才确实是立足于战略的高度,全面阐释战争活动之基本规律的理论著作,而且建立了自己的无与伦比的兵学理论体系。因此,孙子也理所当然地赢得了西方军事家的赞誉:

1772年,《孙子兵法》法文译本扉页上载:"凡欲成为军官者,都必须接受以本书为主要内容的考试。"

现代英国著名军事学家利德尔·哈特所著《战略》一书,称孙子"不战而屈人之兵"的战略是"最完美的战略",书前所引21条兵家语录,孙子语录即占15条。哈特感称:"在《孙子兵法》中,把我20多部著作所涉及的战略和战术原则几乎包罗无遗。"

第二次世界大战中西线盟军统帅蒙哥马利元帅于1961年会见毛泽东时,曾提出:"世界上所有的军事学校,都应把《孙子兵法》列为必修课程。"

俄国近代学者郭泰纳夫所著《中国军人魂》中称,孙子是"世界第一流的军事家"。

1957年,前苏联出版的米里施坦因、斯洛博琴科著《论资产阶级军事科学》中称,"最早、最优秀的是孙子的著作"。

1973年,美国学者、国防大学战略研究所所长约翰·柯林斯所著《大战略》一书,在《战略的开山大师》一节中指出:"形成战略思想的第一位伟人就是孙子……他对于战争艺术写下了世界上所已知的一部最早的著作。他那短短的十三篇是古今中外的第一杰作,连克劳塞维茨在2200年后所写的《战争论》也是望尘莫及。今天尚无一人对于战略的相互关系、考虑和限制等,能够有比较更深入的认识。其大部分观念在我们当前的环境中,还是和当年完全一样的有价值。"①

《孙子兵法》成书于2500年前的春秋末年,比欧洲近代军事著作家克劳塞维茨的《战争论》早2200多年,其兵学理论成就之高,又远非他人所可

---

①转引自杨善群:《孙子评传》第十四章,南京大学出版1992年版,第502页。

攀比。所以,《孙子兵法》被国际军事界广泛尊奉为兵学鼻祖,这正是《孙子兵法》在世界兵学史上之地位的准确反映。

今天,《孙子兵法》已被翻译成英、俄、德、日等 29 种文字,在世界上广为流传。

附:关于孙武之终

孙武之终,由于史籍无载,亦为世人不解之谜。依现有资料分析,孙武之终,当是再次隐遁,而后终老于吴。理由如下:

其一,吴军破楚入郢之后,其所作所为,不得人心。伍子胥为报父兄之仇,追昭王不得,乃"掘平王之墓,出其尸,鞭之三百"。又使吴之君臣依官位分别占有楚国君臣的妻室,"以班处宫",以此来羞辱楚国。这些行动所引起的后果,只能是招致楚人的强烈反感,楚臣申包胥哭秦庭七日七夜,求得秦国救兵;越王元常亦兴兵伐吴;而阖庐之弟夫概王亦返吴自立。……这表明,阖庐破楚之后所换来的竟是"众叛亲离"。

面对这一形势,孙武已经清醒,若再逗留楚国,将难以自拔,遂劝子胥曰:"吾以吴干戈西破楚,逐昭王而屠荆平王墓,割戮其尸,亦已足矣!"①由此,阖庐、子胥等才决定返吴。在孙武看来,这种战争显然已无法再打,它究竟有什么意义?!因此,此后孙武是否还想参与战争事宜,已经不太可能。

其二,吴、楚战后,吴国欲谋取的下一个目标是谁?秦、晋相隔遥远,难于直接争锋;所可用兵者,只有南旁之越国,北邻之齐、鲁。越国,伍员一直视之为吴国的心腹之患,必欲尽快除灭之。然而吴王夫差根本没把越国放在眼里,而决心要与齐、晋争雄。显然,吴国谋取的目标,正是北方之齐、鲁。本来,孙武因齐国宗族之乱而离去,而此时,齐国之权势,已为田氏家族掌握。作为田氏家族的一个分支,孙武能率领吴军去讨伐齐国吗?很显然,这是十分困难的。再从另一方面讲,孙武为田氏之后裔,吴王是不会不知道的,从吴国的立场出发,若去攻伐齐国,能放手让孙武带兵吗?这显然是不现实的。

其三,作为一代兵圣,孙武对于阖庐与夫差的人品,不会没有清醒的认

---

① 《吴越春秋·阖庐内传》。

识。其后之范蠡尚且能识透勾践的内质,深知其可与共患难而不可与共欢乐,知道"飞鸟尽,藏良弓;狡兔死,走狗烹",孙武岂能无此见识?伍员为人刚愎固执,其身陷屠戮而不悔,乃性使然也。孙武与伍员虽智谋不相上下,然个性迥异。《孙子兵法》首篇即言:"将听吾计,用之必胜,留之;将不听吾计,用之必败,去之。"去留之事,早有成算,何能如伍员一样陷于绝境?

其四,由隐而仕,仕而又隐者,亦多有其人。同时代之范蠡就是一例。孙武之才智不亚于范蠡。仕而又隐,大致也是孙武人生归途的最佳选择。孙武向阖庐献书时即有"十三篇"兵法,然其时未必是最后之定稿。依情理判断,孙武于吴、楚战后二次隐居时,又有了亲历的战争经验,故对于兵法的修改、定稿,当更为成熟。而撰写与改定兵法,大致正是孙武隐居再次隐居后的主要活动。《汉书·艺文志》称"《吴孙子兵法》八十二篇,图九卷",应该是孙武二次稳居时所留下的成果。而《越绝书》中所载吴"巫门外大冢,吴王客齐孙武冢也",则当是孙武"终老于吴"的一个明证罢。

要之,孙武之终,无史实可采,也只能依现存材料作一分析罢了。

第三章　战国时期的山东兵家与战争

一、墨子与吴起

（一）墨子的军事思想

1. 墨子其人

《韩非子·显学》写道："世之显学，儒、墨也。儒之所至，孔丘也；墨之所至，墨翟也。"春秋战国时期影响最大、最为显赫的两大学派，就是儒家与墨家。儒家学派的创立者为孔丘，墨家学派的创立者为墨翟。

墨子名翟，姓墨氏，鲁人。东汉末，高诱注《吕氏春秋》，言"墨子名翟，鲁人"（《当染》注）。第一次提出墨子为鲁国人。清代孙诒让作《墨子间诂》，在附文《墨子传略》曰："然就今存《墨子》书五十三篇钩考之，尚可得其较略：盖生于鲁而仕宋，其平生足迹所及，则尝北之齐，西使卫，及屡游楚，前至郢，后客鲁阳，复欲适越而未果。"孙诒让再一次提出墨子为鲁国人。另外，《墨子·贵义》曰"墨子自鲁即齐"，《墨子·鲁问》曰"以迎墨子于鲁"，《吕氏春秋·爱类》曰"公输般为云梯，欲以攻宋，墨子闻之，自鲁往"，亦多表明墨子与鲁国的渊源。鲁人说的主要支持者还有梁启超、钱穆、胡适等著名学者。亦有人说墨子为宋人，但鲁人说是为当今墨学界绝大部分人所认可的。当今史学界普遍认为墨子里籍是今山东滕州。

墨子生活于春秋末至战国初。司马迁撰写《史记》时，对其人的事迹已不甚了解，仅于《孟子荀卿列传》之末写道："盖墨翟，宋之大夫，善守御，为节用。或曰并孔子时，或曰在其后。"司马迁既未明其里籍，亦未明确肯定与孔子之先后。班固《汉书·艺文志》因循其说，然已明确"在孔子后"

墨子像(滕州)

(《诸子略·墨家》)。清末孙诒让撰《墨子间诂》末附《墨子传略》中的《墨子年表》又对墨翟的生存年代推断曰：

> 窃以今五十三篇之书推校之:墨子前及与公输般、鲁阳文子相问答,而后及见齐太公和与齐康公兴乐、楚吴起之死(分别见《贵义》、《鲁问》、《公输》、《非乐》、《亲士》诸篇),上距孔子之卒,几及百年,则墨子之后孔子,盖信。审核前后,约略计之,墨子当与子思并时,而生年尚在其后,当生于周定王之初年,而卒于安王之季,盖八九十岁,亦寿考矣。

依此,墨子约生于公元前468年,卒于公元前380年前后。

2. 墨子奔走和平,止楚攻宋

墨子的一生,是为和平与仁爱而奔走呼号的一生。以为天下人谋利为己任,以大禹治水的精神为激励,刻苦自身,唯利他人。孟子曾将墨翟与杨朱作了一个对比:

> 杨子取为我,拔一毛而利天下,不为也。墨子兼爱,摩顶放踵利天下,为之。[1]

---

[1]《孟子·尽心上》。

"摩顶放踵"，顶，头顶；踵，脚跟；放，至也。东汉赵岐在《孟子正义》注曰："摩突其顶，下至于踵，以利天下，己乐为之也。"墨子爱无差等，即使从头到脚尽奉献于天下，也乐意为之。止楚攻宋，就是墨子奔走和平的典型一例。

《墨子·公输》写道：

> 公输盘为楚造云梯之械，成，将以攻宋。
>
> 子墨子闻之，起于齐，行十日十夜，而至于郢，见公输盘。
>
> 公输盘曰："夫子何命焉为？"
>
> 子墨子曰："北方有侮臣者，愿藉子杀之。"
>
> 公输盘不说（悦）。
>
> 子墨子曰："请献千金。"
>
> 公输盘曰："吾义固不杀人！"
>
> 子墨子起，再拜，曰："请说之。吾从北方闻子为梯，将以攻宋。宋何罪之有？荆国有余于地，而不足于民。杀所不足而争所有余，不可谓智；宋无罪而攻之，不可谓仁；知而不争，不可谓忠；争而不得，不可谓强。义不杀少而杀众，不可谓知类。"
>
> 公输盘服。
>
> 子墨子曰："然，胡不已乎？"
>
> 公输盘曰："不可，吾既已言之王矣。"
>
> 子墨子曰："胡不见我于王？"
>
> 公输盘曰："诺！"
>
> 子墨子见王，曰："今有人于此，舍其文轩，邻有敝舆，而欲窃之；舍其锦绣，邻有短褐，而欲窃之；舍其粱肉，邻有糠糟，而欲窃之。此为何若人？"
>
> 王曰："必为有窃疾矣。"
>
> 子墨子曰："荆之地，方五千里；宋之地，方五百里，此犹文轩之与敝舆也。荆有云梦，犀兕麋鹿满之，江汉之鱼鳖鼋鼍为天下富；宋所为无雉兔鲋鱼者也，此犹粱肉之与糠糟也。荆有长松、文梓、楩枏、豫章；宋无长木，此犹锦绣之与短褐也。臣以三事之攻宋也，为与此同类。臣

见大王之必伤义而不得。"

王曰："善哉！虽然，公输盘为我为云梯，必取宋。"

公输盘为楚国制造了一种名叫"云梯"的攻城器械，造成后，将用它攻打宋国。墨子听说了，就从齐国起身，一连赶了十天十夜的路，来到楚国国都郢，劝说楚王放弃攻打宋国的打算。墨子先后会见公输盘与楚王，用以小见大的方法阐明了自己的观点：你公输盘既然一向奉行仁义，绝不杀一个人，为什么要帮助楚王发动对宋的战争，杀死更多的人？你楚王既然已经有了奢华的一切，为什么还要再侵占一个既小又贫弱的宋国呢？

公输盘与楚王无言以对，但还是执意要攻打宋国。公输盘信誓旦旦，认为攻城有把握。墨子则直截了当地反驳说："你能攻，我能守，即使有云梯，也不见得得逞。"说着，墨子解下腰带，圈在地上，围作一座城，用小木片作为守备的器械，让公输盘来试演攻防战术。公输盘一连九次变换攻城用的机巧多变的器械，墨子九次抵御了他的进攻。公输盘攻战用的器械用尽了，墨子的守御却还有余力。《墨子·公输》写道：

公输盘九设攻城之机变，子墨子九距之。公输盘之攻械尽，子墨子之守圉有余。

公输盘气急败坏，欲杀墨子，墨子说："我的弟子禽滑厘等，已经手持我守御用的器械，在宋国城上等待楚国大军。你们即使杀了我，守御的人也是杀不尽的。"宋国的守御已经做到无懈可击，楚王只好放弃了攻打宋国的打算。

墨子从楚国归来，经过宋国，天下着雨，他到闾门去避雨，守卫闾门的人却不接纳他。所以说："运用神机的人，众人不知道他的功劳；而于明处争辩不休的人，众人却知道他。"（原文："治于神者，众人不知其功；争于明者，众人知之。"）

墨翟的这场斗争，正是一场精心安排的"伐谋"、"伐交"行动。既晓之以利害，使你居于"不义"之地；又早有坚实的后盾，弟子们早已严密戒备，使敌绝不能取得利益，故可制止这场战争。孔子曰："有文事者必有武备。"墨子之行岂非如是乎！

3. 墨子的战争观——"兼爱"与"非攻"

"兼爱"与"非攻",是一个问题的两个方面:由正面讲,即要"兼爱";从反面讲,则是"非攻"。"非攻"者,即反对攻伐,反对战争。它成为墨子兵学思想学说的"焦点"或"核心"。《兼爱》篇,今存上、中、下三篇,字句略异,主旨基本一致。姑录其要:

《兼爱》上篇写道:

> 圣人,以治天下为事者也,必知乱之所自起,焉能治之("焉"训"乃",下同)。不知乱之所自起,则不能治。譬之如医之攻人之疾者然,必知疾之所自起,焉能攻之。不知疾之所自起,则弗能攻。……圣人以治天下为事者也,不可不察乱之所自起,当察乱何自起? 起不相爱。
>
> 臣子之不孝君父,所谓乱也。子自爱,不爱父,故亏父而自利;弟自爱,不爱兄,故亏兄而自利;臣自爱,不爱君,故亏君而自利。此所谓乱也。……诸侯各爱其国,不爱异国,故攻异国以利其国。天下之乱物,具此而已矣。察此何自起? 皆起不相爱。

《兼爱》中篇写道:

> 子墨子言:"以不相爱生。今诸侯独知爱其国,不爱人之国,是以不惮举其国以攻人之国。今家主独知爱其家,而不爱人之家,是以不惮举其家以篡人之家。今人独知爱其身,不爱人之身,是以不惮举其身以贼人之身。是故诸侯不相爱则必野战,家主不相爱则必相篡,人与人不相爱则必相贼,君臣不相爱则不惠忠,父子不相爱则不慈孝,兄弟不相爱则不和调。天下之人皆不相爱,强必执弱,富必侮贫,贵必敖贱,诈必欺愚。凡天下祸篡怨恨,其所以起者,以不相爱生也,是以仁者非之。"
>
> 既以非之,何以易之?
>
> 子墨子言曰:"以兼相爱、交相利之法易之。"
>
> 然则兼相爱、交相利之法将奈何哉?
>
> 子墨子言:"视人之国若视其国,视人之家若视其家,视人之身若视其身。是故诸侯相爱则不野战,家主相爱则不相篡,人与人相爱则不

相贼,君臣相爱则惠忠,父子相爱则慈孝,兄弟相爱则和调。天下之人皆相爱,强不执弱,众不劫寡,富不侮贫,贵不敖贱,诈不欺愚。凡天下祸篡怨恨可使毋起者,以相爱生也,是以仁者誉之。"

以上这些引文,虽系先秦古文,应该说通俗易懂。其意蕴可一言以蔽之:一切祸患,均来自于人与人之间的"不相爱";若能以"兼相爱、交相利之法"易之,也就可以免除一切祸患。因此,"兼以易别",既是墨子的思想核心,也是墨家的行动刚领。"兼",并;"别",分。以天下之大爱——无差别的爱置换有差别的爱,最终实现爱无差等的理想社会。一切本原于"兼",则是"天下之大利";若一切本原于"别",则为"天下之大害"。此亦可明"兼爱"之说在墨家学说中的地位。

《非攻》上篇又写道:

今有一人,入人园圃,窃其桃李,众闻则非之,上为政者得则罚之。此何也?以亏人自利也。至攘人犬豕鸡豚者,其不义,又甚入人园圃窃桃李。是何故也?苟亏人愈多,其不仁兹甚,罪益厚。至入人栏厩,取人马牛者,其不仁义又甚攘人犬豕鸡豚。此何故也?以其亏人愈多。苟亏人愈多,其不仁兹甚,罪益厚。至杀不辜人也,扡其衣裘、取戈剑者,其不义又甚入人栏厩取人马牛。此何故也?以其亏人愈多。苟亏人愈多,其不仁兹甚矣,罪益厚。当此天下之君子皆知而非之,谓之不义。今至大〔不义〕为攻国,则弗知非,从而誉之,谓之义。此可谓知义与不义之别乎?

杀一人,谓之不义,必有一死罪矣。若以此说,往杀十人,十重不义,必有十死罪矣;杀百人百重不义,必有百死罪矣。当此天下之君子皆知而非之,谓之不义。今至大为不义攻国,则弗知非,从而誉之,谓之义。情不知其不义也,故书其言以遗后世。若知其不义也,夫奚说书其不义以遗后世哉?今有人于此,少见黑曰黑,多见黑曰白,则以此人不知白黑之辩矣;少尝苦曰苦,多尝苦曰甘,则必以此人为不知甘苦之辩矣。今小为非,则知而非之。大为非攻国,则不知非,从而誉之,谓之义,此可谓知义与不义之辩乎?是以知天下之君子也,辩义与不义之乱也。

《非攻》上篇所叙道理,由小而大,由细而巨,由个人之偷窃到国家之攻伐,层层推理,逻辑严密,可谓不刊之论。其观点十分明确:若攻人之国,其不义之罪,当十倍、百倍甚至千万倍于杀人越货。然世人不但不予谴责,甚至誉之为义,何其悖乱也!

为申明自己的主张,墨子又反复列举历史事实,最后呼吁曰:"今且天下之王公大人士君子,中情将欲求兴天下之利,除天下之害,当若繁为攻伐,此实天下之巨害也。今欲为仁义,求为上士,尚(上)欲中圣王之道,下欲中国家百姓之利,故当若'非攻'之为说,而将不可不察者,此也。"(《非攻》下篇)

墨子满怀仁慈之心,欲救世界之乱,其说虽多远于儒,而此说仍颇近于儒。然而当时征战之所起,实乃利益之所趋,所谓"义利之辩"曾盛行于一时。恩格斯所称"正是人的恶劣的情欲——贪欲和权势欲成了历史发展的杠杆"①,乃在事实上起了作用。

虽然墨翟们大声疾呼反对战争,然而攻伐之战仍难以单凭口说而制止。为此,墨家又着力研究了战争的守御术。

4. 墨子守御术

据今存《墨子》原目之序号,自《备城门》以下有 20 篇为城防术。孙诒让曰:"自此至《杂守》,凡二十篇,皆禽滑厘所受守城之法也。"又曰:"李筌《太白阴经·守城具篇》云,'禽滑厘问墨翟守城之具,墨翟答以六十六事',即指以下数篇言之。'六十六事',别本《阴经》作'五十六事'。今兵法诸篇,阙者几半,文字复多脱互,与李筌所举事数不相应。"(《墨子间诂》卷十四)

今本《墨子》、《备城门》以下实存 11 篇,篇目是:《备城门第五十二》、《备高临第五十三》、《备梯第五十六》、《备水第五十八》、《备突第六十一》、《备穴第六十二》、《备蛾傅第六十三》、《迎敌祠第六十八》、《旗帜第六十九》、《号令第七十》、《杂守第七十一》。中间计缺五十四、五十五、五十七、五十九、六十、六十四、六十五、六十六、六十七,共 9 篇。

---

① 见《费尔巴哈和德国古典哲学的终结》单行本,人民出版社 1972 年版,第 28 页。

依现存篇目,仍以《备城门》为总纲。其篇首言曰:

> 禽滑厘问于子墨子曰:"由圣人之言,凤鸟之不出,诸侯畔(叛)殷、周之国,甲兵方起于天下,大攻小,强执弱。吾欲守小国,为之奈何?"
>
> 子墨子曰:"何攻之守?"
>
> 禽滑厘对曰:"今之世常所以攻者,临、钩、冲、梯、堙、水、穴、突、空洞、蚁傅、轒辒、轩车。敢问守此十二者奈何?"
>
> 墨子曰:"我城池修,守器具,推(樵)粟足,上下相亲,又得四邻诸侯之救,此所以持也。且守者虽善,〔而君不用之,〕则犹若不可以守也。若君用之,守者又必能乎? 守者不能而君用之,则犹若不可以守也。然则守者必善,而君尊用之,然后可以守也。"

对于上文所列 12 种攻法,历代解说或略有歧义,兹各取一说,介绍于下:

临:高也,在上临下之名。"积土为高,以临我城",居高临下,故便于攻。

钩:钩梯也,所以钩引上城者。与云梯异。

冲:冲车也,用以撞击城门。

梯:云梯,如公输盘所造者。

堙:当为"堙",塞也。于城外起土为山,乘城而上。

水:决水灌城。

穴:挖地道以入城。

突:攻法未详。或曰穿城而入,亦类于穴。

空洞:亦穴突之类,或曰挖穴以使城墙坍塌。

蚁傅:亦作蛾傅,以集密之众缘城而上,如蚂蚁之群附,或如飞蛾之扑火。其特点是不计死伤。

轒辒:四轮车,"上以绳为脊,生牛皮蒙之,下可藏十人,填隍推之,直抵城下"。

轩车:疑为楼车,高而可望,或据之以攻。

这段对话,就是墨家守城术的基本项目,即当时攻城的基本手段,也是常用之法。对此,墨子首先提出了基本的原则,即:"城池修,守器具,推(樵)粟足,上下相亲,又得四邻诸侯之救。"既城坚器备、粮草充足,又上下团结、一致对敌。经济与物质基础和政治民心之基础,是其进行守御之战的先决条件。与之同时,还必须任得其人,即以"能守者"守之。

墨子及其学派,在 2400 余年之前创造了细密、完整的城邑防御作战的理论体系,这是毋庸置疑的。而就当时的时代来说,其思想理论绝对是第一流的。对于其各项具体守御之法,现代军事家们评论说:

> 《墨子》其余各篇守城专论,细微详尽地记述了城防工事的分布与构筑,守城器械的制造与使用,守城人员的组编与部署,观察配系,后勤配置,以及战时城区管制、指挥信号、识别标帜等。还记述了针对各种攻城手段所采取的守城措施与战法。根据书中内容,大致可看出,墨翟所设计的,是以城垣为主体、以永备工事为骨干的要塞防御体系。①

这一评论,可以说是对墨子城邑防御作战理论体系的充分肯定与准确评价。

(二) 战国军事家吴起

1. 吴起家世与生平

吴起,卫之左氏(今山东定陶县西左山寺附近)人。战国初期名将,杰出的军事理论家、统帅、政治改革家。生年不详,一般推断当在公元前 440 年左右,卒于楚悼王二十一年(前 381 年)。后世把他和孙子并称"孙吴"。吴起著有《吴起兵法》,亦简称《吴子》。其书与《孙子》常合称《孙吴兵法》,在中国古代军事典籍中占有重要地位。

吴起的一生充满了传奇色彩,其生平事迹及各类故事,分别散见于《战国策》、《韩非子》、《吕氏春秋》及《史记》本传等。

相传吴起自幼喜好兵法,年少时以击剑无赖闻名乡里。年龄稍长,志在建功立业,欲为卿相,遂破去富累千金的家业,出外求学游仕。有乡人笑他自不量力,吴起一怒之下,"杀其谤己者三十余人,而东出卫郭门。与其母诀,啮臂而盟曰:'起不为卿相,不复入卫。'遂事曾子"②。

---

① 《中国军事史》编写组:《中国军事史》第 5 卷,解放军出版社 1990 年版,第 123 页。
② 《史记·孙子吴起列传》。

据《史记》本传记载:吴起"尝学于曾子,事鲁君"。依生存年代推断,此处"曾子"当非曾参,曾参少孔子46岁,又"七十而卒"①,故曾参卒年,吴起不过是几岁的娃娃。唐陆德明《经典释文序录》言:"左丘明作《传》以授曾申,申传卫人吴起,起传其子期,期传楚人铎椒。"此处所讲"曾申",为曾参之子,即吴起所师事者。在随曾申学习期间,吴起之母病故,起为志向所驱,母丧未归。而曾氏父子又以孝道著称,见吴起此举,乃疏远之,由是断绝了师徒关系。吴起乃学习兵法,欲事鲁君。

当时的鲁相公仪休常与吴起论兵。恰逢齐国兴师伐鲁,公仪休遂向鲁君推荐满腹韬略的吴起。鲁君欲以吴起为将,又因吴起之妻为齐女而怀疑他。"吴起于是欲就名,遂杀其妻,以明不与齐也。鲁卒以为将,将而攻齐,大破之。"②吴起为求功名,不惜以杀妻为代价。既而率鲁军攻齐,大败齐军。

"杀妻求将"之事仅见载于《史记》,故后人或以"传文所据却只是一片蓄意中伤的谣言"③。司马迁写入此事,究竟何据,今已无法考知。然就一般说来,司马迁终究是一位严肃负责的史学家,当是言必有据的,况于行文之中而两言之。后人疑其"谣言",又有何据呢? 似乎是在为吴起保留一些"仁慈"的色彩。

其实,吴起是很讲"仁"的。起之爱兵,能为士卒吮疮,何其仁慈也!《吴起兵法》亦充满了仁义色彩(后有细论)。然吴起处事,巨细分明,吴起可以为一件小事"织组"之"严明法度"而"出妻",为建功立业而"杀妻",也并非没有可能。

2. 事魏文侯,镇守西河

吴起领兵击退齐师的胜利,并没有为他带来更多的信任。鲁国是"礼仪之邦"的发祥地,一向以重视"周礼"著称,母丧不归、杀妻求将都使吴起在鲁国难以立足。

在战国初期的诸侯国君中,魏文侯是较为贤明的一个。"魏文侯以卜子夏、田子方为师,每过段干木之庐必式。四方贤士多归之。"卷一记载:其

① 见《史记·仲尼弟子列传》及《阙里文献考》。
②《史记·孙子吴起列传》。
③《郭沫若全集·历史编》第1卷,人民出版社1982年版,第511页。

时,乐羊、西门豹、吴起、李克、李悝(一说李克、李悝为一人)等,皆为他所用。故时人或称曰:"魏君贤人是礼,国人称仁,上下和合,未可图也。"魏文侯亦由是而得誉于诸侯。①

吴起闻魏文侯贤,便离鲁之魏。

吴起来到魏国,初经翟璜推荐,文侯尚有疑虑,又问李克,李克曰:"起贪而好色,然用兵司马穰苴不能过也。"②于是魏文侯以吴起为将。吴起的才能得到魏文侯的赏识。

(1)为卒吮疽,开拓西河

吴起带兵,能严于律己,厚爱士卒。《史记》本传言:

> 起之为将,与士卒最下者同衣食。卧不设席,行不骑乘,亲裹赢粮,与士卒分劳苦。卒有病疽者,起为吮之。卒母闻而哭之。人曰:"子,卒也,而将军自吮其疽,何哭为?"母曰:"非然也。往年吴公吮其父,其父战不旋踵,遂死于敌。吴公今又吮其子,妾不知其死所矣。是以哭之。"

《孙子兵法》曰:"视卒如婴儿,故可与之赴深溪;视卒如爱子,故可与之俱死。"吴起在军中与最下等的士卒同衣食,丝毫不搞特殊化。尤其吴起能为士卒吸吮疽之脓血的举动,绝非一般将官所能有的作为。其爱胜过亲子,士卒还有理由不为他拼命吗!故能由此唤起士卒作战的无比勇气。时人称曰:"食人炊骨,士无反北之心,是孙膑、吴起之兵也。"③士卒既有必死之志,故吴起之兵能所向无敌。"守西河,与诸侯大战七十六,全胜六十四,余则均解。辟土四面,拓地千里,皆起之功也。"④

(2)信赏必罚,恪守信用

《韩非子·内储说上》载录了这样一个故事:

> 吴起为魏武侯西河之守,秦有小亭临境,吴起欲攻之。不去则甚害田者,去之则不足以征甲兵。于是乃倚一车辕于北门之外,而令之曰:"有能徙此南门之外者,赐之上田上宅。"人莫之徙也。及有徙者,遂

---

① 《史记·魏世家》。
② 《史记·孙子吴起列传》。
③ 《战国策·齐策六·燕攻齐取七十余城》。
④ 《吴子·图国第一》。

赐之如令。俄又置一石赤菽于东门之外,而令之曰:"有能徙此于西门之外者,赐之如初。"人争徙之。乃下令曰:"明日且攻亭,有能先登者,仕之国大夫,赐之上田上宅。"人争趋之,于是攻亭,一朝而拔之。

秦之哨所就在眼下,不除之则妨害民之耕种,除之又不值得征兵缮甲,大动干戈,仅有少量勇士即可拔之。于是吴起故设易得之赏以信之,赏既信,利之所使,人奋争先,故可一朝而拔之。《吕氏春秋·慎小》由是而总结曰:"自是之后,民信吴起之赏罚。赏罚信乎民,何事而不成?岂独兵乎!"兵欲信,政亦信。故孔子曰:"民无信不立。"骗诈之术或可于某时某地得逞于一时,但绝不会长久。

(3)西河论治

《战国策·魏一》记载了魏武侯与王锺、吴起的一段对话:

> 魏武侯与诸大夫浮于西河,称曰:"河山之险,岂不亦信固哉!"
>
> 王锺侍王〔坐〕曰:"此晋国之所以强也。若善修之,则霸王之业具矣。"
>
> 吴起对曰:"吾君之言,危国之道也;而子又附之,是危也。"
>
> 武侯忿然曰:"子之言有说乎?"
>
> 吴起对曰:"河山之险,信不足保也;是伯王之业,不从此也。昔者,三苗之居,左有彭蠡之波,右有洞庭之水,文山在其南,而衡山在其北。恃此险也,为政不善,而禹放逐之。夫夏桀之国,左天门之阴,而右天溪之阳,庐、皋在其北,伊、洛出其南。有此险也,然为政不善,而汤伐之。殷纣之国,左孟门而右漳、釜,前带河,后被山。有此险也,然为政不善,而武王伐之。且君亲从臣而胜降城。城非不高也,人民非不众也,然而可得并者,政恶故也。从是观之,地形险阻,奚足以霸王矣!"
>
> 武侯曰:"善。吾乃今日闻圣人之言也!西河之政,专委之子矣。"

吴起的观点十分明确。国家之安危,是在于山河之险固,还是在于政治之修明?魏武侯、王锺仅注意到前者,未看到后者;而吴起则以政治人心为本,山河形势不过为之辅助罢了。立足于治国的角度,吴起的见解显然高出一等。作为以"兵家"、"法家"著称的吴起提出这一观点,显然表现了吴起高远的政治眼光。武侯称"闻圣人之言",非虚言也。

（4）与田文论功

吴起既守西河，治政甚有声名。吴起亦由此而踌躇满志，以为魏国之人才莫有比者。然而此时武侯置相，却相田文。吴起深感不悦，乃径找田文论功。《史记·孙子吴起列传》写道：

> 吴起……谓田文曰："请与子论功，可乎？"
>
> 田文曰："可。"
>
> 起曰："将三军，使士卒乐死，敌国不敢谋，子孰与起？"
>
> 文曰："不如子。"
>
> 起曰："治百官，亲万民，实府库，子孰与起？"
>
> 文曰："不如子。"
>
> 起曰："守西河而秦兵不敢东乡（向），韩、赵宾从，子孰与起？"
>
> 文曰："不如子。"
>
> 起曰："此三者，子皆出吾下，而位加吾上，何也？"
>
> 文曰："主少国疑，大臣未附，百姓不信，方是之时，属之于子乎？属之于我乎？"
>
> 起默然良久。曰："属之子矣。"
>
> 文曰："此乃吾所以居子之上也。"
>
> 吴起乃自知弗如田文。

这一段对话，既反映了吴起的能力，也反映了吴起的局限或差距。将三军，治百官，亲万民，实府库，吴起诚为难得的治国之才。而此才之用，却只能在具有"明君贤相"的条件下才得以施展。因此，当"主少国疑，大臣未附，百姓不信"之时，何人能稳住国家，能使臣民信赖，这就需要另谋人选了。

3. 入楚改革，身遭车裂

田文死后，公叔任相，他妻子是魏国的公主，公叔对吴起非常畏忌，便设计逼走吴起。吴起被迫离魏之楚，秦汉史籍未明言其年代。至宋司马光撰《资治通鉴》，写在周安王十五年，即公元前 387 年。此说较为合理。

楚悼王平素听说吴起很能干，因此吴起一到楚国就受到重用。

吴起初至楚，大约当了一年的"宛守"。"宛"，即楚之南阳宛城。后吴起任楚令尹（宰相），严明法令，力行改革：撤去不急需的官吏，废除了较疏远的公族,把节省下的钱粮用以供养战士,目的是加强军队,破除纵横游说。于是,南面平定了百越;北面兼并了陈国和蔡国,并击退了韩、赵、魏的扩张;向西征伐了秦国。

对于吴起的改革,先秦典籍所记大致相同。《战国策·秦策三·蔡泽见逐于赵》写道:

> 吴起事悼王,使私不害公,谗不蔽忠,言不取苟合,行不取苟容,行义不固(顾)毁誉,必有伯主强国,不辞祸凶。……
>
> 吴起为楚悼罢无能,废无用,损不急之官,塞私门之请,壹楚国之俗,南攻杨(扬)越,北并陈、蔡,破横散从(纵),使驰说之士无所开其口。功已成矣,卒支解。

《韩非子·和氏》写道:

> 昔者吴起教楚悼王以楚国之俗曰:"大臣太重,封君太众,若此,则上逼主而下虐民,此贫国弱兵之道也。不如使封君之子孙三世而收爵禄,绝灭百吏之禄秩;损不急之枝官,以奉选练之士。悼王行之期年而薨矣,吴起枝解于楚。"

《吕氏春秋·贵卒》写道:

> 吴起谓荆王曰:"荆所有余者,地也;所不足者,民也。今君王以所不足益所有余,臣不得而为也。"于是令贵人往实广虚之地,皆甚苦之。荆王死,贵人皆来。尸在堂上,贵人相与射吴起。吴起号呼曰:"吾示子吾用兵也。"拔矢而走,伏尸插矢而疾言曰:"群臣乱王。"吴起死矣。且荆国之法:丽兵于王尸者,尽加重罪,逮三族。吴起之智可谓捷矣。

三书所载,略可互补。《史记·孙子吴起列传》即综诸家所记而叙之。

观吴起之改革,其大要有二:一是削除旧贵族的利益,使世禄制度三世而绝,并且使贵族们往实广虚之地,令之开发。二是捐弃不急之官,抚养战斗之士。前者可使国富,后者可使兵强。然而,这些都直接触动了旧贵族官僚们的利益。

当楚悼王在位之际,贵族虽有怨忿,然不敢发泄;而悼王一死,贵族们便对吴起群起而攻之。依楚国之法,谁要射中王尸,亦必灭其三族。吴起跑到楚悼王的尸体旁躲避,追杀吴起的楚贵族还是射杀了吴起,但箭也射到了悼王的身上。贵族们犹不解恨,又将吴起之尸车裂而肢解之。这一年是公元前 381 年。

悼王葬后,太子(楚肃王臧)即位,就派令尹(宰相,楚国的最高军政官员)全部杀了因射吴起而同时射中了悼王尸体的人。由于射刺吴起被诛灭宗族的有 70 多家。

司马迁评曰:"吴起说武侯以形势不如德,然行之于楚,以刻暴少恩亡其躯,悲夫!"①

史迁之评,亦未为公允。所称"刻暴少恩"者,仅是对昔日有权势的贵族而言,于"战斗之士"们有何"刻暴少恩"哉! 吴起之死,实在于新旧势力的斗争。

4. 吴起的著述

吴起之书《吴起兵法》,又称《吴起》或《吴子》,先秦时期即有流传。《韩非子·五蠹》言"藏孙、吴之书者家有之",表明在当时其书与孙武、孙膑之书同样风行于世。《韩非子》《吕氏春秋》等亦多引述吴起用兵之事。西汉司马迁撰《孙子吴起列传》则言:"《吴起兵法》世多有,故弗论。"西汉时期传本有很多。至东汉,班固《汉书·艺文志》方明确著录:"《吴起》四十八篇。"

然至唐代魏征等撰《隋书》时,则仅存贾诩注《吴起兵法》一卷,未明篇数。后旧、新《唐书》竟不见著录。这显然表明,《吴起兵法》于魏晋时代已亡佚过半,延至唐宋,几为秘本,世人少知。

至宋代,晁公武撰《郡斋读书志》,著录"《吴子》三卷",并曰:

> 右魏吴起撰。言兵家机权法制之说。唐陆希声类次,为之说。〔《图国》〕、《料敌》、《治兵》、《论将》、《变化》、《励士》,凡六篇。②

语中"料敌"之上原脱"图国"二字,今据他本补。这六篇之篇名,与今

①《史记·孙子吴起列传》。
②《郡斋读书志》卷十四。

存《平津馆丛书》摹宋本《孙吴司马法》中之《吴子》基本一致，唯《变化》一篇，摹宋本为《应变》。或为晁公武书写有误，似当以《应变》为是。

对今存这六篇的真伪，又有人提出怀疑。顾实《汉志讲疏》曰：

> 今本六篇，成一首尾，辞意浅薄，必非原书。

郭沫若《青铜时代·述吴起》曰：

> 《汉书·艺文志·兵书略》有"《吴起》四十八篇"……但可惜这书是亡了。现存的《吴子》，仅有《图国》、《料敌》、《治兵》、《论将》、《应变》、《励士》，共六篇，总计不上五千字，半系吴起与魏文、武二侯之问答，非问答之辞者率冠以"吴子曰"。辞义浅屑，每于无关重要处袭用《孙子兵法》语句；更如下列数语，则显系袭用《曲礼》或《淮南子·兵略训》。……故今存《吴子》实可断言为伪。以笔调觇之，大率西汉中叶时人之所依托。王应麟云："《隋志·吴起兵法》一卷。今本三卷六篇，《图国》至《励士》，所阙亡多矣。"王所见者已与今本同，则是原书之亡当在宋以前了。①

先秦诸子之成书，多半是由撰主讲述，或撰其主要篇章，其全书则多由弟子门人整理而成。其后由于水火兵燹、天灭人焚，大都历经了种种劫难。故至西汉末刘向校书之时，很多书都是由数种本子拼合而成的（参见刘向：《书录》）。因此，古籍中有某些后人整理的痕迹是难免的。若由此刻意追求原作者手撰之"真"，恐怕是很困难的。退一步说，既然东汉班固时尚见到48篇，又何须"西汉中叶"的人去"伪造"如此短短的"六篇"呢？此于情于理，均难自圆其说。

依《汉志》与《隋志》著录的差别，《吴子》的亡佚，当在魏晋时期，特别是两晋之际的战乱年代，汉代许多典籍皆亡于是。就是说，《汉志》所载48篇，当是较为系统完整"成一首尾"的。至隋唐之际，则仅存若干残篇。而后，是唐代陆希声加以整理。"类次"者，依类编次也。既经依类编次，"成一首尾"又有何怪？

---

① 《郭沫若全集·历史编》第1卷，人民出版社1982年版，第510—511页。

今存《吴子》六篇的主要观点，与先秦典籍所载吴起事迹的思想表现是一致的，因此，今存《吴子》仍是可以代表吴起之兵学思想的。

5. 吴起的军事思想

（1）内修文德，外治武备

"内修文德，外治武备"，军事与政治紧密结合是吴起军事思想的重大特点。

军事活动之目的绝不是单纯军事上的胜败，这是一切具有深识远见的军事家的共识。孙武言"兵者，国之大事，死生之地，存亡之道"，孙膑言"战胜，则所以在亡国而继绝世"，均深知军事上的胜败，

《吴子》书影

关系到国家的生死存亡。吴起较之"二孙"，更倾向于"治国"，"内修文德，外治武备"就成了吴起治国理政的基本方针。

《吴子·图国》写道：

> 昔承桑氏之君，修德废武，以灭其国；有扈氏之君，恃众好勇，以丧其社稷。明主鉴兹，必内修文德，外治武备。①

"图国"，即谋划治理国家。只有内修文德，万民和合，才能一致对敌。这个"内修文德"，就是修明政治，与孙武所言"令民与上同意"意蕴一致。其书又写道：

> 吴子曰："昔之图国家者，必先教百姓而亲万民。有四不和：不和于国，不可以出军；不和于军，不可以出陈（阵）；不和于陈（阵），不可以进战；不和于战，不可以决胜。是以有道之主将用其民，先和而造大事。

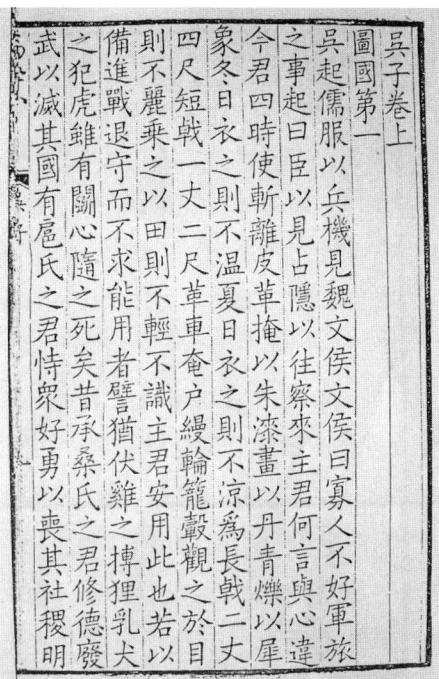

---

①平津馆刊《孙吴司马法》。

不敢信其私谋,必告于祖庙,启于元龟,参之天时,吉乃后举。民知君之爱其命、惜其死,若此之至,而与之临难,则士以进死为荣,退生为辱矣。"①

"和",即团结。和于国,和于军,和于阵,和于战,乃上下同心,故兵士、民众"以进死为荣,退生为辱",此即"可以与之死,可以与之生,而不畏危"。可见,政治、道义,在吴起兵学中同样是居于第一位的。

吴起初学儒,后习兵,又以明法申令而著称于史。所以,在吴起身上,这多种因素都能鲜明地体现出来。讲道义,重人和,"动之以礼,抚之以仁",正表现了明朗的儒家色彩。稍后之儒学大师孟子曾言:"天时不如地利,地利不如人和。"②此与吴起"先和而造大事"的观点完全一致。吴起与魏武侯"西河论治",明确指出国家之兴衰安危在于"德义之修",而非"山河之险"。"在德不在险",就是地利不如人和。吴起的"五兵"(义兵、强兵、刚兵、暴兵、逆兵)之论,也贯通了上述观点。

(2)料敌制胜

《吴子》专有《料敌》篇,乃立足于魏国,对当时各大国军事上的主要特点作了较为准确地分析,并提出了相应对策。其言曰:

> 武侯谓吴起曰:"今秦胁吾西,楚带吾南,赵冲吾北,齐临吾东,燕绝吾后,韩据吾前。六国兵,四守势,甚不便。忧此奈何?"
>
> 起对曰:"夫安国家之道,先戒为宝。今君已戒,祸其远矣。臣请论六国之俗:
>
> 夫齐陈(阵,下同)重而不坚,秦陈散而自斗,楚陈整而不久,燕陈守而不走,三晋陈治而不用。
>
> 夫齐性刚,其国富,君臣骄奢而简于细民,其政宽而禄不均,一陈两心,前重后轻,故重而不坚。击此之道,必三分之,猎其左右,胁而从之,其陈可坏。
>
> 秦性强,其地险,其政严,其赏罚信,其人不让,皆有斗心,故散而自

---

① 平津馆刊《孙吴司马法》。
② 《孟子·公孙丑下》。

战。击此之道,必先示之以利,而引去之。士贪于得而离其将,乘乖猎散,设伏投机,其将可取。

楚性弱,其地广,其政骚,其民疲,故整而不久。击此之道,袭乱其屯,先夺其气,轻进速退,弊而劳之,勿与争战,其军可败。

燕性悫,其民慎,好勇义,寡诈谋,故守而不走。击此之道,触而迫之,陵而远之,驰而后之,则上疑而下惧。谨我车骑,必避之路,其将可虏。

三晋者,中国也,其性和,其政平;其民疲于战,习于兵,轻其将,薄其禄,士无死志,故治而不用。击此之道,阻陈而压之,众来则拒之,去则迫之,以倦其师,此其势也。"①

《孙子兵法·地形》曾写道:"料敌制胜,计险厄远近,上将之道也。知此而用战者必胜,不知此而用战者必败。"又曰:"知彼知己,胜乃不殆;知天知地,胜乃可全。"因此,审察敌情,准确估计敌方的强弱虚实,才能有目标地采取相应的对策,保证克敌制胜。吴起的上述分析,立足于宏观的战略,首先对敌方有一个基本的估价,然后确立相应的战略方针,采取相应的具体对策。吴起曾提出了"有不占而避之者六,有不卜而与之战者八",以及十三"可击"等战术原则。"占"、"卜"均为对敌情的推算,如果对具体敌情的判断十分明朗,可立即采取相应的果断措施,而不必再去"占"、"卜"。可见,吴起对于"料敌"十分重视,并且有多种成熟的应敌之策。

(3)治兵之道

吴起带兵既严于律己,又善爱士卒,故能使士卒战不旋踵,竟至于"食人炊骨,士无反北之心"。

且看吴起独特的治兵之道。《吴子·治兵》写道:

武侯问曰:"用兵之道何先?"

起对曰:"先明四轻、二重、一信。"

曰:"何谓也?"

对曰:"使地轻马,马轻车,车轻人,人轻战。明知险易,则地轻马;

---

① 平津馆刊《孙吴司马法》。

刍秣以时,则马轻车;膏铜有余,则车轻人;锋锐甲坚,则人轻战。进有重赏,退有重刑,行之以信。审能达此,胜之主也。"

曰:"不在众乎?"

吴起曰:"若法令不明,赏罚不信,金之不止,鼓之不进,虽有百万,何益于用?"

可见,只有车马顺应、士卒轻战、令行禁止,兵乃可用。

吴起对"治兵"的标准作了如下叙述:

所谓治者,居则有礼,动则有威,进不可当,退不可追;前却有节,左右应麾;虽绝成阵,虽散成行;与之安,与之危,其众可合而不可离,可用而不可疲。投之所往,天下莫当,名曰父子之兵。

俗云:"上阵还是父子兵",即此之谓也。吴起治兵,吸取了管仲、孙武的思想学说。"乡里相比,什伍相保",使将士居于相当的压力之下,《吴子·治兵》载:"凡兵战之场,止尸之地,必死则生,幸生则死。其善将者,如坐漏船之中,伏烧屋之下,使智者不及谋,勇者不及怒,受敌可也"。

另外,吴起还主张"用兵之法,教戒为先"。若教戒成功,可一人教十,十人教百,百人教千,千人教万。待三军教成,自可应战无敌。

(4)将才与谋略

今存《吴起兵法》六篇,有《论将》一篇:一方面论说为将的基本品格;另一方面,论述如何察知敌将,因形制权,从而谋取胜利。

《吴子·论将》曰:"夫总文武者,军之将也;兼刚柔者,兵之事也。""总文武","兼刚柔",就是吴起对于为将用兵的总体要求。为将,绝不是单纯有"勇","勇之于将,乃数分之一尔"。而且若单纯恃勇,则必轻合,轻于合战则未必有利。故吴起又提出"慎五事,通四机"。五事者:"一曰理,二曰备,三曰果,四曰戒,五曰约。理者,治众如治寡;备者,出门如见敌;果者,临敌不怀生;戒者,虽克如始战;约者,法令省而不烦。"为将既要掌握治军的基本规律,又要常备不懈,慎终如始。"四机":"一曰气机,二曰地机,三曰事机。四曰力机。""气机"言士气之勇怯,"地机"言地理之险易,"事机"指敌方民军上下之关系,"力机"指战斗实力的形成。"知此四者,乃可为将。"

《孙子兵法·始计》将"将"列为庙算"五事"之一,足见"将"之地位的重要。而"智、信、仁、勇、严",则是将所必备的品德。吴起对将的要求,究其实质,与孙子略同。

对于敌方之将,吴起主要是抓其弱点,以利进攻。《吴子·论将》曰:"其将愚而信人,可诈而诱;贪而忽名,可货而赂;轻变无谋,可劳而困;上富而骄,下贫而怨,可离而间。"只要能因其特点而制之,均可取得胜利。

《吴子》之书,今存资料既少,又有后人整理编纂之迹。兹略述上列主要观点,以略见其眉目而已。

二、孙膑

(一)孙膑的家世与生平

1. 家世

孙膑,战国中期齐国人。著名军事家,兵圣孙武后代。

《史记·孙子吴起列传》曰:"孙武既死,后百余岁有孙膑。膑生阿、鄄之间,膑亦孙武之后世子孙也。"阿,今山东省阳谷县阿城镇;鄄,今山东省鄄城县旧城镇。两地均在今山东省西南部。其间为黄河河道滚动区,依方位,膑之出生,当在今鄄城县境内为宜。

史迁所言,只讲武、膑相间百余岁,孙膑是孙武的后代,但并未讲究竟是孙武第几代孙。这显然表明,司马迁知道得也不太确切。时越千年,北宋欧阳修等撰《新唐书》时,又写道:

> (孙武)奔吴,为将军。三子:驰、明、敌。明食采于富春,自是世为富春人。明生膑,膑生胜,字国辅,秦将。[1]

"膑"即"膑"。依欧阳修之言,孙膑为孙武之孙,中间只隔一代。约与欧阳修同时的邓名世撰《古今姓氏书辨证》,所言相同,是欧阳袭邓,还是邓袭欧阳,或是二人同据当时尚存的某种谱牒,现已无可考知。孙武的生存年代在公元前550年至公元前470年之间,而孙膑的生存年代则当在公元前

---

[1]《新唐书》卷七十三下,《宰相世系表三下》。

380年至公元前320年,即便依如此宽松的估算,武之死与膑之生其间也要接近百年。而《史记》则明言"后百余岁"。如确系祖孙,其间只有一代,相隔时间绝不会如此之久。对此,前人亦多有质疑。

膑"生阿、鄄之间",即今山东省阳谷、郓城、鄄城一带。孙明既然世居"富春",其地为今浙江省富阳县,恐怕很难到"阿、鄄之间"去生孙膑。由此亦可表明,膑、武之间,绝不会是三代,或可有五六代之多。其中,孙膑的先人或欲迁回祖籍齐国,故孙膑方能生于"阿、鄄之间"。既史载有缺,故不能细究。

为弄清孙武、孙膑之家世,笔者曾专程赴浙江省富阳县等地考察,在所见到的《孙氏族谱》之中,由武至膑,确有记为四世或六世者。如《甲山北湾孙氏宗谱》,其世系为:

开(武子)——明——汧——膑……

由武至膑即为四世。

另有一部,《竹园孙氏宗谱》附《外传世系图说》,由武至膑为六世。其世系为:

昌国君武子——明——顺——机——操——膑……①

又,传孙操曾为燕国之婿,曾任"谷口令"。此"谷口"或系今山东省阳谷县之谷山(即谷城山)山口,则孙膑之"生于阿、鄄之间",便有了更为合情理的解释。要之,诸家族谱虽非确凿可据,然亦有相当大的参考价值。

2. 受刑与入齐

对于孙膑少年时代的生活,史无详载。据陆允昌主编《孙氏宗谱世系源流》所载诸多宗谱,均言膑"字嘉谋,仕魏为将军。后适齐,为军师"。正是在魏国的一段生活,发生了被庞涓骗而受刑的事件。

据《史记·孙子吴起列传》载,孙膑早年与庞涓一同学习兵法,或相传从师于鬼谷子,史无确证。在学习中,庞涓自感才能不及孙膑,便心生嫉妒,为求功名,庞涓先下山做了魏惠王的将军。但他仍对孙膑的才能忌惮不已,

---

① 参见陆允昌主编:《孙氏宗谱世系源流》,苏州市孙武子研究会编,1996年版,第45、34页。

认为一旦孙膑出仕,对自己的前程便构成威胁。庞涓遂相邀孙膑共事,孙膑信以为真,随后亦到魏国。庞涓暗中设下圈套,诱使孙膑触动刑律,随即施以酷刑:先以膑刑割去其膝盖骨,使之无法行走;继而又以黥刑刺字于面,让其无法见人。庞涓想用此手段使孙膑销声匿迹,永埋于世。

及至受刑,孙膑方知受骗。适巧有齐国使者来到魏都大梁,孙膑乃设法暗中会见齐使,诉说了自己被骗受刑的经过,并且表示了自己复仇的愿望与决心。齐使既对孙膑之才感到好奇,又同情孙膑的遭遇,于是在回国时偷偷地将孙膑藏于自己的车中,载归齐国。

孙膑入齐,受到了齐将田忌的热情接待。当时的田忌,虽尚未确知孙膑究竟有多大才智,但孙膑的奇特遭遇足以使他感到此人绝非寻常之辈。

当时,齐王与田忌及齐国诸公子常举行赛马活动,并以重金行赏。参赛之马分上、中、下三等,参赛各家均以上等与上等相比,中等与中等相比,下等与下等相比,由于其品质相差不多,因此难分高低。

孙膑观赛,心中立刻浮起了制胜之策。孙膑谓田忌曰:"你只管再和他们以重金下注,我可保你获胜。"田忌信之不疑,与齐王及诸公子逐射千金。及至比赛即将开始,孙膑耳语田忌:"你先用下等马与他们的上等马对抗,再用你的上等马对他们的中等马,用你的中等马对他们的下等马。"田忌依计而行,结果虽然输了上等,然赢了中等与下等,一负二胜,遂得千金。

一次小小的比赛显示了孙膑的无穷才智。于是田忌便将孙膑推荐给齐威王。威王是雄才大略之主,即位之初,就以欲擒故纵的手段强使百官恪守其职,又受邹忌"调音"之谏,而使齐国大治。此时既见孙膑,相语兵法,亦深识孙膑之才。威王乃拜之为军师,让其为齐出谋划策。

(二) 齐魏桂陵之战与马陵之战

1. 齐魏桂陵之战

(1)战争缘起与"围魏救赵"

齐魏桂陵之战,发生于公元前353年。

对这次战役,《战国策·齐策一·邯郸之难》、《史记·孙子吴起列传》以及《魏世家》、《田敬仲完世家》,都有记载。其间所记,关于战争的起因、过程、决策人物等,略有差异,且较简略。对这次战争过程记述最为详备者,为《孙膑兵法·擒庞涓》一文。

综合各家记载,简述如下:

魏惠王十七年(前 354 年),赵国出兵攻打卫国。卫国原是魏国的藩属,赵国加兵,若改朝赵国,自然引起魏国的不满。魏国为巩固其在中原的霸主地位,在当年赵攻卫之际,即出兵干预。魏将庞涓率兵 8 万北攻赵国,途经卫国(今河南濮阳西南之颛顼城),先攻而灭之。一方面,是为了掠夺卫国粮草物资以供给军需,所谓"因粮于敌","以战养战";另一方面,占领卫地,以解后顾之忧。又北上,兵围邯郸(今河北省邯郸市)。邯郸告急,遣使者向齐求救。

齐威王为争夺中原的霸权,决定出兵。威王欲使孙膑为将,膑辞谢曰:"刑余之人,不可。"于是乃以田忌为将,而以孙膑为军师,领兵 8 万以解邯郸之围。孙膑"居辎车中,坐为计谋"。① 所以,此战虽然以田忌为将,而田忌的指挥却时刻遵行孙膑的作战谋略。

齐国出兵解救赵国之难,怎样保持战略上的主动地位? 田忌曾对此怀有疑虑,孙膑提出了自己的见解:

> 夫解杂乱纷纠者不控捲(拳),救斗者不搏撠,批亢捣虚,形格势禁,则自为解耳。今梁、赵相攻,轻兵锐卒必竭于外,老弱罢(疲)于内。君不若引兵疾走大梁,据其街路,冲其方虚,彼必释赵而自救,是我一举解赵之围而收弊于魏也。②

要解开纷乱的丝麻,不能用拳头去捶击;要解救两国之间的争斗,不能直接参与他们的厮杀。只要能扼住要害("批亢"),打击空虚无备之处("捣虚"),迫于形势,两国的争斗自然就解开了。

那么,在魏、赵邯郸相持的战局中,何处为"亢",又何处为"虚"呢?"亢",本指鸟之喉咙,人之脖颈,扼之可以致命,故为要害之处。"虚",空虚无备也。孙膑看得明白,魏国都城大梁,既是"亢"之所在,又为"虚"之所在。所以,孙膑建议田忌,行兵"疾走大梁","冲其方虚","攻其必救",迫

①②《史记·孙子吴起列传》。

使魏军撤兵邯郸回救大梁。这样，不但可以一举解赵之围，更可直接"收弊于魏"也。

实行这一策略，意义有三：

其一，军事上虽属"攻魏"，实乃"救赵"，因而既不会失信于盟友，也不会丧失战略上的主动权。

其二，不与魏军主力直接抗衡，避免了齐军的过多伤亡。

其三，在一定时段内，使魏、赵两军相斗，齐国可坐收渔利。

（2）精妙的作战指挥艺术

大凡敌我双方兵力对比不同，双方的作战方法也必然存在着差异。《孙膑兵法·威王问》篇曰：

> 威王曰："我强敌弱，我众敌寡，用之奈何？"
>
> 孙子再拜曰："明王之问。夫众且强，犹问用之，则安国之道也。命之曰赞师。毁卒乱行，以顺其志，则必战矣。"
>
> 威王曰："敌众我寡，敌强我弱，用之奈何？"
>
> 孙子曰："命曰让威。必藏其尾，令之能归。……"
>
> 威王曰："击均奈何？"
>
> 孙子曰："营而离之，我并卒而击之，毋令敌知之。然而不离，按而止。毋击疑。"

"赞师"者，示形也。许慎《说文解字》："赞，见也。"段玉裁注："疑当作所以见也。"就是造成一定的形态，有意识地让人看见。敌人见我"毁卒乱行"之形，自然会麻痹轻敌。"让威"，即避敌锋芒；"营"，迷惑；"离"，分散，使分离。孙膑的种种方略，目的都在于以假象迷惑敌人，从而使我方集中优势兵力，牵制和分散敌人的兵力。

《孙膑兵法·客主人分》又写道：

> 能分人之兵，能按人之兵，则锱〔铢〕而有余。不能分人之兵，不能按人之兵，则数倍而不足。[1]

---

[1]《孙膑兵法》下编，文物出版社 1975 年普及版，第 96—97 页。

分析桂陵之战的来龙去脉,"营而离之","分人之兵","我并卒而击之",是桂陵之战中齐军自始至终谨守的作战原则。

当"梁君将攻邯郸"和"庞子攻卫"时,孙膑并不直接领兵去救,既是"让威",也是因为魏军"不离",故齐军"按而止"。随后,孙膑率齐军"南攻平陵","西驰梁郊",做出一系列佯攻、佯动的举措,目的正在于令魏军"营而离之"。而这一切都是为最终歼灭敌人设下伏笔。当"庞子果弃其辎重,兼趣舍而至",即魏军已"离"时,孙膑"弗息而击之桂陵,而擒庞涓",是谓"我并卒而击之"。

下面,兹依《孙膑兵法·擒庞涓》所记,我们分四段,逐条分析孙膑的作战指挥艺术。

其一,南攻平陵——"假痴不癫",声东击西。

《三十六计》第二十七计"假痴不癫",辞曰:"宁伪作不知不为,不伪作假知妄为。静不露机,云雷屯也。"意为,宁可装作糊涂而不行动,不可冒充聪明而轻举妄动。暗中筹划不动声色,就像雷电在冬季蓄势待发一样。

平陵"其城小而县大,人众甲兵盛",乃是魏国东阳地区的军事重镇,深入平陵作战,不但粮道会被截断,而且断无生还之理。其势十分明显,然而孙膑仍旧派兵前往,其意图正在于"吾将示之疑","示之不知事",即在庞涓面前故意制造出不谙军事的假象,使庞涓心生疑惑,从而造成对我军的错误判断。《六韬·发启》:"鸷鸟将击,卑飞敛翼;猛兽将搏,弭耳俯伏;圣人将动,必有愚色。"此孙膑之谓也。

其二,平陵佯败——"顺详敌意",后发制人。

《孙子·九地》曰:"故为兵之事,在于顺详敌之意,并敌一向,千里杀将。此谓巧能成事者也。"作战的指导原则之一,在于顺着敌人的意图来愚弄他,而我方集中兵力,攻其一点,这样就可以做到巧妙地运用计谋而成就大事。前引《威王问》篇"毁卒乱行,以顺其志",意在于此。

在平陵之战中,孙膑故意派遣"不识事"的齐城、高唐两大夫出战,败北正是意料当中之事。"未战而先杀己将,毁己军,愚者弗为。"[1]不难看出,孙膑这样做,正是在续接上一计策的意图:"告之不敢,示之不能","以骄其

---

[1] 张震泽:《孙膑兵法校理》。

意,以惰其志"①,只有这样,才会令庞涓真的相信齐军"不识事",从而放松了对齐军的警惕,专意于邯郸。

《三十六计》第十一计"李代桃僵",辞曰:"势必有损,损阴以益阳。"俗话讲,"舍不得孩子套不着狼",都是一个道理:当战局发展到必然会有损失时,要能够舍得局部利益,以换取全局性的胜利。齐城、高唐两大夫之所以被舍弃,原因正在于此。

其三,西驰梁郊——批亢捣虚,攻其必救。

《三十六计》第二计"围魏救赵"之本源,正是此桂陵之战。其辞曰:"共敌不如分敌,敌阳不如敌阴。"这也是此计的主旨:打击集中的敌人,不如设法调动敌人,使其分散后再打;打击士气旺盛的敌人,不如待敌人弱点暴露、士气低迷后再打。

当魏军攻破邯郸后,已成为亟待休整的疲惫之师,所谓"强弩之末,势不能穿鲁缟者也"。魏军哪里还有力量南下再与齐军争锋呢?

恰在这时,孙膑施展"批亢捣虚"、"攻其必救"的战术,领兵奇袭大梁,令庞涓不得不急速班师回救。至此,齐军已经赢得全局性的主动权:调动敌人而不被敌人调动,"致人而不致于人"也。为了有效配合作战,孙膑又施用"分卒而从之,示之寡"战术,庞涓中计,"果弃其辎重,兼趣舍而至"。②

其四,桂陵伏击——"以逸待劳",以众击寡。

《三十六计》第四计"以逸待劳",辞曰:"困敌之势,不以战,损刚益柔。"在交战之前,就要迫使敌人处于窘迫的境地,以我方之安闲有备,来对付敌人的困顿,逐渐地消耗敌人,使其由强变弱,我方可以由弱转强,变被动为主动。孙膑通过一系列"示形"举措,终于布就成我众敌寡、我逸敌劳的有利作战态势。于是,"孙子弗息而击之桂陵,而擒庞涓"。

在桂陵之战中,孙膑表现出运筹帷幄的大智慧,用兵已臻于出神入化的境地,故曰:"孙子之所以为者,尽矣。"③依银雀山汉墓竹简《孙膑兵法》所叙,这次战争中曾擒获庞涓。从此,魏国雄踞中原的霸主地位开始动摇。

2. 齐魏马陵之战

同桂陵之战一样,马陵之战也是一次为历代兵家所交口称颂的战役。

---

①《孙膑兵法·十问》。
②③《孙膑兵法·擒庞涓》。

其主要特点在于"因势利导","减灶诱敌"。

此次战争发生于桂陵战役 12 年之后,公元前 341 年,齐威王十六年。对于此战,《史记》各篇所记时间与对象均颇有差异。《孙子吴起列传》曰:"魏与赵攻韩,韩告急于齐",故齐出兵袭魏;《魏世家》记于魏惠王三十年,称"魏伐赵,赵告急齐";《田齐世家》则记于齐宣王二年,称"魏伐赵,赵与韩亲,共击魏。赵不利,战于南梁"。《战国策·齐一·南梁之难》亦称"韩氏请救于齐"。故其基本事实当是魏攻韩,韩请齐援救。

关于孙膑为这次战争所作的谋划,以《史记》之《田敬仲完世家》与《孙子吴起列传》所叙较细,姑录于下:

《田敬仲完世家》写道:

> 韩氏请救于齐。宣王召大臣而谋曰:"蚤(早)救孰与晚救?"驺忌子曰:"不如勿救。"田忌曰:"弗救,则韩且折而入于魏,不如蚤救之。"孙子曰:"夫韩、魏之兵未弊而救之,是吾代韩受魏之兵,顾反听命于韩也。且魏有破国之志,韩见亡,必东面而诉于齐矣。吾因深结韩之亲,而晚承魏之弊,则可重利而得尊名也。"
>
> 宣王曰:"善。"乃阴告韩之使者而遣之。

对于韩国的请求,救或不救,早救还是晚救,齐国君臣意见不一。最后孙膑建议:救韩,然而不等韩、魏之兵两败俱伤便出兵救援,就等于我们代替韩国去承受来自魏国的打击,到头来反会听命于韩国。魏国既有破韩的志向,韩见亡,必东向而依附于我。所以,现在既要深深结好于韩国,又要晚出兵。这样,既能少受魏国的打击,又能取得救韩的名声,可谓"名利双收"之计。

齐宣王(威王)深以为然。于是,齐国一面对救援韩国满口应承下来,一面又迟迟按兵不动。"韩因恃齐,五战,不胜,而东委国于齐。"这时,齐国才以田忌为将,孙膑为军师,发兵救韩。大败之马陵,杀其将庞涓,虏魏太子申。

对于此战的具体过程,《史记·孙子吴起列传》写道:

> 后十三岁(当为十二岁),魏与赵攻韩,韩告急于齐。齐使田忌将

而往,直走大梁。魏将庞涓闻之,去韩而归,齐军既已过而西矣。

孙子谓田忌曰:"彼三晋之兵素悍勇而轻齐,齐号为怯,善战者因其势而利导之。《兵法》:百里而趣利者蹶上将,五十里而趣利者军半至。使齐军入魏地为十万灶,明日为五万灶,又明日为三万灶。"

庞涓行三日,大喜,曰:"我固知齐军怯,入吾地三日,士卒亡者过半矣。"乃弃其步军,与其轻锐倍日并行逐之。

孙子度其行,暮当至马陵。马陵道陜(狭),而旁多阻隘,可伏兵,乃斫大树白而书之曰:"庞涓死于此树之下。"于是令齐军善射者万弩,夹道而伏,期曰:"暮见火举而俱发。"庞涓果夜至斫木下,见白书,乃钻火烛之。读其书未毕,齐军万弩俱发,魏军大乱相失。庞涓自知智穷兵败,乃自刭,曰:"遂成竖子之名!"齐因乘胜尽破其军,虏魏太子申以归。

孙膑以此名显天下,世传其兵法。

此即马陵之战。其基本策略就是:因势利导,减灶诱敌。势,指客观固有之趋向。晋勇、齐怯,早已闻名于世,晋兵向有轻视齐军的倾向,因借此"势"而骄之,故能使魏军忘乎所以。灶,行军途中做饭所砌,人众则灶多,人少则灶少。军行三日,灶减过半,故庞涓乃有齐军"士卒亡者过半"的判断,认为齐军心涣散,一入魏地便逃亡殆尽。由是而益骄纵其志,弃步军,率轻锐,孤军深逐之。及行至马陵(今山东省莘县南端"道口"村,即马陵"道口"),遭遇齐军重兵伏击。庞涓挥剑自刎,孙膑名扬天下!

《孙子兵法》曰:"卑而骄之","利而诱之","形之敌必从之"。孙膑之因势利导,减灶诱敌,实将孙武之神韵附化于其身矣。在《孙膑兵法·陈忌问垒》中,孙膑亦曾言及此事,不具述。

马陵大捷后,孙膑、田忌名声大振。但是,树大招风,功高受妒,齐国的胜利,并不是所有齐国大臣都欢迎的。随着孙膑、田忌威望的提高,时任齐国相国的邹忌越发担心自己的相位不稳,何况邹忌与田忌早有矛盾。因此,邹忌必欲除掉田忌、孙膑而后快。可能因为孙膑身有残疾,同邹忌争夺相位的可能性不大,所以邹忌将目标首先对准了田忌。马陵之战预谋之时,邹忌便谋划如何除掉田忌。

《战国策·齐策一》写道：

> 成侯邹忌为齐相，田忌为将，不相说（悦）。公孙闬（阅）谓邹忌曰："公何不为王谋伐魏？胜，则是君之谋也，君可以有功；战不胜，田忌不进，战而不死，曲挠而诛。"邹忌以为然，乃说王而使田忌伐魏。

显然，邹忌"支持"田忌伐魏的主要目的在于陷害，或让其战死于沙场，或以罪诛于朝廷。然田忌三战三胜，邹忌无计可施。

马陵之战胜利后，邹忌乃使公孙闬散布流言，曰："吾三战而三胜，声威天下，欲为大事……"以此陷害田忌。

旁观者清，当局者迷。田忌身当其中，总不觉其事，而孙膑于马陵战后，立即明朗地意识到，如果不逐出邹忌，田忌即无法入齐。此时，孙膑又替田忌谋划如何才能进入齐国。

《战国策·齐策一》写道：

> 田忌为齐将，系梁太子申，禽庞涓。孙子谓田忌曰："将军可以为大事乎？"田忌曰："奈何？"孙子曰："将军无解兵而入齐。使彼罢（疲）弊于先（老）弱守于主。主者，循轶之途也，辖击摩车而相过。使彼罢弊先（老）弱守于主，必一而当十，十而当百，百而当千。然后背太山，左济，右天唐，军重蹏高宛，使轻车锐骑冲雍门。若是，则齐君可正，而成侯（邹忌）可走。不然，则将军不得入于齐矣。"田忌不听，果不入齐。

依孙膑的计划，是让田忌兵不解甲而入齐，"兵谏"齐王，赶跑邹忌。结果田忌不听，反使田忌自身无以立足，被逐出齐国而入于楚。尔后，邹忌又使人说服楚王，"封田忌于江南"，使之永不归齐。

对于孙膑晚年，史无明载。依其与田忌的关系判断，田忌既见逐，孙膑亦不能居留齐国，必随田忌而入楚。《孙膑兵法》的撰著，大约也是在马陵战后，于楚国闲居之时。如出土竹简《孙膑兵法》的《陈忌问垒》篇所记田忌与孙膑的谈话，当孙膑言及"是吾所以取庞涓而擒太子申也"时，田忌回曰：

鄄城孙膑纪念堂

"善。事以往而形不见。"可见，这已是回忆过往已久的往事了。此时既然田、孙仍能交谈，必当同在田忌所居之楚地。因此，高诱注《吕氏春秋》，即以孙膑为"楚人"①；而王符撰《潜夫论》，又以孙膑入魏之前即在楚国："孙膑修能于楚，庞涓自魏变色，诱以刖之。"②这些说法亦必有据。若是，当田忌入楚之后，孙膑亦更可能随之而入楚了。至于是否终老于楚，已无可考知。

（三）《孙膑兵法》

1. 文献著录

《孙膑兵法》，又称《齐孙子兵法》或《齐孙子》。

先秦时代，《孙膑兵法》亦已广泛流传。如《韩非子·五蠹》称："境内皆言兵，藏孙、吴之书者家有之。"所言"孙"字，当并指孙武、孙膑二人。而《吕氏春秋·不二》言"孙膑贵势"，则特指孙膑之书。

由于孙武、孙膑同为兵学大家，又同著兵书，所以，在汉代之前，二者又常常混而为一。至西汉时代，司马迁撰《孙子吴起列传》，则分言二人之书：

①见《吕氏春秋·不二》，高诱注。
②《潜夫论·贤难第五》。

"世俗所称师旅,皆道《孙子》十三篇",为孙武之书;而"孙膑以此名显天下,世传其兵法",则言孙膑之书。

至东汉,班固撰《汉书·艺文志》,在《兵书略》之"兵权谋"中,则明确分别著录:

《吴孙子兵法》八十二篇,图九卷;
《齐孙子》八十九篇,图四卷。

唐代颜师古分别注曰:"孙武也,臣于阖庐。""孙膑。"这显然表明,在班固生活的东汉时期,武、膑之书并存,并且其篇数大大多于后人所知见者。

至唐代,魏征等编撰《隋书》时,《孙膑兵法》即不见著录,只有几家附有注解的《孙子兵法》,即孙武所著兵法流传于世。此后,有人即对《孙膑兵法》的存在产生怀疑。时至近现代,曾有一种较流行的说法,是武、膑"合一"说,认为《孙子兵法》的诞生,"导源于孙武,完成于孙膑"①。还有一种更为极端的说法,竟至以武、膑为一人,妄图否定孙武的存在。

直至 1972 年,山东临沂银雀山汉墓中,竹简《孙子兵法》与《孙膑兵法》同时出土,才以确凿的实物证据,彻底解决了这一"千古之谜",确证两种兵法分属二孙,它们的确是同时存在的。

关于孙膑撰著兵法的时间,前文已经推断,当在马陵战后入楚闲居之时为宜。司马迁《史记·太史公自序》中写道:"孙子膑脚,而论兵法。"《汉书·司马迁传》引司马迁《报任少卿书》又曰:"孙子膑脚,《兵法》修列。"据此亦可表明,孙膑撰写兵法不应在入魏之前。又,观今存汉墓竹简《孙膑兵法》的内容,多数为孙膑与齐威王或田忌之谈话的回忆或记录,又有对于桂陵之战与马陵之战的回忆,故其书的撰写必当在马陵战后孙膑离齐居楚之时。

2. 汉墓竹简《孙膑兵法》

1972 年 4 月,山东临沂银雀山汉墓竹简出土,失传千载的《孙膑兵法》重见天日。但由于年代久远,竹简损坏严重,残缺不全。据《临沂银雀山汉墓发掘简报》:"《孙膑兵法》经过进一步整理,目前已发现出四百四十余枚,字数已达一万一千字以上。""这次出土的竹简虽不完整,全书面貌已不可能见到,但因为字数保存较多,还能看出该书的大致轮廓和作者的基本观点。"①

汉墓竹简《孙膑兵法》,经银雀山汉墓竹简整理小组的辛勤整理,精心审释,先后出版了几种版本的《孙膑兵法》。起初,1975 年文物出版社出版《银雀山汉墓竹简(壹)》线装本和《孙膑兵法》平装通行本,发表了竹简的照片、摹本、注释等有关资料。二书所收《孙膑兵法》均 30 篇,分上下两编。②

上编 15 篇篇名为:

擒庞涓	〔见威王〕	威王问
陈忌问垒	篡卒	月战
八阵	地葆	势备
〔兵情〕	行篡	杀士
延气	官一	〔强兵〕

下编 15 篇篇名为:

十阵	十问	略甲
客主人分	善者	五名五恭
〔兵失〕	将义	〔将德〕
将败	〔将失〕	〔雄牝城〕
〔五度九夺〕	〔积疏〕	奇正

对于这批简文,汉墓竹简整理小组认为,由于上编 15 篇,篇中各记有"孙子曰"或"威王曰"等字样,故可确证为《孙膑兵法》;而下编 15 篇则无此等字样,故整理者或有存疑。下篇内容虽与上篇内容相类,但也存在着编撰体例上的差异,是否为孙膑所著尚无充分的证据。

1985 年,文物出版社又出版了 8 开精装本《银雀山汉墓竹简(壹)》,对

①《临沂银雀山汉墓发掘简报》,《文物》1974 年第 2 期。
②篇名中无〔 〕号者,系原简所书;有〔 〕号者,系竹简整理者所加。

所收各书内容又作了更审慎的处理。其中关于《孙膑兵法》写道：

> 本书所收《孙膑兵法》的前四篇记孙子与威王的问答，肯定是孙膑书。第十六《强兵》篇也记孙膑与威王的问答，但可能不是孙膑书本文，故暂附在书末。第五至十五各篇篇首都称"孙子曰"。这些篇既有可能是《孙膑兵法》，也有可能是《孙子》佚篇。但是它们的文体、风格与《孙子》十三篇不相类，与我们已经发现的竹书《孙子》佚篇的问答体和注释体也不一样……我们认为这些篇中所谓"孙子"以指孙膑的可能为较大，因此暂时把它们定为孙膑书。

该书整理者把 1975 年出版之原通俗本的上编全部保留，又增加了《五教法》一篇，故共 16 篇。而通俗本下编之 15 篇，则全部移到《银雀山汉墓竹简（贰）——佚书丛残》中去了。其所以移出，是为了表明态度之审慎，但并没有排除这些篇目仍有可能是《孙膑兵法》。

随着汉墓竹简整理小组之《孙膑兵法》的出版，在此基础上又先后出版了重新"校理"、"注释"之类的研究性著作，如：张震泽撰《孙膑兵法校理》，中华书局 1984 年出版；刘心健编著《孙膑兵法新编注译》，河南大学出版社 1989 年出版；李京撰《齐孙子兵法解》，中国书店 1990 年出版。这些撰述，从不同角度对《孙膑兵法》的整理、研究作出了新的贡献。

（四）孙膑军事思想的主要特色

1972 年 4 月山东临沂银雀山汉墓竹简出土，使人们得以窥知《孙膑兵法》的原本信息。竹简本《孙膑兵法》虽然远非《齐孙子》全貌，但仍可看出，它在继承《孙子》、《吴子》等兵书军事思想的基础上，又总结了战国中前期的战争经验，提出一些新的有价值的观点和原则。

1. 战争观

孙膑继承了前人的重战、慎战、备战思想，强调战争胜负关系社稷安危，国家存亡，"乐兵者亡，利胜者辱"，故不可儿戏视之。强调战胜必须"有义"、"有委"、"事备而后动"。针对战国中期诸侯割据、七雄并立的现实，提出"战胜而强立"的主动进攻型战争观，认为在诸侯混战的情况下，依靠仁义礼乐无法"禁争夺"，只有"举兵绳之"才能解决问题。孙膑对于战争的基本性质及其重大作用,是有相当深刻、明朗的认识的。

《孙膑兵法·见威王》写道:

> 孙子见威王,曰:"夫兵者,非士恒势也。此先王之傅道也。战胜,则所以在亡国而继绝世也;战不胜,则所以削地而危社稷也。是故兵者不可不察。然夫乐兵者亡,而利胜者辱。兵非所乐也,而胜非所利也,事备而后动。故城小而守固者,有委也;卒寡而兵强者,有义也。夫守而无委,战而无义,天下无能以固且强者。"

这段谈话,表达了以下几层意思:

其一,战争是关系国家政权生死存亡的大事。"在亡国而继绝世",即国家可以恃之以兴;"削地而危社稷",即国家可以由是而亡。此即孙武所言"兵者,国之大事,死生之地,存亡之道,不可不察也"。① 这一理解,恰恰道出了战争的政治性质,战争本身并不是目的,绝不能为了打仗而打仗,战争的目的乃在于政治,在于国家政权的存亡。由是推而言之,战争是政治的继续,是解决政治问题的最高手段,亦为必然的结论。

其二,对于战争必须审慎待之,它绝不是某个人的喜好或追求,而是十分严肃、郑重的大事。如果以个人的喜好而"乐兵好战",只能导致自身的灭亡;以贪图利欲的心态去追逐胜利,只会引来自身的羞辱。因此,绝不可依个人一时的兴趣与情绪而行事。只有做好充分的准备("事备"),然后才可以行动。

对这一观点,孙武亦有明言:"故曰:明主虑之,良将修之。非利不动,非得不用,非危不战。主不可以怒而兴师,将不可以愠而致战。合于利而动,不合于利而止。怒可以复喜,愠可以复悦,亡国不可以复存,死者不可以复生。故明主慎之,良将警之,此安国全军之道也。"②这正是后人着力强调的"慎战"思想。

其三,关于经济基础与政治基础。委者,委积也,即物资储备,少曰委,多曰积。如果没有相应的物资储备,是绝不能固守其城的。义者,道义也,

①《孙子·始计》。
②《孙子·火攻》。

即民心之向背,即政治基础。唯正义在手,才能得到人民的支持,才能"卒寡而兵强"。所谓"得道者多助"也。只有守而有委,战而有义,其兵才能以固且强。

以上观点,孙膑并未给以展开叙说。虽寥寥数语,已厘然可观。

2. 必攻不守,战胜而强立

强调战略进攻,是孙膑兵学的主导思想之一。《孙膑兵法·威王问》篇记录了田忌与孙膑的一段对话,鲜明生动地表现了这一观点:

> 田忌曰:"行陈(阵)已定,动而令士必听,奈何?"
>
> 孙子曰:"严而视(示)之利。"
>
> 田忌曰:"赏罚者,兵之急者邪(耶)?"
>
> 孙子曰:"非。夫赏者,所以喜众,令士忘死也。罚者,所以正乱,令民畏上也。可以益胜,非其急者也。"
>
> 田忌曰:"权、执(势)、谋、诈,兵之急者邪(耶)?"
>
> 孙子曰:"非也。夫权者,所以聚众也;执(势)者,所以令士必斗也;谋者,所以令适(敌)无备也;诈者,所以困适(敌)也。可以益胜,非其急者也。"
>
> 田忌忿然作色:"此六者皆善者所用,而子大夫曰非其急者也。然则其急者何也?"
>
> 孙子曰:"缭(料)适(敌)计险,必察远近……将之道也。必攻不守,兵之急者也。"

孙膑在此所讲的"必攻不守",并不是特指某一具体的战斗或战役,它是作为一种通用的一般性原则而讲的。它是一种战略态势,是战略原则,它要求己方在战略上要保持主动进攻的地位。赏、罚、权、势、谋、诈,均为当时之善用兵者所经常使用的基本手段,适用于一切战争,因此,又都是具有一般性意义的基本原则。孙膑将"必攻不守"排于六者之先,认为它是克敌制胜的关键所在,是"兵之急者",即首要因素,足见"战略进攻"在孙膑兵学中的重要地位。

就战国初期的政治形势而论,在战略上保持进攻的态势,乃是各大强国的基本国策。特别是"七雄"中的强者,谁能国富而兵强,谁就有资格统一中国。吴起力行改革，商鞅大讲耕战，其意均在于富国强兵，争做统一中国的魁首。所以，强调战略进攻，乃是当时的时代要求，孙膑正是其突出的代表。

孙膑又曰："德不若五帝，而能不及三王，智不若周公，曰我将欲责（积）仁义，式礼乐，垂衣常（裳），以禁争悦（夺），此尧舜非弗欲也；不可得，故举兵绳之。"①"绳之"者，如木工以绳墨为法度，合者留之，不合者去之；孙膑以兵战"绳之"，从者存之，不从者灭之。故孙膑又曰："战胜而强立，故天下服矣。"②以兵战取胜而求得天下之统一，正是强雄之国的基本国策。

"必攻不守"作为一种战略观念，它所全力倡导的，是一种以进攻为主，由我方操纵主动权，掌握战争的节奏与进程，从而使自己立于不败之地的大战略。

3."孙膑贵势"

《吕氏春秋·不二》篇，曾对春秋战国时期十大著名学派的代表人物及其学派特点各作了一字之评，其中第八位即"孙膑贵势"。如同"老聃贵柔"、"孔子贵仁"、"列子贵虚"、"阳生贵己"等评价一样，一个"势"字抓住了孙膑用兵的基本特征。

《孙子兵法·兵势》篇曾言：

> 故善战者，求之于势，不责于人，故能择人而任势。任势者，其战人也，如转木石。木石之性，安则静，危则动，方则止，圆则行。故善战人之势，如转圆石于千仞之山者，势也。

孙武对于"势"的表述，已经表现了高度的重视；孙膑则在其先祖思想理论的基础上，思之心领神会，用之出神入化。孙膑不但极善于"任势"，而且能够"造势"，即通过己方的谋划与努力，形成有利于己的态势。

齐魏桂陵之战，魏围赵都邯郸，形势十分危急。孙膑以"批亢捣虚"之术，兵出大梁，攻其要害，冲其空虚，形势立刻扭转，魏军不得不立刻回转，长途奔波；齐军则以逸待劳，设伏以击。此即所谓"形格势禁"。既成其形，必有其势。

---

①②《孙膑兵法·见威王》。

马陵之战,孙膑则"因势利导",因三晋固有的"轻齐"形势,导向有利于己方的发展方向。魏、赵强而齐弱,本当是己方的劣势;而孙膑施"减灶"之计,则使敌方由"强"而"骄",由"骄"而"寡"(弃其辎重大军,仅留少量"精锐"),由"寡"而"孤",最后进入绝境——马陵,有利的形势完全转到了孙膑一方。当此之时,齐方已无须冲杀拼搏,只需一阵弓箭已足以致庞涓于死地。所谓"善战者,求之于势,不责于人"。如"转圆石于千仞之山者",其此之谓乎!

对于用"势",孙膑不但有精彩的实践,而且有其理论见解。《孙膑兵法·势备》篇写道:

孙子曰:夫陷(含)齿戴角,前蚤(爪)后锯(距),喜而合,怒而豆(斗),天之道也,不可止也。故无天兵者,自为备,圣人之事也。黄帝作剑,以陈(阵)象之;羿(羿)作弓弩,以执(势)象之;禹作舟车,以变象之;汤、武作长兵,以权象之。凡此四者,兵之用也。

孙膑以剑、弓弩、舟车、长兵为喻,以使人类也能形成自己的齿、角、爪、距,如同自备之"天兵",从而形成自己的优势。若能将阵、势、变、权有机地结合在一起,即可以"破强敌,取猛将也"①。

4. 用众用寡,以寡击众

以寡击众,以弱击强,是孙膑兵学讨论的重点内容之一。敌我双方交兵之际,众寡、强弱不等,是常有的现象。在孙膑与齐威王及田忌的对话中,曾具体地讨论了这些问题。

《孙膑兵法·威王问》写道:

威王曰:"用众用寡有道乎?"
孙子曰:"有。"
威王曰:"我强敌弱,我众敌寡,用之奈何?"
孙子再拜曰:"明王之问。夫众且强,犹问用之,则安国之道也。命之曰赞师。毁卒乱行,以顺其志,则必战矣。"

①《孙膑兵法·势备》。

威王曰:"敌众我寡,敌强我弱,用之奈何?"

孙子曰:"命曰让威。必臧(藏)其尾,令之能归。长兵在前,短兵在□,为之流弩,以助其急者。□□毋动,以待敌能〔疲〕。"

作为一般性的策略,我强敌弱,就故意呈现散乱之形,以麻痹敌人,诱之使战。反之,敌强我弱,则当避其锋芒,不能硬拼。既要作好转移的准备,又要寻找机会,相机而动。

在用众、用寡的关系方面,孙膑似乎更加突出了以寡击众的方略。《孙膑兵法·威王问》载:

威王曰:"以一击十,有道乎?"

孙子曰:"有。攻其无备,出其不意。"

……

田忌曰:"敌众且武,必战有道乎?"

孙子曰:"有。埤垒广志,严正辑众,避而骄之,引而劳之,攻其无备,出其不意,必以为久。"

在通俗本下编的《十问》中,更具体细致地讨论了敌我双方力量对比的各种不同情况,对"敌富我贫,敌众我少,敌强我弱"的各种具体表现形式,均提出了具体的对策。或"合而佯北"以诱敌,或"三而离之"以分敌,或"慎避险阻"以待敌,总要抓住有利时机而击之。其中几处对"敌人十倍"之兵力亦敢于抗击,且善于破敌,充分显示了孙膑兵学的大智与大勇。

敢于抗击强敌,善于抗击强敌,立足于以寡击众、以弱破强,是孙膑兵学的基本特色之一。这一思想与"必攻不守"紧相配合,正突出反映了战国时期列强争雄的基本趋势,表现了鲜明的时代特色。

5."知道"者胜

"知道",是孙膑兵学中一个十分重要的概念,它几乎可以居于统领全局的地位。孙膑所称"知道"何指? 观《孙膑兵法》的诸多言论,可由以下几层意思以明其"道"。

(1)"知兵"未必"知道"

《孙膑兵法·威王问》篇,齐威王与田忌曾分别向孙膑提出了9个和7

个问题,如"用众用寡有道乎?""我强敌弱,我众敌寡,用之奈何?""敌众我寡,敌强我弱,用之奈何?""患兵者何也? 困敌者何也?"等等。孙膑均针对其问题作了答复。答完之后出现了这样一段谈话:

> 孙子曰:"明主、知道之将,不以众卒几功。"
>
> 孙子出,而弟子问曰:"威王、田忌臣主之问何如?"
>
> 孙子曰:"威王问九,田忌问七,几知兵矣,而未达于道也。吾闻素信者昌……穷兵者亡。"

孙膑何以出此言? 原来,威王、田忌所问,均为敌我众寡不同形势的具体方法,就一事论一事,当一情处一情,并未能掌握战争的普遍性规律,更未涉及仁信、道义等根本政治问题。故虽近于"知兵",但尚"未达于道"。

(2)"知道"可知胜

《孙膑兵法·篡卒》篇曾列举了"恒胜有五"、"恒不胜有五"的两个五条原则,其中"知道"与"不知道"各占其一,即"知道,胜","不知道,不胜"。

在通俗本下编之《客主人分》篇,孙膑又写道:

> 众者胜乎? 则投算而战耳。富者胜乎? 则量粟而战耳。兵利甲坚者胜乎? 则胜易知矣。故富未居安也,贫未居危也;众未居胜也,少〔未居败也〕。以决胜败安危者,道也。

如果人数众寡、财物贫富可以决定胜负,只需计算一下敌我双方的人数、计量一下双方粮食的多少即可应战。如果兵器利钝、盔甲坚硬可以决定胜负,那么,判别胜败就太容易了,何须明主、智将亲临战场? 实际绝非如此。

《孙膑兵法·客主人分》曰:"敌人众,能使之分离而不相救也,受敌者不得相〔知,沟深垒高不得〕以为固,甲坚兵利不得以为强,士有勇力不得以卫其将,则胜有道矣。"可见,真正能决定战争胜败者,就看谁能真正掌握战争的根本规律,并且依顺客观规律以克敌制胜。这个客观规律,就是"道"。

(3)"道"——天人之一般规律

《孙膑兵法·八阵》写道:

> 孙子曰:智不足,将兵,自恃也。勇不足,将兵,自广也。不知道,数

战不足,将兵,幸也。夫安万乘国,广万乘王,全万乘之民命者,唯知道。知道者,上知天之道,下知地之理,内得其民之心,外知敌之情,阵则知八阵之经。见胜而战,弗见而诤,此王者之将也。

"智"或"勇"不足,如果带兵打仗,尚可以自己的信心与努力去补救;如果"不知道"而带兵打仗,就只有依靠运气了。而"知道"之内涵,则上知天文,下知地理,内得民心,外知敌情,并且熟知特定战争的规律,如"八阵之经"。可见"知道"之要求相当高矣,既要通晓自然、社会的一般规律,又要掌握对抗、竞争的特有规律。若此,非有圣哲之智,孰能为之?

《孙膑兵法·陈忌问垒》篇曾言及:

> 明之吴越,言之于齐。曰知孙氏之道者,必合于天地。孙氏者……
> ……而先知胜不胜之谓知道。

可见,孙膑所称"知道者胜",确实包含十分丰富的内涵与深邃的哲理。孙膑上承其祖,深明斯道,故可预知战争之胜负。

(五)孙膑对孙武军事思想的继承与发展

1. 孙膑对孙武军事思想学说自觉地继承

孙膑是否自觉地继承了孙武军事思想学说呢?前引《孙膑兵法·陈忌问垒》中"知孙氏之道者,必合于天地",就是证据。

在《孙膑兵法》的全部竹简中,"孙氏"一词,只有前面引文中的两处。"孙氏"者,孙姓家族也,自然绝非孙膑一人。前面又首言"明之吴越,言之于齐",显然是指孙武与孙膑。孙武仕于吴,居于吴越之地,故其书能"明之吴越";而"言之于齐",则是指孙膑谋划的两次著名战争均在齐国。前有孙武,后有孙膑,其理论学说又能一脉相承,方有"孙氏之道"可言。所以,此处所称"孙氏"与"孙氏之道",正是孙膑自觉继承并弘扬孙武思想学说的佐证。

2."孙氏之道"的弘扬与拓展

在中国古代思想史中,"道"字是一个既常常居于核心地位,又理解歧义纷呈、众口不一的概念。"道"之意蕴:道路、道理、方法、技艺、规律、学说等等,均可称之为"道"。东汉许慎《说文解字》:"道,所以行也。"作为个体自然人之所行,"道"就是道路;作为政治或社会事业之所行,则当广泛理解为道理、规律、学说之类。中国古代具有哲学意义的"道",则主要有道、儒、兵三家,即老子之道、孔子之道、孙子之道。

(1)老子之"道"

老子以"道"为宇宙之本体,既无形无名,又不可言喻。"有物混成,先天地生。寂兮寥兮,独立而不改,周行而不殆,可以为天下母。吾不知其名,字之曰'道'。"①"道之为物,唯恍唯惚","视之不见","听之不闻","搏之不得"。然它又"渊兮似万物之宗",在天地之先,"可以为天地母"。② 故其"道"实为哲学上的终极本体。"道"既先于天地万物,又派生天地万物:"道生之,德畜之,物形之,势成之"③;"道生一,一生二,二生三,三生万物"④。老子将"道"视为天地万物的本原,故其学派也被称为"道家"。

(2)孔子之"道"

孔子之"道",则转向社会人伦。孔子曰:"吾道一以贯之","朝闻道,夕死可矣"。又曰:"志士于道,而耻恶衣恶食者,未足与议也。"⑤曾子曰:"夫子之道,忠恕而已矣。"朱熹曰:"尽己之谓忠,推己之谓恕。"⑥可见,孔子之"道",其实质就是"天下归仁"的社会、政治理想。孔子还说:"齐一变,至于鲁;鲁一变,至于道。"⑦"天下有道,则礼乐征伐自天子出;天下无道,则礼乐征伐自诸侯出。"⑧此处所讲"有道"、"无道"、"至于道",均指人生、社会的一种境界,这个境界就是以"周礼"所规范了的理想社会。由于在孔子儒家思想学说中,"仁"与"礼"的概念十分突出,"道"字几乎被淹没了。

(3)孙子之"道"

在《孙子兵法》中,首先出现的最突出的概念,就是居"五事之首"的"道"。《孙子兵法·始计》开篇言:

> 兵者,国之大事,死生之地,存亡之道,不可不察也。故经之以五

---

①《老子》二十五章。
②参见《老子》二十一章、二十五章等。
③《老子》五十一章。
④《老子》四十二章。
⑤《论语·里仁》。
⑥《论语集注》卷二。
⑦《论语·雍也》。
⑧《论语·季氏》。

事,校之以计,而索其情:一曰道,二曰天,三曰地,四曰将,五曰法。道者,令民与上同意,可与之死,可与之生,而不畏危也。

这里的"道",就是政治、民心。"得民心者昌,失民心者亡。"孙武能将政治、民心列于诸多军事要素之首,是很有见地的。

另外,在《孙子兵法》竹简本之下篇《吴问》中,孙武以田亩制度、赋税轻重作为判断国家强弱的重要标准,所谓"王者之道,厚爱其民",与上述观点是一脉相承的。其后,儒家孟子曾言:"得道者多助,失道者寡助"①,其意同样是指政治、民心。

(4)孙膑之道

到孙膑时代,上述诸家的观点都已经存在,孙膑以弘扬"孙氏之道"为己任,他又怎样为孙氏兵学之"道"来定位呢?前节《"知道"者胜》之引文中,已将《孙膑兵法》关于"道"的论述多有引录,其中意蕴最为深邃的论断就是《八阵》中的:

夫安万乘国,广万乘王,全万乘之民命者,唯知道。知道者,上知天之道,下知地之理,内得其民之心,外知敌之情,阵则知八阵之经。

在这个论断中,"道"字已经体现为涵盖战争活动之多种基本要素的总体规律。

前文所引《孙膑兵法》之其他篇目,如《威王问》、《陈忌问垒》、《篡卒》、《客主人分》等篇,其意义均已含蕴于《八阵》引文之内。

可见,《孙膑兵法》已将《孙子兵法》中仅具有单一之政治、民心内涵的"道",拓展成了反映战争之根本规律与总体规律的"道"。

3. 强烈的唯物主义精神

军事,或曰兵学,是一门最讲求实际的科学。胜败、存亡立刻兑现的客观现实,就决定了它不得不讲求实际。古有赵括"学兵法,言兵事,以天下莫能当",然而使之为将,领兵御秦,却在长平之战中轻敌冒进,葬送赵国40万大军,其自身也中箭而亡。后人讥之为"纸上谈兵"。原因就在于他夸夸

①《孟子·公孙丑下》。

其谈,完全不符合实际。《孙子兵法》则全然不同,其理论深刻反映了战争活动的客观规律,切合战争实际,唯有如此,历代兵家的成与败,皆能从《孙子兵法》中找出根由。如唐人杜牧《樊川文集·注孙子序》所言:"其孙武所著十三篇,自武死后凡千岁,将兵者有成者、有败者,勘其事迹,皆与武所著书一一相抵当,犹印圈模刻,一不差跌。"

《孙子兵法》的唯物主义立场,概括而言,主要有以下几方面:

一是立足于综合国力的对比以进行战争决策。

《孙子兵法·始计》所讲"五事"、"七计",其实质就是综合国力的体现。"道"为政治民心,能否举国动员,关键就在于国君"有道"与"无道"。"天"、"地"为天时、地利,是战争所赖以进行的客观环境,是现实的物质条件。"将"、"法"是军队的基本素质,将帅的驾驭能力以及基本的军需保障。这些就是战争所赖以进行的基本物质条件。立足于"五事"、"七计"决策,正是鲜明唯物主义的体现。

二是着力强调经济基础对战争的制约。

《孙子兵法·作战》篇:

> 凡用兵之法,驰车千驷,革车千乘,带甲十万,千里馈粮。则内外之费,宾客之用,胶漆之材,车甲之奉,日费千金,然后十万之师举矣。

没有雄厚的财力物力支持,战争就没法进行。明确地强调经济基础的制约,正是唯物主义精神的体现。

与之相联系的,还有相应战术原则的制定。如《军形》篇关于"地生度,度生量,量生数,数生称,称生胜"的分析,《作战》篇关于"兵贵胜,不贵久"的论断,《谋攻》篇关于"用兵之法,十则围之,五则攻之,倍则分之,敌则能战之,少则能逃之,不若则能避之"之战术原则的确立,都明显表现了对现实军事实力的尊重。

三是在敌情判断方面,表现了鲜明的唯物主义认识论思想。

《孙子兵法·用间》篇曰:

> 明君贤将所以动而胜人成功出于众者,先知也。先知者,不可取于鬼神,不可象于事,不可验于度,必取于人,知敌之情者也。

明确排除鬼神迷信,排除占卜或以事类相推的主观推断的方法,而一定要求于探知敌情的间谍。在判断敌情时,《孙子兵法》还十分注意从现象到本质的深化过程。《行军》篇曾列举了 30 多种判断敌情的方法,如"鸟起者,伏也;兽骇者,覆也;尘高而锐者,车来也;卑而广者,徒来也;散而条达者,薪来也;少而往来者,营军也"等等,均坚定立足现实,认识上又有从现象到本质的深化。

综上可见,鲜明的唯物主义立场观点贯穿于《孙子兵法》始终。

到孙膑时代,在《孙膑兵法》中又是如何进一步推进与拓展的呢?

纵观《孙膑兵法》,其主体内容均在于诸多具体战术问题的阐释,多集中于与田忌和齐威王的讨论、问答中,并未集中正面阐释综合国力等实力基础。相反,书中讨论最多的,是明确排除诸多"机械唯物论"的观点。如《孙膑兵法·威王问》在讨论"用众用寡"、"我强敌弱,我众敌寡"、"敌众我寡,敌强我弱"等问题后,写道:

> 威王曰:"以一击十,有道乎?"
> 孙子曰:"有。攻其无备,出其不意。"
> ……
> 田忌曰:"敌众且武,必战有道乎?"
> 孙子曰:"有。埤垒广志,严正辑众,避而骄之,引而劳之,攻其无备,出其不意,必以为久。"

若依照"机械唯物论"的观点,"人众"、"兵强"就必然取胜,应当是物质力量决定一切。然而孙膑在此讨论的恰恰是如何对付"人众",如何击败"兵强",甚至是如何"以一击十",这与孙武所提"十则围之"的观点,表面看大相径庭,其实不然:孙武所论,乃是依照一般唯物论的观点所讲的一般性方略;孙膑所言,实际已经上升到辩证唯物论的高度,即能充分发挥指挥者的主观才智,即"知道者"的作用。

前节所讲"投算而战"、"量粟而战"的引文,更是对机械唯物论的明确批判。由朴素唯物主义的观点,上升到具有辩证观的唯物主义,正是孙膑对孙武唯物主义军事思想的一大推动与发展。

在《孙膑兵法·月战》篇,更有一句发聋振聩的名言:

间于天地之间,莫贵于人。

"人"何以为贵?其可贵之处就在于具有主观能动性,能够主动地认识世界并改造世界。近代伟大的思想家马克思在《关于费尔巴哈的提纲》中有一句开辩证唯物主义哲学观之先河的名言:"哲学家们只是用不同的方式解释世界,而问题在于改变世界。"此语的闪光点,就在于它充分注意到了人的主观能动性。

4. 精彩绝伦的辩证法思想

一般来说,兵家战将戎马一生,其志在于保家卫国,并不着意于"学术"理论,更无心于玄妙莫测的"哲学"。然而,事实却又适趋其反,越是时时深入于现实,处处体察于战争之实际,"哲学"反倒主动依附而来。原因何在?"哲学"原理本来就存在于现实之中,就是现实世界之固有规律的体现。

哲学辩证法,是现实世界固有辩证发展规律在人之头脑中的反映。因此,只要能深刻准确地反映现实生活的辩证发展,就必然会具有哲学辩证法的理论观点。战争活动,既具有十分彻底的物质性、现实性,又具有丰富多彩的变化性,其变化又具有不依人的意志为转移的客观规律性。因此,只要能够巧妙地驾驭战争实践,其间必然会时时活跃着辩证哲学的思想活动。"批亢捣虚,形格势禁","因势利导,减灶诱敌",均可称之为活生生的"辩证哲学"。依据客观现实的固有条件,导向有利于己方的发展方向;既尊重客观现实,又充分发挥主观能动性。当代哲学的精义所在,大致就是如此。而当孙膑对这些现实经验加以系统总结时,这就是地地道道的辩证哲学。

对于任何一部真正反映战争规律的兵学著作来说,"辩证哲学"都必然随处可见。本书无意于宽泛地分析二孙的哲学思想,仅将其集中、精要的几处叙说摘录于下。

先看孙武:

其一,对立统一的辩证法思想。

孙武在其兵法著作中,提出了一系列的矛盾概念,如敌我、攻守、强弱、奇正、虚实、利害、众寡、得失、治乱、生死、劳佚、动静、迂直、进退、行止、速久、巧拙、远近、险易等等。孙武不仅看到了战争中诸多矛盾的形成,而且认为矛盾在一定时期或是借助一定条件,是可以相互转化的。如孙武在《兵势》篇中曰:"乱生于治,怯生于勇,弱生于强。"

因此,就矛盾的对立统一关系,孙武常常虑及两个方面。如利与害:

> 不尽知用兵之害者,则不能尽知用兵之利也。①
>
> 是故智者之虑,必杂于利害。杂于利,而务可信也;杂于害,而患可解也。②

利害共生,祸福相依,是事物生存与发展的一般规律。老子言:"祸兮福之所倚,福兮祸之所伏。"③在战场上,这种利与害的变化表现尤其迅速而剧烈。所以说,用兵之人欲尽得用兵之利,必先尽知用兵之害,利害尽悉,才有可能趋利避害或化害为利。

智者考虑问题,一定要兼顾"利"、"害"两方面,切忌单方面追求"利",若单方面追逐"利",则必然利令智昏。春秋中期秦晋崤之战,秦穆公只见远袭郑国之利,不虑晋国中途邀击之害,遂有崤函之败。是贪利而忘害也。

又如讲到《兵势》篇虚与实:

> 兵之所加,如以碬投卵者,虚实是也。

碬:磨刀石,特坚硬,或泛指石头。对于"虚"、"实"的理解,应当较为宽泛,不要刻板拘谨。三国吴沈友在《武经七书汇解》中说:"虚者,怯、弱、乱、饥、劳、寡、不虞也;实者,勇、强、治、饱、佚、众、有备也。"概括地说,凡是有利,就是实;不利,便是虚。

《兵势》篇讲了对于"虚实"的应对之策。孙子要求做到"避实击虚"、"因形而措胜"。"虚实"彼我皆有,贵在变敌人之实为虚(如孙子曰"敌逸能劳之,饱能饥之,安能动之"),变我之虚为实。而"善用兵者,以虚为实;善破敌者,以实为虚"(李筌语)。"虚实"既变,则攻无疑矣。《管子》说"攻坚则轫,乘瑕则神",就是这个道理。

---

① 《孙子兵法·作战》篇。
② 《孙子兵法·九变》篇。
③ 《老子》五十八章。

其二,充分发挥主观能动性的理性思维。

人的活动要达到预期的目的,就离不开现实的物质条件,在拥有物质条件的基础上,遵循客观规律性,发挥主观能动性,将二者有机结合,才可能取得最佳的效果。孙子承认客观条件是决定战争胜负的基本因素,但并不唯条件论,而是认为,客观条件只是表明了胜败的可能性,其本身还没有定胜负。要使胜负变成现实,还要再加上主观努力,即发挥人的主观能动性,积极地创造条件,促成飞跃。

如孙子在《始计》篇论"势":

> 计利以听,乃为之势,以佐其外。势者,因利而制权也。

有利于我的谋划之策既被采纳,再造成一种客观态势,以为外在的辅助条件。所谓"势",就是要根据"利"的原则而采取应变措施以保持战略主动之谓。决定战争胜负的因素,既有综合国力、国情等基本较量,即孙子的"五事"、"七计",又有临敌应战、因利制权以及诡道之策的施用等诸多可变因素在起作用。东汉末年曹操、袁绍"官渡之战",曹军在兵员、粮草方面都处于明显的劣势地位,随着战争进行,几乎败局已定。然而,许攸献策,一举烧掉了袁绍乌巢的粮草,战局立刻发生180度的大扭转,曹操竟反败为胜,最终统一北方。

又如,《军形》篇中说:"胜可知,而不可为。"而在《虚实》篇中又说:"胜可为也。"这难道是前后矛盾吗?不然。前者是说胜利可以预知,但是不可以强求(我能立于不败,敌人同样可以无懈可击),不能不讲条件地蛮干,不能在超越现实条件的前提下取得胜利;而后者是说,既承认客观规律,又发挥主观能动性,战道必胜,就可以稳操胜券。二者是浑然统一的。

伟人毛泽东曾将战争活动比喻为一种"戏剧"将军,就是战争这出戏剧的"导演",将军主观能动性的充分发挥,往往可以使战局转危为安,反败为胜,挽狂澜于既倒,扶大厦于将倾,成为引导战争走向胜利的最关键的因素。

其三,具体问题具体分析

战争要讲究"因敌变化",践墨而随敌。《虚实》篇曰:

> 夫兵形象水,水之形,避高而趋下;兵之形,避实而击虚;水因地而

制流,兵因敌而制胜。故兵无常势,水无常形,能因敌变化而取胜者,谓之神。

兵形规律就像水的流动一样。水的流动,是避开高处而流向低处;用兵的规律,是避开敌人坚固设防之处而进攻其虚懈薄弱之处。水因地势的高低而决定其流向,用兵则是根据不同的敌情而决定不同的制胜方略。所以,用兵并无一成不变的战场态势,无成规可守,能根据敌情变化而取胜者,可谓用兵如神。既要"践墨",又要"随敌":"践墨"是遵循一般规律,"随敌"是紧随敌情变化。"践墨"为常,突出表现了唯物论的精神;"随敌"为变,突出表现了辩证法的特质。二者有机结合,就把握了战争的要义。

观此,孙武对于辩证统一规律的认识已臻于出神入化的境地。那么,孙膑是否还可以有进一步的增色呢?

再看孙膑:

突出人的主观能动作用,公开挑战机械唯物论的诸多观点,敢于"以弱击强",强调"必攻不守"、"举兵绳之"、"战胜而强立",正是孙膑军事哲学最突出的特色。

其一,对立面的统一与转化。

通俗本《孙膑兵法》下编《积疏》篇写道:

〔积〕胜疏,盈胜虚,径胜行,疾胜徐,众胜寡,佚胜劳。积故积之,疏故疏之,盈故盈之,虚〔故虚之,径故径〕之,行故行之,疾故疾之,〔徐故徐之,众故众〕之,寡故寡之,佚故佚之,劳故劳之。积疏相为变,盈虚〔相为变,径行相为〕变,疾徐相为变,众寡相〔为变,佚劳相〕为变。毋以积当积,毋以疏当疏,毋以盈当盈,毋以虚当虚,毋以疾当疾,毋以徐当徐,毋以众当众,毋以寡当寡,毋以佚当佚,毋以劳当劳。积疏相当,盈虚相〔当,径行相当,疾徐相当,众寡〕相当,佚劳相当。敌积故可疏,盈故可虚,径故可行,疾〔故可徐,众故可寡,佚故可劳〕。

"积",言兵力集聚,"疏",指兵力疏散;"径"为小路,"行"为大道;积疏,盈虚,径行,疾徐,众寡,佚劳,六者皆为既对立又统一的两个方面。就一般情况而言,是积胜疏,盈胜虚,径胜行,疾胜徐,众胜寡,佚胜劳。但并非绝对如此,若积故积之,疏故疏之,盈故盈之,虚故虚之,则可积疏相为变,盈虚相为变,疾徐相为变。

这些表述,对于兵家战将而言,绝不是无端的猜想,更不是文字游戏,而是沙场征战的经验总结。"统一物之分为两个部分以及对它的矛盾着的部分的认识,是辩证法的实质。"[1]"可以把辩证法简要地确定为关于对立面的统一的学说,这样就会抓住辩证法的核心。"[2]孙膑之论,虽居于2300多年之前,岂非正是抓住了"辩证法的核心"?

通俗本《孙膑兵法》下编《奇正》篇又写道:

> 天地之理,至则反,盈则败,□□是也。代兴代废,四时是也。有胜有不胜,五行是也。有生有死,万物是也。有能有不能,万生是也。有所有余,有所不足,形势是也。

一切事物都含有相对立的两个方面,乃是"天地之理"。因此,

> 故善战者,见敌之所长,则知其所短;见敌之所不足,则知其所有余。见胜如见日月,其错胜也,如以水胜火。

既然事物均含有相对立的两个方面,故可由此而知彼,其举措(即"错")制胜,亦如日月之明。由此推之于"奇正"。《孙膑兵法·奇正》曰:

> 形以应形,正也;无形而制形,奇也。……是以静为动奇,佚为劳奇,饱为饥奇,治为乱奇,众为寡奇。发而为正,其未发者奇也。

又曰:

> 故圣人以万物之胜胜万物,故其胜不屈。战者,以形相胜者也。形莫不可以胜,而莫知其所以胜之形。形胜之变,与天地相敝而不穷;形胜,以楚越之竹书之而不足。

以形制形,奇正相生,其变化如同世界万物自身一样不可穷尽,以楚、越

---

[1]列宁:《谈谈辩证法问题》,见《列宁选集》第2卷,人民出版社1972年版,第711页。
[2]列宁:《辩证法的要素》,见《列宁选集》第2卷,人民出版社1972年版,第608页。

所产之竹,亦不足以尽书(古代之书多书写于竹简)。

再看其祖孙武所撰《孙子兵法·兵势》之言:

> 故善出奇者,无穷如天地,不竭如江海。终而复始,日月是也。死而更生,四时是也。……战势不过奇正,奇正之变,不可胜穷也。奇正相生,如循环之无端,孰能穷之?

对照孙膑之论,祖孙何其相似耶! 真真确确一脉相承也。

其二,发挥主观能动性。

在《孙子兵法》中,即曾大讲"善者":"善用兵者,屈人之兵而非战也,拔人之城而非攻也,毁人之国而非久也";"昔之善战者,先为不可胜,以待敌之可胜"。所谓"善战者",即善于发挥主观能动作用者。《孙膑兵法》则有专论"善者"一篇:

> 善者,敌人军□人众,能使分离而不相救也,受敌而不相知也。故沟深垒高不得以为固,车坚兵利不得以为威,士有勇力而不得以为强。故善者制险量阻,敦三军,利屈伸,敌人众能使寡,积粮盈军能使饥,安处不动能使劳,得天下能使离,三军和能使柴。

"善者"之"善",就在于主观能动作用的发挥,能够以智谋改变现存的条件:"故善动敌者,形之,敌必从之;予之,敌必取之。"①佚能劳之,安能动之,治能乱之。其关键就在于我方之"善",在于我方之主观能动性的发挥。《孙膑兵法·善者》又言:"善者能使敌卷甲趋远,倍道兼行,倦病而不得息,饥渴而不得食。"孙膑之"围魏救赵"、设伏马陵,岂非以此自道也!

综观孙膑兵学,其诸多特征可以归结为两条:一是对孙武军事思想的继承,一是适应于战国时期的时代特征而又有所发展。其战争观、用兵术等,无不与孙武之思想学说息息相关且一脉相承;而"必攻不守"、以弱制强、攻城设阵等军事思想,又更多地表现了鲜明的战国色彩。

孙膑是一位优秀的战争谋划者,更是一位杰出的军事思想家。丰富的战争经验使其军事思想更为系统和务实。然其书失传已久,出土竹简又残

---

① 《孙子兵法·兵势》。

损过甚,按图索骥,我们的叙说也只能到此为止。

三、战国中后期的军事思想与军事斗争

(一)孟子的战争观

1. 孟子其人

孟子,名轲,字子舆,或曰字子车,鲁国邹(今山东省邹城市)人,中国古代伟大的思想家,战国时期儒家代表人物之一。孔曰"至圣",孟曰"亚圣",孟子在中国儒家学派中的地位仅次于孔子,与孔子并称为"孔孟"。由此,亦反映了其人对于中国儒学的重大贡献。

司马迁《史记》撰有《孟子荀卿列传》,对孟轲一生的活动作了十分简括的叙述,姑录于下:

> 孟轲,驺(邹)人也。受业子思之门人。道既通,游事齐宣王,宣王不能用。适梁,梁惠王不果所言,则见以为迂远而阔于事情。当是之时,秦用商君,富国强兵;楚、魏用吴起,战胜弱敌;齐威王、宣王用孙子、田忌之徒,而诸侯东面朝齐。天下方务于合从(纵)连衡(横),以攻伐为贤,而孟轲乃述唐、虞、三代之德,是以所如者不合。退而与万章之徒序《诗》《书》,述仲尼之意,作《孟子》七篇。

孟轲生活于战国中期,与商鞅、孙膑大致同一时代,其生卒年月不详(一说为前385年至前304年,一说为前372年至前289年)。子思是孔子的孙子,孟轲既受学于子思的门徒,又志在述仲尼之意,正是旗帜鲜明地承继儒家的思想学说。

为实践自己的政治主张,孟子曾仿效孔子"周游列国",带领门徒游说各国诸侯,但不被接受,孟子"耻没世而无闻焉,是故垂宪言以诒后人",遂退隐与万章等弟子一起著书。有《孟子》7篇传世:《梁惠王》、《公孙丑》、《滕文公》、《离娄》、《万章》、《告子》、《尽心》。后世刊本每篇又分上、下,故为14卷。《孟子》一书,集中反映了孟子的思想、政治观点与言行。

孟子学说在哲学上的出发点为性善论,政治上则提出"仁政"、"王道"学说,主张德治,将仁、义、礼、智四德合为一体,对孔子的儒学思想体系有重大发展。至宋代,二程、朱熹将《孟子》与《论语》、《大学》、《中庸》合在一

起,称"四书",朱熹又作《四书集注》。从此直到清末,"四书"一直是科举必考内容,成为中国封建社会后 700 年中影响最大的著作。

2. 孟子的战争观

(1)强烈的反战意识

孟子的反战意识,较之墨翟有过之而无不及。他所反对者,同样是"不义"之战,是争利之战,是劫夺之战。《孟子》第一篇《梁惠王上》开篇即写道:

> 孟子见梁惠王。王曰:"叟! 不远千里而来,亦将有以利吾国乎?"
>
> 孟子对曰:"王! 何必曰利? 亦有仁义而已矣。王曰'何以利吾国',大夫曰'何以利吾家',士庶人曰'何以利吾身',上下交征利而国危矣。万乘之国弑其君者,必千乘之家;千乘之国弑其君者,必百乘之家。万取千焉,千取百焉,不为不多矣。苟为后义而先利,不夺不餍。未有仁而遗其亲者也,未有义而后其君者也。王亦曰仁义而已矣,何必曰利?"

这就是孟子著名的"义利之辨"。逐"利"必伤"义",此乃祸乱之始;求"义"乃可永保其"利",方为长治久安之策。

太史公马迁对此深有感慨:"余读《孟子》书,至梁惠王问'何以利吾国',未尝不废书而叹也。曰:嗟乎,'利'诚乱之始也! 夫子'罕言利'者,常防其原也。故曰'放于利而行,多怨'。自天子至于庶人,好利之弊何以异哉!"①专门逐利,必导致争端,引起战争。孟子倡仁义而不言利,盖欲拔其本而塞其源也。

(2)"春秋无义战"

对于战争的"义"与"不义",在孟子之先,已多有人如是视之。如墨翟、吴起,均曾有对战争之"义"与"不义"的议论。而径直以"义战"相称者,乃始自孟子:

> 孟子曰:"春秋无义战。"②

_____

①《史记·孟子荀卿列传》。
②《孟子·尽心下》。

孟子能够明确区分战争之"义"与"不义",实为中国兵学史上之一大进步,是战争观方面较为科学分类的开端。虽然其"义"字与近代的"正义"概念并不完全等同,但总算对战争给予了好与坏、合理与不合理之划分。

孟子之"义",其实质仍在于合乎当时的社会与政治秩序。孔子曾说:"天下有道,则礼乐征伐自天子出;天下无道,则礼乐征伐自诸侯出。自诸侯出,盖十世希不失矣。"①如果征伐出自天子,即为"有道",自然"有义";如果征伐出自诸侯,即为"无道",自然"不义"。故孟子又说:"征者,上伐下也,敌国不相征也。"②若诸侯有罪,只有天子有权征讨之,此则谓之"义"。然春秋之征伐,尽是诸侯之间的征战,何义之有?"春秋无义战",其真实之内涵正在于此。

《孟子·梁惠王下》记录了这样一段对话:

> 齐宣王问曰:"汤放桀,武王伐纣,有诸?"
> 孟子对曰:"于传有之。"
> 曰:"臣弑其君,可乎?"
> 曰:"贼仁者谓之'贼',贼义者谓之'残';残贼之人谓之'一夫',闻诛一夫纣矣,未闻弑君也。"

臣杀君曰"弑",君杀臣曰"诛"。弑君犯上在当时来说,是"大逆不道",是"不义"之举。然而一旦如同桀、纣这样的"天子",早已不成其为"天子"了,而是"一夫",即所谓"独夫民贼"者,人人可得而诛之。故《孟子》书中,对商汤的征伐夏桀、对武王的伐纣充满了赞颂之词,如同时雨之降,人民大众祈盼之,渴求之,乃为最大的"义战"。

(3)天时,地利,人和

《孟子·公孙丑下》写道:

> 孟子曰:"天时不如地利,地利不如人和。三里之城,七里之郭,环而攻之而不胜。夫环而攻之,必有得天时者矣;然而不胜者,是天时不

---

①《论语·季氏》。
②《孟子·尽心下》。

如地利也。城非不高也，池非不深也，兵革非不坚利也，米粟非不多也；委而去之，是地利不如人和也。故曰：域民不以封疆之界，固国不以山溪之险，威天下不以兵革之利。得道者多助，失道者寡助。寡助之至，亲戚畔（叛）之；多助之至，天下顺之。以天下之所顺，攻亲戚之所畔（叛）；故君子有不战，战必胜矣。"

天时、地利、人和，三者为决定战争胜负的重要因素。三者俱得，自然很好；如不可兼得，则以"人和"为根本。人和，就是民心之向背，是政治基础，是中国古代战争观中的精华，历来为用兵者所珍重。商汤、周武时代固不必说，至用兵由仁变诈的春秋时代，民心之所向仍是人们追求的首要因素。《孙子·计篇》列举庙算之"五事"，"道"居其首。"得道"，则天下顺之；"失道"，则亲戚叛之。"以天下之所顺，攻亲戚之所畔"，以亿万之众去对付独夫民贼，必然取得胜利。孟子这段议论，可谓正抓住了关键。

3. 孟子弟子匡章

匡章为孟子弟子，又称匡子、章子、田章。战国时齐国名将，生活于齐威王、宣王、湣王时代。

齐威王末年，秦军借道韩、魏而伐齐，匡章奉命迎战秦军。

《战国策·齐策一》写道：

> 秦假道韩、魏以攻齐，齐威王使章子将而应之。与秦交和而舍，使者数相往来，章子为变其徽章，以杂秦军。候者言章子以齐兵入秦，威王不应。顷之间，候者复言章子以齐兵降秦，威王不应。而此者三。有司请曰："言章子之败者，异人而同辞。王何不发将而击之？"王曰："此不叛寡人明矣，曷为击之！"

"交和而舍"，就是两军已经对垒，而且军使来往频繁。"候者"，即负责侦察敌方军情的密探。此间，为了迷惑敌军，匡章把军旗徽章换成了秦军的样子，又派部分将士混入秦军。候者见状，数言章子欲将兵降秦。复连三次，探报相同。由于齐威王用人不疑，未予理睬。一个主事的朝臣请求威王说："报告的密探都说章子打了败仗，君王为何不遣将发兵攻打匡章？"齐威王回答说："章子绝对不会背叛寡人，为什么要派兵去攻打他呢？"

就在这时,传来捷报,齐军大获全胜,秦军大败溃退,秦王只好自称西藩之臣,并派特使向齐国谢罪请和。匡章最终顺利完成了抗击秦军的任务。

那么,齐威王怎么知道章子绝对不会降秦呢?

《战国策·齐策一》写道:

> "何以知之?"
>
> 齐威王曰:"章子之母启得罪其父,其父杀之而埋马栈之下。吾使章子将也,勉之曰:'夫子之强,全兵而还,必更葬将军之母。'对曰:"臣非不能更葬先妾也。臣之母启得罪臣之父。臣之父未教而死。夫不得父之教而更葬母,是欺死父也。故不敢。'夫为人子而不欺死父,岂为人臣欺生君哉?"

原来,匡章的母亲启由于得罪他的父亲,被他的父亲杀死埋在马棚下。当齐威王任命章子为将军时,曾勉励他说:"先生的能力很强,过几天率领全军回来时,寡人一定改葬将军的母亲。"当时章子说:"臣并非不能改葬先母,只因臣母得罪先父,而臣父并未明言改葬。我怎能欺骗死去的父亲呢?"齐威王由此认定:作为人子而不愿欺骗死父,作为人臣又怎能欺骗生君呢?

后,齐宣王六年(前314年),乘燕国内乱,匡章率领齐国常备军"五都之兵"及与燕接壤的"北地之众"攻燕,燕国军民痛恨子之的统治,士卒不肯作战,因而齐军仅用50天即攻破燕国,杀死子之和燕王哙。但包括匡章在内的许多齐国人都视燕为蛮夷之邦,因此齐军在燕国肆意蹂躏,引发了燕人的激烈反抗,齐军被迫从燕国撤出。燕人拥立太子平继位,是为燕昭王。

齐湣王即位后,孟尝君田文为相,联合韩、魏两国攻楚。齐将匡章侦查得知楚军在沘水(河南泌阳河)设防情况:浅水处守兵多,深水处守兵少。遂选精兵于楚军守兵多处,乘夜渡沘水而击之。终在垂沙(今河南唐河西南)大败楚军,杀楚将唐昧。三国联军乘胜攻占垂丘(今河南沁阳北)、宛(今河南南阳)、叶(今河南叶县)以北的大片土地。楚国被迫以太子为质,向齐求和(此事一说在齐宣王十九年,即宣王死、湣王即位之年,公元前301年)。

后,齐与魏、韩伐秦,齐军的主帅仍为匡章。

（二）荀子的军事思想

1. 荀子的生平与著述

荀卿（约前325—约前238），名况，字卿，战国末期赵国（今山西新绛）人，著名思想家、文学家，儒家学派的重要代表人物，时人尊称"荀卿"。汉代后，避汉宣帝刘询讳，亦称孙卿。

荀子为先秦儒学大师，其学术实力与地位可以比肩孟子。由于孟子能严守儒学门户，力辟杨、墨"邪说"，以护卫儒学之尊崇地位为己任，故后儒乃赞之为"醇儒"，奉之为"亚圣"。荀子则兼收并蓄，既以儒学为主体，又兼取道、法之长，从而形成兼容多种学术流派且更为宽广、更为完整的思想体系，因而被后儒指责为"大醇而小疵"（韩愈语），甚至说"荀卿则全是申、韩"（朱熹语）。但是，脱开儒学的门户之见，孟、荀的学术地位还是应该持平的。

对于荀子的生平，司马迁于《史记·孟子荀卿列传》中叙述曰：

> 荀卿，赵人。年五十始来游学于齐。……田骈之属皆已死齐襄王时，而荀卿最为老师。齐尚修列大夫之缺，而荀卿三为祭酒焉。齐人或谗荀卿，荀卿乃适楚，而春申君以为兰陵令。春申君死而荀卿废，因家兰陵。李斯尝为弟子，已而相秦。荀卿嫉浊世之政，亡国乱君相属，不遂大道而营于巫祝，信禨祥，鄙儒小拘，如庄周等又猾稽乱俗，于是推儒、墨、道德之行事兴坏，序列著数万言而卒。因葬兰陵。

荀子于50岁时始来游学于齐（或曰为"年十五"之误，非也）。至襄王时代"最为老师"，并"三为祭酒"。"祭酒"，即学长，如同今之"校长"或"院长"，是齐国稷下学宫中最高的职位。后来被谗而适楚，春申君以为兰陵令。春申君死而荀卿废，遂家居兰陵。

兰陵，就是今山东省苍山县之兰陵镇，其镇之东南约数里，仍有荀子之墓。荀卿曾去赵国与临武君在赵孝成王面前议兵，并由此写下了著名的《议兵》论文。最后终老于楚国，葬于兰陵。

2. 荀子的兵学观

《荀子》今存33篇，基本内容为政治、哲学、伦理道德等关于人生哲学的系统论著。其中《议兵》一篇,主要论述军事与战争问题。其文既鲜明地表现了儒家的根本观点,同时又表现了许多独具特色的兵学议论。兹略述其要。

(1)仁人之兵,王者之志

"仁人之兵"是儒家兵学观点的基调,也是《荀子·议兵》的主题。儒家所称颂、所赞同的,就是以"仁义"为本,兴王者之师,或称仁者之兵。看《议兵》篇所叙:

> 临武君与孙卿子议兵于赵孝成王前。
>
> 王曰:"请问兵要。"
>
> 临武君对曰:"上得天时,下得地利,观敌之变动,后之发,先之至,此用兵之要术也。"
>
> 孙卿子曰:"不然。臣所闻古之道,凡用兵攻战之本在乎壹民。弓矢不调,则羿不能以中微;六马不和,则造父不能以致远;士民不亲附,则汤、武不能以必胜也。故善附民者,是乃善用兵者也。故兵要在乎善附民而已。"
>
> 临武君曰:"不然。兵之所贵者,势利也;所行者,变诈也。善用兵者,感忽悠暗,莫知其所从出,孙、吴用之,无敌于天下,岂必待附民哉!"
>
> 孙卿子曰:"不然。臣之所道,仁人之兵,王者之志也。君之所贵,权谋势利也;所行,攻夺变诈也,诸侯之事也。仁人之兵,不可诈也。彼可诈者,怠慢者也,路亶者也,君臣上下之间滑然有离德者也。故以桀诈桀,犹巧拙有幸焉;以桀诈尧,譬之若以卵投石、以指挠沸,若赴水火、入焉焦没耳。故仁人上下,百将一心,三军同力,臣之于君也,下之于上也,若子之事父,弟之事兄,若手臂之捍头目而覆胸腹也。诈而袭之,与先惊而后击之,一也。且仁人之用十里之国,则将有百里之听;用百里之国,则将有千里之听;用千里之国,则将有四海之听。必将聪明警戒,和传(抟)而一。故仁人之兵,聚则成卒,散则成列,延则若莫邪之长刃,婴之者断;兑则若莫邪之利锋,当之者溃;圜居而方止,则若盘石然,触之者角摧,案角、鹿埵、陇种、东笼而退耳。且夫暴国之君,将谁与至

哉？彼其所与至者，必其民也；而其民之亲我，欢若父母；其好我，芬若椒兰；彼反顾其上，则若灼黥，若仇雠。人之情，虽桀、跖，岂又肯为其所恶，贼其所好者哉！是犹使人之子孙自贼其父母也，彼必将来告之，夫又何可诈也？故仁人用，国日明，诸侯先顺者安，后顺者危，虑敌之者削，反之者亡。《诗》曰：'武王载发，有虔秉钺，如火烈烈，则莫我敢遏。'此之谓也。"

这段引文，意蕴十分明确：仁人之兵，王者之师，它绝不同于诸侯之兵。其基本特点就在于善附民众，能够上下同心，三军协力。因此，变诈对于他们是无用的，只要有谋诈，就一定会有人主动告知他们。因此，以诈袭仁，与"先惊而后袭"不会有什么两样。这样的军队绝非诸侯之兵可比。故荀卿在《荀子·议兵》中又曰："彼兵者，所以禁暴除害也，非争夺也。故仁人之兵，所存者神，所过者化，若时雨之降，莫不说（悦）喜。"在此，荀子所称颂者，与孟子全然相同。如尧、舜、禹、汤、文、武，"皆以仁义之兵行于天下也，故近者亲其善，远方慕其德，兵不血刃，远迩来服，德盛于此，施及四极"。

孟、荀并非截然对立，是儒学的本质把他们统一起来。

（2）"凡在大王，将率（帅）末事"

由于荀子论战的基本立足点在于政治，因此，在荀子看来，战争胜负的基本因素乃在于政治上是否清明，以及由此而产生的国势的强弱。而这一切皆取决于君王，而非将帅，故曰："凡在大王。"总括一切的是君王，而非将帅。荀子论曰：

> 君贤者其国治，君不能者其国乱；隆礼、贵义者其国治，简礼、贱义者其国乱。治者强，乱者弱，是强弱之本也。上足仰，则下可用也；上不仰，则下不可用也。下可用则强，下不可用则弱：是强弱之常也。隆礼、效功，上也；重禄、贵节，次也；上功、贱节，下也：是强弱之凡也。①

荀子也略及兵势强弱的诸种因素，当时齐人"隆技击"，魏氏"重武卒"，秦人"讲锐士"，皆用一定的方式训练士卒之勇。其间亦有利弊等次，但终

---

① 《荀子·议兵》。

究不敌仁义。故荀卿在《荀子·议兵》中论曰:

> 故齐之技击不可以遇魏氏之武卒,魏氏之武卒不可以遇秦之锐士,秦之锐士不可以当桓、文之节制,桓、文之节制不可以敌汤、武之仁义,有遇之者,若以焦熬投石焉。

> 礼义教化,是齐之也。故以诈遇诈,犹有巧拙焉;以诈遇齐,辟之犹以锥刀堕太山也,非天下之愚人莫敢试。故王者之兵不试。

由此,荀子又认为,如齐之田单,楚之庄蹻,秦之卫鞅,燕之缪虮,"是皆世俗之所谓善用兵者也",他们之间不过是"代翕代张,代存代亡,相为雌雄耳"。① 既比不上齐桓、晋文,更比不上商汤、周武。一句话,荀子反复说明的,就是"政治"为第一要素。

(3)将帅与军制

荀子虽言"将率(帅)末事也",也还是要讲将帅作用的。荀子认为,为将者,"知(智)莫大乎弃疑,行莫大乎无过,事莫大乎无悔。事至无悔而止矣,成不可必也"②。"弃疑"者,不用疑谋,用人不疑,必有把握而后行之。事情能否成功,并不是事前可以完全确定的,但只要能做到"无过"、"无悔"也就算到顶了。为此,荀子又论说了为将者所应做到的"六术"、"五权"、"三至",如"制号政令欲严以威,庆赏刑罚欲必以信,处舍收藏欲周以固"等等,也大致涉及前此兵家所论为将的内容。

对于"王者之军制",荀子要求亦相当严格,主张"将死鼓,御死辔,百吏死职,士大夫死行列。闻鼓声而进,闻金声而退;顺命为上,有功次之;令不进而进,犹令不退而退也,其罪惟均"。服从将令,是士兵的天职。对于敌国的士民,则主张"不杀老弱,不猎禾稼,服者不禽(擒),格者不舍,奔命者不获"。只要放下武器,就不再追究,手无寸铁者,自亦不能屠戮。

为表明王者的"仁义之师",荀子还特别提出,"王者有诛而无战,城守不攻,兵格不击,上下相喜则庆之"。如果敌方的士兵民众对他的上司、君王十分满意,你就不应该去攻击它。所攻者,则当是"诛其君,吊其民"者也。因此,在进攻时,又要求"不屠城,不潜军,不留众,师不越时"。(《荀

---

① ②《荀子·议兵》。

子·议兵》)这些要求,与其政治上的"隆礼贵义"是完全统一的。

综观荀子所论,基本上是儒家的政治、道德理论,其所反复强调的,就是礼义。"礼者,治辨之极也,强国之本也,威行之道也,功名之总也。王公由之,所以得天下也;不由,所以陨社稷也。"①若有礼义,则"坚甲利兵"、"高城深池"、"严令繁刑",均不可与之相比。

论及战国时期的战争现实,荀子之说或许只是纸上谈兵,然而作为强调政治的根本性作用,荀子的贡献是很突出的。

(三) 乐毅"五国伐齐"

乐毅,中山灵寿(今河北省灵寿县)人,战国后期杰出的军事家。

其先祖乐羊,魏文侯将,伐取中山,封以灵寿,从此乐氏子孙便世代定居于此。中山国先灭于魏,后复国,又灭于赵,故乐毅亦可称赵人。乐毅好兵法,有才智,深得赵人推崇。及赵武灵王沙丘之乱,遂去赵适魏。后来燕昭王纳贤,乐毅为魏使燕,燕昭王留之,故成为燕国名将。三国时期诸葛亮居隆中,常以管仲、乐毅自比,可见乐毅之声望。

燕国因为子之之乱而被齐国打得大败,燕昭王由是怨齐,欲积蓄力量以伐之。但燕国弱小又地处僻远,昭王自忖不敌,于是便屈身礼贤,延聘贤能之士相佐。首先礼待郭隗,借此招揽天下英才。乐毅适于此时出使燕国,燕昭王用客礼厚待乐毅,乐毅被昭王诚意所动,留在燕国。燕昭王封乐毅为亚卿(仅次于上卿)。

当时齐愍王当政,齐国非常强大。齐愍王率齐军南败楚相唐昧于重丘,西摧三晋之兵于观津,接着与三晋攻秦,助赵国灭中山,打败宋国,扩地千余里,各国诸侯臣服。齐愍王因此而骄矜自满,对内欺民失信,对外结怨诸侯,造成齐国内外交困,政局动荡。

于是燕昭王问计于乐毅。乐毅回答说:"齐国系霸主之余业,地广人多,根基深厚,且善于攻战,我们不易一国单独去攻打它。大王一定要攻伐齐国,必须联合赵、楚、魏、韩诸国,使齐国陷于孤立的被动地位,方可制胜。"这就是所谓"举天下而攻之"的伐齐方略。

①《荀子·议兵》。

　　燕昭王接受了乐毅的建议,派乐毅去赵国同惠文王盟约攻齐,另派使臣联合楚国、魏国,并令赵说秦以伐齐之利,请求予以援助。当时各国都厌恶齐湣王骄暴,听说联兵伐齐,均表赞同。

　　周赧王三十一年(前284年),乐毅返燕,燕昭王命乐毅为上将军,同时赵惠文王也把相印授予乐毅。乐毅率燕兵会同赵、楚、韩、魏五国之军兴师伐齐。齐湣王亲率齐军主力迎于济水之西(今山东省济南西北)。乐毅率领五国联军向齐军发起猛攻,齐湣王大败,后出逃至莒(今山东莒县),为楚将淖齿所杀。

　　远道参战的各诸侯军队见齐军已败,皆罢兵而归。唯燕军乐毅独追,直至临淄。燕军尽取齐之宝器输之于燕国。燕昭王大悦,亲至济上劳军,行赏飨士,封乐毅于昌国,号为昌国君。乐毅留齐五岁,下齐70余城,皆划归燕国,唯独莒与即墨二城未下。

(四)田单"火牛阵"

　　齐国于垂亡之际,仅剩下了莒与即墨两座孤城。

　　当燕军攻入临淄后,齐人争相向东南奔逃。其中向即墨奔逃的人群中,有一名叫田单的人,是田齐宗室的疏属,本为临淄的一名小官,并不知名。由于他早预料到逃亡途中可能出现道路狭窄、车辆拥挤的问题,便事先命人截去车辆两端过长的轴头,而后以铁叶包裹,务求坚固。在行车途中,别家的车辆多由于轴头相触而不能疾行,以致轴折车覆,为燕兵所擒,唯独田单一族的车辆畅通无阻,顺利得脱。

　　田单来到即墨,正遇即墨大夫战死,军中缺乏统帅。城中吏士知田单之才能,便共同拥戴田单为将军。

　　公元前279年,燕昭王薨,燕惠王立。惠王为太子时,即不喜欢乐毅,田单听说后,便借机派人潜入燕国散布谣言:

　　　　齐城不下者两城耳,然所以不早拔者,闻乐毅与燕新王有隙,欲连兵且留齐,南面而王齐。齐之所患,唯恐他将之来。①

――――――――――――

　　①《史记·乐毅列传》。

流言之意是说:乐毅之所以缓攻莒与即墨二城,不过是想恩威并用以使齐人归附,他好自立为齐王。燕惠王早就猜忌乐毅,这时又闻流言传来,遂决定使骑劫代乐毅为上将军,而召乐毅回国。乐毅深知回燕之不利,乃西降赵,而赵封之于观津。

田单守即墨,先以反间之术使燕军撤换了主将乐毅,继之暗施苦肉计,在燕军中大造流言:"齐人最怕燕军割去降卒的鼻子,若把割去鼻子的齐卒拥立阵前,即墨必败。"骑劫即如言施刑,于是,城中人人愤怒。之后,又散布流言,"即墨人祖墓皆在城外,齐人最怕燕军掘坟墓,戮先人"。骑劫又命人掘墓焚尸。

这时,田单令即墨人皆于庭中食祭,以吸引群鸟于城上飞舞,由是诳称有神人助其守城,一则欺骗燕军,二则亦统一城中民众的思想,从而激怒齐人,使之皆奋争欲战。又让其妻妾皆编入行伍,以激励士卒,对燕人则散布马上投降的舆论,以松懈敌军。当一切准备妥当之后,田单摆起"火牛阵"。《史记·田单列传》记载:

> 田单乃收城中得千余牛,为绛缯衣,画以五彩龙文,束兵刃于其角,而灌脂束苇于尾,烧其端。凿城数十穴,夜纵牛,壮士五千人随其后。牛尾热,怒而奔燕军,燕军夜大惊。牛尾炬火光明炫耀,燕军视之皆龙文,所触尽死伤。五千人因衔枚击之,而城中鼓噪从之,老弱皆击铜器为声,声动天地。燕军大骇,败走。齐人遂夷杀其将骑劫。

这就是为后世兵家所称誉的"火牛阵"。齐兵乘胜反击,由此竟收复齐70余城,燕军主将骑劫也死于乱军之中。

田单在莒地迎来齐襄王,入主临淄,终于光复齐国。对此,太史公盛赞:

> 兵以正合,以奇胜。善之者,出奇无穷。奇正还相生,如环之无端。夫始如处女,敌人开户;后如脱兔,敌不及距:其田单之谓邪![①]

①《史记·田单列传》。

（五）鲁仲连飞书下聊城

鲁仲连,亦称鲁连子、鲁连,齐之辩士,著名的平民思想家和社会活动家,约生活于公元前300年至前250年。其人"好奇伟俶傥之画策,而不肯仕宦任职,好持高节"①。其少年时代,就表现出惊人的辩才。

《鲁仲连子》曰:

> 齐辩士田巴,服狙丘,议稷下,毁五帝,罪三王,服五伯,离坚白,合同异,一日服千人。有徐劫者,其弟子曰鲁仲连,年十二,号"千里驹",往请田巴曰:"臣闻堂上不奋,郊草不芸,白刃交前,不救流矢,急不暇缓也。今楚军南阳,赵伐高唐,燕人十万,聊城不去,国亡在旦夕,先生奈之何? 若不能者,先生之言有似枭鸣,出城而人恶之。愿先生勿复言。"田巴曰:"谨闻命矣。"巴谓徐劫曰:"先生乃飞兔也。岂直千里驹!"巴终身不谈。②

田巴、徐劫同为稷下先生,而田巴之辩,纵论古今,坚白同异,口若悬河,"一日服千人"而无对手。而田巴所辩者,皆悬想之论,脱离现实,丝毫无补于齐国时局。年仅12岁的鲁仲连正是抓住了这一致命弱点,一席话,使田巴"终身不谈"。"枭"是一种恶鸟,人皆恶之,或如今之猫头鹰,俗称"夜猫子",人闻其声即有恶感。出言即如"夜猫子"鸣叫,何可言也!

据《战国策》载,鲁仲连曾几次说服孟尝君纳士,当各取其长,而不能求全责备;当取之于今,而不能空想于古。《战国策·赵策三》及《史记·鲁仲连邹阳列传》又载,赵邯郸危急之时,曾有魏将名新垣衍(亦称辛垣衍)者,欲说服平原君"尊秦昭王为帝",以罢秦兵,赵王犹豫不决。其时适逢鲁仲连游赵,遂以利害说赵、魏两国联合抗秦。两国接受其主张,秦军以此"为却军五十里",使新垣衍"不敢复言帝秦"。

《战国策·齐策六》及《史记·鲁仲连邹阳列传》载:田单复齐之时,唯聊城不下。其守城之燕将,既惧他人已谗于燕君,回国将受诛,又惧杀齐之

---

①《史记·鲁仲连邹阳列传》。
②《史记·鲁仲连邹阳列传》,张守节《正义》引。

士已众，齐国人不恕，只好固守其城。《战国策·齐策六·燕攻齐取七十余城》载："田单攻之岁余，士卒多死而聊城不下。"鲁仲连至此，遂修书一封，束于矢上，随矢而射入城中。姑录其要：

> 吾闻之，智者不倍(背)时而弃利，勇士不却死而灭名，忠臣不先身而后君。今公行一朝之忿，不顾燕王之无臣，非忠也；杀身亡聊城，而威不信于齐，非勇也；功败名灭，后世无称焉，非智也。三者世主不臣，说士不载，故智者不再计，勇士不怯死。今死生荣辱，贵贱尊卑，此时不再至，愿公详计而无与俗同。
>
> 且楚攻齐之南阳，魏攻平陆，而齐无南面之心，以为亡南阳之害小，不如得济北之利大，故定计审处之。今秦人下兵，魏不敢东面，衡秦之势成，楚国之形危；齐弃南阳，断右壤，定济北，计犹且为之也。且夫齐之必决于聊城，公勿再计。今楚、魏交退于齐，而燕救不至。以全齐之兵，无天下之规，与聊城共据期年之敝，则臣见公之不能得也。且燕国大乱，君臣失计，上下迷惑，栗腹以十万之众五折于外，以万乘之国被围于赵，壤削主困，为天下戮笑。国敝而祸多，民无所归心。今公又以敝聊之民距全齐之兵，是墨翟之守也。食人炊骨，士无反外之心，是孙膑之兵也。能见于天下。虽然，为公计者，不如全车甲以报于燕。……上辅孤主以制群臣，下养百姓以资说士，矫国更俗，功名可立也。亡意亦捐燕弃世，东游于齐乎？裂地定封，富比乎陶、卫，世世称孤，与齐久存，又一计也。此两计者，显名厚实也，愿公详计而审处一焉。
>
> ……故去感忿之怨，立终身之名，弃忿悁之节，定累世之功。是以业与三王争流，而名与天壤相弊也。愿公择一而行之。

以上所录，依《史记》本传之文，《战国策》所载，文字略异。

鲁仲连是齐国的一代辩才。他写了一封信，捆在箭上，射入城中传于燕将，向他陈述利害关系说："替您打算，您不是回燕国，就是归附齐国。而现今独守孤城，齐国的军队一天天增多，燕国的援兵却迟迟不到，您将怎么办呢？"

燕将见鲁连子书，竟泣三日，犹豫不能自决："欲归燕，已有隙，恐诛；欲降齐,所杀虏于齐甚众,恐已降而后见辱。"乃喟然而叹曰:"与人刃我,宁自刃。"①乃自杀。聊城遂乱,而田单顺利攻下聊城。《汉书·艺文志》载有《鲁仲连子》14篇,今佚,仅有清朝马国翰辑本。

孙子曰"上兵伐谋",伐谋,攻心为上也。又曰:"三军可夺气,将军可夺心。"②鲁仲连之飞书,乃夺其心也。

(六)毛遂"伐交"定盟

毛遂,战国时齐国薛邑(今山东滕州南40里官桥镇)人。据《滕县志》记载:"光绪三十四年,建官桥火车站站房,发现毛遂墓址。"

毛遂为赵公子平原君赵胜的门客。平原君有门客三千,毛遂仅居末列,于赵胜之门下,三年未有所闻。赵孝成王九年(前257),毛遂自荐随平原君赵胜出使楚国,竟以"三寸之舌,强于百万之师",促成楚、赵合纵,毛遂由是名声大振。

原来,长平战后,秦乘胜围攻赵都邯郸。邯郸震动,赵王急召平原君赵胜商议拒敌之策。平原君道:"为今之计,只有求救于诸侯。魏与在下有姻亲关系,关系素善,求之则发救兵。楚乃大国,且路途遥远,唯有以'合纵'之策促其发兵,臣愿亲往。"赵王依之。魏王派大将晋鄙领兵往救,由于秦国的恐吓,魏军乃驻军于汤阴观望形势;楚国亦迟迟不肯发兵。

为解邯郸之围,平原君赵胜欲率"食客门下有勇力文武备具者二十人",前往楚国进行"合纵"谈判。初选仅得19人,毛遂乃自荐"备员而行"。因平原君疑其能力,有一段颇有意思的对话:

> 平原君曰:"先生处胜之门下几年于此矣?"
>
> 毛遂曰:"三年于此矣。"
>
> 平原君曰:"夫贤士之处世也,譬若锥之处囊中,其末立见。今先生处胜之门下三年于此矣,左右未有所称诵,胜未有所闻,是先生无所有也。先生不能,先生留。"
>
> 毛遂曰:"臣乃今日请处囊中耳。使遂蚤(早)得处囊中,乃颖脱而

---

① 《史记》本传。
② 见《孙子兵法·谋攻》及《军争》。

出,非特其未见而已。"①

因为三年之久未听人称诵过毛遂,赵胜因此判定毛遂才能平平,劝毛遂留下。而毛遂则曰:"臣今日正要请处囊中。若使遂早入囊中,将会颖脱而出,那就不是只现末端了!"平原君无以对答,只好偕而同行。而那19人则相视而笑,依然对毛遂眼露鄙夷之色。

及至楚,平原君与楚王对谈合纵,"言其利害,日出而言之,日中不决"。毛遂等随行门客20人于阶下等候,眼见日上中天,约纵仍未成功,19人便共推毛遂曰"先生上"。毛遂亦不推辞,按剑历阶而上。

毛遂对平原君说:"合纵之事,只要言明利害,三言两语便可解决,为何自日出谈至日中,仍未商定?"

楚王见有人竟敢按剑直闯朝堂,问平原君道:"此是何人?"

平原君道:"臣下舍人毛遂。"

楚王呵斥道:"寡人与汝君议事,汝何敢多言! 还不退下!"

于是:

> 毛遂按剑而前曰:"王之所以叱遂者,以楚国之众也。今十步之内,王不得恃楚国之众,王之命县(悬)于遂手。吾君在前,叱者何也? 且遂闻汤以七十里之地王天下,文王以百里之壤而臣诸侯,岂其士卒多哉! 诚能据其势而奋其威。今楚地方五千里,持戟百万,此霸王之资也。以楚之强,天下弗能当。白起,小竖子耳,率数万之众,兴师以与楚战,一战而举鄢、郢,再战而烧夷陵,三战而辱王之先人。此百世之怨而赵之所羞,而王弗知恶焉。合从(纵)者为楚,非为赵也。吾君在前,叱者何也!"②

毛遂一番言论,铿锵有力,掷地有声。楚王只得唯唯称是,在毛遂的紧逼下,"谨奉社稷而以从"。于是毛遂命左右取鸡狗之血与献血之器,跪呈楚王,随即歃血而定盟。

事既定,毛遂召19人而斥曰:"公等录录,所谓因人成事者也。"

_____

①②《史记·平原君列传》。

定盟归来,平原君不禁感叹道:"胜不敢复相士! 胜相士多者千人,寡者百数,自以为不失天下之士,今乃于毛先生而失之也。毛先生一至楚,而使赵重于九鼎大吕。毛先生以三寸之舌,强于百万之师。胜不敢复相士!"①

---

① 《史记·平原君列传》。

第四章　秦汉时期的山东军事

秦汉之际以及西汉一代,中国战争的主战场多在中原地区及西北边境,涉及山东的军事活动较少,仅将其相关联者略叙于下。

一、项羽、刘邦在山东的军事活动

(一) 鲁公项羽

项羽(前232—前202),名籍,字羽,或称子羽,下相(今江苏省宿迁市西)人。中国古代著名军事统帅。

项氏家族是楚国素具声望的将军世家。籍叔祖项燕,是楚国灭亡之前的最后一位重臣:"荆将项燕立昌平君为荆王,反秦于淮南。(秦始皇)二十四年,王翦、蒙武攻荆,破荆军,昌平君死,项燕遂自杀。"(《史记·秦始皇本纪》)以"项氏世世为楚将,封于项(今河南项城县东北),故姓项氏"(《史记·项羽本纪》)。

自秦二世元年(前209年)九月,项羽在吴中随叔父项梁起兵反秦,至汉高祖五年(前202年)项羽兵败垓下,乌江自刎,前后凡8年之久。

项梁、项羽叔侄起事之后,曾先略地吴中各县。时广陵(今江苏扬州)人召平为陈涉攻打广陵,尚未能下,即闻陈涉败走,秦兵将至。召平渡江诈以陈涉之命,拜项梁为楚王上柱国(楚之官号,约同相国),且曰:"江东已定,急引兵西击秦。"①项梁以陈涉为反秦首义,故亦乐于从命。叔侄二人率八千子弟渡江而西,时东阳令吏已下东阳(今安徽天长县西),聚两万人,无

---

① 《史记·项羽本纪》。

以为首,遂悉属项梁。项梁渡淮,黥布(即英布)、蒲将军复以兵属之,益兵至六七万人。时秦嘉立景驹为楚王,项梁以其背叛陈涉,击而并之,从而使项梁所属已逾十万之众。

项梁纳范增之言,立楚怀王之孙熊心为楚怀王,都盱台(今江苏盱眙附近),项梁自号为武信君。

秦二世二年(前208年)七月,项梁率楚军击秦,在东阿(今山东阳谷东北阿城镇)、濮阳(今河南濮阳西南)东、定陶(今山东定陶西北)、城阳、雍丘(今河南杞县)连破秦军。数胜之后,项梁"益轻秦,有骄色"①,遂放松警惕。宋义察之,谏项梁曰:"战胜而将骄卒惰者败。"然项梁不听。八月,秦复益兵章邯,章邯即乘暴雨之夜率部攻项梁,大破楚军于定陶,项梁战死。

项梁之死,于义军打击颇重。为避免被秦军各个击破,项羽、刘邦、吕臣均主动率部退守彭城(今江苏徐州)一带,"吕臣军彭城东,项羽军彭城西,沛公军砀"。章邯既破项梁,以楚地义军不足忧,遂率部北上渡河攻赵,从而给义军留下了一个休整的机会。

楚怀王以宋义能预知项梁兵败,于是拜宋义为上将军,号卿子冠军;项羽为次将,号鲁公;范增为末将;刘邦为砀郡长,将砀郡之兵。其时章邯攻赵甚急,赵数请救。项羽为叔父项梁报仇心切,请命击秦。但怀王认为项羽为人剽悍残忍,凡其所过之处,暴名远扬,极不得人心,于楚不利。于是,楚怀王乃遣宋义、项羽、范增三人率军渡河北向救赵,由宋义节制;另遣刘邦西向入秦。

项羽北线抗击秦军主力,刘邦则乘虚由南线入函谷关。之后,刘、项逐鹿中原。至汉高祖五年(前202年),项羽兵败垓下,乌江自刎,前后凡八年。项羽自封鲁公,至兵败自刎,前后不过数年,然鲁人深重情义。《史记·项羽本纪》写道:

> 项羽已死,楚地皆降汉,独鲁不下。汉乃引天下兵欲屠之,为其守礼义,为主死节,乃持项王头视鲁,鲁父兄乃降。

楚怀王初封项羽为鲁公,项羽死,鲁又最后下,故刘邦以鲁公礼葬项羽于谷城(今山东省平阴县西南),并亲为项羽发丧举哀,诏令天下哀悼。

---

①《史记·项羽本纪》。

鲁公项羽墓(东平县旧县镇)

(二) 张良"留"地辅刘邦

张良(？—前189),字子房,汉初三杰之一,是刘邦的主要谋臣。或云"张良出于城父(今安徽省亳州市东南)"①,故张良为城父人。其先人为韩国贵族,祖父开地,父平,相继相韩五世,其族与韩国王族关系甚密。

秦灭后,张良图谋为韩复国,其时"良家僮三百人,弟死不葬,悉以家财求客刺秦王,为韩报仇"②。张良结交刺客,得一力士,为120斤重椎,乘秦始皇东游之际,在博浪沙狙击始皇(《汉书》作"博狼沙",在河南原阳东南)。然而"博浪一击千古恨",只缘误中副车未得逞。始皇大怒,大索天下,急求刺客。张良从此更名改姓,亡匿于下邳。

然天遂人愿,张良适于下邳得书,以授沛公。

《史记·留侯世家》记载:

> 良尝闲从容步游下邳圯上,有一老父,衣褐,至良所,直堕其履圯下,顾谓良曰:"孺子,下取履!"良鄂然,欲殴之。为其老,强忍,下取履。父曰:"履我!"良业为取履,因长跪履之。父以足受,笑而去。良殊大惊,随目之。

①《后汉书注》。
②《史记·留侯世家》。

父去里所,复还,曰:"孺子可教矣。后五日平明,与我会此。"良因怪之,跪曰:"诺。"五日平明,良往。父已先在,怒曰:"与老人期,后,何也? 去! 后五日早会。"五日鸡鸣,良往。父又先在,复怒曰:"后,何也? 去!"曰:"后五日复早来!"五日,良夜未半往。有顷,父亦来,喜曰:"当如是。"出一编书,曰:"读此则为王者师矣。后十年兴。十三年孺子见我济北,谷城山下黄石即我矣。"遂去,无他言,不复见。

旦日视其书,乃《太公兵法》也。良因异之,常习诵读之。①

此即世传黄石老人授张良兵书。张良翻阅此书,原来是《太公兵法》,因由黄石老人所赠,故世称《黄石公三略》。张良惊诧不已,从此精深研习。后十年,陈涉起兵,景驹在留称楚假王,张良欲从之,在赴留县的途中遇见沛公刘邦。留县,秦时设置,民国时期所出版的《中国古今地名大辞典》曰:"故城在今江苏沛县东南。"民国时期为沛县之第八区,区所设于夏镇,即今日山东省微山县政府所在地。张良既通兵法,曾言之他人,然"皆不省"。及张良

黄石公修仙处(平阴县东阿镇谷城山)

"数以《太公兵法》说沛公,沛公善之,常用其策"。故张良亦曰:"沛公殆天授。"②这兵法正是上天为刘邦准备的。张良不再投奔景驹,乃一心追随刘邦,并用此兵法辅佐刘邦平定了天下。

张良为高祖重要谋士,在关键时刻屡献奇策:刘邦西入武关后,在峣下用计破敌;鸿门宴上帮助刘邦脱离险境;"为汉王请汉中地",并烧绝栈道;楚汉战争期间,联合英布、彭越;提出不立六国后代;封韩信齐王,稳住韩信;

---

① 《汉书·张良传》,字句大致相同。
② 《史记·留侯世家》。

鸿沟定盟后,主张追击项羽,歼灭楚军。这些计策和封功臣、都关中、立太子等谋略,都为刘邦所采纳。

汉朝建立,刘邦称曰:"运筹策帷帐中,决胜千里外,子房功也。"①刘邦欲让张良"自择齐三万户",而张良仅求封一"留"地而已。留地乃张良起下邳,与刘邦初会之地,有纪念意义,故张良称"留侯"。今日山东省微山县微山湖中之微山岛上,尚有张良墓在焉。

微山湖中微山岛上张良墓(摘自《山东历史地图集·古村镇》)

二、韩信在山东境内的征战

韩信(？—前196),淮阴(今江苏省淮阴县东南)人,汉初三杰之一。中国历史上的大军事家、战略家,以善于用兵著称于世。

韩信少时家贫,既无善行可以选择为吏,又不能从事生产作业,或以行商坐贩为事。不得已曾寄食亭长,乞食漂母,当众受"胯下"之辱。然为"大志"而不计"小节"。韩信最初仅是项梁手下一名小卒,定陶一战,项梁败亡,又跟随项羽,做执戟郎。韩信数次献策项羽,无奈项羽鼠目寸光,总以韩信曾"钻裤裆",不体面,不肯重用。

良臣择主而仕,韩信又投奔到刘邦帐下。初到汉营,刘邦也没有发现韩信的过人之才。后来经将军夏侯婴、丞相萧何举荐,刘邦才拜其为将军。史载"萧何月下追韩信"的故事即发生于此时。自项羽东归后,韩信率兵定三

①《史记·留侯世家》。

秦,涉西河,虏魏豹,擒夏说,一举而下井陉,不一日破赵20万众,诛成安君;不战而下燕城……名闻海内,声震诸侯,虽古之良将,不及也。

(一) 韩信灭齐

韩信传檄定燕,本欲乘胜下齐,此间又多出歧异。原来,韩信降燕后,急使使臣报汉,并请封张耳为赵王,以镇抚其国。刘邦接报,许其议,立张耳为赵王。此时,楚军一方面渡河击赵,一方面又围汉王刘邦于荥阳。韩信、张耳,往来救赵、佐汉。汉王刘邦先南出宛、叶,得黥布军走入成皋;复再次被楚军围困,及出成皋东渡,乃只有滕公一人从之。此时堂堂汉王已成"光杆司令",韩信、张耳虽先受汉王之派而东,然"此一时,彼一时",韩、张二人能否接纳刘邦,刘邦不禁心中起疑。

刘邦乃先混入张耳军,至修武(今河南修武附近),宿于传舍。次晨,刘邦自称"汉使"而径入赵壁。至其营帐,张耳、韩信尚未起床,刘邦"即其卧内"而"夺其印符",并"麾(挥)召诸将,易置之"。及韩信、张耳起床,方知汉王独来,心惊不已。刘邦既夺韩信、张耳之军,遂令张耳备守赵地,拜韩信为相国,复令收赵兵而击齐。

刘邦向以"平平"见称,观此举,亦可谓智勇兼备也!

刘邦一方面令韩信引兵击齐,一面又使郦食其以"口舌"下齐。韩信引兵而东,尚未渡平原津,即闻汉王已使郦食其说服齐王田广归服。是否还去击齐,韩信颇为犹豫。时有辩士蒯通说韩信曰:

> 将军受诏击齐,而汉独发间使下齐,宁有诏止将军乎?何以得毋行也!且郦生一士,伏轼掉三寸之舌,下齐七十余城,将军将数万众,岁余乃下赵五十余城,为将数岁,反不如一竖儒之功乎?[1]

韩信闻此,遂决然渡河。此时郦生已说服齐国,乃留齐纵饮,齐王田广亦不再备汉。及韩信突然军至历下,齐军无备,何堪一击!汉军遂至临淄。齐王田广大怒,遂烹杀郦食其。郦生说齐,自以为得计,却在无形之中充当了汉王的"死间"。

---

[1]《史记·淮阴侯列传》。

（二）潍水壅沙斩龙且

战国之思想界曾言天下"不归于杨，则归于墨"，楚、汉之际的各派政治力量，实乃"不归于汉，则归于楚"。韩信既以汉兵灭齐，齐王田广即投靠于楚，楚乃使骁将龙且将 20 万人救齐。

龙且，楚之骁将，项羽最得力的助手之一。龙且随项羽转战，常操胜券。项羽闻韩信已举河北，破齐、赵，遂派龙且率兵前去攻打韩信。

时有识之士曾劝龙且曰：

> 汉兵远斗穷战，其锋不可当。齐、楚自居其地战，兵易败散。不如深壁，令齐王使其信臣招所亡城，亡城闻其王在，楚来救，必反汉。汉兵二千里客居，齐城皆反之，其势无所得食，可无战而降也。[①]

齐、楚本土作战，兵易涣散，故有识之士劝说龙且坚壁自守，同时，令齐王田广派出信臣去联络四方亡城，各城军民知齐王安在，且有楚军相救，其势必然倒戈反汉，再次归顺齐王。一旦众城响应，韩信必然孤掌难鸣；加上劳师袭远，给养不足，无须多少时日，汉兵自可不攻而破，韩信也必会坐而受缚！这正是《孙子兵法》所言："古之所谓善战者，胜于易胜者也。""其所措胜，胜已败者也。"

然而，龙且正处骄横之时，何奈听之？龙且曰：

> 吾平生知韩信为人，易与耳。且夫救齐不战而降之，吾何功？今战而胜之，齐之半可得，何为止！[②]

龙且既有轻敌之心，又求功心切。立足于是，何能深思熟虑诸事之情实？于是，双方既夹潍水（今山东境内的潍河）东西摆开阵势：

韩信先命人赶制出万余条口袋，乘夜色来到潍水上游，将口袋盛满泥沙，于河道窄处投下，闸住河水。天破晓时，潍水上流河面水涨已与岸齐，下流则清浅可涉。韩信见水势已成，带兵从下游涉河，攻龙且。佯不胜，还走。

龙且以为韩信怯弱，喜曰："固知信怯也。"遂渡水追击。汉军急速退过潍水，龙且领大军随后追赶。楚军赶到河边，眼见潍水只及马腹，楚军连同

---

①②《史记·淮阴侯列传》。

辎重纷纷下河。及至中流,忽听得水声轰鸣,大浪滔滔翻滚而下,楚军无从躲避,悉数被淹没在大水中。汉兵又回兵掩杀,楚军多数淹死,余皆被俘。楚将龙且顺水漂流,竟被乱箭射死。齐王田广逃走不久被杀。汉四年(前203年),齐地全部平定。

孙子曰:"是故智者之虑,必杂于利害。杂于利,而务可信也;杂于害,而患可解也。"(《孙子兵法·九变》)一堑之水,淹军20万。一心思利而不计其余的龙且,何能料及如是之结局? 纵观古今战例,无不印证孙子名言。

(三)韩信封"齐王"

齐国平定之后,韩信向刘邦提出"假王"之请:"齐伪诈多变,反覆之国也,南边楚,不为假王以镇之,其势不定。愿为假王便。"①

韩信之意:齐国狡诈多变,是个反复无常的国家,南边又与楚国相邻,若无"齐王"名分,难以镇守,局势将很难安定。臣请自立为假齐王,以方便行事。"假王"者,即非正式封立之王。韩信欲称王,又想遵从刘邦之意。

当时,项羽正围困刘邦于荥阳,刘邦如坐针毡,旦暮悬望,盼着韩信前来相助。这节骨眼上,韩信却要自立为王! 刘邦恼怒,骂曰:"吾困于此,旦暮望若来佐我,乃欲自立为王!"然此时刘邦确实"鞭长莫及"也。

此时,张良、陈平正在身旁,暗中踢刘邦的脚,附耳对刘邦言:"汉方不利,宁能禁信之王乎? 不如因而立,善遇之,使自为守。不然,变生。"汉军处境不利,怎么能禁止韩信称王呢? 既难遏止其称王,就不如因势利导,奉送一顶"王冠",使之为汉尽力。不如此,则极有可能

大将韩信像

---

①《史记·淮阴侯列传》。

发生变乱。

刘邦霎时颖悟，马上改口骂道："大丈夫定诸侯，即为真王耳，何以假为！"于是立刻吩咐有司速铸齐王金印，派张良赴齐国，立韩信为真齐王，并征调他的部队攻打楚军。

（四）武涉、蒯通说韩信

齐国失利，龙且战死，使项羽非常恐慌。为分化削弱刘邦之势力，项羽派盱眙人武涉前去游说韩信联楚反汉。

武涉言曰：

> 天下共苦秦久矣，相与戮力击秦。秦已破，计功割地，分土而王之，以休士卒。今汉王复兴兵而东，侵人之分，夺人之地，已破三秦，引兵出关，收诸侯之兵以东击楚，其意非尽吞天下者不休，其不知厌足如是甚也。且汉王不可必，身居项王掌握中数矣。项王怜而活之，然得脱，辄倍（背）约，复击项王，其不可亲信如此。今足下虽自以与汉王为厚交，为之尽力用兵，终为之所禽（擒）矣。足下所以得须臾至今者，以项王尚存也。当今二王之事，权在足下。足下右投则汉王胜，左投则项王胜。项王今日亡，则次取足下。足下与项王有故，何不反汉与楚连和，参分天下王之？今释此时，而自必于汉以击楚，且为智者固若此乎！①

武涉论析天下大势，陈说利害，劝说韩信背汉归楚，或是三分天下称王齐地。武涉对刘邦之为人的分析，可谓所见颇远，刘邦的目标在于称帝、"王天下"，非一隅之王；刘氏帝业一旦建立，势必难容异姓之王。所以，背汉联楚对于韩信而言，应当是最佳选择。而即使不能联楚，于楚、汉之间两不相帮，三分天下鼎足而立，也是不错的选择。而韩信之所以有目前的稳定，全在霸王项羽尚存，三方势力相互制约，可得长久。一旦打破这种平衡，"项王今日亡，则次取足下"也。韩信祸不远矣！此说亦为历史所证实。然此时韩信对形势，对刘邦本人均不甚明了，故韩信辞谢曰：

---

① 《史记·淮阴侯列传》。

　　臣事项王,官不过郎中,位不过执戟,言不听,画不用,故倍楚而归汉。汉王授我上将军印,予我数万众,解衣衣我,推食食我,言听计用,故吾得以至于此。夫人深亲信我,我倍之不祥,虽死不易,幸为信谢项王!①

　　韩信在刘邦与项羽麾下所受待遇之反差是如是之大,此乃刘邦赢得韩信之心关键所在。"心"既未夺,何可动耶!

　　武涉之后,复有蒯通。

　　蒯通,本名彻,因犯汉武帝讳,故《史记》、《汉书》均书曰"通"。范阳(今北京)人,本属燕,因常游说于齐,故时人或称为"齐人"、"齐辩士"。秦汉之际,此人特以善说而知名。武涉方去,蒯通复以相人术前往游说韩信。言曰:"贵贱在于骨法,忧喜在于容色,成败在于决断,以此参之,万不失一。"韩信请相,乃屏左右而言曰:"相君之面,不过封侯,又危不安。相君之背,贵乃不可言。"韩信追问,蒯通乃展其说:

　　　　天下初发难也,俊雄豪杰建号壹呼,天下之士云合雾集,鱼鳞杂遝,熛至风起。当此之时,忧在亡秦而已。

　　　　今楚汉分争,使天下无罪之人肝胆涂地,父子暴骸骨于中野,不可胜数。楚人起彭城,转斗逐北,至于荥阳,乘利席卷,威震天下。然兵困于京、索之间,迫西山而不能进者,三年于此矣。汉王将数十万之众,距巩、雒,阻山河之险,一日数战,无尺寸之功,折北不救,败荥阳,伤成皋,遂走宛、叶之间,此所谓智勇俱困者也。夫锐气挫于险塞,而粮食竭于内府,百姓罢(疲)极怨望,容容无所倚。以臣料之,其势非天下之贤圣固不能息天下之祸。当今两主之命悬于足下。足下为汉则汉胜,与楚则楚胜。臣愿披腹心,输肝胆,效愚计,恐足下不能用也。诚能听臣之计,莫若两利而俱存之,参(叁)分天下,鼎足而居,其势莫敢先动。夫以足下之贤圣,有甲兵之众,据强齐,从燕、赵,出空虚之地而制其后,因民之欲,西乡(向)为百姓请命,则天下风走而响矣,孰敢不听!……盖

---

①《史记·淮阴侯列传》。

闻天与弗取,反受其咎;时至不行,反受其殃,愿足下孰虑之。①

蒯通说韩,可谓使出了浑身的解数,预感以命相,细说于人事,警戒以天时,亦可谓入情入理,且处处在为韩信着想。然韩信却痴心不改,终欲厚报汉王。曰:

汉王遇我甚厚,载我以其车,衣我以其衣,食我以其食。吾闻之,乘人之车者载人之患,衣人之衣者怀人之忧,食人之食者死人之事。吾岂可以乡(向)利倍(背)义乎!②

蒯通复以历史与现实为诫,曰:张耳、陈余,初为刎颈之交,后以"钜鹿之围",二人竟成不共戴天之仇,陈余逼汉杀张耳,张耳、韩信则在泜水斩陈余。文种、范蠡不远千里出仕于勾践,范蠡谋兵,文种治国,终成勾践之霸业。然文种以"数计"尚存而见杀,范蠡则功业甫就而远游。所谓生死之交何在?君臣之义何在?"今足下戴震主之威,挟不赏之功,归楚,楚人不信;归汉,汉人震恐:足下欲持是安归乎?夫势在人臣之位而有震主之威,名高天下,窃为足下危之。"③韩信终不忍背汉,遂谢绝蒯通之言。而蒯通亦终明了:"夫迫于细苛者,不可与图大事;拘于臣虏者,固无君王之意。"④只好佯狂而去。

三、刘敬的谋略与田横的气节

(一)刘敬的谋略

刘敬本名娄敬,汉初齐国卢(今山东长清)人。一介儒生,说客,汉高祖刘邦的重要谋士之一,对汉初政策的制定及西汉政权的稳定起过很大作用。

1. 刘敬议都关中

汉五年(前202),刘邦灭楚,一统天下,打算定都洛阳。此时娄敬为齐国的戍卒,正被发往陇西(今甘肃一带)戍边。经过洛阳时,"娄敬脱挽辂,衣其羊裘,见齐人虞将军曰:'臣愿见上,言便事。'"娄敬请求见高帝言事。同乡虞将军见他穿着破旧的羊皮外套,太过寒酸,想给他换一套体面些的衣服,娄敬却道:"臣衣帛,衣帛见;衣褐,衣褐见;终不敢易衣。"于是虞将军入

①②③《史记·淮阴侯列传》。
④参见《史记·淮阴侯列传》集解。

言上,高帝召见。

刘敬见了汉高祖,径言定都之事:

> 娄敬说曰:"陛下都洛阳,岂欲与周室比隆哉?"
>
> 上曰:"然。"
>
> 娄敬曰:"陛下取天下与周室异。周之先自后稷,尧封之邰,积德累善十有余世。公刘避桀居豳。太王以狄伐故,去豳,杖马箠居岐,国人争随之。及文王为西伯,断虞芮之讼,始受命,吕望、伯夷自海滨来归之。武王伐纣,不期而会孟津之上八百诸侯,皆曰纣可伐矣,遂灭殷。成王即位,周公之属傅相焉,乃营成周洛邑,以此为天下之中也,诸侯四方纳贡职,道里均矣,有德则易以王,无德则易以亡。凡居此者,欲令周务以德致人,不欲依阻险,令后世骄奢以虐民也。及周之盛时,天下和洽,四夷乡(向)风,慕义怀德,附离而并事天子,不屯一卒,不战一士,八夷大国之民莫不宾服,效其贡职。及周之衰也,分而为两,天下莫朝,周不能制也。非其德薄也,而形势弱也。今陛下起丰沛,收卒三千人,以之径往而卷蜀汉,定三秦,与项羽战荥阳,争成皋之口,大战七十,小战四十,使天下之民肝脑涂地,父子暴骨中野,不可胜数,哭泣之声未绝,伤痍者未起,而欲比隆于成康之时,臣窃以为不侔也。且夫秦地被山带河,四塞以为固,卒然有急,百万之众可具也。因秦之故,资甚美膏腴之地,此所谓天府者也。陛下入关而都之,山东虽乱,秦之故地可全而有也。夫与人斗,不搤其亢,拊其背,未能全其胜也。今陛下入关而都,案秦之故地,此亦搤天下之亢而拊其背也。"①

这一番长论,实为汉初"定都"大计的关键性分析。"功德"之异,"形势"之异,使刘邦无法与"周"德相比。刘邦本人对于这一分析尚难以接受,而群臣之议,又以周居洛阳数百载,秦居关中二世而亡,且其人多为山东之人,故多欲都洛阳。

及张良至,肯定娄敬之略,高祖乃"即日驾车西都关中"。于是高祖乃曰:"本言都秦地者娄敬,'娄'者,乃'刘'也。"即赐姓刘氏,拜为郎中,号为

①《史记·刘敬叔孙通列传》。

奉春君。

2. 刘敬"和亲"之策

秦汉之际，北方匈奴族开始强大起来，后来成为西汉王朝北方的最大边患。汉高祖六年（前 201 年），冒顿单于发兵围攻马邑，韩王信投降。次年，韩王信勾结匈奴反叛，攻晋阳（今山西太原），刘邦率 30 万大军亲征。军至晋阳（今山西太原），刘邦派出使者赴匈奴，探听虚实。"匈奴匿其壮士肥牛马，但见老弱及羸畜。使者十辈来，皆言匈奴可击。"

高祖使刘敬复往匈奴，还报曰：

> 两国相击，此宜夸矜见所长。今臣往，徒见羸瘠老弱，此必欲见短，伏奇兵以争利。愚以为匈奴不可击也。①

刘邦闻言，以刘敬妄言沮军，遂械系刘敬押送广武县（今山西代县西 15 里），而后大举进军，被匈奴围困于平城白登山达 7 天 7 夜，后用陈平计，方脱险而归，始信娄敬，擢升为建信侯。

为安定北部疆域，刘邦乃问计于娄敬。娄敬认为："天下初定，士卒罢于兵，固不可以武胜也。"唯一可行之计，是"以适长公主妻之，厚奉遗之"，"蛮夷必慕以为阏氏，生子必为太子"，"冒顿在，固为子婿；死，则外孙为单于。岂尝闻外孙敢与大父抗礼者哉？兵可无战以渐臣也"。这就是著名的"和亲"政策。提出并实行"和亲"政策，对促进民族和解与稳定汉初的政治形势起了重要的作用。

（二）田横五百壮士

田横（？—前 202），秦时狄县（今山东高青东南）人。齐国贵族，田氏宗亲，后称齐王。

秦末，陈胜起义后，田横随从兄田儋在狄举事反秦，田儋自立为齐王。后田儋与秦军交战败亡，田横兄田荣立田儋子田市为齐王，自居为相，以田横为将军，尽占齐地。后来田荣与楚王项羽交战，因田市向项羽妥协，田荣一怒之下，杀田市而自立齐王。项羽起兵伐齐，田荣兵败身亡。田横收集余

---

①《史记·刘敬叔孙通列传》。

部继续抗击楚军。

秦二世三年(前207年)四月,田横收复齐国旧时城邑,立田荣之子田广为王,自任相国,独揽国政。历时三年,齐国渐渐趋于安定、强盛。

田横定齐三年,汉王刘邦派郦食其前来游说,劝降齐国。齐国君臣为其所动,遂撤掉历下(今属济南)防务。不意汉将韩信率兵攻齐,田广、田横以为被郦所卖,怒甚,遂烹杀郦生。齐军不敌汉军,战败。汉军攻打历下,旋即攻入临淄,直逼齐国都城。齐王田广逃到高密,田横败走博阳,大将军田既跑往胶东。不久,田广联合楚军龙且部20万人马攻汉,潍水兵败,被韩信、曹参所杀,田横于是自立为齐王。后,韩信平定齐国,立为齐王。由此,"齐王田横"也就只剩下了一个空名。

汉高祖四年(前202年),刘邦登基称帝,建立西汉。封彭越为梁王。田横不肯称臣服于汉,遂率徒众500余人逃亡海上,避居岛中(今山东即墨市田横岛)。刘邦知田横兄弟治齐多年,齐地贤者多归附之。为除后患,诏令赦田横罪而行招抚。田横以曾烹郦食其,而其弟郦商现为汉将,恐遭报复,遂坚辞不从。刘邦则诏告田横,若回,大者为王小者侯;若不回,即刻发兵诛尽。田横无奈,只得偕随从二人赴洛阳。途中,田横深感亡国之耻,同时羞于向刘邦面北称臣,遂于途中自杀。留居海岛的五百壮士闻田横死讯,亦全部自杀殉义。刘邦感慨于田横能得士,遂以王者之礼葬田横。

《田横五百士》(徐悲鸿画)

四、周亚夫据守昌邑平定七国之乱

西汉平定吴楚七国之乱的主要战役，一是"以梁委吴"，一是"拒兵昌邑"。梁，即战国魏都，在今河南开封；昌邑，在今山东金乡县西北。故山东西南部为周亚夫平叛的主要战场。

周亚夫（？—前143），沛（今江苏沛县）人，西汉名将绛侯周勃次子，封为条侯。亚夫以治军严明著称于史。汉文帝后六年（前158年），周亚夫军细柳，由于敢于拒天子车驾而深为汉文帝惊赞，由是得到信赖。文帝临终，告诫太子（后为汉景帝）曰："即有缓急，周亚夫真可任将兵。"

汉景帝三年（前154年），以晁错"削藩"激起吴、楚等"七国之乱"。叛军在吴王刘濞统领下，打着"诛晁错、请君侧"的旗号起兵。刘濞下令曰："寡人年六十二，身自将；少子年十四，亦为士卒先。诸年上与寡人同，下与少子等，皆发。"①从14岁至62岁的男性悉征入伍。

景帝闻变，派太尉周亚夫领兵平叛。亚夫向皇帝请求说："楚兵素来剽悍轻疾，且来势汹汹，如果正面决战，难与争锋。莫如'以梁委之'，让梁王（汉景帝的胞弟，受宠于太后）的军队先缠住叛军，待其实力耗尽，再从背后绝其粮道，方可制其死命！"皇上应允。

周亚夫会兵荥阳。此时正值叛军攻梁，梁王急遣人向周亚夫求援。亚夫已有既定方针，不能从命。亚夫乃引兵东北，入昌邑，高筑壁垒，坚壁而守。梁王告急文书如雪片般飞来，亚夫始终无动于衷。无奈，梁王只得上书景帝，景帝又下诏亚夫救梁，然"将在军，君命有所不受"，周亚夫拒不奉诏。

与此同时，周亚夫遣人抄后路断了叛军粮道。叛军人心惶惶，皆欲速战速决，遂向周亚夫挑战。但几次挑战，周亚夫坚壁不战。时间一长，亚夫军中也有些军心不稳。一天晚上，营中突然发生混乱，嘈杂声惊动中军大帐，但周亚夫始终躺在床上不动。一会儿，混乱就自然平息了。几天后，叛军大举进攻军营的东南，声势浩大，但周亚夫却让部下去防御西北。结果在军营西北遇到叛军主力，由于事先有所准备，所以很快击退了叛军。

连日征战，叛军连战连败。人无粮食，马无稿草，且饥且渴，且惊且乏。

①《汉书·刘濞传》。

叛军已无半点斗志,如丧家之犬,仓皇而逃。周亚夫趁机派精兵追击。吴王刘濞舍弃大军,只带数千精卒亡走,妄图力保江南丹徒。周亚夫以千金悬赏吴王人头,月余,越人斩吴王头献上。

经三个月,叛乱就平定了。周亚夫"以梁委吴"虽然平灭了叛军,保全了大汉王朝,却由此得罪了梁王。此后,梁王便常在太后面前巧为谗言,诋毁周亚夫。最终,亚夫以谋反罪下狱,五日不食,呕血而亡。

亚夫,一代名将,千秋功罪,谁人可与评说!

五、两汉之际山东的农民战争

(一) 吕母起义

吕母(? —18),琅邪海曲(今山东省日照市西南)人,西汉末、新莽时期最早反抗王莽统治的农民起义领袖,中国历史上第一位农民起义的女领袖。

吕母子吕育,任县游徼,掌管巡察缉捕之事。新朝天凤元年(14 年),吕育因没有按县宰吩咐去惩罚交纳不起捐税的百姓,被县宰所杀。吕母满怀悲愤,发誓为儿子报仇。吕母尽散家财,开酒店,买弓弩刀剑,置衣服,救济穷人,聚集起百余人的队伍。

天凤四年(17 年),吕母登上奎山西麓的土台祭天,自称"将军",率领起义军杀向海曲城。经过一番激战,活捉县宰,将县宰当众问斩,并拿他的首级到吕育坟前祭奠。从此,吕母声名大振。

消息传到琅邪郡(今山东诸城一带)后,郡太守发兵海曲镇压起义军。吕母沉着应战:部分乘船顺崮河南撤,部分沿着崮河两岸步行撤离,然后一起到海岛上聚集。起义军在陆上、海上,飘忽不定,只要时机有利,就上岸攻打官兵,沉重地打击了新莽封建官僚的统治。当时,王莽"托古改制",穷兵黩武,众多贫苦民众不堪其苦,纷纷前来投奔吕母。一年之内,起义军发展到上万人。吕母起义点燃了反抗王莽统治的星火,并很快在全国形成燎原之势。

天凤五年 (18 年),吕母病故。同年,琅邪人樊崇在莒县境内率众起义。吕母的部卒重返陆地,其主要部分参加了樊崇领导的赤眉军,另外一部分义军则分别投奔到青犊和铜马等农民起义军中。

（二）赤眉军起义

樊崇（？—27），字细君，琅邪人。新莽末年著名农民起义领袖、赤眉军首领。

天凤五年（18 年），樊崇领导赤眉军在莒（今山东莒县）起事（因将眉毛染红，区别于官军，故称做"赤眉军"）。对于赤眉起义，《汉书·王莽传》记载："是岁（天凤五年），赤眉力（刁）子都、樊崇等以饥馑相聚，起于琅邪，转钞掠，众皆万数。"此前，吕母起义亦在琅邪海曲，今山东省日照。故此地乃为当时北方人民起义的中心。《后汉书·刘盆子传》对此曾有较详细的描述：

赤眉军樊崇大将军（摄于济南南部山区）

　　（吕母起义）后数岁，琅邪人樊崇起兵于莒，众百余人，转入太山，自号三老。时青、徐大饥，寇贼蜂起，众盗以崇勇猛，皆附之，一岁间至万余人。崇同郡人逢安、东海人徐宣、谢禄、杨音，各起兵，合数万人，复引从崇。……初，崇等以困穷为寇，无攻城徇地之计；众既寝盛，乃相与为约：杀人者死，伤人者偿创。以言辞为约束，无文书、旌旗、部曲、号令。其中最尊者号三老，次从事，次卒史，泛相称曰巨人。王莽遣平均公廉丹、太师王匡击之（此王匡与绿林军之王匡同名）。崇等欲战，恐其众与莽兵乱，乃皆朱其眉以相识别，由是号曰"赤眉"。赤眉遂大破丹、匡军，杀万余人，追至无盐，廉丹战死，王匡走。

此时，已至地皇三年（22 年），樊崇已拥众 10 余万人。赤眉军势力扩及青州、徐州、兖州、豫州各地。吕母病死后，其众亦有复入赤眉者。至赤眉进军长安时，由于"连战克胜，众遂大集"，竟发展至 30 余万人。但随后由于遭遇大雪，乏粮，赤眉军损失惨重。被刘秀将领邓禹击败，赤眉军遂决定离开关中。建武三年(27年),在崤(今河南洛宁)和宜阳再次被刘秀军打败,樊崇投降,最后被杀害。

赤眉军与绿林军是当时全国最大的两支农民起义武装。赤眉军起义,推翻了王莽建立的新朝,写下了农民战争史上令人瞩目的一页。

(三)耿弇平定张步之战

耿弇(3—58),字伯昭,挟风茂陵(今陕西兴平东北)人。东汉名将,"云台二十八将"之一。西汉末年,从刘秀起兵,转战南北,战功卓著,是刘秀平定山东的主要将领。拜建威大将军,封好畤侯。

1. 祝阿故纵,佯攻巨里

汉光武帝建武五年(29年)十月,耿弇奉诏进讨张步。

张步,字文公,琅邪不其(今山东即墨)人。绿林兵初起,步亦起兵,聚众数千,转攻傍县,下数城,自称"五威将军",遂据本郡。后,接受刘永爵号,"遣将徇太山、东莱、城阳、胶东、北海、济南,齐诸郡,皆下之"(《后汉书·张步传》)。建武三年(27年),帝刘秀光武遣光禄大夫伏隆持节使齐,拜步为东莱太守,"刘永闻隆至剧(今山东寿光、昌乐一带。),乃驰遣立步为齐王,步即杀隆而受永命"[1]。由于中原混战,东汉王朝无暇东顾,故张步能专集齐地,据12郡之广。

耿弇收集降卒,安排部曲,选派将士,率骑都尉刘歆、太山太守陈俊引兵东进。闻耿弇将至,张步立即派大将军费邑驻军历下(今山东省济南市历城区西南),并分兵屯据祝阿(今济南市槐荫区段店镇)。此外,还在太山钟城(今山东省禹城市东南)列营数十,严阵以待。

耿弇渡河后,首先选其力量较弱之祝阿进攻。汉军士气旺盛,"自旦攻城,(日)未中而拔之"。耿弇审度形势,故意开围一角,让祝阿之众得溃奔钟城。"钟城人闻祝阿已溃,大恐惧,遂空壁亡去。"耿弇不战而屈人之兵,收"先声夺人"之效也。

费邑遣其弟费敢把守巨里(今济南市历城区东),耿弇驱兵进逼,派人多伐树木,扬言用来填塞坑堑,修治战具,"宣敕诸部,后三日当悉力攻巨里

---

[1]《后汉书·张步传》。

城"。并暗中宽缓俘虏,使其有机会逃离以告费邑。

及期,费邑果自将精兵 3 万余人来救巨里。耿弇大喜,对诸将说:"吾所以修攻具者,欲诱致邑耳。今来,适其所求也。"①当即留下 3000 名士兵守巨里,自己则率领精兵占据山脊、山坡等有利地形,居高临下,阻击费邑,遂大破之,将其斩杀。耿弇以费邑首级示巨里城中,守军惊惧万分,费敢只好率兵逃到张步驻军的地方。耿弇发兵攻打尚未平顺的营垒,连下 40 多营,终于平定了济南。

2. 扬言西安,实破临淄

当时,张步建都剧县(今山东寿光东南),闻济南失守,即命其弟张蓝率精兵 2 万守西安(今山东临淄西 30 里),另派诸郡太守合兵万人守临淄,相距 40 里。

耿弇进军画中(今山东临淄西南),安营于两城之间。耿弇发现西安城小却坚固,张蓝的兵又精锐善战而临淄城大却易攻。于是,耿弇下令部下将校,整顿军旅,扬言五日后攻西安。张蓝闻知此讯,日夜警守,不敢懈怠。到五日后半夜时分,耿弇命令将士饱餐战饭,乘夜进军临淄。护军荀梁等人提出宜速攻西安。耿弇说:

> 不然。西安闻吾欲攻之,日夜为备;临淄出不意而至,必惊扰,吾攻之一日必拔。拔临淄即西安孤,张蓝与步隔绝,必复亡去,所谓击一而得二者也。若先攻西安,不卒下,顿兵坚城,死伤必多。纵能拔之,蓝引军还奔临淄,并兵合埶,观人虚实,吾深入敌地,后无转输,旬日之间,不战而困。诸君之言,未见其宜。②

遂攻临淄,半日而攻占其城,张蓝大惊,率部众逃归剧城。此乃"声东击西"、"一箭双雕"之谋也。

3. 激怒张步,横突东城

耿弇既挥兵剧(今山东寿光东南)下,约束将士不准侵扰掳掠。等张步到来,再纵兵劫掠其地,用以激怒张步。张步闻言大笑,说:"以尤来、大彤

---

①②《后汉书·耿弇列传》。

十余万众,吾皆即其营而破之。今大耿兵少于彼,又皆疲劳,何足惧乎!"①于是,带弟弟张蓝、张弘、张寿和大将重异等人,将兵号称20万,进至临淄大城东。

耿弇出兵淄水,命令故意示弱以诱张步。汉军步行退让,并一直退入临淄小城,陈兵严阵以待。张步本性骄纵,见耿弇势弱,气愈盛,率兵直攻耿弇军营。耿弇命刘歆接战,自己则登上旧王宫的一座圮毁的高台上瞭望战况。当两军相战正酣,耿弇自引精锐之兵冲出东门,横突敌阵,大败张步。战斗中,一支流箭射中了耿弇的大腿,耿弇用佩刀削断箭杆,继续指挥作战,直至战到天黑,方才收兵。

当时光武帝在鲁地,听说张步尽发其兵进攻耿弇,遂率兵赶往援助。陈俊建议耿弇说:"剧虏兵盛,不如闭营休士,以须上来。"耿弇道:"乘舆且到,臣子当击牛酾酒以待百官,反欲以贼虏遗君父邪?"②遂出兵大战,再一次大破敌军,杀伤无数,城中沟堑皆满。张步退还剧县,耿弇预先在其归途布置伏兵,一路追杀,至平寿(今山东平度县西),迫使张步投降。至此,齐地完全平定。

数日后,光武帝来临淄犒赏将士,大会群臣。光武帝对耿弇说:"昔韩信破历下以开基,今将军攻祝阿以发迹,此皆齐之西界,功足相方。而韩信袭击已降,将军独拔勍敌,其功乃难于信也。又田横烹郦生,及田横降,高帝诏卫尉不听为仇。张步前亦杀伏隆,若步来归命,吾当诏大司徒释其怨,又事尤相类也。将军前在南阳建此大策,常以为落落难合,有志者事竟成也!"③以耿弇平齐,功比韩信,不虚也。

六、曹操在山东境内的征战

山东是曹操初期征战起家的地方,也是其进入全国政局并进而统一北方的重要根据地,今将其在山东的活动略叙于下。

(一)东汉末期的政治形势

东汉中期之后,政治形势表现出两大特点:在中央,是外戚与宦官交替

---

① ② ③《后汉书·耿弇列传》。

掌权及其残酷斗争;在地方,是豪强土地兼并与社会阶级矛盾日益加剧。前者,曾酿成了著名的"党锢之祸",即儒家知识分子由于参与"戚、宦"之争而遭屠戮或禁锢;后者,则引发了黄巾大起义,彻底动摇了东汉政权的根基,加速了使之走向灭亡的进程。

黄巾起义,是我国历史上第一次有组织、有准备的农民起义。其起义准备时间之长,组织之有序,作为一支起义军队能在短时间内有如此迅猛之发展,均前所未有。《后汉书·皇甫嵩传》曾对此事作了较为详细的叙说,姑录于下:

> 初,钜鹿张角自称"大贤良师",奉事黄老道,畜养弟子,跪拜首过,符水咒说以疗病,病者颇愈,百姓信向之。角因遣弟子八人使于四方,以善道教化天下,转相诳惑。十余年间,众徒数十万,连结郡国,自青、徐、幽、冀、荆、杨(扬)、兖、豫八州之人,莫不毕应。遂置三十六方。方犹将军号也。大方万余人,小方六七千,各立渠帅。讹言"苍天已死,黄天当立,岁在甲子,天下大吉"。以白土书京城寺门及州郡官府,皆作"甲子"字。
>
> 中平元年,大方马元义等先收荆、杨(扬)数万人,期会发于邺。元义数往来京师,以中常侍封谞、徐奉等为内应,约以三月五日内外俱起。未及作乱,而张角弟子济南唐周上书告之,于是车裂元义于洛阳。……角等知事已露,晨夜驰敕诸方,一时俱起。皆著黄巾为摽帜,时人谓之"黄巾",亦名为"蛾贼"。杀人以祠天。角称"天公将军",角弟宝称"地公将军",宝弟梁称"人公将军"。所在燔烧官府,劫略聚邑,州郡失据,长吏多逃亡。旬日之间,天下响应,京师震动。

黄巾起义的领袖张角,冀州巨鹿(今河北平乡西南)人,太平道的首领,自称"大贤良师",以传道和治病为名,在农民中宣扬教义,进行秘密活动。10余年间,徒众达数十万,遍布青、徐、幽、冀、荆、扬、兖、豫八州。张角广泛传播"苍天已死,黄天当立,岁在甲子,天下大吉"的谶语,在各处府署门上用白土涂写"甲子"字样,预备发动起义。但预定起事前一月,因叛徒告密,张角派人飞告各方提前起义。中平元年(184年)为甲子年,故称"岁在甲子"。

（二）曹操出任济南相

曹操（155—220），字孟德，一名吉利，小名阿瞒，沛国谯（今安徽亳州）人。东汉末年著名的政治家、军事家、文学家。

曹操出生于一个大官僚地主家庭。其父曹嵩本姓夏侯，后来做了中常侍曹腾的养子，改姓曹。曹操身长七尺，细眼长须，自幼放荡不羁，但很有才华，足智多谋，机警过人。汝南名士许劭曾评论曹操："治世之能臣，乱世之奸雄。"

曹操 20 岁时举孝廉为郎。后来又升为洛阳北部尉，负责洛阳北门的治安工作。不久，又拜为议郎，被提升为济南相。当时济南辖十余县，各县的长吏大多阿附权贵，欺诈百姓，贪赃枉法，声名狼藉。曹操上任后，雷厉风行，对不称职的官吏一概罢免，一郡上下尽皆震怖。奸盗之徒纷纷逃往他郡。

当初，因城阳景王刘章曾为汉朝立下大功，朝廷为其封国立祠。后来，青州诸郡竞相效仿，尤以济南为盛。一时间，大小祠堂竟达 600 余座，官吏及富豪商贾倡淫祀、竞豪奢的风气愈演愈烈，历代长吏不能禁绝。唯曹操一上任，即捣毁祠屋，禁断淫祀及奸邪鬼神之事，竟使一郡清平。但曹操终是看不惯权臣专政、贵戚横行的昏暗官场，又不愿俯首折腰求媚权贵，且对豪强已有得罪，恐祸及于身，遂称病告归乡里，读书行猎，过起了隐居生活。

（三）收编"青州兵"

中平元年（184 年），黄巾大起义爆发，汉灵帝调集各地精兵，进剿黄巾军。各地豪强地主也纷纷起兵，配合官军镇压起义。其间，涌现出诸如皇甫嵩、袁绍、袁术、曹操、孙坚、刘备等许多著名将领。

曹操最初于陈留（今河南省开封市陈留镇）起兵，尽散家财，招兵买马，组织起一支 5000 人的军队。出任东郡太守前后，陆续延揽一些拥有宗族、部曲等家兵的豪强地主归附。

汉献帝初平元年（190 年）正月，关东（函谷关以东）州郡牧守起兵讨伐董卓，共推袁绍为盟主，曹操为奋武将军，合兵 10 余万，一同讨伐奸臣董卓。

二月，董卓胁迫汉献帝迁都长安（今陕西西安西北），自己留居洛阳抵御关东军。董卓的凉州军骁勇善战，关东军10余万人驻酸枣（今河南延津北）一带，皆持观望态度，力图自保，无人敢向洛阳推进。曹操认为董卓"焚烧宫室，劫迁天子"，应趁机与之决战，独自引军西进。但终因寡不敌众，曹操又为流矢所中，遂败走陈留。曹操《蒿里行》诗云："关东有义士，兴兵讨群凶。初期会盟津，乃心在咸阳。军合力不齐，踌躇而雁行。"正指此事。

初平三年（192年），司徒王允与吕布在长安定计杀掉董卓，董卓部将李傕、郭汜等攻陷长安，杀王允，进攻吕布，关中陷入战乱。是时，州郡牧守各据一方，形成诸侯割据的局面。是年，青州黄巾军也获得大发展，连破兖州郡县，阵斩兖州刺史刘岱。济北相鲍信等迎曹操任兖州牧。曹操和鲍信合军进攻黄巾。鲍信战死。曹操"设奇伏，昼夜会战"，终于击败黄巾。收降卒30余万，男女人口百余万，曹操收其精锐，编成军队，号"青州兵"。曹操的势力从此开始崛起。

（四）建立兖州根据地

东汉时之兖州，计有8个郡国：陈留、东郡、东平、任城、泰山、济北、山阳、济阴。其下置县、邑、公、侯国八十。时曹氏所有，仅三座县城而已。

曹操收编青州兵之后，实力陡增，遂屯军鄄城，使荀彧、程昱坚守，自将兵东伐徐州的陶谦，以报父仇。时在汉献帝兴平元年（194年）夏。曾参加讨董卓之战的陈留太守张邈和曹操部将陈宫对曹操不满，于是发动叛变，迎吕布为兖州牧。"布既至，诸城悉应之。"①张邈诡称吕布助曹击谦，欲使荀彧迎奉，荀彧知其有变，"即勒兵设备，故邈计不行"。荀彧复使程昱说范（今山东范县东南）、东阿（今山东阳谷东北），使固其守，卒全三城以待曹操。

陶谦死后，曹操欲先取徐州，后平定吕布。荀彧谏曰：

> 昔高祖保关中，光武据河内，皆深根固本，以制天下。进可以胜敌，退足以坚守，故虽有困败，而终济大业。将军本以兖州首事，故能平定

①《后汉书·郑孔荀列传》。

山东,此实天下之要地,而将军之关、河也。若不先定之,根本将何寄乎? 宜急分讨陈宫,使虏不得西顾,乘其间而收熟麦,约食稸谷,以资一举,则吕布不足破也。今舍之而东,未见其便。多留兵则力不胜敌,少留兵则后不足固。布乘虚寇暴,震动人心,纵数城或全,其余非复已有,则将军尚安归乎? ……夫事固有弃彼取此,以权一时之势,愿将军虑焉。①

荀彧此策,乃使曹操立足于兖州,先稳住"根据地",然后再求发展。

时吕布已到济阴,攻鄄城不下,遂西屯濮阳(东郡治所)。曹操引军自徐州还,观其形势,曰:"布一旦得一州,不能据东平,断亢父、泰山之道乘险要我,而乃屯濮阳,吾知其无能为也。"②从吕布的军事布局,曹操知其徒能勇战而无兵略。遂进兵攻之,并以濮阳大姓田氏为反间做内应。曹操入,烧东门,以示志在必得。

及战,布兵骁勇,而青州兵新合,吕布先以骑兵冲青州兵,曹军阵乱,操"驰突火出,坠马,烧左手掌"。其时吕布之骑兵曾得到曹操而不识其人,问曰:"曹操何在?"操随即马鞭一指曰:"乘黄马走者是也。"布骑乃释操而追"乘黄马"者。曹操由是脱险。

后,曹操复整军对阵,与布相守百余日。"蝗虫起,百姓大饿,布粮食亦尽,各引去。"③

次年(195年)春,袭定陶(济阴郡治所),以兵少,操乃利用堤防、树林设伏奇袭,乃拔之。吕布东投刘备,操平兖州。十月,天子封曹操为兖州牧。曹操从陈留起兵,到兴平二年(195年)将吕布、张邈赶出兖州,经过六年经营,终于打下了自己的一块根据地——兖州。

之后,曹操开始"东略陈地",进入以河南为中心的北方战场。建安元年(196年),曹操迎汉献帝至许昌,"挟天子以令诸侯",迁官进爵,立足北方,掌控全局。

---

①《后汉书·荀彧传》,《三国志·荀彧传》略同。
②《三国志·魏书·武帝纪》。
③引文同见《三国志·魏书·武帝纪》及裴公之注。

（五）《魏武帝注孙子》

曹操喜好博览群书，尤喜兵书。曹操曾抄集诸家兵法之所长，融会贯通，编辑成册，曰《兵法接要》。可惜已经失传。

在众多兵家中，曹操最钦佩孙武。他对《孙子兵法》作过悉心的研究和揣摩，并结合实战，精要注释，题名为《孙子略解》，后人称《魏武帝注孙子》，流传于世。它既是《孙子兵法》的最早注本，也是《孙子》十三篇本文流传至今的最早定本。宋人所编《武经七书》首列《孙子》，并且专门附上曹氏注解；吉天保所编《孙子十家会注》，即今传宋本《十一家注孙子》，也将曹注列于各家之首，可见其注不同凡响。

曹操本人对《孙子》曾由衷地赞叹："吾观兵书战策多矣，孙武所著深矣！"

由于曹操"挟天子以令诸侯"，取得政治上的绝对优势，从而统一北方，成为东汉末期政权的实际统治者。

建安二十五年（220年）正月，曹操还军洛阳。当月，病逝于洛阳，终年66岁。是年十月，曹丕代汉称帝，国号大魏，追尊其父曹操为武皇帝。

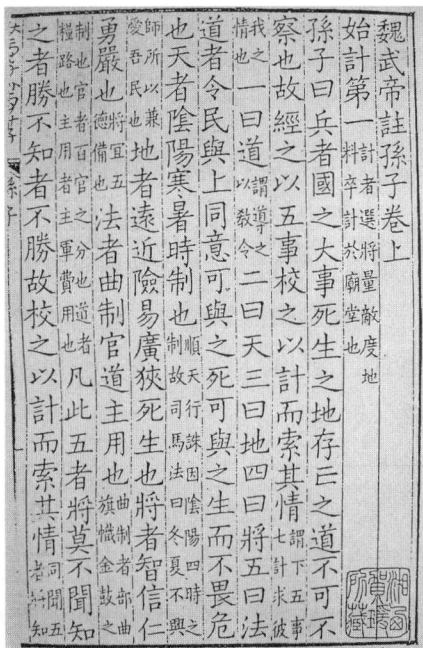

《魏武帝注孙子》书影

第五章　三国两晋南北朝时期的山东名相与兵学成就

三国、两晋时期,山东地区远离各大政权的接触点,处于相对稳定的状态,无重大战事发生,却出现了几位经国治军的栋梁之材。现分说于下。

一、蜀汉丞相诸葛亮

(一) 诸葛亮生平与出仕

诸葛亮(181—234),字孔明,琅邪阳都(今山东省临沂市沂南县)人。时号"卧龙"先生,三国时期蜀汉丞相,杰出的政治家、军事家。谥忠武侯,人称诸葛武侯。

诸葛亮早孤,由于叔父诸葛玄任豫章(现江西南昌)太守,诸葛亮及弟均随叔父赴豫章。适巧玄复免官,依附荆州刘表,亮等亦随之。建安二年(197年)诸葛玄病故,诸葛亮才17岁,与弟妹移居南阳。两年后,诸葛亮与友人徐庶等从师水镜先生司马徽。陈寿曰:"亮躬耕陇亩,好为《梁父吟》。身长八尺,每自比于管仲、乐毅,时人莫之许也。惟博陵崔州平、颍川徐庶元直与亮友善,谓为信然。"①

当时诸葛亮之"躬耕"处,在南阳之邓县,即今湖北襄阳城西20里,号曰"隆中"。山畔为庐,躬耕于野,故此地亦被视为诸葛孔明之第二故乡。

诸葛亮平日常以管仲、乐毅比拟自己,当时的人对他的才干都不甚了解,只有好友徐庶、崔州平、石广元、孟公威对其才学非常钦佩,称之为"卧

---

①《三国志·蜀书·诸葛亮传》。

龙"。鱼豢《魏略》载曰：

> 亮在荆州，以建安初与颍川石广元、徐元直、汝南孟公威等俱游学。三人务于精熟，而亮独观其大略。每晨夜从容，常抱膝长啸，而谓三人曰："卿三人仕进可至刺史郡守也。"三人问其所至，亮但笑而不言。①

大凡读书"精熟"者，多识其细微；而通其"大略"者，乃善识"大体"也。

关于诸葛亮与刘备的见面，史籍所载略有差异。《魏略》与《九州春秋》均言：刘备屯于樊城，曹公方定河北，"亮知荆州次当受敌，而刘表性缓，不晓军事"，故乃"北行见备"。时亮年少，又非故旧，故备并未介意，乃以普通"诸生"视之，谈话之间，备乃"结毛"（大约是以髦牛尾结绳）自若。亮乃进曰："明将军当复有远志，但结毛而已邪！"一语之刺，刘备立刻投毛正色，知亮非常人。亮遂献收民益众之计，备亦以上客礼之。②

对于此说，陈寿撰《三国志》并未采纳。而是依据亮于"出师表"中自言："先帝不以臣卑鄙，猥自枉屈，三顾臣于草庐之中。"故遂以"三顾"之说为信史。

《三国志》写道：

> 时先主屯新野。徐庶见先主，先主器之，谓先主曰："诸葛孔明者，卧龙也，将军岂愿见之乎？"
> 先主曰："君与俱来。"
> 庶曰："此人可就见，不可屈致也。将军宜枉驾顾之。"
> 由是先主遂诣亮，凡三往，乃见。

既见，刘备乃屏人曰：

> "汉室倾颓，奸臣窃命，主上蒙尘。孤不度德量力，欲信（伸）大义于天下，而智术短浅，遂用猖蹶（獗），至于今日。然志犹未已，君谓计

①②《三国志·蜀书·诸葛亮传》，裴松之注。

将安出？"

亮答曰："自董卓已来，豪杰并起，跨州连郡者不可胜数。曹操比于袁绍，则名微而众寡，然操遂能克绍，以弱为强者，非惟天时，抑亦人谋也。今操已拥百万之众，挟天子而令诸侯，此诚不可与争锋。孙权据有江东，已历三世，国险而民附，贤能为之用，此可以为援而不可图也。荆州北据汉、沔，利尽南海，东连吴会，西通巴、蜀，此用武之国，而其主不能守。此殆天所以资将军，将军岂有意乎？益州险塞，沃野千里，天府之土，高祖因之以成帝业。刘璋暗弱，张鲁在北，民殷国富而不知存恤，智能之士思得明君。将军既帝室之胄，信义著于四海，总揽英雄，思贤如渴，若跨有荆、益，保其岩阻，西和诸戎，南抚夷越，外结好孙权，内修政理；天下有变，则命一上将将荆州之军以向宛、洛，将军身率益州之众出于秦川，百姓孰敢不箪食壶浆以迎将军者乎？诚如是，则霸业可成，汉室可兴矣。"[1]

这就是传颂千古的"隆中对"。时在建安十二年（207 年），诸葛亮时年27 岁。

刘备三顾茅庐，诸葛亮陈说天下形势，表达了三层意思：

其一，分析当时之形势：曹操已居于军事、政治的绝对优势，故不可与之争锋；孙权国险民附，已历三世，亦不可图；而可以夺取者，只有荆州刘表与益州刘璋、张鲁；

其二，曹操、孙权既不可图，刘备的第一步棋就是夺取荆、益，修政抚边，以与曹、孙成鼎足之势；

其三，鼎足之势既成，则联吴抗曹，进一步图谋中原，统一华夏，以成帝业，复兴汉室。

诸葛亮之分析，正是刘备所孜孜以求，然又不知由何处下手之事。故闻此言，正中下怀，称"孤之有孔明，犹鱼之有水也"。

出于对刘备三顾草庐的感激，诸葛亮遂许以出山，辅佐刘备打天下。诸葛亮出山后的第一件大事就是联吴抗曹。诸葛亮出使东吴，智激孙权，促成

---

[1]《三国志·蜀书·诸葛亮传》。

孙刘联合拒曹之形势。赤壁大战,曹操败退江北,最终形成三国鼎立之局面。其后的发展,大致一如诸葛亮的预期。

蜀章武元年(221年),刘备称帝,建立蜀汉,诸葛亮任丞相。两年后,刘备兵败白帝城,在永安托孤于诸葛亮。刘备死后,刘禅即位,封诸葛亮为武乡侯,领益州牧。诸葛亮一方面调理内政,一方面积极筹划准备北伐中原。自蜀汉建兴五年(227年)诸葛亮率军进驻汉中,至建兴十二年(234年)最后一次兴师北伐,蜀汉主动出击五次,曹魏主动进攻一次,合为"六次",通称"六出祁山"。八月,诸葛亮因积劳成疾,病故五丈原军中。

> 三顾频烦天下计,
> 两朝开济老臣心。
> 出师未捷身先死,
> 长使英雄泪满襟。

杜甫《蜀相》中的诗句,当为诸葛亮人生品格之真实写照。

(二) 诸葛亮的著述与兵法

1. 诸葛亮之著述

最初考证诸葛亮之著述者,为《三国志》作者陈寿。《三国志》本传中载有《诸葛氏集目录》,计24篇,104112字(见《三国志·蜀书·诸葛亮传》)。陈寿编定后,曾上奏曰:

> 臣寿等言:臣前在著作郎,侍中领中书监济北侯臣荀勖、中书令关内侯臣和峤奏,使臣定故蜀丞相诸葛亮故事。亮毗佐危国,负阻不宾,然犹存录其言,耻善有遗,诚是大晋光明至德,泽被无疆,自古以来,未之有伦也。辄删除复重,随类相从,凡为二十四篇。

这24篇目录是:

开府作牧第一	权制第二
南征第三	北出第四
计算第五	训厉第六

综核上第七　　　　　　综核下第八

杂言上第九　　　　　　杂言下第十

贵和第十一　　　　　　兵要第十二

传运第十三　　　　　　与孙权书第十四

与诸葛瑾书第十五　　　与孟达书第十六

废李平第十七　　　　　法检上第十八

法检下第十九　　　　　科令上第二十

科令下第二十一　　　　军令上第二十二

军令中第二十三　　　　军令下第二十四

从陈寿所录《诸葛氏集目录》来看，所辑文字，大致当是诸葛亮从事军政活动的文献集结。陈寿所撰《诸葛亮传》及裴松之注所引，亦多有其文，如诸葛亮出师北伐所上前、后《出师表》，《诸葛亮集》所载信函及为答复诸人所作《正议》，为教诫下属等所作"八务"、"七戒"、"六恐"、"五惧"，"作木牛流马法"以及推演兵法，作"八阵图"等。

陈寿上奏此书，时在晋泰始十年(274年)二月一日，上距诸葛亮去世不到40年，而距蜀亡刚满10年。诸葛亮作为"亡国"之相，晋初即集录其文，亦可见其在当时所受到的尊重，当然也表现了晋武帝司马炎的开明："惟陛下迈踪古圣，荡然无忌，故虽敌国诽谤之言，咸肆其辞而无所革讳，所以明大通之道也。"陈寿所列，既有准确的篇目、数字，又"无所革讳"，故此集当是诸葛亮著述的准确集结。

隋、唐之后，史籍著录略有参差：《隋志》录"蜀丞相《诸葛亮集》二十五卷"，另有儒家类《诸葛武侯集诫》二卷，兵家类于《孙子兵法杂占》四卷之注中又言："梁有《诸葛亮兵法》五卷，亡。"至《唐书》，《诸葛亮集》均作"二十四卷"，并有《集诫》二卷，《新唐书》还著录"诸葛亮《论前汉事》一卷，诸葛亮《贞洁记》一卷"。以上所载，与陈寿集录篇卷仍大致相同。至《宋史·艺文志》，则有较大差异，所录《诸葛亮集》为"十四卷"，另于"兵家类"录有"诸葛亮《行兵法》五卷，又《用兵法》一卷"，又有"诸葛亮《将苑》一卷，《兵书手诀》一卷，《文武奇编》一卷，《武侯八阵图》一卷"。这些著录究竟从何而来，已不可得知。至清代，严可均校辑《全三国文》，有诸葛亮专集二卷；

清张澍辑《诸葛忠武侯文集》等。后人所编，以清人张澍辑本《诸葛忠武侯文集》较为完备。

其基本倾向大致归于两个方面：政治伦理方面主导倾向在于儒，拓疆征伐方面基本方略则在于兵。

2. 诸葛亮兵法

陈寿所辑《诸葛氏集目录》中，《权制》《南征》《北出》《计算》《兵要》《传运》《军令》上中下等篇，当系有关兵法之内容，然而当时并没有单独析出。

《隋志》言"梁有《诸葛亮兵法》五卷"，又云已"亡"，故诸葛并无兵法传世。至宋，《崇文总目》卷三有诸葛亮《兵机法》五卷，晁公武《郡斋读书志》兵家类录"《武侯十六策》一卷"，而晁公武亦疑其伪托。《郡斋读书志》卷十四中晁氏注文曰：

> 右蜀诸葛亮孔明撰。序称："谨进便宜十六事：一治国，二君臣，三视听，四纳言，五察疑，六治民，七举措，八考黜，九治军，十赏罚，十一喜怒，十二治乱，十三教令，十四斩断，十五思虑，十六阴察。"陈寿录孔明书，不载此策，疑依托者。

关于《诸葛亮兵法》的具体内容，由后人辑录之佚文或可略见端倪。严可均、张澍等均曾辑录《兵要》数条，其内容亦大致为用兵之要，且多有具体要求。如：

> 凡军行营垒，先使腹心及乡导前觇审知，各令候吏先行，定得营地，壁立，军分数，立四表候视，然后移营。又，先使候骑前行，持五色旗，见沟坑，揭黄；衢路，揭白；水涧，揭黑；林薮，揭青；野火，揭赤；以本鼓应之，立旗鼓令相闻见。……密子午卯酉地，勿令邪僻，以朱雀旗竖午地，白虎旗竖酉地，玄武旗竖子地，青龙旗竖卯地，招摇旗竖中央。其樵牧、饮食不得出表外也。

又如：

> 良将之为政也，使人择之不自举，使法量功不自度，故能者不可蔽，

不能者不可饰,妄誉者不能进也。①

此类言论,大致当是陈寿所辑"《兵要》第十二"之佚文。

关于后人所辑《便宜十六策》及《将苑》诸文,真伪难辨,姑置而不论。如《将苑》中《察情》篇,明显袭录《孙子》之文,他篇亦多有采集古代兵书者,故其书的可信性委实较低。

关于诸葛亮之《八阵图》,或称《八阵兵法》,后人所辑或近其实。如汪宗沂所辑《武侯八陈(阵)兵法辑略》一卷载曰:"古鱼复县盐井以西石碛平旷,孔明积细石为垒,方可数百步。垒西郭又聚石为八行,行八聚,聚间相去八尺,行间相去二丈许,谓之'八陈(阵)图'。"②又:"初,诸葛亮造'八阵图'于鱼复平沙之上,垒石为八行,行相去二丈。温见之,谓此常山蛇势也。文武皆莫能识之。"③其下又复引多书以明此事。足见诸葛亮《八阵法》或《八阵图》在兵界深有影响。

《三国志·蜀书·诸葛亮传》载诸葛亮"性长于巧思,损益连弩,木牛流马,皆出其意;推演兵法,作'八阵图',咸得其要"。

诸葛亮于五丈原临死前,曾授扬仪、姜维等"反旗鸣鼓"之计,吓退司马懿的追兵,时人为之谚曰:"死诸葛走生仲达。"("仲达"为司马懿之字。)及蜀军退走,司马懿"案行其营垒处所",曰:"天下奇才也!"其所称赞,亦诸葛亮之军阵图迹也。

(三)陈寿之论

陈寿在写完《诸葛亮传》之后,又附以他所整理的《诸葛氏集目录》,并将其泰始十年(274年)二月为上呈此书所撰之表附后。其中对诸葛亮一生之叙述评论,颇称公允。姑录于下:

亮少有逸群之才,英霸之器,身长八尺,容貌甚伟,时人异焉。遭汉末扰乱,随叔父玄避难荆州,躬耕于野,不求闻达。时左将军刘备以亮有殊量,乃三顾亮于草庐之中;亮深谓备雄姿杰出,遂解带写诚,厚相结

---

① 见《中国兵书集成》第2册及《全三国文》。
② 盛宏之:《荆州记》。
③ 《晋书·桓温传》,转引自《中国兵书集成》第2册。

纳。及魏武帝南征荆州，刘琮举州委质，而备失势众寡，无立锥之地。亮时年二十七，乃建奇策，身使孙权，求援吴会。权既宿服仰备，又睹亮奇雅，甚敬重之，即遣兵三万人以助备。备得用与武帝交战，大破其军，乘胜克捷，江南悉平。后备又西取益州。益州既定，以亮为军师将军。备称尊号，拜亮为丞相，录尚书事。及备殂没，嗣子幼弱，事无巨细，亮皆专之。于是外连东吴，内平南越，立法施度，整理戎旅，工械技巧，物究其极，科教严明，赏罚必信，无恶不惩，无善不显，至于吏不容奸，人怀自厉，道不拾遗，强不侵弱，风化肃然也。

　　当此之时，亮之素志，进欲龙骧虎视，苞括四海；退欲跨陵边疆，震荡宇内。又自以为无身之日，则未有能蹈涉中原、抗衡上国者，是以用兵不戢，屡耀其武。然亮才，于治戎为长，奇谋为短，理民之干，优于将略。而所与对敌，或值人杰，加众寡不侔，攻守异体，故虽连年动众，未能有克。昔萧何荐韩信，管仲举王子城父，皆忖己之长，未能兼有故也。亮之器能政理，抑亦管、萧之亚匹也，而时之名将无城父、韩信，故使功业陵迟，大义不及邪？盖天命有归，不可以智力争也。

诸葛亮受命于危难之际，扶危定倾，功匹管、萧。然前无股肱之佐，后乏继事之人，又值危急存亡之秋，故纵无相应之条件，也只好勉为其难，明知其不可为而为之："臣受命之日，寝不安席，食不甘味，思惟北征，宜先入南，故五月渡泸，深入不毛，并日而食。臣非不自惜也，顾王业不得偏全于蜀都，故冒危难以奉先帝之遗意也。……凡事如是，难可逆见。臣鞠躬尽力，死而后已，至于成败利钝，非臣之明所能逆睹也。"[①]"鞠躬尽瘁，死而后已"，成为一代贤相之忠贞品格的真实写照。

二、儒将羊祜

263 年，魏国灭掉蜀国。265 年，司马氏就篡夺了魏国的政权。司马懿的孙子司马炎取代了曹魏天子，建立了晋朝，历史上称做西晋。这样，就形成了西晋与东吴南北对峙的新格局。

---

① 《三国志·蜀书·诸葛亮传》，裴松之注引《汉晋春秋》。

羊祜(221—278),字叔子,泰山南城(今山东平邑县)人。西晋儒将,著名的战略家。官至征南大将军,领南城侯。

从羊祜起上溯九世,羊氏各代皆有人出仕二千石以上的官员,且皆以清廉有德闻名。羊祜父、祖并有"太守"之职,母亲蔡氏是汉代名儒、左中郎将蔡邕的女儿,姐姐嫁与司马昭为妻,故与司马氏亦有较密之关系。羊祜幼年即多受文化熏陶,为人儒雅宽厚,中正无私,人称"今日之颜子(颜渊)也。"

景初三年(239年),魏明帝曹睿去世,8岁的齐王曹芳即位。大将军曹爽与太尉司马懿受遗命辅政,从此,司马氏与曹氏两大集团的争权斗争日渐白热化。正始初年,曹爽首先控制了朝廷的实权,把司马懿排挤到太傅的闲职上。司马懿则实行韬晦之计,假装生病,以麻痹曹爽,暗中却窥伺时机,以图反扑。正始十年(249年),司马懿发动高平陵之变,诛杀曹爽,复夺得军政大权。

此时的羊祜,基本上游离于两大集团争斗之外,还是很有政治远见的。

晋武帝"受禅",以羊祜"都督荆州诸军事",领兵镇守南夏(今湖北襄阳)。羊祜到任伊始,就在当地广泛兴学施教,安抚江汉一带的百姓。羊祜对东吴从不挑衅,即使两国交兵,也不以谲诈之策掩袭取胜。有被俘的吴国士兵仍愿回乡,羊祜可以放他们回去。赶上晋军粮草不足时,羊祜有时会带着士兵到吴国境内割取稻谷,收割完毕,则留下相当价值的绢帛作为补偿。羊祜曾定下军规,打猎时不准擅自进入吴境射猎。如果禽兽先为吴兵射伤又逃到晋国一边来的,羊祜会令士兵将猎物奉还给吴。由此,不论是吴国的士兵还是普通百姓,都对羊祜心悦诚服,不愿直呼其名,而尊称为"羊公"。

吴国督都陆抗,也颇有政治远略,大有乃父陆逊遗风。他看到羊祜这样对待吴国的人民,不禁由衷地赞叹:"以羊祜的德量,纵然是乐毅、诸葛亮也未必能及!"羊祜的种种爱民举措,实质上是在征服民心。不见刀光,没有血腥,然其影响力反比刀光剑影厉害百倍!于是,陆抗谨告部下:"羊祜之师处处以仁为先,我们若暴虐百姓,岂不是自掘坟墓吗?"

羊、陆二人虽是各为其主,明争暗斗,却也不失"儒将"风度。羊祜生平喜好饮酒,陆抗听说后,命人送去美酒,羊祜心不存疑,酣畅饮下。不久,陆抗偶染风寒,羊祜知道后,派人前去探望,并馈之以药。陆抗接药后,也坦然服下!当时部下或有劝阻,陆抗反问道:"你们看羊祜像是借药下毒的那种人吗？"

二人竟是投之以桃，报之以李！

三、关中良相唯王猛

王猛（325—375），字景略，青州北海郡剧县（今山东寿光东南）人。王猛出生时，北方大部分地区（包括青州在内）已经被羯人石勒建立的后赵政权占领，年幼的王猛随家人颠沛流离，辗转来到魏郡（今河南北部与河北南部一带）避难。

王猛少时家境贫寒，以卖草编土筐为生。然王猛刻苦力学，尤好兵书，经常手不释卷。后来逐渐博通经史，成长为一个英俊魁伟、深有见地的青年。他为人谨严庄重，深沉刚毅，气度雄远，对琐事略不关心，不屑于同尘垢秕糠之辈打交道。一些浅薄浮华子弟常轻笑他，王猛却悠然自得，从不计较。

东晋建立后，大将桓温曾率领4万兵士北伐，来到关中。王猛听到这个消息，身穿麻布短衣，径投桓温大营求见。桓温请王猛谈谈对时局的看法，王猛在大庭广众之中，一面捉虱子，一面纵谈天下大事，滔滔不绝，旁若无人。王猛虽然姿态不雅，但话语却很有见地。桓温问道："我奉天子之命，率十万精兵讨伐逆贼，为百姓除残去秽，可是关中豪杰却无人前来效力，为何？"王猛答道："阁下不远数千里深入寇境，长安已近在咫尺，却不渡过灞水。百姓尚不明朗阁下的心意，所以无人前来。"桓温默然，一时竟无言以对。

不久，桓温决定还兵。临行前，他向王猛赠送了车马，又授予高官，邀请王猛一起南下，被王猛拒绝了。

前秦苻坚也听说了王猛的名声，便派人把王猛请来，两人谈得非常投机，一见如故。苻坚把王猛比做埋在草丛里的珍珠，得到王猛就如同当年刘备得到了诸葛亮。王猛得到苻坚的充分信任，而后君臣同心，励精图治，前秦逐渐呈现了国富兵强的盛世景象。

东晋宁康三年（375年）六月，王猛积劳成疾。苻坚亲自为王猛祈祷，并派侍臣遍祷于名山大川。王猛的病情略有好转，尚未痊愈，苻坚又欣喜异常，下令大赦死罪以下的囚犯。七月，王猛的病情陡然加重了，苻坚亲临探视。临终前，王猛对苻坚说："晋朝虽然僻处吴、越之地，却是华夏正统，目前其君臣和睦,上下同心。亲仁善邻,这是国家之宝啊。臣死之后,希望陛下千万不可图谋伐晋。鲜卑、西羌等归降贵族终怀贰心,迟早要成为祸害,宜逐渐铲除之,以利于国家。"说完,王猛便溘然而逝,时年 51 岁。

苻坚三次临棺祭奠痛哭,并对太子苻宏说:"是苍天不想让朕统一天下啊,为何这么快就夺走了朕的景略呢?"

王猛死后,苻坚按照汉朝安葬大将军的规格隆重安葬了王猛,并追谥曰"武侯"。秦国上下哭声震野,三日不绝。

后来,苻坚忘记了王猛之遗教,发举国之兵攻打东晋,结果遭遇淝水之败。

四、檀道济与《三十六计》

东晋之后,南朝政权相继经历了宋、齐、梁、陈四朝,其朝代更迭的基本方式是宫廷政变,即后一朝代的开创者已经在事实上掌握了前一朝代的军政大权,而前一朝代的继位者又是幼小或暗弱的皇帝,故其政权更替并无大的流血战争。而北方,从"五胡十六国",到北魏、东魏、西魏、北齐、北周等政权的兴起,则是战争连绵。国与国,族与族,以及各政治集团或家族之间,出现了频繁的战事。此间大的战争,主要为南北之战,如刘宋北伐及北魏南侵等,主战场仍是在黄、淮中原地区。具体到山东境域,曾是刘宋北伐的主要战场,作为刘宋北伐主将的檀道济,既是山东人,更是当时兵家战将中的佼佼者,其用兵与撰著兵书,影响最大,也最为典型。

(一)檀道济"唱筹量沙"

檀道济(约385—436),南朝刘宋名将,高平金乡(今山东省金乡县卜集乡檀庄)人。少孤,兄弟姊妹 5 人依附叔父檀凭之为生。

约自东晋初年,东晋与 16 国对峙,今山东南部与河南北部地区,就是南北斗争的"拉锯"地区,当时的金乡,檀、郗、展等均为望族大姓,如郗鉴、檀斌,都是抵御后赵劫乱的主要领导人物。东晋元帝永昌元年(322 年),晋兖州刺史郗鉴为后赵石虎所逼,被迫南迁,退至合肥,仅留下檀斌等少数队伍在邹山(今山东邹城南部山区)坚持斗争。郗氏、檀氏家族多随郗鉴南迁,先至广陵,后流寓京口(今江苏省镇江市丹徒县),并长期定居。檀道济当出生于此地。檀道济的军事生涯,开始于晋安帝元兴年间。

据《宋书·檀道济传》记载:

东晋安帝元兴二年(403年)十二月,桓玄称帝,建国号楚,欲利用刘裕手中之兵力平荡中原。而此时的刘裕,早已与刘毅、何无忌、檀凭之等谋议反对桓玄。

次年,刘裕、刘毅、刘道规等在京口起兵讨桓玄,在同谋27人之中,檀凭之及从子檀韶、檀祗、檀隆、檀道济、檀范之等均在其中。由此,开始了檀道济的军事生涯。后,平鲁山,讨郭寄生,讨桓谦、荀林等,檀道济"率厉文武,身先士卒,所向摧破","道济战功居多"。先后"封吴兴县五等侯","迁安远护军,武陵内史"。复为太尉参军、中书侍郎、参太尉军事、太尉主簿、谘议参军、司马、临淮太守,至"征虏将军司马,加冠军将军"等。

东晋义熙十二年(416年),刘裕北伐后秦,檀道济以冠军将军与王镇恶同为先锋,所到之处皆望风归降。大军径进洛阳,继而俘获北人4000余人。左右劝檀道济悉戮所获俘囚,以震慑北人的气焰。檀道济不同意,他说:"王师北征是为吊民伐罪,怎好枉杀?"遂将4000人全部遣放还乡。中原百姓心悦诚服,一时间自愿归从者甚众。

420年,刘裕称帝,以道济为"护军,加散骑常侍,领石头戍事",当了京都"石头城"(今江苏省南京市)的卫戍司令。

檀道济以勇略、战功见称于世,影响深远。

宋元嘉八年(431年),文帝派大将檀道济督师讨伐北魏。檀道济领军北上,军至寿张(今山东东平西南),遇魏安平公乙旃眷。檀道济率宁朔将军王仲德、骁骑将军段宏等领军奋战,大破魏军。转战至高梁亭,北魏宁南将军、济州刺史寿昌公悉颊库结前后邀战,道济分遣段宏及台队主沈虔之等奇兵击之,斩悉颊库结。随之乘胜北进,二十几天内连续作战30余次,宋军夺回滑台(今河南滑县),气势昂扬,攻城略地,捷报频传。

大军进抵历城(今山东省济南市南郊),檀道济逐渐产生麻痹轻敌的思想。魏将叔孙建一面督军正面迎击,一面以两支轻骑兵发动奇袭,前以骂阵挑战作掩护,暗中却迂回到宋军后方纵火,把宋军粮草都烧掉了。自古道:兵马未动,粮草先行。断了军粮,就没法维持下去,檀道济只好决定撤兵。

这时,宋军中有一个兵士逃去投降了魏军,并把宋军中已经断粮的军情据实告知了北魏的将领。魏将半信半疑,为稳妥起见,遂派人先去宋军中一探虚实。结果探子回来报告说:宋军并未断粮,而是粮草堆积如山!魏将遂将叛降的宋卒作为"间谍"处死了。

宋军的粮食不是被烧光了吗?哪里还有这么多粮食?人们不禁心生疑惑。原来,自军中粮草遭焚起,檀道济便预感到魏军将会趁火打劫。为掩人耳目,并稳定军心,檀公乃使用了"唱筹量沙"的计谋:

当天晚上,宋军军营灯火通明,檀道济亲自带领士兵盘点粮食。檀道济命士卒将细沙当做粮食,一面用斗具称量,一面拿着记数之筹码(即"竹片"),口中边唱数字:"一斗、二斗……再加一斗……"(即"唱筹")堆积成山之后,再将仅存的一点粮米覆盖其上。待魏军探子来时,粮米已经堆好。魏军探子远远望着粮堆,夜间又听到唱筹之声,直惊得目瞪口呆,赶快去告诉魏将。魏将也心存疑虑。

次日东方泛白,大军起程,檀道济又"以弱示强",命全军将士披挂整齐,自己则穿着一身白服,乘一辇舆徐出外围。魏将安颉等人被檀道济打败过多次,本就忌惮,再看到宋军从容不迫地撤出,疑有埋伏,不敢追赶。这样,宋军竟十分从容潇洒地跳出险境。

檀道济此次北伐,虽然没有克定河南,但在军粮已断的危急情况下,镇定自若,全军而返,实属不易。自此之后,魏人惮惧檀道济的威名,没敢轻易南侵。

檀道济累世立功,威名日重,左右心腹身经百战,诸子又才气横溢,这些引起了朝中权贵的疑忌与畏惧。当时就有人私下说:"谁敢说他不是司马仲达呢?"(司马仲达即司马懿,大谋略家,其后人篡夺了曹魏政权)当时,宋文帝已累年寝疾,几经危殆。执掌朝政的彭城王刘义康及领军将军刘湛甚为贪权,担心文帝晏驾后,难以钳制檀道济,便对文帝屡进谗言,劝其除掉檀道济,以绝后患。

宋文帝元嘉十二年(435年),檀道济奉诏回京。临行前,其妻向氏说:"震世功名,必遭人忌,古来如此。今朝廷无事相召,恐有大祸。"檀道济却说:"我率师抵御外寇,镇守边境,不负国家,国家又何故负我?"遂坦然入京。留住月余,适逢文帝病情好转,卧榻召见,文帝慰勉鼓励,让他返阙议事,用心边防。次年(436年)春,檀道济刚要启程,已经下船,不料文帝病情突然加剧,彭城王刘义康以为不可放虎归山,遂以皇帝的名义发出诏令(矫诏),以谋反之名逮捕檀道济,旋加杀害。同时被杀害的还有檀道济诸子及薛彤、高进之等大将。

临刑,檀道济饮一斛烈酒,投帻于地,愤怒地喊道:"乃坏汝万里长城!"

檀道济被枉杀,国人痛心。时人歌曰:"可怜《白浮鸠》,枉杀檀江州!"(檀公时任江州刺史)

消息传到平城(今山西大同),北魏诸将弹冠相庆,以为檀道济一死,吴人无可畏惧也。从那一刻起,北魏不复惮忌刘宋,频岁南征,始有饮马长江之志。

(二) "秘本兵法"《三十六计》与玉简册《三十六计》

1. "秘本兵法"《三十六计》

今人所见《三十六计》,系 1941 年于甘肃邠州(今陕西邠县)某旧书摊寻得,题下注称"秘本兵法"。原本系抄本,无时代,无撰人,历代史志未见著录。

原抄本前先有"总说":

> 六六三十六,数中有术,术中有数。阴阳燮理,机在其中。机不可设,设则不中。

"总说"之下有一段按语:

> 解语重数不重理。盖理,术语自明;而数,则在言外。若徒知术之为术,而不知术中有数,则术多不应。且诡谋权术,原在事理之中,人情之内。倘事出不经,则诡异立见,诧世惑俗,而机谋泄矣。或曰:三十六计中,每六计成为一套。第一套为胜战计,第二套为敌战计,第三套为攻战计,第四套为混战计,第五套为并战计,第六套为败战计。

"三十六计"全部展示之后,其末又有一"跋":

> 夫战争之事,其道多端。强国、练兵、选将、择敌、战前、战后、一切施为:皆兵道也。惟比比者,大都有一定之规,有陈例可循。而其中变

化万端、诡诡奇谲、光怪陆离、不可捉摸者,厥为对战之策。三十六计者,对战之策也,诚大将之要略也。闲常论之:胜战、攻战、并战之计,优势之计也;敌战、混战、败战之计,劣势之计也。而每套之中,皆有首尾次第。六套次序,亦可演以阴……

其每一计,又有三个组成部分:

第一部分,序号与篇题,如"第一计,瞒天过海","第二计,围魏救赵"等。

第二部分,对篇题的说辞,即"备周则意怠,常见则不疑","共敌不如分敌,敌阳不如敌阴"等。

第三部分,按语,内容是对该计之说辞再作进一步的解说,并且列举历代战争的实例,为该计的成功作证明。在所举例证之中,时代最晚的已是南宋时期的宋金战例。

此书 1941 年发现之后,即有人印行。其中,以解放军政治学院图书馆所藏打印本较为清晰严谨,被收入《中国兵书集成》第 40 册。

2. 玉简册《三十六计》

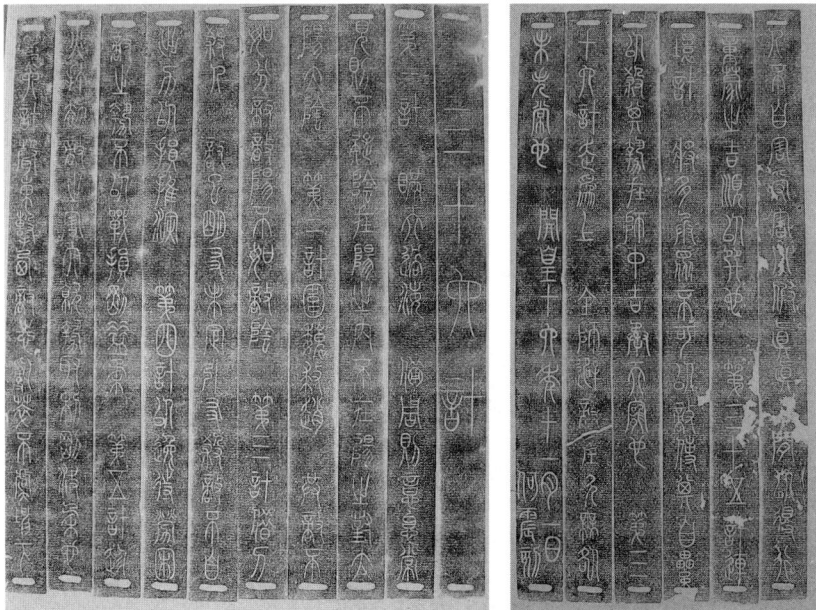

玉简册《三十六计》拓片

玉简册《三十六计》为济宁市郭克义先生于 2003 年 7 月在一古玩市场上发现的。郭克义先生收藏后,又撰文介绍了玉简册《三十六计》的基本情况:

玉简共计 66 片,单片长 24 厘米,宽 2 厘米,厚 0.5 厘米。平铺长达 132 厘米,总重量为 4.6 千克。

玉简阴刻小篆体文字,共 919 字。玉简册首片为"三十六计"四字,尾片署"开皇十六年十一月一日　何震刻"。

玉简册玉质为和田青玉,平板,开片规整,刻工上佳。简册部分侵蚀较重,多片断残,个别简片文字损坏较重。玉简片两端有钻孔,原应由绳线相连成册,故称"玉简册"。

此玉简册已经古玉器权威专家周南泉先生等三人鉴定,一致确认为隋代玉简。隋开皇十六年为公元 596 年。

细审玉简文字,无"秘本兵法"之"总说",无"按语",无"跋",也无"六套"之分类。除第一简为"三十六计"之总名外,从第二简起,即连续镌刻第一至第三十六计。每计仅有"序号"、"篇题"与"说辞"。末简署有"何震刻"之年代标记。很明显,隋玉简册展示了檀公"三十六计"的原初面貌。

(三) 《三十六计》内容分析

1.《三十六计》作者与成书年代

(1)《三十六计》作者为檀道济

细考《三十六计》之渊源,当始自南朝刘宋大将檀道济。

《南齐书·王敬则传》载曰:

敬则仓卒东起,朝廷震惧。东昏侯在东宫……谓敬则至,急装欲走。有告敬则者,敬则曰:"檀公三十六策,走是上计,汝父子唯应急走耳。"

《南齐书·王敬则传》所称"檀公",就是刘宋大将檀道济。《南史》之《王敬则传》在引述以上文字后,又有一句评语:

盖讥檀道济避魏事也。

到了唐朝之后的赵宋时代,司马光撰《资治通鉴》,其卷一百四十一《齐

纪七·明帝永泰元年》亦记曰:

> 是时上疾已笃,敬则仓卒东起,朝廷震惧。太子宝卷使人上屋,望见征虏亭失火,谓敬则至,急装欲走。敬则闻之,喜曰:"檀公三十六策,走是上策,汝父子唯应急走耳!"盖时人讥檀道济避魏之语也。

《南齐书》《南史》《资治通鉴》,均为公认的严谨正史,确凿可据,因此,完全可以断定"三十六策,走是上计"出自檀道济无疑。由此又可确证,《三十六计》的最初撰写与定名就是檀道济。

前引所称"避魏"之事,就是刘宋元嘉八年(431年)檀道济在历城,以"唱筹量沙"之计,成功地从魏军的重围之中,于光天化日之下"全军而返"。王敬则是一个不通军略的"武夫"式的将领,故讥檀道济"强而避之"、"少则能逃之"的智谋。此语一方面直接地点明了檀道济是《三十六计》的作者,同时,又清晰地让人们看到了如"走为上"等计谋在现实战争经验中的直接来源:既然有了如"唱筹量沙"一类的计谋手段,"走为上"自可顺利实现。

以上记载,从南朝萧子显撰《南齐书》,到北宋司马光撰《资治通鉴》,不论立足于什么样的"感情"色彩,而对"檀公三十六策"的认定,是众口一词的。

(2)成书于南朝刘宋时代

关于成书年代,最主要的误解就是"明清之际""成书"说。

1941年最初发现的"秘本兵法"《三十六计》抄本,其每计内容均分三大部分:第一部分、第二部分与隋玉简本大致相同,这当是《三十六计》之原本的内容。其第三部分"按语",所列历代战争的实例,时代最晚的已是南宋时期的宋金战例。就是这一战例,成为"明清之际"成书说的基本依据。有人认为,既有南宋时期的战例,其作者怎么会是南朝刘宋时代的檀道济呢?南朝刘宋时代与赵氏的南宋时代,其间相距800余年,檀道济绝无可能讲"南宋时期的宋金战例"。所以,此说既否定了《三十六计》成书于南朝初年,更否定了作者是檀道济。

而导致这一错误判断的关键有二:其一,它公然无视萧子显《南齐书》所记载的王敬则的言论"檀公三十六策",无视这一为唐李延寿、宋司马光所一再肯定的载录。其二,它将1941年发现本中的三大部分——篇题、说辞、按语——完全捆绑在一起,视为"铁板一块",并且将按语的成书年代与作者,当成了《三十六计》的成书年代与作者。

十几年前,笔者在撰写《中国兵学》之《汉唐卷》时,曾对1941年发现的《三十六计》作了这样的判断:

> 目前所存《三十六计》的成书,应当有一个历史的过程。其起始,自当为檀道济,即"计名"或由其人所定,而"说辞"部分是否为道济所写,已无可考知。而"按语"之撰写,则显然是宋、明之后的兵家所为。古人不留"名声",不讲"版权",这自然更方便我辈随意采用了。①

现在看,这个判断应该说是十分慎重而合理的。隋玉简册《三十六计》的发现,完全证实了笔者的判断,并且有所增益。何以如此?

其一,隋玉简册《三十六计》只有序号、篇名与说辞,这显然表明:篇名与说辞是一体的,按语部分纯系后人附益。当然,这个按语也下了相当的功夫,十分有助于对篇名与说辞的理解,但它绝对不可能取代原本《三十六计》的创作。

其二,隋玉简册的发现,可进一步证明,原本《三十六计》的篇名与说辞均当为檀道济创作,其完成时间,大致当在南朝刘宋元嘉八年(431年)到元嘉十三年(436年)之间:元嘉八年檀道济于历城"唱筹量沙",正是"走为上"计的完美战例,"全师避敌"、"全军而返"就是此计的精义所在。

那么,自檀道济创制《三十六计》之后,至隋玉简册刻制完成之时,其间是否还有其他人参与其中? 对这一问题,只能作一个一般性的判断:基本没有可能。

理由是:檀道济于公元436年被杀,王敬则讲"檀公三十六策"是在公元498年,其间相距仅62年。这62年间,《三十六计》已广为流传,就连"一介武夫"式的将领王敬则等都十分熟悉,张口就来。而玉简的镌刻,是在隋开皇十六年,即公元596年,上距王敬则之言论不足百年,距檀道济之被杀也仅仅160年。又,玉简之刻制者对《三十六计》显然十分珍爱,才能以和田美玉精心篆刻。既如此广为流传,又如此受人钟爱,在传抄、镌刻过程中,出现个别字的

---

①谢祥皓:《中国兵学·汉唐卷》,山东人民出版社1998年版,第380页。

差异是可能的,如果说大篇改动,实绝无可能。一则其原作本身就是千锤百炼、炉火纯青的产物,再进一步加工的空间极小;再则,纵观檀道济的军事才华、政治眼光、文化素养,历数道济死后这 160 年间(436—596 年),有几人能及檀道济的勇略与才华?

要之,史证、实物、情理俱在,《三十六计》的作者非檀道济莫属,其成书年代就是南朝刘宋时代。

2.《三十六计》内容分析

"秘本兵法"本《三十六计》共分六套:每套六计,六六合为三十六计。六套分别为:第一套,胜战计;第二套,敌战计;第三套,攻战计;第四套,混战计;第五套,并战计;第六套,败战计。第一、三、五套是处于优势所用之计,第二、四、六套是处于劣势所用之计。而每计之中,有计名、说词、按语三个部分。

隋玉简册本《三十六计》,只有前两部分,显然,前两部分为主体内容。本节的解说,亦着力于前两部分。

由于《三十六计》的基本目标为"对战之策",是要解决临阵对垒中的策略问题,因此,它的理论系统主要表现为:依据敌我双方临阵形势之优劣,而分别采取相应的对策。

"秘本兵法"《三十六计·总说》曰:

> 六六三十六,数中有术,术中有数,阴阳燮理,机在其中,机不可设,设则不中。

"数",客观之规律;"术",主观之方略;"燮",调和,和谐,变化。认识了客观之规律,就会有主观之方略,这就是"数中有术";主观之方略能适宜于客观之规律,这就是"术中有数"。运用阴阳调和之理,施展主观的才智以赢得战争,就是《三十六计》理论的基本立足点。故其理论系统就在阴阳、术数的变幻与调和之中。以下逐篇分析:

【第一套 胜战计】

第一计 瞒天过海

辞曰:备周则意怠,常见则不疑。阴在阳之内,不在阳之对。太阳,太阴。

释义:准备得周全,就容易麻痹大意;习以为常(平时看惯)的事情,就不会再有怀疑。表面看来,阴与阳是对立的,是互相排斥的,处阴即无阳,处阳亦无阴。究其本质:阴就在阳之内,并非在阳的对立面,而且愈是"太阳",就愈是"太阴",越是阳光最炽烈的地方,越容易产生最阴暗的阴影。"备周"为阳,"意怠"为阴,"常见"为阳,"不疑"为阴;这就是作者所阐发的最深刻的哲理。欺骗是需要隐蔽的,而最佳的隐蔽方式则莫过于"太阳,太阴",能在光天化日之下,实现最大的阴谋,是大智慧、大学问。

如太史慈北海救孔融,能于光天化日之下单骑突围而出,所仰仗的,正是"常见则不疑",正是"太阳,太阴"。

第二计　围魏救赵

辞曰:共敌不如分敌,敌阳不如敌阴。

释义:共,集中。分,分散或使之分散。敌,动词,攻打。句意:进攻兵力集中的敌军,不如设法使敌军分散了再攻击。打击气势旺盛的敌人,不如等敌人士气懈怠后再打击。或曰,攻击敌军的强盛部位,不如攻击敌军的薄弱部位。这与《孙子兵法》中"避实击虚"、"胜于易胜"的战略思想是不谋而合的。如齐魏桂陵之战,孙膑避免和强敌正面决战,采取迂回战术,批亢捣虚,攻其必救,迫使敌人分散兵力,然后抓住其薄弱环节发动攻击,置敌于死地。

第三计　借刀杀人

辞曰:敌已明,友未定,引友杀敌,不自出力,以《损》推演。

释义:敌方已经明了,盟友尚未确定。这时,要利用友方的力量去消灭敌人,不需自己出力。这是从《损》卦推演出的计策。利用第三者的力量去攻击敌人,用以保存自己的实力,以达到置敌于死地的目的。

第四计　以逸待劳

辞曰:困敌之势,不以战。损刚益柔。

释义:损刚益柔,语出《易经·损卦》之《彖辞》。"刚"与"柔"是相对的,在一定的条件下可相互转化。以"刚"喻敌,以"柔"喻己。我逸则增强,敌劳则力损;"困敌"可逐渐消耗敌人的有生力量,使之由强变弱,而我则因势由弱变强。如伍子胥"三师肆楚";孙膑于马陵道伏击庞涓;李牧守雁门久而不战,战而大破匈奴等。

第五计 趁火打劫

辞曰:敌之害大,就势取利,刚决柔也。

释义:刚决柔也:语出《易经·夬卦》之《彖辞》。敌人遭到严重危机之时,应乘机获取利益。原"按语"说:敌害在内,则劫其地;敌害在外,则劫其民;内外交害,败劫其国。如:越王乘吴国内蟹稻不遗种而谋攻之。

第六计 声东击西

辞曰:敌志乱萃,不虞,坤下兑上之象,利其不自主而取之。

释义:萃,聚也。《易经·萃卦》为"坤下兑上"之卦象。《象》辞曰:"乃乱乃萃,其志乱也。"既敌志乱萃,故不虞,故能运用声东击西战术,进一步造成敌人的错觉,出其不意,一举夺胜。如敌不乱则不可行,如周亚夫守昌邑坚壁不战,吴兵奔壁之东南陬,亚夫便备西北;已而吴王精兵果攻西北,遂不得入。亚夫志不乱也。

【第二套 敌战计】

第七计 无中生有

辞曰:诳也,非诳也,实其所诳也。少阴、太阴、太阳。

释义:诳,欺诈、诳骗。实,真实。既制造假象欺骗对方,造成敌人的错觉,但又不是弄假到底,而是先假而后真,由假变真,假中有真;先虚而后实,由虚变实。如阴极而生阳,如无中生有。由诳而真,由虚而实,不等敌人头脑清醒过来,即迅速采取措施夺取胜利。如:令狐潮围雍丘,张巡扎千余草人夜缒城下;潮兵争射之,遂得箭数十万。及敌知为"草人",后复夜缒真人,潮兵笑,不设备,乃以死士五百砍潮营,焚垒幕,追奔十余里。

第八计　暗度陈仓

辞曰：示之以动，利其静而有主，"益动而巽"。

释义：示，给人看。动，指佯攻、佯动，故意暴露我方的行动。利用敌人在我"佯动"之处固守的时机，分兵迂回敌后发动袭击，出奇制胜。此计乃是出自韩信还定三秦的故事。汉军明修栈道，暗中则由陈仓故道进兵，乘敌不备，转瞬而定三秦。

第九计　隔岸观火

辞曰：阳乖序乱，明以待逆。暴戾恣睢，其势自毙。顺以动，豫。豫顺以动。（"明以待逆"，"明"字据玉简本。）

释义：阳，公开的。乖，违背，不协调。明，光天化日之下。逆，背叛，互相仇杀。敌方内部由于矛盾激化而公开分裂，秩序混乱，我应静观敌变，待其互相仇杀。凶残横暴，势必自取灭亡。《易经·豫卦》《象》曰："豫顺以动，故天地如之。"顺势而动，天地就能随和其意；顺应敌情发展，就可坐收渔利。如郭嘉遗计平辽东：曹操静待袁尚、袁熙与辽东太守公孙康互相仇杀，故"不烦兵矣"，"缓之，则相图也"。

第十计　笑里藏刀

辞曰：信而安之，阴以图之，备而后动，勿使有变。刚中柔外也。

释义：使敌人信我，不生疑心，麻痹敌人；暗中我则积极策划破敌之计，充分准备而后动，不让敌人有所察觉。内藏杀机，必外示柔顺。"刚中柔外"也。如勾践之事夫差，意则使其久而安之矣。

第十一计　李代桃僵

辞曰：势必有损，损阴以益阳。

释义：李代桃僵，语出《乐府诗集·鸡鸣篇》："桃生露井上，李树生桃旁。虫来啮桃根，李树代桃僵。树木身相代，兄弟还相忘？"本意是指兄弟间要像桃李共患难一样相互帮助，相互友爱。

"损阴以益阳",阴,指细微的、局部的事物;阳,指带整体意义的、全局性的事物。当战局发展到必然要受损失的时候,就要牺牲局部,去换取全局的利益。两利相权取其重,两害相权取其轻。如田忌赛马中,孙膑以"下驷"对"上驷"之术。

第十二计　顺手牵羊

辞曰:微隙在所必乘,微利在所必得。少阴,少阳。

释义:少阴,敌方小疏漏;少阳,我方小得利。古之善战者,"见利不失,遇时不疑"。要善于捕捉时机,对于敌人微小的漏洞,必须加以利用;变敌方小的疏漏而为我方小的得利。如鲁僖公三十二年(前628年)秦三将袭郑不成,顺手灭掉滑国。而晋与姜戎又顺势邀击秦师,形成了著名的"崤之战"。

【第三套　攻战计】

第十三计　打草惊蛇

辞曰:疑以叩实,察而后动。复者,阴之媒也。

释义:叩,问,查究。阴,隐藏着的、隐秘的情况。媒,媒介,引申为手段。有疑问就要查究,情况侦察清楚后再行动。反复侦察,是了解敌情、发现暗藏敌人的手段。《孙子兵法》云:"军旁有险阻、潢井、葭苇、山林、翳荟者,必谨复索之,此伏奸所藏也。"(《用间》篇)"复索之",即"打草惊蛇"也。

第十四计　借尸还魂

辞曰:有用者,不可借;不能用者,求借;借不能用者而用之。匪我求童蒙,童蒙求我。

释义:有用的东西,往往不容易为己用。看上去无用的东西,有时可以借为己用。如我欲"还魂",必借助看似无用的"尸体"。朝代更换之际,纷立亡国之后者,固借尸还魂之意也。如明初朱元璋"迎立"韩林儿,亦类于此。童蒙,言幼稚愚昧的人。

第十五计 调虎离山

辞曰:待天以困之,用人以诱之,往蹇来连。("连"字据玉简本。)

释义:蹇,困难;连,喻乘辇。往蹇来连:语出《易经·蹇卦》之"六四"。《象》曰:"往蹇来连,当位实也。"意为:其往困难,其来乘辇。据高亨注,"调虎离山"的字面含义是设法使老虎离开原来的山头,其后我则便于行事。引诱对方离开原来的有利地势,然后加以制服,先调而后降之。如公元199年,孙策夺取江北卢江郡,即其例也。

第十六计 欲擒故纵

辞曰:逼则反兵,走则减势。紧随勿迫,累其气力,消其斗志,散而后擒,兵不血刃。需,有孚,光。

释义:"需,有孚,光",语出《易经·需卦》。需,卦名。孚,诚心。光,通广。句意为:有诚心,懂得忍耐,就会大吉大利。此计着意点在于:逼敌过甚,敌人就会反扑;不急不慢地追赶,则可以削弱敌方气势。"气夺则怯于斗,心夺则乱于谋",待敌心力交瘁,就会束手待毙,从而达到兵不血刃而取胜的目的。

第十七计 抛砖引玉

辞曰:类以诱之,击蒙也。

释义:诱,诱惑;蒙,愚昧。砖、玉,类同也。用类同的事物诱惑敌人,便可打击受诱惑的愚蒙之人。古人诱敌之法甚多,最妙之法,不在疑似之间,而在类同。如:楚伐绞,楚人纵樵,绞人获利。明日绞人争出,楚人坐守其北门,而伏诸山下,大败之。

第十八计 擒贼擒王

辞曰:摧其坚,夺其魁,以解其体。龙战于野,其道穷也。

释义:魁,首领,头目。"龙战于野,其道穷也",语出《易经·坤卦》"上六"之《象辞》。摧毁敌人的中坚,捉住它的首领,可以瓦解它的整体。就像龙在陆地作战,其本领无从施展而陷入绝境一样。如《新唐书·张巡传》记载,张巡与尹子奇战,直冲敌营,至子奇麾下而不识,乃剡蒿为矢,引出尹子奇射之,中其左目,子奇乃收军退还。

【第四套　混战计】

第十九计　釜底抽薪

辞曰:不敌其力,而消其势。兑下乾上之象。

释义:敌,攻打。势,气势。两军对垒,不直接抗击敌人的锋芒,而设法从根本上削弱它的气势,从而制服敌人。如东汉末年官渡之战,曹操奇袭乌巢,一举烧掉袁绍的粮草,从而动其心,夺其气,彻底扭转战局,反败为胜,最终统一北方。

第二十计　混水摸鱼

辞曰:乘其阴乱,利其弱而无主。随,以向晦入宴息。

释义:阴,内部。晦,冥,或谓夜色。随,从也。《易经·随卦》《象》曰:"随,君子以向晦入宴息。"意为人要顺应天时作息,向晚就当入室休息。趁敌人内部发生混乱,没有主见的时候,使它顺从我,就像人随从天时变化而作息一样自然。因为人在混乱的情况下最容易做错事。如果没有发生混乱,也可以主动把水搅混,所以叫混水摸鱼。如东晋时期淝水之战,鲜卑贵族慕容垂早已料知前秦苻坚必败,但仍竭力鼓动苻坚出兵。前秦战败,诸军皆有损伤,唯独慕容垂率领的三万人马完好无损。慕容垂乃乘乱取利,重兴燕国。

第二十一计　金蝉脱壳

辞曰:存其形,完其势;友不疑,敌不动。巽而止,蛊。

释义:蝉在蜕变的时候,本体脱离躯壳而飞走,留下蝉蜕还挂在枝头摇曳。故曰"存其形,完其势"。如诸葛亮病卒于五丈原军中,司马懿领兵追赶,姜维令仪反旗鸣鼓,懿以为中计,遂退。又如,檀道济于历城被围,身白服乘舆徐出外围,全军而返。

第二十二计　关门捉贼

辞曰:小敌困之。剥,不利有攸往。

释义:《易经·剥卦》:"剥,不利有攸往。"有所往则不利。弱小的敌人既困,就要包围起来歼灭它。如楚汉战争之际,项羽困于垓下,汉军以十面埋伏阵围之,迫使项羽乌江自刎。

第二十三计　远交近攻

辞曰:形禁势格,利从近取,害以远隔。上火下泽。

释义:禁,禁止。格,阻碍。近则易取利,远则难为害。故曰:"利从近取,害以远隔。"如先秦时期,范雎即为秦王献"远交近攻"之策。

第二十四计　假途伐虢

辞曰:两大之间,敌胁以从,我假以势。困,有言不信。

释义:也作"假道灭虢"。假,借。虢,春秋时诸侯国,指北虢,在今山西平陆县。《左传·僖公二年》:"晋荀息请以屈产之乘,与垂棘之璧,假道于虞以灭虢。"实际以借路为名,既要伐虢,又要灭虞。这是历史上虞公贪财丧国的故事。

春秋时期,晋国想吞并邻近的虞和虢两个小国。这两个国家唇齿相依,晋如袭虞,虢会出兵救援;攻虢,虞也会出兵相助。晋大夫荀息建议首先离间两国,使他们互不支持。虞国的国君很贪婪,荀息请求用屈地产的良马及垂棘出的美玉来贿赂虞公,假虞之道以伐虢。献公依计而行。虞国大臣宫子奇再三劝说虞公,不可以借道于晋。虞、虢两国,唇齿相依,唇亡齿寒,虢国一亡,虞国必不能独存!然而虞公贪图宝贝,竟置若罔闻。晋军通过虞国道路,攻打虢国,很快就取得了胜利。班师回国时,又轻而易举地灭了虞国。

就军事上而言,处在敌我两个大国之中的小国,敌方若胁迫小国屈从于他时,我方应立即出兵援助,以借机扩展势力。

【第五套　并战计】

第二十五计　偷梁换柱

辞曰：频更其阵，抽其劲旅，待其自败，而后乘之。曳其轮也。（玉简本无"频更其阵，抽其劲旅"八字。）

释义：偷梁换柱，指用偷换的办法，暗中改换事物的本质，以达蒙混欺骗的目的。梁、柱，均指事物的关键部位。或曰"偷天换日"、"偷龙换凤"。如，秦始皇于东巡途中在沙丘驾崩，始皇本欲立长子扶苏为太子，并派他到将领蒙恬驻守的北线为监军。而幼子胡亥随行，在宦官赵高教唆下，篡改密诏，赐死扶苏，杀了蒙恬，篡夺了皇位。

第二十六计　指桑骂槐

辞曰：大凌小者，警以诱之。刚中而应，行险而顺。

释义：强大的控制弱小的，以警戒的方法，责他人之过，以暗警之，乃"警而诱之"也。刚强适度，可以获得拥戴；坚毅果敢，可以令人信服。如春秋时期，齐相管仲为了降服鲁国和宋国，先攻下弱小的遂国。鲁国畏惧，谢罪求和；宋见齐鲁联盟，也只得求和。管仲"敲山震虎"，不用大的损失就使鲁、宋两国臣服。

第二十七计　假痴不癫

辞曰：宁伪作不知不为，不伪作假知妄为。静不露机，云雷屯也。

释义：痴，傻；癫，神经错乱；假，假装。"云雷屯也"，语出《易经·屯卦》之《象辞》。《屯卦》之上卦为坎，为云；下卦为震，为雷；云雷相聚，云行于上，雷动于下。为了以退求进，必得假痴不癫，"假痴"表现于外，"不癫"保守于内，如同云势压住雷动，且不露机巧。最后一旦爆发，便出其不意而获胜。如司马懿假病以诛杀曹爽，燕王朱棣装疯而发靖难之役。

第二十八计　上屋抽梯

辞曰：假之以便，唆之使前，断其援应，陷之死地。遇毒，位不当也。

释义：假，借。唆，利使之也。"遇毒，位不当也"，语出《易经·噬嗑卦》

之《象辞》。故意给敌人留一些方便,以诱使其深入,然后乘机切断其归路,陷之于死地。或反用之,以保其绝对安全。如刘琦请诸葛亮登楼观书,继而抽梯求安身之策,以求绝密也。

第二十九计　树上开花

辞曰:借局布势,力小势大。鸿渐于陆,其羽可用为仪也。

释义:"鸿渐于陆,其羽可用为仪",语出《易经·渐》卦。飞鸿本无涉人事,而"渐于陆"("陆"或作"阿"),进至人居之所,即可用为舞之仪具。此树本无花,但树可以有花,借树之局,布之以花,花力虽小,树势则大,花树一体,更可形成完美之势。在军事上,弱小的部队凭借某种因素或是借助某种手段,布成有利的阵势,阵容即可大为改观,就像鸿雁长出羽毛丰满了翅膀一样。如,大业十一年(615 年),16 岁的李世民行疑兵之计:拉长队伍,增多旌旗,虚张声势,使数十里山峦昼见旌旗,夜闻钲鼓,竟吓退了突厥始毕可汗率领的十几万骑兵。

第三十计　反客为主

辞曰:乘隙插足,扼其主机。渐之进也。

释义:趁着空隙插足进去,控制它的首脑机关,循序渐进,继而掌握主动权。这就是"反客为主"的三个步骤。

如唐永泰元年(765 年),郭子仪单骑免胄服回纥,即乘仆固怀恩暴疾而死,吐蕃、回纥两军将领已各怀心事、貌合神离之际,利用自己固有的恩信,带上数骑随从毅然赶赴回纥军阵,以赤诚相见:"当年,公等远涉万里来帮助我们剪除凶逆,收复二京,与子仪患难与共,今日为何忽弃旧好,助纣为虐呢?"遂与回纥"誓好如初"。吐蕃闻讯,连夜拔营退去。

【第六套　败战计】

第三十一计　美人计

辞曰:兵强者,攻其将;将智者,伐其情。将弱兵颓,其势自萎。利用御寇,顺相保也。("将智者"玉简本作"兵智者")

释义:对于兵力强大的敌人,就攻击他的将帅;对于有智谋的将帅,就攻伐他的情志。将帅暗弱,兵士颓废,敌人的气势自然会衰落。利用这些方法来控制敌人,可以顺利地保存自己。

古按语曰:兵强将智,不可以敌,势必事之。事之以土地,以增其势,事之以币帛,以增其富。如六国之事秦,宋之事辽金,策之最下者也。惟事以美人,以佚其志,以弱其体,以增其下之怨。如勾践以西施、重宝取悦夫差,乃可转败为胜。

第三十二计　空城计

辞曰:虚者虚之,疑中生疑;刚柔之际,奇而复奇。

释义:虚者虚之,第一个"虚"字为实体,第二个"虚"字为动作。空虚的就让它显现空虚,疑惑之中更加产生疑惑。使刚与柔相互交汇,在敌众我寡的情况下,缺乏兵备而故意示人以不设兵备,造成敌方错觉,反而容易惊退敌军。如诸葛亮以空城计吓走司马懿。

后泛指掩饰自己力量空虚、迷惑对方的策略。

第三十三计　反间计

辞曰:疑中之疑。比之自内,不自失也。

释义:在敌方对我所布置的疑阵中再布置我方的疑阵,反用敌方安插在我方的间谍传递假情报,打击敌人,这样比我方派间谍去离间对方有效的多,我方不会有任何闪失,不会导致失败。如田单纵反间使骑劫代乐毅;陈平以重金纵反间于楚军,使楚王逐去范增等。

间,使自相疑忌;反间,因敌之间而间之。

第三十四计　苦肉计

辞曰:人不自害,受害必真;假真真假,间以得行。童蒙之吉,顺以巽也。(玉简本有脱字)

释义:在正常情况下,人不会自我伤害,如受害必然是真。我则假害真作,以真作假,真真假假之中,苦肉计就可实行了。《易经·蒙卦》之《象》

辞:"童蒙之吉,顺以巽也。"是说幼稚蒙昧之人之所以吉利,是因为柔顺服从。用"自我伤害"的办法欺骗敌人,就是顺应着人的柔弱天性达到目的。如春秋时郑国武公欲攻胡国,竟嫁女伐婿;要离自残以行刺吴公子庆忌;三国时周瑜打黄盖等。

第三十五计　连环计

> 辞曰:将多兵众,不可以敌,使其自累,以杀其势。在师中吉,承天宠也。

释义:《易经·师卦》之《象》辞:"在师中吉,承天宠也。"是说主帅身在军中指挥,吉利,因为得到上天的宠爱。

敌人兵多将广,不可与之硬拼,应设法让他们自相牵制,自相累赘,以削弱其实力,减杀其势。统帅用兵得法,就如同有上天护佑一样。连环计,一计累敌,一计攻敌,两计连用,必可取胜。关键在于"使其自累,以杀其势!"如赤壁之战,庞统巧献连环计,让曹操将所有战舰用铁链子连环起来,然后纵火烧之,大获全胜。

第三十六计　走为上

> 辞曰:全师避敌。左次无咎,未失常也。

释义:当战场形势不利于我时,为保存实力,要学会主动退却,巧妙退却,以待机破敌。这是"走为上"计的关键。"走",并非逃跑,而是有选择、有目的的主动战略转移。古代兵家尚右,"左次"者,退舍也,然退而不失常态,故可全师而返。

如南宋毕再遇与金人对垒,"度金兵至者日众,难与争锋。一夕拔营去,留旗帜于营,豫缚生羊悬之,置其前二足于鼓上,羊不堪悬,则足击鼓有声。金人不觉为空营,相持数日,乃觉,欲追之,则已远矣。"①

(四)　《三十六计》与《孙子兵法》之比较
《三十六计》与《孙子兵法》同为中国古代遗留下的杰出兵书,二书均构

---

① 《武备志·战略考·南宋》。

建了一个相对完整的理论体系,具有高度凝练的内在品质,含蕴了深刻精湛的哲理,同样表现了外在形式的完美。前面章节已多有评析,此不赘述。

二书析理之透辟,解说之独到,固有相通之处,而存在的差异也是明显的、巨大的;特别是其内容涵盖之深广,总体立意之高下,实大有不同之处。正因为如此,二书又有很强的互补性。

二书相同之处此不具述,唯将差异之处略析于下:

其一,两书战略目标的基本立足点不同。

《孙子兵法》的基本立足点在于国家之全局,在于国家生死存亡之大势。因此,综合国力的较量、道义与人谋等多种要素所形成之合力的对抗,成为《孙子兵法》的基本立足点。

《孙子兵法·始计》曰:

> 兵者,国之大事,死生之地,存亡之道,不可不察也。

"兵"就是战争,一旦兴兵作战,直接后果就是人民的生死,国家的存亡。孙子之所以要详察兵道,立足点正在于此。《左传》称"国之大事,在祀与戎"。祀,礼也;戎,兵也。一礼一兵,正涵盖了国家大事的基本内容。

如何详察兵道?《孙子兵法·始计》又曰:

> 故经之以五事,校之以计,而索其情:一曰道,二曰天,三曰地,四曰将,五曰法。

道、天、地、将、法,就是当时战场对垒的基本要素,同时也是战前"庙算"的基本因素。然而,只考虑到这些,仍不足以反映综合国力,特别是经济基础。为此,孙子又多次细致计算了战争的物力、财力消耗,如《作战》曰:

> 凡用兵之法,驰车千驷,革车千乘,带甲十万,千里馈粮。则内外之费,宾客之用,胶漆之材,车甲之奉,日费千金,然后十万之师举矣。

没有"日费千金"的财力,就无法支持十万人的军队。不仅如此,还有更大的影响,如《用间》曰:

凡兴师十万，出征千里，百姓之费，公家之奉，日费千金。内外骚
动，怠于道路不得操事者，七十万家。

对于如何准确衡量国家的经济实力与军事实力，孙子又提出了度、量、
数、称、胜的递变关系，如《军形》曰：

兵法：一曰度，二曰量，三曰数，四曰称，五曰胜。地生度，度生量，
量生数，数生称，称生胜。故胜兵若以镒称铢，败兵若以铢称镒。

国土、资源、人口、兵员，都是基本国力的具体体现。

可见，《孙子兵法》所建立的兵学理论体系的立足点，正在于国家的综
合国力，在于国家之全局以及它所蕴涵的诸多恒久性因素。

《三十六计》的主体内容，是一个个具体的对应方略，是具体的应对之
策。其书"秘本兵法"本原《跋》曾写道："强国、练兵、选将、择敌，战前战后，
一切施为，皆兵道也。惟比比者，大都有一定之规，有陈例可循。"这些基本
的战争要素，都有成规可循，唯独"对战之策"，"变化万端，诙诡奇谲、光怪
陆离、不可捉摸"，而《三十六计》者，正是"对战之策"也。

可见，《三十六计》的作者十分明确，一切常规兵道，有陈例可循者，他
都避而不谈，而只讲光怪陆离、变化万端的战场对策。其要旨，就是要在
"不可捉摸"中"捉摸"出变化规律来。因此，它设定对策的基本依据，就是
临阵战场对垒双方所表现的优势与劣势。故后人在理解其书时，又区分了
"优势之计"与"劣势之计"。原《跋》写道：

胜战、攻战、并战之计，优势之计也；敌战、混战、败战之计，劣势之
计也。

如，第十三计"打草惊蛇"，此为"优势"计中之攻战计。按语云："疑以
叩实，察而后动。"既然优势在我，理当采取主动进攻的态势。又如，第三十
五计"连环计"，为"劣势"计中之败战计。按语云：敌"将多兵众，不可以敌，
使其自累，以杀其势"。既然敌方势强，故须先减杀其势。

可见，《三十六计》的基本立足点，就是临阵对垒的敌我形势，是战场指
挥官必须掌握的基本手段，故曰"诚大将之要略也"。

其二,两书理论体系的基本性质与内涵大有不同。

上述基本立足点的分析,就已经决定了两书理论体系的总体差异:

《孙子兵法》既立足于国家之全局,所要保障的是国家全局的总体利益,它必然要立足于治国安邦的战略高度,从而创建起一套系统完备的兵学理论体系。从战争观,到战略学、策略学、战术学、情报学、军事地理学等等,可以说无不具备。仅就战略原则而言,笔者曾撰写《论〈孙子兵法〉十大战略原则》一文,将《孙子兵法》中所体现的基本战略思想归纳为十大原则:"道义"原则、"慎战"原则、"先胜"原则、"全胜"原则、"诡道"原则、"贵速"原则、"任势"原则、"知变"原则、"将能而君不御"原则、"致人而不致于人"原则。

对于《孙子兵法》战略理论的研究与思考,兵学界仁者见仁,智者见智。而以上所举十条,纵横交织,大致已涵盖了孙子兵学战略观的基本体系。而与之相应的,《孙子兵法》的《形》《势》《虚实》《军争》《九变》等篇,又依照不同时间、不同地点的不同情况,制定了一系列行之有效的策略原则与战术原则。《地形》《九地》《火攻》篇,则依照自然地理条件与人文地理因素,以及在当时具有重大意义的火攻手段,分别制定了诸多特殊环境下的战术方略,从而形成了系统完备的战术思想体系。《用间》篇则提出了以使用间谍为主要手段的情报理论,以及情报系统对战争之各个环节之决策的制约,正所谓"此兵之要,三军所恃而动也"。

《孙子》十三篇,具有精深、完备的兵学理论体系,正是其历久不衰、久而弥新的原因所在。

《三十六计》的理论体系,则是把战争全局中诸多复杂、常规的因素忽略不计,而是单纯从敌我双方当前战场优势、劣势的对比中,依胜战、敌战、攻战、混战、并战、败战六种战场形势,设定六套战争对策。每套对策又各有六计,首尾相连,次第推演,其自身结构已相当精致完美。但是,相对于《孙子兵法》而言,它只能是孙子"诡道"诸策的深入开掘,并加以系统化而已。

又,关于两书的互补性:

就《孙子兵法》与《三十六计》的总体关系而言,《孙子兵法》在统筹全局中,可以从战略的高度对《三十六计》给以高屋建瓴式的指导;而《三十六计》在局部上,尤其是在"诡道"的实施上,又可以对《孙子兵法》给以精当的补充、详尽的阐释以及更直接的发挥。《三十六计》每一计的施用,都有其自身条件的制约,都有其自身的局限性,或者说都有可以破解的招数;而准确地立足《孙子兵法》,却可以永远立于不败之地。这应当是《孙子兵法》高于《三十六计》的基本优势之所在。

　　无论是在历史上的地位,还是在当今社会的贡献方面,《孙子兵法》所形成的科学体系都是无与伦比的。

第六章　隋唐宋元时期的山东战事

隋唐之际,山东地区是农民起义最为活跃的地区之一。这也正是这一时期山东地区军事活动的基本内容。

隋朝末年,封建统治日趋腐败。隋炀帝杨广骄奢荒淫,横征暴敛。为开凿京杭大运河、营建东都洛阳供其游玩享乐,隋炀帝杨广调发大量民工服役。苛重的劳役和赋税加在农民身上,使得广大农村"耕稼失时,田畴多荒",特别是山东地区,所遭受的压迫和剥削更为严重。山东、河北一带士族门阀势力强大,土地兼并严重,豪强地主占有大量隐户,无数贫苦农民流离失所。农民与土地分离,社会生产遭到严重破坏,阶级矛盾迅速激化。大业五年(609 年),长白山(今山东邹平西南会仙山)有"狂寇"数万;六年,北方的雁门(今山西代县)和东都洛阳先后发生暴动。这些暴动虽不久都被镇压,但是却预示着一场席卷全国的农民起义风暴即将到来。

大业七年(611 年),山东、河南等地发生大水灾,淹没 30 余郡。第二年,山东又发生大旱灾,加上流行疫疠,灾情极其严重。在这种情况下,隋炀帝杨广又连年大兴土木,还不断对外用兵。炀帝下令进攻高丽,在全国征兵百余万人向涿郡(今北京)集中,又强征上百万的民夫转运粮械。车牛往者不返,士卒死亡过半。而支持东征高丽所需一切的人力、物力皆由山东征调。隋炀帝于山东增置军府,扫地为兵。在这种残酷的役使和压榨之下,山东人民无路寻生,只得起来反抗。《资治通鉴》卷一八一记载:

> 自去岁谋讨高丽,诏山东置府,令养马以供军役。又发民夫运米,
> 积于泸河、怀远二镇,车牛往者皆不返,士卒死亡过半,耕稼失时,田畴

多荒。加之饥馑,谷价踊贵,东北边尤甚,斗米直数百钱。所运米或粗恶,令民籴而偿之。又发鹿车①夫六十余万,二人共推米三石,道途险远,不足充馈粮,至镇,无可输,皆惧罪亡命。重以官吏贪残,因缘侵渔,百姓困穷,财力俱竭,安居则不胜冻馁,死期交急,剽掠则犹得延生,于是始相聚为群盗。

正是在这种背景下,声势浩大的隋末农民起义,于山东大地自北而南、自西而东如火如荼地展开了。

一、隋末山东农民起义

隋朝大业七年(611 年)至十二年(616 年)间,山东地区相继爆发了王薄、窦建德、张金称、刘霸道、徐圆朗、孟海公、孟让、郭方预、綦公顺、杨原、郝孝德等领导的农民起义。此外,小股势力的农民军也是山头林立,遍布了整个山东地区。至大业十三年(617 年)前后,在全国范围内形成了三支强有力的起义军,即翟让、李密领导的瓦岗(今河南滑县)起义军,窦建德、刘黑闼领导的河北义军和杜伏威、辅公祐领导的江淮义军。在这三大义军的打击与推动下,形成全国性的起义浪潮,直接加速了隋王朝的灭亡。

据统计资料显示,隋朝末年全国农民起义共爆发 126 次之多,仅山东地区就有 31 次,占全国总数的 25%。山东农民起义的影响是巨大的。今简述其要:

(一) 王薄、窦建德等起义

1. 王薄起义

王薄(? —622),隋齐郡邹平(今山东邹平西北)人,隋末农民起义领袖。隋大业七年(611 年)三月,王薄与同郡孟让率领贫苦民众,以长白山(即今山东邹平西南会仙山)为根据地,首举反隋义旗。

王薄自称"知世郎",表示自己是通晓世事之人。为抵制隋炀帝征伐高丽,他作了一首《无向辽东浪死歌》,写道:

---

①鹿车,小车,言其小止容一鹿,故得此名。

> 长白山前知世郎,纯著红罗锦背裆。
>
> 长矟侵天半,轮刀耀日光。
>
> 上山吃獐鹿,下山吃牛羊。
>
> 忽闻官军至,提刀向前荡。
>
> 譬如辽东死,斩头何所伤!

王薄以此来号召民众,不去辽东为隋炀帝打高丽送死,要拿起刀枪造反。躲避征役的百姓传闻此歌,主动聚集在王薄义旗之下,一年后,义军队伍就发展到数万人。王薄转战山东诸郡,官军多次围剿都被打败。

隋大业九年(613年),王薄率兵进攻鲁郡(今山东兖州),由于麻痹轻敌,结果为隋齐郡丞张须陀所部突袭,被杀数千人。王薄收拢被打散的部下万余人北上渡黄河,至临邑(今山东临邑),张须陀追至,王薄与其决战,又遭重创,有5000余人被杀,损失牲畜以万计。在这之后,北上与孙宣雅、郝孝德等部联合,聚众至10余万。后攻章丘(今山东章丘西北),遭张须陀亲率步骑2万袭击,起义军再次败走。

以后数年,王薄主要转战于山东北部沿海一带,与其他起义军互相支援,共同抗隋。虽然后来多有反复,但王薄率先起兵发难,揭开了隋末农民战争的序幕,其历史作用还是不能否认的。

2. 窦建德起义

窦建德(573—621),隋贝州漳南(今山东武城漳南镇)人。世代务农,曾任里长,尚豪侠,为乡里敬重。

隋大业七年(611年),炀帝募兵征高丽,窦建德以勇敢被选为任军中二百人长。其同县人孙安祖也因骁勇被选为征士。当时山东一带水患严重,孙安祖家遭难,他向县令请求免征租税,未获允许,反遭凌辱。孙安祖义愤不平,杀死县令,投奔窦建德。是年,山东大饥,窦建德对孙安祖说:

> 文皇帝(隋文帝)时,天下殷盛,发百万之众以伐辽东,尚为高丽所败。今水潦为灾,黎庶穷困,而主上不恤,亲驾临辽,加以往岁西征,疮痍未复,百姓疲弊,累年之役,行者不归,今重发兵,易可摇动。丈夫不死,当立大功,岂可为逃亡之虏也?我知高鸡泊中广大数百里,莞蒲阻深,可以逃难,承间而出虏掠,足以自资。既得聚人,且观时变,必有大

功于天下矣。①

高鸡泊在今山东武城、恩城北部，为漳水所汇，当时是一个方圆数百里的大沼泽。窦建德遂招集贫穷百姓数百人，由孙安祖率领进入高鸡泊，举起了抗隋义旗。孙安祖自称将军，号"摸羊公"。

其时张金称、高士达等各聚众万余人，往来清河、漳南地区，多杀人，焚烧乡里，唯独不骚扰窦建德的家乡。官军以为窦建德与其相通，便将窦建德一家杀害，建德乃率部众 200 人投奔高士达。高士达自称东海公，任命建德为司兵。后来孙安祖被张金称杀死，其兵数千人都投奔了窦建德。窦建德势力逐渐强盛起来，兵力达到万余人，并以高鸡泊为基地展开活动。

大业十二年(616 年)，隋朝涿郡通守郭绚率兵万余人来讨伐高士达。高士达自认为智略不及窦建德，将兵权全部交给窦建德。窦建德请高士达留城看守辎重，自己挑选精兵 7000 人迎击郭绚。

窦建德诈称自己背叛了高士达，要投降郭绚，郭绚却心怀疑虑。正好高士达也四处宣称窦建德背信弃义投降隋军，并将俘获来的一名妇女，当做窦建德的妻子，在军中杀掉。窦建德派人向郭绚下降书，表示愿为前驱，讨击高士达。郭绚相信了窦建德，遂率兵跟随窦建德来到长河县(今山东德州市东)境内一起攻打高士达。窦建德乘其不备，大破郭绚军队，杀死数千人，缴获马匹千余匹。郭绚仅率数十骑逃走。窦建德率兵追赶到平原(今山东平原)境内，斩其首级献与高士达。自此，窦建德所率义军兵威大振。

就在这时，隋朝廷派遣太仆卿杨义臣于清河击破张金称。张金称的余部大部分都投奔了窦建德。杨义臣又追兵来到平原(郡治安德，今山东陵县)，想乘胜打入高鸡泊，击败窦建德。窦建德见隋军士气正盛，建议高士达暂不交兵，窦建德说：

> 历观隋将，善用兵者，唯义臣耳。新破金称，远来袭我，其锋不可当。请引兵避之，令其欲战不得，空延岁月，将士疲倦，乘便袭击，可有大功。今与争锋，恐公不能敌也。②

---

①②《旧唐书·窦建德列传》。

窦建德建议避其锋芒,以逸待劳,然后再伺机破敌。但高士达不听窦建德劝言,留下窦建德坚守堡垒,自己率兵与杨义臣交战,结果高士达兵败被杀。杨义臣又乘胜进击窦建德的军队,窦军大部分溃散,窦建德本人率百余骑逃到饶阳(今河北饶阳)。不久,杨义臣退兵,窦建德率兵又回到平原。收编余部,抚恤士众,招集散卒复起,势力不断增强,很快发展到10余万人。得以重振军威。

大业十三年(617年)正月,窦建德于河间乐寿县(今河北献县)称长乐王,年号丁丑,设置官吏。后在河间(今河北河间)一战,又大败隋将薛世雄,并攻下河北大部分郡县。次年(618年)定都乐寿,国号大夏。至武德二年(619年),大夏政权已拥有黄河以北大部分地区,南与洛阳的王世充抗衡,西与关中的唐李渊鼎立。

唐武德二年(619年),窦建德又攻聊城(今山东聊城西北),生擒隋将宇文化及,继而率兵攻克邢(今河北邢台)、沼(今河北永年东南)、相(今河南安阳)、赵(今河北隆尧东)等州及黎阳(今河南浚县东),并建都洛州;又降服齐(今山东济南)、济(今山东茌平西南)、兖(今山东兖州)等州。

武德四年(621年)三月,唐军进攻王世充,建德率军十余万援世充,与唐李世民军相遇于虎牢(今河南荥阳汜水镇)一带。

窦建德自板渚(今荥阳北黄河南岸)西出,在汜水东岸布阵,北依大河,南连鹊山,正面宽达20里,擂鼓挑战。李世民率军在汜水西岸列阵相持,登高瞭望,对部下说:

> 贼起山东,未尝见大敌,今度险士嚣,令不肃也;逼城而阵,有轻我心。待其饥,破之果矣。①

于是唐军按兵不动,而另派小部队与窦建德军周旋,同时派人将留在河北的人马召回,待窦建德军气见衰,再一举将其击破。时至中午,窦建德军士卒饥疲思归,皆坐列,又争抢喝水,秩序紊乱。李世民见时机成熟,突然下令发起进攻,大破窦建德军,斩首3000余级,5万人被俘。窦建德被俘。王世充见大势已去,想突围南走襄阳,但诸将已无斗志,被迫于五月初九率太

---

① 《新唐书·窦建德列传》。

子、群臣等2000余人投降。七月,窦建德在长安被杀。

窦建德死后,其部将刘黑闼继续进行起义斗争。刘黑闼少时与窦建德是朋友,曾参加瓦岗起义军,后辗转投奔了窦建德起义军。武德四年(621年)八月,黑闼率兵攻克鄃县(今山东夏津)。不久又相继攻克历亭(隋分鄃县置)、洺州、相州等地,半年之内基本收复了当年窦建德所控制的地区。兖州(位于今鲁西南平原)、齐州(隋称齐郡,唐为齐州济南郡)一带的徐圆朗起义军也归附了刘黑闼。刘黑闼的再度起义,给当时新建立的唐王朝造成严重威胁,唐朝廷派遣兵将前往镇压。刘黑闼最终于武德六年(623年)正月被杀。

3. 张金称、刘霸道起义

王薄长白山起义,很快得到黄河下游一带广大失地农民的热烈响应。仅在山东一带,就有张金称在鄃县(今山东夏津)、刘霸道在豆子(山东惠民)等处起义响应。他们攻占郡县,杀死贪官污吏和豪强地主,沉重打击了隋王朝的统治,将隋末农民大起义推向了全国性的高潮。

张金称(?—616),隋末清河鄃县人。大业七年(611年)率众起义,最初活动于鄃县与清河之曲(约在今河北清河境内),曾屡败官军,势力很快就发展至几万人。后于清河(今河北省清河县)击毙隋军将领冯孝慈。大业十二年 (616年),又联合郝孝德、孙宝雅、高士达等起义军,连克平恩(今河北邱县西)、武安(今河北武安)、钜鹿(今河北巨鹿)、清河等地。后来在与隋太仆卿杨义臣的决战中兵败,逃到清河,为隋清河郡丞杨善会俘获,遇害,余部归由窦建德率领。

刘霸道为平原当地豪强,累世仕宦,赀产富厚,喜游侠,食客常数百人。大业七年(611年),刘霸道建"阿舅军",领平原(今山东平原西南)农民起义,以负海带河、地形险阻的豆子航(今山东滨州境)为根据地。起义者聚于其周围,很快达十余万人。后不详。

4. 徐圆朗起义

徐圆朗(?—623),隋鲁郡(今山东兖州)人。隋末农民起义军首领。大业十三年(617年),徐圆朗起兵反隋,攻占东平郡(今山东郓城东),分兵略地,尽有琅邪(今山东临沂)以西、东平以南之地,队伍发展到2万余人。后归附李密。唐武德元年(618年),李密部被郑王王世充打败,李密降唐,圆朗归降王世充。武德四年(621年),唐军进攻王世充,窦建德率军10余万援世充,与唐秦王李世民军相遇于虎牢(今河南荥阳汜水镇)一带。七月,窦建德兵败,在长安被杀。李世民引兵灭郑,圆朗遂降唐,被唐朝廷封为鲁郡公、兖州总管。同年,刘黑闼在河北起义,圆朗暗中与之联合,举兵反唐,兖、郓、陈等8个州都拥兵响应,纷纷杀死唐朝地方官吏,势力大增。起义军曾攻克楚丘(今山东曹县东南)。次年,李世民击破刘黑闼,又进兵攻打徐圆朗,连克10多座城池,圆朗寡不敌众,弃城而走,结果被"野人"(乡野之民)所杀。

5. 孟海公起义

孟海公(?—621),曹州济阴(今山东定陶西)人,隋末农民起义领袖。隋大业九年(613年)三月,孟海公在周桥(今山东曹县东北)聚众起义。控制曹、戴二州,即今曹县、成武、定陶一带,起义队伍迅速发展到3万。大业十四年(618年)隋炀帝被杀后,孟海公自称"宋义王",成为山东农民起义的一位著名领导人。

唐高祖武德三年(620年),窦建德率军渡过黄河,次年攻克周桥,击破孟海公,孟海公归附了窦建德。窦建德留部将范愿守曹州,自己率本部人马和孟海公部西进洛阳,援救王世充部。窦、孟部虽兵势强盛,但士卒疲惫。谋士凌敬遂提出改道进攻上党,使唐兵还救关中,以解洛阳之围的建议,窦建德不听,贸然向唐军进攻,结果五月成皋一战,全军覆没。窦建德、孟海公一起被俘,押解到长安。武德四年(621年),窦、孟二人皆被唐朝处死。

(二)杜伏威、辅公祏起义

杜伏威(598—624),齐州章丘(今山东济南市)人。辅公祏(?—624),齐郡临济(山东济阳东章丘黄河乡)人。杜、辅二人少年时交好,杜伏威家贫,常得辅公祏接济,二人结为刎颈之交。

隋朝末年,炀帝无道,贪官横行,社会动荡加剧。农民起义此起彼伏。隋大业七年(611年)、九年(613年),山东相继爆发了王薄、窦建德、张金称等领导的农民起义。在众多农民起义的影响下,大业九年(613年)十二月,杜伏威、辅公祏率起义队伍入长白山,投奔左君行(左才相)部农民起义军。杜伏威机智多谋,勇敢善战,作战"出则居前,入则殿后",身先士卒,因此很受起义群众拥护。

但在投奔左君行起义军后,杜伏威未被重视,长时间得不到信任。后来该军被隋将张须陀、来护儿大军围剿。于是,杜伏威便率部突围离开长白山,南下汇合下邳(今江苏宿迁东南)义军苗海潮。杜伏威遣辅公祏前往说曰:

> 今同苦隋政,各兴大义,力分势弱,常恐见擒,何不合以为强,则不患隋军相制。若公能为主,吾当敬从,自揆不堪,可来听命。不则一战以决雄雌。①

苗海潮惧其威,乃率众归服于杜伏威。

后,江都留守遣校尉宋颢来讨,伏威佯败,将敌引入大泽葭芦中,又从上风纵火,大败隋军。

当时海陵(今江苏泰州)义军赵破阵屯兵六合(今南京北),进逼江都(今江苏扬州)。遣使召伏威,伏威借酒宴之机斩杀赵破阵,并且兼并了他的队伍。

大业十三年(617年),伏威大破隋右御卫将军陈棱。后,杜伏威挥师长驱,破高邮(今江苏高邮),占历阳(今安徽和县),建立农民革命政权,杜伏威自称大总管,以辅公祏为长史。继又分兵攻占江淮各县,占有江淮间广大地区。有力打击了隋朝的腐朽统治。

后降唐,留居唐都长安,拜为太子太保。武德七年(624年)二月,因辅公祏假其命举兵反唐,被李渊毒死。

二、李勣、房玄龄效命大唐

(一)自古"纯臣"数李勣

李勣,唐初著名军事家,曹州离狐(今山东省东明县一带)人。

本姓徐,名世勣,字懋功,亦作茂公。初与同乡单雄信一起投奔翟让,入伙瓦岗军,后来归降大唐。李勣为人忠义贞纯,屡建大功,唐高祖李渊赐姓李氏,故名李世勣;又以避唐太宗李世民讳,遂单名"勣"。历事唐高祖、唐

---

① 《旧唐书·杜伏威列传》。

太宗、唐高宗三朝,深得朝廷信任,被朝廷倚之为长城。封为英国公,是凌烟阁二十四功臣之一。

隋大业十四年(618 年),瓦岗(今河南滑县南)寨主李密被王世充打败,归顺了唐朝李渊。此时的李勣作为瓦岗军的右武侯大将军,仍全权统领李密旧境:"东至于海,南至于江(长江),西至汝州(位于河南省中西部),北至魏郡(今河北省南部邯郸市以南,及河南省北部安阳市一带,其中心在邺城)"的广大地盘。

李勣本可以拥地称王,他却对长史郭孝恪说:"魏公(李密)已经归降大唐,这里的人口、土地都属魏公所有。我如果上表将它献与大唐,就是以主公之败绩为资本,自行邀功请赏而求富贵,这是我深以为耻的。今将州县的土地、军队、百姓户籍全部登记在册,总汇于魏公,听任魏公献之,这样就算是魏公的功劳了。"造册完毕,派使者将册簿与一封信送与李密。

唐高祖李渊听说李勣派使者来,并没有上奏表章,只有一封给李密的信,很感奇怪。使者详细道明原委,高祖大喜,认为李勣"感德推功,实纯臣也",马上下诏封李勣为黎阳总管、上柱国,莱国公,不久。又加右武侯大将军,赐姓李氏,并封其父李盖为王,因李盖固辞,于是改封为舒国公。下诏遣李勣部统河南、山东之兵以拒王世充。

李密既无英主之质,又无纯臣之德,却不愿甘居人下,不久,就因反叛廷朝而被处死。李勣顾念旧情,上表高祖李渊,请求收回李密的尸体加以礼葬。高祖念其一片忠贞之情,答应其请求。李勣身着丧服与旧僚将吏士卒共葬李密于黎山之南,丧礼已毕,释服而散。朝野上下对李勣的仁义举动大为称赞。

李勣在半个多世纪的戎马生涯中,南征北战,东伐西讨,经历大小战役无数,为大唐王朝的建立,立下了不朽功勋。为此,唐太宗曾多次称赞他,认为他"用师筹算,临敌应变,动合事机","古之韩(信)白(起)、卫(青)霍(去病)岂能及也"。

(二)善谋房玄龄

房玄龄(579—648),名乔,字玄龄(一说名玄龄,字乔),唐代初年名相,齐州临淄(今济南章丘相公庄)人。自幼聪慧好学,博览经史,工书善文,书兼隶草,有"倚马立成"之才。18 岁时本州举进士,授羽骑尉。

隋末大乱,李渊率兵入关,玄龄于渭北投秦王李世民,署渭北道行军记室参军。屡从秦王出征,参谋划策,典管书记。每平定一地,众人竞求珍玩,他却首先为秦王幕府收罗人才。他和杜如晦是秦王最得力的谋士,协助李世民经营四方,削平群雄,夺取皇位。唐太宗李世民称赞他有"筹谋帷幄,定社稷之功"。

唐武德九年(626 年),他参与玄武门之变的策划。李世民即位,即唐太宗,房玄龄为中书令,与杜如晦、长孙无忌、尉迟敬德、侯君集五人并功第一。贞观三年(629 年)二月为尚书左仆射,监修国史。十一年(637 年)封梁国公,与杜如晦、魏征等同为太宗的重要助手。至十六年(642 年)七月进位司空,仍总理朝政。参与制定典章制度,主持律令、格敕的修订,主编了二十四史中之《晋书》,又曾与魏征同修唐礼;调整政府机构,省并中央官员;房玄龄善于用人,不以求备取人,不以己长格物,不问贵贱,随材授任;恪守职责,不自居功。太宗征高句丽时,房玄龄留守京师。二十二年(648 年)病逝。

《旧唐书》赞其曰:"文含经纬,谋深夹辅。笙磬同音,唯房与杜。"后世以他和杜如晦为良相的典范,而玄龄善于谋划,如晦善于决断,二人常常并称"房谋杜断"。

三、"安史之乱"中的山东战场——颜真卿固守平原

唐王朝在经历过唐太宗"贞观之治"、唐高宗"永徽之治"以及唐玄宗"开元盛世"后,国势逐步发展到鼎盛。但是接下来的"安史之乱"却使得唐王朝遭受重创,实力一落千丈。

"安史之乱","安"是安禄山,"史"是史思明。自唐玄宗天宝十四年(755 年)起,安禄山、史思明二人相继起兵发动对唐王朝的叛乱,至唐代宗宝应二年(763 年)结束,前后达 8 年之久。这次事件,是当时社会各种矛盾激化所促成的,对唐朝后期的影响尤其巨大,成为唐朝由盛而衰的转折点。

颜真卿(709—785),字清臣,琅邪临沂孝悌里(今山东省临沂市费县)人。我国唐代杰出的书法家。真卿 3 岁时父亲去世,由母亲抚养长大。自

幼刻苦读书,26 岁便考中进士,两年后经吏部复试,被任命为秘书省著作局校书郎。39 岁时自长安尉转入唐朝的中央政府,出任监察御史、殿中侍御史等职务,常以中央监察机关使臣的身份巡查各地案件。真卿居官清廉,不畏权贵,刚直不阿,获得朝野士人的敬重。但也因此得罪了权臣杨国忠,被贬黜到平原郡(郡治今山东德州陵县)任太守,人称颜平原。因唐代宗时官至吏部尚书、太子太师,封鲁郡公,故人称"颜鲁公"。

唐玄宗宠爱杨贵妃,贪图享乐,骄情荒政,朝中大事皆由杨贵妃的族兄宰相杨国忠掌管。由于执政后期日渐颓靡,趁朝廷空虚之际,天宝十四年(755 年)十一月,平卢、范阳、河东三镇节度使安禄山在范阳(今河北保定和北京市一带,广义上的范阳有时和幽州通用)起兵,发动叛乱。除调动本部兵马外,安禄山又征调了部分同罗、奚、契丹、室韦人马,总计 15 万,号称 20 万大军,以讨杨国忠为名,南下直趋洛阳。

安史之乱发生后,许多地方官为苟全性命,不是投降就是落荒而逃,即使有官员进行抵抗,也因仓促应战而失败。李唐王朝陷入了混乱状态,完全处于被动挨打的局面。黄河以北 24 郡各城均失守,唯独平原郡太守颜真卿早有准备,给叛军以重创,延缓了安史叛军进军长安的速度,鼓舞了官军和广大人民抗击叛军的士气。

不久,叛军便打过黄河,攻占洛阳。次年(756 年)正月,安禄山在洛阳当上了大燕皇帝。为了夺取江淮、江汉之粮仓,扼住唐军咽喉,安禄山指挥 15 万大军大举南下,沿途城邑或不堪一击,或望风归降。其时,唐廷从各道征集的兵马尚未赶到长安,京师守备空虚。但是安禄山进入洛阳后,忙于作登基的准备,攻势稍减,给唐廷以喘息机会,各道援兵渐渐云集长安,加强了守备。

安禄山既已攻陷洛阳,遂派其党羽段子光带着攻陷洛阳时所杀的洛阳留守李憕、御史中丞卢奕、判官蒋清三人首级宣谕河北各郡,想以此胁迫各地州牧。段子光到平原的时候,颜真卿怕动摇军心,便诈对诸将说:"我认识李憕等三人,这三个人的头是假的。"随后,当场腰斩了段子光。事后,他将这三个人头盛殓棺椁以祭祀,人心越发归附。

就在安禄山洛阳称帝之际,颜真卿于平原郡率先举起了平叛义旗。在平原义旗的感召下,左右17郡纷纷响应,同日复归朝廷,并推举颜真卿为

颜真卿墓

军事首领,统率诸郡 20 余万义军,横绝燕、赵之间。颜真卿深得各路义军的信服,唐王朝军威亦随之复振于河朔。

天宝十五年(756 年),颜真卿又辅佐河东节度使李光弼讨伐叛军。颜真卿因守城有功,被诏为户部侍郎,兼本部防御使。三月,又被封为河北招讨采访处置使,成为河北一道的民事长官。七月,唐玄宗之子李亨在灵武即位,是为肃宗,改年号为"至德"。

安禄山利用肃宗调走河北兵力之机,乘虚急攻河北,兵围平覃。平原郡孤军作战,军用殆尽。十月,颜真卿不得不率领数百士兵,弃城南渡黄河,出淮南奔凤翔。至德元年(757 年),颜真卿于凤翔见到了唐肃宗,被诏受宪部(刑部)尚书,后升职为御史大夫。

颜真卿历仕唐玄宗、肃宗、代宗和德宗四朝。安史之乱后,在朝中,他是德高望重的元老,但因秉性耿直,坚持正义,不愿趋附权贵,多次降职。建中四年(783 年),颜真卿受奸相卢杞陷害,去劝降叛将李希烈。于次年八月,颜真卿被李希烈缢杀于蔡州(今河南省汝南县)。

欧阳修于《新唐书》中赞曰:"立朝正色,刚而有礼,非公言直道,不萌于心。""当禄山反,哮噬无前,鲁公独以乌合婴其锋,功虽不成,其志有足称者。晚节偃蹇,为奸臣所挤,见陷敌手。毅然之气,折而不沮,可谓忠矣。"

四、王仙芝、黄巢起义

（一）王仙芝起义

唐朝末年，土地兼并严重，赋役繁苛。农民"冻无衣，饥无食"，寻生无路，于是到处揭竿而起。

僖宗乾符元年（874年），以贩私盐出身的濮州（今山东鄄城北旧城镇）人王仙芝聚众数千人在长垣（今河南长垣）起义，举兵反唐。王仙芝自称"天补平均大将军兼海内诸豪都统"，同时传檄诸道，揭露唐朝廷"吏贪沓，赋重，赏罚不平"的腐败统治，明确提出了争"平均"的斗争主张，号召人们响应起义。次年五月，王仙芝率农民起义军攻克濮州、曹州（今山东曹县西北）、郓城，饥饿的农民纷纷响应，争相投奔起义军，队伍发展到数万人。是年，山东曹州冤句（今山东曹县西北）人、私盐贩黄巢以及黄揆、黄思邺等聚众数千人响应，与王仙芝合兵，转战于山东、河南一带，接连攻下很多州县，势力发展到淮南地区。起义军声威大震。

乾符三年（876年），起义军攻陷汝州（治今河南临汝），乘胜围攻郑州，南下湖北，起义军进攻蕲州（今湖北蕲春）时，王仙芝暗中接受了唐朝招安，遭到黄巢等将士斥责。从此与黄巢分兵作战。黄巢率众北上，王仙芝则带一路义军南下占领蕲州，攻克隋州（今湖北随州）、鄂州（今湖北武昌），转战于今河南、山东、安徽、湖北、江西间，推动了各地农民起义斗争。其间，王仙芝又曾多次动摇乞降。

乾符五年（878年）初，起义军攻破荆南（今湖北江陵）罗城，由于唐朝援军到达，作战不利，被迫北撤。二月，在黄梅（今湖北黄梅西北）为敌将曾元裕所破，起义军伤亡惨重，王仙芝战死。部属大部由尚让率领北上，投奔黄巢继续进行反唐斗争。

（二）黄巢起义

1. 黄巢起义过程

黄巢（？—884），曹州冤句（今山东曹县西北）人，唐末著名农民起义领袖。同王仙芝一样，也是以贩私盐为业。黄巢善于骑射，粗通笔墨，"屡举进士不第,遂为盗"①。

僖宗乾符二年(875 年),黄巢与子侄黄揆、黄思邺等聚众数千人响应王仙芝起义。黄巢军最初东攻沂州(今山东临沂)不克,转攻山东、河南等地,攻占阳翟(今河南禹县)、郏城(今河南郏县)等 8 县,进逼汝州(治今河南临汝)。

乾符三年(876 年)九月,起义军攻克汝州,杀唐将董汉勋,俘汝州刺史王镣,直指东都洛阳。唐朝廷以委任官职为诱饵,劝说王仙芝投降。王仙芝有意受招安,遭到黄巢的严厉斥责,黄巢大骂仙芝"始吾与汝共立大誓,横行天下。今汝独取官而去,使此五千余众何所归乎?"黄巢以杖击伤仙芝头部,血流如注,其众喧哗不已。从此,黄巢开始与王仙芝分兵行动。3000 余人从仙芝南下大掠蕲州,黄巢则引兵 2000 人北上。乾符四年(877 年)二月,黄巢率军攻陷郓州(今山东郓城),杀节度使薛崇。黄巢率领队伍转战山东、河南、安徽一带,逐渐成为独立领导起义的农民领袖。

乾符五年(878 年)二月,王仙芝在黄梅战死,余部在其部将尚让的带领下,赶到亳州(今安徽亳州)投靠黄巢。黄巢建立政权,建元王霸,并设置各种政权机构和官职,自称"冲天大将军",随后转战黄淮流域,又进军长江下游一带。从此,黄巢开始了席卷全国的长途征战。黄巢首先挥师北上,力克沂州、濮州。随后,引兵南下进入安徽境内,攻打舒州、宣州。七月,转入浙江,攻克杭州、越州等地,开山路七百里。后抵达福建。一路攻城陷地,同年十二月进入福州(今属福建)。

乾符六年(879 年)九月,起义军一举攻克了当时全国最大的贸易港广州,俘唐岭南东道节度使李迢。黄巢军在广州大肆滥杀无辜,阿拉伯、波斯等穆斯林商人被杀者有 20 余万。又分兵西取桂州(今广西桂林),继而控制了五岭以南大部区域,起义军也发展到近 60 万人。春夏之际,岭南大疫,黄巢军兵力大损,"死者十三四",其众劝请北归。黄巢从之,自桂州编大筏数十,趁暴水,沿湘而下。

广明元年(880 年),黄巢北逾五岭,犯湖、湘、江、浙,进逼广陵。三月,高骈派骁将张璘渡江南下攻击黄巢,黄巢退守饶州、信州。黄巢贿赂张璘佯

①《资治通鉴》卷二五二。

降,得以喘息之机。五月又北上,乘胜攻占了睦州(治今浙江建德)、婺州(治今浙江金华)。六月,相继攻克池州(治今安徽贵池)、睦州、婺州和宣州等地。七月,黄巢指挥义军强渡长江,横扫沿江唐军。十月,饮马淮河,连克颖、宋、申诸州,队伍再次扩大到60万。十一月,起义军攻抵东都,下潼关。同年十二月八日,农民起义军,攻入唐都长安(今陕西西安)。

此时的黄巢,头脑开始发热,麻痹轻敌的思想已逐渐占了上风。他不顾城外还有强大的唐军正虎视眈眈酝酿反扑,在众人的簇拥下,于长安宫城含元殿正式登极即皇帝位,建立大齐政权,改元金统。

黄巢虽然建立了农民政权,其基础却很不稳固。一方面,长期流动作战,未能建立比较稳固的根据地;另一方面,因为忙于称帝,便停止了对唐朝廷的军事进攻,使唐朝廷得到喘息之机。另外,就起义军自身来说,自攻占长安后,起义军将领多贪图安逸享乐,战斗意志急速衰退。将骄卒惰,军纪废弛,致使京城长安被义军闹得乌烟瘴气,民怨沸腾。老百姓这时竟痛恨义军而怀念起唐军来。

僖宗中和二年(882年),唐将王处存纠合军队与地主武装,击败义军将领尚让,乘胜攻入长安。人们奔走相告:"黄巢被赶跑啦,王师又回来啦!"长安市民聚集街头,夹道欢迎王师入城,并纷纷拿出水酒犒劳王师。

此时黄巢正潜伏野外,窥探城中戒备。当他见到百姓喜迎王师,不由得怒火中烧。黄巢遣将孟楷连夜杀入城去。百姓以为又是王师驾到,依旧欢迎不止。不多时,黄巢复入京城,百姓明白过来,顿时作鸟兽散。黄巢恼羞成怒,下令血洗长安城! 刀光剑影,血肉横飞。黄巢"义军"竟一口气连杀8万人! 长安城尸满街巷,血流成河,成了鬼蜮的世界。当时的诗人在形容起义军的威力时,竟有这样的诗句:

> 扶犁黑手翻持笏,食肉朱唇却吃斋。
> ——时人
> 天街踏尽公卿骨,甲第朱门无一半。
> ——韦庄《秦妇吟》

中和三年(883年)四月,黄巢撤出长安,率部退入河南。六月,起义军围攻陈州(今河南淮阳),遭遇刺史赵犨顽强抵抗,虽经大小数百战,始终未能攻克其城。而起义军伤亡逾万。次年四月,王满渡(今河南省中牟县北)战役,黄巢又一次重大失利。自此,起义队伍一蹶不振。七月,黄巢率部退至山东,在莱芜以北的瑕丘,与唐将时溥激战,起义军死伤殆尽。

中和四年(884年),黄巢退至泰山北麓狼虎谷,战败自杀。至此,唐末农民大起义宣告结束。

2. 黄巢起义的历史教训

自王仙芝战死,黄巢被起义军推举为"冲天大将军"。他带领着起义军,曾转战大半个中国,前后延续十年之久。唐王朝在起义军的冲击下,变得支离破碎,岌岌可危。应该看到,黄巢大起义对推翻唐王朝的腐朽统治确实起到了摧枯拉朽的作用,对其后的农民战争亦产生了深远影响。但是起义军为什么会在攻入唐朝都城长安并建立大齐政权后而迅速溃败?其原因发人深省。

单纯从军事角度看,黄巢在战略、战术上的失策在于:

一是长期流动作战,没有建立稳固的根据地。

二是在攻克长安之后不思进取,坐享其成,战斗意志急速衰退。

三是未及时消灭分镇关中的唐朝禁军,给唐军以喘息之机。

但是从政治方面讲,黄巢为人残暴毒虐,观念狭隘,嗜好滥杀无辜,应是其失败的根本原因。俗云:得民心者得天下。黄巢这般气量狭窄之辈,又怎么可能君临万民,夷抚四方?

中和四年(884年),黄巢在泰山狼虎谷战败自杀。

附记:

为考察黄巢起义以及狼虎谷的具体位置,作者曾专程到济南市历城区黄巢村。此地是历城与泰安的交界处,地处泰山北麓之余脉,南北向几道高岭,几道深涧,山峦起伏,沟壑纵横,为方圆数百里的一个封闭的山区。这里就是当年黄巢选定的练兵场。

据当地老人讲,此村确由黄巢在此练兵而得名。传说,黄巢已中状元,文武全才,但在"点状元"时,皇上见黄巢相貌丑陋,竟然弃而不点。黄巢恼怒,决心回乡反唐。起初,黄巢先入柳埠镇四门塔之寺庙为僧,在僧人中发展骨干力量数十人。后为扩招人马,即选定黄巢村为根据地,聚集数千人及

黄巢最终败亡处(济南市历城区黄巢村西北狼虎谷)

车马战具。时适有王仙芝起义,黄巢便顺势而起。势力形成后,转战于山东、河南、安徽、湖北、湖南、江西、浙江、福建、广东、广西等地,曾一度欲在南方立足,但由于北方之众不服水土,又跨五岭而返回北方。后兵败,打算回到初期练兵之地,重新积聚力量,最后,终沿泰山北麓又进入黄巢村。

在今济南历城与泰安交界处,西有黄巢寨,为黄巢屯兵之处,东有黄巢村,为黄巢最终败亡之处。据言,最终败亡之战,就是在村西岭上的三个大山头之间,几十万人聚战于此,血流成河。此地就是狼虎谷。至今留下许多传说。如,此处刺槐不长刺,是因为曾挂了黄巢的战袍,被黄巢一刀削去;此处方圆数十里不长蒺藜,也是因为不利于黄巢练兵等。

该村乡民世代口传的这些说法,未见于正史,但乡民们却津津乐道。姑记于此,以供参考。

五、宋元时期的抗金斗争与农民起义

(一)宋江起义

北宋末年,封建统治日益腐朽,土地兼并加剧,封建专制异常残酷。北宋朝廷对外献币乞和,对内恣意搜刮,变本加厉地压榨人民。宋徽宗即位初年规定的各路每年向朝廷上缴赋税的新定额,比宋真宗时竟增加十几倍,以致农民变卖耕牛、家产,还凑不够纳税之数。不仅如此,宋徽宗还强行将民田划归朝廷,充以公田,要百姓缴纳重税。农民苦于繁重赋税盘剥,被迫流离失所。于是,各地农民起义相继爆发……

关于宋江起义,见载于正史《宋史》的仅有三处:

《徽宗本纪》宋徽宗宣和三年二月记载:

> 是月,方腊陷处州,淮南盗宋江等犯淮阳军,遣将讨捕,又犯京东、河北,入楚、海州界,命知州张叔夜招降之。

《宋史》卷三五一《侯蒙传》:

> 宋江寇京东,蒙上书言:"江以三十六人横行齐、魏,官军数万无敢抗者,其才必过人。今清溪盗起,不若赦江,使讨方腊以自赎。"

《宋史》卷三五三《张叔夜传》记载:

> 宋江起河朔,转略十郡,官军莫敢婴其锋。声言将至,叔夜使间者觇所向,贼径趋海濒,劫巨舟十余,载掳获。于是慕死士得千人,设伏近城,而出轻兵距海,诱之战。先匿壮卒海旁,伺兵合,举火焚其舟。贼闻之,皆无斗志。伏兵乘之,禽其副贼,江乃降。

这些记载,不论就其规模还是影响来说,都不算很大。但既然"官军数万无敢抗者","官军莫敢婴其锋",亦足以表明其威力。

南宋时,出现了《大宋宣和遗事》一书,为史家话本,记述了宋江等人的事迹。明初《水浒传》的出现,更将宋江起义故事加以演义化、故事化,描述得更加生动感人,使这次农民起义在民间产生了极大的影响,可谓家喻户晓、妇孺皆知。

据描写,宋江,字公明,绰号"及时雨",原为山东郓城县一笔刀小吏。虽然生得面目黝黑,身材矮小,人称"黑三郎",却为人豪爽,好结交朋友,仗义疏财,常常解人之急,救人之难,遂以"及时雨"而天下闻名。

北宋时期的梁山水域,方圆八百里,与今天的东平湖连为一体,时称"八百里水泊梁山"。

北宋宣和元年(1119 年),宋廷强令将梁山泊八百里水域全部收归"公有"，规定百姓凡入湖捕鱼、采藕、割蒲，都要依船只大小课以重税，若有违规犯禁者，则以盗贼论处。平日一直靠打鱼采藕为生的贫苦百姓根本交不起沉重的租税，被逼得走投无路，只得揭竿而起。

宣和元年十二月，宋江聚集 36 人，在京东东路所管辖的黄河下游地区的梁山泊（又名梁山泺，今山东省梁山、郓城间）起义，以"杀富济贫、替天行道"为旗帜，抗击官军镇压，反抗北宋王朝的残酷统治。宋江在当地百姓中颇有威望，所以宋江等人举起义旗后，许多渔民、百姓纷纷上山加入到起义队伍中。他们凭借梁山泊易守难攻的地形，与前来镇压的官兵展开斗争。

起义发生不久，宋徽宗赵佶便诏令京东东路、京东西路提刑督捕之。由于宋军久不征战，缺乏训练，而宋江及其属下的 36 人又个个强悍猛勇，足智多谋，宋廷的征剿不仅没有消灭宋江起义军，反而使其在与官兵的战斗中威名远扬。

在此后的一年多时间里，宋江等 36 人率领起义军先是攻打河朔（泛指今黄河下游南北一带）、京东东路（治青州，今山东省益都），于青、齐（今山东省济南市）至濮州（今山东省鄄城县北）间，先后攻陷青州、济州、濮州、郓州等十余个州县。而且每攻打下一个州县，惩治贪官，杀富济贫，声势日盛。前引史书记载"横行河朔、京东"，"官兵数万，无敢抗者"，即言此时。

宋江率领的起义军转战于山东、河北一带，前后坚持了两年多时间，成为一支令统治者闻风色变的农民起义队伍。到了宣和三年（1121 年）二月，宋江义军攻取淮阳（今江苏省睢宁西北古邳镇东），继而由江苏沭阳乘船进抵海州（今江苏连云港西南海州镇），宋江以十余只钜舟径趋海滨，率众登岸后，被海州知州张叔夜所派伏兵包围，船只被焚，退路被切断，宋江不得不率众投降。起义遂被镇压。

应该说，正史中所讲的宋江起义与小说《水浒传》中所描写的还是有很大区别的。如史书记载，宋江起义军中有 36 个主要头领，他们是宋江、晁盖、吴用、卢俊义、关胜、史进、柴进、阮小二、阮小五、阮小七、刘唐、张青、燕青、孙立、张顺、张横、呼延灼、李俊、花荣、秦明、李逵、雷横、戴宗、索超、杨志、杨雄、董平、解珍、解宝、朱仝、穆横（《水浒传》为穆弘）、石秀、徐宁、李英（《水浒传》中为李应）、花和尚（《水浒传》为鲁智深）、武松。而《水浒传》中描写的梁山好汉有一百零八将,这正是小说家们"欲成其书,以三十六为天罡,添地煞七十二人之名",而出于为其书增添更多传奇色彩的目的,以迎合百姓的喜好罢了。但小说毕竟是小说,不可将它当成历史来看。

(二)耿京、辛弃疾抗金起义

1. 抗金起义过程

耿京(？—1162),山东济南人,农民出身,南宋初年抗金义军领袖。

南宋绍兴三十一年(1161年),金主完颜亮率数十万大军南侵,中原百姓惨遭蹂躏。耿京与李铁枪等6人转入东山(今山东昌邑东),竖起抗金大旗,招集义军,随后攻克莱芜、泰安等地。不久,蔡州贾瑞领众来归,耿京任命贾瑞为诸军都提领,义军发展为数万人。南宋著名词人辛弃疾也加入其麾下,命为掌书记。绍兴三十二年(1162年)正月,耿京遣贾瑞、辛弃疾等人奉表南下,寻求南宋朝廷的支持。宋高宗嘉其忠义,授耿京为天平节度使,节制山东、河北诸路抗金义军。不久,耿京被叛徒张安国所杀,张降金。义军大部溃散。义军掌书记辛弃疾与世隆等突入金营,活捉张安国,率义军余部南归。

辛弃疾(1140—1207),历城(今山东济南)人。原字坦夫,后改字幼安,号稼轩。我国南宋时期伟大的爱国词人、抗金领袖。

弃疾幼年丧父,由祖父辛赞抚养成人。辛弃疾出生前13年,山东一带即已为金兵侵占。辛弃疾青少年时代即不断目睹汉人在女真人统治下所受的屈辱与痛苦,这一切使他暗暗下定决心报国雪耻,恢复中原。

绍兴三十一年(1161年),金主完颜亮渡瓜州,大举南侵。辛弃疾时年21岁。为反抗金朝严苛的压榨,辛弃疾聚众2000余人参加耿京领导的抗金义军,任掌书记。翌年,耿京采纳辛弃疾建议,派辛弃疾等人赴建康(今江苏南京)奉表归宋。宋高宗正在建康慰问军队,召见辛弃疾,授辛弃疾以承务郎、天平节度掌书记之职。同时用节度使印和文告召耿京。当辛弃疾返回山东时,耿京已被叛徒张安国杀害。辛弃疾回到海州,与众人谋划道:"我因主帅归顺朝廷的事前来,没想到发生变故,拿什么复命呢?"于是邀约统制王世隆及忠义人马全福等50名义士直奔金营,当时正赶上张安国与金将饮酒,遂将张安国缚归建康,献给朝廷。此举轰动南宋朝野,连宋高宗也为之再三叹惜。宋高宗又任命辛弃疾为江阴签判,这时辛弃疾才23岁。

乾道四年(1168年),辛弃疾到建康府做通判。乾道六年(1170年),孝宗召见大臣们在延和殿对策。当时虞允文掌管国事,孝宗帝在恢复中原问题上态度坚决,辛弃疾乘机谈了南北形势及三国、晋、汉的人才,由于所持的观点强硬而直露,未被孝宗帝采纳。辛弃疾于是写了《九议》和《应问》三篇,又进《美芹十论》献给朝廷。分析当时的政治、军事形势,提出抗金的主张及强兵复国的具体规划。所进《九议》,则进一步阐发了《十论》的思想,提出收复失地的大计。因为朝廷和金主讲和已成定局,所以这些建议策略都未得到施行。

乾道八年(1172年),改任司农主簿,调滁州(今安徽滁州)任知州。孝宗淳熙六年(1179年),改任湖南安抚使兼潭州(今湖南长沙)知州。两年后,调任隆兴(今江西南昌)知府兼江西安抚使。同年冬,辛弃疾42岁时,被朝官诬告而落职,遂回上饶一带新居赋闲。此后到宁宗开禧二年(1206年),虽曾两次被起用为福建安抚使、浙东安抚使等职,但未久又遭排斥贬官。

"了却君王天下事,赢得生前身后名,可怜白发生。"(辛弃疾词《破阵子》)开禧三年(1207年),辛弃疾被授为兵部侍郎,后又命进枢密院承旨,但他两次都上章辞免,未受命而辞世。传其临终前大呼数声"杀贼(金人)"而卒。葬于铅山县原阳山中。德祐元年(1275年),加赠少师,谥"忠敏"。

辛弃疾一生坚决主张抗击金兵,收复失地。光复故国的大志得不到施展,壮志未酬,只能将一腔悲愤发而为词,由此造就了南宋词坛一代大家。其词以豪放为主,热情洋溢,慷慨悲壮,批判当朝的屈辱投降行径,表现出强烈的爱国精神。刘克庄《辛稼轩集序》评价其词说:"公所作,大声鞳鞳,小声铿鍧,横绝六合,扫空万古,自有苍生以来所无,其秾纤绵密者,亦不在小晏、秦郎之下。"

辛弃疾与北宋文学家苏轼齐名,并称"苏辛"。其词作流传至今的有600多首,集于《稼轩长短句》中。今人辑有《辛稼轩诗文钞存》。今济南大明湖畔建有"辛稼轩纪念祠"。

辛弃疾纪念祠(济南大明湖南岸)

2. 辛弃疾《美芹十论》

《美芹十论》又名《御戎十论》,为辛弃疾针对当时宋、金对峙形势所作的一篇时政要论。计十篇,分别为:《审势》、《察情》、《观衅》、《自治》、《守淮》、《屯田》、《致勇》、《防征》、《久任》、《详战》。《美芹十论》虽多就事论事之言,却是针砭时弊,要言不烦,入木三分。

如《美芹十论·总叙》曰:

> 臣闻事未至而预图,则处之常有余;事既至而后计,则应之常不足。

孙子曰:"是故胜兵先胜而后求战,败兵先战而后求胜。"(《孙子兵法·军形》)胜利的军队,总是首先创造必胜的形势,先有胜算,而后才去寻求与敌交战;失败的军队则往往是先贸然与敌交战,而后求侥幸之胜利。或者说,胜兵总是居于"有备有虞"的状态,而败兵必是处于"不备不虞"的境地。《管子·七法》中说:"凡攻伐之为道也,计必先定于内,然后兵出乎境。计未定于内,而兵出乎境,是则战之自胜,攻之自毁也。"可见,辛弃疾所论,与中国古代兵家所倡导的"先胜"战略是不谋而合的。

《美芹十论·总叙》又曰:

今日之势,朝廷一于持重以为成谋,虏人利于尝试以为得计,故和战之权常出于敌,而我特从而应之。是以燕山之和未几而京城之围急,城下之盟方成而两宫之狩远。秦桧之和反以滋逆亮之狂。彼利则战,倦则和,诡谲狙诈,我实何有。

其论鲜明体现了掌握战争主动权思想的重要性。掌握了战争的主动权,就等于把握住了战争的命脉。孙子亦强调"致人而不致于人"。唐代大军事家李靖与唐太宗李世民讨论兵法问题时,曾经感慨地说:兵法"千章万句,不出乎'致人而不致于人'而已",英雄所见略同。

辛弃疾于《美芹十论·总叙》中自言:

其三言虏人之弊,其七言朝廷之所当行:先审其势,次察其情,复观其衅,则敌之虚实吾既详之矣。然后以其七说次第而用之,虏固在吾目中。

《美芹十论》客观分析了当时宋、金双方的政治、军事形势,进一步提出应对的具体对策和强兵复国的大政规划。应当说,这些对策确是有的放矢、切实可行的。然而,"辛稼轩当弱宋末造,虽负管、乐之才,不能尽展其用"(徐轨:《词苑丛谈》,引黄梨庄话语),形势使然。所以,辛氏的战略不被宋孝宗重视也是理所必然的事。

(三)红袄军的抗金斗争

自 13 世纪初叶以来,金国内外交困,国势日渐衰微,辖地日削。在这种形势下,女真贵族和各族地主阶级对农民的剥削压迫日益严重,山东、河北农民纷起而反抗,终于引发了大规模的红袄军起事。当时较大的起义军有:益都(今山东青州)的杨安儿、潍州(今山东潍坊)的李全、沂蒙山的刘二祖、密州(今山东诸城)的方郭三、真定(今河北正定)的周元儿、胶西(今山东胶州)的李旺、兖州(今属山东)的郝定。

红袄军不是一支有着统一领导的武装集团,而是由多部独立作战且时有配合的民众武装组成的。因成员主要来自耕农、佃户、驱口(奴隶)和下层商贩,又都以身穿红衲袄为标志,故被统称"红袄军"。

据史籍记载,最早的红袄军起义大致在金章宗泰和八年(1208 年)。是年十一月,金章宗死,红袄军杨安儿等率众起义,后来一度投降金朝。公元1211—1212 年,蒙古军围中都,金朝诏令杨安儿领兵戍边,杨安儿行至鸡鸣山,中途逃回山东,再次领导红袄军起兵抗金。杨安儿以母舅刘全为元帅,攻打莒州、密州等地。同年,红袄军刘二祖部起于泰安(今属山东),据沂蒙山地。

金贞祐二年(1214 年),蒙古各军在金中都城外集结,金宣宗被迫求和。三月,成吉思汗出居庸关北归。蒙古军退后,金宣宗派大将仆散安贞率领精兵入山东镇压红袄军。

当时山东地域红袄军的转战形势是:杨安儿东取莱州、登州;方郭三据密州(今山东诸城),进攻沂州、海州;李全进攻临朐,扼穆凌关;棘七据辛河;史泼立据宁海州(今山东牟平),有众 20 万;郝定据兖州。杨安儿已经在莱州(今属山东)建立政权,建号天顺。杨安儿攻下宁海,进兵潍州,一些女真贵族的家奴也参加了杨安儿军。各路起义军转战山东、河北,所到之处,杀贪官污吏,开仓救济贫民。

其后,金兵大举进攻杨安儿军,徐汝贤等率三州之兵 10 万拒战,数万人战死。起义军棘七等率兵 4 万列阵于辛河。沂州防御使仆散留家由上流胶西进兵,起义军损失甚重。仆散安贞军至莱州,史泼立部 20 万人于城外列阵迎战。仆散留家以轻兵诱战。起义军损失近半数。九月,金兵攻下莱州,徐汝贤被杀。耿格、史泼立降金。杨安儿浮海退走,为船夫曲成陷害,堕水而死。其余部归其妹杨妙真统率。后李全与杨妙真在磨旗山(今山东莒县东南的马鬐山)会合,结为夫妇,合成一军。

金贞祐三年(1215 年),金朝的赋税率比以前增加了三倍,山东、河北农民起义更趋扩大。二月,金国大将仆散安贞派提控纥石烈牙吾塔等攻破巨蒙等四堌及马耳山,刘二祖军 4000 余人战死,8000 余人被俘。仆散安贞又派兵与宿州提控夹谷石里哥同攻刘二祖军的据点——沂蒙山区大沫堌(今山东费县西南)。两军展开激战。金提控没烈自北门闯入另一军攻红袄军水寨,红袄军 5000 余人战死。刘二祖也在作战中被俘牺牲。红袄军余众退保大小峻角子山。后由彭义斌率领转战山东、河北一带,军队发展到几十万人,金和蒙古都视其为劲敌。

同年九月,周元儿领导的红祆军攻克深州、祁州、束鹿、安平、无极等县,遭到真定府金兵的镇压。周元儿及红祆军五百余人牺牲。

金贞祐四年(1216年),红祆军刘二祖部将郝定建号成汉,攻克滕州、兖州、单州及莱芜、新泰等十余县。不久亦被金尚书右丞侯挚领兵镇压。郝定牺牲后,彭义斌率其余部归附李全。

金兴定元年,宋嘉定十年(1217年),宋宁宗下诏伐金,并招安各路义军。次年正月,李全等人附于宋,宋朝廷称之为"忠义军",发给粮饷,并授给李全"京东路总管"的称号。四月,金招抚副使黄掴阿鲁答又夺回密州,李全战败。接着李全又兵败莒州。九月,李全出兵围海城,破密州城,擒黄掴阿鲁答、夹谷寺家奴,进而攻克寿光、邹平、临朐等县。继李全之后,红祆军将领石珪、夏全、时青等相继率军附宋抗金。

金正大元年(1224年),密州红祆军领袖方郭三称元帅,转战沂州、海州。七月间,金仆散安贞派仆散留家率军攻打胶西诸县起义军。完颜伯德玩袭击密州,方郭三被杀。

金正大二年(1225年),李全挑起楚州兵变,许国受伤自杀。李全令彭义斌受其节制,遭到彭义斌拒绝,李全攻打恩州(原属山东省恩县,1956年划归属夏津、平原、武城三县,仍属山东省),为彭义斌所败。彭义斌攻破东平(今山东东平)、真定(今河北正定)、大名(今河北大名),声势浩大,降金将武仙众达数十万。不久,与蒙古军战于内黄五马山(今河北省赞皇县境内),兵败被俘,不屈牺牲。

除上述各部红祆军起义外,山东、河北直到河南南阳各地,仍旧遍布大小不等的起义队伍,他们各自分散活动。据《金史·仆散安贞传》记载:"自杨安儿、刘二祖失败后,河北残破,各地起义军往往又相团结,都穿红祆,以相识别。官军虽然去镇压,但不能除灭。"各地的红祆军起义前赴后继,此伏彼起,沉重地打击了金王朝的黑暗统治。

(四)元末农民起义在山东

元顺帝在位期间,元朝的统治进入末期。官吏横行不法,奸佞专权;滥发纸币,物价飞涨;旱蝗四起,饥疫流行;黄河又连年涨溢决口,平地水深二丈。正是在这种情况下,朝廷仍旧强征15万民工去疏浚由开封经徐州入运河的黄河故道,激起人民的强烈反抗。

当时社会上流传着一支民谣:"石人一只眼,挑动黄河天下反。"元至正十一年(1351年),民工在疏浚黄河故道时,果然挖出一只独眼石人,背刻"莫道石人一只眼,此物一出天下反"。消息很快在民工中传开,大家都以为是上天的旨意,启示他们联合起来,推翻元朝统治。

其实,这是白莲教首领韩山童、刘福通以"石人"作谶,事先埋于黄河故道中的。正当韩山童准备起义时,由于走漏风声,事未起而先遇害。于是,刘福通接替韩山童,在颍州(今安徽阜阳)挑起造反大旗。因起义军头裹红巾,故称"红巾军"。

继之而起的有:徐寿辉在蕲州(今湖北浠水)起义,李二(芝麻李)、赵均用在徐州起义,郭子兴在濠州(今安徽凤阳临淮镇)起义,布王三、孟海马于湘汉流域起义等,他们的队伍也都称红巾军。另外,方国珍起兵上海,张士诚攻陷泰州,各自拥兵数万。在元顺帝至正十一年到至正二十七年(1351—1367年)间,各地农民为推翻元封建王朝进行波澜壮阔的武装斗争,有力地打击了元朝的统治。在此,仅限于山东境内,讲一讲元末山东义军的作战情况。

元顺帝至正十七年(1357年)春,红巾军将领毛贵(为刘福通部将领)由海州(今江苏连云港)出发,从海道攻克胶州,继而占领莱州(今山东莱州)、益都(今山东青州)、滨州,陆续攻取山东各地。六月,刘福通分三路北伐,毛贵率东路军,加上元镇守黄河义兵万户田丰归附红巾军,势力大增,山东之地几为毛贵、田丰所有。小明王韩林儿命为益都行省平章。

至正十八年(1358年)初,毛贵率兵克青州、沧州、长芦、济南等地。不久,克蓟州(治今天津市蓟县),前锋一度抵柳林(今北京市通州区南),元都大震。不久被元将刘哈剌不花等击败,退回山东。毛贵北伐大都虽未成功,退守山东后仍然局势稳定。

至正十九年(1359年),中原红巾军渐渐衰落。淮安赵君用退入山东,毛贵不幸为赵君用所杀。七月,毛贵部将续继祖又从辽阳赶回益都,杀赵君用,山东红巾军各部群龙无首,互相攻伐,从而导致山东战场溃败,中原红巾军战场随之瓦解。

元顺帝至正二十一年(1361年),元察罕帖木儿奉命南下镇压红巾军。

察罕帖木儿占领汴梁(今河南开封)后,得知山东红巾军内部为争夺领导权而互相攻杀的消息。七月,察罕帖木儿抵洛阳(今河南洛阳),大会诸将,决定大举进攻山东。

察罕帖木儿部署进攻山东战略,元军分兵五路:并州军出井陉,辽、沁军出邯郸,泽、潞军出磁州,怀、卫军出白马。各路兵马实施分进合击的战法,与汴、洛军水陆分道并进。察罕帖木儿则自率精锐铁骑,渡孟津(今河南孟津东北渡口),逾覃怀(今河南武陟),鼓行而东。元军连克冠州(今山东冠县)、东昌(今山东聊城)等地。八月,察罕帖木儿遣其子扩廓帖木儿等率精兵5万人进攻东平。元军在东阿(今山东东阿南)架浮桥击败义军2万人的阻击,强渡成功,进占长清(今济南市长清区)。义军守将田丰与王士诚战败降元,东平、济宁为元军所据。元以降将田丰为先锋,纵军东进。东平王士诚、棣州(今山东惠民)俞定、东昌杨诚等皆降。察罕帖木儿以朝命授田丰为山东行省平章。

为阻击元军东进,山东红巾军诸将会聚于济南,决定出兵齐河、禹城(今均属山东德州)等地以抗击元军。元军则改换战略变为三路并进:北路攻济阳(济南市济阳县),中路由察罕帖木儿亲自率领主力攻济南,南路攻泰安,以威逼益都(今山东青州)及周围各点,形成震动山东全省之势。义军棣州(今山东惠民)守将俞宝、东昌守将杨诚不支降元。十月,元军攻克济南,齐河、禹城守军出降。

在元军的猛烈攻击下,山东诸多城邑多为元军所占,仅有益都义军还在顽强抗击。益都为宋(小明王韩林儿)政权益都行省治所,原由毛贵任行省平章,元军攻山东后,各地败退之红巾军均会集益都,作拼死抵抗。察罕帖木儿命自济南东进,围益都,环城列营数十座,大治攻城器具,多路并进。义军顽强抗击,元军屡攻不克。元军遂挖掘深沟,筑长堤,引南洋河水灌城,城中益困。

元军围攻益都数月不下。这时,元军内部又钩心斗角,纷争不断。至正二十二年(1362年)六月,田丰与王士诚等私谋诱杀察罕帖木儿。田丰率部进入益都,加强固守。察罕帖木儿被刺,元朝为之震动,朝廷诏赠推诚定远宣忠亮节功臣、开府仪同三司、上柱国,追封忠襄王,谥献武。后改赠宣忠兴运弘仁效节功臣,追封颍川王,改谥忠襄,食邑沈丘县。

元朝廷派察罕帖木儿之子扩廓帖木儿为帅,督军攻城,田丰率部出城迎战不利,义军伤亡 8000 余人。其间刘福通派兵援助,为元军击败,退回。十一月,元军掘地道攻入益都,红巾军将领田丰及王士诚力战而死,益都失陷,元军尽屠城中义军。元军攻下益都后,乘胜复战莒州(今山东莒县)。至此,元末山东红巾军起义结束。

第七章　明清时期山东的军事斗争与兵学成就

朱元璋创建起大明王朝,为加强皇权专制,朱元璋罢中书省,废除权力过重的丞相一职,而改为六部尚书直接对皇帝负责。朱元璋事必躬亲,日理万机,唯恐大权旁落。除此之外,他还设立了臭名昭著的特务性组织"锦衣卫",以加强对百官的监视。到朱元璋晚年,出生入死为他打江山的功臣宿将就已寥寥无几了。异姓权臣屠戮殆尽,朱氏江山就可以高枕无忧吗?殊不知,萧墙之内亦非铁板一快,朱氏同宗间的斗争又上演了。

一、"靖难之役"中的山东战场

洪武三十一年(1398年),明太祖朱元璋驾崩,因太子朱标早死,皇太孙朱允炆即位,是为建文帝。

早在洪武前期,朱元璋为加强皇权统治,即曾大封子弟到各地做藩王。朱元璋死后,各地藩王凭借各自的势力,不愿再受朝廷约束。这种局面若持续下去,势必对明朝的中央政权构成威胁。于是,建文帝召来兵部尚书齐泰与太常卿黄子澄两位心腹大臣商量对策。

齐泰与黄子澄二人都主张裁抑宗藩。齐泰主张削藩,必先从实力最强的燕王下手。黄子澄则建议应当先从实力较弱的周王、湘王、代王、齐王、岷王等入手,先剪除燕王手足,再对燕王采取行动。大臣高巍也上书说:"今诸藩骄逸难制,不削则法废,削之则伤恩。汉初贾谊有言:'欲天下之治安,莫若众建诸侯而少其力。'臣以为陛下不妨效法汉初做法,实行推恩令以分其力。如此,则藩王之权不削自弱矣!"建文帝肯定了高巍的议建,却没有依策而行。

朱棣是明太祖朱元璋的第四个儿子,年方 11 岁时被封为燕王,藩国在北平(今北京)。洪武十一年(1378 年)定诸王宫城制式时,朱元璋下令:"除燕王宫殿可以沿袭元朝旧有的宫殿外,其余诸王府营造,不得引以为式(模式)。"可见朱元璋对朱棣是尤其器重的。

洪武三十一年(1398 年)七月,建文帝首先将诸王中实力最弱的周王削去爵位封号,废为庶人(平民)。湘王、代王、齐王、岷王也依次被取消爵位,废为庶人。时至建文元年(1399 年)六月,许多藩国已相继被削平。这时,"削藩"的矛头已经指向实力最强的燕王。

燕王朱棣佯狂称疾,先骗过朝廷的耳目,而后将北平牢牢控制在手中,安抚军民。朱棣誓师,告谕将士:"我是太祖高皇帝之子,今日为奸臣谋害。祖训说:'朝无正臣,内有奸逆,必举兵诛讨,以安江山社稷。'今日率尔等起兵,即是谨服先皇遗命。罪臣得到惩办,必效法周公辅成王,以待陛下。将士们要体察我一片良苦用心。"于是,朱棣以诛齐泰、黄子澄为名,去建文年号,仍称洪武三十二年,发起"靖难"之师。

燕王起兵,打的是"清君侧,靖国难"的旗号,而建文帝又有令在先:"毋使朕有杀叔父之名。"①这无异于自缚将士手脚,而无形中赐燕王一副刀枪不入的盔甲。所以,当燕兵南下时,沿途州县并不积极抵御,多持观望态度。

燕军很快占领通州、蓟州、遵化、密云等地。明军节节败退,战事不利,竟迫使建文帝三易主帅。一任耿炳文,二任李景隆,直至第三任,在攻打济南时,明军由铁铉(朱元璋赐字鼎石)、盛庸统领,方能有力地阻击燕军。

(一)济南之战

建文二年(1400 年)四月,朱棣在济南城外大败李景隆,随之包围了济南。时任山东参政的铁铉正负责督运粮饷,济南城内只有左都督盛庸所部,兵力单薄。闻济南危在旦夕,铁铉"急趋济南与盛庸歃血为盟,相约死守"。六月八日,燕王兵临济南城下。

当时,燕军刚刚收纳了德州储蓄百余万,军饷充足,气焰嚣张已极。朱

---

①见《明史纪事本末·燕王起兵》。

棣令人用箭将一封劝降书射进城内,铁铉见信后回信一封,朱棣打开一看,见是《周公辅成王论》一文。原来,铁铉意欲借周公忠心辅佐成王的故事奉劝朱棣。朱棣见劝降不成,遂下令攻城。而铁铉督众,矢志固守。燕军一连月余猛攻不下,朱棣即命士兵掘开河水灌城;筑起屏障,昼夜攻打。济南城中粮食日益匮乏,铁铉决定出城诈降。他命人事先在城上悬一块铁板,准备在燕王入城时投下。同时,拉起吊桥切断朱棣归路,从而擒之。

朱棣闻降大喜,燕军营中一片欢呼。朱棣高骑骏马,带几名随从入城受降。就在朱棣入城门的一刹那间,城门上铁板骤然落下,可惜稍早了点,只击中朱棣马首。朱棣惊魂落魄,还未等吊桥拉起,就换马仓皇逃走了。

朱棣气愤至极,调兵再攻三个月,并用数门大炮轰城,城将破,铁铉急将朱元璋画像悬挂城头,分置垛口,燕军不便开炮,济南城遂得以保全。两军相持之间,铁铉又招募壮士,出奇兵大破燕军。"燕王愤甚,计无所出"。这时,又听说明将平安统兵 20 万即将收复德州,朱棣恐饷道被断,匆匆解围北去。铁铉又与大将军盛庸合兵,乘胜追击,收复德州诸郡县,兵威大振。

济南捷报传入京城,建文帝大喜,遣官慰劳将士,擢升铁铉为山东布政使,不久又晋升兵部尚书;盛庸被封为平燕将军、历城侯。

(二) 东昌之战

朱棣济南败北,回北平稍事休整,乃以"征辽"为名而出兵沧州。既有"声东击西"之计,又以"一昼夜疾行三百里"的速度进军,故"比晓,至沧州,凯(明将徐凯)犹不知,督众运土筑城如故。兵至城下,乃觉,亟命分守城堞,众皆股栗不能甲"。朱棣乃生擒徐凯等。之后,一面"载降获辎重,顺流而北",而燕王则"自率众循河而南",至临清(今山东临清),屯馆陶,掠大名,又至汶上,掠济宁。此间虽有盛庸之军尾袭其后,但并无大的战争。及盛庸、铁铉军营于东昌(今山东聊城),燕师亦至东昌。盛庸、铁铉又一次率兵于东昌挫败燕军:

> 庸与铉等闻燕兵且至,宰牛宴犒将士,誓师励众,简阅精锐,背城而阵,具列火器毒弩以待。时燕军屡胜,见庸军,即鼓噪前薄,尽为火器所伤。会平安兵至,与庸军合,于是庸麾兵大战。燕王以精骑冲左腋,入

中坚。庸军厚集,围燕王数重,燕王自冲击不得出。朱能、周长率蕃骑奋击东北角,庸等撤西南兵往御,围稍缓。能冲入,奋力死战,翼燕王出。张玉不知王已出,突入阵救之,没于阵。庸军乘胜擒斩万余人,燕兵大败,遂奔北。庸趣兵追之,复击杀者无算。

是役也,燕王数危甚,诸将奉帝诏,莫敢加刃。燕王亦知之,故挺身出,辄短兵接战。王骑射尤精,追者每为所杀。至是奔北,独以一骑殿后,追者数百人,不敢迫。①

这次战役,燕军大败,损兵折将,不可胜计。若细论其实,这次战役本应是平灭燕王的一次战役,只是因为建文帝朱允炆明确告诫"毋使朕有杀叔父之名",因而朱棣肆无忌惮,明诸将亦无可奈何!

朱棣自起兵以来,亲战阵,冒矢石,常常乘胜逐北,亦屡屡濒于危殆,险境迭出。虽连连攻城略地,然较之大明王朝,亦仅活动于一隅而已,而且所克城池,旋又为明军收复。起兵三年,仅有北平、保定、永平三府之地。

正当此时,适有朝廷被罢黜之官前来投靠燕军,建议朱棣:"京师空虚可取。"朱棣慨然道:"频年用兵,何时已平!要当临江一决,不复返顾矣!"②从此,朱棣开始转变策略,由单纯的城池争夺,改为"逾城不攻,直趋金陵"。

建文三年(1401 年)十二月,燕师再出北平。这次,由馆陶渡河,取道徐州,趋宿州,直逼金陵。途中与官军于齐眉山大战,亦尝败北。燕军损兵折将,士气动摇。有人或劝朱棣稍事休整,再相机而行,朱棣说:"作战有进无退,才能奠定胜果,促成最终胜利。若此时北返,前功尽弃!"大军义无反顾,直取扬州,进而驻军江北,兵临南京城下。建文帝遣使割地求和,不许。许多重臣临危叛降,终于将这座虎踞龙盘的帝王之都拱手让于燕王朱棣。

朱棣登基,是为明成祖。其后,朱棣用计生擒铁铉,将 36 岁的铁铉残酷杀害。后人敬佩铁铉忠贞不渝、宁死不屈的精神,在济南大明湖北岸修建了铁公祠,以表纪念。

---

① 《明史纪事本末·燕王起兵》。
② 见《明史纪事本末·燕王起兵》及《明史·成祖本纪》。

二、唐赛儿起义

明成祖永乐年间,明朝从南京迁都北京。为营建北京,修治会通河,明朝廷不顾人民群众的生计,先后在各地征调数十万民夫服徭役。山东是当时负担最重的地区之一,仅一次,山东就征发"丁夫十六万五千","中原无辜赤子,困于转输"。加之连年水旱,农民以树皮、草根为食,卖妻鬻子,老幼流移,无以为生。

唐赛儿(1399—?),女,蒲台县(今山东省滨州市蒲城乡)人。林三之妻,明初农民起义领袖。据《明史》及清代有关野史杂钞记载,唐赛儿丈夫死后,传说其在扫墓归途中偶得一石匣,内藏有宝剑兵书。经日夜学习,通晓诸术,遂削发为尼。唐赛儿以白莲教为名义,自称佛母,宣称能知生前死后成败事;又能剪纸人纸马互相争斗;如需衣食财货等物,用法术即可得。唐赛儿常常活动于山东蒲台、益都、诸城、安丘、莒州、即墨、寿光等州县之间,借传白莲教发动群众,组织起义力量。贫苦农民争先信奉。

唐赛儿于明永乐十八年(1420年)二月,"以红白旗为号",组织农民军数千人,在山东青州卸石棚寨起义。明青州卫指挥高凤领兵镇压,但起义军英勇善战,把高凤所率官兵打得溃不成军,并斩杀了高凤。

唐赛儿起义赢得了四方群众广泛响应,如董彦皋、刘信、刘俊、丁谷刚、宾鸿、徐光等农民起义军领袖纷纷率农民军投奔其麾下,大小数十支起义军,和卸石棚起义军联为一起,唐赛儿起义军队伍迅速发展至数万人。起义军分兵攻打莒州,日照、诸城、寿光、安丘、即墨等州县,"毁官衙,烧仓库",杀富济贫,官吏纷逃。

各地告急文书传至京师,明成祖朱棣派使招降,唐赛儿怒斩来使。于是明成祖以安远侯柳升为总兵官,派都指挥佥事刘忠佐之,率京营5000人星夜驰赴山东,围剿卸石棚寨。

唐赛儿派人到敌营诈降,言寨中食尽水缺,柳升信以为真,放松了警惕。起义军趁机于夜间向防备薄弱的明军大本营猛攻,明军扰乱,刘忠中箭身亡。天亮后,柳升得知中计,带领大队人马赶到山寨时,起义军已不知去向,唐赛儿亦下落不明。

唐赛儿起义失败后,明成祖朱棣令各地官府缉拿唐赛儿,但因"唐赛儿久不获,虑削发为尼或处混女道士中,遂命法司,凡北京、山东境内尼及道站,逮之京诘之"。① 朱棣怀疑唐赛儿削发为尼,同年七月,又命段明为山东左参政,继续搜索唐赛儿。段明不仅把山东、北京的尼姑全部捕捉,逐一搜查,甚至还逮"天下出家妇女,先后几万人",但"赛儿卒不获,不知所终"。

唐赛儿于明初领导的农民起义,虽然延续时间不长,但影响颇大,震动了明朝廷。当地人民为了纪念她,称卸石棚寨为唐赛寨。今天,在她的故乡旧址蒲湖主岛上建有"唐赛儿纪念祠",并在附近的滨州黄河大桥北端建有她的戎装塑像。

三、邢玠援助朝鲜之战

邢玠(1540—1612),字搢伯,号昆田,益都(今山东青州)人。明隆庆五年(1571年)进士,授密云知县。继为御史、巡抚,先后出巡甘肃、陕西等地。万历初,历任甘肃布政使、右佥都御史、大同巡抚,后升任云贵总督、兵部尚书兼蓟辽总督等。

明万历二十年(1592年),日本"关白"(宰相)丰臣秀吉出兵侵略朝鲜,日本水陆军20万,仅两个月时间,几乎占领朝鲜全部国土,直把战火烧到鸭绿江边,朝鲜李氏王朝急向明廷求援。鉴于两国唇齿相依,明廷决定出兵,中朝联军并肩作战。初败,复大征兵,以兵部侍郎宋应昌、总兵官李如松前往应敌,又值日军缺粮,终击退日军,迫使日本侵略者龟缩于釜山一隅。

万历二十五年(1597年)六月,丰臣秀吉又调集陆军、水军,海陆并进,侵占朝鲜。明王朝遂再次发兵,委任邢玠为兵部尚书兼蓟辽总督,经略御倭。邢玠统精兵数万,跨过鸭绿江,援朝抗倭。临行,刑玠登坛誓师:"必破倭,有死无二。"在实施中,邢玠采取"阳战阴和,阳剿阴抚"的方针,"震之以雷霆之威,谕之以丹青之信",陈重兵于阵前,造成大军压境之势。

刑玠率兵在稷山、青山连败日军。又授计部将陈璘,前后夹击,十一月,蔚山一战,刑玠以轻骑诱敌深入,出奇制胜,大破日军。但后因缺乏水师支援,在岛山失利。直至万历二十年(1598年)年底,方在朝鲜南海海面几乎将日军全歼。

---

① 《明史纪事本末》。

万历二十七年（1599年）春,邢玠率明朝援军凯旋回国,朝鲜父老拥途相送。朝鲜廷臣卢稷等挥笔题诗,寄托深情:

> 秉钺青丘春凯旋,龙旌西拂鸭江烟。
> 提封依旧三千里,社稷重新二百年。
> 遗泽在人缄骨髓,典刑留画俨神仙。
> 拥途无计攀星驾,父老怀恩漼迸泉。
> 鱼符龙节总东师,秉羽威风慑海夷。
> 星陨赤芒沉绝塞,关浮紫气压归旗。
> 功高上国山河裂,名动藩邦草木知。
> 听取讴谣声载路,金戈包虎凯还时。

邢玠于明朝万历年间的援朝抗日战争,打破了日本企图先吞并朝鲜、次征服中国的侵略计划,维护了朝鲜国主权的独立与领土的完整,为增进中朝人民之间的友谊作出了重要贡献。为旌扬邢玠抗倭援朝之功绩,朝鲜人民特于釜山铸铜柱标功,并在釜山建祠绘像,以志纪念。

邢玠卒后赠太子太保,著有《东征奏议》、《崇俭录》等。而今,邢玠当年用过的盔甲和朝鲜折扇以及上述诗稿原件等,现分别存放在山东省博物馆和中国历史博物馆中。

四、徐鸿儒起义与孔有德叛乱

（一）徐鸿儒起义

明朝后期,土地兼并严重,农民流离失所。再加上山东地区又连年发生特大灾疫,人民饥寒交迫,无以为生。明熹宗天启二年（1622年）五月十一日,终于爆发了震惊全国的徐鸿儒闻香教反明起义。

徐鸿儒(? —1622),本名徐诵,巨野县人,明末农民起义首领。万历年间,徐鸿儒加入闻香教。此后,他积极在鲁西南一带进行传教活动,利用闻香教组织农民,秘密活动20余年,在教徒中享有很高的威望。

闻香教属于白莲教的一支,明万历年间由河北蓟州人王森所创,在河北、河南、山东、山西、陕西一带有着广泛的影响。后王森被明朝廷杀害,其子王好贤与徐鸿儒和景州于弘志遂约定于天启二年（1622年）中秋节这天,在河北景州、蓟州和山东郓城三方同时起义。后因计划泄露,徐鸿儒于五月十一日率众在巨野西部、郓城南部和范县首先起义。徐鸿儒号称中兴福烈帝,建元大成(乘)兴胜元年,建立起农民起义政权,贫苦百姓群起响应。起义军先后攻占郓城、邹县、滕县、峄县,并截断了明王朝的运河漕运,掠运河船,袭击曲阜。八月,起义军直逼兖州,大败山东巡抚赵彦等率领的明军,突袭参将陈九德率领的广东兵营,广东兵营大乱,明军全线溃败。此后,起义军发展到 10 万多人。

明王朝命山东总兵杨肇基等领兵镇压。明军将起义军分别包围在邹县、滕县两地。起义军的粮库和后方基地遭到明军偷袭,陷入困境。随后起义军内部出现分裂,滕县起义军弃城而走,使邹县成为一座孤城。后来,起义军将领侯五与魏七又相继投降明军,进一步削弱了起义军的力量。徐鸿儒被迫率军突围,当转战到郓城南飞集一带,徐鸿儒被俘,被押至北京后惨遭杀害。临刑时,徐鸿儒不胜悲愤地说:"王好贤父子经营二十年,党徒不下二百万,事之不成,天也!"

徐鸿儒起义在全国范围内产生了重大影响,封建统治者称之为明代"二百六十年来未有之大变"。今日郓城武安飞集村外的大土丘,当地人称为"万人崮堆",即是义军埋骨地。

继徐鸿儒起义之后,高迎祥、李自成等在陕西领导了更大规模的农民大起义,终于推翻了明王朝的腐朽统治。

(二) 孔有德叛乱

孔有德,辽东人。清太祖努尔哈赤克辽东,有德与乡人耿仲明前往皮岛(位于鸭绿江口,今属朝鲜,改名椵岛),投奔到明朝辽东总兵、左都督毛文龙麾下。自天启年间(1621—1627 年)到崇祯初年,毛文龙部一直以辽东沿海金州、朝鲜皮岛一带为根据地进行活动,然而这支部队军纪涣散,不听明朝管束。明崇祯元年(1628 年),袁崇焕督师辽东,杀毛文龙,分其兵属副将陈继盛等。孔有德遂与耿仲明、李九成、李应元诸将率部投奔登州巡抚孙元化,孔有德被任命为步兵左营参将,耿仲明被派往登州要塞任游击。

明崇祯四年,后金天聪五年(1631 年),皇太极率清兵攻大凌河城(今辽宁锦县)。登莱巡抚孙元化令驻扎于莱州沿海的孔有德部渡海平叛。由于海上风浪甚急,孔有德部被迫退回。孙元化又让孔有德率部由陆路赴辽增援,孔有德率部抵达吴桥(今河北省吴桥县,当时属于山东)时,因遇大雨春雪,部队给养不足,引起哗变。孔有德、李九成等均是毛文龙旧部悍将,平时就对明朝廷不满意,于是趁机发难,"纠众数千,掠临邑,凌商河,残齐东,围德平,破新城,恣焚杀甚酷"①。孔有德于吴桥发动兵变,在山东境内连陷数城,史称"吴桥兵变"。

登莱巡抚孙元化及山东巡抚余大成皆力主安抚,传檄所过郡县毋邀击,从而使孔有德叛军更为猖狂。

明崇祯五年(1632年)正月,孔有德率众径至登州(今山东蓬莱),登州告急,而在此防守的孙元化仍相信能招抚孔有德,疏于防范。孔有德以耿仲明与都司陈光福及杜承功、曹德纯、吴进兴等15人为内应,乘夜间举火,里应外合,引军自东门入,占领了登州城。

孔有德军活捉了孙元化及明守备宋光兰、分巡道王梅等官员,以孙元化往日有恩,便让他从海路逃走。孙元化逃回天津,不久被明政府处死,余大成也被罢免。此时,旅顺副将陈有时、广禄岛副将毛承禄亦起叛兵,响应有德,孔有德势力益张。孔有德自号"都元帅",铸印置官属,李九成为副元帅,仲明、有时、承禄、光福为总兵官,李应元为副将,四出攻掠。

明廷擢参政徐从治为山东巡抚,谢琏为登莱巡抚,并驻莱州。孔有德、耿仲明等进陷黄县、平度,遂攻莱州。徐从治与谢琏拼死抵抗,同时向明朝廷求援。大学士周延儒与兵部主事张国臣等又提议招抚,坚守莱州的徐从治、谢琏等人坚决反对。徐从治上书明廷,指出:"抚使一出,则攻城益急。乃谓我不当缒城出击以怒之也。果尔,必使任意攻围,我拱手以莱授之,如孙元化至于莱州而后成其抚乎?叛兵祝臣等尤元化也,元化已一误,国臣又从而放之。盈廷集议,自以为一纸竖于十万,援兵绝迹,职此故矣。臣当死为厉鬼杀贼,必不敢以抚之一字而漫至尊,败封疆而辱民命。"②

在徐从治、谢琏和莱州知府朱万年等的带领下,守卫莱州的军民"备刍粮,设守具,据敌数月"。叛军拼命攻城,巡抚徐从治亲上城楼指挥,中炮火而死。"莱人感其义,卒坚守不下。"

①《清史稿·孔有德传》。
②《明史纪事本末·毛帅东江》。

莱州久攻不下,孔有德复伪请降,诱谢琏出城谈判,乘机杀之。此后,退保登州。登州城东西南三面皆山,北面临海,城北复有水城通海舶。同年九月,明军将孔有德叛军围于登州城中。两军展开激战,登州将破,孔有德率叛军近万人突围,弃城登船而逃。叛军在旅顺一带登陆后,遭遇到明总兵黄龙部伏击,叛军大败,孔有德部将毛有顺、毛承福等人被擒。孔有德、耿仲明等率余部逃到盖州(今辽宁盖县)。

崇祯六年(1633年)四月,孔有德降后金(清)。皇太极封孔有德为都元帅,耿仲明为总兵官。不久,孔有德、耿仲明就勾结后金(清)军南下,攻克旅顺。

崇祯九年(1636年)四月,皇太极即皇帝位,国号大清,改元崇德。又封孔有德为恭顺王,耿仲明为怀顺王,尚可喜为智顺王。

同年末,因朝鲜拒绝服从清朝,皇太极领兵往攻。孔有德、耿仲明又充当了清军的急先锋,带领15万清军攻打朝鲜,迫使朝鲜投降清朝。这样,不仅解除了清朝南下的后顾之忧,使明朝失去了在东面牵制清军南下的重要力量。孔有德、耿仲明、尚可喜等原辽东叛将又与清军合攻有2万精锐明军防守的皮岛,占领皮岛,进而控制了整个辽东半岛。辽东半岛及沿海诸岛屿的失陷,使清军自海路南下的门户洞开,山东半岛成为明朝防御清军渡海南下的前线。对明清对峙及此后战局的发展走向产生了深远影响。

顺治年间,授孔有德平南大将军,继而改封定南王,出征广西。后孔有德兵败自杀,清朝廷破格予以厚葬,为孔有德建衣冠冢。其唯一幸存的女儿孔四贞被孝庄皇后收为养女。

五、戚继光的兵学贡献

我国东南沿海的倭寇之乱,自元末明初时期即已形成。

14世纪中期,日本(古倭奴国,唐咸亨初年以近东海日出改称"日本")正处于南北混战状态,混战中战败的武士流窜入海,以劫掠为生,遂沦为海盗。这时,中国的方国珍、张士诚已相继伏诛,其余部亦流亡至海上。他们勾结日本海盗与我国东南沿海的不法奸商,在数千里海岸线上纵横往来,恣意屠掠,为害巨大,这就是初起的"倭寇"。

《明史纪事本末·沿海倭乱》中曾描述倭寇的禽兽行径:缚绑婴儿于竿

上,以滚沸的开水浇灌,视其啼号,拍手笑乐。得孕妇卜度男女,剖腹竞猜以赌胜负饮酒,积起尸骸如山陵。

倭寇令人发指的行径,遭到沿海居民的坚决抵抗。洪武年间,明太祖朱元璋曾多次派兵围剿,但成效并不显著,且有愈演愈烈之势。这种局面一直持续到明朝中期,在以戚继光、俞大猷为代表的一批抗倭名将陆续带兵统战后,才得到有力遏制,倭乱继而被彻底平息。

(一) 戚继光备倭山东

戚继光(1528—1588),字元敬,号南塘,晚号孟诸,山东登州(今山东蓬莱)人。明代著名抗倭将领、民族英雄、军事家。

戚继光出生于将门世家,其六世祖戚详时,因避战乱曾一度迁居安徽定远县。元末朱元璋起兵,"二十四人"南下经略定远时,戚详投到朱元璋率领的红巾军中,当了一名小卒,南征北战30年,凭借战功升至百户。洪武十四年(1381年),戚详随明军进军云南时战死。明朝廷追念他的功绩,授其子戚斌为"明威将军",世袭登州卫指挥金事。此后戚氏遂移居登州。

明嘉靖七年闰十月初一(1528年11月12日),戚继光出生在山东济宁东南60里的鲁桥镇(今属微山县)。其父戚景通时任江南漕运把总,他56岁喜得贵子,一心希望儿子能够继承祖业,遂取名继光。

戚继光自幼潇洒倜傥,志向高远,刻苦力学,博通经史。嘉靖二十三年(1544年),父亲戚景通去世,戚继光时年17岁,袭承了父亲的职位,为登州卫指挥金事。嘉靖三十二年(1553年),被擢升为署都指挥金事,负责防御山东倭乱。于山东备倭期间,曾作诗《韬钤深处》,末两句:"封侯非我意,但愿海波平。"表达了他期望海疆安宁的心愿。

明嘉靖年间,是倭寇活动最为猖

抗倭英雄戚继光(蓬莱戚继光纪念馆)

獗的一段时期。一面是朝廷腐败,军饷不济,士兵油滑嗜利,怯战贪功,战斗力薄弱,边防废弛;一面是倭寇狡黠凶残,神出鬼没,极难对付。正是在这种形势下,戚继光于嘉靖三十四年(1555 年)被明廷调至浙江御倭前线,任浙江都司金事,旋进参将,分守宁波、绍兴、台州(今浙江临海)三府。后来辗转于闽、浙、粤沿海诸地,抗击来犯倭寇,历 10 余年,大小 80 余战,至 1565年,东南沿海的倭寇基本被肃清。由于本书仅限于介绍山东军事史,故对戚继光调任江浙一带具体的抗倭事迹只能一笔略过。

为表彰戚继光在抗倭斗争中的杰出贡献,明廷于登州城内,特意为他修建了"母子节孝"与"父子总督"两座牌坊。沿海各省的百姓感念其恩德,纷纷立祠堂、刻石碑,颂扬他的丰功伟绩。

今天,在浙江台州的戚继光纪念馆中,还可以看到人民赞美他的语言——"功昭日月,威震海疆!"

(二) 《纪效新书》、《练兵实纪》

1.《纪效新书》

《纪效新书》是戚继光在东南沿海主持平倭斗争期间的练兵和治军经验的总结。

> (初,)浙兵俱系赤体赴敌,身无甲胄之蔽,而当惯战必死之寇;手无素习之艺而较精铦熟巧之技;行无赍裹,食无炊爨,战无号令,围无营壁;穷追远袭,必寄食于旅店;对巢拒守,必夜旋于城郭。而在今,不得不然也。(《纪效新书》)

数里之外,"望贼奔溃,闻风破胆",如此之军队,简直是一群乌合之众,何能应敌打仗?纵有一二勇士,何济于事?基于当时"浙兵"腐败、战斗力低下的状况,戚继光首先强调要从严治军。又适有兵间之闲暇,故继光恳切移书请求练兵。明嘉靖三十五年(1556 年),继光向钦差提督军门阮鄂上呈《请创立兵营公移》;三十九年(1560 年),又向钦差总督军门胡宗宪呈《请任事公移》(《纪效新书·总叙》),皆为要求训练军队之事。

据《戚少保年谱耆编》卷二记载:"嘉靖三十九年……春正月,创鸳鸯阵,著《纪效新书》。"说明《纪效新书》当写于戚继光调任浙江抗倭的第六年,即嘉靖三十九年。

戚继光在《纪效新书·自序》中说:

> 数年间,予承乏浙东,乃知孙武之法,纲领精微莫加矣。第于下手详细节目,则无一及焉。犹禅家所谓上乘之教也,下学者何由以措?于是乃集所练士卒条目,自选畎亩民丁,以至号令、战法、行营、武艺、守哨、水战,间择其实用有效者,分别教练,先后次第之,各为一卷,以诲诸三军俾习焉。顾苦于缮写之难也,爰授粹人。客为题曰:《纪效新书》。夫曰"纪效",明非口耳空言;曰"新书",所以明其出于法而不泥于法,合时措之宜也。

带兵打仗最需要讲求客观,不按客观实际行事,必然失败。继光深察此道,书名"纪效",即注重实效;"新书",则明其既出于兵法而又不拘泥于兵法。岳飞名言"运用之妙,存乎一心",同样是继光兵法的灵魂。以上这段引文表明了戚继光撰写本书的目的、成书的时代、背景和主要内容、特点,以及书名的来历和含义,但未言及具体成书年代。

另外,戚继光于《纪效新书·自序》中还曾写道:

> 天下之事难者多矣,至于兵,则难之尤者也。世有视弓马为末艺,等行伍为愚民者,是岂知本之论哉!黄帝之法根于几微,汤、武之兵本诸仁义,几微之所由起,仁义之所从出,在于吾心。是故迹至粗也,而用至神也。然则兵岂细故哉?愚尝读孙武书,叹曰:"兵法其武库乎?用兵者其取诸库之器乎!兵法其药肆乎?用兵者其取肆之材乎!"及读诸将传,又悟曰:"此固善握器而妙用材者乎!学者欲求下手着实,工夫之门莫逾于此。"

由继光自述可以看出,其教练士卒是有明确指导思想的,这就是孙武之兵书。《孙子兵法》既是"武库",又是"药肆"。战斗之武器,"治病"之良药,尽在其中,可以随用随取。然而孙武之法,虽然其"精微莫加",而它只是"纲领"而已,"详细节目"则无一及焉。继光所要做的,就是在当时的社会历史条件、战争条件之下,把适用于当代战争需要的"详细节目"充实起来。故其内容所及,从"束伍"编制、"操令"、"阵令",到具体兵器的使用,一招一式,尽在其中。

《纪效新书》"卷首"1卷,正文18卷。卷首包括《任临观请创立兵营公移》《新任台金严请任事公移》《纪效或问》三篇。正文具体篇目为:《束伍篇第一》《操令篇第二》《阵令篇第三》《谕兵篇第四》《法禁篇第五》《比较篇第六》《行营篇第七》《操练篇第八》《出征篇第九》《长兵篇第十》《牌筅篇第十一》《短兵篇第十二》《射法篇第十三》《拳经篇第十四》《诸器篇第十五》《旌旗篇第十六》《守哨篇第十七》《水兵篇第十八》,共18篇18卷。

其后,戚继光"复取《纪效新书》雠校,梓于军中"(《戚少保年谱耆编》卷十二《孝思词祝文》)。戚继光根据后来的治军经验,将此书增删、修改,定为14卷本,而卷前又增加了明王世贞《戚将军纪效新书序》和与《练兵实纪·凡例》大致相同的"教习次第"。其新定篇目为:

卷一,《束伍篇》;卷二,《耳目篇》;卷三、卷四、卷五合为《手足篇》;卷六,《比较篇》;卷七,《营阵篇》;卷八,《行营篇》;卷九,《野营篇》;卷十,《实战篇》;卷十一,《胆气篇》;卷十二,《舟师篇》;卷十三,《守哨篇》;卷十四,《练将篇》。共14篇14卷。

14卷本是戚继光晚年的手校本。由以上篇卷的变动可以明显看出,它在《练兵实纪》的基础上又补充了新的内容,其教练内容由具体枪械的使用向整体治军方略倾斜。

在具体教练中,戚继光亦分别次第,切实可行。其《教习次第》曰:"行伍之卒,愚夫也;介胄之士,未闲文墨者也;故其辞语必鄙近,条约必简易";"给习之术;领兵材官以上,先习《束伍篇》;兵士,先给练《耳目篇》;及将领通习之,每一旗择一识字人诵训讲解,全队口念心记。"①各篇演练次第,亦有一定顺序,戚继光所定《新书》,既有古之兵学典籍为理论指导,又有相当系统完整的教练方案,且行之有效。

更可贵的是,戚继光对孙武之书可谓心领神会,在练兵中亦力求"上下一心"。其在《纪效新书》的自序中曾写道:

---

①《纪效新书》十四卷本,见《中国兵书集成》第18册。

然精微极于无声无臭而小不能破,放之格天地动鬼神而大莫能逾者,乃躬行心得之学,至诚无伪之道,自非正其谊不谋其利,明其道不计其功之造诣,其孰能与此?是故根之于性,发之以诚,令民与上同意,如是而终日乾乾时无满假,功愈盛而心愈下,道愈行而守愈密。则固之不以城郭,居之不以宅室,藏之胸臆而三军服者,此古之贤将也。继光则岂敢?惟旦夕淬砺,庶几无负今日之言。

戚继光所求者,不唯操练步伐的一致,而更求其心理的一致,实乃"众志成城"也。古者荀卿有言:"故仁人上下,百将一心,三军同力。"①戚继光乃付诸实践者也。

可见,中国古代兵学思想发展史上,戚继光之书确是由理论向实践一次大的飞跃。它以理论指导实践,使之细化、深化,大大发展了古代的兵学理论。

《纪效新书》18 卷本、14 卷本均刊行于明代,近出《中国兵书集成》第18 册,两种均重新影印。

2.《练兵实纪》

《练兵实纪》是戚继光于隆庆二年(1568 年)以都督同知总理蓟州、昌平、保定三镇练兵时所撰写的一部练兵教材。

依此书之内容与性质,其练兵之初,即需定其章法条文。而戚继光于请求刊刻《练兵实纪》的《公移》中又说:"譬如遴选营阵行伍号令旌旗之色,金鼓之音,车营、车步骑合营、野营、行营、野战、战胜、教养、晓谕之类,一切未备者,本府逐渐拟定。教练已经二年。"这里只言"教练已经二年",未说明具体成书年代。而其《杂集》卷四《登坛口授》载:"时惟庚午夏六月,诸边新台,肇建过半,乃奉制府会同抚院奏,奉暂停以举练事。""庚午"年即明隆庆四年(1570 年),所以,其成书时间当在隆庆四年末或隆庆五年初,其实际刊行则在明隆庆五年(1571 年)。

《练兵实纪》正集 9 卷,附杂集 6 卷。书前冠有"凡例"即"分给教习次第"共 15 条,记述了将、卒各自应学习的内容、标准,教材发放办法,督促学习的措施等。

①《荀子·议兵》。

戚继光之所以取得辉煌的战绩,归根结底在于练兵。他对兵学的理解,既有独到之处,又兼采众家之长。其最突出的特点就是:合乎时宜,注重实效。《练兵实纪》和《纪效新书》被称为戚氏兵书姐妹篇,都鲜明地体现了这一特点。

正集 9 卷 9 篇,共 264 条,具体篇目是:

《练兵实纪》卷一:练伍法第一(计 43 条);

《练兵实纪》卷二:练胆气第二(计 43 条);

《练兵实纪》卷三:练耳目第三(计 16 条);

《练兵实纪》卷四:练手足第四(计 34 条);

《练兵实纪》卷五:练营阵第五(场操)(计 18 条);

《练兵实纪》卷六:练营阵第六(行营)(计 19 条);

《练兵实纪》卷七:练营阵第七(野营)(计 35 条);

《练兵实纪》卷八:练营阵第八(战约)(计 30 条);

《练兵实纪》卷九:练将第九(计 26 条)。

后附《杂集》6 卷分别为:《储练通论(上下篇)》《将官到任宝鉴》《登坛口授》(李超、胡守仁辑)、《军器解》《车步骑营阵解》等。大致是前 9 卷的补充或说明。

由上述目录可以看出,其操练所包含的内容相当广泛,涉及兵员选拔、建军编制、旗帜金鼓、武器装备、将帅修养、军礼军法、车步骑兵的训练和作战的各个方面。正文第一至四卷侧重单兵训练;第五至八卷和《杂集》的《军器解》《车步骑营阵解》讲营阵训练;正文第九卷和《杂集》中的《储练通论(上下篇)》《将官到任宝鉴》和《登坛口授》等篇记述了将帅的选拔培养、应具备的条件等。其练兵的具体技能与章法,今天已不完全适用,然其要求军士必须按照一定法规并掌握相应技能的要求,则永远不会过时。值得注意的是,有些具体内容,至今仍为必守之规。如:

卷二《练胆气》,其实质就是要求全军精诚团结,军纪严明。将官关心士兵,士兵尊重长官,不酗酒,不斗殴,不毁坏庄稼,不奸淫妇女等。要"公赏罚":"凡赏罚,军中要柄,如该赏者,即与将领有不共戴天之恨,亦要录赏,患难亦须扶持。如犯军令,便是亲子侄亦要依法施行,决不许报施恩仇。"关于"戚继光斩子"的传说,在浙江、福建沿海的许多地方流传极广,说

戚继光车营的每辆重车都配备有当时很先进的佛朗机火炮

法虽不尽相同,然而,依据各地存留至今的相关历史遗迹来看,当确有其事。戚继光身为主将,不徇私情,为全军作出表率。因而沙场战阵中将士们往往能发挥出超常的战斗力,收到意想不到的效果。

另外,对于军民关系、官兵关系、兵兵关系,都有严格、具体的规定。

卷九《练将》提出"正心术"为将之本,亦是深刻之见。其言曰:

> 将有本,心术是也。人之为类,万有不同;所同赋者,此心也。近而四海,远而外域,贵而王侯,贱而匹夫,纷如三军,不言而信,不令而行,不怒而威,古今同辙,万人合一者,皆此心之同相感召之也。是以不待造作而自相孚照。夫为将者,上副君父之恩,中契僚案之交,下服三军之众,岂奉承阿谀、财帛惠费而尽能之乎?惟有正此心术,光明正大,以实心行实事,纯忠纯孝,思思念念在于忠君、敬友、爱军、恶敌、强兵,任难上做去,尽其在我。不以死生患难易其念,坚持积久,久则大,大则通,通则化幽,可以感动天地,转移鬼神。

戚继光认为:"练兵之要,先在练将。"所以,其于《练将》中著述较为详细。练将大致可归为两大部分:一是开办军事学校训练军官,二是要求军官自觉地加强军事修养。这些思想在今天看来仍不失其借鉴意义。

戚继光"练兵"深讲"实效",曾云:"教兵之法,美观则不实用,实用则不美观。此书标曰《实纪》,征实用也。"①以精深的兵法理论与练兵实战紧密结合,是戚继光兵学理论的一大特点,也是他对中国兵学的一大贡献。而《纪效新书》与《练兵实纪》,正是这一成就中的两支绚烂奇葩,以其独特的风姿永远辉映于中国兵学的历史长河中。

《练兵实纪》于《明史·戚继光传》中记作《练兵事实》,清代常州麟玉山房刊本刻成《练兵纪实》。而中华书局点校本据《明史·艺文志》、《千顷堂书目》、《四库全书总目》校为《练兵纪实》,似以《练兵实纪》为是。

《练兵实纪》现有明刻本存世。目前所见的最早的两种刻本,都刊行于万历年间:一是万历二十五年邢玠刻行的十五卷本,现藏南京图书馆;一是具体刊行时间不明的万历年间九卷刻本,现藏北京图书馆和日本尊经阁文库。清代以来,有众多的影印本,及多种丛书收录。近出《中国兵书集成》第19册,据清京都琉璃厂摆板本影刊此书。

六、孙星衍、毕以珣的兵学贡献

(一) 孙星衍的兵学贡献

孙星衍,字渊如,阳湖(今江苏省武进县)人。生于乾隆十八年(1753年),卒于嘉庆二十三年(1818年),是乾嘉时代著名经学家、校勘学家、金石学家、目录学家及藏书家。少年时曾以诗作被著名学者袁枚誉为"天下奇才",并与订忘年之交。

乾隆五十二年(1787年),孙星衍"以一甲进士授翰林院编修,充三通馆校理"。及散馆,改授刑部主事,复外任山东兖沂曹济道。(见《清史稿·孙星衍传》)星衍治学,深究经史、文字、音训之学,旁及诸子百家,皆必通其义。所撰《尚书今古文注疏》39卷,为清人治经之力作,颇负盛名。另有《周易集解》10卷,《夏小正传校正》3卷,《明堂考》3卷,《考注春秋别典》15卷,《尔雅广雅诂训韵编》5卷,《孔子集语》17卷,《寰宇访碑录》12卷,《金石萃编》20卷,《诗文集》25卷等。曾主讲杭州诂经精舍、江宁钟山书院。

孙星衍既博览群书,勤于著述,"又好聚书,闻人家藏有善本,借钞无虚

①见《四库全书总目提要·练兵实纪》。

日"(见《清史稿·孙星衍传》)。曾先后以其自身撰著及所收藏、校勘之古籍善本,刻印《岱南阁丛书》20 种、《平津馆丛书》42 种。《孙子注》、《孙吴司马法》等,均为星衍所刊丛书之一种,也是孙星衍为中国兵学的传承与发展所作的主要贡献。这些贡献,主要就是在山东任内完成的。

1.《孙子注》

宋吉天保《孙子十家会注》刊本的一种,亦称《孙子十家注》,实际上就是《十一家注孙子》,初刊于嘉庆二年(1797)。此书首页正中题作"孙子注",右侧刊有"嘉庆二年以道藏本校刊于兖州观察署",左侧刊有"魏武十家注,《遗说》、《叙录》附。孙氏藏版",故通称《孙子十家注》。其书每卷卷首均题书:

> 赐进士及第署山东提刑按察使分巡兖沂曹济黄河兵备道孙星衍、赐进士出身署莱州府知府候补同知吴人骥同校。

故此书明确刊于山东任内。吴人骥生平不详。

关于《孙子十家注》的校理,孙星衍于《孙子兵法序》中写道:

> 此本十五卷,为宋吉天保所集,见宋《艺文志》,称《十家会注》。十家者,一魏武,二梁孟氏,三唐李筌,四杜牧,五陈皞,六贾林,七宋梅圣俞,八王皙,九何延锡,十张预也。书中或改曹公为曹操,或以孟氏置唐人之后,或不知何延锡之名称为何氏,或多出杜佑而置在其孙杜牧之后,吉天保之不深究此书可知。今皆校勘更正。

孙星衍所勘正者,一是改"曹操"为"曹公";二是置"孟氏"于唐人之前,置"杜佑"于李筌、杜牧之前,从而形成了"曹公、孟氏、杜佑、李筌、杜牧、陈皞、贾林、梅尧臣、王皙、何氏、张预"这样重新排列的孙氏刊本的顺序;三是孙星衍又据《北堂书钞》、《通典》、《太平御览》等书,补充勘正了近三百条。这样,孙星衍所刊,就成了大大不同于宋、明各类刊本的一个全新的本子。

孙星衍对该书用力特大,校勘增补亦丰,故其书一出,即受到了学界的欢迎,从清代中期到民国初年,先后以各种形式翻刻近 30 次,成为此期《孙子兵法》流传的主要版本。其影响之大,几乎使宋、明时代的其他刊本均濒于泯灭之境。直至《四部丛刊》影印谈恺本《孙子集注》,上海涵芬楼影印《道藏》本《孙子注解》,特别是1961年中华书局影刊《宋本十一家注孙子》,方使《孙子十家注》的本来面貌再现于世。

关于孙氏刊本所据之底本,学界或由星衍序中言及"曩予游关中读华阴岳庙《道藏》"之语,称其所据为"华阴《道藏》"本,又以"华阴《道藏》"不同于"《正统道藏》",从而产生了种种误解。查《道藏》所刊《孙子》,只有《孙子注》一种,在《正统道藏》太清部。此书于明万历二十七年(1599年)曾颁赐"西岳华山西岳庙",故"华阴《道藏》"就是《正统道藏》。星衍刊《孙子注》所据为谈恺本《孙子集注》,尔后又以《道藏》本《孙子注解》参校。星衍于其书《行军篇》所加"校注",即可确证其底本为谈恺刊本。①

此书刊本甚多,主要有嘉庆二年(1797年)兖州观察署初刊本,后转入《岱南阁丛书》,故又称岱南阁本;其后又有咸丰五年(1855年)淡香斋木活字本、光绪三年(1877年)浙江书局《二十二子》本、光绪十年(1884年)皖城杨霖萱重刻本以及近代《诸子集成》本、《四库备要》本等。

2.《孙吴司马法》

此书为《平津馆丛书》刊本的一种。书前有孙星衍序,其末曰:"是岁庚申(1800年)","进士及第,翰林编修,刑部郎中分巡山东兖沂曹济兵备道,署山东观察使孙星衍撰,吴县学生顾纯书",亦明确刊于山东任内。

此书包括《魏武帝注孙子》3卷,《吴子》2卷,《司马法》3卷。

每种卷末,均刊有"嘉庆庚申兰陵孙氏重刊小读书堆藏宋本,顾千里手摹上版",故此书又称"顾千里摹宋本"。由于此本校勘精良,字迹清晰,深为学界重视,被认为是今存宋本《孙子兵法》中最佳刊本。故刊行此书,同样是孙星衍对兵学的一大贡献。

(二) 毕以珣《孙子叙录》

毕以珣,即毕亨,一名以田,字恬溪,文登(今山东省文登市)人。15岁时,从休宁戴震游学,与王念孙、段玉裁并称"戴氏三高徒"。四年后,学成归里。因爱崂山九水,乃自号"九水",斋名亦称"九水山房"。著述有《新刻

---

① 参见谢祥皓:《孙子十家注考辨》,《管子学刊》1996年第1、2期。

十三经注疏》、《古文尚书经传释疑》、《九水山房文存》等,为乾嘉时代著名经学家。以"精汉人古训之学,尤长于《书》。星衍撰《尚书今古文注疏》,多采亨说,每称以为经学无双"。① 嘉庆十二年(1807年)中举人,后曾任职江西一带。

毕氏所撰《孙子叙录》,附刊于孙星衍《孙子注》卷首。孙星衍于《孙子兵法序》中写道:"国家令甲以《孙子》校士,所传本或多错谬,当用古本是正其文。适吴念湖太守毕恬溪孝廉皆为此学,所得或过于予,遂刊一编,以课武士。"此即毕氏《孙子叙录》。

《叙录》之作,不足13000字,却是将《孙子兵法》散见于历代典籍及各种史料中的片言只语汇为一体之集大成者。《叙录》中引用书目达50种,汇辑了《史记》、《吴越春秋》、《越绝书》、《潜夫论》、《通典》、《太平御览》等,以及一些罕见典籍中的《孙子》资料,是辑录《孙子》佚文的第一家。在引录中,"作者加按语48处,以其严谨的治学态度和渊博的学识,发人所未发之笃论,纠正十家注中的纰缪和刊印流传的错讹"②。《叙录》之作虽仅1万多字,却对后世《孙子》研究产生了重大影响。

毕氏关于《孙子十家注》诸多问题的看法,多同于孙星衍,亦称"按今《孙子集注》本由华阴《道藏》录出,即宋吉天保所合十家注也"。据此,毕氏亦当有自己校理之《孙子十家注》存世。然毕氏之遗书,"在'土改'时处理一宗,'社教'时上交工作队销毁一宗,'文革'中扫四旧,在阁楼尚有藏书数千卷,被一红卫兵在夹缝中窥见旧书一角,搜出付之一炬,自此荡然无存"③。

故毕氏有关《孙子》之作,仅存此《叙录》而已。

---

① 《清史稿·孙星衍传》附《毕亨传》。
②③ 毕庶金、石业华:《浅谈〈孙子叙录〉及其作者》,《管子学刊》1994年第1期。

第八章　晚清时期的山东军事斗争

中国历史进入近代之后,各类社会矛盾斗争十分复杂,既有中国社会内部的阶级斗争,更有中华民族抗御外国侵略的民族战争,而且社会的主要矛盾又随着历史的演进而转移。

一、捻军在山东

捻军,又称"捻党"。捻党渊源甚早,初以护送"私盐"为业,不断与清政府发生冲突。其人员每数人或数十人为一股,称"一捻子",大股有一两百人者,或称"大捻子"。清嘉庆年间即有关于"捻子"活动的记载:嘉庆十九年(1814年),御史陶澍在奏折中就记载了早期"捻子"的活动情况,最初出现在河南、安徽一带,遂以豫、皖、鲁、苏一带为主要活动区域。

捻军在山东的活动,大致可分几个阶段叙说。

(一) 初期的零散斗争

据《山东省志·军事志》记载:道光二十一年(1841年),清廷即明令山东巡抚兼提督托浑布,"镇压曹州府捻党"。1844年4月,捻党李佩章等伙同私盐贩子在山东、江苏、河南交界处联合起事,清廷严令三省督抚缉捕。次年7月,捻党在鲁西南郓城、濮州(今山东鄄城与河南濮阳南部)、巨野、定陶、成武、曹州等地聚众起义,山东巡抚崇恩命曹州镇总兵派兵前往濮州、郓城镇压,捻军首领刘详等40余人被捕,11人牺牲。由于捻党得到农民的支持,鲁西、鲁南一带农民多以"接济行旅"为名,送粮支援捻军,故捻党虽遭官兵镇压,却愈加抗争,公开"集兵器,树旗帜,立名号",对抗官府,劫富济贫,散发钱货米粮给农民,以回报农民的支持。山东、河南、直隶(今河北省)三省交界处,成为捻党最为活跃的地区。其后数年,清廷多次严令直、鲁、豫三省"会剿"捻党,却剿而不绝,剿而愈多,致使道光二十七年(1847年),清廷下令将"畏惧捻军、镇压不力"的山东巡抚崇恩等"交部议处",将山东按察史徐思庄革职。时隔不足一个月,12月23日,复以"捕务废弛"之罪,将山东巡抚崇恩革职。

(二)张乐行举事后,大批捻军入驻山东

张乐行,亦作洛行、洛刑、洛型,安徽亳州人,出身豪绅地主家庭,曾结党贩卖私盐。

1852年12月,张乐行在家乡安徽亳州聚众起义,率众万余人攻克河南永城。12月29日,清廷急调山东兵2000人赴安徽"防剿";30日,又调1000人赴河南"防剿"。此时,山东、安徽、河南交界处已成为捻军活动的中心地带。次年1月,捻军首领陈四、陈二、耿金豹、邓七等,在山东进行反清斗争,并联合在江苏丰县聚众的皇甫棠,控制水陆交通要道,以迎接太平天国的北伐军。

1853年3月,太平天国攻克南京后,即正式定都南京,并改称"天京"。5月,派兵"北伐"与"西征"。北伐军首领为林凤祥、李开芳,率军2万人,从扬州出发,溯淮而上,很快西进至河南商丘、开封一带。此间,豫、鲁、苏三省捻军十分活跃。为防太平军北上与捻军结合,清廷命山东巡抚李僡查捕兖、沂、曹三府捻军,并调山西兵、陕甘兵及黑龙江马队,归化、绥远、热河兵等,共万余人,赴山东堵防,李僡又在兖州、沂州、曹州、济宁、济南、东昌、泰安、临清等州府举办"团练"(地方武装),可谓如临大敌。

1854年3月中下旬,太平天国将领黄生才率北伐援军北上,经安徽北部,即联合捻军首领张乐行、李三闹等进入山东南部。至月底,连克金乡、巨野、郓城、寿张、张秋、阳谷、莘县、冠县等城镇,随后又包围临清州城。山东布政使崇恩急调济南城守营参将吉兴等分路迎击,临清营副将庆顺等出城接应,钦差大臣胜保、绥远城将军善禄等亦分头追击。官军得势,清廷复任布政使崇恩为山东巡抚,与胜保所部清军共守临清。4月12日,太平天国北伐援军攻克临清后继续北上,受阻后转而南撤;23日,临清复为清军胜保

部占领,北伐援军退至冠县。4 月 28 日,北伐援军首领黄生才在观城下孔家集被清军俘虏,后被崇恩杀害。其后,太平天国北伐援军在南撤途中全军覆没。

在捻军与太平天国北伐援军合力开拓鲁西战场之际,鲁西南郓城、濮州、朝城、东阿、阳谷、巨野、金乡等地,起义者彼伏此起,相互呼应,直至太平天国北伐援军失败。之后,捻军主力复集聚皖北。

1855 年秋,各地捻军首领集聚安徽北部雉河集(即今安徽省涡阳县治所),此地处雉河入涡水之口,水陆便通,为捻军活动的重要基地。此次会盟,各路捻军推张乐行为盟主,共同组建黄、白、红、黑、蓝五旗军制:黄旗张乐行,白旗龚得树,红旗侯士维,黑旗苏天福,蓝旗韩奇峰。发布告示,制定条例,严明军纪。张乐行自称"大汉永王",正式建号"捻军"。

(三) 1857 年与太平军会师后的斗争

1856 年 2 月,捻军一部在宋喜元、张中元的领导下,自安徽蒙城分路北上,进入山东曹县、单县等地,这是捻军在山东境内独立作战的开始。为防堵捻军,山东巡抚崇恩一方面调集德州、高唐营兵赴金乡扼守黄河,同时,清廷又调绥远、吉林、黑龙江等地之兵 2000 余人赴曹州堵阻捻军,并令崇恩在张秋镇东北之官渡口,齐河、东阿之大河口,平阴之滑口,筑炮台设防,以阻止捻军北进。而作为捻军的响应者,则有山东大小数十股义军起事,特别是以李希孟、翟三秃为首的幅军起义,在鲁西南形成了一股相当强大的抗清力量。

1857 年春,捻军主力张乐行部在安徽霍山、六安交界处与太平军陈玉成会师,经协商,捻军接受太平天国领导,张乐行被封为成天义,后又晋升为征北主将,加封沃王,率捻军转战于豫、皖、苏、鲁四省。此间,较大的入鲁作战行动有:

1858 年 11 月 5 日,张乐行、刘天福率捻军数万人攻克台儿庄。次年 5 月 16 日,攻打峄县城,未克。

1859 年 5 月,刘天福等率捻军大部,由安徽的萧县、砀山进攻山东单县、金乡,复由丰县攻打峄县、滕县,大战清军徐州镇总兵傅振邦部。

1860 年 9 月 24 日,张敏行、姜台凌等率捻军万余人,由安徽宿州进抵

山东峄县、兰山(今临沂),并于 10 月中旬进至鱼台、金乡、嘉祥、巨野,进逼
济宁。后又兵分三路:东路,经滋阳(今兖州),克宁阳,攻泰安,转下曲阜;
北路,经汶上,至东平、寿张、梁山,复南下占巨野,经定陶、曹县入河南;东北
路,经泗水、费县、新泰,占蒙阴、沂水、莒州、日照,复由赣榆入郯城,返回江
苏。此次入鲁,历时两个月,转战 26 个州县,迫使清廷命钦差大臣僧格林
沁、大学士瑞麟率骑兵万余,入山东追剿。尔后,12 月 26 日,捻军首领刘玉
渊又集合五旗捻军 4 万余人,由江苏丰县入山东鱼台、金乡。捻军与僧格林
沁之军在巨野、金乡之间的羊山集接战,歼灭清军骑兵数百,击毙清军副都
统格绷额等,瑞麟突围,落荒而逃。

1861 年 3 月 11 日,捻军赵浩然等率数万人再入山东曹县、巨野、郯城
诸县境内,后进入寿张、东平,在东平与汶上之间的杨柳集伏击清军。僧格
林沁令副都统伊兴额、徐州镇总兵滕家胜率 2000 人追击,捻军诱敌至杨柳
集,伏兵齐发,伊兴额、滕家胜等均被击毙。

(四) “新捻军”与高楼寨之战

所称“新捻军”,是指太平天国失败后,太平军余部与部分捻军合编后
所组成的一支军队。

自 1857 年张乐行与太平军名将陈玉成会师后,捻军除有部分力量流动
于山东、河南作战外,其主力仍活动于安徽境内,与陈玉成等互为呼应。
1862 年,陈玉成在退往寿州(今安徽寿县)途中,由于叛徒苗沛霖出卖,被清
军胜保杀害。之后,清军便集中兵力指向捻军张乐行。次年,张乐行于安徽
雉河集战败后,至蒙城西阳集被俘遇害,其部属刘玉渊、苏天才等许多重要
将领及两万多将士牺牲。此次从蒙、亳地区突围出去的捻军将领张宗禹,率
部进入河南;李成、任化邦等,则在鲁南幅军、文贤教军配合下,转战于鲁中
南一带。

1864 年 7 月,太平天国天京陷落,至 11 月下旬,太平军余部与捻军在
豫、皖边境会合,并按太平军的兵制进行改编,组成“新捻军”,太平天国遵
王赖文光及捻军首领张宗禹、任化邦成为新捻军的主要领导人。组建后,他
们依据北方地势平坦的地形特点及捻军原有骑兵较多的现实,决定增加骑
兵,减少步兵,以适应流动作战的需要。

赖文光,广西人,是参加太平天国金田起义的元老,初任文职,1855 年后随英王陈玉成转战于安徽、湖北一带。1861 年镇守黄州(今湖北黄冈),封遵王。1864 年奉命救援天京,然行至鄂、豫、皖边界,天京即已失陷,遂与豫南一带的捻军张宗禹、任化邦合兵一处,继续坚持斗争。

张宗禹,安徽亳州人。张乐行初起时,宗禹即追随之,参加了雉河集会盟,后被太平天国封为梁王。1864 年与赖文光会军后,共同领导捻军。当年 12 月,即在河南邓州、鲁山两次挫败僧格林沁军。

1865 年初,新捻军凭借其骑兵优势,长距离流动,时而湖北,时而河南,时而山东,僧格林沁军亦为骑兵,尾随新捻军穷追不舍,历时 4 个月,行程数千里,至 4 月初入山东时,官军已被拖得精疲力竭,"将士死亡者数百,军中多怨言"。就连僧格林沁本人也"寝食俱废。偶憩道左,引火酒两巨觥,辄上马"。① 新捻军进入山东后,继续牵引僧格林沁军长途奔劳,先后至曹县、菏泽、成武、定陶、郓城、巨野、嘉祥、金乡、济宁等州县。清军除僧格林沁部尾随追击外,山东巡抚阎敬铭、布政使丁宝桢等,亦调集地方总兵堵截追剿。捻军复由汶上、宁阳,北上东平,继奔东阿、平阴、肥城,直逼济南。至济南、泰安间张夏镇,发现清军有备,复挥军南下,经宁阳、兖州、邹县、滕县、峄县,从兰山(今临沂)、郯城进入江苏。5 月 3 日,又由江苏邳州折回山东,如轻车熟路,又历经郯城、兰山,西上峄县(今枣庄市峄城区),北进宁阳、汶上。5 月 10 日,从汶上西袁家口渡过运河,进入郓城、濮州(今鄄城县境)、菏泽一带水网地区。此地紧邻直隶(今河北省),威胁京畿,清廷严令曾国藩与僧格林沁南北夹击,消灭捻军。此时捻军也看到,僧格林沁军经过 5 个月的连续奔波,饥饿、疲劳,已经全然丧失了战斗力。捻军见决战时机已经成熟,遂下决心歼灭僧格林沁部。

5 月 17 日,僧格林沁军追至菏泽以西解元集,捻军派一支小部队迎战,诱使僧军北向追击,至高楼寨(今菏泽高庄)。此处村北有多道河堰,柳林密布,捻军主力乃埋伏于此。

18 日正午,僧军进入高楼寨,捻军佯败,且战且退,至村北伏击圈。

及僧军进入伏击圈,捻军伏兵四起。僧军遂兵分三路,西路为翼长诺林

---

① 《山东通志·兵防志》,转见《山东省志·军事志》,山东人民出版社 1996 年版,第 684 页。

丕勒、副都统托伦布及总兵陈国瑞等,东路为副都统成保、乌尔图那逊和总兵郭宝昌等,中路有副都统常星阿等,僧格林沁督后。捻军亦分三路迎战,西路首先短兵相接,激战时许,中路已将清军击溃,捻军中路遂驰援西路,夹击清军。清军不支,东路清军亦被击败。此时,僧格林沁左冲右突不得脱身,遂率残部退守高楼寨以南的郝胡同(或作葭密集)顽固抵抗,并掘长壕以自防。"当夜三更,僧格林沁率少数随从冒死冲出,逃至菏泽西北吴家店时,被捻军一青年士兵砍死在麦田中,内阁学士全顺、总兵何建鳌、额尔经厄亦被击毙。僧格林沁统率的蒙古马队全部被歼。"①

此战成为捻军征战史上最为辉煌的一页。

(五)东、西捻军的征战

高楼寨战役一举全歼僧格林沁,清廷震恐。时隔5天,1865年5月23日,清廷乃命大学士、两江总督曾国藩为钦差大臣,督办山东、河南军务,率领湘军、淮军镇压山东捻军。山东巡抚阎敬铭因救援不力,被革职留任,布政使丁宝桢被降为四品留任。6月,清廷又陆续增派总兵刘棋、春霖等带领天津绿营兵驻齐河、茌平,与山东地方军联合围剿捻军。复派三口通商大臣崇厚驻东昌,直隶提督刘铭传率淮军驻济宁,并命李鸿章增派洋枪洋炮赴山东、直隶一带,防剿捻军。7月,曾国藩为防捻军北上,又对济宁、徐州、菏泽一带兵力作了重新部署。

面对这一严峻形势,捻军转向河南、湖北一带流动。1866年4月,张宗禹率捻军1万多人,由河南考城进入山东曹县,在定陶、菏泽、郓城、巨野等地,曾大败清军。不久,赖文光、牛老洪率领的捻军,亦自湖北,经河南进入山东,两军会合,与清军战于运河、黄河两岸。10月初,捻军在郓城东北运河一带与清军激战四昼夜后,乃沿老黄河南走,至河南开封。此时,为分散清军的兵力部署,赖文光、张宗禹决定将捻军分为东、西两支:一支由张宗禹率领,由扶沟、许昌进入湖北,再西进陕甘地区,以期联络回族群众,称为"西捻军";一支由赖文光率领,留在中原地区坚持斗争,仍以河南、山东为主要活动区域,称为"东捻军"。

---

① 《山东省志·军事志》,山东人民出版社1996年版,第685—686页。

鉴于捻军久剿不绝,清廷亦调整方略。1866 年 12 月 7 日,清廷授李鸿章为钦差大臣,节制湘、淮各军,专办"剿捻"事宜。1867 年 1 月,李鸿章调集 10 万清军,集结于河南、湖北一带,并分兵为"堵击之师"与"兜击之师",企图消灭东捻军于鄂东地区。东捻军在湖北天门、安陆一带虽曾两败清军,但在安陆府尹隆河(今作永隆河)一役,大受挫折,伤亡万余人,被俘万余人,元气大伤。其原定入川会合西捻军的计划已经无法实施,复辗转进入山东。此时李鸿章亦认定捻军"已成流寇",拟将捻军"逼入胶莱绝地,扼之于胶莱河,使不得复出",从而聚歼之。李鸿章经过精心策划,周密部署,调集豫、皖、苏、鄂、直五省兵力固防外围,山东境内则安排三路兵力逼捻军入胶东:中路以淮军提督刘铭传为统领,由泰安、莱芜、青州逼向胶东;北路以淮军潘鼎新为统领,由潍县、昌邑趋莱州;南线以总兵董凤高、沈宏富为统领,由郯城、兰山、莒州奔赴胶东。三路清军连同山东巡抚丁宝桢所辖之地方军,可谓"席卷"而前。当捻军觉察清军的意图时,已经难以跳出其包围圈。后来侦察得知胶莱河入海处尚未有清军设防,乃趁海水落潮之际,从北端海神庙以北近海浅滩处越过潍河,进入潍县,从而摆脱了李鸿章的围堵。

之后,赖文光率军南下,经景芝镇、诸城、莒州进入江苏。此间,苏、鲁两省清军已达 10 万之多。东捻军在江苏欲渡运河,不利,复还山东,转战于鲁南、鲁中山区。其间,与清军刘铭传、潘鼎新等部曾数次交锋,虽间有胜绩,亦多次惨败。至 1867 年 12 月 24 日,在山东寿光之弥河、北洋河之间,捻军陷入清军重围,被迫分头迎敌,背水为战,苦战竟日,终不得脱,伤亡 2 万余人,被俘近万人,主力丧失殆尽。后赖文光虽率少数骑兵突围,再南下经昌乐、诸城、日照,入江苏,最终于 1868 年 1 月 5 日在扬州东北瓦窑铺被俘,10 日在扬州就义。

西捻军于 1866 年 11 月进入陕西华阴境内,1867 年 1 月,曾在西安与临潼间的灞桥、十里坡大败清军。7 月,钦差大臣、陕甘总督左宗棠率湘、皖、楚诸军入陕,清军兵力增 4 万余人。西捻军虽号称 3 万,除老弱妇孺,其实际能战者不过万人。初活动于渭、泾、洛水一带,后转入陕北宜川、延长。11 月下旬,得到东捻军被围并驰书求救的消息,遂率部东进,经山西、河南,于 1868 年 1 月进入直隶。张宗禹首先进逼京畿,欲收"围魏救赵"之效。然此时东捻军已经接近灭亡,故清廷得调各地"勤王之师"入京,20 万大军云集直隶中南部。

此时西捻军已是孤军作战,4月进入山东后,曾一度北上试图攻打天津,然天津亦有崇厚洋枪队等严密防守。5月上旬,捻军再返山东武定府(今惠民县)。尔后,张宗禹等只能活动于徒骇河以北、马颊河以南的狭长地区。而清军诸将潘鼎新、刘铭传、郭松林等分别从不同方位进逼,捻军被困于徒骇河、黄河、运河之间的狭窄地区。1868年8月16日,在茌平县南镇(今属高唐县)一战,西捻军全军覆没。传说张宗禹率18骑冲出重围,或曰宗禹"穿林凫水,不知所终"。

历时16年的捻军反清斗争,最终失败。

自"捻子"之初起(1814年即有"捻子"之记载),至捻军被官军消灭,前后历时实有50余年,到19世纪40年代中期,"捻党"或"捻军"已成为官府无法忽视的一支反政府力量。

1852年张乐行聚众起义,则自觉地形成一支反政府武装。它的产生、发展,以及前赴后继的英勇斗争,引发人们太多的思考。

其一,它深深地植根于人民群众的生活。

古云:民以食为天。而在人民所"食"之物中,"盐"又是不可缺少的必需品。然自西汉武帝以来,食盐的生产与运销即为官府垄断,不许民间私产、私运。由于其间存在着巨大的利益,且食盐为人民生活所不可缺少,因此私人之煮盐、贩盐屡禁不止,"官盐"、"私盐"成为盐业产销中无法统一的两条渠道,从而使"官禁私"、"私反官"成为不可避免的斗争。唐末农民大起义领袖黄巢,即为"私盐贩"出身。"捻子"的出现,最初亦以护送"私盐"为业,其实质正是为人民的生存而斗争。

其二,捻党、捻军的斗争与人民群众息息相关。捻军之起,其人员就来自于人民,各地饥民随时都能参与其中。捻军斗争与太平军、幅军、文贤教军等各方民众起义队伍随时相互支持,相互呼应,相互合作。捻军的斗争成果分享人民,人民亦奉酒食以慰问捻军,确有鱼水之谊。

其三,捻军与太平军会师后,自愿接受太平军的领导,接受太平军的封号,不计名利,不计得失。目标既同,何须各自为政?这也是一种坦诚与无私。

其四,捻军在斗争中表现了高超的智慧与相当成熟的战争指挥艺术。

依斗争需要,大力发展骑兵,相对淘汰步兵;以反复兜圈子与长途行军拖垮僧格林沁的骑兵;当条件成熟后,又不失时机地选准战场,诱敌"入瓮",一举全歼僧格林沁之骑兵;当敌我形势异常严峻时,又适时地提分兵方略……凡此种种,都表现了十分高远的战略眼光与高度灵活的指挥艺术。

显然,捻军最终陷于失败,乃当时历史发展的总体形势与敌我实际战斗力量的巨大反差所致,很难归咎于某一领导人的失误。而他们的英勇斗争,不但是前赴后继,而且很多人是父子相随。正所谓:"民不畏死,奈何以死惧之?"

二、山东境内的其他起义军

在捻军、太平军进行全国性轰轰烈烈的革命斗争的同时,在山东境内,特别是鲁南与鲁西南地区,又发生了几起震动省内外的人民武装斗争。其影响较大者,当数幅军、黑旗军、文贤教军、刘德培军等。

(一) 幅军起义

幅军与捻军有十分相似的背景与性质。起初,山东、江苏交界处运河沿岸的漕运船夫,因用"匹布分幅帕头",组成秘密团体,被称为"幅党"。后来,运河航路发生变故,清政府的漕粮改为由海道北上,或折价为银,船夫失业,乃与贩运私盐的贫苦农民(官府称为"盐枭")合谋生计。"私盐"本为官府所禁,故"幅党"、"盐枭"从其立足之处就与官府对立。《山东省志·大事记》于1846年(清道光二十六年)记录:

> 秋,鲁南、鲁西一带众多农民,以接济行旅为名,运送粮食支援捻军。幅军、私盐贩等随之起事,集兵器,树旗帜,立名号,对抗官府。……11月,兖州、沂州、曹州、东昌、泰安五府及济宁、临清等州的捻军、幅军大小数十股相继举事,劫富济贫,散发钱货米粮给农民,官府大震。

《山东省志·军事志》的"大事记",亦于1847年(清道光二十七年)记载:"本年,山东捻党、幅党等活动地区遍布鲁西、鲁南10多州县。"1851年(清咸丰元年)又记载:"本年,幅党在兰山(今临沂市)、峄县等地举行武装起义。"这些记载,与捻军的活动大致是同步进行的,其目标也是完全一致的。只是捻军的活动范围宽广,影响巨大,而幅军则大致局限于鲁南、鲁西南一带。

据《山东省志·军事志》等各方资料显示,幅军中活动影响较大者大致有:

1854年春,陈玉标、朱广田、刘雪得率幅军千余人由江苏进入山东,活跃于莒州、沂水、郯城一带,清政府急调重兵镇压。后,朱广田、刘雪得等首领死难,陈玉标负伤,斗争逐渐处于低潮。

1856年冬,幅军首领李希孟、翟三秃等在鲁西南起义,形成一股强大的抗清力量。

1857年,江苏邳州幅军首领马汶标进入山东兰陵,后又进入滕县、兰山活动。

1858年3月24日,幅军首领李希孟、李希孔被叛徒出卖,在济南惨遭杀害。马汶标亦为叛徒所杀,陈玉标率部并入捻军。

1858年7月,幅军贾玖与翟三秃会合,进入峄县、兰山等地,大败清军。

1859年5月,捻军刘天福由江苏逼近鲁南,幅军乘机再起,主动与捻军、太平军相互配合。其中刘平、刘双印部曾发展至近万人,活动于峄县、铜山(今山东省枣庄市与江苏省徐州市境内),据汴塘、齐村等十几处村寨,互为犄角。刘平接受太平天国"北汉王"的封号,统一指挥幅军与太平军相配合。1862年1月上旬,太平天国召刘平南下,刘双印等遂分率各部会于汴塘。此时适逢清军漕运总督吴棠与都统德楞额南北对进,会攻汴塘,此役幅军损失惨重,刘平率数百人突围投入捻军,刘双印则退入云谷山(今枣庄市山亭区东枭山乡)。初,刘双印、牛闰女、孙茂庚等,曾依附云谷山的险要地势,聚众万余,北联邹县文贤教军。南依捻军,对抗清军,打击地主武装"民团"。此次再次退居云谷山,德楞额派副都统及峄县知县随进,刘双印等凭险据守,曾一度失利,后有张守义、王广继率长枪会众驰援云谷山,邹县文贤教军亦配合作战,又乘清军纵兵抢掠之机,发动进攻,大败清军,击毙清将罗高升、知县张振荣等,方扭转战局。

1861年7月,孙化祥部攻取费县旗山(今平邑县岐山)、旺山等地,廪生李宗棠、进士刘淑愈投奔孙化祥,并被委任为军师,形成一支重要反清力量。

同年,又有周韭部于抱犊固、梁邱等地大战清军,周韭号称"九山王"。程四虎、毕四虎于蒙阴、新泰一带转战清军。随着幅军声势的增大，清军也大大加强了围攻的力量，苍山长城镇之役、仲村之役、云谷山之役后，幅军主力丧失殆尽，或被歼，或投降，或隐散，至1863年5月，幅军斗争终告失败。

（二）文贤教军

文贤教军又称习文教军，本是白莲教中的一支，因其首领宋继鹏是邹县白龙池村人，故又称"白龙池教"。

据邹县旧志记载，宋继鹏"故为田黄社社长，粗识文义，能诵经书符，为人治病，乡愚多信之，自号文贤教"。宋又约郭凤冈为教师，李八、李九等为教友。

1851年，太平天国起义，后迅速北上，自咸丰三年（1853年），清政府为遏制革命势力向北蔓延，乃令北方各省发展地方武装，举办"团练"，又称"民团"。宋继鹏本系一方"社长"，但目睹清政府的黑暗腐败，又看到太平天国的迅猛发展，乃借"举办团练"之名，购置兵仗火器，吸纳人员，准备发动起义。其地处邹、滕、曲、泗、费、峄诸县，山岭相接，极易于割据斗争。咸丰十年（1860年）十月，宋继鹏乃自定"天纵"年号，举起起义的大旗。

初，邹县知县已觉察其举事的图谋，同年年底，知县林士琦即率官兵千余人向文贤教起义军发起进攻。由于文贤教军预有准备，遂在黄土崖、龙泉一带击败清军。次年春，再败兖州镇总兵富新，乘胜进驻滕县、泗水一带。之后，清廷驻济宁钦差大臣僧格林沁闻讯，乃派八旗兵主力马、步兵4000人进剿白龙池，文贤教军接连失利，便派人接洽"愿降"。其时适值捻军活动正炽，又有鲁西南长枪会起义，清廷急于用兵鲁西南，遂允降。继而捻军大入山东，幅军也积极活动，文贤教军再次兴起，与幅军、长枪军相互策应，先后攻占曲阜、泗水、滕县一带的许多村庄。

同治元年（1862年）春，泗水战役大败道员赵康侯、扎隆武所部清军。至九十月间，山东巡抚谭廷襄拼凑清军近万人，欲将文贤教军一网打尽。宋继鹏一面率兵上山修寨固守，一面派小股部队出山活动，以分散清军兵力，一举粉碎了清军的围攻，并于1863年初，攻陷了峄阳、炉丹峪、红山、唐山口、看庄、接舆山、赵村等村寨，包围了邹县城。另一支教军则攻入泰安东南的楼德、八里庄等村镇。后,捻军被迫北上,幅军亦受挫,文贤教军形成孤军之势。4月,僧格林沁在皖北镇压捻军之后,又回军济宁,派道员赵康侯、副将何建鳌、总兵黄国瑞(一作陈国瑞)专力攻打文贤教军。在大兵压境之下,宋继鹏率军顽强抵抗,直至9月中旬,白龙池为清军攻破,宋继鹏等最终战死于凤凰山东麓。①

(三) 宋景诗"黑旗军"

"黑旗"之称号,初有捻军1855年"五旗军制"中的"黑旗",苏天福领其军;后有刘永福于太平天国革命失败后,在广西、云南边境抗击法军的"黑旗军"。本文所讲,为白莲教会中宋景诗所领"黑旗军"。

宋景诗,清末山东堂邑(今属聊城市东昌府区)人。咸丰十一年(1861年)三月,宋景诗乘捻军在山东胜利发展之机,在白莲教组织抗粮斗争的基础上,以当时东昌府所属丘县(今属河北)、冠县、堂邑、莘县为中心,发动了大规模的农民起义,分别以白、黄、绿、红、蓝、黑、花七色为旗帜,组成义军。黄旗孙全仁等首举义旗,攻入丘县城;蓝旗左临明、绿旗杨泰率部攻入冠县;4月1日,黑旗宋景诗则率部直逼东昌府;后,花旗杨朋龄亦率部攻入馆陶。不到两个月,义军发展到5000余人。5月上旬,义军转战于鲁西平原,先后攻克观城(今莘县境)、阳谷、堂邑、濮州、朝城(今莘县境)、范县等地,起于丘县、莘县境内的丘莘教军(即以丘、莘二县而合名的白莲教)及范县长枪会等均起而响应,影响所及远至鲁西南及河南北部,"四五百里以内烽烟铤鼓不绝,土教诸匪多不可辨"②。

面对这一形势,清廷亦组织重兵:山东巡抚清盛、东昌知府秦际隆、临清知州张延龄,及各州、县清军、民团亦集聚镇压。鉴于清军重兵压境,为保存实力,避免过多的牺牲,1861年7月16日,宋景诗黑旗军暂降清将胜保,所部被改编为靖东营,其他降军分别被改编为诚顺营、禧顺营、庆凯营,其各色旗帜也一律改为黑旗,而以其原色镶边,以示区别。

对于宋景诗的归降,清廷并不放心,唯恐其留在鲁西,极易东山再起。

---

①据《邹县旧志汇编》及《邹县简志》1987年版。
②《山东通志·兵防志》卷十二上。转见《山东省志·军事志》,山东人民出版社1996年版,第699页。

时胜保率军赴安徽与捻军作战,乃率宋景诗等四营一起赴皖。8 月 14 日,胜保奉命督军陕西,与太平军作战,又令宋部随行。后,宋景诗决心不再与太平军为敌,12 月 23 日,乃率所部骑兵、步兵约 2000 人从陕西韩城、山西荣河(今万荣县)率先抵达山东临清,南路雷风鸣也于 1863 年 1 月 27 日抵临清。清政府对宋景诗的行动,一方面实施军事镇压,一方面施以“政治瓦解”,同时还指使当地“民团”与之摩擦,尤以“柳林团”为甚,多次发难。5 月 11 日,宋景诗乘其不备,突袭柳林、范寨,杀死柳林团首杨鸣谦。至 7 月,清廷乃派直隶提督恒龄、山东按察使丁宝桢分三路进剿宋军驻地甘官屯(今冠县内),均被击败。9 月,清廷复派钦差大臣僧格林沁回军东昌,与丁宝桢会剿宋军。经反复厮杀,因寡不敌众,宋景诗黑旗军终遭失败,宋母、宋妻及义军与家属 2000 余人被杀于临清。10 月 18 日,宋景诗率余部南奔开州(今河南濮阳)投奔捻军。1871 年 4 月,在亳州沟集被安徽巡抚英翰俘杀。①

(四) 淄川刘德培起义军

刘德培本是淄川县城东纸坊庄的一名秀才,曾两次领导农民抗粮斗争,均遭失败。同治元年(1862 年),县令号召举办团练以对抗捻军、幅军的活动,刘德培借此机会,联合蒲人芷、司冠平等人,在淄川东坪村建立“信和团”,捐资觅勇,练兵习武,常为乡民伸张正义,以争取民众,其团局即设于博山西南常庄。其时幅军势力正向北发展,与博山民团发生冲突。此时,“信和团”表示愿意“率众堵御幅军”,借此取得给养及活动基地;暗中则与幅军秘密联络,相互策应。当年 8 月,“信和团”进驻淄川,在“堵御南匪”的名义下,大肆招兵治械发展武装,队伍很快扩大至数千人。

1862 年 9 月 27 日,刘德培公开举起反清旗帜,攻打民团,击毙淄川县令李凤韶及清军千总李鸿图,自称“大汉德主”,废除同治年号,使用干支纪年。刘德培义军的胜利,使山东官府大为震惊。山东巡抚谭廷襄急命济南知府吴载勋、青州知府高镇前往“会剿”。由于清军初战不利,谭廷襄再派兖州镇副将谢炳率千人前往增援,对义军形成南北夹击之势。面对这一严

---

① 宋景诗的结局,史料说法不一,此依山东人民出版社 2000 年版《山东省志·大事记》。

峻形势,刘德培急派人赴鲁南幅军求援。11 月,幅军首领宋三岗、孙化祥率万人北上,与刘会师,连续袭击清军,终于粉碎了清军的围剿。后,宋三岗、孙化祥率主力南返,仅留 300 人助刘德培守城。

1863 年 2 月,义军首领司冠平又邀捻军首领李帛北上,李帛率众万余援淄。清军钦差大臣僧格林沁率军跟踪尾随,黄山一役,使捻军受挫,李帛仅率 7000 人转入淄川城,与刘德培合兵一处,共抗僧格林沁。

僧格林沁围困淄川孤城,强拉民夫,环城挖壕,并构筑炮台,向城内发射。同时,山东巡抚阎敬铭、新任按察使丁宝桢均率军协剿。义军坚守城池,清军久攻不下。至 8 月,刘德培义军弹尽粮绝,最后弃城突围,刘德培仅率 200 人出城,至益都(今青州市)太白山区,被清军包围杀害。

刘德培义军位居鲁中淄川,与幅军、捻军遥相呼应,相互支援,成为这一时期农民起义军的一支重要力量。

三、太平军北伐在山东

(一)太平天国的兴起

太平天国革命,是近代中国兴起的一场全国性的农民革命战争,也是中国历史上规模最大、影响最广的一次农民革命战争。它兴起于南方,中后期的主要活动区域则是以天京(今江苏南京)为中心的长江南北地区,波及山东的活动,主要是太平军的"北伐"。

洪秀全,广东花县人,是一名农民家庭出身的知识分子。鸦片战争后,中国社会矛盾激化,洪秀全试图吸取西方基督教义中的"平等"理论,来解救中国农民的苦难。他于 1843 年(清道光二十三年)6 月创立了拜上帝会,开始宣传革命,以后又写了《原道救世歌》、《原道醒世训》、《原道觉世训》等,形成自己的革命理论,并以广西桂平紫荆山区的贫苦农民与烧炭工人为根基,组织自己的革命力量。经过几年的准备,1851 年 1 月 1 日,洪秀全在广西桂平金田村发动起义,建号"太平天国",欲为实现"天下一家,共享太平"的理想社会而奋斗。由于洪秀全的理论主张十分贴合于当时广大农民群众的思想与需求,起义后,发展相当迅猛。当年 9 月,攻克永安(今广西蒙山县),洪秀全自称"天王",并分封杨秀清等为东、西、南、北、翼诸王,初步形成体制。次年,攻桂林,下全州,进长沙。1853 年 1 月攻克武昌,复顺江东下,于 3 月占领南京,即正式定都,改称"天京",并即刻建章立制,颁布《天朝田亩制度》。为实现国土统一的目标,当年 5 月,开始了"北伐"与"西征"的征战。

(二) 北伐的历程

太平军北伐的主帅是天官副丞相林凤祥、地官正丞相李开芳与春官副丞相吉文元。

1853 年(清咸丰三年)5 月,林凤祥、李开芳率部从扬州出发,先至浦口(江苏省南京市长江北岸)与吉文元部会合,共 2 万人。由浦口北上,连下安徽滁州、临淮关、凤阳、怀远、蒙城、亳州,6 月 13 日,攻克河南归德(今河南省商丘市),逼近山东。为遏制太平军进入山东,山东巡抚李僡早在三四月间就作了周密的部署。首先分三路设防:郯城红花埠为东南路,由游击王凤祥、知县卢朝安等率部设防;峄县(枣庄市峄城区)、韩庄为中路,由兖州镇总兵百胜、滕县知县黄良楷等率部防守;曹县刘家口、单县董家口为西路,由前兖州镇总兵三星保等率部驻守。同时,确立了以"扼守黄河"为基本方略。6 月 21 日,林凤祥、李开芳率部至曹县刘家口试图渡河时,发现所有渡河船只已被曹县知县收泊北岸,并且已经焚毁。太平军无法渡河,只有沿河西进,绕道北上。

太平军进军途中,时时有清军阻截、尾随,至河南巩县,始渡过黄河,北上太行,复东下临洺关(今河北省永年县),大破清直隶总督讷尔经额军,并迅速推进至保定城南的张登,距保定仅 60 多里,逼近京城,清廷大震,咸丰皇帝准备逃往热河(今河北省承德市)。此时又遇清军重兵防堵,太平军避实击虚,转头东向,由献县、沧州(均属河北省)抵达天津静海,前锋已达天津城郊的杨柳青。此时,2 万余人的太平军,在清军处处设防围堵的征程中,历时已近 10 个月。孤军深入,重兵阻截,粮弹不继,处境艰难,林凤祥、李开芳一方面驰书天京求援,一方面固守天津静海。

(三) 天京派兵增援

得知北伐军在天津被困的消息后,洪秀全、杨秀清派夏官副丞相曾立昌等率 7500 人北援。1854 年 2 月,北伐援军从安徽安庆出发,经桐城、六安、

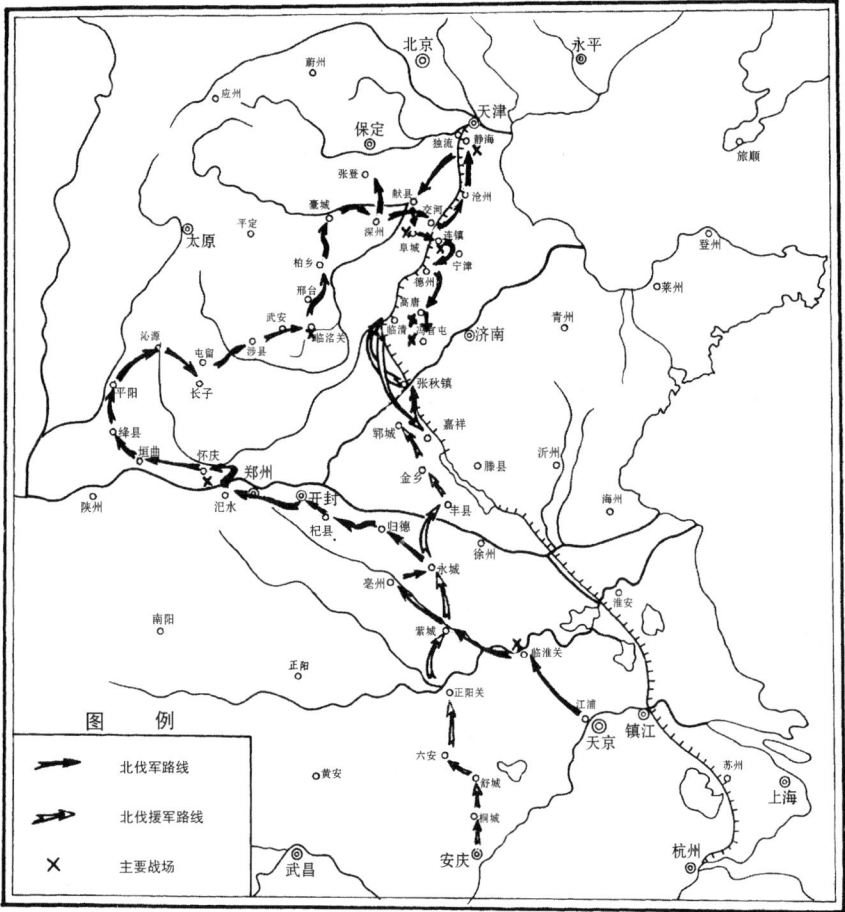

太平军北伐路线图(采自《山东省志·军事志》)

蒙城、永城、夏邑,由萧县西北渡河,于3月18日挺进山东。此时,正值皖北、苏北、豫东、鲁南的捻军、幅军活跃之际,纷纷迎接或加入太平天国北伐援军。北伐援军入鲁之后,人数大增,克金乡,下巨野,过郓城,占阳谷,所过之处,杀知县,斩官军,并于4月初包围临清。临清知州张积功飞书求援,山东布政使崇恩,绥远城将军善禄,山东巡抚张亮基,内阁学士、帮办河北军务胜保等,均率军于4月上旬陆续到达临清。太平军北伐援军抵达临清后,苦战近半个月,于4月13日终于用地雷炸开临清城墙,攻入城内,并击毙清军副将庆德、参将吉兴阿等。然而在城破之时,临清知州张积功已派人将弹药粮草焚毁净尽,太平军仅得"空城"一座,军需给养已经耗尽,而在此又得不到丝毫补充。此时城外,清军、团练已聚集两三万人,将城团团围住。内无粮弹,外有重兵,北伐援军顿时军心摇动,士兵逃亡,主帅心离。若依曾立昌的主张,继续北进,突出重围,或可与天津待援的林凤祥、李开芳会师;而另两位将领陈仕保、许宗扬则借口"众心欲南趋,北行多恐逃亡",而力主南行,竟置"北援"宗旨于不顾,于4月26日拔队南行,被一路清军尾随袭击。4月28日退至冠县时,又为清军胜保重创,新依附之军亦多逃亡。其余部,经莘县、阳谷、寿张、汶上、巨野、金乡,退至江苏丰县境内。虽攻占丰县县城,然又遭胜保、善禄、崇恩等清军重围。在突围抢渡黄河时,曾立昌弱水遇难,陈仕保于安徽凤台县阵亡,只有许宗扬只身回到天京,即被杨秀清投入大牢。

曾立昌等北伐援军于即将接近林、李之时,竟溃军南下,这不但导致了援军的失败,而且使林凤祥、李开芳继续陷入绝境。

(四)李开芳困战高唐、冯官屯

林凤祥、李开芳在天津静海处境艰难,便一方面派人赴天京救援,一方面向南退却。1854年3月9日,北伐军攻占河北阜城,此地距京、津较远,来自清军的压力相对较弱,林凤祥、李开芳决定在此固守待援。由于当时的通讯手段十分落后,因此,他们对天京所派北伐援军的行程毫无所知。1854年4月初,援军已达山东临清,距河北阜城不过两三百里,由于各不相知,林、李北伐军与北伐援军仍是各自为战。援军于4月26日弃城南逃,5月5日,林、李从阜城突围,攻占东光、连镇,跨运河以为防守。

后,清军僧格林沁追至,并将连镇包围。为分散清军兵力,5 月 28 日,李开芳率部从连镇突围,复南下吴桥,进入山东,此时方知援军曾抵达临清并从临清败退之事。时光不可逆转,李开芳于 5 月 29 日攻占高唐州,与清军胜保相对抗。

由于北伐援军已不复存在,清军便集中兵力围困林、李,将高唐围得水泄不通。《山东省志·军事志》中记载:

> 清兵构筑炮台,日夜向城中轰击,阖城无一完舍,北伐军粮食将尽,"日宰骡马杂豆喈食之"。为改善被动态势,李开芳以攻为守,不断以骑兵出城袭击清军,并暗中掘地道多处,远出六七里外,至清军背后,夺马匹,烧军粮,捣毁寨栅,袭击运粮的士兵。清军担惊受怕,昼夜不安,纵枪炮以自守。①

由于李开芳顽强抵抗,主动出击(曾利用夜暗出击 30 余次),并且修筑坚固的防御工事,清军只能长期在城外逡巡,久围不下。是年 8 月,清廷以"师劳无功",将胜保革职留用,并督令其继续围攻高唐。其后,又责其"迁延观望,日久无功",将其革职拿问,"解京治罪"。

这一时期,林凤祥仍固守连镇(今河北省东光县内)。由于清军劲旅僧格林沁部集中攻击连镇,北伐军不支,1855 年 2 月 17 日,西连镇失守,3 月 7 日,东连镇也陷落,林凤祥受伤被俘,解送京师,慷慨就义。

由于连镇失陷,清廷急令僧格林沁移师高唐。1855 年 3 月 11 日,僧格林沁指挥 2 万清军猛攻高唐。据此形势,李开芳料定连镇已破,自己孤军难继,决计突围南返。3 月 17 日午夜,李开芳率北伐军余部 800 余人自南门突出,进入茌平冯官屯。李开芳见该屯寨栅牢固,粮草充足,僧军骑兵又将至,乃入寨据守。至此,双方又于寨之内外挖壕沟、筑工事,不求远战,只待近搏。前后相持近两个月,清军仍无法进入屯内。5 月,僧格林沁命清军引徒骇河水灌淹冯官屯②,屯内水深数尺,粮草火药尽被淹没。后,李开芳欲以"诈降"突围,被清军识破未成。5 月 31 日,李开芳被俘,6 月 11 日,在北京就义。

---

① 《山东省志·军事志》,山东人民出版社 1996 年版,第 679—680 页。
② 此据《山东省志·大事记》(山东人民出版社 2000 年版)。《山东省志·军事志》则称僧军"开挖一条长 60 公里的水渠,引运河水至冯官屯"。若依山东地图标示,似当以引徒骇河水为是。

太平军李开芳部最终覆灭处

关于太平军、捻军、幅军等兴衰起落的思考如下：

其一，"同声相应，同气相求"，这一十分古老的中国格言，历史似乎时时处处在为它作解说。

捻军、幅军、文贤教军、白莲教军、丘莘教军、宋景诗黑旗军，刘德培军，太平天国军……这些大大小小的农民军队，其兴起的历史背景几乎是完全相同的，就是为了生存，必须斗争。其攻击的目标，也是基本一致的，这就是对亿万农民进行残酷压榨、剥夺的清朝统治者。其追求目标也是基本一致的，从捻军的"护送私盐"，到太平天国的"有田同耕"，都是为了解决最基本的生存条件。背景相同，目标一致，这就使他们相互联合，相互帮助，甚至是合为一体，成为一种"自然"的要求。捻军张乐行起事不久，即与太平军北伐援军的将领黄生才共同北上；后，捻军首领自愿接受太平天国的封号，受太平军的领导。及捻军张乐行牺牲，太平天国天京失陷，两军余部又公开合编，组成"新捻军"。山东幅军起义时，亦主动向捻军靠拢，相互呼应，共壮声威。淄川刘德培起义斗争的紧要关头，公开邀请幅军、捻军，幅军、捻军亦应邀协助。在众多的农民起义军中，太平天国的起义既有先期的理论准备，又提出了明确的政治目标（《天朝田亩制度》），其政权建制、军队建制等，都明显高于其他义军，所以，太平军自然成为众多义军的旗帜与归宿。

其二,一代将才李开芳。

李开芳,广西武鸣人,太平天国金田起义的元老。金田起义后,曾历任监军、总制、将军、指挥、检点,最后官至地官正丞相。北伐初期,与林凤祥、吉文元共率军队,避实走虚,很快进入直隶(今河北省),临洺关(今河北省永年县)一仗,大败清直隶总督讷尔经额部,清廷大震,李开芳以功封定胡侯。及至天津静海受阻,李开芳独自率兵南退高唐与茌平冯官屯,虽孤军奋战,且弹粮困缺,开芳仍以大无畏的心胸,主动出击,以攻为守,并以"地道"深入敌后,相持数月,表现了十分出色的军事才能。但终因重兵围困,且水淹村寨而被俘,此皆非个人之才智所可挽回。

太平军北伐的失败,根本原因在于天京的总体部署:在清朝统治实力尚相当"雄厚"的现实条件之下,其北方的各种军队有数十万之众,欲以区区2万人孤军深入,谈何容易!对于太平天国革命的失败,近代史学家有多种深入细致的分析,本书的性质与要求,都决定作者无须在此赘言。而将太平军"北伐"的失败,完全归咎于天京,特别是立足于军事部署的角度,完全归咎于"洪、杨",应该是无可非议的。

四、甲午战争中的山东战场

(一)北洋海军的建立

北洋海军,又称北洋水师或北洋舰队,是清朝政府于19世纪70年代开始筹建的一支新式海军队伍。

1871年,山东巡抚丁宝桢提出"整顿山东水师",并派人到广州制造战船;次年,又从福建调轮船赴山东执行海防任务。1874年,清政府筹划海防,北洋大臣李鸿章力主在北洋建立水师,并与山东巡抚丁宝桢具体商办。之后,丁宝桢调任四川总督,北洋水师之事即完全由李鸿章控制。李鸿章一方面派淮军将领丁汝昌赴英国购买军舰,一方面在天津设立水师营务处,处理有关海军事务。进入19世纪80年代,又陆续从德国购买军舰。1884年中法战争爆发后,清政府又令山东巡抚陈士杰加强海防,并在烟台、黄县(今龙口)等督办招募兵勇事宜。后来,陈士杰托病辞职,清廷又调广西巡抚张曜继任山东巡抚。1885年张曜到威海卫(今威海市)考察后,即上奏清廷在刘公岛设立北洋海军提督署。1888年12月27日,北洋海军正式成立,丁汝昌任海军提督。

北洋海军舰队共 22 艘,其中铁甲舰 9 艘。两艘主力舰"定远"号、"镇远"号以及 8 艘巡洋舰,均系在德国定购,故北洋海军虽以丁汝昌为提督,其实际军事训练则由英国人与德国人操纵。1889 年,清廷于烟台东山建立海军训练营,训练水兵;次年,又在威海刘公岛开办水师学堂,由丁汝昌兼总办,由此形成北洋海军的总体格局。

起初,北洋海军的主要活动基地为威海卫与旅顺口。1891 年,李鸿章与海军帮办大臣山东巡抚张曜到胶澳(胶州湾)视察,看到港湾良好,形势重要,遂又在胶澳驻兵设防。

(二)甲午中日战争的总体局势

战争发生在 1894 年,依中国天干地支纪年,本年为"甲午",故又称"甲午战争"。

战争的基本原因,是日本国久已蓄谋侵夺朝鲜,并处心积虑地要发动侵略中国的战争。战争的直接起因,是朝鲜东学党起义。

1894 年 1 月,朝鲜全罗道东学党地方领袖全琫准领导的"东学党起义"爆发,应朝鲜李氏王朝的邀请,清朝政府派兵协剿。此时,早已决意侵略朝鲜、中国的日本,亦派重兵入朝。至 7 月,东学党起义基本平息,清政府建议中日双方同时从朝鲜撤军。日本不但拒绝撤军,反而继续增兵,迫于形势,清政府亦由陆、海两路增兵至平壤、牙山。

7 月 25 日,在朝鲜牙山外的丰岛海面,日本军舰突然袭击中国运兵船,不宣而战,同时,日军陆军亦由汉城进攻牙山,驻守牙山的中国清军被迫守卫,中日战争爆发。至 8 月 1 日,中日双方正式宣战,史家或以此为"甲午战争"的正式开始。

自 1894 年 7 月 25 日日军突袭中国运兵船开始,至 1895 年 2 月 17 日日军占领刘公岛,中国北洋海军全军覆没为止,历时近 7 个月。

甲午中日战争,地区涉及朝鲜半岛,中国东北的辽东半岛、黄海海面,以及山东半岛,重大战役计有牙山战役、平壤战役、黄海战役、辽宁牛庄战役、旅顺口战役以及山东半岛的威海卫战役。其中,平壤战役中,出生于山东费县的回族将领左宝贵将军,死守玄武门,以身殉国;在黄海战役中,北洋海军

"致远"号管带(舰长)邓世昌,在弹尽舰伤的形势下,率全舰 250 名官兵快速以舰体猛撞日舰吉野号,不幸被鱼雷击中,全舰官兵壮烈牺牲。这些重大事件在此略加提及,本书重点叙说发生在山东半岛的威海卫战役。

(三)威海卫战役

1. 战前形势与清军的部署

1894 年 9 月 17 日,中国北洋海军与日本舰队在鸭绿江口大东沟海面遭遇,激战约五六个小时,双方各有伤亡,但均不能制胜,遂各自离退。北洋舰队先至旅顺口休整,李鸿章借口"仅足守口,实难纵令海战",不准出海作战;后又提出"保舰制敌",于当年 10 月 18 日,令北洋舰队返回威海卫,由此,黄海海面的制海权完全落入日军之手。日军随即集中兵力进攻辽东半岛的旅顺口,并于 11 月下旬占领旅顺、大连。尔后,日军大本营决定立即进攻威海卫,消灭中国的北洋海军。

清军在威海卫的设防布局集中在南岸、北岸、刘公岛三个部分,以及港内海面上停泊的舰艇。

南岸,设有海岸炮台 3 座——龙庙嘴、鹿角嘴、皂埠嘴,陆路炮台 3 座——杨枫岭、摩天岭、谢家所,统称"南帮炮台"。

北岸,设有海岸炮台 3 座——北山嘴、祭祀台、黄泥沟,陆路炮台 2 座——老姆顶、合庆滩,统称"北帮炮台"。

刘公岛,设炮台 2 座——黄岛、东泓,日岛亦有炮台。

战前又有增修的炮台,计有各种炮台 23 座,大小炮 160 余门,并在刘公岛南北海口布有水雷 240 余颗及其他水中障碍物。

陆地兵力部署:至 1894 年 11 月,清军于胶东半岛北部,共有步兵 46 营,约 2.2 万人,分散部署于登州、烟台、威海、刘公岛、荣成,至俚岛一线。其统兵将领分别是:道员戴宗骞、总兵刘佩超、总兵张文宣、总兵孙万林、副将阎德胜、总兵李楹、总兵孙金彪、提督夏辛酉,以及山东巡抚李秉衡。

以上驻军,分别归李鸿章与李秉衡统辖。

威海卫港面,则有北洋舰队"定远"、"镇远"、"济远"、"来远"等 7 艘战舰,另有炮舰、练船、运输舰、鱼雷艇等各类舰艇共 31 艘,由提督丁汝昌统辖。

2. 日军的战略规划及其投入的兵力

甲午战争中中日威海卫之战要图(采自《山东省志·军事志》)

日军的战略目标十分明确,就是消灭中国的北洋海军,占领威海卫。大本营委任大山岩为山东作战军司令官,下辖第二师团(师团长佐久间左马太)、第六师团(师团长黑木为桢)的第十一旅团,及炮兵、骑兵、工兵各一部,计2.5万人。1895年1月10日,即将上述兵力由日本的广岛运至中国辽东半岛的大连湾,集结待命。同时,日军大本营命令联合舰队护送山东作战军赴山东登陆,以配合海军进攻威海卫。

为了麻痹清军,并分散、转移清军的视线,日本海军联合舰队于1月18日,派"吉野"、"浪速"、"秋津洲"三舰到登州(今山东蓬莱)附近游弋,并连续炮击,造成要进攻登州的假象。又派舰驶至威海卫港外,以随时监视中国北洋舰队的动向。

一切准备就绪,日军即悍然登陆荣成湾,欲从陆路包抄威海卫。

3. 威海卫战役的前期过程

1895年1月19日,集结于大连湾的日本山东作战军,由联合舰队25艘军舰护航,开往山东半岛东端的荣成湾。20日凌晨4时,第一批日军即试图在龙须岛登陆,遭清军阻击,并被击沉小火轮一只。日军受挫,便集中炮火攻击岸上的清军,同时在炮火掩护下,强行登陆。

至1月22日,日军第二师团约15000人、第六师团约10000人,全部在荣成湾登陆。在荣成休整两天后,1月25日,在司令官大山岩指挥下,分南、北两路向威海卫进犯。北路,以第六师团为主力,由师团长黑木为桢指挥,沿荣成至威海的大道,经屯侯家、崮山后,向摩天岭方向进击,目标是夺取威海卫的南帮炮台。南路,以第二师团为主力,由师长佐久间左马太率领,沿荣成至烟台的大道西进,经桥头、温泉、虎山,向凤林方向进击,目标在于切断南帮炮台清军的退路。

日军在进攻的过程中,屡遭清军抵抗。然清军守御的最大弱点是将心不齐,有的能率军坚守,有的则脱逃自保。日军初登陆进攻荣成时,知县杨承泽闻风逃走,团练亦多溃散,副将阎德胜所率河防军5营也一触即溃。南路日军在进至桥头时,则遭到清军总兵孙万林的坚决抵抗。清军在进军过程中,"沿途人民自动支援,在风雪中帮助部队运送粮草,并协助侦察敌情,抢修工事,捕捉奸细,给清军以很大鼓舞"①。

1月26日,在日军先头部队进至白马河东岸时,孙万林趁日军立足未稳,迅速发起攻击,激战2小时,击毙敌军官1人、士兵百余人,俘虏3人。但北路清军阻击不力,日军很快进抵崮山后一带,紧逼清军南帮炮台。

4. 南帮炮台争夺战

南帮炮台的争夺战,是威海卫战役中的关键战争。1月30日,日军对南帮炮台发起总攻,北路日军(或称"右纵队")担任主攻,又分左、右两翼。左翼由第十一旅团长大寺安纯少将指挥,集中兵力,猛扑南帮陆路炮台。右翼则沿海岸佯攻南帮炮台的正面,进行牵制。当日军进至摩天岭时,清军仅有一营守卫,营官周家恩率军奋起抵抗,港内的"定远"、"镇远"、"来远"诸舰亦发炮助战,从而给日军重大杀伤,击毙其左翼司令官大寺安纯少将。然终因兵力太少,难以为继,营官周家恩身中数弹,壮烈牺牲。摩天岭炮台为日军占领。

摩天岭失陷后,日军利用摩天岭炮台的炮火为掩护,陆续进攻杨枫岭、龙庙嘴、鹿角嘴等炮台。在杨枫岭,清军副将陈万清的顽强抵抗,激战3小时,方被迫撤退。而在日军进攻海岸炮台时,清军统领刘超佩贪生怕死,临阵脱逃,而广大基层官兵则以高昂的爱国热情各自为战,奋起反击,龙庙嘴、皂埠嘴两炮台官兵全部为国捐躯,鹿角嘴炮台官兵亦大部牺牲。南帮炮台终陷敌手。

此战,据日方记载,日军自大寺安纯以下,死伤228人,清军伤亡2000余人。

5. 威海卫决战

南帮炮台失陷,使威海卫失去了半边屏障。迫于港中的北洋舰队尚有强大的火力,日军并未敢从南岸沿海大道直接进攻,而是继续向西迂回。驻守在西路的清军有孙万林、李楹、阎德胜等部10余营,分别驻扎在双岛河附近的孙家滩、港南、港头村一带。日军进至孙家滩时,遭到孙万林部的顽强阻击。而阎德胜部不仅不过河迎敌,反而擅自撤退,孙万林孤军难支,双岛河以北阵地遂落入敌手。此时,防守北帮炮台的戴宗骞部不战而逃,协防的北洋海军前广甲舰管带吴敬荣亦率水兵逃跑,北帮炮台即将落入敌手。当

①《山东省志·军事志》,山东人民出版社1996年版,第715页。本节资料主要取自该书。

此紧急时刻,丁汝昌亲赴北帮炮台,急令炸毁炮台,毁掉炸药,以防"炮资敌,我杀我"。2月2日,日军未费一枪一弹,即占领了北帮炮台。

至此,刘公岛已成为"孤岛"一座,日军海陆联合,开始了对刘公岛的猛烈攻击。日军舰编成5队,以1队在西口警戒,其余4队轮番向刘公岛、日岛及泊港的北洋舰艇轰击。南岸的南帮炮台也连连发炮,协助其海军的进攻。岛上清军在丁汝昌、张文宣指挥下,奋勇抵抗,2月3日至2月10日,双方军舰、鱼雷艇,或偷袭,或炮击。此间,丁汝昌命管带王平率13艘鱼雷艇偷袭敌舰,王平竟贪生怕死,自带一舰逃命至烟台,其余均被日军俘获或击沉,造成重大损失,致使日岛炮台亦被日军摧毁。更可恨者,王平逃至烟台后,又谎报"刘公岛已失守",致使驻守在烟台的山东巡抚李秉衡也率军西逃。

在刘公岛上,至10日晨,丁汝昌仍率军督战,时"定远"舰管带刘步蟾见弹药耗尽,无可再战,为避免巨舰资敌,下令将舰炸沉,当夜亦自杀殉国。

连续数日的攻防战,刘公岛清军虽日夜奋战,但弹药无从接济,人员亦急剧减损。此时,在北洋舰队任职的英、美、德等国人员,串通清军威海卫水陆营务处候补道员牛昶晒等,密谋投敌,并劝丁汝昌投降,丁汝昌严词拒绝,宁死不降。2月11日,丁汝昌密派水手赴烟台找李秉衡求援,当晚即得烟台密信,知李秉衡因听王平所捏造的"刘公岛已失"谣言,早已率军西逃。丁汝昌见大势已去,无可挽回,便下令沉船,以免资敌,然此令竟遭到外籍职员的阻挠,部分将领亦迟疑怯懦,无法执行。丁汝昌又提出率残余舰队奋力向烟台突围,同样遭到洋员与部分贪生怕死的清军将领的拒绝。既知已不可能有所作为,2月12日,丁汝昌愤然自杀殉国。同样宁死不降的还有"镇远"舰管带杨用霖、护军统领张文宣等。

6. 甲午战争的后事处理

丁汝昌死后,无耻的投降分子牛昶晒及洋员竟盗用丁的名义起草投降书,并派"广丙"舰管带程璧光向日本联合舰队司令伊东祐亨乞降。2月14日,牛昶晒与伊东祐亨签订了《威海降约》11条,将"镇远"等4艘战舰与"镇东"等6艘炮舰,以及刘公岛各炮台及岛上全部军资器械,悉数交给日本。2月17日,日军占领刘公岛,北洋舰队全军覆没。

至1895年4月17日,清廷又派李鸿章赴日本与日本国总理大臣伊藤博文在日本马关(今下关)签订了丧权辱国的《马关条约》。甲午中日战争,最终以中国清政府割辽东半岛、台湾给日本,并赔偿日本军费白银 2 亿两(此数接近当时清政府年收入的 3 倍)等十分严苛的屈辱条件作了结。后因俄国政府的干涉,"割让辽东半岛"的条款未能兑现。

五、关于甲午战争的思考

大约上世纪二三十年代,曾经流行过"真理与强权"的议论纷扰。在帝国主义列强嗜血成性的历史年代,什么是"真理"?"强权"就是"真理"。"弱国无外交","弱国无主权",就是最基本的历史事实。

甲午中日战争中,中国的失败,首先是国家政治制度的失败。时至 19世纪,西方资本主义制度的兴起,正呈方兴未艾之势,其经济与军事实力迅猛增长,并由此形成了其强烈的侵略性与征服欲。日本虽居东方,然自1868 年"明治维新"以后,迅速实施了一系列资本主义改革,并很快进入帝国主义列强的行列。日本对中国的侵略战争,是蓄谋已久的,早有准备。而中国社会,虽经鸦片战争、太平天国革命等重大社会震荡的打击,已经有相当一部分人具有革新、强国的意识,但政府、政治制度总体腐朽,既无法产生强有力的政权,也无法孕育旗帜鲜明、实力强大的军事力量。

其次,军事力量并非真正属于国家,军队将领并无强有力的统一指挥与领导核心。李鸿章建立了北洋舰队,但他在内心中只把"北洋舰队"看做是个人私产,用与不用并非以国家利益为重。所谓"保舰制敌",保的只是李鸿章的个人权位,哪有"制敌"之意? 这一总体格局,就决定了北洋海军无法施展自己的所长,只能时时处处受制于敌。虽有实力而必败,是李鸿章的基本方针所注定的。

其三,清军的腐败与将心的不齐,必然会产生多种漏洞。纵有左宝贵、邓世昌、孙万林、刘步蟾、丁汝昌等忠勇将士,然而贪生怕死之徒何其多耶?如此众多的溃逃将军,哪有不败之理?

附:邓世昌简介

邓世昌(1849—1894),原名永昌,字正卿,广东番禺人,清末海军将领。邓世昌出身官宦之家,清同治六年(1867 年),18 岁的邓世昌考入福州船政学堂学习航海,各门功课皆优。同治十年(1871 年),被派至"建威"舰练习航海。同治十三年(1874 年)获五品军功,派充"琛航"号运船大副。时值日军侵台,邓世昌奉命扼守澎湖、基隆等要塞,得补千总,又调任振威炮舰管带,升守备,加都司衔。光绪五年(1879 年),调北洋海军,先后任"飞霆"、"镇南"两炮舰管带。次年,随丁汝昌赴英接舰。光绪十三年(1887 年)又赴英、德接舰。次年,加总兵衔,任"致远"舰管带。

光绪二十年(1894 年),中日甲午争爆发,邓世昌力主抗战。9 月 17 日,中日海军战于黄海。他对全舰官兵说:"设有不测,誓与日舰同沉。"邓世昌指挥致远舰在诸舰配合下,重创日舰"比睿"、"赤城"、"西京丸"等舰。当日军鱼雷艇逼近旗舰"定远"号时,邓世昌指挥战舰奋力保护,发炮击沉日军鱼雷艇。"定远"号受伤后,"致远"舰立即升起"旗舰"标志,率先冲入敌阵,发炮百余发猛击日舰。日舰中弹欲逃,但见"致远"舰无后援,遂以 4 舰围攻。"致远"舰中弹,甲板着火,船体倾斜。此时,"致远"舰恰与日舰"吉野"相遇,邓世昌早愤于"吉野"的横行无忌,欲与其同归于尽,遂对大副陈金揆说:"倭舰专恃吉野,苟沉此舰,则我军可以集事。"言毕,亲操轮舵,猛冲"吉野",不幸中敌鱼雷沉没。

附:丁汝昌简介

丁汝昌(1836—1895),原名先达,字禹廷,安徽庐江人,清海军提督。

清咸丰三年(1853 年),参加太平军。咸丰十一年(1861 年),随程学启投降清军,编入湘军为哨官,任千总。同治七年(1868 年),任总兵,加提督衔,获协勇巴图鲁勇号。光绪五年(1879 年),由李鸿章奏请调至北洋海军,任炮舰督操。后任北洋海军提督,加尚书衔。

1894 年甲午战争爆发,丁汝昌积极主战。9 月 12 日,率北洋舰队护送运兵船抵达鸭绿江口大东沟。返航前突遭日本舰队袭击,丁汝昌令各舰起锚迎战。全体将士勇猛作战,重创日舰 4 艘,日军狼狈收兵。

黄海大战后一个月,日军于 10 月分海陆两路进犯旅顺、大连。北洋舰队奉命由旅顺退避威海卫。丁汝昌耻于临战脱逃,亲至天津向李鸿章请战,要求"以海军全力援旅顺,决死战"。李鸿章责令丁汝昌"保船避战",禁止出海巡弋。旅顺失陷后，日军于 1895 年 1 月从荣成登陆包抄威海卫。丁汝昌再次请战，主张主动出击，断敌后路。李鸿章则严令"不准出战，不准离开威海卫，如违令出战，虽胜亦罪"。丁汝昌只得困守港湾。此时，日军联合舰队致函丁汝昌，劝其投降，丁汝昌当即将信呈交李鸿章，并表示："吾身已许国，必至船没人尽而后已。"日军向威海卫进攻，包围了南岸炮台。丁汝昌亲率舰支援南岸守军，击毙日少将大寺安纯，击沉日舰 1 艘。虽经苦战，终因寡不敌众，南北两岸炮台先后失陷。

2 月初，海军提督衙门驻地刘公岛被包围。水师中的洋员前来劝降。丁汝昌断然拒绝："我知事必出此，然我必先死，断不能坐睹此事！"洋员怂恿水师的败类武装哗变，胁迫丁汝昌降敌。丁汝昌怒斥卖国贼："汝等欲夺汝昌，即速杀之！吾岂吝惜一身？"时，陆地援军已断，岛上弹药将尽，丁汝昌遂下令将提督印截角作废，于 2 月 12 日自尽殉国，时年 59 岁。①

六、义和团运动在山东

（一）文化侵略与"教案"迭起

19 世纪后期西方列强蜂拥侵华之际，"文化侵略"往往是军事侵略的先导与准备；而军事侵略的实施，又会为其文化侵略提供强有力的保障与支持。文化侵略的基本手段之一，便是传教、建立教会。但是美丽的"文化"形式掩盖不住"侵略"的内容实质，所谓的传教，从一开始便遭到了中国人民的强烈抵制。山东地区是中国人民"反教"斗争最集中、最激烈的地区之一。

1896 年 6 月，安徽砀山县刘堤头教民抢割大刀会会众地里的麦子，大刀会会众群起反抗，首领庞三杰率江苏、山东两省大刀会 500 余人掀起了反教活动，在山东单县焚烧薛孔楼教堂，至江苏丰县又焚烧戴套楼教堂。8 月，曹州府大刀会聚众千余人，冲击天主教堂 30 余处。而在德国公使的要挟下，清政府地方官员则对大刀会众进行了残酷的镇压。

1897 年初，又有平度县英雄会宣传反洋教，不许耶稣教民欺压平民。三、四月，冠县发生了"梨园屯教案"，因外国传教士"改庙建教堂"，梨园屯

---

① 邓世昌和丁汝昌资料节选自《烟台市志》。编此志时，威海尚属烟台市。

阎书勤等"十八魁"率梅花拳众攻打教堂,打死教民 1 人,驱逐教民 25 家,并拆毁教堂,重新盖起玉皇庙宇。此事清政府在外国势力的胁迫下,仍是镇压民众。

11 月,德国传教士在曹州(今菏泽市)附近各县唆使教徒欺压人民群众,激起公愤,大刀会会众在巨野县张家庄教堂杀死德国传教士 2 人,史称"巨野教案"。尔后,济宁、寿张、单县、成武等县大刀会众及人民群众亦纷起响应。而这一事件正是德国人所期待的,当时德皇威廉二世即表示:"华人终究给我们提供了好久期待的理由",并"决定立刻动手",电令德国海上舰队立刻进军中国山东的胶州湾。①

由此可见,"文化侵略"为军事侵略制造了"十分理想"的条件。

(二)义和团运动在山东与朱红灯杠子李庄起义

义和团,初称"义和拳",是与"大刀会"、"白莲教"等性质相同的民间秘密结社,设拳厂,练拳术,自觉地以维护农民的利益为宗旨,抵制、对抗外国侵略势力对农民利益的侵害,对抗外国教会、教民对广大民众的侵害。其活动地区主要在山东、河北、河南一带。河北威县的赵三多、山东泗水的朱红灯都是其著名领袖人物,尤其朱红灯,是首先举起"义和团"旗帜,并提出"扶清灭洋"口号的代表性人物。

朱红灯,山东泗水人,初创"义和拳",领导拳民在长清(今济南市长清区)一带进行教会活动。1898 年秋,山东冠县连续发生拳民、教民的冲突,10 月 25 日,赵三多在冠县蒋家庄马场祭旗起事,明确提出"灭洋"口号。11 月 9 日,山东日照发生村民不堪教民欺凌而引发的冲突(史称"日照教案")。1899 年 4 月,山东恩县(今平原、武城一带)又发生义和拳反对洋教的斗争。6 月,大刀会(亦称红拳会)在嘉祥、济宁、汶上、宁阳一带进行反洋教活动。正如清廷电函所称:"山东教案叠出,人心浮动。"面对这一形势,朱红灯也把自己活动的主要区域确定在鲁西北一带。

1899 年 9 月 22 日,法国使节毕盛照会清廷,称平原等县教民被拳民"扰害"甚重,要求清廷饬令地方官镇压,遂有拳民 6 人被捕,朱红灯急率手

①参见《山东省志·大事记》,山东人民出版社 2000 年版,第 63 页。

下拳民从茌平前往援救。至 10 月,朱红灯乃发动平原、长清、高唐、茌平等地拳民千余人,在平原县苏集乡杠子李庄举行武装起义,改"义和拳"为"义和团",并树起"扶清灭洋"的大旗。但清廷畏惧洋人,不敢"灭洋",却要"灭义"。10 月 11 日,平原县知县蒋楷率捕役前往杠子李庄缉拿拳民。拳民不甘束手就擒,遂与清军战于平原森罗殿。

　　杠子李庄是义和拳最早的活动据点之一。初战,朱红灯等曾重创清军,蒋楷仓皇逃窜。后,蒋楷飞书向山东巡抚毓贤告急,毓贤即派济南知府卢昌诒、管带袁世敦率马步兵各一哨赶赴平原。因毓贤已目睹德国强占胶州湾之后的嚣张气焰,深感广大民众之积怨,对义和团的态度稍有理解,欲执行"以抚为主"的政策,本令所派兵马以"开导解散为主","相机要胁","不得专以匪论"①。然袁世敦违令追击,义和团亦勇猛反击,激烈对战,终不敌清军,朱红灯等均被逮捕,并于 12 月 24 日,被毓贤杀害于济南。

　　朱红灯等虽遭杀害,然义和团运动仍在蔓延,并逐渐转向天津、北京。直至"八国联军"入侵北京,在帝国主义势力的凶残镇压下,方逐渐熄灭,最终失败。

---

　　①参见《山东省志·军事志》,山东人民出版社 1996 年版,第 711 页。

第九章　民国前期的山东军事斗争

一、晚清时期留存的山东军队

（一）八旗兵与绿营兵

清朝军队的基本构成，初期主要是八旗兵与绿营兵。

"八旗"，最初是努尔哈赤时代在"牛录制"基础上所制定的，军事、政治、生产三位一体的社会组织形式。其制为每300人设一佐领，五佐领设一参领，五参领设一都统，每都统设副都统二，领7500人，为一旗。明万历二十九年(1601年)初设四旗，旗色为黄、白、红、蓝四色。至万历四十三年(1615年)，正式增扩为八旗，所增旗色为：在原四色的基础上分别镶边，黄、白、蓝三色镶红边，红色镶以白边，原四色称为正黄、正白、正红、正蓝，所增四色称镶黄、镶白、镶红、镶蓝，此即最初的"八旗"兵制。至皇太极天聪九年(1635年)，又将蒙古降众与原先编在满洲八旗之下的蒙古人，合编成"蒙古八旗"。至崇德七年(1642年)又将降附的汉人编成"汉军八旗"。满洲八旗、蒙古八旗、汉军八旗共同组成了清军八旗兵。

在山东，曾分别于顺治十一年(1654年)、雍正九年(1731年)，设立了八旗兵的德州驻防营与青州驻防营。

绿营兵，又称绿旗兵，是清军八旗入关后，收降明军及招募汉人所组成的军队，其军以绿旗为营标，故称"绿营"。兵种分马兵、步兵，在沿海、沿江之地又设有水师。清朝统一中国后，绿营兵发展至60万人左右，成为清军正规部队的主力。由于其部队大部分驻防于全国各地城镇，故又具有地方镇戍部队的性质。由于部队分散各省，且隶属于不同的地方官统领，故又分别有"督标"(由总督统辖)、"抚标"(由巡抚统辖)、"提标"(由提督统辖)、"镇标"(由总兵统辖)、"军标"(由将军统辖)、"河标"(由河道总督统辖)、"漕标"(由漕运总督统辖)等不同名称与编制。

从顺治元年(1644年)起,即有绿营兵驻扎山东,初设山东巡抚兼提督,驻济南府;其后,又曾设山东、直隶、河南"三省总督"、"山东提督"、"山东巡抚兼提督"等职位,为全省最高军事长官,军队则先后有"登州镇"、"兖州镇"、"曹州镇"等,分别驻军于全省各地,另有"河标"、"漕标",分主河道及漕运之事。

(二)勇营与新军

随着时间的推移,八旗兵、绿营兵逐渐丧失了战斗力,到鸦片战争之后,特别是太平天国与捻军兴起之后,旧军队已不能用,清廷乃谕令各省举办"团练",以助政府镇压农民起义,时称"乡勇"或"乡团",后改称"勇营"。曾国藩在湖南所招募的湘军,李鸿章在安徽所招募的淮军,就是其中实力最大的两个军事集团。

在山东境内,从1853年,李僡、张亮基先后任山东巡抚时,即招募勇丁。其后,历任巡抚,如阎敬铭、丁宝桢、陈士杰、张曜、李秉衡等,都曾招募兵勇。或募,或裁,数量时有变动,至1900年袁世凯接任山东巡抚时,全省尚有防勇34营。袁将其中20营改编成"新军",其余14营改编成左、右翼防军和沿海防军。

新军,或称"新建陆军",是指中日甲午战争后所编练的军队。甲午战争,清军惨败,清朝统治者认为其原因在于枪炮不精,又缺乏西方操练,便下决心购买洋枪洋炮,并且聘用"洋将"进行操练,称为"新式陆军",简称"新军"。袁世凯是这支军队的主要掌控者。

(三)武卫右军与武卫右军先锋队

1898年戊戌变法后,清政府以荣禄由兵部尚书升任直隶总督兼北洋大臣,复任军机大臣,掌握重兵,节制北洋陆、海各军。荣禄将京津一带驻军合编为"武卫军",分前、后、中、左、右五军。其"武卫右军",系由袁世凯训练的新建陆军改编,有两个旅的兵力,共7000余人。1899年,山东各地义和团兴起,由于巡抚毓贤镇压不力,清廷命袁世凯率武卫右军进入山东。12月 26 日,袁世凯率武卫右军抵达济南。

1900 年 3 月 14 日,清廷实授袁世凯山东巡抚,为扩大实力,袁世凯乘机扩军。当时山东地方勇营尚有 34 营,袁世凯乃将其中 20 营汰疲,去冗,增制,仿武卫右军,称"武卫右军先锋队",自己兼任总统官。该军计辖 20 营,共 14000 余人,1900 年 4 月 19 日正式成立。

(四) 陆军第五镇

截至清末,清廷掌控的山东主要军队就是武卫右军先锋队。1904 年,山东巡抚周馥奏请将武卫右军先锋队为常备军。1905 年 6 月,袁世凯又以武卫右军先锋队为基础,改编成陆军第五镇("镇",相当于"师")。其中,抽调武卫右军先锋队 12 营,抽调陆军第四镇步队 4 营,马、炮队各一营,又从青州、德州兵营中挑选精壮士兵 500 名,另招募兵若干,合编成北洋常备军第五镇,直属陆军部管辖。其驻防地仍是济南至潍县一带,后称陆军第五镇,共 12500 余人。

由于八旗、绿营早已丧失战斗力,勇营、新军又随时改编,至辛亥革命之前,清廷在山东的兵力主要就是陆军第五镇。

二、袁世凯窃国与山东的反袁战争

以中国同盟会为首的中华革命党人,于 1911 年 10 月 10 日在湖北武昌起义成功,宣告中华大地 2000 余年封建帝制的终结,民主共和时代即将到来。但是,封建制度及其代表人物绝不会轻易退出历史舞台,此间又经历了曲折复杂的殊死斗争。

(一) 山东同盟会员的初期斗争

中国同盟会员在山东活动较早者,主要有徐镜心、谢鸿焘、刘冠三等人,早在 1906 年,就在山东进行革命活动。

1906 年春,徐镜心、谢鸿焘在烟台创办东牟公学,成为同盟会在胶东的联络中心;刘冠三等在济南创办山左公学,成为同盟会的重要活动基地。东牟公学坚持了三年,山左公学只办了一年,就被迫停办。

同年秋,山东同盟会员在日本创办《晨钟》周刊,宣传革命。

1908 年春,刘冠三、陈干等又在青岛设立震旦公学,开展革命活动。

由于山东地处北方,紧连清政府及北洋军阀的大本营——北京,袁世凯等手握重兵的当权人物伸手可及,因此,同盟会在山东的活动较之南方各省相对薄弱,直至 1911 年 10 月 10 日武昌起义爆发,山东的革命党人才有较大规模的响应。

1911 年 11 月 5 日,济南同盟会员与学生、教员、工商业者及立宪派人士 1000 多人在省咨议局开会。同盟会员徐镜心等草拟了 7 条《山东独立大纲》,响应共和,宣布独立;而立宪派则将这份《独立大纲》改为 8 条对政府的"劝告",交给了山东巡抚孙宝琦。

11 月 7 日,革命党人与山东各界人士又在济南集会,宣布取消咨议局,成立山东各界联合会,作为全省立法与监督行政的最高机关。

11 月 12 日,烟台起义成功,并于 13 日成立山东军政府(次日即改为烟台军政分府)。

11 月 13 日,山东各界联合会在济南召开独立大会,并邀山东巡抚孙宝琦参加。当时,革命党人在新军第五镇参谋黄治坤等人的协助下,迫使孙宝琦宣布"山东独立",会上,并推举孙宝琦为山东临时政府都督。其实,孙宝琦只是临时答应而已。孙宝琦自言,所谓"山东独立","譬之开店,换一招牌而已",军政事务一切照旧。至 11 月 24 日,孙宝琦即宣布取消山东独立,撤销临时政府,依然改"都督"为"巡抚",并三次电奏清廷,"自恳罢黜治罪"。11 月 29 日,清廷乃命孙宝琦"仍留任山东巡抚"。①

1911 年 12 月,在济南、青岛、寿光、青州、安丘、诸城等地,革命党人又多次谋划起义,并曾在寿光吴家庙子树立"独立之国"大旗,但均因敌强我弱而遭失败。

(二)袁世凯阴谋窃国与全国的反袁战争

1911 年 10 月 10 日武昌起义成功,迅速得到全国各地响应,其后两个月内,即有湖北、湖南、陕西、江西、山西、云南、贵州、江苏、浙江、广西、安徽、

①参见《山东省志·大事记》,山东人民出版社 2000 年版,第 102 页。

广东、福建、四川等省宣布独立,清朝政府迅速解体。当年 12 月,孙中山回
到国内,遂有 17 省代表会议在南京召开,会议推举孙中山为临时大总统。
1912 年 1 月 1 日,在南京成立中华民国临时政府,孙中山就任临时大总统,
定都南京。

中华民国的迅速成立,表现了民心之所向,也是历史大趋势之必然。但
是,中华民国的成立并不等于清朝政府实力的消亡,特别是以袁世凯为首的
北洋军,既掌控清廷皇室的命脉,又足以对抗南方各省相对"散乱"的革命
势力。袁世凯,作为一个野心勃勃的窃国大盗,开始玩起了两面要挟、牟取
私利的勾当。

袁世凯的主要资本就是北洋军六镇。其初起,是 1895 年在天津编练的
新建陆军,1898 年袁世凯向荣禄告密,靠出卖维新派取得了慈禧太后的宠
信。后,山东义和团兴起,1899 年袁世凯奉调赴山东镇压,并升任山东巡
抚。在山东,袁又积极扩军,编练"武卫右军先锋队",进而编成北洋常备军
第五镇。其后,袁世凯又陆续升任直隶总督兼北洋大臣,练兵处会办大臣;
1905 年编成北洋军六镇("镇"相当于"师"),1907 年调任军机大臣兼外务
部尚书。袁世凯位高权重,炙手可热,由此引起了清朝王室的不满。

1909 年初,清廷摄政王载沣罢免其职,并令其回河南彰德养病。袁乃
于苏门山韬光养晦,自摄"披蓑立船小影",以示世人"不问时事"。其时,北
洋军的实际操控者仍是袁世凯。

武昌起义爆发,清廷难以应对,不得不再次起用袁世凯。袁又乘机要
挟,以"足疾未痊",再次力辞,清廷又派内阁协理大臣徐世昌亲往劝说,袁
始应召。随即清廷再任袁世凯为内阁总理大臣。袁既掌控前线军事,又挟
控清廷王室。

1912 年 1 月 1 日,中华民国临时政府宣告成立,但清帝并未退位,革命
军与北洋军战事依旧。袁世凯借前线革命军的压力,唆使段祺瑞等电请清
帝退位;又以"清帝退位"为条件,要求孙中山"辞让"中华民国临时大总统。
清廷既无所依恃,只好接受"逊位"的条件;而革命党人慑于北洋军的威势,
又见袁世凯接受"共和",故亦主与袁妥协,接受袁的条件。1912 年 2 月 12
日,清帝溥仪宣告退位,并授权袁世凯"全权组织临时共和政府";2 月 13
日,孙中山亦被迫辞去临时大总统之职;2 月 15 日,袁世凯任临时大总统。

袁通过种种阴谋伎俩,终于将"中华民国临时大总统"的职位拿到自己手中。

袁世凯就任临时大总统之后,正式组成了北洋军阀的政府,推行一系列倒行逆施:刺杀革命党人宋教仁;非法签订"善后大借款";罢免革命党人江西都督李烈钧、安徽都督柏文蔚、广东都督胡汉民,并派兵南下。

孙中山被迫发起"讨袁之役",进行"二次革命"。

袁世凯则凭借军事上的暂时胜利,解散国民党,解散国会,废除《中华民国临时约法》,接受日本旨在灭亡中国的"二十一条",并于 1915 年 12 月宣布次年改为"洪宪元年",准备即皇帝位。由此,又激起了风卷全国的"护国运动"与"护法运动",亦称"护国战争"与"护法战争"。

"二次革命"、"护国战争"、"护法战争",革命党的主体力量均在南方:

1913 年"二次革命",李烈钧在江西湖口宣布独立,黄兴在南京宣布独立,陈炯明在广州宣布独立,陈其美在上海进攻江南制造局……

1915 年 12 月"护国战争",蔡锷在云南首举义旗,贵州、广西、广东等紧随响应。

1917 年"护法战争",孙中山率驻沪海军南下广州,召开"非常国会",组织护法军政府(孙中山任大元帅),领导了全国的护法战争。

(三) 山东的反袁战争

山东地处袁世凯北洋势力的南沿,所以山东的讨袁斗争不如南方各省声势浩大。然而,由于袁世凯势力基本控制山东,因此山东的反袁斗争也往往表现得更为惨烈。据《山东省志·大事记》载录,自 1912 年 1 月之后,其重要活动可举列于下:

1. 初期在胶东的斗争

1912 年 1 月 15 日,同盟会员徐镜心、连承基等在大连招募革命军 200 余人(亦有资料称 500 余人)在山东蓬莱阁登陆,当日占领登州(今山东蓬莱),并组织登州军政府,连承基任都督。

1 月 16 日,孙中山令蓝天蔚率北伐沪军乘"海容"、"海琛"、"南京"三舰抵达烟台。

同日,黄县起义,光复黄县,18 日设立民政署。

1月18日,文登县同盟会员丛琯珠率众占领县署,并组织民政署。

1月19日,徐镜心率20余人袭取龙口,并组织龙口民政署接管龙口海关。

1月20日,杜潜、刘基炎率沪军北伐先锋队3000余人乘船抵达烟台,在烟台设立山东军政府,南京临时政府任命胡瑛为都督。

同日,黄县民军与清军交战,为争夺黄县的控制权,双方反复交战20余日。

1月26日,孙中山、黄兴任命陈干为山东民军统领,陈干率部由浦口北上,沿途联合其他民军,发展至万余人。

本月,高密、即墨、荣成、诸城、文登等地均发生了革命军(时称"民军")与清军的战斗,或胜或败,民军先后牺牲数百人。

2月初,清廷已任命张广建为山东巡抚,南京临时政府则委派胡瑛去烟台就任山东军政府都督。在胡瑛与张广建的交锋中,张广建玩弄阴谋,迫于袁世凯的压力,胡瑛于3月19日致电袁世凯,辞去山东军政府都督一职。3月28日,袁世凯任命周自齐为山东军政府都督。

鉴于山东政局混乱,北洋军阀势力甚重,至7月31日,胡瑛乃通电撤销烟台军政府和民军,辛亥革命在山东的活动基本结束,北洋军阀全面统治了山东。

2. 反袁初起,遭北洋军残酷镇压

孙中山发动的"讨袁之役"(史称"二次革命"),是1913年7月正式开始的。7月12日,江西李烈钧宣布独立,是"二次革命"开始的标志性事件。此时,山东的革命党人也在秘密准备武装讨袁,以赵同普、赵惠斋、刘德铭为首的一批革命党人,在青州秘密组织了革命党人鲁东讨袁支队,赵同普任司令。但山东地区北洋实力雄厚,北洋军第五师就驻扎于济南、潍县一带,耳目众多,故鲁东讨袁支队未及起事即遭镇压。7月26日,北洋军第五师师长张树元即派兵至青州,包围并逮捕了鲁东讨袁支队的主要领导人,将其押至济南。8月20日,赵同普、赵惠斋、秦明堂、刘德铭、车师夏、何凤翔等6人惨遭杀害。

此后,"尊孔读经"成了袁世凯在山东的主要活动。

3. 日本、德国在山东的斗争

1914 年 7 月，第一次世界大战爆发。8 月 1 日至 4 日，德国与俄国、法国、英国先后宣战，8 月 6 日，中国北京政府宣布"中国中立"。德国既无暇东顾，8 月 13 日，便向北京政府表示："愿将胶州湾租借地直接交中国。"久怀阴谋侵略中国的日本立即出面干预，日本驻华使馆代办小幡西吉向中国北京政府外交部提出"警告"。至 8 月下旬，见德国在欧洲战争全面展开，无力东顾，日本乘机向盘踞在山东的德国军队宣战，同时以武力要挟中国政府。8 月 24 日，日本驻北京公使日置益面见中国外交总长孙宝琦，要求划山东省黄河以南为日本对德作战区，并撤走胶济铁路沿线的中国驻军。对这种公开侵犯中国主权的无理要求，北京政府外交部竟令驻日公使告知日本政府："胶济铁路潍县以东至青岛，日本可任便布置。"——公然任人宰割。

8 月 31 日，日本军队侵占胶州湾附近各岛屿。

9 月 2 日，日军第十八师团 2000 余人在龙口登陆。

9 月 10 日—13 日，日军侵占平度、即墨、高密、胶州。

9 月 18 日，日本陆军第十八师团第二批部队在崂山湾登陆。

9 月 23 日，英国军队 900 人亦在崂山湾登陆。

9 月 25 日，日本军队占领潍县车站。

10 月 3 日，日军沿胶济铁路西侵，占领青州和济南车站。同时，坊子、淄川、金岭镇的煤矿、铁矿亦被日本占领。而中国的大总统袁世凯，则下令中国军队撤离胶济铁路沿线地区。①

10 月 31 日，日英联军近 3 万人向盘踞青岛的德军发起总攻，11 月 7 日，德军投降。至此，德国侵略者在山东的特权全部落入日本侵略者手中。

其后，日本侵略者在胶济路沿线及胶东各地，实施了一系列侵犯中国主权、危害中国民生的措施，袁世凯政府则一味姑息纵容，甚至致电各省将领："日本素敦睦谊，谅不致有意外之举，各将军务须镇静以待，不必稍形惊扰，

---

① 《山东省志·大事记》，山东人民出版社 2000 年版，第 118 页。

致碍外交前途。"①日本政府已明确议决,要在山东实行殖民统治,而袁世凯还"不必稍形惊扰"。

至1915年1月18日,日本公使日置益向袁世凯提出灭亡中国的"二十一条"。5月9日,袁世凯不顾全国人民的反对,竟基本接受了"二十一条",并于5月25日,让外交总长陆征祥与日本公使日置益在北京签订了《中日二十一条及换文》。尔后,"5月9日"就成了全中国的"国耻纪念日"。对山东主权的全面劫掠,正是"二十一条"的核心内容之一。

4. 山东的"护国运动"与"护法运动"

与日本签订"二十一条",袁世凯以为可以取得日本人的支持,1915年8月,即在北京组织"筹安会",鼓吹帝制,袁世凯的"山东将军"靳云鹏就是其积极支持者之一。靳与14省将军联名"电请袁世凯速登帝位"。是年年底,袁公开申令,改次年(1916年)为"中华帝国洪宪元年",准备登基,即皇帝位。

由于袁世凯要恢复帝制,要抛弃孙中山领导民众奋斗几十年所创建的"共和制"国家,因此孙中山重新发起反袁斗争(史称"护国运动"),要捍卫"共和制国家"。护国运动的主力在南方,山东方面,孙中山曾派居正等来山东开展反袁斗争。

早在1915年末,孙中山组织中华革命军(简称"民军"),委任居正为东北军总司令,在青岛设立筹备处。1916年1月12日,中华革命军东北军召开会议,制定讨袁计划:先以主力占领潍县,控制胶济路中段,向西扩展,并派游击队到山东南部活动。随即分头准备实施。

5月初,居正所部中华革命军东北军及夏重民等人率领的加拿大、美国等地华侨"讨袁敢死先锋部"进攻潍县,与驻守山东的北洋军第五师张树元部开展激战。中华革命军东北军吴大洲部攻占周村后,宣布独立,另立旗号,称"山东护国军",吴大洲自任都督。5月23日,居正所部占领潍县,张树元部败退,山东护国军与居正护国军分别攻占邹平、临淄、淄川、即墨、高密、安丘、莒县、诸城、日照、平度、昌乐等10余县,在山东中部形成了一支十分可观的革命力量。

---

①《山东省志·大事记》,山东人民出版社2000年版,第119页。

袁世凯称帝,立刻遭到了全国人民的武装讨伐,特别是云南蔡锷护国军的节节胜利,使袁深感大局不妙,被迫于1916年3月22日宣布取消帝制,仍当"大总统"。然而时局已无可挽回,一纸空文岂能阻止国人的护国热潮。6月6日,在国人的一片讨骂声中,袁世凯死去。此后的斗争,又在革命军与北洋军阀的余党中展开。

袁世凯死前,于5月30日将山东将军靳云鹏调入北京,同时任命北洋将领张怀芝为济武将军,置理山东军务。及袁死,黎元洪继任大总统,各省原督理军务之职一律改称"督军",张怀芝遂改任"山东督军",成为北洋政府在山东的最高军事长官。同年7月4日,居正、吴大洲的代表与张怀芝的代表达成协议:(1)双方军队确守会议前原驻地点,不相侵越;(2)护国军军饷暂由张怀芝每月筹措补助银元3万元。这一协议,其实质就是,张怀芝利用护国军之军费困难,暂时稳住护国军,并进而瓦解之。之后不到两个月,8月下旬,居正、吴大洲便就民军改编事宜与"政府"谈判;9月1日,双方又达成协议:居正、吴大洲通电取消"东北军"、"护国军"名义,原民军各部接受改编。山东的讨袁护国斗争就此宣告结束。

事情并未就此为止,编遣民军只是张怀芝消灭革命军的第一步,之后,山东革命军的首脑人物居正被迫亡命日本,吴大洲、薄子明等先后在北京、上海被捕并惨遭杀害。至1917年2月20日,张怀芝下令济南戒严,逮捕革命党人与民军首领40多人,其中就包括原民军师长朱霄青和居正的参谋长陈中孚。

在其后的"护法斗争"中,山东革命党人范玉琳等曾组织"山东护法军第一梯团",通电声讨张怀芝,并在鲁西、鲁西南一带进行过斗争,但终究力量甚微,山东始终是北洋政府的天下。

附:徐镜心简介

徐镜心(1874—1914),字子鉴,黄县(今龙口市)黄山馆镇后徐家村人。自幼勤奋好学,品学兼优,胆识过人。1901年,徐镜心入烟台毓才学校读书。1903年,他东渡日本,考入福田大学政法科,攻读法律。1905年,"中国同盟会"在日本东京成立,徐镜心加入同盟会,被委任为山东主盟人。在他的主持下,山东籍留学生有 50 余人加入同盟会。

1906 年,徐镜心回国,在友人的协助下,与谢鸿焘、胡瑛等人创办了烟台东牟公学、端本女校,招收爱国青年,发展同盟会员,进行革命活动。他还授意分布全省的同盟会员,利用清廷提倡私人办学的机会,创办学堂,以开展革命活动。两三年内,仅黄县就办起学堂十余处。

1907 年,徐镜心应友人之邀赴奉天,任《盛京时报》主笔。是年夏,徐锡麟、秋瑾等革命志士被害,白色恐怖笼罩全国,徐镜心利用舆论阵地揭露清廷腐败,鼓吹革命,倡建共和。同时,与宋教仁一起创办木植公司以为掩护,招纳同盟会员,结交绿林好汉,为推翻关外总督府做准备。后,行踪被官府侦悉,由于吉林警察署长连承基庇护,徐镜心、宋教仁幸免于难。

1911 年 10 月,武昌起义爆发,徐镜心、丁惟汾等在济南联络同盟会员积极响应,迫使巡抚孙宝琦宣布山东独立。但孙宝琦出卖革命,山东独立仅 20 天即被撤销。徐镜心出走上海,拜会了孙中山。孙中山安排徐镜心与上海军政府都督陈其美商议山东战略方案:一旦有变,先据烟台,后取登、莱,再图济南。孙中山授权徐镜心继续领导山东革命。

1911 年 11 月 13 日,烟台的同盟会员举行武装起义,宣布烟台独立。徐镜心到达烟台后,立即组织"北方共和急进会",佯推"舞凤"舰舰长王传炯为都督,由革命党人接任司令,以剥夺其兵权。王传炯露出真面目,宣布全城戒严,搜捕革命党人,扬言要处决徐镜心。幸有同情革命的日本友人从中斡旋,徐镜心才幸免于难。

是时,有数百名参加关东举义的散兵云集大连。1912 年 1 月 15 日,徐镜心、连承基等率 500 余名士兵乘日轮"永田丸"和"龙平丸"向登州进发,一夜之间光复登州,次日晚成立革命军政府。众人推举徐镜心为都督,徐秉持孙中山先生"要做大事,不要做大官"的教诲,坚辞不受,遂举连承基为都督,徐镜心副之。

1912 年 8 月,同盟会改组为国民党,徐镜心被推选为国民党山东支部理事长。年底,当选为国会议员。翌年春,徐镜心赴京就职,偕同刘冠三走访袁世凯。袁世凯摆出一副礼贤下士的样子:"民国由先生缔造,由先生振兴。前程似锦,端在人为……"徐镜心进言曰:"总统,应是公仆,国民才是主人……水可载舟,亦可覆舟。"袁世凯听后逼视徐镜心,沉默良久。

1913 年 3 月 20 日,宋教仁被害,徐镜心在《泰东日报》著文,痛斥袁世凯倒行逆施,力逼查办凶手,以谢国人。袁世凯一心复辟帝制,国民党人群起抵制,惨遭迫害。亲友们都为徐镜心的处境担心,劝他出京暂避,他不以为意,表示要在北京继续进行讨袁斗争,并做好了牺牲的准备。

1914 年 1 月 10 日,袁世凯下令解散国会。3 月 4 日,指示军法处秘造伪证,将徐镜心逮捕下狱,严刑拷打 10 余次,终不可夺其志。4 月 13 日凌晨,徐镜心英勇就义,时年 40 岁。

1936 年 6 月 10 日,国民党五届二次会议通过决议,追授徐镜心为陆军上将,举行国葬。

三、五四时期山东的外交斗争

《孙子兵法》言:"上兵伐谋,其次伐交,其次伐兵,其下攻城,攻城之法为不得已。"直接用兵打仗,并不是军事斗争上的高明手段,最高境界是以谋相伐,以谋取胜,是"不战而屈人之兵"。其次,是外交斗争,通过外交手段来维护国家的利益,来实现己方的战略目标;外交手段达不到目标,才能考虑用兵的问题。而"攻城",则是迫不得已的下策,因为"强攻城池",敌我双方都必然会遭受巨大的损失。

所以,外交斗争和单纯的军事斗争,都是实现总体战略目标的一种手段。若就广义的"军事"内涵而论,"外交斗争"实为军事斗争的一种特殊手段。"谈"不成就"打","打"不下又"谈",谈谈打打,打打谈谈,几乎是古今中外许多战争过程的基本内容。第一次世界大战后所召开的"巴黎和会",就是事关中国国家核心利益的一次外交斗争。

(一)第一次世界大战与巴黎和会

第一次世界大战,是两大帝国主义国家集团之间为重新瓜分世界而进行的战争。交战国一方为同盟国,由德、奥①、意三国组成;另一方为协约国,由英、法、俄三国组成。

---

①"奥"为"奥匈帝国",其领土包括今奥地利、匈牙利、捷克、斯洛伐克及波兰与原南斯拉夫的部分地区。

1914年6月28日,奥国皇太子斐迪南在萨拉热窝遇刺,成为战争的导火索。7月,奥国进攻塞尔维亚,8月,德、俄、法、英先后卷入战争。

在东方,日本为捞取在中国的利益,对德国宣战,出兵占领中国的山东。中国初守中立,后亦加入协约国,美国也加入协约国。在西亚及欧洲,土耳其与保加利亚加入同盟国,意大利则由同盟国转入协约国。战争进行到1918年,同盟国逐渐支撑不住,先后投降,最后德国也被迫投降。战争过程历时4年零3个月,参战国家达33个。协约国既是战胜国,故其主要成员便取得了重新瓜分世界的权利,于是召开了战后分赃会议——巴黎和会。

巴黎和会,自1919年1月18日起,至6月28日止,在法国巴黎的凡尔赛宫召开。参加者有英、法、美、意等27国,当时俄国十月革命刚刚成功,由于西方国家的反对,俄国未能参加。主导会议的,完全是美、英、法三国。

中国和日本都是协约国成员,因此都参加了会议。对中国来说,会议所涉及的核心问题,是收回战败国德国原先在中国所取得的权益,而这个权益的核心又是关于山东的主权,尤其是青岛的主权。美、英、法、日狼狈为奸,合伙分赃,硬要把德国在中国山东尤其是青岛所霸占的权益全部交给日本,使中国这个"战胜国"徒有空名。这便是引发五四运动的直接原因。

(二)核心权益——中国山东青岛的主权

早在第一次世界大战刚刚开始的1914年,日本就以对德宣战的名义,进军山东,抢占青岛及胶济路沿线的大部分县市,"对德国宣战"实为其侵占山东的借口而已。及战争结束,为避免将"山东问题"提交战胜国所召开的和平会议,在会议开始之前,日本便提出由"中日单独解决山东问题"的主张,试图利用当时中国北洋政府对日本人的依赖,拿"山东权益"作为交换的筹码。由于山东人民身受其害,故对此尤为警觉,时时处处都在紧盯着这一问题。依《山东省志·大事记》记载:

1919年1月10日,日本主张"中日单独解决山东问题"的消息传来,山东省议会议长郑钦、副议长王朝俊等便致电北京政府,反对"中日单独解决山东问题",主张提交"巴黎和会"公议。

1月13日,山东省报界联合会发出同样的通电。

1月18日,中国政府派陆征祥、顾维钧、王正廷、施肇基、魏宸组为全权代表出席巴黎和平会议。

2月5日,山东旅京人士组织外交后援会,力争收回青岛。

2月10日,山东省议会致电出席巴黎和会的中国代表,提出:"青岛问题务请坚持,万勿退让,鲁民誓作后盾。"

2月15日,参加巴黎和会的中国代表提出关于山东问题的长篇说帖,要求将胶澳(即胶州湾)租借地、胶济铁路及德国在山东强占的其他权利,直接归还中国。

3月20日,山东省公民代表致电北京政府,要求日本无条件归还青岛。

4月5日,山东省议会、教育会、工会、农会、商会等,联合致电出席巴黎和会的中国专使,要求取消《中日密约》①。

4月6日,上述各组织又致电美、英、法、意四国首脑,再次要求将第一次世界大战后日本非法占领的胶济铁路和青岛等地之主权,直接交还中国。

4月8日,山东各界举派山东省议会前副议长孔祥柯和许天章为山东公民代表,赴美、英、法三国宣传事情真相,直接到巴黎呼吁。

4月12日,山东省议会、教育会、商会等再次请求速电巴黎和会各国代表,声明否认"二十一条"及1918年《中日密约》,要求会议支持将德国侵占山东的一切权益直接归还中国。

4月19日,山东学生外交后援会成立,并于20日发动各界人士万余人在济南举行山东国民请愿大会,要求省长沈铭昌转电北京政府,坚持青岛及山东路矿权由巴黎和会直接判交中国。

……

然而,这一切和平外交的努力,帝国主义"分赃"会议根本不予理睬:

4月29日,出席巴黎和会的美、英、法三国政府首脑举三国会议,三国全然无视中国的正当要求,于30日决定:"由日本继承德国在山东的一切

---

①指1918年9月,日本外务大臣后藤新平向中国驻日公使章宗祥提出处理山东省各问题的换文,换文中基本保留了日本在山东特别是在青岛的权益。

权利。"

5月1日,由英国外交大臣将这一"决定"口头通知中国代表。

(三)五四运动在山东

5月2日至3日,巴黎和会有关山东问题的消息传到国内,群情激愤,山东济南3000多名工人举行集会,要求收回青岛,北京国会中鲁籍议员谢鸿涛、沙明远等提出查办曹汝霖、陆宗舆、章宗祥卖国案,并要求总统徐世昌将三人撤职惩办。

5月4日,北京爆发了五四爱国运动,提出的主要口号就是:"外争国权,内惩国贼"、"取消二十一条"、"拒绝和约签字"、"还我青岛"、"誓死争回青岛"等。

五四运动的发起地点是北京,首举义旗的主体力量是学生,数千名热血青年在天安门前集会,发表演说,高呼口号。会后举行游行示威,当游行至东城赵家楼胡同之曹汝霖住宅时,痛打了正在曹宅的章宗祥,放火烧了曹宅。学生们的爱国激情遭到了军阀政府的军警镇压,当时逮捕学生30多人。此又激起北京学生总罢课,并通电全国,天津、上海、长沙、广州等地学生也纷纷游行示威,声援北京学生。至6月3日至4日,军阀政府又逮捕北京学生近千人,激起全国人民的更大愤怒。上海、南京、天津、杭州、武汉、九江以及山东、安徽等地的工人举行了中国历史上第一次政治罢工,上海等城市商人也先后罢市,将五四学生运动推向了更高的阶段,成了全国人民的一场划时代的政治抗争。

这一阶段,山东人民更以国事为己任:

5月4日,山东省各界人士在省外交商榷会开会,提出八条决议,核心仍在拒绝和约签字,力争收回青岛。

5月5日,闻北京爱国学生被捕,山东省议会副议长王朝俊、张介礼和山东外交商榷会代表,星夜赶赴北京,联合山东籍两院议员及各界知名人士,联名要求释放被捕学生,并到警厅和步兵统领衙门慰问被捕学生。

5月6日,山东国货维持会召开万人大会,决定抵制日货。

5月7日,在省议会召开山东各界国耻纪念大会,力主收回青岛及山东路矿权利。

同日,齐鲁大学学生发表《为力争青岛敬告全国各界书》,要求收回青岛,维护主权,不达到目的决不罢休。

5月8日,济南商会通电全国商会:抵制日货,誓作政府后盾。

5月10日,召开学生联合大会,公推张文英等6人为代表,往见督军、省长,请求转电北京政府,力争主权,惩办卖国贼。

5月19日,山东各界组成85人赴京请愿团,向北京政府提出三项要求:拒绝和约签字,废除高徐、济顺铁路草约,惩办卖国贼。

同日,北洋驻山东第五师各营连代表举行会议,要求惩办卖国贼,并呼吁全国军人一致对外。

此后,山东各地爱国活动彼伏此起,迭出不穷:

6月19日,山东各界请愿团109人赴京,20日即赴新华门递交请愿书。然徐世昌避而不见,代表们乃跪倒于新华门外,号哭之声震天动地。后徐世昌被迫答应接见,复以"外交困难"相敷衍。

6月28日,山东第二批请愿团108人又抵北京。

6月28日,巴黎和会举行签字仪式,在山东人民与全国人民的强烈抗争与严厉督责下,中国专使未敢到会签字。山东人民的外交斗争取得了阶段性胜利。

在此之后,北洋政府依然镇压全国人民的爱国活动,如1919年7月22日,济南军警捣毁回教救国后援会,逮捕回民爱国领袖、济南回教救国后援会会长马云亭和朱春涛、朱春祥等人,并于8月5日将三人杀害,史称"济南血案"。然而,波澜壮阔的爱国运动也促使国人更加关注国家,其中也包括许多军阀中的军人。1920年3月31日,山东籍军人湖北督军王占元、浙江督军卢永祥、第三师师长吴佩孚以及暂编第一师师长张宗昌等48人,联名通电,反对直接与日本交涉山东问题。

持续顽强的斗争,最终取得了胜利,1922年12月10日,日本民政长秋山向中国代表王正廷、熊炳琦移交青岛行政管辖权;15日,青岛日军司令部撤离。

当夜,青岛学生举行提灯游行,庆祝收回青岛主权。

四、张宗昌在山东的统治

（一）张宗昌入驻山东

自袁世凯建立北洋政府后,山东始终控制在北洋军阀手中。军人主政,成为这一时期的基本特点。

清末,北洋陆军第五镇驻军山东。1912年9月,陆军第五镇改称中国陆军第五师,隶属陆军部,仍驻军在济南、潍县一带。原镇、协、标、营、队、排、棚之系列编制,亦改为师、旅、团、营、连、排、班;其统军人物,也分别改称师长、旅长、团长、营长、连长、排长、班长。第五师师长,先后为靳云鹏、张树元、郑士琦等,至1928年,第五师被张宗昌改编。自1914至1924年的10年间,先后有10余支"混成旅"驻军山东。此间,靳云鹏、张树元、张怀芝、田中玉、郑士琦等,曾先后以"督军"或"都督"的身份统治山东。

张宗昌,字效坤,山东掖县（今莱州市）人。早年去东北,流落北满为匪。辛亥革命时,率百人入关投靠山东民军都督胡瑛,旋入上海投靠陈其美,任光复军团长。1913年"二次革命"时,又投靠直系军阀冯国璋,升任旅长。后,冯国璋任副总统,张任侍从武官长,复任第六混成旅旅长、暂编第一师师长。1921年投靠奉系军阀张作霖,任吉林省防军第三旅旅长,收编白俄军近万人,复任镇威军第二军副军长。1924年第二次直奉战争后,收编直军4个旅,所部兵力近10万人。1925年1月17日,北洋政府临时执政段祺瑞任张宗昌为苏鲁皖"剿匪总司令"。4月24日,段祺瑞又委任张宗昌督办山东军务善后事宜,从此,开始了张宗昌在山东三年的残酷统治。

（二）张宗昌的直鲁联军

以土匪出身,又以军队四处投靠的张宗昌,深知军队的多寡、强弱,直接联系着他个人的地位与安危。不择手段地增加兵力,是张宗昌进入山东之后的第一要务。进入山东,除张宗昌所率奉系第一军之外,先后收编了山东境内所有的旧军队。初,整编为10个军和若干个独立旅,到1926年冬,其"军"的番号编至30多个（其中许多是空架子）,还有一些直属部队。兵力大增,号称20万。

1924年第二次直奉战争后,奉系李景林被冯玉祥挤出天津,败走山东。

此时山东正值张宗昌督办军务,1925 年 12 月,张与李的残部组成"直鲁联军",张宗昌任总司令,李景林任副总司令兼前敌司令。1926 年 3 月,李率直鲁联军反攻天津,以破竹之势迅速恢复直隶之地盘。后因张、李"误会",张宗昌遂将李部缴械改编,李景林被迫亡命日本。至此,"直鲁联军"遂成为张宗昌一人的部队。

据《山东省志·军事志》记载,"直鲁联军"曾先后辖 30 余军:

第一军,军长张宗昌(兼)、张敬尧,驻济南,下辖先后有 11 个暂编师;

第二军,军长施从滨、张敬尧,辖 2 个支队(中将支队、少将支队各 1 个);

第三军,军长程国瑞,驻泰安,辖 3 个师;

第四军,军长方永昌,驻峄县,辖 2 个少将支队;

第五军,军长王栋,驻鲁东南,辖 2 个师;

第六军,军长褚玉璞(兼)、徐源泉;

第七军,军长许琨,驻韩庄,辖 3 个师,2 个旅;

第八军,军长毕庶澄、柴永升,驻寿张,辖 3 个师;

第九军,军长朱泮藻、姜明玉;

第十军,军长杜凤举、吴樽卿,驻临城(今薛城),辖 4 个上校支队;

第十一军,军长张宗辅、王翰鸣,驻沂州(今临沂),辖 3 个旅;

第十二军,军长魏联珉等 4 人;

第十三军,军长刘志陆,驻济宁,辖 2 个师;

第十四军,军长马济、孙殿英;

第十五军,军长徐光志等 3 人,驻济宁,辖 2 个少将支队;

第十六军,军长谢玉田;

第十七军,军长曲同丰、谢文炳;

第十八军,军长王普;

第十九军,军长刘凤园;

第二十军,军长李藻麟;

第二十一军,军长王维城;

第二十二军,军长李征五;

第二十三军,军长杨清臣,驻郓城;

第二十四军,军长潘鸿钧;

第二十五军,军长毛思忠;

第二十六军,军长张万信;

第二十七军,军长李耀昌;

第二十八军,军长纪元林;

第二十九军,军长张继武;

第三十军,军长毛思义;

第三十一军,军长武衍周;

挺进军,总指挥王振、贾济川;

骑兵军,军长张沁元;

……

另有预备军、直鲁豫联军、独立旅、炮兵独立旅、骑兵旅、工兵旅、白俄军等等,名目繁多,无须细举。在一个省内,如此众多的军队,张宗昌用什么办法"养"?

(三) "张宗昌祸鲁"

张宗昌进入山东,最突出的特点就是镇压人民,祸害百姓。张任督办山东军务后,不到一个月,就制造了"青岛惨案",枪杀青岛日商纱厂的工人。

1925 年 7 月 8 日,段祺瑞又令张宗昌"兼署"山东省长,张宗昌就更加肆意妄为。张宗昌一方面残酷镇压工人运动,逮捕并杀害工人领袖。7 月下旬,逮捕青岛四方机厂工人纠察队长赵石恪等 10 余人,同时,又逮捕中共青岛四方机厂支部书记李慰农和《青岛公民报》主笔胡信之等 20 余人,当月 29 日,张宗昌即下令将李慰农和胡信之杀害于青岛团岛。

另一方面,张宗昌狂征暴敛,滥开苛捐杂税。

7 月 15 日,征收军事善后特捐:每地丁银一两,加征银元 2.2 元;每漕米一石,加征银元 6 元。至年底征齐,共征银元 2000 万元。

本月,省署开征盐税食户捐,每包(400 斤)食盐加征洋 2.5 元,全年征洋 200 万元。

设山东渔航局,在济南、青岛、龙口等地设局 10 余处,向渔民收缴渔航税。

9 月 5 日,张宗昌下令筹办的山东省银行开业,初,发行省钞 300 万元,至 1927 年 6 月 22 日,累计发行额已达 2300 余万元。

11 月,张宗昌为急解军需,向各县索款 400 万元,限 11 月 25 日前交纳。

1925 年,全省岁征田赋正附税额为 1500 万元;1926 年,增至 4275.7 万元;1927 年,增至 6124.7 万元。

如此狂征,张宗昌仍嫌不足。1926 年 1 月 8 日,又印发军用票,并规定"军民人等一体通用"。同时,又滥发"公债",至 1927 年,新旧军用票发行 2000 万元,发行公债约 4500 万元。由于发行过滥,一再贬值,百姓深受其害。1926 年 3 月 14 日,上海《民国日报》综合载录,张宗昌在山东大刮民财:为期不及一载,仅丁漕一项即征收三次,为数 3600 万元;各种杂税,名目繁多,且均令加倍征收,如营房捐、靴鞋捐、鸡狗捐、富户捐……以及县知事保证金等。加之同时印发大量纸币、军用票,充斥市面,张又令散驻各县的 10 万军队,一切给养,均令就地征收。[①] 如此重负,人民何以为生?

不仅如此,张宗昌还加征"讨赤"特捐、军事特捐等。早在 1925 年 8 月初,青岛四方机厂工人代表就曾赴京散发传单,声讨"张宗昌祸鲁十大罪状"。综观以上种种,张宗昌之"罪状"何止"十大"?"百大"、"千大"亦难尽数,实为"土匪当道"也。

(四)　"引狼入室"

民国前期的山东,既是北洋政府的前沿阵地,又是南京国民政府北进的首要障碍,再加上北洋军阀派系之争的主要战场又在山东一带,所以,张宗昌入鲁三年,山东基本上是处于军阀混战的状态之中。

1925 年 10 月中下旬,张宗昌入鲁不久,浙奉战争爆发,时任浙江善后军务督办兼闽浙巡阅使的孙传芳,向奉系地盘开战,攻上海,入江苏,驱逐苏督杨宇霆、皖督姜登选,孙遂自任浙、闽、苏、皖、赣五省联军总司令,坐镇南京,成为东南之盟主。奉系首领张作霖见地盘被侵,乃命驻鲁张宗昌率部南下救援。11 月初,张军至徐州以南的固镇、宿县、夹沟一带,即被孙军击败,张宗昌只好率部退回山东,其前敌总指挥施从滨亦被孙军擒杀(后来孙传芳寓居天津时,被施从滨之女枪杀)。

①以上数据资料均引自《山东省志·大事记》,山东人民出版社 2000 年版,第 188—196 页。

张宗昌退回山东不久,11 月上旬,鲁豫战争爆发,冯玉祥所部河南国民军第二军向山东进攻,曾一度攻至济南南郊八里洼。后,张宗昌反击,国民军败退。

1926 年 1 月 24 日,张宗昌与吴佩孚的代表会于泰安,协商联合攻击国民军。2 月 15 日,吴佩孚任命张宗昌为"讨贼联军"鲁军总司令,李景林为"讨贼联军"直军总司令,张、李遂联名"声讨"冯玉祥。

此间,张宗昌还多次镇压山东境内的反张斗争。如,汶上县红枪会的暴动,张宗昌一面"劝谕"、"招抚",一面派兵镇压,焚掠村庄 50 余处。后,红枪会在德县袁桥一带又起,张曾派一个旅前往镇压。

军阀混战,农民举义,虽对张宗昌的统治有所威胁,但均未形成致命的打击。至 1926 年 7 月 9 日,广东国民革命军誓师北伐,此后,方对北方的北洋军阀政府形成致命的威胁。北伐军士气高涨,所攻必克,至 1926 年底 27 年初,即先后入江西,进湖北,克九江,占武汉。此时,"五省联军总司令"孙传芳已坐卧不安,乃微服秘至天津,求救于张作霖与张宗昌。1926 年 11 月 20 日,张作霖、张宗昌、孙传芳等在天津开会,决定由张宗昌率直鲁联军 15 万人南下援助孙传芳。11 月 30 日,以张作霖为首的几路军阀势力合力组成"安国军",张作霖任总司令,张宗昌、孙传芳为副司令,全力对抗国民革命军的北伐。

1927 年"四一二"上海事变,蒋介石叛变革命,"七一五"武汉事变,汪精卫叛变革命,共同屠杀共产党,致使国民革命军北伐的政治基础遭到破坏,国共分裂,国民革命军的北伐不得不暂时放缓。

1927 年 5 月,当南京国民政府北伐军占领徐州、逼近山东之时,日本田中内阁决定出兵山东,阻止国民革命军之"北伐";张宗昌也预感灭顶之灾将至,秘密勾结日本人,妄图依靠日本的兵力维持自己在山东的统治,"引狼入室",以期维持危局。

五、日本出兵山东与"五三惨案"

1928 年 5 月 3 日发生在山东省济南市的这一重大惨案,是一个具有广阔复杂社会背景与深远历史渊源,牵涉到国际、国内、军事、政治、外交,以及国内多方斗争的重大历史事件。其发生、发展与结束,蕴含了众多深刻的历史教训。

（一）日本出兵山东，张宗昌借势投靠

自 1868 年日本明治维新之后，对外扩张就成了日本军国主义的既定国策。"开拓万里波涛"，"布国威于四方"，"大力充实军备，耀国威于海外"，成为明治天皇的梦想。其"开拓"的主要目标，就是中国。

1874 年 5 月，日本陆军中将西乡从道率 2000 余人进犯台湾，得到了 50 万两白银的"退出赔偿款"。

1894 年 7 月，日本挑起中日甲午战争，次年 4 月，迫使中国清朝政府签订《马关条约》，条文规定中国割让台湾、澎湖列岛与辽东半岛给日本，并向日本赔偿军费二亿两白银。后以俄、德、法三国干涉，日本不得不放弃对辽东半岛的占领，但要中国增加赔偿白银 3000 万两。

1904 年，日俄战争爆发，双方在中国东北地区交战，日本战胜，取得了中国旅顺口和大连的租借权，并且取得在中国东北派驻军队的权利。

1906 年，日本非法在中国东北设置"关东都督府"、"奉天总领事馆"和"南满铁路股份公司"等一整套殖民机构。

1919 年，成立关东军司令部（驻辽阳），行使军政大权。至此，日本已将中国的满洲地区称之为"我帝国之特殊区域"[1]，已经把"满洲"视为自己的囊中之物。

此后，日本便把侵略的矛头指向中国的华北及山东地区。

1914 年，第一次世界大战爆发，日本借口对德国宣战，出兵强占青岛及山东大部分地区。1915 年向袁世凯提出的"二十一条"，山东的权益正是其核心内容。

此时，日本已经把山东看成了侵略中国的"前沿阵地"。所以，南京国民政府"北伐"，要进占山东，这是日本不能容忍的。当时的日本首相田中义一，就曾训示其驻上海总领事矢田七太郎，并让他转告蒋介石："如果在济南附近发生战争，日本便会出兵。"[2]1927 年 6 月 27 日至 7

---

[1] 刘春明编著：《五三祭》，济南出版社 2007 年版，第 10 页。
[2] 同上书，第 18 页。

月7日,田中义一所主持的"东方会议",便明确确立了日本侵略中国的基本国策:"如欲征服中国,必先征服满蒙;如欲征服世界,必先征服中国。"以"满蒙"为跳板侵吞整个中国,就是"田中奏折"的核心所在。

所以,时时窥测"时机"找借口以出兵山东,是日本的既定方针,其具体时间只是"时机"的选择而已。而1927至1928年蒋介石国民政府军队"北伐"进入山东,正是日方所选择的"最佳时机"。这就是"五三惨案"最深沉的历史背景与国际背景。

1927年,日本第一次出兵山东。

1927年4月20日,日本政府若槻内阁下台,陆军大将田中义一受命组阁。田中义一就是臭名昭著的"田中奏折"的制定者。其人上台伊始,便公开推行对华侵略的政策。1927年5月,当南京国民政府北伐军攻占徐州、迫近济南时,日本田中内阁立即作出反应:

5月27日,内阁通过决议,从满洲派兵赴济南,"保护日侨";

5月28日,发表《关于山东问题派兵声明》;

5月29日,驻旅顺的日军第十师团2000余人,由芎田兼安少将率领开往青岛;6月2日,在青岛登陆(《五三祭》一书称芎田兼安所率为日本陆军第三十三旅团)。

6月21日—24日,日军千余人着便装,乘火车陆续到达济南,以协助张宗昌部队。

至7月,日本第二次派遣陆军3000余人,由大连、旅顺抵青岛,7月18日,日本炮兵队携大炮10门亦开赴济南,阻止北伐,支持张宗昌顽抗。

在此期间,南京政府北伐军主力则向日照、临沂、枣庄、临城(今薛城)一线推进,占领鲁南各县。6月23日,冯玉祥部国民军攻占曹州,后又攻占东平。

其后,由于国民党内部纷争,以及日军强力阻挠北伐,南京国民政府北伐军撤离山东。蒋介石之嫡系部队撤回南京后,北伐军鲁南战场失利,8月13日,蒋介石宣布下野,致使北伐战争中断。

8月30日,见南京政府北伐军南撤,日本政府亦发表撤军声明。9月3日,驻济南日军开始撤退,至13日,日军撤退完毕。

至此,日本第一次出兵山东宣告终结。

然而,日本政府在"声明"中又明确表示:如果北伐再起,日本随时准备第二次、第三次出兵。"声明"让人强烈地感到:似乎山东已经成了日本人的地盘。

1928 年,日本第二次出兵山东。

时至 1928 年,南京政府北伐军再次北伐:第一集团军第四十军贺耀祖部,自鲁南进攻,占领临城;第二十六军占领郯城。2 月 15 日,蒋介石在徐州召开军事会议,16 日,赴开封会晤冯玉祥,商定北伐。2 月 27 日,南京国民政府任命蒋介石、冯玉祥、阎锡山分别为北伐军第一、第二、第三集团军总司令。

1928 年 4 月 7 日,蒋介石亲抵徐州。4 月 9 日,蒋下达"北伐总攻击令",第二次北伐正式开始,南京国民政府北伐军向济南进军。至中旬,津浦铁路沿线的张宗昌部和鲁南、鲁西的孙传芳部主力即被击垮。

面对这一形势,4 月 16 日,日本驻济武官酒井隆少佐密电日本参谋总长,称日本帝国出兵山东的时机已经成熟。

日本驻济南总领事、驻青岛总领事等则明确建议:可以"保护侨民"为借口出兵山东。

4 月 18 日,日本外务省即以"保护侨民"为借口,发出出兵山东的声明书。随后,日军第六师团及海军特别陆战队即从日本向青岛进发。

同日,张宗昌恐不能固守济南,派其参谋长到青岛与日本密约:以青岛胶济路权益为代价,要求日军派兵驱逐北伐军,所有青岛、济南、龙口、烟台等地概归日军防守,不许北伐军驻扎济南。

张宗昌与日本如此明确相约,日本侵略军更加肆无忌惮。

4 月 21 日,日本侵略军 3 个中队自天津开进济南;

4 月 25 日,日军第六师团首批部队 1381 人在青岛登陆,次日侵入济南;

27 日,第六师团所属部队 5091 人全部登陆,5 月 2 日,主力全部到达济南。

其后,又有第三十旅团、第十五联队、第二十八旅团、第五十联队等,分别从天津、旅顺及日本名古屋等,先后抵达山东,兵力总数达 28000 人,从青岛至济南,沿胶济线凡有日侨之处,均派有日军驻守。其兵力之部署,全然是对山东的军事占领,所谓"保护侨民",纯粹是一纸谎言。

(二)蒋介石怯弱退让,日军愈加嚣张

在日军陆续集结济南之时,南京政府北伐军也继续向北推进。1928年4月下旬,北伐军各部陆续迫近济南:4月27日,孙良诚部占领平阴;28日,陈调元部占领章丘明水,截断胶济线;29日,陈焯部占领章丘龙山镇;4月30日,国民革命军兵临城下,南面进抵十六里河,西面攻入白马山、段店,东面进至槲山、燕翅山,已从三面包围了济南城。

此时,张宗昌自知无力守城,便再次与日军接洽,愿将济南商埠(即济南老城普利门以西商业区,时称"商埠")移交日军接防,日方自欣然同意。于是张宗昌即令大部分兵力撤至黄河以北,其余则退守济南老城区。当日,日军第十一旅团旅团长,济南日军警备司令斋藤竟张贴布告,公然宣称:"南北两军任何一方闯入日方警戒界线内,一律解除武装。"①

济南俨然成了日方的地盘。

1928年5月1日凌晨,国民革命军第一集团军第一军团刘峙部、第四军团方振武部、第二军团陈调元部、第三军团贺耀祖部,相继进驻济南地区。次日,蒋介石委任方振武为济南卫戍司令。

日军与国民革命军均有重兵驻济,形成了直接对峙。据《五三祭》载:

国民革命军进入济南后,除派遣第八十八师孙祥芝旅向北追击张宗昌残部外,其余均分驻济南:

第八十八师王日新部驻纬十二路之南、北大槐树及辛庄东头;

第八十九师余亚农部驻经一路纬一、纬六路之间,津浦铁路车站、胶济铁路车站附近及其沿线;

第九十一师王林部驻城里及成丰桥至泺口一线;

骑兵师及第九十二师冯华堂部驻商埠;

①刘春明编著:《五三祭》,济南出版社2007年版,第28页。

第九十三师华文选部驻经三、经四、经五路以东、以西,及南
关;

第四十军贺耀祖部驻四里山(今英雄山)、千佛山、开元寺、东
关、黑虎泉及青龙桥一带;

第四十七军军部及一个师驻城里岱宗街、后宰门、大明湖、汇
波桥;

其余驻东郊花园庄、洪家楼、王舍人庄、路家庄、东西梁王庄等
地。①

为避免日军挑衅,国民革命军所驻均与日军驻地保持距离。

如此重兵对峙,蒋介石却一心幻想日军自动退兵,幻想绕过日本的
"绊羁","迅速完成北伐"。正是立足于这一幻想,蒋介石一再要求部
队"忍辱负重","避免冲突"。而日本军队也正是看透了蒋介石妥协退
让的心思,一再挑衅,制造事端,步步紧逼。

5月1日,"在经三纬二路口,有一市民从西往东行走,被日本兵持
枪阻拦,举刀就刺,当即将其胸腹刺伤,随后将其杀害"。

当日夜,"纬二路南首居民李清海出门上厕所,一出门就被日军刺
杀,尸体被运到日本人开设的济南医院,焚烧灭迹"。

"凌晨,济南城内枪声不断……日军故意放枪,意在嫁祸于国民革
命军。"②

面对日军的恶意挑衅,蒋介石竟派人向日军的"济南警备司令"斋
藤少将请求"撤兵"。日军见"挑衅"没有"反应",则更加肆无忌惮。

5月2日上午,"十几名张贴标语的国民革命军宣传员被日军无理
逮捕"。

"10时左右,国民革命军第一军第三十二团第一营营长阮济民、少
校副官朱有礼带着四个连长及几个徒手士兵寻找住宿的营房,当行至
纬五路口《济南日报》社附近时,50多名日人一拥而上,挥刀便刺,国民
革命军官兵全部身亡。为掩盖其罪恶,日军迅速将尸体拖走焚毁灭

---

①②刘春明编著:《五三祭》,济南出版社 2007 年版,第29—30 页。

迹。"

"商埠小学教员黄咏兰……被强奸……两个眼珠挖出……双手砍下。"①

面对如此暴行,蒋介石依然幻想通过外交途径解决日本出兵山东问题。

(三)罪恶的 5 月 3 日

5 月 2 日上午 11 时 30 分,日军第六师团师团长福田彦助到达济南。此人既凶狠,又狡猾,一方面断然拒绝蒋介石的"撤兵请求",另一方面又向蒋释放烟幕:"本司令官率领军队来到这里,根本目的在于保护侨民,绝没有其他意思;日本方面愿意拆除工事,与北伐军达成和解。"②

当日下午 4 时,济南卫戍司令方振武前往日本驻济领事馆进行交涉时,日方斋藤也答应拆除工事,将军队退回兵营。同时还公开发布消息说:"派往济南的天津驻屯军 3 个中队,已经接到命令:当日返回天津。"③

这一切,都在于彻底解除蒋介石与国民革命军的思想武装。

不仅如此,5 月 3 日上午 8 时,日方驻济总领事西田畊一等人还亲赴蒋介石的司令部"拜会"蒋介石,说"辞行"。西田一行刚刚离开蒋的司令部,日方福田彦助便发动了突然袭击,首先动手的正是宣称"即日返津"的天津驻屯军 3 个中队。日军东、西两"警备区"的兵力倾巢而出,不宣而战。随着日军的全面出击,商埠各处枪声一片。国民革命军首当其冲遭日军攻击的,是驻在纬一路、纬二路附近的第四十军陶峙岳第七团,该团团部靠近日军驻地,且上下毫无准备,或被刺死,或被俘,损失惨重。凶残的日军,枪杀中国军人,洗劫济南居民,枪杀刀砍,蹂躏妇女,抢劫商店,无恶不作,制造了震惊中外的"济南惨案",又称"五三惨案"。

据济南惨案外交后援会调查,5 月 3 日当天,日军俘虏国民革命军官兵 1700 余人,5 月 3 日、4 日两天,日军缴获中国军队之步枪、手枪有 2297 支之多,遭到杀害的中国军民达千人以上。

①刘春明编著:《五三祭》,济南出版社 2007 年版,第 31—32 页。
②③同上书,第 32—33 页。

在 5 月 3 日当天,山东交涉署署长蔡公时壮烈殉国。

蔡公时,号公痴,或署痴公,江西九江人。前清贡生。早年留学日本,入同盟会。毕业于日本帝国大学,深通日语及日本国情。辛亥革命时,参与李烈钧起义,曾任九江保商局局长、江西交通司司长,后调九江关监督,兼任江西交涉员。1921 年,蔡公时任广东大元帅府秘书。1926 年,国民革命军北伐,蔡随东路军由广东至上海、南京(金陵),被任命为金陵交涉员,兼金陵关监督。1928 年春,被任命

当时的山东交涉署(原建筑,后面为新建大楼)

为战地政务委员会委员,兼外交处主任。1928 年 4 月,国民革命军北伐进入山东,入驻济南,蔡公时复任山东交涉员。时山东交涉署设于济南商埠经四路(现经四路 370 号)。据《五三祭》记载:

1928 年 5 月 3 日上午 9 时,蔡公时率公务人员来到山东交涉署。进入署内不久,外面便响起枪声,署内人员随即被日军蛮横阻困于内,不准外出。下午 4 时,10 余名日军突然冲进署内,并封住前后门,将外交特派员随身携带的自卫枪支全部缴下,并要求交涉署三楼架设大炮,轰击马路对面基督教医院的国民革命军,蔡公时当即严词拒绝。

下午 6 时起,驻商埠地区的国民革命军依总部命令,陆续撤离,唯交涉署被封闭围困,未接到撤退的命令。面对艰难时局,蔡公时勉励全署人员说:"我们是外交机关,日军不敢轻易动手。即使日军做出有违国际公法的事来,我们也要确保中国人的尊严。"[1]

晚 22 时左右,几十名荷枪实弹的日本兵撞门而入室内,并即刻剪断电

---

[1]刘春明编著:《五三祭》,济南出版社 2007 年版,第 39 页。

线，顿时一片漆黑。日本兵妄称"捉拿凶手"，蔡公时挺身相辩，日军根本不听。他们本来就是扯谎，何能细论其事？竟一拥而上，翻箱倒柜，大耍蛮横！

蔡公时据理质问："这是中国政府外交机关，非军事单位，你们应该尊重外交礼节。"

日本兵张口结舌，无言以对，竟举起枪托，将蔡公时打翻在地，并将署内18人一起捆绑拉到院内，用刺刀乱砍乱刺。

从日本兵的对话中，蔡公时知道日军要将署内中国外交人员全部杀害，便奋不顾身，痛斥日本兵的兽行。日本兵冲上前来，将蔡公时的鼻子、耳朵割下，将刺刀刺进蔡公时的嘴里。如此惨无人道，实在惨绝人寰！

据这18人中唯一侥幸逃出交涉署的勤务兵张汉儒回忆：

> 当时我借日本兵的手电光看见，交涉署的人大多有耳无鼻，有鼻无耳，血肉模糊，其悲惨之状，令人毛骨悚然。蔡主任被削下鼻子、割去双耳、挖去双目后，整个头部和胸前被鲜血染红。在极度痛楚中，蔡公时仍大声怒斥敌人……①

蔡公时赴任不到一天，就壮烈殉国。

日本兵的残酷暴虐，不仅在于他们禽兽般的"割耳"、"挖眼"，还在于他们竟将我方遇难人员的遗体分解、焚烧，妄图毁尸灭迹。蔡公时等17人殉难后，他们的尸骨竟不知所在。蔡公时夫人郭景鸾女士坚信烈士之忠骨一定会在交涉署附近。1931年6月，郭女士来到济南，雇工挖掘，挖到第七天，才发现一堆被火烧得面目全非、无法辨认的尸骨。蔡夫人强忍悲痛将17具骨骸交给国民政府外交部。后来又不知所终。

时人为蔡公时作传称："蔡为人忠直，富胆略，视金如土，疾恶如仇。"蔡公咏黄花岗十周年纪念诗云：

> 书剑披离酒半酣，几回歌哭在春三。
> 未除国贼生方愧，拼得民权死亦甘。②

---

①刘春明编著：《五三祭》，济南出版社2007年版，第40页。
②贾逸君编：《民国名人传》，岳麓书社1993年版，第81页。"春三"，指"黄花岗起义"发生于1911年农历三月二十九日。

蔡公时用自己的坚贞品格,践履了自己的诺言,遇害时,时年46岁。

蔡公时等殉难后,在海内外引起巨大震动,国内政要纷纷题词悼赞,李烈钧称其为"外交史上第一人",冯玉祥题书"誓雪国耻",蒋介石、于右任等亦有所表示。新加坡华侨陈嘉庚等纷纷募款,要求为蔡公时等"铸铜像勒石碑于首都"。后,蔡公时烈士铜像于德国铸成,辗转运回时,适值抗日战争爆发,铜像遂暂存于新加坡陈嘉庚的一家树胶园内。后,新加坡亦被日本占领,为保护铜像,人们遂将其埋到地下。1945年新加坡光复后,铜像重见天日,被安放于晚晴园(即"孙中山南洋纪念馆")。

2002年9月16日,新加坡《联合早报》刊《埋在地下的烈士铜像》一文,中共济南市委及市政府闻知,乃怀着十分感激的心情前往交涉,遂于2006年4月18日,恭迎蔡公时烈士之铜像至济南。现已安放于济南市趵突泉公园内东侧,是地为原"五三惨案"中所受灾难最重的"五三街"遗址。

(四) 血腥的5月

日军于5月3日的疯狂杀戮,并没有因蒋介石的退让而停止。日本国的既定方针是:蓄意挑衅,制造事端,扩大事态,扩大侵略。5月4日,日军参谋总长接到第六师团长的电报,称:

> 根据4日上午11时南军(即蒋介石的部队)总参谋长通过佐佐木中佐向第六师团长的传话:蒋介石本人的态度是,任何事情都可遵从日本之命。①

蒋介石如此退让乞和,更加助长了日本的侵略气焰。中国之国民革命军已奉命完全撤出商埠,而日军的军事行动并无停息之意。日军第六师团长福田彦助仍下令,命日军严密搜查。借搜索"便衣队"之名,任意逮捕、虐杀中国的和平居民。对于"战俘",更是惨无人道。5月5日上午,一名在家避祸的商埠立民医院女护士冯玉芬,亲眼目睹了日军在邻院虐杀中国战俘的惨景:

---

①刘春明编著:《五三祭》,济南出版社2007年版,第41页。

两个日本兵轮番抽打一名被倒吊着的国民革命军士兵。日本兵打累了,又用刀一刀一刀地零剐这名士兵的肉……这中国士兵就这样被活活地零剐致死![1]

5月8日晨6时20分,福田彦助接到东京参谋本部的命令:"为保护日本侨民及维持日本皇军之威严,济南的日军可以根据自己的判断自行采取行动。"[2]接到这一命令,日军便更加肆无忌惮地在济南城内外展开血腥的大屠杀。

与此同时,准备在洛口渡河继续北伐的国民革命军第三十七军军部,突遭日军伏击;在济南西北部渡河的国民革命军第四十七军,也遭到了日军的袭击;在辛庄兵营,在白马山车站,在党家庄,日军也先后发动了大规模进攻,还派飞机空袭泰安,向国民革命军总司令部驻地附近投掷炸弹。

上午9时左右,当南京国民政府驻济南的党政军机关,依当时中日双方协议,乘津浦路火车退出济南时,也遭日军猛烈袭击,50多人当场死亡。

当日,负责留守济南内城(即今济南趵突泉、黑虎泉、大明湖及所连护城河以内的地区)代理济南卫戍司令苏宗辙,尚奉命坚守济南:"尽卫戍之责任,不得向日军进攻;日军来攻时,必须死守,并予以重大打击;未奉退却命令,不得撤出济南。"当日军要求普利门外的国民革命军解除武装、自行遣散时,被苏宗辙当即严词拒绝。随后,日军发布攻城令,并限一小时内中国守军缴械离城。

上午11时,日军沿胶济路小北门车站一带发动了疯狂的进攻。日军向小北门发射炮弹200余发,炸毁大片房屋及城墙。在机枪的掩护下,日军连续发动了7次进攻,数千户民房被炮火击中,城内一片火海。忍无可忍的国民革命军将士奋起抵抗,一以当百,一次次击退了日军的疯狂进攻。

遭到中国守军沉重打击的日军恼羞成怒,竟丧心病狂地火烧民房,在顺城街、西城根街等街道,泼洒煤油,纵火焚烧,顺城街整整一条街全被焚毁,居民几无生还,整街一片废墟。为志国耻,在日军撤离后,济南民众将此街改名"五三街"(即今趵突泉南路)。

---

①刘春明编著:《五三祭》,济南出版社2007年版,第49页。
②同上书,第46页。

在此期间,蒋介石一再屈辱乞和,而日军不但无丝毫退兵之意,反而明令陆续增兵,而且对蒋介石提出的条件也愈加苛刻,如要蒋"严峻处置有关骚扰及暴虐行为(即抗日行为)之高级武官","解除在日军阵前抗争之军队武装","严禁一切反日宣传"等,而且所定"时限"使蒋介石不可能"按时"答复。最后,竟公然要求中国军队之陈调元、方振武、王均的部队直接"向日军缴械",要蒋介石本人"谢罪"。蒋介石尽"最大努力"满足日本人的要求,乞求"睦宜",乞求"友善",将四十军军长贺耀祖免职,让"日方要求"的毛炳文代理——自己的将军都要由敌方"任命",怎么对敌作战?

日本扩大侵略的方针早已铁定,蒋介石纵然屈辱乞和,也未能换来日本侵略军的任何"怜悯"之情。日军坚持攻城,大炮轰击,工兵爆破,大量使用榴弹和榴霰弹向城墙附近居民区进"覆盖式密集轰炸"。中国军队忍无可忍,决心誓死御侮。

济南惨案歌

5月9日清早,党家庄中国守军第九十二师冯华堂部被迫还击,给来犯之敌以沉重打击;上午,代理济南卫戍司令苏宗辙发布坚守济城之公告,城内虽然只有苏宗辙第一军之李延年团和四十二军邓殷藩团。从清晨到黄昏,日军在飞机、大炮的掩护下猛烈攻城,并数次爬上城墙,邓殷藩奋勇抵抗,李延年部誓死阻击,两团官兵联合作战,整整一天,日军攻城未能奏效。5月8日至10日,3000名守城官兵同数万侵略军相持三昼夜,虽然城墙工事几乎被日军炮火全部摧毁,但阵地仍在我军手中。直到10日晚接到蒋介石"暂行让步"的电令,方退出济南。"突围时,李延年团担任后卫的杨冠英排,与尾随敌人发生激战,全排兵士没有一人贪生怕死,但终因寡不敌众,全部壮烈牺牲。"①

中国守军退出后,日本侵略军便开始了疯狂的大搜捕、大屠杀,并明文规定了18项杀戮条款,如:

> 推平头与学式头者;
>
> 女子剪发者;
>
> 穿草鞋者;
>
> 有皮带者;
>
> 有灰色衣服者;
>
> 见日军害怕者;
>
> 有中央钞票者;
>
> 穿皮鞋者;
>
> 镶金牙者;
>
> ……

而其实际杀戮的人群,又远远超出了上述条款,从牙牙学语的幼儿,到白发苍苍的耄耋者人,均遭毫无人性的日军随意枪杀。

"在西关东流水街,一户人家18口,藏在一只破船底下,被日军搜出后全部刺死。"

"1928年5月,每天都是杀戮连着杀戮,尸体垒压尸体,鲜血覆盖鲜血!"

"1928年5月的日历,每一天都是兽性虐杀人性、野蛮扼杀文明的记录!"②

据统计,在惨案中受伤的济南军民1700余人,被日军屠杀的6123人。

---

①刘春明编著:《五三祭》,济南出版社2007年版,第62页。
②同上书,第69页。

其中,被日军秘密杀害后,用汽车载出济南抛入黄河的尸体,就有 1900 具……

日军的暴行,日军的罪行,罄竹难书!

残酷的 5 月! 血腥的 5 月! 惨烈的 5 月!

前事不忘,后事之师。写史是借历史之镜,以鉴未来。

"五三惨案",是政治,是军事,是外交,更是中国历史之血的记录。

其后,南京国民政府又通过长期、广泛、反复的外交斗争,至 1928 年 5 月 12 日,迫使日军撤离济南;5 月 20 日,日军撤离青岛。至此,侵占山东的日军才完全撤离山东。

六、韩复榘盘踞山东

1928 年 4 月 30 日,张宗昌弃城北逃,败退德州,宣告张宗昌在山东统治的终结,也结束了北洋军阀在山东的统治。

1928 年,日军第二次入侵山东,至 1929 年 5 月 20 日,日军全部撤离山东,南京国民政府虽然成立了山东省政府,并先后委任孙良诚、石敬亭等为山东省主席,此一年中,山东实处于日本人的铁蹄之下。

1929 年 5 月,南京国民政府委派陈调元主政山东,然而陈只是一个短短的过渡。1930 年 4 月 15 日,蒋介石委任韩复榘为第一军团总指挥,负责山东防务,从此,山东历史进入了韩复榘时代。

(一)"草莽"军阀韩复榘

韩复榘,字向方,河北霸县人。在曾经主政山东的军政人物中,韩复榘是以"粗鲁"、"无知"而流传笑话最多的人物之一。此人实有相当的心机,唯无恒定政见而多方"投靠"而已。

清宣统二年(1910 年),韩复榘入北洋军冯玉祥营当兵,后为队官(排长)。1911 年辛亥革命爆发,韩复榘随冯玉祥筹划滦州起义,失败后还归乡里。后,冯玉祥复起,韩复榘亦以旧情往投。"自是每战恒先,历升排长、连长、营长等职,颇见知于冯。"[1]后经两次直奉战争,升任冯玉祥国民军第一

---

[1] 贾逸君编:《民国名人传》,岳麓书社 1993 年版,第 296 页。

师第一旅旅长。后,又历国直战争,韩复榘击败直军李景林部,以功升任第一师师长。1926 年,国民军与奉、直、晋军作战,国民军失败,韩复榘接受晋军改编,被商震任命为晋军第十三师师长,驻军绥远。未几,冯玉祥自苏俄返回五原,并在五原誓师,就任国民军联军总司令职,韩复榘率部再投冯玉祥。1927 年 5 月 1 日,冯玉祥就任国民革命军第二集团军总司令,韩亦升任第三方面军总指挥。1928 年,国民革命军第二次北伐,冯玉祥与蒋介石密切配合,韩复榘在冯部率师沿京汉线北上,"连占顺德、石家庄、定县、高阳,直抵南苑,'飞将军'之名,遂盛传于一时"[1]。是年 10 月,冯玉祥赴南京供职,辞河南省主席一职,乃荐韩复榘自代。至此,韩与冯关系可谓十分密切。1929 年 5 月,冯、蒋失和,韩遂叛冯投蒋,尔后乃有蒋介石的任命。韩复榘投蒋后,其实双方都"不放心",多有明争暗斗(后文将略加提及)。1938 年,蒋介石在武汉处死韩复榘,"丧师失地"固是光明正大的罪名,而韩、蒋之暗斗,可能是蒋迅速处决韩的内在原因。

(二) "蒋冯阎大战"中的山东战场

"蒋冯阎大战",又称"中原大战",是中原地区 1930 年发生的一次规模巨大的军阀混战。战争的一方是冯玉祥、阎锡山联合桂系李宗仁等所组成的讨蒋联军,另一方是蒋介石。双方动用兵力 100 多万,战争死伤达 30 万人。

1928 年 4 月蒋介石第二次北伐时,由江苏徐州向山东济南推进,其时冯玉祥与之密切合作,共同讨伐张宗昌等北洋军阀。及张宗昌败走,日本军队入侵山东,蒋在试图"绕道"北进时,其嫡系部队却全面南撤,冯、阎所属各部多被推向北方前线。其后,蒋介石排除异己、扩大嫡系的做法日趋明显,引起了国民党内各派军阀的不满。仅 1929 年,就先后发生了"蒋桂战争"(蒋介石与李宗仁、白崇禧)、"粤桂战争"(蒋介石与张发奎及桂系)、"蒋唐战争"(蒋介石与唐生智)等多次战争,几次战争均以蒋介石的胜利而告终,由此益发引起了各地军阀的不满与不安。

1930 年春,阎锡山首先打出反蒋旗帜,串联各派反蒋将领 50 余人联合

---

[1]贾逸君编:《民国名人传》,岳麓书社 1993 年版,第 296 页。

通电,劝蒋引退,共推阎锡山为中华民国陆海空军总司令,冯玉祥、李宗仁等为副总司令,同时组成反蒋联军共 5 个方面军,约 60 万人,主战场即在山东、河南一带。李宗仁桂军为第一方面军,主要负责南方策应;冯玉祥西北军为第二方面军,主要战场在河南;阎锡山晋军为第三方面军,主要担任山东战场津浦、胶济两线的作战任务;依附冯、阎之间的石友三部为第四方面军,主力负责进攻山东境内的兖州、济宁。所以,中原大战的山东战场,其实质就是"晋军入鲁"。

面对冯、阎联合,蒋介石编了四个军团的作战部队:第一军团韩复榘为总指挥,第二军团刘峙为总指挥,第三军团何成浚为总指挥,预备军团陈调元为总指挥,分别部署在津浦、陇海和平汉铁路沿线。

1930 年 5 月 11 日,蒋介石下达总攻击令,讨伐冯玉祥、阎锡山,"中原大战"正式爆发。山东为重要战场。

战争初起,蒋军不利,陇海线之第二军团败退至山东西南部,平汉线之第三军团退向河南漯河,津浦线的第一军团亦未能阻挡住晋军的进攻。

晋军入鲁部队,初由阎锡山亲自指挥,以傅作义为第四路军总指挥。6 月,晋军入山东,先取德县(今德州市),阎锡山任命石友三为山东省政府主席,设省政府于德县。山东韩复榘军团沿胶济线退往潍县(今潍坊市)一带,以陈调元为首的省政府也迁往青岛办公。6 月下旬,晋军占领济南,石友三的省政府亦移驻济南。

8 月,蒋介石委任刘峙为津浦沿线总指挥,韩复榘为胶济沿线总指挥,调动 15 万军队,与晋军争夺济南。8 月 15 日,乘晋军北撤之机,南京国民政府军蒋光鼐部首先攻入济南;17 日,津浦路总指挥刘峙进入济南;19 日,以陈调元为首的省政府迁回济南。

9 月 5 日,南京国民政府决定改组山东省政府,任命韩复榘、李树椿、何思源等为山东省政府委员,韩复榘为山东省政府主席。同月,蒋介石又任命韩复榘为第三路军总指挥。

9 月 18 日,于 1928 年底"改旗易帜"的张学良发出"拥蒋通电",并派东北军入关,占领平津。此举使冯、阎的反蒋斗争一蹶不振,晋军随之西撤,"中原大战"宣告结束。韩复榘的军队乃进驻黄河以北,从此,齐鲁大地正式成了韩复榘的地盘。

（三）韩复榘与刘珍年之战

刘珍年，字儒席，河北南宫人。早年毕业于保定陆军军官学校步兵科，后入东北军，任第一师军官教导团营长。1926年，张宗昌、李景林组织直鲁联军，刘珍年任一二一旅旅长。1928年9月1日，刘珍年通电响应北伐，投靠蒋介石，被任命为国民革命军暂编第一军军长，后改任国民政府军第二十一师师长。刘珍年曾长期盘踞胶东，主要根据地在烟台。

由于个人实力不足，刘珍年多年依附于各大军阀，然其个人行径却有明显的独立性。

1928年4月30日，张宗昌弃城北逃，结束了在山东的统治。后，日本出兵侵占山东，欲召张宗昌纠集旧部，重返山东未果。1928年12月，段祺瑞组织"北洋统帅府"，又召张宗昌为"进军山东统帅"，欲占领山东。此时，张宗昌即选择龙口、烟台一带为其登陆点。这时刘珍年已在蒋介石的旗帜下，岂能听令于张，双方即在烟台、蓬莱一带激战，张宗昌曾一度占领烟台，但终不能支，难圆旧梦，张宗昌再度逃亡。

刘珍年虽在军阀之中，却敢于容纳共产党，如彭雪枫等著名共产党人就曾任职于刘珍年部。1929年12月，蒋介石数次严令刘珍年逮捕军中的共产党人，并且开列了李楚离、张国钧、彭雪枫、高云升等具体名单，刘珍年并未照单逮捕，反而照单放行，凡列名者一律离开烟台。后，刘珍年态度有明显变化，中共中央军委乃令暴露身份的共产党员一律撤离刘珍年部。

韩复榘与刘珍年之战，基本原因就是韩不能容许刘珍年的"独立性"。

1930年10月，韩复榘就任山东省政府主席，兼第三路军总指挥，然而韩的政令在胶东不能推行。刘珍年部盘踞胶东20余县，聚敛民财，购置武器，扩大军队，官吏任免由刘自定，俨然一方独立王国，到1932年，其军队已有3万余人。韩几次试图谈判解决，均告失败，双方矛盾，势同水火。而1932年9月发生的"军饷之争"，促使韩复榘决心诉诸武力。

原来，蒋介石每月拨给山东军费50万元，刘珍年坚持索要20万元，而韩复榘只给12万元，几经争执，陷入僵局。韩复榘下定决心之后，便以"换防"为名，向潍县一带集结重兵。刘珍年获悉后，一方面令其平度驻军破坏桥梁，以阻止韩军前进，并集结兵力准备抵抗；另一方面，又飞电向蒋介石告急。至 9 月 15 日,韩复榘已在潍县、高密一带集结军队 5 万余人,分两路向刘珍年部发动进攻。一路由第二十九师师长曹福林指挥,从潍县趋平度攻掖县(今莱州);一路由韩亲自指挥,沿烟潍公路推进。18 日拂晓,双方于平度交火,刘军张銮基部退至掖县。刘部为固守掖县,昼夜修筑工事。韩军亦在城郊挖壕筑垒,并调部队急进莱阳城近郊,切断刘军莱阳与掖县的联系。韩刘交战后,韩向南京政府发电,列数刘的"罪行",声明自己是"为民请命"。蒋介石于 19 日电令刘、韩立即停止军事行动,"静候中央处置"。但韩继续进兵,23 日,双方在掖县、龙口间的七星坪发生激战,均有伤亡。同日,蒋派代表蒋伯诚抵掖县沙河镇调停。韩即向南京发电表示愿意停止军事行动,听候中央处置。刘珍年令驻烟部队全部撤出,缩驻栖霞山区。同一天,韩复榘还委派胶东 8 个县的县长。至此,刘珍年的地盘只剩下栖霞、莱阳、掖县、牟平 4 个县。

到 1933 年初,刘珍年部被调离山东,入浙江。此时,韩复榘才真正控制了山东全境。

刘珍年进入浙江后,奉命去围剿红军。此时,刘竟扬言要向红军投诚,遂被蒋介石逮捕,于 1935 年杀害于南昌。

(四) 韩复榘对付国民党、共产党和日本人

韩复榘出身于冯玉祥部,在冯部混迹多年,并甚为冯玉祥赏识。后虽叛冯归蒋,然韩复榘岂能不识蒋介石的"为人"? 既非"嫡系",何能真正取得蒋的信任? 对蒋,观其行径,依靠自己的"独立判断"而行事,实为韩复榘的真实方针。在民间流传的笑谈中,韩复榘似乎是一个不懂世事的"马大哈",如,见学生打篮球十几人争一个,他要每人给一个,争什么? 似乎不通常理。这是不是韩有意制造的假象和烟幕?

据《山东省志·大事记》载录,韩复榘在处理与国民党、共产党及日本人等的关系中,可称甚有心机,而且有一定的原则。总的看来,"以其人之道,还治其人之身",似乎是韩复榘的基本方针。

1. 以阴谋、暗杀手段对付国民党蒋介石

韩复榘虽然接受蒋介石任命,但绝非赤心效忠蒋介石与国民党。

姑录《山东省志·大事记》1931 年至 1936 年的几条记载:

1931 年 3 月 20 日,韩复榘将国民党沾化县党部常委马丹廷秘密处死,尔后声称这是国民党山东省党部负责人刘涟漪指使人干的,又即刻公开逮捕了刘涟漪。

1931 年 10 月 28 日,因蒋介石不能兑现山东军队的军饷,韩复榘下令:"接收中央在鲁税收机关,截留中央税收,以充军饷。"

1932 年 1 月,"再次接管",迫使南京国民政府按期拨付军饷。

1933 年,韩复榘下令取消除历城以外的国民党各县党部的活动经费,并停止其活动。后,国民党各县党部虽然恢复,但不许其干涉政治和对外宣传。

1935 年,韩复榘又以"赈灾"为名,停发各县党部经费。

1935 年 1 月 2 日,韩复榘派人将国民党山东省党部常委张苇村刺杀于进德会。1 月 7 日,又以"缉捕凶犯"为名,派兵包围国民党省党部,逮捕国民党省党部大部分委员,同时逮捕了省党部调查室主任谌峻岑等中统特务。

1936 年 1 月 4 日,将谌秘密勒死狱中。而被捕的其他国民党省党部委员则先后获释。

"非其族类,其心必异"。韩复榘本是冯玉祥的将领,投归蒋介石,蒋介石能完全放心吗?而能够直接向蒋介石通风报信的人,主要就是国民党的省党部,特别是其中的中统特务。只有不择手段地将他们除掉,韩复榘才能解除心腹之患。

阴谋、暗杀、秘密处决,是蒋介石在清除异己时惯用的手段。韩复榘学了这一套,并用来对付国民党,也算是"以其人之道,还治其人之身"。

2. 用"监押反省"、"改造"共产党人

在《山东省志·大事记》中的韩复榘时代,逮捕、关押、杀戮共产党人的记载有过多次,其"主使者"的头衔似乎略有差异。如 1931 年 4 月 5 日,被因在济南监狱中的共产党员邓恩铭、刘谦初、卢一之等 22 人被杀,记录为:"在济南纬八路侯家大院被国民党当局杀害。"同年 8 月 19 日又有记录:"国民党政府当局将颜世彬、彭湘、赵一航、王公博、许瑞云、徐子兴等 21 名共产党员在济南纬八路侯家大院杀害。"——两次屠杀,同一个地点,同一个主使者。而紧接着此条,又记录:"本月,韩复榘在济南设立山东省反省院,监押和'改造'共产党人及进步人士。"①这一条记录的主使人则明确为韩复榘。

在这一时期,记录共产党省委、市委、县委遭破坏时,多数未点明主使人。笔者认为,作为"志书",《山东省志·大事记》的编撰者对事件主体的记载应该是十分严谨,是有分寸的,当时韩复榘虽然是南京国民政府委任的山东省主席,而记录为"国民党当局"和记录为"韩复榘",其事件的主体应该是有差别的。据此,对韩复榘的政治态度方能有一个准确的判断。

1937年"七七"事变后,共产党与韩复榘有过多次接触、会谈,并且取得了许多积极的成果。兹依《山东省志·大事记》所载,移录于后:

> 1937年4月,中共中央军委副主席周恩来派中共华北联络局书记彭雪枫到山东开展统战工作,彭雪枫到达济南后,在第三路军下级军官中进行抗日爱国宣传。……5月,争取山东第六区行政督察专员兼保安司令范筑先与共产党合作,共同抗日。
>
> 7月下旬,中共中央派张经武、张震,先后到达济南,进行统战工作。此后,张经武与韩复榘多次会谈。
>
> 8月,中共华北联络局派张友渔由太原来山东,开展对韩复榘和第三路军的工作。9月,联络局配合中共山东省委和张经武做韩复榘的统战工作,取得"促使韩复榘释放在押政治犯"等多项成果。
>
> 9月—11月,韩复榘同意释放赵健民、姚仲明、理琪、张北华、潘复生等400多名共产党员和爱国志士。②

这些记载表明,韩复榘是有一定清醒的政治头脑的。

3. 拒绝日本人的拉拢

韩复榘主政山东时期,日本人曾几次试图拖韩复榘"下水",均遭拒绝。据《山东省志·大事记》记录:

1935年11月上旬,日本天津驻屯军司令官多田骏赴济南,拉拢韩复榘到北平(今北京)参加冀、察、鲁三省"自治"会议。下旬,日本退役陆军大将

①《山东省志·大事记》,山东人民出版社2000年版,第244、247页。
②同上书,第284、285、287、288页。

松井石根至济南,劝韩复榘参加"华北五省自治"。后,又多次派人拉拢,皆遭拒绝。

1937年初,日军天津驻屯军司令官田代皖一,派遣自认为与韩复榘关系较好的花谷,陪同师团长坂垣到济南,拉拢韩复榘到北平参加所谓华北"自治"会议,再次遭韩拒绝。

"军阀"与"汉奸"的界线,韩复榘还是明确的。

另外,韩复榘借手除杀张宗昌(1932年),狠剿巨匪刘桂棠(1934年),通电支持张学良、杨虎城"西安事变"(1936年),"呼吁召开国是会议,反对诉诸武力,主张政治解决"等,均表明韩复榘是有相当清醒的政治头脑的。

据载,韩复榘之妻高艺珍,亦河北霸县人,为著名古文家高步瀛(阆仙)之女。如此著名学者选婿,大致不会选一个"傻瓜"的。

民间关于韩复榘的传笑,似当另加审视。

第十章　抗日战争时期的山东军事斗争

一、抗日战争时期的山东军队

中国抗日战争时期,指自 1937 年 7 月 7 日卢沟桥事变中国驻军奋起抵抗日军侵略开始,至 1945 年 8 月 15 日日本宣布无条件投降,并于 9 月 2 日正式在投降书上签字为止,历时 8 年零 2 个月的时间。

此间军事斗争的基本形势是:日本侵略军大举侵略中国,中国军队与民众奋起抵抗。在中国人民的抵抗斗争中,抗战的一方,既有南京国民政府旗帜下的国民革命军各部;又有在中国共产党领导下的,同样编入了国民革命军序列的国民革命军第八路军(简称"八路军",后改称为第十八集团军),以及由中国共产党领导的南方各省红军游击队组建的国民革命军新编第四军(后简称"新四军");还有各地民众自发组建的"义勇军"、"民团军"等抗日武装。

在日本侵略军一方,除日本侵华的正规部队之外,还有汪精卫汉奸政权所组建的"和平救国军"(俗称"汉奸队",或称"伪军")。在实际的侵略与反侵略的战争过程中,各种势力之间矛盾错综复杂,地盘犬牙交错,且多有消长转化,可以说是中国历史上斗争最为复杂的时代之一。

本章先将这一时期各种武装力量的编制、归属,及其在山东出没活动的基本情况,大致依时序略叙于下。

(一)国民革命军

国民革命军初建于 1925 年。是年 7 月,广东国民政府成立后,便将其下所辖"党军"及粤、湘、滇、豫、桂等所建各军统一改编为国民革命军。建军后,曾进行了第二次东征,消灭陈炯明叛军,统一广东革命根据地,并于1926 年 7 月进行了著名的北伐战争。

初,该军共编成 8 个军,蒋介石任总司令,邓演达为政治部主任,李济深为总参谋长。北伐后,其主力部队逐渐成为蒋介石的嫡系部队,被称为"中央军";所编其他派系的军队,则被称为"杂牌军"。

1930 年蒋、冯、阎大战后,冯玉祥的"西北军"被国民政府改编;1936 年12 月 12 日"西安事变"之后,张学良的"东北军"亦被国民政府改编,均称"国民革命军"。

抗日时期先后驻防于山东的国民革命军,主要有韩复榘、石友三、于学忠等"杂牌军"。

1. 第三集团军

这是一支以韩复榘"第三路军"为主体所组建的军队。韩复榘任集团军总司令,于学忠、沈鸿烈任副总司令。

韩复榘本是冯玉祥的旧部,在冯玉祥属下官至第一师师长。1927 年冯玉祥国民军改编为国民革命军第二集团军时,韩又升任军长、第三方面军总指挥。后,蒋、冯分裂,韩复榘叛冯投蒋。1930 年蒋、冯、阎大战时,蒋介石任命韩复榘为第一军团总指挥,9 月,又命韩任山东省主席兼第三路军总指挥。其时,韩所辖兵力只有 3 个师,不足 2 万人。至 1932 年,韩将所辖部队扩充到 5 个步兵师,1 个手枪旅,1 个骑兵旅。其编制为:

第二十师,师长孙桐萱,驻济南,下辖第五十八、第五十九、第六十旅;

第二十二师,师长谷良民,驻兖州,下辖第六十四、第六十六旅;

第二十九师,师长曹福林,驻周村,下辖第八十五、第八十六、第八十七旅;

第七十四师,师长乔立志、李汉章,驻济南,下辖第二二○、第二二一旅;

第八十一师,师长展书堂,驻临沂,下辖第二四一、第二四三旅;

手枪旅,旅长雷太平、吴化文,驻济南;

骑兵旅,旅长李宣德(后因作战不力与财力不支,缩编为骑兵营)。

1937 年抗日战争爆发后,南京国民政府于当年 10 月,将韩复榘的第三路军,与从江苏调至山东的于学忠五十一军,及青岛沈鸿烈的青岛守备部队,扩编为第三集团军,韩复榘任第五战区副总司令长官,兼第三集团军总

司令,于学忠、沈鸿烈任副总司令。下辖编制为:

第十二军,军长孙桐萱,辖第二十师,师长孙桐萱(兼);第二十一师,师长展书堂。

第五十五军,军长曹福林,辖第二十九师,师长曹福林(兼);手枪旅,旅长吴化文。

第五十六军,军长谷良民,辖第二十二师,师长谷良民(兼);第七十四师,师长李汉章。

第五十一军,军长于学忠(兼),辖第一一三师,师长周光烈;第一一四师,师长牟中珩。

1938年1月,韩复榘被蒋介石处死后,蒋任命于学忠为第三集团军总司令,孙桐萱为代总司令,曹福林为前敌总司令。

2. 第六十九军(第三十九集团军)

1938年4月,国民革命军第六十九军军长石友三奉命率部从山西中条山区开赴徐州前线抗击日军。该部于5月到达山东南部,其时徐州已经失守,第六十九军遂进入沂蒙山区。

石友三,本系冯玉祥部下,在冯部由马夫升至师长。1927年冯部改编为国民革命军第二集团军时,石任第一方面军副总指挥兼军长;1929年蒋、冯失和,石友三与韩复榘一起叛冯投蒋。蒋、冯、阎大战时,石又投冯、阎方,战役中,又通电服从张学良。后,所部曾多次改编。1938年4月开进山东时,编制辖两个师:第一八一师,石友三兼任师长,驻新泰、莱芜、泰安;新编第九师,高树勋任师长,驻诸城、莒县、临朐。

到山东后,石部乘机扩军,第一八一师扩充至12个团,新编第九师扩充到9个团。后复扩编为第十军团、第三十九集团军。其第一八一师称为第六十九军,新编第九师扩编为第八军,军长分别为王清瀚与高树勋。1940年石友三部转入冀南后,石友三密谋投靠日军,被所部第八军军长高树勋等处死,卫立煌兼任第三十九集团军总司令。

3. 鲁苏战区

1938年11月,国民政府决定成立鲁苏战区,统一指挥山东、江苏两省的正规部队和地方武装。12月30日,任命于学忠为鲁苏战区总司令,沈鸿烈(山东省主席)、韩德勤(江苏省主席)为副总司令。所辖正

规部队有:

第五十一军,军长于学忠(兼)、牟中珩、周毓英。下辖:第一一三师,师长周毓英、李玉堂;第一一四师,师长方叔洪、黄德兴。

第五十七军,军长缪澂流。下辖:第一一一师,师长常恩多;第一一二师,师长霍守义;

新编第四师,师长吴化文;暂编第十二师,师长赵保原;暂编第三十六师,师长刘桂棠。

另有,由国民党未撤离的行政区专员、县长与当地爱国人士组成的游击武装,及行政区保安部队,共编成战区直辖游击纵队 10 个,约 10 万人;地方保安部队,共有 4 个保安师,35 个保安旅,21 个保安团,总兵力亦近 10 万人。

于学忠,山东蓬莱人,民国时期著名将领。早年入北洋军吴佩孚部,历任直系军之团长、旅长、师长。1927 年率部转入奉系,任东北军第二十军军长。1930 年蒋、冯、阎大战时,率部入关,为京津卫戍司令、第一集团军总司令。1933 年张学良下野前,受张委托指挥东北军。1936 年 12 月,参与张学良、杨虎城发动的"西安事变",张被扣押后,于学忠全权负责东北军,直到被国民政府改编。

鲁苏战区所属各部,除五十一军、五十七军固有编制之各师外,"新编"、"暂编"各师,多有混迹于"国民革命军"与"汉奸队"之间的人物。如吴化文部、赵保原部,都曾加入过汪精卫的"和平救国军";而刘桂棠部,则长期以"巨匪"闻名。在"游击武装"与"保安部队"中,其不稳定者亦不在少数。总司令于学忠五十一军各部,于 1937 年 7 月 7 日入鲁,驻防于青岛及胶济路东段。自 1938 年 12 月,于部又陆续入鲁,先后布防于甲子山、沂蒙山及鲁南抱犊崮山区。[①] 1943 年 7 月,于学忠率鲁苏战区总部机关及第五十一军、第五十七军先后离开山东,开赴安徽阜阳地区。1944 年 5 月,鲁苏战区番号撤销。

4. 第二十八集团军

1942 年 11 月,蒋介石命令第二十八集团军总司令李仙洲率部由皖北

---

①于学忠部两次入鲁的记载,参见《山东省志·大事记》,山东人民出版社 2000 年版,第 285、319 页。

入鲁,初在微山湖西及单县一带活动,后亦挺进沂蒙山区,意在取代于学忠部,在山东建立反共基地。该部总司令李仙洲,副总司令侯镜如,参谋长冯基昌,政治部主任刘子班。所辖各部:

第二十九军,军长侯镜如(兼)。下辖:第二十一师,师长聂松溪;第一四二师,师长刘春岭。

另有:暂编第三十师,师长路可贞;暂编第五十六师,师长孟绍州;暂编第三十六师,师长刘桂棠;暂编第十二师,师长赵保原;保安第二师,师长申从周。

李仙洲,山东长清人,黄埔军校第一期毕业,历任黄埔教导团排长、连长,国民革命军营长、团长、旅长、师长,曾参加广东国民政府之"东征"、"北伐",及蒋介石围剿红军的战争。抗日战争爆发后,历任师长、九十二军军长,参加忻口战役及徐州会战。1942年入鲁后,所部曾多次遭遇日、伪军袭击,山东八路军曾给以救援,但李仙洲不与八路军合作,反而大搞反共摩擦,提出向八路军抗日根据地"夺取政权,收复失地",遭到八路军有力反击。

李部于山东立不住脚,被迫于1943年8月25日撤回皖北。

5. 山东挺进军总指挥部

1943年7月,于学忠部奉命撤离山东,从莒县、日照出发,经八路军滨海军区防区,过鲁西南,8月,到达安徽阜阳。同时,李仙洲部亦被迫退出山东。此时,残留于山东各地的国民党"游击部队"、"保安部队"等游杂部队,一时群龙无首,或自据一方,或投降日伪,或名为"自主",实暗中勾结,甚至"既接受伪军番号,又保留国民党军番号",公开"兼祧"。1944年春,已流亡至安徽阜阳的国民党山东省主席兼保安司令牟中珩,把山东的"保安旅"、"保安团"及游击部队改编为"山东挺进军",自任"总指挥"(后为李延年)。所属各部分别为:鲁东军区,司令赵保原;鲁南军区,司令张里元;鲁中军区,司令赵季勋;鲁西军区,司令高仁绂;鲁西北军区,司令王金祥;鲁北军区,司令戴镐东。

各军区下辖部队,或曰师、旅、团,或曰纵队、支队,其番号、人数各不相同。这支队伍的最大特点,是游离于国民党军与汪伪军之间,其暗中勾结者甚多,公开投敌者亦不在少数。如鲁东军区总兵力2.7万人,公开投敌者即

1 万余人;鲁北军区总兵力 30300 人,公开投敌者 14300 人。①

抗日战争胜利后,1946 年 3 月,山东挺进军总指挥部撤销,所属部队改属国民党第十一战区副司令长官部(副司令长官李延年)。

(二) 共产党领导的抗日武装

中国共产党领导的抗日武装,前身是"中国工农红军",创建于 1927 年 8 月 1 日南昌起义。

1927 年,正当国民革命军胜利北伐之际,蒋介石和汪精卫先后发动了"四一二"、"七一五"反革命政变,中国共产党为反击国民党反动派,决定于是年 8 月 1 日,在南昌发动武装起义。主要领导人为周恩来、贺龙、叶挺、朱德、刘伯承等,参加起义的主要部队有:国民革命军第二方面军,2 万余人,第五方面军第三军军官教导团及南昌市警察武装,共 3 万余人。起义胜利后,鉴于国民党反动派总体力量强大,为保存革命实力,起义队伍南下广东,此间屡遭反动军队的围追堵截,损失过半。其中一部,在朱德、陈毅领导下,辗转闽南、赣南、湘南,于 1928 年 4 月到达井冈山,与先期到达井冈山的毛泽东领导的工农革命军胜利会师,并于当年 5 月 4 日,在江西宁冈砻市共同组建了工农革命军第四军,后改称"中国工农红军第四军"(简称"红军")。这就是中国共产党独立开展武装斗争的第一支军队。对于中国工农红军的出现,蒋介石十分惊恐,数年间在江西先后发动了五次"围剿",最终迫使红军进行了举世闻名的两万五千里长征。1936 年 10 月,红军主力部队先后到达了陕北。

1937 年 7 月 7 日"卢沟桥事变"爆发,中共中央迅速作出反应,7 月 8 日,毛泽东、朱德、彭德怀、贺龙、林彪、刘伯承、徐向前联名致电蒋介石,要求:"实行全国总动员,保卫平津,保卫华北,收复失地。红军将士,咸愿在委员长(蒋介石)领导之下,为国效命,与敌周旋,以达保土卫国之目的。"②

国共双方自 1937 年 2 月即开始了"合作抗日"的谈判,形势与条件已迫使双方别无选择,最终达成协议。1937 年 8 月 22 日,国民党政府军事委

①据《山东省志·军事志》,山东人民出版社 1996 年版,第 242、244 页。
②毛泽东:《为日军进攻卢沟桥致蒋介石电》,《毛泽东军事文集》第 2 卷,军事科学出版社、中央文献出版社 1993 年版,第 1 页。

员会宣布,红军主力改编为国民革命军第八路军,并同意设总指挥部,朱德任总指挥,彭德怀任副总指挥,叶剑英为参谋长,左权为副参谋长,下辖3个师。9月11日,国民党政府军事委员会改"第八路军"为"第十八集团军","总指挥部"改称"总司令部",朱德、彭德怀分别任总司令和副总司令。后来,人们在习惯上仍称之为"八路军"。

依中共中央革命军事委员会的命令,第八路军所辖三个师的组成及番号编制如下:

陆军第一一五师:原红军第一军团、十五军团及七十四师,合编为陆军第一一五师。林彪任师长,聂荣臻任副师长,周昆为参谋长,罗荣桓为政训处(后称政治部)主任,萧华为副主任。

陆军第一百二十师:原红军二方面军,二十七军,二十八军,独立第一、第二两师,赤水警卫营,及"前总直"之一部,合编为陆军第一百二十师。贺龙任师长,萧克任副师长,周士第为参谋长,关向应为政训处(后称"政治部")主任,甘泗其为副主任。

陆军第一百二十九师:原红军四方面军,二十九军,三十军,陕甘宁边区独立第一、二、三、四团等部,改编为陆军第一百二十九师。刘伯承任师长,徐向前任副师长,倪志亮为参谋长,张浩为政训处(后称"政治部")主任,宋任穷为副主任。①

抗日战争期间,在八路军三大主力中,进入山东境内作战的,主要是一一五师主力及一二九师之一部。兹依进入山东作战之时序,先叙一二九师。

1. 八路军第一二九师

八路军在抗日战场的基本作战原则是"独立自主的山地游击战",因此,它的基本活动形式是以小股兵力出没于敌占区、游击区,伺机作战。而这一基本活动形式,又促使八路军在山东战场的抗日活动成为中国战争史上头绪最多,也最为复杂多变的战争活动之一。

早在1937年12月16日,毛泽东就提出由一二九师派出两个支队向平汉路(今京广铁路北段)以东地区发展,直至1938年2月,方有一个工兵连

①参见《毛泽东军事文集》第2卷,军事科学出版社、中央文献出版社1993年版,第34—35页。

由河北南部进入卫河以东,组建成津浦支队,在山东之高唐、恩县、夏津、武城一带开展游击活动,目标在于破袭津浦铁路,阻止日军南侵,以配合正面战场的徐州会战。队伍原来有 3 个连 300 余人,很快发展到 2 个营零 2 个连,共 1000 余人,支队长孙继先,政治委员王育民。

此为一二九师进入山东的第一支队伍。

1938 年 6 月,鲁西北范筑先部两个支队,会同八路军一二九师陈锡联七六九团及一一五师韩先楚六八九团,攻克山东高唐。6 月 15 日,八路军一二九师副师长徐向前与范筑先在冀南威县会晤,议定互通情报,各守防区。11 月 13 日,范筑先部与日军血战聊城,壮烈牺牲,聊城失陷。原范部高级参议,共产党员袁仲贤收容范部各支队散失人员,与中共鲁西特委掌握的第三十一支队,合编为平原纵队。司令员袁仲贤,副司令员管大同。

1938 年 12 月 21 日,刘伯承、邓小平率一二九师主力进至冀南地区之南宫县,召开冀南、鲁西北地区军政干部会议。会后,在山东冠县组建先遣纵队,李聚奎为司令员兼政委(后由钟汉华、肖永智继任政治委员),王幼平为政治部主任,刘致远为参谋长,统一指挥津浦支队、骑兵团及青少年纵队第三团等部;并派遣三八六旅、三四四旅各一部,至馆陶、冠县、丘县一带,两个支队统归于 12 月 14 日进入鲁西北朝城(今莘县境内)地区的三八六旅旅长陈赓统一指挥。

筑先纵队组建于 1939 年 1 月。其时聊城已经失陷,范筑先将军殉国,鲁西北形势逆转。1939 年 1 月,第十八集团军总司令部决定,以中共鲁西特委领导的第十支队为主,组建"筑先抗日游击纵队"(简称"筑先纵队"),归一二九师先遣纵队指挥。纵队司令员张维翰,副司令员朱德崇,参谋长胡超仑,政治部主任袁仲贤。

1940 年 5 月,先遣纵队与筑先纵队又合编为一二九师新八旅,旅长张维翰,政治委员肖永智,副旅长王近山,参谋长周光策,政治部主任王幼平。下辖二十二团、二十三团、二十四团。至 1940 年 9 月,新八旅离开鲁西北,进入冀南地区活动。

2. 八路军第一一五师

早在 1938 年 2 月 15 日,中共中央就提出了《关于一一五师分三步向河北、山东等地进军的意见》①，要求一一五师主力东进。

山东，地处黄河下游，为南北交通之要冲，是华北之海上门户，具有十分重要的战略地位，历来是兵家必争之地。中共中央六届六中全会之后，根据毛泽东提出的独立自主地放手组织人民抗日武装斗争的方针，中共中央决定派罗荣桓率一一五师进军山东。1938 年 6、7 月间，由一一五师三四三旅第六八五团之第二营扩展组建的永兴支队（支队长曾国华），即先行进入山东北部。至 9 月 27 日，一一五师三四三旅司令部及政治部、教导处、警卫营各一部，又组建成八路军东进抗日挺进纵队（肖华任司令员兼政委），向山东挺进。11 月 25 日，中共中央军委复令一一五师师部率三四三旅两个团，开赴山东新、老黄河间开展游击战争，创建抗日根据地。在此后约三个月的时间内，一一五师主力各部陆续进军山东。之后，山东就成了八路军一一五师的主要战场。关于一一五师在山东的斗争，详见本书第十五章。

3. 八路军山东纵队

八路军山东纵队及山东军区的主要兵力，大都是抗日战争爆发后，山东人民在各地发动武装起义所集结的队伍。1937 年 10 月中旬，鉴于日本军队已经进犯鲁北，山东局势严峻，中共山东省委在济南召开紧急会议，决定在山东各地发动抗日武装起义。其时，山东刚刚出狱的党组织干部和从延安过来的红军干部，如赵健民、理琪、洪涛、张北华、李仲林、廖云山、姚仲明、廖容标等，均被省委派赴各地，恢复或建立党的组织，同时组织抗日武装，发动武装起义。据《山东省志·大事记》记载，这些武装起义主要有：

1937 年 11 月，赵健民同中共冠县工委组建了有 150 余人的鲁西北抗日游击队。次年 1 月，这支队伍与范筑先所属部分游击武装组建了山东省第六区游击司令部第十支队，共产党员张维翰任司令，王幼平任政治部主任。

1937 年 12 月 24 日，中共胶东特委在文登县天福山发动抗日武装起义，特委书记理琪宣布成立山东人民抗日救国军第三军，司令部司令员理琪，政治部主任林一山。

其后，胶东各地起义队伍迅速扩大，至 1938 年 5 月，这支队伍整编为八

---

①见《毛泽东军事文集》第 2 卷，军事科学出版社、中央文献出版社 1993 年版，第 157 页。

路军山东人民抗日游击第五支队。1938年11月,第五支队又改编成了三个旅:第十九旅,旅长高嵩;第二十一旅,旅长郑耀南;第二十五旅,旅长刘万岭。

1937年12月26日,姚仲明、廖容标等组织抗日志士、爱国师生,在长山、桓台、临淄、益都四县交界处的黑铁山,与赵明新等发动的抗日群众共同举行武装起义,成立山东人民抗日救国军第五军,廖容标为司令员,姚仲明为政治委员,马耀南任参谋长,赵明新为政治部主任。

1937年12月29日,中共鲁东工委寿光县委在寿光县牛头镇发动抗日武装起义,组建八路军鲁东抗日游击第八支队,共700余人,马保三任指挥。

1938年1月1日,在中共山东省委直接领导下,组织红军干部、共产党员等100余人,在泰安徂徕山大寺举行武装起义,宣布成立八路军山东抗日游击第四支队,洪涛任支队长,黎玉任政治委员,赵杰任副支队长,林浩负责政治部工作。后增至400余人,编为5个中队。

1938年1月1日,张北华、远静沧在泰安西南夏张镇发动抗日武装起义,成立山东西区人民抗敌自卫团,张北华任主席。

1938年2月13日,山东人民抗日救国军第三军第一大队在牟平城南雷神庙打响了胶东武装抗日第一枪。3月8日,掖县玉皇顶起义,成立胶东抗日游击第三支队,郑耀南任支队长。

1938年3月,中共苏鲁豫皖边区特委组织第五战区人民抗日义勇军第一总队,张光中任总队长,何一萍任政治委员,开辟了以抱犊崮为中心的抗日根据地。

1938年5月11日,胶东多支起义部队组成胶东抗日联军,马保三、韩明柱任正副指挥。

6月16日,中共苏鲁豫皖边区省委决定,将山东人民抗日救国军第五军改编为八路军山东抗日游击队第三支队,马耀南任司令员,霍士廉任政委,杨国夫任司令员。同时决定,廖容标、姚仲明率第五军一部南下组成八路军山东抗日游击队第四支队第四团。

1938年8月中旬,中共中央派张经武、黎玉率近200名干部由延安来山东,11月上旬,到达中共山东省委驻地——沂南岸堤。

至此,统一山东抗日武装力量已势在必行。

1938 年 12 月 27 日,根据中共中央决定,八路军山东纵队在沂水县王庄宣告成立,以统一指挥山东各抗日起义部队。纵队领导机构:张经武任指挥,王建安任副指挥,黎玉任政治委员,王彬任参谋长,江华任政治部主任。纵队隶属于第十八集团总司令部。

山东纵队下辖 10 个支队、1 个总队、2 个直属团,共有 24500 人。

八路军山东纵队的成立,标志着山东人民起义武装已由若干分散的游击队,组成了在战略上统一指挥的游击兵团。

山东纵队初建时,各支队领导人分别是:

第二支队:司令员刘涌,政委景晓村;

第三支队:司令员马耀南,政委霍士廉;

第四支队:司令员廖容标,政委林浩;

第五支队:司令员高锦纯,政委宋澄;

第六支队:司令员刘海涛,政委张北华;

八路军鲁东游击指挥部(包括第七、第八支队,后又合编为第一支队):指挥马保三,政委张文通;

第十二支队:支队长董慕中,政委张岗;

陇海南进支队:司令员兼政委钟辉,副司令员梁海波;

苏鲁人民抗日义勇队第一总队(当时仍用张里元保安司令部直辖第四团番号):团长张光中,政委李乐平;

苏鲁挺进支队(由苏鲁人民抗日义勇队第二总队改编而成):支队长李贞乾,政委郭影秋;

特务团:团长陆升勋,政委王云升;

临郯独立团:团长薛浩,政委唐涛(后为韩去非)。①

此后,八路军山东纵队经过多次整军,到 1940 年 2 月第四期整军后,山东纵队的序列为:

第一旅:旅长王建安(兼),政治委员汪洋、周赤萍,副旅长廖容标、胡奇才,参谋长钱钧,政治部主任周赤萍(兼)。

第二旅:旅长孙继先,政治委员江华(兼)、王叙坤,副旅长刘海涛,政治

---

①参见《山东省志·大事记》,山东人民出版社 2000 年版,第 320 页。

部主任孔繁彬。

第三旅：旅长许世友，政治委员刘其人，副旅长杨国夫，政治部主任徐斌洲。

第五旅：旅长吴克华，政治委员高锦纯，参谋长赵一萍、贾若瑜，政治部主任高锦纯（兼）。

第一支队：司令员胡奇才，政治委员王子文。

第四支队：司令员赵杰，政治委员王一平。

第五支队：司令员王彬，政治委员王文。

独立支队（即蒙山支队）：支队长邵子厚，政治委员朱则民。

特务第一团：团长李发，政治委员张玉华。

特务二团：团长王吉文，政治委员刘涛。

陇海南进支队：司令员钟辉，政治委员韦国清。①

经过 1941 年 4 月第五期整军后，又以第一旅第三、第四团，和第四支队第三团及大崮独立团编成第四旅，旅长廖容标，政治委员汪洋，副旅长赵杰。

4. 山东军区

山东军区，是由八路军山东纵队改建而成。

1941 年 8 月 19 日，中共中央书记处与中央军委发出了《关于统一山东领导的指示》，决定以中共中央山东分局会议为统一山东党政军民的领导机关，山东分局由朱瑞、罗荣桓、黎玉、陈光组成，朱瑞任书记。同时决定，八路军山东纵队归一一五师首长指挥、配合作战，山东纵队与一一五师两个军政委员会合组为山东军政委员会，罗荣桓、黎玉、陈光、肖华、陈士榘、罗舜初、江华七人为委员，罗荣桓任书记。这一组织形式，实际上是将由各地方起义部队组建的山东纵队，变成了一一五师的附属部队，脱离了山东地方党组织的领导。

后来，发现这一组织形式亦有诸多不便，1942 年 1 月 17 日，黎玉、罗舜初向中央军委和八路军总部建议：将山东纵队的部队改为地方军，成立山东军区，由山东军区统一指挥领导山东各地地方部队。1 月 20 日，中央军委

---

①该支队为山东纵队初编时之建制，1940 年 8 月 21 日，中共中央军委决定，该支队拨归新四军建制。

接受了黎、罗的建议,当即电示八路军总部:同意黎玉、罗舜初的建议。军委确定:山东纵队及所属部队改为地方军后,山东军区政治上直接归中共中央山东分局领导,军事上归一一五师指挥,山东纵队司政机关改为山东军区司政机关。至 4 月 20 日,中共中央山东分局与山东军政委员会召开联席会议,刘少奇出席会议,会议决定:一切领导集中于山东分局,八路军一一五师师部、山东纵队指挥部与山东分局合署办公,统一配备干部。同时决定:山纵第一旅划归一一五师建制。在此期间,山东纵队下属之"旅"或"支队",已有改为"军区"建制者。如:2 月,八路军山东纵队第三旅改建为八路军山东清河军区,杨国夫任司令员,景晓村兼任政委。7 月 1 日,中央军委、八路军总部、山东军政委员会发布命令,撤销山东纵队第五支队番号,组建胶东军区,许世友任司令员,林浩兼任政委。1942 年 8 月 1 日,根据中共中央军委指示,八路军山东纵队进行整编,正式改为山东军区:黎玉任政治委员,王建安任副司令员兼参谋长,江华任政治部主任。

山东军区所辖,依时序可分三个阶段。

一是初期序列。

鲁中军区:1942 年 8 月成立。司令员兼政治委员罗舜初,政治部主任周赤萍,参谋处处长胡奇才。下辖四个军分区:泰山军分区,沂蒙军分区,泰南军分区,军区直属团兼沂山军分区。

清河军区:1940 年 1 月组建,1942 年 3 月重新组建。司令员杨国夫,政治委员景晓村,副政治委员刘其人,参谋长袁也烈,政治部主任徐斌洲。下辖五个军分区:清东军分区,清西军分区,清中军分区,垦区军分区兼清北独立团,清南军分区兼清南独立团。另有军区直属团。

胶东军区:1942 年 7 月组建。司令员许世友,政治委员林浩,副司令员王彬,参谋长贾若瑜,政治部主任彭嘉庆。下辖四个军分区:第一军分区兼东海独立团,第二军分区兼北海独立团,第三军分区兼西海独立团,第四军分区兼南海独立团。

鲁南军区:1942 年 8 月由一一五师拨归山东军区建制。司令员张光中,政治委员邝任农,副司令员何以祥,副政治委员张雨帆,政治部主任曾明桃,参谋主任贾耀祥。下辖三个军分区、一个支队:第一军分区,第二军分区,第三军分区,运河支队。

滨海独立军分区:1942年3月组建,8月,山东纵队第二旅合并于该军分区。司令员何以祥,政治委员王叙坤,副司令员刘涌,参谋长王晓,政治部主任孔繁彬。

第五旅:1940年7月由山东纵队第五支队改称,隶属于山东军区建制,归胶东军区指挥。旅长吴克华,政治委员高纯锦,参谋长贾若瑜,政治部主任欧阳文。下辖第十三团、第十四团、第十五团。

二是一一五师与山东军区合并后序列。

1943年3月,按中共中央指示,一一五师与山东军区合并,组成新的山东军区,同时保留八路军一一五师番号。山东军区暨一一五师领导机构:司令员罗荣桓,师长罗荣桓(代),政治委员罗荣桓(兼),副政治委员黎玉,政治部主任肖华,参谋处处长李作鹏,以及供给部、卫生部领导成员。下辖鲁南、鲁中、滨海、胶东、清河、冀鲁边6个军区。各军区主要领导人是:

鲁中军区:司令员王建安,政治委员罗舜初,副司令员邝任农,副政治委员李培南,政治部主任周赤萍,参谋处处长胡奇才。下辖泰山、沂蒙、泰南、沂南、鲁山5个军分区及3个直属团。

鲁南军区:司令员张光中,政治委员王麓水、傅秋涛,副司令员万春圃,副政治委员张雨帆,政治部主任曾明桃、丁秋生、张雄,参谋处处长来光祖。下辖3个军分区。

滨海军区:司令员陈士榘,政治委员符竹庭、唐亮,副司令员万毅,参谋长何以祥、胡继成、张仁初,政治部主任刘兴元、赖可可。先后辖3个军分区、1个支队零6个团。

胶东军区:司令员许世友,政治委员林浩,副司令员吴克华、袁仲贤,参谋长袁仲贤(兼),政治部主任彭嘉庆、副主任欧阳文。下辖东海、北海、西海、南海、中海5个军分区,1个海军支队和6个团。

清河军区:司令员杨国大,政治委员景晓春,副政治委员刘其人,参谋长袁也烈,政治部主任徐斌洲。下辖清东、清西、清中、垦区4个军分区及1个直属团。

冀鲁边军区:司令员邢仁甫、周贯五,政治委员王卓如、周贯五(兼),副司令员黄骅、龙书金,政治部主任刘贤权,参谋处主任卢成道。下辖3个军分区、1个特务团及回民友队(邢仁甫于1943年6月叛变投敌)。

又,1944年1月,清河军区与冀鲁边军区合并为渤海军区。领导人以清河为主,冀鲁边略有吸收。合并后,下辖6个军分区和2个团。

1944年7月后,由伪军反正部队组成四个旅,均直属山东军区。

三是抗战胜利前夕大反攻时,山东军区改编为山东解放军之序列。

至1945年8月,山东军区所辖已有5个军区,22个军分区,及近50个团、旅或支队,总兵力约23万人。根据第十八集团军总司令部指示,将各军区主力部队与基干部队编成山东解放军,计辖8个野战师、12个警备旅,连同地方武装,共27万余人。8个野战师主要领导人(正副师长、政委及参谋长、政治部主任)分别为:

第一师:师长梁兴初,政治委员梁必业,参谋长李梓斌,政治部主任刘西元。

第二师:师长罗华生,政治委员刘兴元,参谋长贺东生,政治部主任王树君。

第三师:师长王建安(兼),政治委员周赤萍,副师长胡奇才,参谋长李福泽,政治部主任王文轩。

第四师:师长廖容标、孙继先,政治委员王一平,副师长周长胜,参谋长周长胜(兼),政治委员欧阳平。

第五师:师长吴克华,政治委员彭嘉庆(兼),参谋长肖镜海,政治部主任刘浩天。

第六师:师长聂凤智(代),政治委员李丙令,副师长蔡正国,参谋长蔡正国(兼),政治部主任李冠元。

第七师:师长杨国夫,政治委员周贯五,副师长龙书金,参谋长阎捷三,政治部主任徐斌洲。

第八师:师长王麓水,政治委员王麓水,副师长何以祥,政治部主任曾明桃、丁秋生,参谋主任马冠三。

12个警备旅均由各军分区所辖各县地方武装编成,不具列。

1945年9、10月间,山东军区主力第一、第二、第三、第六、第七师,渤海新编师,第五师大部,及警备第三旅等,约6万余人,分别由罗荣桓、肖华等率领开赴东北,成为东北野战军的主力部队:第一、第二师和东北挺进纵队编入东北野战军第一纵队,后称第三十八军;第三师与警备第三旅编入东北野战军第三纵队,后称第四十军;第五、第六师编入东北野战第四纵队,后称第四十一军;第七师与渤海新编师编入东北野战军第六纵队,后称第四十三军。

抗日战争结束后,留驻山东的山东军区主力部队,则与由江苏北进山东的新四军合编为华东野战军。待本编第四部分"解放战争时期的战争"再详述。

要之,抗日战争时期八路军在山东地区的建制与活动十分复杂多变,上面所叙只是大的纲目。其间的细致变化,如初期各地起义部队的建制变化,又如山东军区五次整军中的变化,限于篇幅,难以尽述。①

(三) 日本侵略军与伪军

1. 日本侵略军

日本派驻山东的侵略军,大致来自两个方向:其一,日本侵华军队原驻中国华北方面的军队,顺津浦铁路南下山东;其二,日本本土军队直接从青岛登陆,入侵山东。另外,也有少量日军是在其入侵中国南方后,又回调山东。兹依时序略加勾画。

1937 年 8 月,日军第十师团沿津浦路攻占济南,师团长为而矶谷廉介中将。

1938 年 4 月,日军第五混成旅团抵青岛,旅团长长野少将。

1938 年 11 月,日军第十四师团在青岛登陆,师团长土肥原贤二中将。

此后,1938 年陆续派驻山东的日军计有:

第一一八旅团,旅团长本川省三少将;

第十二军团,司令官尾高龟藏中将;

第一〇四师团,师团长坂桥;

第一一〇师团,师团长吉川;

第一一四师团,师团长山本。

1939 年,陆续派驻山东的日军计有:

①以上内容资料的主要来源,以《山东省志·大事记》与《山东省志·军事志》为主,兼采其他书刊资料。

第十二军团,军团长尾高龟藏中将,驻济南;

第五师团,师团长今村均中将,驻青岛;

第一一四师团,师团长中尾忠彦中将,驻济南;

第三十二师团,师团长木村兵太郎中将,驻兖州,后接替一一四师团,驻济南;

第二十一师团,师团长鹫津钤平,驻青岛。

1940年至1943年,驻山东日军主要仍是第二十一师团、第三十二师团,以及若干独立混成旅团和若干联队。

1941年至1945年,侵华日军设有山东管区司令官。1941年至1943年,山东管区司令官均由第十二军团长担任,先是土桥次一郎中将,后为喜多诚一中将。1944年,日军第三十二师团调往缅甸作战,第十二军团长山荣次郎亦调赴开封河南方面作战,山东管区遂由日军第五十九师团长细川中康负责。1945年,升任第四十三军团长的细川中康,为山东管区司令官。

约自1944年后,日军战线大大拉长,军事调动频繁,其后驻山东日军大致维持在2万至2.5万人。

2. 伪军

抗日战争初期,日军所到之处,在组织伪政权的同时,也开始建立伪军(俗称"汉奸队")。1938年起,作为在山东的大股伪军,只有日军从东北带来的伪满皇协军赵保原一个旅。其后,由于国民党军队不断投敌,伪军队伍日渐增多,1939年底达10万余人,1943年曾达20万人。其中,除省、县各级建立的地方伪军外,还有汪精卫政权的"中央军"和华北的"治安军"等"正规军"。其中,曾反复投靠于敌伪与国民党军之间的人物,如张步云、刘桂棠、孙良诚、吴化文等,均曾活跃于一时。

二、韩复榘溃退与范筑先血战聊城

1937年7月7日,日本侵略军向北平郊区宛平县的中国驻军发动进攻,中国军队奋起抵抗,这就是震惊中外的"卢沟桥事变",中国抗日战争由此全面爆发。尔后,日军沿平绥、平汉、津浦三条铁路线发动进攻,其中津浦一线的进攻,于9月底即逼抵山东。国民革命军第一集团军宋哲元部,沿津浦铁路线退至山东德县(今德州市)以东地区,负责津浦线战事的国民党第六战区司令长官冯玉祥急调韩复榘部增援鲁北,由此拉开了山东抗日战争的序幕。

(一)韩复榘不战而退

对日本侵略军,韩复榘是有一定界限的。1937年初,日本驻华北天津侵略军拉拢韩复榘搞"华北自治",遭韩拒绝。"卢沟桥事变"后,中共中央先后派张经武、张震等人到达济南,与韩复榘经多次会谈,取得一定成绩:

一是促使韩复榘释放在押政治犯;

二是促使韩复榘成立第三路军政训处,由进步人士余心清任处长,并有共产党员和左派人士协助工作;

三是推动韩复榘开办第三路军政治工作人员训练班,培训动员民众的干部。①

这些成绩,对推动抗日工作的展开起到了明显的作用,特别是释放赵健民、姚仲明、理琪、张北华等400多名政治犯,为山东的抗日工作提供了一批骨干力量。

1937年9月底,日本侵略军逼近山东,韩复榘部第八十一师师长展书堂奉命率部到达德县(今德州市)、禹城,第二十九师师长曹福林部到达惠民、齐东一带,与日军对峙、对抗。10月3日,日军出动步兵3000余人,在飞机、坦克、大炮的掩护下,集中兵力进攻德县县城,德县守军第八十一师官兵拼死抵抗,苦战两昼夜,其中八五四团官兵大部殉国。10月5日,德县失陷。随后,日军又进占恩县、平原、陵县等地。

尔后,韩复榘部之孙桐萱第二十师第六十旅、李汉章第七十四师之第四四三团,均曾在黄河与徒骇河间与日军隔河对峙。10月21日,第八十一师在徒骇河一线向北反击,曾一度收复德县、桑园。其时,由于徒骇河水漫涨,日军遂由河北盐山和山东庆云、惠民、济阳一线发动进攻,于10月13日占领济阳,并由此绕至西线中国守军之背后袭击。由于腹背受敌,韩部下之展书堂第八十一师、曹福林第二十九师、李汉章第七十四师等,均伤亡过半,韩复榘遂下令将军队全部撤至黄河南岸。

---

①见《山东省志·大事记》,山东人民出版社2000年版,第287页。

当韩复榘所属部队在鲁北抗击日军时,韩复榘曾亲临前线。1937 年 11 月 13 日,韩复榘率手枪旅贾本甲团及特务队到黄河北岸,与冯玉祥一起到前线督战。在济阳城遭日军袭击,韩所带部队几乎全部阵亡,在卫兵的护卫下,韩复榘骑摩托车冲出重围,方逃回济南。此次遭遇,或许是韩复榘惧日溃逃的一个重要原因。

当韩复榘将部队撤到黄河南岸后,曾与日军夹河对峙月余。12 月 22 日夜,日军千余人于济阳门台子强渡黄河,中国守军谷良民部第二十二师撤往周村。23 日,日本华北驻屯军第十师团 2 万余人分两路从济阳、青城间及齐河渡过黄河,向济南与周村进逼。24 日夜,韩复榘率部放弃济南,向泰安、兖州撤退。日军于 27 日占领济南,31 日侵占泰安,另一路于 26 日侵占周村,继而占领淄川、张店、博山等地,并沿胶济线向东进犯。

在韩复榘一路败退之时,国民党第五战区司令长官李宗仁曾命令其"节节抵抗",但韩置命令于不顾,于 1938 年 1 月初,尽渡运河西撤,造成徐州以北兵力空虚,日军得以长驱直入。韩复榘则以"违抗军令"、"擅自撤退"、"拥兵自重"等罪名,被蒋介石诱捕,并于 1938 年 1 月 24 日在武汉被处死。

(二) 范筑先血战聊城①

范筑先,原名范金标,字竹仙,后改字筑先,山东馆陶(今属河北省)人。幼时家贫,丧父,后辍学务农,当车夫养家糊口。1904 年离乡投军,在北洋军中任职,官至旅长。1924 年,因不满军阀混战,将其部队遣散,隐居上海,起字"竹仙",又改为"筑先"。1929 年投奔冯玉祥将军,出任高级参谋,次年参加冯、阎反蒋的中原大战。1931 年"九一八事变"后,回山东,任韩复榘第三路军少将参议,后任沂水县长、临沂县长。1936 年调至聊城,升任山东省第六区行政督察专员、保安司令兼聊城县县长。面对国土相继沦丧,而国民党当局实行"不抵抗主义",筑先一上任,即在全区推行"乡建运动",训练壮丁,准备抗日。

由于国民党当局的大政方针依然是退让、妥协、不抵抗,故范筑先

---

①此节资料主要取自《聊城地区志·人物·范筑先》和《聊城地区志·军事·聊城保卫战》,见《山东省志书大全·市志部》2005 年电子版。

亦颇感苦闷彷徨,孤掌难鸣。就在这时,中国共产党方面的抗日呼声一再高涨,1937 年 4 月,中共中央军委副主席周恩来派中共华北联络局书记彭雪枫到山东开展统战工作。彭雪枫到达济南后,即在韩复榘第三路军的下级军官中进行抗日宣传。5 月,彭雪枫到聊城,通过张维翰、牛连文等与范筑先取得联系,由于志向相同,双方一拍即合,很快便决定合作,共同抗日。由此,筑先亦利用自己在鲁西一带固有的地位与影响,积极展开抗日救亡工作。

为积极组织抗日力量,范筑先派张维翰、牛连文等赴济南与中共山东省委取得联系,并从第三集团军政训班中挑选了以共产党员与民族先锋队员为骨干的平津流亡学生 240 名,到聊城任"政训服务员",担当抗日之骨干力量。至 11 月,山东省政府主席韩复榘决定放弃抵抗,并命令范筑先亦"不战南撤",范只好遵命率部至齐河县官庄渡口,观望形势。当范筑先看到到处兵荒马乱、人民流离失所的惨景时,毅然班师回聊,决心抗日,将"保安司令部"改组为战时体制的"游击司令部",加强政训工作,加强地方武装建设。

此时,日军向鲁西北进犯,韩复榘再次令范筑先"南撤",筑先决然通电全国:

> 概自倭奴入寇,陷我华北,铁蹄所至,版图易色。现我大军南渡,黄河以北坐待沉沦。哀我民众胥陷水火,午夜彷徨,泣血椎心。筑先忝督是区,守土有责,裂眦北视,决不南渡,誓率我游击健儿及武装民众,以与倭奴相周旋。成败利钝,在所不计,鞠躬尽瘁,亦所不惜。①

通电发出,国人无不为之振奋。之后,范筑先更是风尘仆仆,奔走各县,先后建立了 20 多个抗日县政府,委任了 13 名共产党员县长,并接受中共中央派来的政治、军事干部 40 多名,充实了各级领导骨干力量。为动员广大民众积极参与抗战,他先后组织了聊城妇女救国会、聊城青年救国会、聊城儿童救国团、抗战移动剧团、冀鲁青年记者团等抗日团体,先后出版《抗战日报》、《山东人》、《战地文化》等抗战报刊,并

---

① 《聊城地区志·人物·范筑先》,见《山东省志书大全·市志部》2005 年电子版。

甘冒风险，亲自到土匪、民团及国民党溃兵中做说服工作，将各种游移力量集中到"抗日"的大旗之下，收编为抗日游击队，其抗日武装迅速发展到 35 个支队，三路民军，约有 6 万人。筑先率部转战梁水镇及柳林、南镇、范县、濮阳、东阿、齐河等地，历经战斗 80 余次，身先士卒，不顾生死，收复并保卫了 23 县之国土，使日伪军在鲁西北无立足之地。广大抗日军民一致赞誉范筑先为"抗战老人"。

1938 年 11 月中旬，日军分三路进犯鲁西北，进攻的中心是聊城。第一路由德州攻武城，第二路由禹城攻高唐，第三路由济南经平阴、东阿进攻聊城。第三路日军有步骑炮混合兵种 400 余人，装备汽车 18 辆、钢炮 4 门及迫击炮、掷弹筒、轻重机枪等武器，并有骑兵五六十名，在飞机的掩护下，经铜城直扑聊城。11 月 11 日，日军到达平阴，国民党黄河警备区没有抵抗。12 日，日军在东阿县西艾山一带搭起浮桥，渡过黄河。国民党省政府民政厅长李树椿急忙赶到阳谷县安乐镇，召集反动会道门头子密谋暴动，以配合日军的军事行动，谋害范筑先，阻止六区部队增援聊城。

范筑先得知情况严峻，11 月 12 日即从杜郎口返回聊城。当天晚上，召开紧急会议，决定将政治部等机关、学校非战斗人员一律撤出城外，武器弹药运到堂邑县张炉集一带，督促城关居民赶快出城，留游击营和卫队营等少数部队担任城防。待敌人围城时，范筑先再在城外调集大军把敌人包围起来，将其夹在中间消灭。

13 日上午，范筑先再次召集军事人员会议，决定以第十支队堵截大名之敌，第三支队堵击禹城之敌，第十六支队截击德州之敌，民军第一路防守聊济公路和陈家口、王古禹及顾官屯等军事要点，其他各支队驻防待命。

13 日，日军到顾官屯后，兵分两路，一路从夏口直扑东关，一路绕至聊堂公路直奔聊城西堤。14 日上午，日军形成包围聊城之势。就在这时，李树椿突然驱车进城找范筑先谈话。

此时，政治部张霖之、姚第鸿、王幼平、张郁光 4 人刚出城外，发现范筑先还在城内，即派张郁光、姚第鸿返回城内，力劝范筑先迅速出城。李树椿则故意纠缠范筑先不放。下午 3 点多钟，李树椿坐车出城，在东关布防的民军第一路弃阵而逃，被沈鸿烈收买的范部参谋长王金祥借口追赶民军，调动援军，也溜出城外。范筑先准备出城时，日军已将全城包围。

聊城四面环水,只有一条出城小道。敌人用机枪封锁住道口,出城已不可能。范筑先遂亲自部署城防,指挥守战,以待援兵。但东南方向第五、第六、第二十一支队被寿张、阳谷、阿城一带的"忠孝团"所阻。高唐因日军围攻无法分兵;鲁西特委的骨干第十支队主力在黄河南岸大峰山区,鞭长莫及;驻冠县的部队负责阻击大名方向之敌,亦无力增援;其余各支队相去甚远,唯堂邑第八支队距离最近,但该支队系民团改编,战斗力很差;王金祥拥兵观望,范筑先及700名将士身处绝境。

14日子夜,城内对外联系全部中断,范筑先率孤军奋守。城内只留有游击营、卫队营、执法队、手枪连、武术队和传令队及文武官员六七百人,拥有步枪400支。范筑先即令游击营守南门,卫队营守东门,手枪连、武术队守北门,执法队守西门。下午4时,北门敌人发射信号弹后,南门敌人首先发起进攻,游击营与之展开激战,范筑先、姚第鸿、张郁光率手枪连和传令队50余人增援,击退敌人多次进攻。黄昏后,东关失守。接着,敌人在猛烈炮火配合下攀爬城墙。范筑先、姚第鸿率传令队急忙赶到东门,激战两小时,敌人5次爬墙,均被击退,敌人伤亡数十人。敌人的炮弹接连落在专署院内,范筑先只得将司令部搬到光岳楼上指挥四门防守。日军又从济南派来援军4700多人。15日拂晓,敌人在两架飞机的配合下,以密集的火力向东门发起进攻。范筑先、姚第鸿带着传令队赴东门督战。敌人架起云梯,组织3次爬城都被击退。范筑先左臂被炮弹击伤,30余名战士牺牲。激战到上午9点,敌人用烟幕弹、平射炮将东门击开。范筑先与守东门的战士退到古楼,杀伤攻楼之敌多人,后又退到万寿观和敌人展开激烈的巷战。战斗一直打到下午5点,范筑先以身殉国。

聊城失陷的第二天,敌人挨家挨户大搜查,张郁光、姚第鸿等7人被搜出后,和敌人展开搏斗,终因寡不敌众,被绑到万寿观空场杀害。当敌人搜查到光岳楼南孤儿院时,隐蔽在这里的4名战士把一枚手榴弹拉响,与日军同归于尽。被搜查出的老百姓数百人,全部死在敌人的屠刀下。

范筑先以身许国、矢志抗日的坚强意志与献身精神,深深感动了全国人民。筑先老人壮烈殉国后,中共中央在陕甘宁边区召开了隆重的追悼大会,痛悼这位伟大的抗日民族英雄。第十八集团军总司令朱德书赠挽联:

战事方酣,忍看多士丧亡,显其忠勇;

吾侪尚在,势必长期抵抗,还我河山。

(三) 范筑先和八路军第一二九师的通力合作

范筑先抗日,从一开始就得到了中国共产党的支持。当彭雪枫通过张维翰等与范筑先取得联系后,范筑先情不自禁地言道:"只有与中国共产党合作,抗战才有出路。"在范筑先所组建的 35 个支队中,其第十支队、第三十一支队均为中国共产党所掌握的武装力量。其他支队,也间有共产党员任职其间。

共产党所领导的国民革命军第八路军第一二九师,从抗战之初,即派遣部队进入鲁西北活动。1938 年 2 月 15 日,八路军第一二九师东进纵队组建了津浦支队,东渡卫河,进入高唐、恩县、夏津、武城、平原等地,建立根据地,袭击破坏津浦铁路,阻止日军南侵,配合徐州会战。

1938 年 6 月 9 日,范筑先部的两个支队,会同八路军一二九师陈锡联七六九团及一一五师韩先楚六八九团,攻克高唐。6 月 15 日,一二九师副师长徐向前在冀南威县会晤范筑先,双方议定:互通情报,各守防区,互不收编对方武装。

1938 年 9 月 23 日,冀鲁两省国共军政联席会议在河北省南宫县召开,中共方面党政军领导人徐向前、朱瑞、陈再道、宋任穷等出席,国民党方面山东省主席沈鸿烈、河北省主席鹿钟麟参加,范筑先亦应邀出席。中共方面提出广泛动员群众、建立抗日根据地、整顿部队、团结合作、坚持长期抗战等主张,范筑先完全赞同,与中共形成合作抗日的良好局面。

1938 年 10 月 5 日,范筑先在聊城召开第六区军政联席会议,会议通过了中共鲁西特委为范筑先起草的《第六区抗战行动纲领》等文件,双方的合作又有进一步加强。

聊城失陷后,原范筑先所属各部即陷入混乱状态。

1938 年 12 月 21 日,刘伯承、邓小平率一二九师主力进至冀南地区的南宫县,随后即在威县召开冀南、鲁西北地区军政干部会议。会后,一二九师在冠县组建了以李聚奎为司令员兼政委的先遣纵队,统一指挥孙继先津浦支队等抗日武装。

由于范筑先将军殉国,鲁西北形势逆转,1939年1月,第十八集团军总部决定,以中共鲁西特委领导的第十支队为主力,组建"筑先抗日游击纵队"(简称"筑先纵队"),归一二九师先遣纵队指挥。至1940年5月,先遣纵队与筑先纵队合编为一二九师新八旅,旅长张维翰,政委肖永智,副旅长王近山,由此正式列入了八路军一二九师的编制。

附:范筑先所组建的35个支队①

第一支队,1937年"七七"事变后,由濮县民团组成,国民党濮阳县长苗振武任司令。1938年,济南失守后,苗振武南逃,该支队自行解散。

第二支队,是范筑先抗战部队序列中建立最早的支队,司令由王金祥兼任,聊城失守后,编为国民党保安第六旅。

第三支队,1937年11月,由原国民党二十九军冀东保卫旅在鲁西北地区溃散的官兵组建,司令齐子修。聊城失守后,第十九支队、第二十九支队并入该队,驻高唐、博平、清平、聊城、堂邑、冠县等地,发展到万余人,后投敌。

第四支队,1937年冬,以茌平民间武装组建,初有一个营的兵力,后扩为1000余人,司令王子苍。聊城失守后,投归国民党王金祥部。

第五支队,1937年12月,收编的冠县城北民间武装,司令石洪典,辖2个团,共2000余人。聊城失守后,编入一二九师先遣纵队。

第六支队,1937年底收编的冠县城南民间武装,司令韩善河,辖2个团、1个营,共2000余人。1939年1月编入一二九师筑先纵队。

第七支队,1937年底,以原馆陶县保安大队部分士兵和馆陶县第五区民间武装组成,辖3个团,1000余人,司令吴作修。1939年1月,编入一二九师筑先纵队第一团。

第八支队,1937年冬,以堂邑县各区民团组成,堂邑县长牟锡山任司令,共2000余人。聊城失守后,支队自行解散。

第九支队,1937年底,由宁阳、泗水民团组建,司令张宝齐,共2000余

①《聊城地区志·军事》,见《山东省志书大全·市志部》2005年电子版。

人。聊城失守后,即与鲁西北抗日司令部失掉联系。

第十支队,1938 年 1 月,以共产党在堂邑建立的第一游击大队为核心,和共产党领导的冠县、馆陶等地方抗日武装组建,司令张维翰,辖 3 个团和东进梯队,初为五六千人,后达万余人。1939 年 1 月,编为一二九师筑先纵队。

第十一支队,1938 年 3 月,以郓城县共产党领导的抗日武装为基础组建而成,司令牛连文,初为 100 人,后达 400 多人。聊城失守后,支队由曹县赴冠县时,在濮县被国民党王金祥、张积庆部包围冲散。

第十二支队,1938 年,以共产党员和齐河县爱国人士李聚吾在齐河、禹城、茌平、长清等县边界组织领导的抗日武装所组建,司令傅亚屏,辖 3 个团约 1500 人。聊城失守后,支队的一部分和第三十一支队组建为平原纵队。

第十三支队,1938 年 4 月,以中共直南特委在濮阳、范县、冠县一带组织领导的抗日武装组建,辖 4 个团 1 个独立营,约 1500 人。同年 10 月,副司令王青云、政治部主任汪毅被王金祥杀害。支队司令冀镇国招集疏散人员 1000 余人编为新四军第三师特务团。

第十四支队,1938 年,由濮阳一带民团组建,司令刘伯鸿,约 1500 人,后投靠国民党军。

第十五支队,1938 年 2 月,以大名县抗日自卫团、民团和国民党第二十九军南撤的散兵组成,司令王振清,辖 3 个团,约 1100 人。聊城失守前,支队内部发生内讧,互相残杀,大部溃散,仅李月智带 200 余人归编第十支队独立营。

第十六支队,1938 年 3 月,以临清第一、二、三、四、六区地方武装组成,辖 3 个团,共三四千人,司令吉占鳌。1939 年春,日军侵占临清,支队被敌冲散,后编为筑先纵队第一团。

第十七、十八支队,1938 年春,鲁西北特委派冯基民等去津浦铁路以东开展工作,带走该支队两个番号,冯等去后杳无音信。

第十九支队,1938 年春,范筑先武装收编盘踞在阳谷的布永年等绿林武装,司令布永年,辖 2 个团,共 1500 人。聊城失守后,支队初被齐子修收编,后投归八路军——五师杨勇部队独立团。

第二十支队,1937 年冬范筑先收编的西北军刘汝明南逃的残部,和范县民众起义武装袁寿山部组成,共 1300 余人。

第二十一支队,1938 年 4 月,以驻在寿张、范县一带西北军刘汝明部、骑兵团刘耀庭部和范县民众起义武装袁寿山部组成,辖 2 个团,共 900 余人,司令刘耀庭。聊城失守后,支队大部分随刘耀庭投靠王金祥编为保安第八旅。

第二十二支队,1938 年,以收编范县一带农民起义武装组成,司令于耀川,辖 2 个团,约 1200 人。聊城失守后,支队投靠王金祥编为保安第九旅。

第二十三支队,1938 年,第二十一支队副司令袁寿山在濮县战役中奋勇杀敌立功,范筑先将这个支队的第一团升级为第二十三支队,提升袁寿山为司令,驻防在范县一带。

第二十四支队,1938 年,以收编高唐一带的民间武装组成,共 1500 余人,司令云茂才。聊城失守后,云茂才带支队投靠国民党山东省第四区专员袁聘之。

第二十五支队,1938 年 5 月,由第十支队武装收编盘踞在馆陶县城的华北抗日义勇军(实为皇协军)组成,共 1500 余人,司令王金甲。当年 11 月,支队编入第十支队第一团。

第二十六支队,1937 年底,由收编在堂邑南大杨庄一带的土匪武装组成,初为独立团。1938 年 5 月,因栾省三在七堂战斗中立功,范筑先提升他为第二十六支队司令,辖 2 个团,共六七百人。聊城失守后被冲散,仅剩三四十人,编入平原纵队。

第二十七支队,1938 年 7 月,以濮县城东和范县城南两支起义武装合编组成,司令初为韩殿卿,后为王玉德,辖 2 个团,共 2000 多人。同年 11 月,支队在从长清、平阴、返驻地濮县的途中遭袭击,30 多人被俘,近 100 人逃往第十支队。

第二十八支队,1938 年夏,以收编活动在齐河一带的一支民团武装组成,共 1000 余人,司令李文远。聊城失守后,支队 100 余人加入第三十一支队,其余回乡。

第二十九支队,1937 年底,以回乡抗战的李光斗、梁志超等组织的抗日自卫团组成,初编为一个团。1938 年 6 月,扩编为第二十九支队,司令王善堂,辖 3 个营和 1 个手枪连,约 1500 人。聊城失守后,王善堂操纵支队投归齐子修第三支队。李光斗、梁志超、赵晓等则组建为先遣纵队第五大队。

第三十支队，1938 年夏，以收编的高唐第七区民团组成，约 1000 人，司令吴春阳。聊城失守后，依仗国民党山东省第四区专员袁聘之势力，盘踞在本地。

第三十一支队，1938 年 8 月，以济南战役前方指挥部机关为核心，以博平、齐河、茌平、长清、禹城等县边界抗日团体为骨干组建，司令管大同。辖 3 个团和警卫连、骑兵连各 1 个，共 850 人。聊城失守后，以该支队为基础组建平原纵队。

第三十二支队，1938 年夏，以博平县民团组建，国民党博平县长王家佑任司令，约 2000 人。聊城失守后，支队的一部分编入八路军先遣纵队第五大队。

第三十三支队，1938 年夏，以收编在恩县活动的一支民团武装组成，司令王化三，约 2000 人。聊城失守后投敌。

第三十四支队，1938 年夏，以收编在高唐活动的民团武装组成，司令李连祥，约 2000 人。聊城失守后，发展到近万人，盘踞在高唐、禹城边界地区。

第三十五支队，1938 年秋，以中共鲁西南特委在菏泽安陵集、曹县桃园集一带组织的一支抗日武装组成，司令徐茂里，约 1000 人。聊城失守后，支队编入一一五师第三十四旅第五支队。

三路民军从略。

1938 年 10 月，35 个支队改编为 4 个纵队：

第一纵队，以第二支队为核心，辖第四、二十二、二十三、二十六、二十七、二十九等支队，司令员范筑先（兼），副司令员王金祥。

第二纵队，以第三十一支队为核心，辖第十二、十九、二十八支队和第十支队的东进梯队、大峰山独立营等，司令员袁仲贤。

第三纵队，以第十支队为核心，辖第五、六、七、十三、十六、二十一、二十五支队，司令员张维翰。

第四纵队，以第三支队为核心，辖二十四、三十三支队等，司令员齐子修。

三、台儿庄战役与徐州会战

(一)中日双方战略目标聚焦徐州

1927年,日本首相田中义一向天皇上了一份秘密奏折,内称:"欲征服中国,必先征服满蒙;欲征服世界,必先征服中国。"这一臭名昭著的"田中奏折",就是日本军国主义确立的"大陆政策"。由此,"灭亡中国"成了日本的既定国策,日本政府与军队在中国所实行的一系列挑衅与侵略,都是将这一既定国策有计划地付诸实施。1928年制造"皇姑屯事件",1931年发动"九一八事变",使日本成功地占领了中国的东北三省,初步实现了其"征服满蒙"的目标。尔后,日本又把魔爪伸向中国的华北,策划所谓"华北五省自治运动"(指冀、察、晋、绥、鲁五省),试图使"华北"变成第二个"东北"。1937年7月7日制造"卢沟桥事变",既是日本军国主义大规模侵略中国的开始,也是中国人民全面抗击日本侵略的开始。

日本侵略中国,既有其明朗的优势,也有其无法克服的弱点。明治维新后,日本国力迅速增进,军队装备先进,武器精良,再加上其固有的"武士道"精神,都极大地增强了其军队的战斗力与侵略性。然而,国土甚小,资源贫乏,兵力不足,则又成为实现其疯狂侵略计划所无法逾越的障碍。小蛇欲吞大象,谈何容易!正是立足于这一基本的既存条件,要求"速战速决"、"迅速灭亡中国",就成为日本总体战略方针的必然性要求。1937年7月7日发动"卢沟桥事变"之后,日本随即在中国北方开始了大举进攻;紧接着,又把矛头指向中国南方的上海,1937年8月13日,日军突袭上海,揭开了"八一三"淞沪战役的序幕。南、北两线同时进逼,日本欲在最短的时间内,迫使蒋介石南京政府投降。

在北线,由于韩复榘不战而退,日军得以迅速推进:1937年12月23日,日军第十师团从济阳、青城间突破黄河防线。1938年1月5日,日军长驱直入,攻陷济宁。到1月中旬,日军已占领大半个山东。

在南线,日军发动"淞沪战役"后,于1937年11月又在杭州湾登陆,从而迅速占领上海。尔后,日军兵分三路,会攻南京,并于12月13日占领南京,进行了惨绝人寰的"南京大屠杀"。

20世纪的中国,已经是一个正在觉醒的中国,不但有辽阔的国土,有4

亿民众,而且广大民众已经有了强烈的爱国意识与民族意识,有了能够引领人民顽强抗击侵略者的先进组织与民族英烈。面对日本侵略军的进攻,中国人民与中国军队展开了英勇顽强的浴血奋战。南、北两线都有中国军民顽强阻击。

日军占领南京之后,当务之急就是打通津浦线,使其军队南北贯通,从而再向中国的华中、华南与西南推进。此时中国军队的首要目标,就是阻断日军的聚合,使其陷入中国军民联合抗争的汪洋大海。双方聚焦的焦点,就是处于济南与南京之间,地处鲁苏交界处的军事战略要地——徐州。

徐州会战之总体态势,是以徐州为中心,日本侵略军沿津浦线,从南、北两个方向向徐州推进,中国方面则部署军队进行阻击。

南线:日军以 7 个师团和 3 个支队攻克南京后,1938 年 1 月 26 日至 2 月 21 日,即以 4 个师团沿津浦路南段向北推进;中国方面则以李品仙、廖磊两个集团军予以阻击,双方在淮河南北形成对峙局面。

北线:日军第十师团于 1937 年 12 月 23 日突破中国军队的黄河防线,很快占领周村、博山,转而西向。由于韩复榘弃城而逃,日军于 27 日占领济南。后则尾随韩复榘南下,占领泰安、肥城、大汶口、兖州,1938 年 1 月 5 日攻占济宁。在北线东段,1938 年 1 月 12 日,日军板垣征四郎第五师团由海上占领青岛,继而以第二十一旅团坂本顺部为基干,组成坂本支队,沿山东东部南侵。

中国方面北线的兵力部署,则集中于徐州北侧的鲁南地区。第五战区司令长官李宗仁坐镇徐州掌控全局。

"战区",为中国抗日战争时期所确立的战略作战单位,它直属国民政府军事委员会,其下则有集团军(兵团、军团)、军、师三级作战单位。徐州会战前夕,第五战区所集结之部队计有:

第二集团军孙连仲部;

第三集团军于学忠部①;

第二十二集团军邓锡侯部(后,孙震为总司令);

第三军团庞炳勋部;

---

①第三集团军总司令原为第五战区副司令长官韩复榘兼任,韩因违抗军令擅自撤退被处决,改由于学忠兼任第三集团军总司令。

第二十军团汤恩伯部；

第五十九军张自忠部；

第二军李延年部；

第二十二军谭道源部；

第三十二军商震部；

第四十六军樊嵩甫部；

第五十一军于学忠部；

第六十军卢汉部；

第五十七军周喦部；

第九十二军李仙洲部。

共 40 余万人。

（二）台儿庄战役前期之序幕战

1. 莒县保卫战

1938 年 1 月 12 日,日军精锐部队板垣第五师团由青岛崂山湾、福岛登陆,沿胶济铁路西进,经高密至潍县转南,欲循诸城、莒县一线进迫临沂,企图与矶谷第十师团会师台儿庄,南犯徐州。

2 月上旬,国民党海军陆战队第一联队朱新三部撤到莒县城北招贤镇(离县城 20 公里)一带。2 月 17 日,侵占安丘的日军田野联队以刘桂堂骑兵团为前导,沿莒(县)安(丘)路南侵。黄昏,国民党海军陆战队在距城 45 公里的茶沟南部设伏,并邀县长许树声带两个中队作二线伏击。18 日晨,敌骑闯入二线,许部不支而退。海军陆战队立即枪炮齐发,日军仓皇北退。当晚 10 时,诸城日军进至柳家庄,半夜时分,借月色进犯招贤镇。海军陆战队守军英勇反击,打退日军多次进攻。20 日中午,日军又调动大批部队南犯,至瓦屋、柳家庄之间,受到海军陆战队的猛烈阻击,击毁汽车多辆,毙伤日军近百人。日军分兵两路,将招贤镇包围。海军陆战队腹背受敌,仍奋勇拼杀,战斗持续 4 小时,日军死伤近百人,海军陆战队也伤亡 100 余人,遂撤至三户庄。日军侵占招贤镇后,烧民房 1500 余间,枪杀群众 72 人,有 30 多名妇女遭辱。下午,敌军继续向莒县县城方向南犯。

20 日下午 5 时,国民党第五战区第二路游击司令刘震东率 350 余人,奉命奔守莒县县城。晚 10 时,国民党第四十军庞炳勋部第一一五旅旅长朱家麟,率第二三〇团至大湖布防。午夜,副旅长黄书勋率第二二九团和许树声部的 300 余人先后入城,成立城防指挥部,刘、朱分任正副总指挥。刘震东周密部署,并亲率部队防守北城墙,他激励将士"誓与莒城共存亡"。21日拂晓,日军乘 40 余辆汽车直扑县城,抢占了北郊高地,在强大火力掩护下,抬着云梯向北城墙直冲。守城刘部向敌猛烈还击,并与爬上城墙的日军展开了肉搏战,全歼登城的日军。激战中,刘震东冒着敌人的猛烈炮火,在北城墙上来回指挥反击。在夺回城西北角时,身中数弹,壮烈殉国。至此,刘部官兵已伤亡近半,朱部援兵也赶至北城。

日军攻北城不下,又以重兵向西城、南城迂回包围,并有轰炸机往返扫射、投弹。守军布防重新调整,利用有利地形列成东西横阵,以轻重机枪数挺,直射迂回之敌,全歼两次迂回进攻之敌 400 余人。22 日,日军以猛烈炮火向城东北角猛轰并强攻,许部不支,阵地于拂晓前失守。日军自城东北角架云梯登城,与此同时,北郊高地的日军用重炮将西北城角轰坍,一批日军乘机窜入,展开巷战。朱旅长见危局难挽,决定撤出县城。出城后,沿台潍公路东侧高地继续布置伏击。许树声率余部撤往东南山区。日军进城后,在城关即屠杀百姓 460 人,仅大湖一村就有 48 人被日军杀害,城乡大片民房被日军烧毁。

2. 临沂阻击战

日军板垣、矶谷两师团攻陷济南、青岛后,遂采用分进合击的战术,兵分两路南犯,并策应自南京北犯之日军,以达南北夹击徐州的目的。因南路之敌受到中国军队的沉重打击,阻滞于淮河一带,难以北进,日军遂改为从北面以正面进攻为主的战略。第十师团矶谷廉介部沿津浦路南侵,第五师团板垣征四郎部循诸城、莒县一线,妄图夺取临沂城后,与矶谷师团在台儿庄会师,尔后从左翼迂回徐州。

临沂为鲁南军事重镇,得失关系全局。此时,临沂守备力量仅有山东第三区专员张里元所属保安团队 2000 余人。日军占领潍县后,张即向第五战区急电求援。1938 年 2 月上旬,第五战区司令长官李宗仁急调驻守海州的庞炳勋部第三军团驰往临沂。庞部虽称军团,实际仅有第四十军之第三十九师(师长马法五),下辖 2 个步兵旅和 1 个补充团,此外尚有炮、工、辎、通各 1 个营,共有 1.3 万余人。2 月中旬,庞部到达临沂后,立即派人察看地形,并召集营以上军官及各级参谋联席会议,研究敌情及攻守战略。命令李运通旅沿汤头至葛沟一线构筑前沿阵地,并从白塔起,沿沂河东岸向南至郁九曲一线构筑了主阵地。

3 月 2 日,日军由莒县向庞部前沿阵地汤头逼近。3 月 3 日,日军即与庞部第一一六旅第二三二团交火,战况日趋紧张。敌机每日数次轰炸,又不停地以排炮射击,以坦克掩护向守军阵地冲击。庞部在海军陆战队沈鸿烈部的协同下,与敌"苦战经周,损失颇巨",被迫放弃汤头。庞炳勋一面命第一一六旅第二三一团坚守太平、白塔阵地,拖住敌人主力,一面从垛庄调回补充团,由葛沟以北抄袭敌人右侧背,同时又从相公庄抽调一一五旅第二二九团抄袭敌人左侧背。当二二九团汪大章营进至铜佛官庄时,与敌遭遇,展开激战,一日数次肉搏,阵地前沿敌尸遍野。营长汪大章身先士卒,冲锋陷阵,壮烈殉国。日军被迫于 3 月 6 日撤回汤头镇。庞部遂收复汤头以南阵地。此役,双方各伤亡数百人。

3 月 10 日,汤头敌军经补充,集步兵"约八九千人,骑兵四五百人",在"战车二十余辆,装甲车六十辆,飞机十余架,炮三十余门"的强大火力配合下,向庞军阵地压来,先后占领了汤头以南沙岭子、白塔、太平、亭子头等村庄。庞军利用沂河这一天然屏障,集中火力,给进攻之敌以重创,连日毙伤敌三四千人。这时庞部适接李宗仁复电:

> 临沂为台、徐屏障,必须坚决保卫,拒敌前进。除已令张自忠部前往增援外,并派本部参谋长徐祖诒前往就近指挥。

3. 张自忠部驰援临沂

3 月 12 日黄昏,第五十九军军长张自忠率部到达临沂。该军辖第三十八、第一八〇两个师,连同军、师直属部队共 2.6 万余人。第三十八师(师长黄维纲)辖第一一二旅(旅长李金镇)、第一一三旅(旅长李九思)、第一一四旅(旅长董升堂),第一八〇师(师长刘振三)辖,第二十六旅(旅长张宗衡),第三十九旅(旅长祁光远)。第五战区参谋长徐祖诒已于前一日到达临沂。徐认为军团部距前线太近,敌弹不断凌云呼啸,主张军团部应立即撤到临沂以南的傅家庄(距城 17 公里),以免影响参谋作业的心情,而且便于指挥。庞炳勋则坚决地说："如果我庞某临危后退，前方士气动摇，临沂城就难保了。"徐、庞意见相左，最后请示战区长官，仍尊重庞的意见，军团部不动。张自忠军到达后，由徐主持，立即在第四十军军部召集庞、张两部高级人员开军事会议，商讨破敌方案。经磋商，决定对当前之敌反守为攻，采用正面坚守、两翼迂回、抄袭敌后、一举歼灭的战略。

3月14日晨4时，张部以迅雷不及掩耳之势强渡沂河，黄维纲师自诸葛城插入敌板垣师团右侧背，在亭子头、大太平、沙岭子等处突破敌防线。敌初不及料，损失惨重，一夜之间，歼敌逾千。庞军李振清团在敌左侧背发起攻击，克黄山一带阵地，当夜进至相公庄等处。15日占领东沙兰、西沙兰、郑家寨、黄家屯及柳行头以南地区。3月14日和15日，五十九军与敌在沂河两岸反复冲杀，战线犬牙交错，形成逐村、逐屋争夺之拉锯战。张部毙、伤敌四五千人，五十九军亦伤亡六七千人。该军两师连、排长几乎全部易人，营长也伤亡近半。

3月16日，敌由莒县增兵约千余人，于7时在炮火掩护下向钓鱼台及石家屯高地一线攻击，并以飞机10余架向崖头、茶叶山一带阵地轰炸，阵地悉被炸平，敌遂占领茶叶山。张部三十八师二二五团七连官兵全部殉国。守崖头之二二五团之二、五连仅余数十人，仍挥白刃冲锋，终将该敌击退，收复阵地。午后3时许，敌增援部队约五六百人，向五十九军左翼阵地攻击。4时，刘家湖、苗庄被敌三面包围。三十八师二二六团之一、三营沉着应战，刘家湖失而复得数次，终因损失过重，弹药用尽，不得已退出。总预备队一一四旅前往增援，激战数小时，于次日晨2时将刘家湖复行夺回，毙敌甚众，日军联队长长野裕一郎大佐亦被击毙，缴获枪支及文件一宗。3月16日，战区参谋长徐祖诒见五十九军伤亡太重，拟电请第五战区长官李宗仁同意后，令其向郯城后撤。张自忠要求再打一天一夜。经徐祖诒请示战区同意，张自忠即召集第一线黄维纲、刘振三两位师长，当面说明敌我情况。张说："我军伤亡很大，敌人伤亡也大。敌我双方都在苦撑，战争的胜负，决定于谁能坚持最后五分钟。"

随后，立即下令全军营长、团长均到第一线指挥，师长、旅长到团部指挥所，军长亲临两师前线。并令将全军所有火炮全部推进到第一线，于3月17日黄昏，以密集炮火向敌人猛烈轰击。入夜后，所有官兵均投入战斗，猛攻盘踞在凤仪官庄、刘家湖、苗家庄、船流等 10 余个村庄之敌。张部还选拔精壮士兵组成敢死队,占据要点同敌人肉搏,竟有 1 人刺死敌 8 人者。同时,庞军亦一举将黄屯、傅家屯、甘屯、寇屯之敌肃清。激战到次日凌晨 2 时,号称"铁军"之板垣师团已失去抵抗能力,残敌遂向汤头、莒县方向溃退。此役敌军伤亡过半。张、庞两部及海军陆战队乘胜向汤头、傅家赤草坡追击,将敌一部包围于汤头附近。"缴获敌械弹、给养、装具、文件甚多。"清扫战场时,发现 1 架敌机残骸和 6 辆被毁坦克,日军尸体遍野。据日俘供认,自开战以来,该师团已伤 5000 人,亡 3000 人。

此次反击,重创日军,取得了临沂战役开战以来前所未有的战绩。蒋介石和李宗仁传令嘉奖,除张、庞各记大功一次外,张自忠被提升为第二十七军团军团长(仍兼五十九军军长)。报纸舆论盛赞:"是役亦当增我抗战中之光荣一页。"

4. 张、庞两军再战临沂城西

3 月 18 日晚,第五十九军奉令除留第一一四旅归四十军指挥协同守城外,其余移驻费县沈村一带,威胁敌矶谷师团左侧背,策应五战区正面作战。汤头以北之敌侦知张军开赴费县方面,在得到坂本旅团 4000 余人和大量飞机、大炮、坦克增援后,于 23 日卷土重来,猛烈向四十军阵地反扑,炮火昼夜不停。庞部伤亡很大,被迫退至城东桃园、黄山一带防守。24 日,敌机 9 架先后到庞军阵地轰炸,敌炮 9 门竟日轰击不停,午后更烈。日军 4000 余人在炮火掩护下,对四十军展开全线攻击,战事空前激烈。为确保临沂并解庞军之危,张军奉令于本日回师增援,次日下午以数团兵力渡河占领桃园,在三官庙毙敌甚众。26 日,日军继续增兵,在坦克掩护下猛扑临沂。另有日军千余绕道转进城西义堂、沙埠庄、营子一带。张军急派重兵于娘娘庙至大岭一线布防拒敌。28 日,城西日军增兵千余,以重炮猛攻临沂。庞部坚守城池,张部仍攻日军侧背。在沂河东岸三官庙、胡家庄、河西十里铺、前后岗头等处,与日军肉搏,毙敌千余。张部血战两昼夜,也伤亡 2000 余人。29 日,海州缪部王肇治旅增援临沂,于晚 7 时,向城西北十里铺、大岭、小岭方向出击。汤恩伯部骑兵团亦奉令来临沂增援,于午后向义堂以北地区进攻。张部官兵猛烈出击,敌军"损失颇巨",向北退却。当日晚,由于台儿庄方面日军吃紧,坂本旅团主力奉命驰援,仅留 1 个步兵联队和少数炮兵在临沂与张、庞两军对峙。

4月18日午夜起,沂河两岸之日军,会同从青岛开来的6000援军,第三次全线围攻临沂城。中国军队官兵与国土共存亡,至死不退,短兵搏斗,反复争夺,伤亡惨重。19日晨,日军复集中炮火,配合空军轰炸临沂城。10时左右,西北城墙被轰毁数处,日军侵入城内。守城之四十军李旅及保安二团据东南城与日军对抗。与守城部队拼战之同时,外线张部五十九军分两路向城西义堂和大、小岭敌侧背推进,短兵相接,战斗极为激烈。12时左右,庞部之朱旅沿城北攻,颇有进展,但因城垣为敌占领,遂遭敌内外夹击,伤亡惨重。守城部队因敌已侵入,不能完成任务,遂于当晚被迫撤出。21日晨,临沂城守军作战略转移,城陷敌手。五十九军奉命转移峰对口、黄店一带对日军游击,四十军奉调沛县休整,专员张里元率保安团转入西北山区游击。

临沂一战,中国方面以装备极差的所谓"杂牌部队"击败了装备精良、号称大日本皇军中最优秀的板垣师团,彻底粉碎了板垣、矶谷两师团拟在台儿庄会师的计划,造成尔后台儿庄血战时矶谷师团孤军深入,为中国军队所围歼的契机。

5. 临沂人民的有力支援

中国军队在临沂同日军作战,得到了临沂人民热情有力的支援。

庞部第四十军副官处长李凤鸣撰文说:"敌前敌后的民众纷纷组织宣传队,并自动捐献劳军。举凡鸡、鸭、鱼、肉以及萝卜、大葱、馒头、煎饼,还有乡下老婆婆手提鸡蛋送来劳军,夜以继日,应接不暇。其爱国热忱,真使人感动得落泪。前方伤亡的官兵很多,战地民众乘夜晚绕道崎岖山路把伤兵运到后方。"①

第四十军补充团第二连连长李宗岱率队坚守葛沟阵地时,几度率敢死队与敌军肉搏,荣立战功,受到战区嘉奖。他记述道:"从昨天起三十个钟头了,弟兄们都没有吃上一顿饭,一天一夜战斗下来,饥渴难忍。几个留在村子里的老百姓,他们自动地帮忙抬救伤员,烧茶水做饭。特别是五十八岁的葛大娘和一位快七十高龄姓王的大爷,冒着枪林弹雨为兄弟们送茶水,送

①见《山东省志大全·市志部》之《临沂地区志》,2005年电子版。

干粮和'糊涂'(是鲁南农民的一种主食,用高粱面加煮红苕,似稀饭),我们给钱给物,他们坚决不收。"

第五十九军一八〇师作战参谋顾相贞在《临沂抗战纪略》一文中说:"从临沂至新安镇(今江苏省新沂市)一线公路上,老百姓运送第五十九军伤兵的担架,日夜兼程,络绎不绝。其战况之烈,由此可以想见。"

6. 联庄会攻打临沂城内日军

1938 年 4 月 21 日日军侵占临沂后,进行了惨绝人寰的大屠杀。其后,大批人马又开始南侵,仅留下一小部分日军在临沂城内盘踞。时任临郯联庄会会长的临沂县老屯村(今属苍山县)人王伯英得知这一消息后,遂找因病流落在该村的原四十军某团一刘姓参谋商议,决定利用城内日军较少这一有利时机,实行突袭,以收复临沂城。

5 月 27 日(农历四月二十八日)夜,5000 余名联庄会员从城南各村汇集于吴家白庄。为鼓舞斗志,王伯英首先带领会员进行带有迷信色彩的"装身"活动(即喝符字水,念咒语,教人从思想上相信"装身"后可以刀枪不入),尔后进行了作战动员。会议研究了作战方案和人员分工:第一路军张玉振部占据金雀山,由该部第一队队长李继武带 19 人悄悄从朝阳寺前城墙水眼中爬进城,作为内应;第二路驻南坛以西,以备接应;王伯英率众由西南角攻城。并强调各部均要在拂晓前到达指定地点。准备就绪后,由黄俊雷率领的一队按时到达张家大园。时值夜半,借着朦胧的月光,隐约可见城南门未关,黄俊雷便要贸然攻城,被刘参谋劝住。待其他队员到齐后,便选 50 余人组成奋勇队,由高都村人姚秉德率领埋伏于城墙附近。

28 日天刚放亮,姚秉德首先用云梯登上了城墙顶。20 余名队员也紧跟其后,迅速登城,出其不意,向城内日军开火。敌丢下几具尸体后,随即组织还击。姚秉德及后面的会员相继中弹牺牲。城内李继武等 20 人,虽与敌殊死搏斗,怎奈寡不敌众,全部壮烈牺牲。在危急关头,东关方面的掩护人员遂集中武器向东城门射击,迫使南城楼敌人的射击目标部分转向东城门楼。在东面会友的掩护下,冲进城内的会员方乘敌人火力分散之机,从城洞中撤出。退出战场后,王伯英集合疏散的会员,准备再一次向临沂城守敌发起进攻,但此时城内日军已开始组织强大火力向联庄会员反扑,在敌我双方力量悬殊的情况下,联庄会被迫撤退、疏散。

此后,这支联庄会武装在中共党组织的领导下,加入了"临郯青救团",在临沂南部地区继续开展抗日武装斗争。①

7. 滕县保卫战

1938 年 3 月,在日军板垣师团侵犯临沂的同时,矶谷师团于 3 月 14 日拂晓自邹县发起攻击,15 日晚围困滕县城。

驻守滕县的中国军队为川军第四十一军孙震部,辖一二二、一二四 2 个师。一二二师师长王铭章率部驻守滕县城;一二四师师长由孙震兼任,副师长税梯青于城外策应;一二二师第七二七团团长张宣武为城防司令。共有兵力 7000 余人。

日军方面调集第十师团、第一○六师团和第一○八师团的一部分共三四万人,由第十师团长矶谷廉介指挥。拥有大炮 70 余门,坦克四五十辆,作战飞机四五十架。

3 月 16 日黎明时分,日军首先向驻守在滕县以北界河的第四十五军陈鼎勋部一二五、一二七师发起进攻。上午 8 点,日军炮火猛轰滕县城,同时以 12 架飞机进行扫射、轰炸。日军借炮火掩护进攻东关。到晚上 8 点,中国守城部队连续打退日军 6 次进攻。

17 日上午 6 点,日军又以五六十门山野炮和 20 余架飞机轰炸滕县县城,全城一片火海,遍地皆成焦土。随即,日军在坦克的掩护下,从东、南、北三面向城内发起冲锋。中国守军拼死阻击,日军屡次入城,屡次被歼灭或击退。日军攻势受挫,中午 12 点停止进攻。下午 2 点,日军再次以二三十架飞机配合榴弹重炮集中轰炸南关、东关,城墙被摧毁,几乎夷为平地,守军伤亡惨重。一二二师师长王铭章亲临城中心的十字路口指挥战斗,将士们拼死阻击,但终因伤亡过多,弹尽援绝,至下午 5 点,南门、西门和东关相继陷落。师长王铭章在指挥战斗中不幸中弹牺牲。他的参谋长赵渭宾、副官罗甲辛、少校参谋谢大堹、第一二四师参谋长邹慕陶等同时捐躯。守城将士在主帅阵亡的情况下仍然继续坚持战斗,直至 18 日中午,滕县县城落入日军之手,中国守城官兵全师殉城。

滕县之战,中国军队以 7000 之兵对付日军数万之众,日军且有飞

————————————

①以上关于莒县与临沂战役的资料,均采自《临沂地区志》,本书作者作了段落上的条理与部分字句的增删。

机、大炮等精良装备,仅 16 日、17 日两天,滕县县城就落下炮弹 3 万余发。中国军队坚守三昼夜,死伤自师长王铭章以下 5000 余人。日军方面被击毙 2000 余人。中国军队以寡敌众,不惜重大牺牲,阻止日军南下,延缓了日军南侵台儿庄的日期,为调集部队守卫台儿庄和总体战略部署赢得了时间。

第五战区司令长官李宗仁曾对临沂、滕县保卫战给予这样的评价:

若无滕县之苦守,焉有台儿庄之大捷?台儿庄之战果,实滕县先烈所造成也。临沂、滕县两役都是台儿庄大捷前最光辉的序幕战![1]

(三)血战台儿庄

台儿庄是鲁苏交界处的一个重镇,为徐州东北的重要门户。中国军队欲保卫徐州,阻止日军南下,台儿庄为战略要地。中日徐州会战,台儿庄实乃核心战场。

1. 李宗仁的布局与调度

当滕县守城军队告急之时,第五战区司令长官李宗仁曾命令第二十军团汤恩伯部前往增援。1938 年 3 月 16 日,汤部先头部队八十一军王仲廉部抵达南沙河、官桥一带,便与日军遭遇。俟该军总部抵达临城(今薛城),滕县县城已经陷落。李宗仁遂命其且战且退,至峄县东北抱犊崮山区(今枣庄市北部山区)设防,又命原第一战区驻河南许昌第二集团军孙连仲部,星夜急行军到台儿庄布防,以便乘日军占领滕县以后的骄狂之际,诱其深入,而以孙、汤二部内外合击之。

部署既定,日军果于 3 月 20 日自滕县大举南下。矶谷师团不待蚌埠方面援军呼应,也不等板垣师团会师,舍中方汤恩伯军团于不顾,尽所有兵力,循津浦路临枣支线直扑台儿庄。日军兵力约 4 万人,坦克七八十辆,山野炮和重炮百余门,并以大批飞机助战,陆续向台儿庄外围集结。中国方面参战部队有第二集团军孙连仲部、第二十军团汤恩伯部等共 25 个师,约 25 万人,数量逾日军数倍,唯武器装备较差。

---

[1]关于滕县战役的资料,采自《枣庄市志》及台儿庄战役纪念馆。

台儿庄战役经过要图（采自《山东省志·军事志》）

2. 孙连仲部激战台儿庄

3月24日清晨,日军以猛烈的炮火轰击台儿庄防御工事,随后步兵以坦克为前导,先后占领南洛、刘家湖,向台儿庄步步进逼。到27日,每天落入台儿庄阵地六七千发炮弹。中国军队在无坦克和平射炮的情况下,与日军短兵相接,展开肉搏战,使日军的大炮、坦克无法发挥作用。台儿庄一带民宅多为石头建筑,守军据房屋为堡垒,至死不退。日军猛攻三昼夜,占领了台儿庄围寨的东北角,双方展开了激烈的巷战。至此,中国守军已伤亡过半,渐有不支之势。27日,日军继续向台儿庄增兵,以10余门重炮集中摧毁台儿庄外围工事,随后以步兵700余人向台儿庄内紧缩。双方在台儿庄围寨内展开拉锯战。战斗持续到4月3日,中国方面第二集团军的将士伤亡达十分之七,三分之二的阵地已为日军占领。

1938年4月3日,蒋介石发给孙连仲的嘉奖令:

> 台儿庄孙总司令仿鲁……为国牺牲为军人最高荣誉之事,希鼓励所部再接再厉。

台儿庄城内防守指挥官第三十一师师长池峰城认为,如此下去,必致全军覆没,遂向第二集团军总司令孙连仲请求,将余部暂撤退至运河南岸。孙总司令电话请示李宗仁司令长官,李宗仁深知台儿庄之危,即严令外围的第二十军团汤恩伯部迅速南下夹击日军,三令五申之后,汤军团仍在抱犊崮东北姑婆山区逡巡不进。最后,李宗仁司令长官训诫汤恩伯军团长:

> 如再不听军令,致误戎机,当照韩复榘的前例严办。

同时,电话命令孙连仲总司令:

> 敌我在台儿庄已血战一周,胜负之数决定于最后五分钟。援军明日中午可到……你务必守至明天拂晓。这是我的命令,如违抗命令,当军法从事。

并悬赏10万元,命其立刻组织一支敢死队于夜间向日军阵地实施偷袭。孙连仲遂命令池峰城师长:

士兵打完了你就自己上前填进去。你填过了，我就来填进去。有谁敢退过运河者，杀无赦！

3. 池峰城决心背水一战

此时，台儿庄阵地仅剩一角，池峰城决心背水一战，遂命拆除运河木桥，以绝后路。为整饬军纪，孙连仲总司令将作战不力的右翼旅长侯象麟撤职，交军法审处；将临阵退却的左翼某营长毙于阵前。挑选数百名精悍士兵组成敢死队，于夜间越墙突袭日军。时值第五战区派战车防御炮连赶到，连夜炮击日军阵地。敢死队冲入日军宿营地，持刀砍杀。日军血战经旬，已精疲力竭，不料中国守军竟乘夜出击，遂仓皇应战，乱作一团。数日来为日军占领的台儿庄阵地，又被中国军队一举夺回四分之三。日军死伤无数，退守北门。午夜以后，第五战区司令长官李宗仁率随员若干，搭车至台儿庄郊外亲自指挥对日军的歼灭战。黎明时分，台儿庄北面炮声隆隆，汤恩伯军团已于日军背后出现。日军撤退不及，陷入重围。《山东省志·军事志》曾记述曰：

> 27日始，双方展开拉锯战，每条街道，每座房屋，都几经争夺：日军白天占去，守军夜间夺回。池峰城师长组织57人的敢死队进行反击，经几番厮杀，将台儿庄西北角日军大部歼灭，敢死队仅11人生还。日军濑谷支队步兵第十联队的《战斗详报》，对当时的战况有如下记载：中国军队"重叠相枕、力战而死之状，虽为敌人，睹其壮烈，亦将为之感叹。曾使翻译劝其投降，应者绝无"。可见中国抗日武装甚有"战斗精神，决死勇战气概"。

4. 清真古寺拉锯战

清真古寺在台儿庄城区东北部，距离大北门（中正门）最近，是日军向城内进攻的必经之处，又是一处坚固的建筑群，因此，这里成了敌我双方争夺的焦点，是战斗最激烈的地点之一。大战一开始，日军就以猛烈的炮火和重大的代价突破北大门，占领清真寺，作为向城内进攻的基地。敌我双方在此拼死争夺，拉锯战打了七天七夜，中国军队以血肉之躯抵挡住敌人的狂轰滥炸,最终将龟缩于寺内的日军全歼。①

笔者曾亲往该寺考察,寺内西端之几间北屋为当时中国军队三十一师一八六团之指挥所,房墙正面,至今仍见其累累弹痕。其中,西端下角,弹痕最为集中,下图中线条所标区域(95 厘米×75 厘米),已于 1988 年 11 月 18日切割取走,现为国家一级文物,存藏于中国国家博物馆。一八六团团长初为王震,后由王冠五接任。作者当时目测该寺建筑群总体占地,东西长大约不过 50 米,南北宽大约不过 30 米,在如此狭小的一片建筑群内,竟拉锯争夺七昼夜,其战况之激烈可以想见。

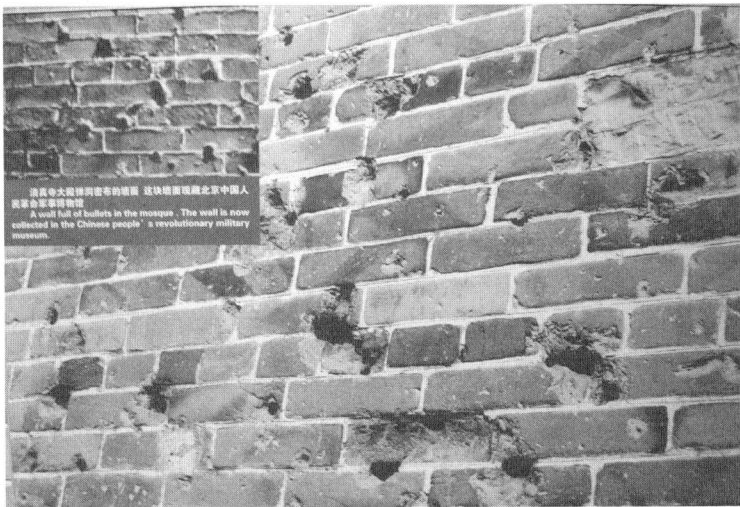

三十一师一八六团指挥所房墙弹痕最密集处(现已起至中国军事博物馆,作者拍摄)

5. "台儿庄歼灭战"战果辉煌

日军在 3 月 20 日进攻台儿庄的同时,派出沂州支队从临城出发前往临沂,企图策应临沂方面的板垣师团。途经郭里集、枣庄,即遭到中国军队的阻击。日军矶谷师团此时腹背受敌而又孤立无援,血战数日,已成强弩之末。4 月 6 日深夜,中国军队对日军发起总攻。同时,日军设在枣庄的汽油库和泥沟的弹药库均被中国地方游击队炸毁。台儿庄日军在重围之下,凭据残垣断壁顽抗。中国军队士气高昂,阻击敌人多次冲锋。战至清晨 3 点,日军全线溃败,矶谷师团长率残兵万余突围,窜往峄县,闭城死守。至此,台

①战役资料采自台儿庄战役纪念馆及《枣庄市志》。

儿庄会战以中国军队获全胜而告终。

台儿庄会战，歼敌2万人以上，炸毁坦克车30余辆，缴获大炮50余门，步兵炮77门，战车40辆，轻重机枪931挺，步枪万余支。日军精锐部队板垣、矶谷师团主力大伤元气，为日本新式陆军创建以来第一次惨败。台儿庄会战也是中国军队自抗日战争以来的一次空前胜利。

曾多年追随李宗仁将军的程思远先生，1993年4月8日参观台儿庄战役纪念馆时曾写道：

> 一九三八年春，日军板垣师团自胶济线南下直逼临沂，矶谷师团沿台枣支线挺进，欲速取台儿庄以图徐州，贯通津浦。坐镇徐州的第五战区司令长官李宗仁以孙连仲部防守台儿庄，以汤恩伯部在峄北拊敌之背。日军凭借精良的武器装备疯狂进攻。我国将士同仇敌忾，不畏牺牲，浴血奋战。刘震东司令在莒县壮烈殉国，王铭章师长血洒滕县。在台儿庄，日军一度占领城寨四分之三，孙连仲所部寸土必争，死力支撑，使我军完成对敌合围。四月六日，孙、汤各部发起攻击，将敌一举击溃。是役，历时月余，歼敌万余，击落日机两架，缴获战车五十余辆，大炮三十多门，枪支万余，创八年抗战之伟绩，扬中华民族之雄威。五十年过去，爱国将士冲锋的呼喊犹在耳畔，惊魂夺魄的场面似在眼前。

（四）浴血奋战与为国捐躯的将军们

在台儿庄战役中，中国军队伤亡2万余人，下级军官死伤惨重，中高级将领亦有多人殉国。现将战役过程中处于关键部位的指挥人员及殉国将领选录数人简介于后，或可略窥其英勇献身的牺牲精神与风采。

李宗仁

李宗仁（1891—1969），字德邻，1891年出生于广西临桂县的一个耕读世家。后考入广西陆军学堂，在革命党人的影响下，接受孙中山先生的革命思想。1910年，加入同盟会，从此开始了他一生的戎马生涯：参加了护国战争、护法战争，与黄绍竑、白崇禧合作，以新风统军治政，统一广西，逐渐成为国民党新桂系的首领与奠基人。

1926 年,广州国民革命政府誓师北伐,李宗仁任广州国民革命军第七军军长,率部亲征,威震两湖,建勋江西,成为蜚声中外的爱国将领。

1937 年抗日战争爆发后,李宗仁担任国民政府军事委员会第五战区司令长官。1938 年春,在中国共产党的配合下,成功地指挥了震惊中外的"台儿庄大战",取得了辉煌的胜利。此举成为李宗仁一生最感骄傲与自豪的一页。

李宗仁先生是中国近代史上的著名爱国人士,也是在世界上有一定影响的历史人物。他曾担任原国民党政府副总统、代总统,国民党政府溃败后,流亡美国。1965 年,受中国共产党统一战线精神感召,回归祖国。

周恩来总理曾对李宗仁评价说:"李宗仁先生一生为人民做了两件好事:一件是台儿庄,一件是归来。"

李宗仁先生生前曾告诉友人:"只愿死后能把骨灰用飞机洒在台儿庄上空。"

显然,"台儿庄战役"成为李宗仁自身形象的象征。

孙连仲

孙连仲(1893—1990),字仿鲁,河北省雄县人。1912 年投冯玉祥部当兵,历任班长、排长、连长、营长、团长、旅长、师长、军长。1926 年参加南口战役。冯玉祥五原誓师后,率部援陕,曾任青海、甘肃等省主席。蒋、阎、冯中原大战后,被蒋介石改编,1936 年晋升上将。1937 年全国抗战爆发后,率部先后在平汉线涿州一带、正太路娘子关一带抗击日军。1937 年 9 月,任第一军团军团长;同年 10 月,升任第二集团军总司令。在台儿庄会战中,指挥所部死守台儿庄地区,为台儿庄大捷起了关键性的作用。

池峰城

池峰城(1903—1955),河北省景县人。自 1920 年在冯玉祥部历任班长、排长、连长、营长、团长、旅长、师长。1937 年在平汉路北段房山、平顶山一带和正太路娘子关一带,顽强抗击日军。在台儿庄战役中,所部不惜一切代价,在友军配合下,坚守台儿庄达半月之久,死死咬住日军濑谷支队,对台儿庄大捷起了至关重要的作用。

池峰城为孙连仲部第三十一师师长。

田镇南

田镇南(1889—1974)，河南省项城县人。历任北洋陆军排长、连长、营长、团长，冯玉祥部参谋官，第二方面军总参赞等职。1937年，任第三十军中将军长，辖第三十、三十一师。曾在涿州琉璃河、山西娘子关一带抗击日军。台儿庄战役期间，曾带着棺材视察阵地，誓与台儿庄共存亡。

冯安邦

冯安邦(1884—1938)，山东省无棣县人。抗日爱国将领，民族英雄。清末当兵，民国后投冯玉祥部，历任排长、连长、营长、团长、旅长、师长及宁夏省代主席等职。日军全面侵华后，他请缨抗日，慨然明志：

> 杀敌报国，此其时也！贪生怕死、保守实力者非炎黄子孙，实国民革命军之败类！

所部在良乡、琉璃河间迭挫敌锋，在娘子关战役中，取得了关键的旧关战斗的胜利。1937年8月，升任第42军军长。在台儿庄战役中，该军27师等部极为顽强，为战役全胜发挥了重要作用。1938年冬，冯安邦在湖北襄阳壮烈殉国。

黄樵松

黄樵松(1901—1948)，河南省尉氏人。1922年入冯玉祥部当兵，先后任排长、连长、营长、团长、旅长。抗战出师前，他在给妻子的信中说：

> 挥兵北上赶倭寇，壮士一去不复还。
> 敌不死，我便亡。决殊死之战，最后关头便是今日。

1937年夏秋间，他率领第二十七师第七十九旅，在良乡、琉璃河、房山一带和娘子关战役中英勇抗敌，特别是在旧关战役中，战功卓著。1938年1月，升任第二十七师师长。在台儿庄血战中，该师官兵之勇于牺牲，甚至赢得了敌人的赞叹与敬畏。

王铭章

王铭章(1893—1938),字之钟,四川省新都县泰兴场人。抗日爱国将领,民族英雄。

1909年,王铭章考入四川陆军小学第五期。1912年秋,参加了保路同志军的反清斗争。1916年,护国运动中参加讨袁战斗,因功任连长。后,曾任营长、团长、旅长、师长等职。1926年,川西北屯殖军改番号为国民革命军第二十九军,王铭章任第四师师长。1935年,改任二十二集团军一二二师师长。

"七七"事变,国难当头,王铭章请缨出川,要求到抗日前线杀敌报国。1937年9月12日,他在德阳驻地慷慨誓师:"今后在抗日战场上,要做到受命不辱,临危不苟,誓以热血和生命报效祖国。"并预立遗嘱,决心以身报国。

1937年9月,王铭章率部出川。滕县保卫战,在王师长的指挥下,坚守四天半,杀伤了大量日军,迟滞了日军的行动,为台儿庄大战我军布防赢得了时间。

1938年3月17日,在滕县保卫战中,王铭章师长壮烈牺牲,后被国民政府追赠为上将。1938年5月,国民党政府在武汉组织了"王铭章上将治丧委员会"。国民党政府军事委员会委员长蒋介石为王铭章题词:"死重泰山"。

中国共产党中央委员会的代表吴玉章、董必武,八路军代表罗炳辉、齐光等参加了公祭。中共中央主席毛泽东和中央委员陈绍禹、秦邦宪、吴玉章、董必武等联名撰送挽联表示悼念。挽联是:

奋战守孤城,视死如归,是革命军人本色;
决心歼强敌,以身殉国,为中华民族增光。

刘震东

刘震东(1893—1938),字曦洲,山东省沂南县张庄人。抗日爱国将领,民族英雄。

1912年只身去东北投奉军。几年间,由低级军官逐步升到奉军第五旅旅长,深受张学良器重,后被任命为保定警备司令。

1931年"九一八"事变后,被任命为第五军团指挥,率部转战于辽宁、热河、察哈尔一带,与日本侵略军顽强作战。1933 年 5 月,率部参加以冯玉祥、吉鸿昌、方振武等为主的察哈尔民众抗日同盟军进行抗日。

1935 年冬随张学良去西安,1936 年"西安事变"发生,他竭力主张国共合作,为和平解决"西安事变"作出了积极贡献。后,在编遣东北军时,刘震东被解除兵权,只被授予陆军中将高参的空头职衔。

1937 年"七七事变"后,刘震东多次请缨杀敌,被第五战区司令长官李宗仁委任为第二路抗日游击队中将司令。

1938 年 2 月 18 日,日本侵略军板垣师团自诸城南犯。20 日下午,刘震东奉国民革命军第四十军军长庞炳勋命令率部进莒县县城防守,当即成立城防指挥部,他和四十军一一五旅旅长朱家麟分别担任总指挥和副总指挥。次日拂晓,田野联队乘汽车汹涌而至,抢占了北郊高地,并向县城发起猛烈攻击,多处城墙被炮火轰塌。刘震东冒着炮火在城墙上来回检查指挥,打退日军几次进攻。后在城西北角指挥战斗时中弹牺牲。战后,重庆《新华日报》发表了题为《莒城我军奋勇杀敌,刘震东氏壮烈牺牲》的长篇报道。

张自忠

张自忠(1891—1940),字荩忱,山东省临清县人。辛亥革命起事,加入同盟会。1914 年,入车震部参军。1916 年,转入冯玉祥部下,历任排长、连长、营长、团长、旅长、师长。

1933 年,长城抗战事起,张自忠担任第二十九军前线总指挥,在喜峰口阻击侵略军,出奇兵以大刀队重创日军,威震中外。

日寇侵略势力愈益深入华北,张自忠先后出任察哈尔省主席和天津市市长,在艰险复杂环境中,一面整军经武,以备非常事变,一面忍辱含愤与日寇折冲周旋,保卫国家利益。

"七七"事变爆发,张自忠先奉命留北平与敌继续交涉,后见事不可为,冒险化装离北平南下,任第五十九军军长,转战鲁、皖、豫、鄂四省,多次取得重大胜利。随后奉命紧急增援临沂,击溃日寇号称"铁军"的板垣师团,为台儿庄大捷保卫侧翼安全。后转入台儿庄会战,在展庄击溃日寇两个联队的进攻。台儿庄战后,又奉命掩护徐州主力部队突围,受到嘉奖。

徐州会战后,张自忠率孤军在河南潢川层层设防,阻击敌人几达半月之久,为保卫武汉赢得了时间。1940 年 5 月,敌军 10 余万人两次进攻襄樊,张自忠奉命渡襄河击寇,沿途歼敌累万。5 月 15 日,在方家集拦击敌军司令部,日军侦知张自忠兵力,纠集万余日军南北两路反扑,张自忠陷在重围中血战整天待援未至。16 日中午,转战到宜城南瓜店十里长山高岗上,这时所带部队已经伤亡殆尽。下午敌军逼近,张自忠已经两处负伤,包扎时,敌弹又洞穿前胸。危难之时,他还在扬臂呼喊部属杀敌,并对随从说:

> 我不行了。你们努力为国杀敌。我对国家、对民族、对长官,良心可告无愧。

最后身负七处重伤,壮烈殉国。时任第三十三集团军总司令兼五战区右翼兵团总司令,是中国抗日战争中牺牲的最高级别的将领。时年 50 岁。

庞炳勋

庞炳勋(1879—1963),字更臣,河北省新河人。早年入北洋军第三镇当兵,1920 年入孙岳部,历任营长、旅参谋长、旅长、天津镇守使。1926 年依附靳云鄂,任靳部军长。后入冯玉祥部,任第二十军军长、第三路军总指挥,参加蒋冯阎战争。西北军失败后,被张学良收编,任第四十军军长。1933 年,曾率部参加包围冯玉祥领导的察哈尔抗日同盟军。抗战初,任第三军团军团长,率部参加台儿庄战役。后任二十四集团军总司令。

1943 年投降日伪,任伪军第五集团军总司令。日本投降后,被蒋介石国民政府收编为"先遣军第一路司令"。①

附:《牺牲已到最后关头》歌词

> 同胞们,向前走,别退后。同胞被屠杀,土地被强占,我们再也不能忍受。亡国的条件我们决不能接受,中国的领土一寸也不能失守。

---

①以上关于战役过程与人物传记的叙说,资料来源主要是台儿庄战役纪念馆、《临沂地区志》、《枣庄市志》、《山东省志·军事志》《山东省志·大事记》《鲁南革命史》及李宗仁资料馆、张自忠将军纪念馆等。在叙述中,部队番号或某些数字可能稍有差异,或系某些资料有误,或系统计数字之角度不同,本书皆一仍其旧,未作"统一"整理,但总体是统一的。如欲深入研究,请直接取原始资料查阅。

同胞们,向前走,别退后,用我们的血和肉,去拼掉敌人的头。牺牲已到最后关头,牺牲已到最后关头。①

(五) 共产党八路军对台儿庄会战的有力支援与配合

在台儿庄会战和徐州会战期间,共产党及其领导的人民武装、群众团体积极支援、配合国民党作战,起了重要作用。

1. 周恩来、叶剑英积极献策

早在1938年2月,中共驻武汉的代表周恩来、叶剑英就当面向奉命赴徐州协助李宗仁指挥的白崇禧建议:在徐州以北、济南以南的鲁南地区,采取"阵地战与运动战相结合"、"守点打援"的战略战术,将日军各个击破。同时,又主动表示新四军将在津浦线南段开展游击战,配合李品仙、廖磊两集团军牵制华中日军,以便北线我军放手歼敌。白崇禧对此建议甚为赞赏,到徐州后向李宗仁作了传达。

几天后,周恩来又派八路军驻武汉办事处高级参谋张爱萍赴徐州拜会李宗仁,转达周恩来的建议,并力促李宗仁痛下决心早日歼敌。他说:

> 周恩来先生主张把阵地战和运动战结合起来,围点打援,以优势兵力将孤出冒进之敌聚歼于鲁南地区。这一带地形比较复杂,可作伏兵之地,长官在此周密部署,胜利可期。八路军在华北可作战略配合,新四军在津浦南段配合李、廖两集团军牵制南线日军,战区可以将主要兵力集中于鲁南作战。歼敌寇,扬国威,振民心,留青史,此其时也。良机往往可遇而不可求,望长官早作英断,万勿轻失这一先机。

李宗仁连声赞好,并请张爱萍回复周恩来、叶剑英"静候捷音"。

李宗仁和国民党部分高级将领在政府军接连失利,特别是淞沪会战和南京保卫战失败之后,也开始认识到抗战以来正面战场那种单纯的"阵地消耗战"、"被动挨打的作战方式"是造成失利的主要原因之一,因而对共产党人的建议深以为然,基本上加以采纳。在组织指挥台儿庄战役时,李宗仁以擅长固守著称的孙连仲第二集团军坚守台儿庄城寨,以顽强的阵地战紧

---

① 取自台儿庄战役纪念馆。

紧地咬住敌矶谷师团濑谷支队（旅团），以在中国军队中装备比较精良的汤恩伯第二十军团拊敌侧背，在运动中歼灭敌人，另以孙桐萱第三集团军等部组成游击兵团在津浦中段开展游击战，迟滞敌人后续部队的增援。

2. 彭德怀慨然受命

1938 年 2 月，徐州形势紧张，蒋介石赴武汉部署徐州会战时，召见了八路军副总司令彭德怀，问彭德怀："八路军是否可以在青纱帐起来的时候派队袭击津浦线，以策应徐州会战？"

彭德怀慨然回答："本军为配合徐州会战，不等青纱帐起，即当派队前往。"

其后，华北方面，八路军总司令朱德、副总司令彭德怀先后电令刘伯承、邓小平、徐向前、聂荣臻等，派得力支队"向津浦线袭扰"，"配合津浦北段作战"。同年春、夏间，一二九师三八六旅副旅长陈再道率八路军东进纵队，一二九师政治部副主任宋任穷率骑兵团，一二九师副师长徐向前率七六九团和一一五师六八八团、第五支队，先后到达冀南，恢复了冀南及鲁西北的十几座县城，建立了冀南抗日根据地。徐向前到达冀南后，朱德即通过八路军驻武汉办事处代表叶剑英转告蒋介石："已派一二九师副师长徐向前率该师所属一个旅赴东北津浦线，配合鲁南主要战线作战。现该旅已逾南宫，东进津浦行动。"一二九师专门组建了"津浦支队"，其任务就是破击津浦铁路，配合徐州作战。

据统计，台儿庄会战期间，共产党领导的八路军、新四军主动向日军出击，作战 400 余次，毙伤俘敌 2 万余人，击毁敌汽车 500 辆，缴获轻重机枪 100 余挺，步枪 300 多支，牵制 10 万多日军，有力配合了鲁南正面战场作战。

在台儿庄会战和徐州会战期间，中共山东省委所属的有关地方党组织和抗日游击武装、抗日团体，以及中共苏鲁豫皖边区特委所属的各地党组织和抗日武装、抗日团体，都为支援、配合台儿庄和徐州会战做了大量工作，破袭铁路、公路，袭击敌据点和运输部队，动员组织群众慰劳军队，抬担架救护伤员，运送军需物资，当向导侦察敌情等等。不但帮助各参战部队解决了具体困难，而且以其高昂的爱国热情和无数动人的事迹，极大地鼓舞了广大官兵的士气。①

四、八路军一一五师进入山东战场

1938 年 4 月台儿庄战役之后,国民党军队的主力部队均南移"保卫武汉",湖北成为抗日战争正面战场的前沿阵地。此时,山东全省均已沦为日寇占领区域,山东战场抗日战争的基本形式与手段,也由正面阵地阻击,转为在敌占区开展游击战争,并进而建立抗日根据地,与日本占领军长期对抗。在这一过程中,八路军一一五师及八路军山东纵队成了山东战场抗日战争的中坚力量。

(一) 一一五师东进抗日挺进纵队

关于八路军三个师的建制来历,本编第十二章中已经叙说。其中一一五师计辖:2 个旅,1 个独立团,4 个直属营,1 个教导大队,共约 15000 人。其中,第三四三旅,旅长陈光,副旅长周建屏;第三四四旅,旅长徐海东,副旅长黄克诚。1937 年 10 月恢复政治委员制度后,聂荣臻首任师政治委员,后改由罗荣桓任师政治委员;肖华和黄克诚分别任第三四三、三四四旅政治委员。初,一一五师副师长聂荣臻率独立团创建了晋察冀军区,并任军区司令员兼政委。为保卫陕北党中央的安全,第三四四旅主要活动于晋西南地区,后又南下华中编入新四军。所以,当一一五师挺进山东时,主力部队主要是三四三旅与师直属各部。

关于一一五师向河北、山东进军的想法,早在 1938 年 2 月 15 日毛泽东就已提出:"用一一五师全部向东出动,徐旅由阜平出至天津、沧州、北平、石家庄间,师部率陈旅由现地经邯郸、磁县地域出至沧州、齐河(济南北岸)、石家庄、彰德间活动。"②后因形势变化,徐海东旅一直活动于山西西南部一带,师部与陈光旅也未能立即东向。1938 年 9 月,中共中央六届六中全会召开,毛泽东提出了"独立自主地放手组织人民抗日武装斗争的方

---

①本节资料主要采自中共枣庄市委党史研究室编著:《鲁南革命史》,山东人民出版社 1998 年版,第 165—167 页。
②见毛泽东给朱德、彭德怀的电报《关于一一五师分三步向河北山东等地进军的意见》,《毛泽东军事文选》第 2 卷,军事科学出版社、中央文献出版社 1993 年版,第 157 页。

针",会后中共中央决定派罗荣桓率一一五师进军山东。

此前的 1938 年 2 月 15 日,八路军一二九师的一个工兵连和抗大分校的 48 名干部组成了津浦支队,率先进入山东西北部夏津、武城、高唐、平原一带活动,支队长孙继先,政治委员王育民。继之,则有一一五师第三四三旅六八五团第二营组建的永兴支队,亦进入山东,支队长为曾国华。其间,八路军一二九师陈锡联七六九团和一一五师韩先楚六八九团,曾会同范筑先的两个支队一度攻克高唐。

1938 年 8 月,一一五师三四三旅政委萧华,率三四三旅司令部、政治部、教导处、警卫营之各一部,组成八路军东进抗日挺进纵队,从山西出发,东进冀鲁边区,统一指挥这一带的抗日斗争。肖华任司令员兼政委,符竹庭任政治部主任,邓克明任参谋长。至 1938 年 9 月 27 日,抵达山东省乐陵县城。之后,即调整了冀鲁边区军政委员会,肖华任书记。

东进抗日挺进纵队进入山东,是一一五师主力进驻山东的前奏。至 11 月 25 日,毛泽东、王稼祥、滕代远等又致电彭德怀:"我们考虑结果,以陈、罗率师部及陈旅主力(两主力团)全部去山东、淮北为适宜。……陈、罗开东时,拟分布于新、老黄河间广大地区,包括津浦东西、胶济南北在内。"①"陈、罗"即一一五师代师长陈光、政治委员罗荣桓。

12 月 2 日,八路军总部正式电告陈光、罗荣桓,"做好东进的准备"。12 月 20 日,陈、罗即率八路军一一五师师部及三四三旅六八六团(代号为"东进支队"),从晋西灵石县双池镇出发,开始向山东挺进。部队出发前,罗荣桓去看望临产的妻子林月琴,妻子要罗荣桓给即将出生的孩子取个名字,罗荣桓便以部队进发的方向为孩子取名"东进"。

(二)威震鲁西与"陆房突围"

1938 年 6 月 9 日,为"阻止日军南侵",蒋介石下令炸开了河南郑州北边的花园口黄河大堤,致使黄河改道漫流,沿贾鲁河东南行,入注淮河,由此形成"新、老黄河"之间的广大黄泛区。一一五师东进支队由河北、河南、山东三省交界处进入山东时,时值干旱,老黄河河水已经枯竭,偶有低洼处亦

---

①《毛泽东军事文选》第 2 卷,军事科学出版社、中央文献出版社 1993 年版,第 441 页。

可绕过。故罗荣桓曾经十分风趣地描述行军之状："一天经过三个省,走过黄河没湿鞋。"

1. 消灭刘玉胜,威震鲁西

自从韩复榘不战而退放弃山东之后,鲁西平原就形成了"日、伪、顽、匪"各霸一方的混乱局面。日,即日本侵略军;伪,即汪精卫的"和平救国军",俗称"汉奸队";顽,指国民党军队中坚持反共亲日的部队;匪,即霸据一方的土匪。其共性是"烧杀掳掠,无恶不作",是专门祸害老百姓的;他们之间又有勾结与斗争。其时,中共郓城中心县委虽然展开了一定的工作,但是没有较强的武装力量和较大的根据地。八路军一一五师的到来,正是苦难中的鲁西民众所热切期盼的。

1939年3月1日,八路军一一五师代理师长陈光、政委兼政治部主任罗荣桓,率师部和三四三旅六八六团共2000余人到达郓西地区。在听了当地郓城中心县委的情况介绍后,决定要先打一个胜仗,一则可鼓舞当地抗日军民的士气,再则可为八路军在山东的活动收取先声夺人的效果。当时汉奸头子刘本功驻在郓城,他的一个本家刘玉胜带了保安团驻扎在郓城西北的樊坝,刘本功倚仗权势,为非作歹,百姓十分痛恨。罗荣桓、陈光当即决定,打下樊坝,消灭刘玉胜的伪保安团。

第六八六团团长兼政委杨勇领受任务后,于1939年3月3日晚即冒雨向樊坝进军,指战员们棉衣虽被雨水浸湿,但斗志昂扬。经过激烈战斗,樊坝之敌即被消灭,刘玉胜被俘。经过规劝,驻在樊坝西南团柳村的刘玉胜第四连携带包括五挺轻机枪在内的全部武器光荣反正。樊坝之役全歼伪军一个团800余人。经教育,其团长刘玉胜亦有悔罪之意,八路军决定宽大处理。刘玉胜在感召下,又写了一份《告同胞书》,表示"誓当重整旗鼓,投效抗战,将功折罪,以雪吾耻,以报国人"。这一处理,在当地产生了更大的积极影响。

2. 建立运西、泰西根据地

部队需要继续东进,而鲁西抗日根据地也要巩固发展,罗荣桓、陈光决定,由杨勇率六八六团第三营和教导队,再加上师直2个连,组成东进支队独立团,留在运河西岸,继续巩固、开拓运西根据地。后经发动群众,扩充部队,至7月,即扩充、整编为八路军一一五师独立旅,杨勇任旅长兼政委。后,该旅成为活跃在鲁西南的一支重要抗日武装力量。

一一五师原六八六团团长、政委由张仁初、刘西元接任,率余下的 2 个营随师部继续东进。

1939 年 3 月中旬,罗荣桓、陈光率领"东进支队"到达泰西地区,在东平县东北部的夏谢村休整。后,与驻守附近的中共泰西地委及八路军山东纵队第六支队会合。罗荣桓提出"依山傍湖"创建泰西抗日根据地的号召,融合各方力量,使鲁西地区的抗日斗争很快出现了新的局面。经中共中央北方局同意,一一五师师部与中共鲁西区委联合组成鲁西军政委员会,罗荣桓任书记,统一领导鲁西地区的工作。在工作中,罗荣桓认真贯彻中共中央六届六中全会精神,坚持党在抗日战争中的领导权,在统一战线中坚持独立自主原则,在东平、汶上、宁阳地区扫除敌人据点,歼灭伪军千余人,连续击溃日军的进犯,控制了泰西大片地区。此间,由共产党员袁仲贤所收编的范筑先部失散人员及其三十一支队合编成八路军平原纵队,1939 年 5 月正式编入一一五师六八六团。

3. "太河惨案"与"陆房突围"

八路军在山东抗日活动的影响日益增大,一方面引起了国民党反共顽固派的疾恨,也引起了日军的高度重视,视八路军为心腹大患。

在韩复榘逃跑后,蒋介石军统特务组织"蓝衣社"在山东的头目秦启荣,在山东惠民打出了"国民政府军事委员会别动总队第五纵队"的番号,自称"中将司令";国民党山东省长沈鸿烈又委任他为十二区专员兼保安司令。1939 年 3 月 30 日,秦启荣指使其手下第五指挥部指挥王尚志,率部抢占八路军山东纵队第四支队驻守的太河镇(今属淄博市淄川区),并袭击来此处受训的山东抗日军政干部学校的学员及护送部队 270 余人,山东纵队第三支队政治部主任鲍辉、团长潘建军等先后被杀,制造了令人震惊的"太河惨案"。此时罗荣桓正在一次会议上传达中共中央六届六中全会精神,经请示中央后,决定予以反击,当即组织第三支队杨国夫、第四支队廖容标向太河镇发起进攻,当日下午收复太河镇,秦启荣、王尚志损兵折将,大杀了以沈鸿烈为代表的国民党顽固派的威风。从此,各路抗日军民在进行抗击日伪军的同时,又要时时注意与国民党顽固派的"反摩擦"斗争。

由于八路军一一五师在泰西地区的重大影响,驻济南及泰安的日军均心神不安。

1939年5月10日,日军驻山东最高司令官尾高次郎,调集济南、泰安、兖州、东阿、汶上、肥城、东平、宁阳等17城镇的日伪军8000余人①,配以汽车、坦克、火炮,兵分九路,扑向泰西根据地,将八路军一一五师师部、第六八六团、津浦支队及鲁西区党委机关等共3000余人②,包围在肥城陆房村一带方圆20里的狭小地区内,妄图一举围歼。一一五师代师长陈光命主力部队六八六团迅速占领陆房西南的肥柱山和牙山,津浦支队和师特营扼守陆房东北的凤凰山,张仁初、刘西元等指战员凭险据守,顽强抗击,先后打退了敌人在大炮掩护下的9次进攻,以伤亡300人的代价,毙伤日军大佐联队长以下1300余人。5月11日夜,乘敌人收缩兵力之机,胜利突围。

战后,国民政府军事委员会委员长蒋介石得悉,也发来了慰勉电报,表示"殊堪嘉慰"。此前,蒋介石不承认八路军在山东的合法地位,此电则表明他已在事实上予以确认(陆房被围时,罗荣桓已去东汶宁支队,避开了敌人的包围)。

(三)建立鲁南抗日根据地

1. 鲁南山区的地理环境

鲁南山区,就是以抱犊崮为中心的连绵群山,又称"抱犊崮山区"。

抱犊崮山区,东西连绵数百里,北连尼山、蒙山,是沂蒙山区向南部的延伸,位于抱犊崮东北的费县、平邑,与蒙阴县即以蒙山主峰为界。抱犊崮位于费县、苍山县与枣庄市山亭区的交界处,现为山亭区北庄乡管辖。抱犊崮矗立于起伏连绵的群山之中,崮峰突兀,四周如刀劈斧砍,峰顶则宽缓平展,"崮"字正是此意。俗称沂蒙山区有七十二崮,抱犊崮海拔580米,居众崮之首。因其四周陡峭,无法攀登,其顶又有数亩可耕之地,可以生存,从而避开一般平原丘陵的人为之祸。据清光绪年间的《峄县志》记载:"昔有王老抱犊耕其上,后仙去,因得名'抱犊山',后改称'抱犊崮'。"

为考察当年的斗争环境,作者曾亲登崮顶。当登至山顶"崮"形突起处时,其直上直下的陡崖尚有96米之高,俨如三四十层高楼,故汉代称之为

---

①②《山东省志·大事记》作"5000余人",此依王伟编著:《罗荣桓元帅画传》,四川人民出版社2007年版,第109页。

"楼山",魏晋时称之为"仙台山"。前述"抱犊"的王老,据传为晋时人,故晋朝以后方称"抱犊山"。

山中林木茂密,向来为"匪"、"霸"看中的据守之地。国民初年,祖居峄山北的清末秀才孙美珠与弟孙美瑶,因不堪军阀劣绅的逼压勒索,便聚众抗拒于抱犊崮山区,其时苏、鲁、豫、皖四省数十县的饥民亦慕名投奔孙部。聚众约1500人,自称"山东建国自治军",美珠任总司令,美瑶任副司令,以"平均地产"、"除尽贪官污吏"、"杀绝恶董劣绅"为号召,形成一股不可忽视的武装力量。其时广东革命政府曾派员来联络、指导,北方军阀政府则称之为"土匪",试图"改编"未成,便集中力量多次进行"围剿"。1923年春,时任山东督军兼省长的田中玉率领5000余人,将孙氏武装围困于抱犊崮顶端,断粮、断水。孙美瑶为摆脱困境,于是年5月6日制造了震惊中外的"临城劫车案",将由浦口开往天津的特快列车上的百余名旅客劫至抱犊崮顶为人质,以对抗军阀政府。这些旅客中,有包括美国前总统罗斯福女儿在内的39名西方旅客,这更引起了国际的关注,史称"民国第一案"。军阀政府惧怕孙杀害外国旅客,不敢激怒,方停止"围剿"。经谈判,将孙氏武装改编为"山东新编旅",最终又将孙美瑶诱杀于枣庄煤矿中兴公司。

就外部环境而论,抱犊崮山区北依沂蒙,南临陇海,进可攻,退可守;东有临沂重镇及郯马平原,是相当富庶的军事物资供应地;西连津浦铁路及微山湖区,又可出处有余,因此,对于暂时处于劣势的抗日武装来说,抱犊崮山区确是开展游击战争的理想之地。一一五师刚从山西出发时,中共中央及八路军总部便明确交代:"山东就是你们的根据地。"后又指出:泰西山区地域狭小,你们应向鲁中、鲁南进发。——此乃早有预见也。

2. 鲁南斗争的人文环境

鲁南地区是一个民风质朴而又富有反抗斗争精神的地区。早在清代中后期,幅军、捻军、文贤教军都曾在这一区域进行过激烈的斗争。进入近代之后,这里又出现了中国最早的工矿队伍——鲁南枣庄煤矿工人以及津浦、陇海两铁路的铁路工人,1921年曾出现过以徐州为中心的陇海铁路工人大罢工。1926年6月,枣庄矿区就有了中国共产党的支部,以及枣庄矿区的劳工会,工人们的反抗斗争进入了有组织的状态。1927年6月26日,北伐军李宗仁部第三路军第四十军到达枣庄,受到了矿工们的热烈欢迎。1923

年 5 月 6 日孙美瑶所发动的"临城劫车案"（"临城"今称"薛城"），实际就是广大农民进行的反抗斗争。

进入 30 年代，日本侵占、吞并中国的野心日益明朗，共产党员郭子化等就在苏北、鲁南积极开展抗日斗争。1935 年夏，根据中共苏鲁临时特委的指示，特委宣传委员兼中共沛县县委书记张光中就在此组织了一支武装力量——"沛县工农红军第一大队湖上游击队"。

1937 年初，苏鲁豫皖边区临时特委代表郭子化去延安汇报工作，中共中央正式批准了苏鲁豫皖边区特委，郭子化任特委书记，于 1937 年 7 月下旬返回鲁南。

抗日战争已全面爆发后，1938 年初，鲁南地区先后出现几支抗日武装：3 月，郭致远等组织"大北庄抗日游击队"是一支有 57 支步枪的武装；4 月，朱道南、李浩然等组织"峄县人民抗日义勇队"；另有 2 月间王见新等组建的"滕县农民抗日救国军"。至 1938 年 5 月下旬，中共苏鲁豫皖边区特委调集沛县、滕县、峄县的抗日武装在墓山会师，组成了"苏鲁人民抗日义勇队"，总队长张光中，政治委员何一萍。这支队伍，成为抗日战争初期苏鲁边境一支重要的抗日武装。

与此同时，这一地区也有一批地主土顽武装，多以"抗日"为名，实则常与共产党武装作对。其中，唯有苍山大炉万春圃、滕县孔昭同表现了坚决抗日的立场，愿意与共产党合作。

此间，作为南京国民政府的正规部队，东北军于学忠部早在 1937 年 6 月就从西安"剿共"前线调入山东。后，该部参加台儿庄战役，曾一度进驻安徽北部。至 1939 年 1 月 14 日，国民政府鲁苏战区司令部正式成立，负责山东与苏北游击区的战事，于学忠为鲁苏战区总司令，沈鸿烈为副总司令兼山东省主席，下辖五十一军、五十七军、八十九军与苏鲁皖边区游击指挥部、山东游击总司令部等武装力量。于部五十一军、五十七军等陆续进入山东鲁中、鲁南地区。于学忠作为东北军张学良的部下，对共产党比较友好，能够合作；沈鸿烈则是坚决"反共"派，他曾明确提出"宁伪化，不赤化"、"宁亡于日，不亡于共"、"日可以不抗，共不可不打"等反动口号[1]，极力推行国民

---

[1]见中共枣庄市委党史研究室编著：《鲁南革命史》，山东人民出版社 1998 年版，第 183 页。

党五届五中全会提出的"溶共、防共、限共"的反共方针。

可见,当时的鲁南地区,以及整个山东省,基本上是日、伪、顽、友以及我军犬牙交错的地区,各方都已占有既定的地盘。面对这一形势,八路军一一五师进入鲁南,如何立住脚,扎下根,并且谋求发展,关键在于立足于既定的现实,正确贯彻中共中央开展独立自主的游击战的基本战略方针。

3. 团结万春圃,争取孔昭同

万春圃,是临沂苍山县大炉地区首屈一指的大地主和开明士绅,也是当地民团武装的重要首领。民国以来,军阀混战,兵祸连绵,民不聊生。为保境安民,当地地主豪绅纷纷组织武装,万春圃就是其中主要负责人之一。万春圃性情豪爽,讲义气,人称"万三爷"。早在抗战前,他的长子万国华、管家杨春茂和掌管武装的刘清如就先后加入了中国共产党,并且与中共苏鲁豫皖边区临时特委取得了联系。抗日战争全面爆发后,在边区特委的协助下,万春圃恢复建立了临郯费峄四县边区联庄会和办事处,建立了正式的抗日武装——"武装常备队"(后发展为"四县边联支队")。其后,苏鲁人民抗日义勇队领导人张光中、李乐平,中共鲁南特委书记宋子成等,都经常造访或居住于万春圃家。1939年6月,潘振武率领八路军一一五师峄县工委的十几名骨干成员到达抱犊崮山区后,即奔向大炉万春圃家,受到万春圃的热情款待。

1939年9月,一一五师主力到达鲁南山区后,万春圃亲率四县边联办事处及其武装常备队前往迎接。及至罗荣桓、陈光到达后,万更是盛情款待,万夫人还亲自做了鲁南风味的全羊席,外加羊肉锅贴。席间,万春圃邀请罗荣桓、陈光住在他家,罗荣桓接受邀请,即住在万家后院的两间西屋中。之后,与罗荣桓等指战员天天接触,万春圃对共产党、八路军也就更加了解,更加敬佩,并一再向罗表示:决心在共产党、八路军的领导下,抗战到底,并把自己多年经营,已拥有几百条枪和机关枪、迫击炮等装备的部队,全交给八路军指挥。1940年3月22日,万春圃的四县边联武装和苍山游击大队正式合编为八路军一一五师"临郯费峄四县边联支队",万春圃被任命为支队长。在八路军一一五师的感召下,万春圃毁家纾难,倾家荡产,全力支持共产党、八路军所领导的抗日战争。

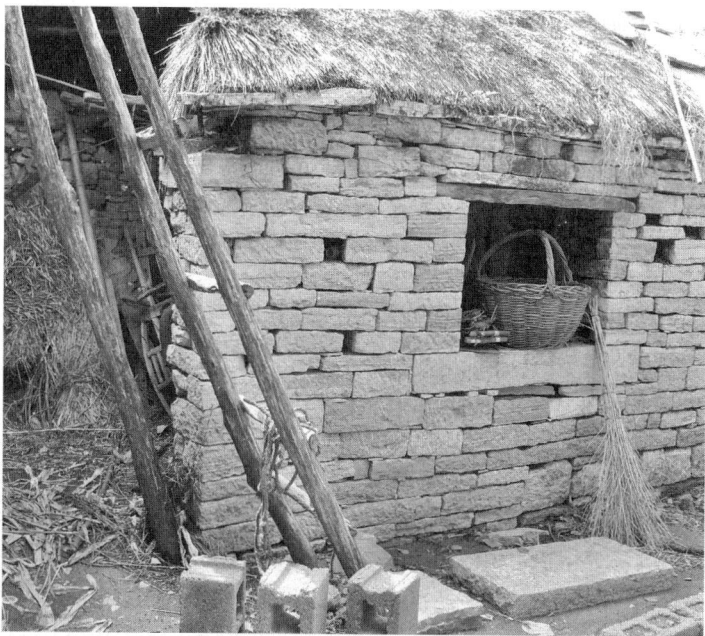

罗荣桓旧居（万春圃后院的小西屋）

孔昭同是滕县的著名士绅，早年在北洋军中当过中将师长，还在福建做过镇守使。北伐后，孔解甲归田，在家乡经营药店和学堂。抗战爆发后，1938 年 1 月，他与曾在阎锡山部当过军长的杨士元组织了"鲁南民众抗日自卫军"，杨任司令，孔任副司令。3 月中旬，日军攻打滕县，自卫军因力量不敌而溃散。此役中，孔的两个儿子因飞机轰炸而遇难，孔昭同从此变卖家产，充作军费，身披"上尽国忠，下报家仇"的黄缎带，奔走呼吁，很快又组织起一支武装力量。1938 年夏，孔的结拜兄弟石友三入驻山东，在石友三的请求下，孔同意将自己拉起的武装编入石友三部，称"暂编第六师"，孔任师长，活动于抱犊崮北滕、邹、泗、费一带。逐渐发展成 3 个旅，数千人，其中董尧卿部编为暂编第六师第二旅。

1938 年底，石友三调往河北，其反动面目亦逐渐明朗，孔昭同乃与之分道扬镳，独自为战。由于有切肤的家国之痛，孔昭同抗战十分坚决。

1939 年 7 月，八路军一一五师东进支队在王秉璋、黄励率领下，由费县西北抵达滕县暂编六师第二旅董尧卿部地区。董闻八路军主力到来，非常高兴，热情接待，并派秘书王子真带一个连队送去猪羊肉等慰问品。9 月，八路军——五师主力抵达抱犊崮山区大炉,孔昭同又派秘书长刘元甫和二旅旅长董尧卿前往慰劳,表达了团结抗日的意愿,并希望——五师首长能派干部帮助他们训练部队。——五师同意了董尧卿的请求,当场决定派周乐亭前往董旅任参谋长,并在董旅建立共产党的支部。刘、董回去向孔昭同汇报后,对合作抗日的愿望又产生了一些具体的要求,遂恳请当时滕县教育界的知名人士彭畏三前往再次联络。由于当时国民政府五十一军于学忠及山东省第三区专员张里元(驻临沂)都想拉拢孔昭同,因此孔对合作对象的选择也颇为慎重。

彭畏三到达大炉后,罗荣桓依当地的习惯,摆了"十大碗"的酒席热情款待,席间,罗向彭阐明了中国共产党的统一战线政策,及坚持抗战的决心。本来孔昭同、彭畏三等都对国民党顽固派消极抗日、积极反共的表现十分反感,此时听到罗荣桓的介绍,深感敬佩,孔昭同随即提出希望八路军派一名政工干部去孔部做政治部主任的要求。罗荣桓已早有预断,遂将在座作陪的——五师特务营教导员黄玉昆、曹正之介绍给彭。黄玉昆系红军干部,在鲁西南樊坝战斗中任主攻连的指导员,英勇善战,又善于做思想政治工作,曹也是优秀的政工干部。彭非常满意,第二天一早,彭、黄、曹三人即回到了孔师驻地。孔昭同依罗荣桓政委的安排,分别为黄玉昆和曹正之颁发了暂编第六师政治部主任和第二旅政治部主任的委任状。依约定,孔昭同师仍保持原番号,并在原地区驻守、活动。此后,孔昭同师与八路军——五师各部的作战行动,密切配合。

当时,对八路军——五师威胁最大的,是国民党顽军保安二师申宪武部。看到孔师的动向,申即蠢蠢欲动,孔师一旅旅长刘昭汉也和申宪武勾结。面对顽军的威胁,孔昭同毫不动摇。经协商,罗荣桓、陈光决定,由张仁初率——五师六八六团对盘踞在滕东的申宪武部发起攻击,暂编六师第二旅董尧卿率部配合,一举击溃申部,歼灭两个团,申宪武率残部逃往津浦铁路西。

1940 年,——五师六八六团和董尧卿的二旅在大炉一带会师,二部正式合编为鲁南支队,张仁初任支队长,董尧卿任副支队长。之后,孔昭同也下定决心,放弃原番号,与国民党割断联系,并请求立即编入八路军。1940 年 2 月,白彦战斗结束后,经八路军总部批准,孔昭同部正式编为八路军一一五师"曲泗邹滕费游击支队",孔昭同任支队司令员,朱德总司令亲自签发了孔昭同的任命书。

1940 年 11 月 11 日,孔昭同病逝,罗荣桓、陈光、萧华联名送了挽联,高度赞扬了孔昭同为国家为民族英勇奋斗的高尚品德。

4. 联络东北军,挤走李长胜

东北军本是张学良统帅的队伍。1931 年"九一八"事变后,张学良执行蒋介石"不抵抗主义"的政策,将东北军撤入关内。蒋介石又让张学良执行"剿共"任务,1934 年任豫鄂皖"剿总"副总司令,1935 年 10 月调任西北"剿总"副总司令,坐镇西安。一方面,"不抵抗"使东北沦陷,不得人心,社会舆论压力越来越大;另一方面,东北军背井离乡,其思乡返土的情绪也越来越浓,"打回老家去"成为东北军的强烈愿望,一曲《松花江上》时时震撼着东北军官兵的心灵,张学良本人及下属将官的爱国情绪也与日俱增。早在"西安事变"前,张学良就与中共代表周恩来谈判,达成"停止内战,共同抗日"的协议。1936 年 12 月,蒋介石亲赴西安"督战",张学良、杨虎城毅然发动"西安事变",扣押蒋介石,逼蒋抗日。这一行动,得到了其高级将领的全力支持。于学忠是张学良最信任的东北军将领,早在 1933 年,张学良因舆论压力,代蒋受过,通电"下野"之前,就曾委托于学忠指挥东北军,于亦不辱使命,顶住了日军的利诱与威胁。1935 年,张学良赴"西北"就职,于学忠亦率所部开赴西北并任"川陕甘宁边区""剿匪"总司令。张、杨发动西安事变,于学忠积极支持并直接参与其事。"西安事变"和平解决,张学良被扣押,此后,东北军即由于学忠全权负责。于学忠先任第三集团军总司令,复任苏鲁战区总司令。

1939 年 4 月上旬,于部奉调进入鲁中、鲁南地区,所辖第五十一军、第五十七军均驻守于山东中南部:苏鲁战区司令部及五十一军驻扎在沂鲁山区;第五十七军第一一一师驻扎在日照、莒县山区,第一一二师驻扎在鲁南,与八路军一一五师驻地犬牙交错,一一二师师部石河、官庄,距一一五师师部大炉只有 12 里地。如何处理好与东北军的关系,是罗荣桓、陈光所必须首先解决好的一个问题。

一一二师师长霍守义本是张作霖的部下,随东北军赴西安时,霍守义的防地就和红军驻地紧相连接,霍曾奉张学良之命,掩护过大批人员进入红军区域,其中包括著名的美国记者斯诺。可见,霍对共产党还是很友好的。在该师的两个旅中,每个旅中都有共产党掌握的"战地服务团",每个团又有共产党领导的宣传队,其三三四旅六六七团团长万毅,在"西安事变"中是著名的"少壮派",具有浓烈的反蒋抗日情绪,事变后曾被蒋介石扣押,直到抗战爆发后才释放。1938年3月,经张文海、谷牧介绍,万毅已秘密加入中国共产党。在万毅的掩护下,共产党在六六七团的工作更为活跃,几乎每个连队都有中共党员,抗日气氛十分浓厚。

当原在该师秘密工作的谷牧向罗荣桓汇报了这些情况后,罗对这一良好基础十分满意,同时又主张一定要审慎行事,因为该军中仍有众多的国民党特务耳目。首先,罗派参谋处处长王秉章去做联络工作。王原先曾是孙连仲的部下,1931年孙奉命去江西"围剿"红军时,王在宁都起义中参加红军。王对旧军队的思想动态、生活习惯、语言礼节等了如指掌,故王去拜访霍时,可谓一见如故,王给霍送去了一批宣传材料,其中就有《三大纪律八项注意歌》,霍看后非常欣赏,当即让秘书李欣起草训令下发全师,并说:"我看这支歌很好,咱们也能唱。"遂让全师也唱《三大纪律八项注意歌》。后来有人告发李欣是共产党员,霍当即回应:"只要他抗日,管他是不是共产党。"①

其后,罗荣桓又让一一五师师部联络科长靳怀刚出面联络。靳怀刚父亲是靳云鄂,曾是吴佩孚的副司令兼河南省长,伯父是靳云鹏,曾两度出任北洋政府的"国务总理",和张作霖是儿女亲家,故靳与霍的关系,直可称兄道弟,常能吵得面红耳赤也不会闹翻,而每当霍无言以对时,便说:"哎呀,老弟,先吃饭,吃了饭再说。"

可见,对东北军的联络,既有"坚决抗日"的政治基础,又有往来双方毫无戒心的现实条件。但东北军毕竟是张作霖、张学良的队伍,罗把握的界线是:坚决共同抗日,并不策动对方部下起义。

李长胜是国民党反共顽固派沈鸿烈委任的费县县长。沈鸿烈虽然也出身于东北军,但与于学忠、霍守义大不相同,他已死心塌地投靠蒋介石,是"反共"专家。李长胜又是五十七军军长缪澂流的外甥,缪与沈

①参见中共枣庄市委党史研究室编著:《鲁南革命史》,山东人民出版社1998年版,第222—223页。

沆瀣一气，是东北军中顽固势力的代表。李长胜则依仗沈与缪的势力，为非作歹。

1939年12月28日，临郯费峄四县边联农民自卫团在费县官里庄开会，邀请费县县长李长胜参加。李长胜带了一些保安队闯至会场，就以县长的身份提出要检阅自卫团，强令自卫团"架起枪支"，排队集合，随即指使部下开枪，当场打死自卫团干部、团员6人，伤20余人，制造了震惊鲁南的"官里庄惨案"。

事件发生后，中共鲁南三地委与四县边联的领导人开会研究对策，同时去请示罗荣桓。罗荣桓指示："要抓住这一事件组织群众到霍守义驻地游行示威，要求惩办凶手。"此地归霍守义管辖，霍接见群众，并抚恤、安葬，但并未"严惩凶手"。显然，李长胜理亏，但霍守义又不想得罪沈鸿烈与缪澂流，想就此了事。于是中共地委便组织自卫团3000余人，兵分五路，围攻李长胜驻地崮口。由于李长胜据坚固守，自卫团久攻不下，有人担心霍守义会增援李长胜。罗荣桓一面派人去做霍守义的工作，一面给自卫团写了一封信，准确地分析了霍守义的心态，断定霍守义绝不会救援李长胜，又有八路军主力做自卫团的后盾，自卫团便持久围困。李长胜见霍守义始终按兵不动，支撑不住，只好乘夜狼狈逃跑。由此，八路军收复崮口，建立了费县抗日民主政府。

5. 稳定湖西，东进郯马

湖西地区，是指微山湖以西、苏鲁豫皖四省交界的地区，大致包括江苏的沛县、丰县，山东的鱼台、金乡、单县、曹县、成武，以及豫东、皖北的一些地区，是当时中共苏鲁豫皖省委活动的主要地区。

1939年8月，湖边地委组织部长王须仁诬指湖西干部学校教员魏定远为"托匪"（即"托洛茨基匪帮"），遂将其抓捕，并施以肉刑，逼魏承认是"托派"，要求供出"托派"名单。这一行动，得到了当时兼任湖西区军政委员会主席王凤鸣的支持。由于大搞"逼、供、信"，不到两个月的时间，就将几百名党员、干部扣上"托派"的帽子被关进监狱，300余人惨遭杀害，其中包括湖西区党委宣传部长马霄鹏、统战部长王文彬、军事部长张如、社会部长赵万庆等一大批优秀干部。10月间，罗荣桓正准备向鲁南转移时，从冀鲁豫支队杨得志、崔田民发来的电报中得知这一情况，又从苏鲁豫支队长彭明治的电报中得知,苏鲁豫支队副支队长兼四大队大队长梁兴初也被当做"托匪"抓了起来,他感到问题严重,立即发电报命令王凤鸣立刻停止捕人。10月26日,罗荣桓赶到大炉,与准备去延安学习的山东分局书记郭洪涛、山东纵队指挥张经武一起,率一支警卫部队星夜奔赴湖西。到达四大队驻地单县后,立即派人通知王凤鸣和区委书记前来汇报,并派干部下去深入调查,查清真相后,当即决定释放所有"囚犯"。"肃托"被制止了,大批干部被解救出来。

之后,罗荣桓又将原苏鲁豫支队的第四、第五大队加以整编,令梁兴初率领,随罗一起开赴鲁南。湖西的局势也由此得以稳定。

郯马,是指沂河东岸的马头镇和郯城县。马头镇是鲁南地区一个商业和文化中心,滨临沂河,水陆交通都很方便,比郯城县还要繁华。郯城县东临沭河,郯、马之间不过20里,此处又是平原,便成为沂、沭下游一个相当富庶的地区。前此,国民党顽军反共县长阎丽天盘踞在马头镇及其西南不远处的重坊镇,还有国民党江苏省邳县县长王化云游弋其间,王更是暗中勾结日伪,袭扰人民抗日武装,破坏抗日活动。

1939年10月,八路军一一五师进驻抱犊崮山区大炉之后,首先派苏鲁支队(由苏鲁人民抗日义勇队张光中部改编)南下郯马地区,配合山东纵队陇海南进支队,开辟郯马平原抗日根据地。两支队会师后,首先攻克李庄日伪据点。11月初,由王秉章、黄励率领的一一五师东进支队奉命南下,三个支队相互配合,于11月18日攻克马头重镇,接着又进军郯城县城,收复重坊镇,歼灭阎丽天,赶走王化云。此战不仅缴获了一批武器弹药,补充了大量军需物资,还筹款20万元。其时已是小雪季节,战士们高高兴兴地穿上了新棉衣。

(四) 建立抗日民主政权,发展抗日武装部队

建立稳定政权,是战争后勤保障的基础,是兵源、财源的重要保证。八路军一一五师进入鲁南之前,当地只有日伪和国民党政府的基层政权,因此,八路军的驻防与活动都受到了极大的限制。罗荣桓率一一五师抵达鲁南后,便立刻开始了筹建政权的工作。

1. 建立县区级抗日民主政权

1937年，罗荣桓在晋、冀交界处开展工作，10月中旬解放了河北西部的曲阳县城，罗荣桓随即任命一一五师政治部统战部长潘振武为曲阳县长，建立革命政权，这是八路军建立最早的抗日民主政权之一。到鲁南后，他首先成立峄县工作委员会，又让师政治部民运部长潘振武担任工委书记，率领工作队，建立峄县抗日群众动员委员会。1939年11月，召开峄县抗日人民代表大会，正式选举成立了鲁南第一个县级抗日民主政权——峄县县

罗荣桓将军

政府，潘振武当选为第一任县长。紧接着，又在全县六个区、乡建立了民主政权。依这一模式，到1940年5月，先后在邹县、郯城、费县、临沂、邳县、临沭等县建立抗日民主政府，鲁南形成了大片连接的抗日根据地。

其后，又遵照中共中央的指示，召开"鲁南参议会"，建立"三三制"政权，广泛团结抗日爱国人士。1940年6月11日，在费县臼子峪召开了鲁南抗日人民代表大会，决定成立鲁南抗日救国联合总会、鲁南参议会以及鲁南行政督察专员分署。抗日民主政权的建立，既为抗日工作提供了有效的后勤保障，也为抗日部队的扩展提供了平台。

抗日斗争的主力是人民军队，对此，中共中央、八路军一一五师以及罗荣桓等都十分清楚。所以，一一五师进入山东之后，发展武装，收编地方部队，强化军队素质，一直是罗、陈工作的重心。关于对万春圃、孔昭同、董尧卿等部的收编，前面已经叙说，此不重复。现将另外几支较有影响的力量分述于下。

2. 人民抗日义勇军总队（苏鲁人民抗日义勇队）

1938年5月21日，中共苏鲁豫皖边区特委在老古泉村（今属枣庄市山亭区西集镇）召开扩大会议，特委书记郭子化与委员张光中、丛行瑞、何一萍等，及各县县委与抗日武装之负责人出席。会议决定成立第五战区"人民抗日义勇总队"（此时郭子化已在第五战区李宗仁属下任职），张光中任

总队长,何一萍任政委,王见新任政治部主任,韩文一任参谋长,下辖三个大队(沛县、滕县、峄县)和一个警卫连,共800余人。

6月11日,中共徐西北区委在丰县渠楼又创建"人民抗日义勇队"第二总队。因第一总队活动于鲁南,故又称"鲁南人民抗日义勇总队";第二总队活动于湖西,又称"湖西人民抗日义勇总队"。

第一总队在滕峄边境曾和顽军进行了坚决的斗争,总队政委何一萍即牺牲于斗争中。后转移到大炉地区,因供给困难,经郭子化与山东省第三区专员张里元谈判,张光中部在保持独立活动的前提下,改编为张里元部下的"山东省第三区保安司令部直辖四团",张光中任团长,李乐平任政委,由此得到了张里元发放的部分给养。后又曾改称"保安二旅十九团"。

1939年9月,八路军一一五师师部及六八六团抵达抱犊崮山区东部大炉,与义勇队第一总队会师后,报经中共山东分局和山东纵队批准,决定取消张里元"保安二旅十九团"番号。10月1日,在鲁南邳县呦鹿山镇正式改编为"八路军苏鲁支队",支队长由张光中担任,政委由李乐平、彭嘉庆先后担任。属八路军山东纵队建制,归一一五师指挥。

1940年4月,"苏鲁支队"正式划归一一五师建制,仍由张光中、彭嘉庆任支队长与政治委员。

3. 鲁南铁道大队

鲁南铁道大队,习惯上称为"枣庄铁道游击队"。这本是一支人数并不算多的游击队。由于他们能够在火车行进中上下、行走,随火车飞驰,并利用这一"特技",在临城枣庄支线及津浦线之滕县至韩庄段,劫火车,炸桥梁,打票车,劫布车,搞机枪,打洋行,这一系列活动不仅为八路军苏鲁支队搞到了大批物资、枪械,而且使得日、伪军队魂飞胆丧。所以,人们又称誉枣庄铁道游击队为"飞虎队"。

铁道游击队的建立,可追溯到1938年10月。当时,苏鲁支队前身苏鲁人民抗日义勇队第一总队,为及时掌握枣庄矿区的敌军情报,选派了两位排长——洪振海和王志胜,潜回故乡枣庄建立抗日情报站。他们以"开炭场"为掩护,利用人地皆熟的条件,既团结了一大批失业矿工与铁路工人,又获取了大量情报。1939年8月,洪、王二人夜袭日本特务机关"洋行",打死日本特务 2 名,打伤 1 名。10 月,王志胜侦知枣庄站日军军车装有武器弹药,即通过关系让其推迟到夜间发车,洪振海则利用从小练就的"爬火车"的本领,爬上飞奔的火车,截获 2 挺机枪与长短枪数支。至 11 月,他们利用截获的武器在枣庄组织起一支 10 余人的枣庄铁道队。

1940 年 1 月,苏鲁支队派二营副教导员杜季伟到枣庄。2 月,鲁南铁道队在小陈庄正式建立,洪振海任队长,杜季伟任政治委员,王志胜、赵连有任副队长。5 月,他们再次血染洋行,打死日本特务 10 余人。后因一队员泄密,陈庄炭场被日军包围。铁道队突围后,便转移到临城(今薛城)一带公开活动。不久,他们又与在临城一带活动的 2 支铁道队(均系共产党领导)合编为鲁南铁道大队,洪振海任大队长,杜季伟任政委,王志胜、赵永泉任副大队长。

铁道大队人数不多,但活动能力极强,在铁道线上,在微山湖畔,他们屡建奇功:扒铁路,撞火车,截枪支,截钞票,破袭敌人的交通线,建立我们的交通线,常能深入到敌人的心脏之中。正因为有如此之活力,苏鲁支队张光中、彭嘉庆等也对之特别重视:派遣干部,加强领导,加强整训。到抗战胜利前夕,这支队伍已发展到 200 余人,从敌人手中夺回400 多个村庄。

4. 运河支队

八路军——五师运河支队,是由朱道南倡导创建的"山外抗日军联合委员会"中的孙伯龙部和邵剑秋部,以及共产党领导的运河大队和第十四区队等合编而成的。

1939 年 6 月,原来以"别动总队华北五十支队"和"特总工作总团二分团"为旗号的孙伯龙和邵剑秋,到抱犊崮山区拜见了中共鲁南特委书记宋子成,表示要向共产党八路军靠拢。宋子成便派朱道南到国民党山东第三区专员公署张里元处说合,张分别给孙、邵以旅长和团长的委任。随后,孙、邵二人在峄山县运河北岸成功地全歼了日军的一个小分队,影响大增,均发展到 400 余人。后来,中共峄县县委于 1938 年 10 月建立的峄县抗敌自卫总队,至 1939 年下半年发展到 500 余人,整编为——五师第十四区队,孙斌全任区队长。另外,在徐州铜山县和贾汪区活动的胡大勋、胡大毅兄弟,也发展了一支 300 余人的队伍。1939 年底,——五师决定将孙伯龙、邵剑秋、孙斌全、胡大勋四部合编为"运河支队"。1940 年 1 月 1 日,八路军一一五师运河支队在峄县西南部周营镇正式宣布成立,孙伯龙为支队长,朱道南为政治委员,邵剑秋为副支队长,胡大勋为参谋长,下辖 2 个大队和铜山县独立营。

5. 峄县支队

1939 年 11 月 20 日,峄县抗日民主政府成立,原八路军一一五师民运部长潘振武当选为县长。原峄县地方武装"峄县直属大队"和潘振武带来的一个红军连队,于 1939 年 12 月整编为八路军一一五师峄县支队,峄县县长潘振武兼任支队长,中共峄县县委书记纪华兼任政治委员。

一一五师初入山东时,主要是师部与三四三旅的六八五团、六八六团。入鲁后一年多来,通过多种形式吸纳抗日武装力量,同时,依托抗日民主政权,积极推动青壮年参军,又与由抗日人民起义武装组成的"山东纵队"的一些部队合编,至 1940 年 9 月,一一五师已发展到 19 个团,约 4.2 万人。各县、区部队也发展到 2 万余人。

1940 年 9 月中旬到 10 月初,罗荣桓、朱瑞、陈光在桃峪村召开了历时三周的一一五师高级干部会议,一是总结经验,二是商讨如何面对即将到来的抵御敌伪进行大规模"扫荡"的更为艰苦的斗争。而作为应对这一局面的十分关键的一环,便是如何使八路军一一五师与八路军山东纵队协调统一的问题。

五、山东抗日军民的反"扫荡"斗争

(一)抗日战争进入相持阶段后的基本战局

在徐州会战后期,中国军队于台儿庄会战取得重大胜利之后,日军北路军指挥官羽源田之助和第二军司令西尾寿造,统帅 12 个师团 30 万兵力分六路对徐州进行大包围,中国方面第五战区则调集兵力 45 万人分为 5 个兵团,分别在淮南、淮北、鲁南、苏北及鲁西地区机动作战。到 1938 年 5 月,日军在付出重大代价之后,方形成了对徐州的合围之势。中国方面为避免在不利条件下与日军决战,除留下第二十四集团军在苏北、六十九军在鲁南和鲁西坚持外,五战区主力分五路向西突围。5 月 17 日,日军炮击徐州,19日,李宗仁率第五战区司令部突围西撤,徐州会战即告结束。抗日战争的正面战场进入"武汉会战"阶段。

武汉会战，是一次规模更大的战略性决战。其时，武汉已成为中国政治与军事的中心，日军的战略目标则是试图通过武汉会战击败中国军队的主力，迫使中国政府屈服，从而迅速结束中国战局，腾出手来对付美国和苏联。此次会战，日方集结了陆、海、空近 40 万人的兵力，从 1938 年 8 月开始，分别由长江南北向武汉展开战略进攻。中国方面，蒋介石集结江南第九战区、江北第五战区共 130 个师，及海、空军各一部，共约 110 万人，利用长江沿岸之幕阜山、九宫山、大别山、鄱阳湖等有利地形分段拦截、阻击。从 1938 年 7 月下旬鄱阳湖滨之战开始，至 10 月 26 日武汉失守，历时三个月，双方力战数百次，伤亡近 40 万人。武汉会战虽然以中国军队放弃武汉而告终，但是，三四个月内在豫、皖、鄂、赣四省纵横千里的数百次激战，使日军消耗了大量有生力量，所谓"速战速决"迫使中国政府投降的"战略目标"已经成为泡影。日军虽然取得了战役上的胜利，其战略上的失败已经明显暴露。

武汉会战后，中国抗日战争进入了相持阶段。此后，自 1939 年 9 月至 1942 年 1 月，侵华日军与中国军队主力先后进行了三次"长沙会战"。此时，已明显暴露出日军兵力之不足，而三次"长沙会战"更使其付出巨大伤亡。这些，正是相持阶段山东军民进行反"扫荡"战争的大背景。

引起日军关注北方地区战事的一个更直接的因素，是八路军所发动的"百团大战"。

日军大举南侵之后，广大的华北地区、黄淮平原，变成了敌后抗日游击战争的广阔战场。1940 年 8 月，八路军为打破日军对抗日根据地及游击区的封锁与"扫荡"，发动了一次大规模的进攻性战役。基本的战略目标是：其一，在抗日根据地打破敌人的"囚笼政策"；其二，支援正面战场，破坏敌人进攻西安的计划；其三，用胜利鼓舞抗日士气，克服"投降"危险，争取时局好转。战役的总指挥是朱德、彭德怀；主战场在山西、河北，北及察哈尔，南至河南，东联山东；具体时间为 1940 年 8 月 20 日至 12 月 5 日。参战部队原计划出动 20 多个团，战斗开始，即迅速增加到 105 个团，故称"百团大战"。此役共分三个阶段：8 月 20 日至 9 月 10 日为第一阶段，为交通总破袭战，重点是摧毁正太路、白晋路、平汉路、德石路等；第二阶段时间是 9 月

20 日至 10 月 5 日，目标是摧毁交通线两侧和深入到抗日根据地内的日军据点，以解除对根据的威胁；第三阶段时间是 10 月 6 日至 12 月 5 日，目标是反击日军所发动的报复性"扫荡"。整个战役历时三个月，共进行大小战斗 1824 次，毙伤日军 20645 人，伪军 5155 人；俘日军 281 人，伪军 18400 余人；拔除日军据点 2993 个，缴获各种炮 53 门，各种枪支 5800 余支，破坏铁路 470 公里，公路 1500 公里。这次战役震动了全国，迫使日军把目光转向华北，重新审视敌后战场，并开始对我敌后抗日根据地进行大规模的"扫荡"，推行"治安强化运动"，实行"三光政策"。"扫荡"与"反扫荡"成了敌后抗日战场的主要作战形式，抗日根据地也随着战争的进程而不断缩小、转移。由于抗日根据地的极不稳定与不断丧失，抗日战争也由此进入了最为艰苦的年代。

（二）八路军调整布局，统一领导，应对尖锐复杂的斗争局面

相持阶段总的形势是：为数不多的日伪军，占据铁路沿线和重要城镇，国民党军队及其地方武装和中国共产党领导的抗日武装，控制广大乡村地区，敌我并存，防区交错。为了统一山东的军政领导和作战指挥，中共中央和中央军委作过多次调整：

1939 年 8 月 1 日，根据八路军总部的决定，八路军第一纵队正式成立，徐向前任司令员，朱瑞任政委，统一指挥山东、苏北地区的八路军部队。徐向前、朱瑞是 6 月间到达鲁中地区的。10 月 19 日，第一纵队机关与山东纵队机关合并，组成统一指挥机关，山东纵队番号不撤销。

1940 年 5 月，徐向前赴延安，八路军第一纵队番号撤销（对外用至 1941 年 1 月）。

1940 年 8 月 8 日，中共中央指示：山东分局、八路军山东纵队驻地靠拢，一一五师主要领导应参加中共中央山东分局，以实施党对山东军队的统一领导。

8 月 28 日，中共中央军委指示：八路军一一五师和山东纵队要打成一片，坚持山东根据地的抗日斗争。

1940 年 9 月中旬，八路军山东纵队颁布第四期整军计划，决定在年底前扩大至 5.4 万人，所属部队先后整编为第一、二、三、五 4 个旅和第一、四、

五3个支队及清河军区。

1940年10月下旬,根据八路军总部命令,一一五师所属部队,统一整编,共编为7个教导旅、18个团。全师有7万多人。

1940年11月8日,陈光、罗荣桓率一一五师师部到达中共中央山东分局驻地沂南县青驼寺西聂家庄。从此,山东分局、第一一五师师部、山东纵队指挥部驻在一起,便利了山东抗日根据地的统一领导。

1941年3月8日,中共中央山东分局机关与八路军一一五师师部,由鲁中转移到滨海地区莒南县、沭水县一带活动。此后至抗战胜利,山东省党政军机关绝大部分时间驻在滨海地区。

从1941年起,日本侵略军在山东和华北各地野蛮推行"治安强化运动",进行频繁的"扫荡"。日军称其占领区为"治安区",称游击区为"准治安区",抗日根据地为"非治安区",并分别采取不同的措施。对其占领区,以"清乡"为主;对游击区,以"蚕食"为主,广修封锁沟、墙和碉堡,防止八路军活动;对抗日根据地,则轮番"扫荡",实行野蛮的杀光、烧光、抢光的"三光政策"。"扫荡"与反"扫荡"、"蚕食"与反"蚕食"、"封锁"与反"封锁",成为这一时期敌后战场的主要斗争形式。仅1939至1942年,日伪军对山东各抗日根据地进行千人以上的"扫荡"95次,万人以上的大"扫荡"11次,千人以下的"扫荡"无可计数。

开始阶段,日伪军既"扫荡"八路军,也"扫荡"国民党军。

在反"扫荡"作战中,山东八路军采取了积极主动的作战指导原则和灵活机动的战略战术;适时摆脱敌人合围,保存有生力量;内外线紧密结合,寻找有利战机,打击消耗敌人;利用"扫荡"间隙,发动攻势作战,恢复、扩大和巩固根据地;广泛发动群众,开展群众性游击战争,主力部队、地方武装、民兵密切结合,粉碎敌人的"扫荡"。

在严酷的斗争环境中,为了统一山东的军政领导和作战指挥,1941年8月19日,中共中央书记处和中央军委作出《关于统一山东领导的指示》,决定:中共中央山东分局,朱瑞任书记;山东军政委员会,罗荣桓为书记;山东纵队归一一五师首长指挥,配合作战。

1941年10月2日,一一五师领导机关及师直单位由临沭县蛟龙湾移至青驼寺一带,与山东纵队靠拢。罗荣桓在青驼寺召开山东军政委员会会议,研究两部统一指挥问题。后移驻沂南县留村。①

(三) 八路军一一五师与山东纵队的反"扫荡"斗争

1. 前期斗争

(1) 白彦争夺战

白彦地处平邑县太皇崮山区,是日伪军的重要据点,也是以抱犊崮山区为中心的鲁南抗日根据地与沂蒙山区联系的重要通道。1940 年 2 月 14 日,一一五师第六八六团、特务团和苏鲁支队一大队等部,对盘踞白彦的伪军孙鹤龄部发起攻击,歼伪军千余人,解放了白彦,并建立了白彦抗日民主政权。

敌遭此沉重打击后,便调集兵力发起连续反扑。3 月 7 日,驻滕县日军百余人,首犯白彦,遭八路军一一五师特务团伏击,仓皇逃遁。3 月 12 日,日军千余人分三路再犯白彦。八路军在白彦外围与敌展开激战,后为歼敌有生力量,遂主动放弃白彦。日伪军于当日下午 4 时许进入白彦。入夜,六八六团一部乘敌立足未稳,攻入白彦。13 日拂晓,敌向西北方向逃窜,八路军乘胜追击,歼敌 200 余人。

19 日,敌又调集 2500 余众,向白彦发起第三次反扑。20 日下午,重占白彦。为夺回该镇,21 日夜,八路军一一五师六八六团第一营,悄悄摸进镇内,首先夺取了敌弹药库,接着摸进敌营房,敌人正在睡梦中就被缴了枪。与此同时,后续部队分别从村西北和东南打进村内,与敌展开巷战。战斗中,六八六团的一个排,在消灭了三倍于己的敌人后全部殉国。22 日拂晓,官庄之敌 60 余人赶来增援,被我军击退。翌日晨,镇中敌人不支,施放毒气后撤离白彦。

白彦争夺战共歼敌伪 800 余人,缴获长短枪 350 余支和大宗弹药。此战为开辟天宝山区扫清了障碍。

(2) 孙祖战斗

1940 年春,日军调集临沂、沂水、铜井等数处据点兵力,进攻沂蒙山区南部地区,以图破坏沂蒙山区南部根据地和掠夺财物"以战养战"。为粉碎

---

① 以上资料见《山东省志·大事记》。

敌人的这一图谋,八路军第一纵队司令员徐向前当面向二支队司令员孙继先安排了作战部署。徐向前指出:敌人这次的行动路线是过荆山,经孙祖,穿九子峰,继续向南进犯。你们要把主力放在九子峰,给敌以迎头痛击。敌受挫后,必然强攻,你们要坚守阵地给以狠狠打击。敌人的嚣张气焰被打下去之后,定会退守孙祖,你们要集中优势兵力乘胜追击。这时,敌就会顺来路逃窜,预先埋伏于荆山的纵队警卫团要断其后路,迅速将敌包围合击,一定要在孙祖把敌彻底消灭掉!

孙祖是沂南县西南部的一个小集镇,它北依荆山,南靠九子峰。在孙祖与九子峰之间,横贯着一条小沙河。此处山岭崎岖,沟壑纵横,是阻击日伪军的理想之地。

3月16日晨,日军300余人和伪军运输队200余人,携炮数门、轻重机枪若干挺,由铁峪向孙祖一带进犯。当敌之先头部队刚越过孙祖村到达九子峰下时,埋伏在九子峰上的山纵特务营第九连指战员便迅速运动至山下,给敌以猛然有力的袭击。与此同时,埋伏在周围几个山岭上的八路军指战员亦一齐向敌人开火。敌在遭受突如其来的重创后,遂兵分两路组织反扑:一部在大路附近负隅顽抗;另一部则冒险过河,妄图占领河南岸一带山岭。敌我双方遂展开了激烈的争夺战。孙继先一面果断命一连迂回到敌人后面,同时命二连迅速占领北面的小山,以断敌退路。在无路可走的情况下,日军转回头来再次抢夺九子峰,妄图冲破八路军的包围圈。敌人在炮火掩护下,越过河床,向山坡猛冲。九连战士凭借有利地形,居高临下射杀敌人,先后打退了日军的七次强攻。至中午,纵队司令部参谋处处长罗舜初来到前沿阵地,察看兵力部署和战况,预言下午定会有场恶战,并鼓励二支队指战员说:只要我们能坚持到黄昏,就可以全线出击。下午1时许,敌在猛烈的炮火与浓烟掩护下冲上山顶,八路军战士与敌展开肉搏,敌不支,终于节节败退下来,尔后撤至孙祖村内据守顽抗。黄昏,孙继先下达了全力围歼敌人的命令。入夜,二支队兵分几路,迅猛扑向孙祖。敌人见据守孙祖无望,便迅速向他们盘踞的据点铜井一带逃窜。刚逃出村子不远,即遭到山纵警卫团和地方武装的猛烈伏击,敌大部被歼。此战共毙敌120名,伤敌70名,俘伪军一部,缴获军用物资一宗。

这是沂蒙军民抗战以来所取得的第一次重大胜利。

（3）鲁南军民首次反"扫荡"与重坊血战

1940年4月14日至5月上旬，日军集中第三十二师团、二十一师团与独立第六、第十混成旅团各一部，计8000余人，对鲁南地区进行首次大规模"扫荡"，妄图围歼八路军一一五师主力，摧毁鲁南抗日根据地。八路军采取了内外线相结合的作战方针：一一五师师部率特务团两个连配合地方武装坚持内线作战，主力部队转至外线作战。反"扫荡"开始后，八路军内线部队寻找空隙，灵活穿插，在抱犊崮山区周旋，多次打击进犯之敌，使敌之合围阴谋未能得逞。转至外线作战的主力部队，于21日与由费县出动之敌展开激战，歼敌一部。六八六团一部数次打退了日军和刘桂堂部的进犯，毙敌百余，俘敌300余人；另一部则袭击了赵家楼之敌，毙敌120余人。苏鲁支队于29日伏击由白彦进犯之敌，毙敌100余人。又于5月1日，袭击了滕县南沙河之敌，毙敌一部。东进支队亦数次击退企图进占马头、重坊的日军。此次反"扫荡"，八路军鲁南部队共作战30余次，毙伤敌2200余人，保卫了以抱犊崮山区为中心的鲁南抗日根据地。

重坊在郯城西南20公里处，是沂河岸边一处重镇，有伪军王化云部一个中队驻守，经常骚扰群众。1941年2月7日，敌伪出动汽车20余辆，坦克8辆，向胡集一带进犯骚扰。另有埝头敌伪400余人，乘汽车30多辆，沿沂河东岸向刘港口、李庄进犯。八路军一一五师教导第二旅，在副旅长张仁初、第四团团长钟本才率领下，由鲁南挺进滨海郯（城）马（头）地区。四团在团长钟本才、政委吴岱率领下，乘机向重坊之敌发起攻击。歼敌大部，残敌向江苏邳县方向逃窜，重坊被攻克。次日，日军100余人、伪军300余人，在7辆坦克掩护下，分三路突袭重坊，激战至黄昏，敌伪败回马头镇。

在外围的西、南两面，教导第二旅在副旅长张仁初率领下，与强敌浴血苦战，用手榴弹炸毁敌坦克1辆，战斗持续5天，敌人被击溃。

2. 沂蒙军民反"扫荡"

1941年11月初至12月中旬，日军调集4个师团、3个旅团以及伪军，共计5万余重兵，采用"铁壁合围"战术，对沂蒙山区进行空前残酷的大"扫荡"。

日军此次"扫荡"分三个阶段。11月2日至11日为第一阶段，是敌之"合围"与抗日军民反"合围"的斗争；11月12日至12月上旬为第二阶段，是敌之"清剿"与抗日军民反"清剿"的斗争；12月上旬至中旬为第三阶段，是日军"扫荡"受挫逐步撤退、抗日军民奋起进行反击的阶段。

"扫荡"之始，山东党政军领导机关和主力部队在罗荣桓等领导人的精心指挥下，迅速跳出合围圈，转到外线作战，只留部分兵力坚持内线作战。尔后，敌人采取分区"清剿"，实行"三光政策"。八路军则以主力一部适时转入内线，配合民兵、游击队进行灵活机动的游击战，打击、消耗和疲惫敌人。根据地人民则实行"三空"(搬空、藏空、躲空)，以对付日军的"三光"政策。经过一个多月的斗争，日军于12月上旬开始撤退时，八路军一面尾追、截击敌人，一面集中兵力消灭留在沂蒙根据地内的日伪。经过50多天的艰苦斗争，共消灭日伪军2000余人，使日伪军消灭山东党、政、军首脑机关和八路军主力部队、摧毁沂蒙抗日根据地的阴谋彻底破产。现特将反"扫荡"中的几次重要战斗记录如下：

(1)马牧池突围

1941年11月4日拂晓，大批日伪军突然包围了八路军山东纵队机关驻地沂南县马牧池村。山东纵队第一团参谋长高文然带第一营与敌展开激战，掩护黎玉等领导人和山纵机关突出敌合围圈。下午5时到紫荆关，稍事休息，准备连夜过关，到泰宁区敌后。不料，关口已被敌封锁，山东纵队立即改变原西去计划，回头向东转移。经一夜急行军，于次日拂晓到达南墙峪的北山一带。下午，日军尾追至北山脚下，双方又激战至天黑。夜幕降临后，山纵机关开始向正南方向突围。经急行军，很快闯过了敌人设下的"火炬封锁线"，渡过大汶河，进入刘桂堂的防区。为了顺利通过此处，山纵派人和刘部谈判，晓以民族大义，申明利害关系。刘部允许从其防区通过。黎明前，山东纵队机关越过东蒙山到达天宝山区。在天宝山区休整两天，又沿着蒙山向西转移到泰宁区的石莱村。

(2)大崮山保卫战

大崮山位于蒙阴县东北部，四周系悬崖峭壁，八路军创建的兵工厂、弹药库、粮库等均设在这里，由八路军鲁中军区独立团团部及1个营约300余人防守。11月4日，日军千余人包围了大崮，飞机、大炮轮番对山顶进行轰炸。独立团团长袁达、政委于辉和山东分局妇委委员、省妇救会常委陈若克带领八路军战士和兵工厂工人，与日军展开激战。敌在实施第一次攻击时，被八路军埋设的地雷炸死炸伤多人,狼狈退回。第二天,日军先用飞机、大炮轮番轰炸,然后步兵一次接一次地强攻。东门和南门曾一度被敌占领,八路军战士全力将敌歼灭,夺回阵地。后兵工厂内原俘虏来的技术人员乘机叛乱,崮顶形势更加严峻。为保存有生力量,团首长决定于7日晚11时撤离大崮。临近分娩的陈若克主动要求带部分战士留在山顶掩护。大部队撤离后,陈若克又指挥几十名机关家属和群众用绳索从崮顶撤下。此时陈若克极度劳累,行动十分困难,在大雾中迷失了方向,天亮后,被搜山的日军发现,不幸被捕。在沂水县城日军狱中,陈若克英勇不屈,最后,她怀抱着刚出生几天的婴儿英勇就义,时年仅22岁。

(3)留田突围

11月5日,日、伪军3万余人,配有飞机、大炮、坦克,分11路向中共山东分局、八路军一一五师师部驻地沂南县留田村合围。当时警卫分局和师部机关的作战部队只有1个特务营,处境十分危险。5日下午,罗荣桓在留田附近的钮家沟村召集紧急会议,研究突围方案。在听取了大家的意见后,罗荣桓果断地提出了向南突围的意见。大家都感到意外,因为敌人的大本营就设在留田南面的临沂城里。接着罗荣桓对敌情作了具体地分析和判断,指出:东、西、北三面皆有敌重兵防守,且突出后,对我军下一步发展不利。而敌大本营虽在南面临沂,但敌之主力出动,其后方必然空虚,我们向敌之心脏临沂方向突围,必出敌意料之外,待跳出敌人的包围圈后,再转向西北,进入蒙山南麓一带,这样就可彻底粉碎敌人合围我首脑机关的企图。会议完全同意罗荣桓的意见,并决定由特务营第一、二连担任前卫,四连居中护卫机关,三连为后卫,掩护部队突围和收容掉队人员。罗荣桓要求部队一律枪上刺刀,压满子弹,随时准备投入战斗。突围前,他又宣布了行动纪律:坚决服从命令,不得自由行动;在突出合围圈前,不许说话,不许咳嗽,不许发出任何声响。入夜,雾气迷漫,月色朦胧。敌在留田周围的各个山头上燃起一堆堆大火,枪炮声、马嘶声、日军的嚎叫声,阵阵传来。7时许,突围开始,3000余人一一相随,静无声息地从500多米宽的空隙中间向南插去。接近敌人的第一道封锁线张庄时,山头上的敌人盲目放炮,乱喊乱叫,突围部队毫不理睬,跑步前进,仅用半小时便安全通过第一道封锁线。午夜后,部队又通过了敌在高里设下的第二道封锁线。过了高里,果然如罗荣桓所料,敌人后方空虚。他遂命令部队折转向西,越过临蒙公路。三星西垂时,部队又顺利通过了第三道封锁线,跳出了日军的合围圈。罗荣桓率领部队巧妙地穿插于激烈的战场背后,与敌人进行着无声的较量。6 日 5 时许,部队胜利到达汪沟一带,在埠山庄宿营。入夜继续向西转移,经过诸满到达费县东北的黄埠前。这次突围未费一枪一弹,无一人伤亡。

亲自参加了这次突围的德国太平洋学会记者汉斯·希伯,目睹了我军巧妙突破敌人重重困围的场景后,对罗荣桓精湛的军事指挥艺术赞叹不已,心情非常激动,兴奋地对负责接待他的山东分局秘书处长谷牧说:"这是我一生中最难忘的夜晚,比在西方经历过的任何一次最愉快的晚会都更有意义,更值得留念。我一定要把这奇妙的经历写出来,告诉全世界人民。"兴奋之余,他不顾旅途的劳累,将自己的所见所闻以及感触以战地通讯的形式记录下来。这篇文章译出后被登在第一一五师的《战士报》上,题目叫做《无声的战斗》,盛赞留田突围的指挥是神奇的。

(4)石岚伏击战

日、伪军合围山东党政军首脑机关的阴谋落空后,遂到处烧杀抢夺,残害百姓。为保护根据地的群众利益,一一五师政委罗荣桓遂命令特务营副营长黄国忠带两个连,在石岚山口伏击日军。石岚在费县城北 25 公里处,位于蒙山要塞之一的黄草关南端。从黄草关到石岚,是一条约 5 公里的狭窄山沟,是打伏击的有利地形。7 日黄昏,从垛庄、青驼寺一带"扫荡"归来的日军一部,连同费县城据点的日、伪军共 300 多人进入伏击区。八路军战士遂以强大火力居高临下向敌开火。日、伪军被围困于狭窄的山沟里,人马相踏,无处躲藏。经过半个小时的激战,击毙日、伪军 300 多人,只有几个日军侥幸逃窜。

第二天,敌人发觉八路军主力在石岚,赶紧把"扫荡"的日、伪军从蒙山腹地调出,重新调整部署,敌"合围"计划宣告破产。

(5)大青山战斗

大青山位于沂南、费县、蒙阴三县交界处,系蒙山支脉,山势险峻。

1941 年 11 月 29 日晚,抗大一分校、蒙山支队及地方干部、民兵等,相继移往大青山一带。敌侦知后,连夜调集重兵,占据了周围的山头,形成了包围之势。当日夜,一一五师主力部队在绿云山一带对敌发动攻势时,又将师部后勤机关、山东分局机关、省战工会、省群众团体等1000余非武装人员转移至大青山一带,误入了敌人的包围圈。30日拂晓,日军在飞机大炮配合下,向大青山地区发起了疯狂攻击。日军居高临下,集中火力向山东分局等机关人员扫射,然后步、骑兵一齐冲下,对抗日军民进行血腥屠杀。被围人员中的少数战斗部队立即组织反击,反复与敌人争夺制高点,以掩护机关人员突围。激战惨烈,战至下午2时,大部分机关人员分别突出重围,进入了西蒙山。

华东烈士陵园希伯同志之墓

此次突围战,我后方机关人员伤亡惨重,省战工会副主任兼秘书长陈明、一一五师敌工部副部长王立仁、抗大一分校政委刘惠东、蒙山独立支队政委刘涛、太平洋学会德国记者汉斯·希伯等300多人壮烈牺牲。省战工会副主任李澄之因病被俘(后被党组织营救出狱)。山东分局组织部长李林和山东分局主任秘书兼统战部长谷牧负伤。

(6)苏家崮阻击战

1941年12月初,中共山东分局党校转移到苏家崮山区后,日军随即纠集6000余人,分10路向苏家崮山区"奔袭合击"。八路军山东纵队第一旅第三团掩护中共山东分局党校人员转移。12月8日3时,二营与城后出动之敌接火。5时许,三营与白彦方向来敌打响。5时半,党校人员突出包围圈。当团长王吉文率领第一、四连和特务连一部向木头崖前进时,发现敌人正集中兵力尾追党校人员。为牵制住敌人,确保党校机关安全转移,王吉文即令部队抢占苏家崮山顶,与追击之敌展开激战。至下午3时,共毙伤敌联队长福田以下400多人,保卫了山东分局党校机关的安全突围。此役,山东纵队第一旅第三团政治处主任陈晓峰等118名干部战士壮烈牺牲。

此次大"扫荡",使沂蒙抗日根据地蒙受了重大损失。沂蒙区被抓走壮丁近万人,被杀害群众3500余人,被抢走粮食80余万公斤,烧毁房屋约占沂蒙区房屋的四分之一;许多村庄的自卫队与游击小组被打散,基层政权被破坏;日军又在沂蒙区增设了近70个据点,使沂蒙山区的抗日斗争变得更加艰苦和复杂。

附:渊子崖村保卫战

沭水县渊子崖村(今属莒南县)有200多户人家,西临沭河敌占区,东靠莒南抗日根据地,处于敌我交错的拉锯地带。1940年底,村里建立了抗日民主政权,成立了抗敌自卫队和游击小组,群众的抗日热情十分高涨。

1941年12月中旬,盘踞在沭河西岸小梁家的伪军送来一张条子,要渊子崖村交鸡、肉、酒、白面等食品,还要大洋1000块。该村给伪军写了回条:"酒、肉、鸡、面、钱都准备好了,请来拿吧! 来一个杀一个,来两个杀一双。"伪军队长梁化轩接到回条后恼羞成怒,于12月18日带150名伪军包围了渊子崖村。全村男女老少众志成城,用土枪土炮将来犯之敌打得大败而逃。

12月20日晨,梁化轩带领日军骑兵、步兵1000余人,大炮4门,对渊子崖村实施报复。该村群众同仇敌忾,以土枪、土炮、大刀、长矛、锄头、菜刀、木棍为武器,在村长林凡义的带领下,以围墙为依托,与敌展开搏斗,连续打退敌6次冲锋。中午后,敌人集中炮火,将围墙、炮楼轰倒,大批日、伪军攻进村内。自卫队员和乡亲们与敌人巷战肉搏。自卫队员林九臣英勇牺牲后,其妻手拿一把菜刀,砍死一名日军,后被日军刺死。敌人把俘获的林庆会、林崇洲用绳子捆绑起来,扔进熊熊燃烧着的草垛火堆中活活烧死。两位烈士在挣扎中还不断呼喊:"打倒日本帝国主义!"林九星老人被敌抓住,日军将他身上捅了十几刺刀,扔进粪汪里,泼上汽油点火焚烧。敌人撤出村子后,林九星老人被村民从尸体堆里救出来,躺在村长林凡义怀里,喃喃地说了最后一句话:"咱没给渊子崖村丢脸!"太阳落山时,八路军山东纵队第二旅第五团和县、区部分武装赶来救援,将日、伪军击退。

此次保卫战共打死日军官兵100余人。板泉区委书记刘新一、区长冯干三等和渊子崖村147人在同日军的搏斗中壮烈牺牲。滨海专署授予渊子崖"抗日楷模村"荣誉称号。1944年,滨海专署又在村北小岭上用紫红色巨石建成了一座六角七级纪念塔,以纪念在渊子崖保卫战中英勇牺牲的烈士。

3. 沂蒙军民再次反"扫荡"

（1）对崮山血战

1942年10月下旬至11月中旬,侵华日军华北总司令冈村宁次亲率日伪军数万人,对沂蒙山区根据地进行了一次为期近一个月的残酷大"扫荡"。

此次"扫荡",日军为达到消灭八路军有生力量和党政军首脑机关的企图,首先采取了"声东击西"的策略以迷惑抗日军民。10月11日,八路军山东军区获得一份情报,系济南日军参谋本部一〇五号作战计划,该"计划"透露:日军将于10月中旬至11月底出动万余人,分两期"扫荡"滨海地区。在分析这份情报时,不少人认为情报可靠,一一五师政委罗荣桓却不动声色,十分冷静地说:"敌人的'扫荡'计划透露得这样早,还这样具体,应当引起我们的高度警惕。要从其他方面进一步了解情况后,再作判断。"他主张机关暂住滨海不动。

14日,军区又获得一份情报,说日军将于16日拂晓"扫荡"滨海区。同时,日军一部分兵力从临沂城出动,向沭河以东进犯。此时,多数领导人认为日军"扫荡"滨海是真。黎玉遂率领中共山东分局、山东军区、战工会、抗大一分校等领导机关,于15日从滨海甲子山区转移到沂蒙山区。只有罗荣桓率一一五师师部留驻滨海区南部。日军发现八路军已误入他们设下的毂网之中,便从10月26日开始,以1.5万兵力对沂蒙山区根据地进行大"扫荡",先后发动6次袭击合围,敌我双方展开了一场大决斗。10月26日,驻蒙阴之敌出动3000余兵力,奔袭了鲁中军区所在地高湖村,同时,临沂城和河阳镇之敌又联合袭击了山东纵队第一旅驻地孙祖。27日,日伪军以1.2万人的兵力,分12路拉网"扫荡"位于沂水、沂南交界处的南墙峪山区。山东军区、省战工会及鲁中区党委、鲁中行署、沂蒙地委、专署、抗大一分校和新一一一师部队,加上沂南、沂水等县群众共8000人,被日伪包围于此。日军包围圈逐渐紧缩,继而形成散兵线,每人间隔数十米,手持枪刺,呼号搜索前进,此即为日军的所谓"梳篦扫荡",或曰"拉网"战术。

八路军运用了灵活机动的战略战术,巧与日军迂回周旋。山东军区、战工会、鲁中军区机关首先跳出敌包围圈,其他机关和人员即依托高山顽强抗击日军,经一天激战,毙伤敌200余人,于黄昏时分路突出敌围。

28日,山东军区后勤部、鲁中军区第二军分区和抗大一分校各一部,新——一师一部,被敌合围于南墙峪附近高山旋崮顶。日军发起数次攻击,我军奋力抗击,经一天激战,毙伤敌400余人,终于胜利突围。

日军使用"梳篦扫荡"战术未能达到预期目的,遂将各路"扫荡"兵力集结于北沂蒙的东里店一带,佯装撤退,制造假象,企图伺机再犯。此时,转移至北沂蒙一带的省级机关未能识破日军这一阴谋,仍在对崮峪一带盘旋滞留,失去了向外线转移的有利时机。11月2日拂晓,沂水城、东里店和大关之敌8000余人,在同一时间内分兵十几路,对活动在对崮峪一带的省级机关及鲁中第二军分区第一团和抗大一分校一部等进行合围。

对崮峪位于对崮山西南,沟壑交错,地形起伏,东北直通对崮山。日军对对崮峪实行合围后,便发起疯狂进攻。合围圈不断缩小,八路军被迫撤至对崮山上固守。对崮山山顶东西长500米,周围约有1米高的残缺围墙,东、西是三四十米的悬崖。敌人先以大炮轰击,继而从南、北、西三面向山顶围攻。至下午1时许,八路军战士用手榴弹、刺刀和石块,连续打退了敌人8次进攻。黄昏后,领导机关在特务营掩护下分路突出重围。特务营为掩护领导机关突围,伤亡极为惨重,最后仅剩14位战士。在子弹打光、日军愈逼愈近的最后关头,营长严雨霖看着每个战士问道:"同志们,我们是什么队伍?"战士齐声回答:"我们是人民的战士,共产党的队伍!""能让敌人抓活的吗?""不能!"营长严雨霖高呼一声:"跳!"14位战士紧抱着枪,一齐跳下了对崮山东侧的悬崖。其中有8名战士幸存,6名战士牺牲。

此次战斗,毙伤日伪军600余人。中共山东分局宣传部长、省战工会秘书长李竹如,鲁中二地委组织部长潘维周,鲁中第二军分区第一团团长刘遇泉、政委王铁等壮烈牺牲,黎玉在战斗中负伤。

对崮山血战后,日军又连续数次进行袭击合围,但均扑空,不得不于11月中旬陆续撤退。

(2)郯城战役

1942年冬,日伪对滨海地区进行大规模"扫荡"后,打通了临(沂)、郯(城)、新(安镇)公路,在沿线重要村镇筑碉堡,安据点,企图切断滨海与鲁南、华中根据地的联系。临沂、郯城之敌,则集中2000余兵力,乘机完成由重沟到郯城的"堡垒封锁"。这时,处于敌后的郯城,仅留有1个日军小队和一部分伪军守城。八路军一一五师政委罗荣桓及时抓住这一有利时机,决定攻克日军在鲁南推行"治安强化"的重要堡垒——郯城。

郯城居临沂至新安镇(今江苏新沂)之间,是鲁南入苏北的交通要冲。日军侵占郯城后,筑起高11米、宽9米的城垣和深7米、宽6米的外壕及38个碉堡,易守难攻。攻城之前,为了牵制和迷惑敌人,数千民兵配合八路军少数主力,对醋大庄据点展开了夜以继日的围攻,吸引住日军。同时,组织群众对临郯公路进行了破毁,断敌交通。

1943年1月18日夜,八路军一一五师教导二旅在代师长陈光、旅长曾国华、政委符竹庭的指挥下,一夜急行军40多公里,秘密挺进到郯城东面的马陵山区。天明,部队就地隐蔽休息。旅敌工科长邵子真(现名杜继贤)带人入城内侦察。19日深夜,攻城部队直扑郯城。六团迅速占领城南关,炸开了第一层城门。孰料里面仍有一层门挡住了攻城部队的进路,攻城部队受阻。两天两夜过去了,战斗进展迟缓,马头镇增援之敌出动,守城之敌施放毒气弹。在紧急关头,曾国华、符竹庭决定集中轻重火力,从南门和东门的大炮楼之间实行重点突破。各团的轻重机枪和迫击炮集中射击,掩护六团八连在外壕上架起木桥,接着竖梯登城。4名登城战士被打下来,第5名战士张桂林机智地先向城内连投了几颗手榴弹,乘着浓烟飞身登城,一排手榴弹,将敌人打退。突击队队员个个紧跟,乘着浓烟飞上城头。与此同时,四团三营突破北门,向纵深发展。残敌被压迫到城中心的县府院内,顽抗待援。21日,距县城10公里的马头镇之敌400余人赶来救援。旅长曾国华带四团一个营支援打援的六团二连。二连在战斗英雄、连长何万祥的带领下,与敌展开激战,多次打退敌人冲锋。曾国华赶到后,遂命部队从右翼对敌实行包抄,两面夹击,重创增援之敌。固守县府院内的200多名伪军和伪政府人员在我强攻下投降。此时,只剩一座被日军盘踞的炮楼尚未攻下。工兵在竹竿上绑上炸药,送上敌人碉堡,堡内大部日军毙命,余7人就擒。至上午10时,攻城战斗胜利结束。八路军又乘胜连克了马头、红花埠、大圩沟等18处日伪据点。"蚕食"临沭地区的日军被迫全部撤退。

郯城战役,毙伤日、伪军103人;俘日军7人、伪军419人;缴获机枪2挺,掷弹筒2个,长短枪579支,汽车4辆及其他一大批军用物资。郯城战役首创八路军在山东敌后运用"敌进我进"的"翻边战术"攻占城池的范例。

（3）第一次岱崮保卫战

1943年11月9日至27日，日军第三十二师团、五十九师团、独立混成第五旅团各一部及伪军共万余人，分别由临沂、蒙阴、莱芜、临朐和沂水等地出发，"扫荡"鲁中沂蒙山区抗日根据地。位于蒙阴县东北部的南、北岱崮地势险要，处于日军进犯沂蒙山区的咽喉。八路军鲁中军区决定，鲁中第三军分区第十一团八连93名指战员，凭借岱崮天险，牵制敌人主力，以保证党政指挥机关和主力部队转移到外线作战。南、北岱崮相距不足1.5公里，中间只隔一条山梁。两崮都高六七百米，四周为悬崖绝壁，南北崮顶面积约1250平方米。南崮南门上，有一条凿出的石阶小道，仅有抓手和放脚尖的石窝，必须面向石壁，仰身上爬，俗称"石门"。顺石门爬上大崮南小崮（面积不足20平方米），越过"天桥"，到达南崮崮顶。在小崮上，八路军构筑了一座瞭望楼，由8名战士把守。11月13日，日军千余人在飞机、炮火配合下，向岱崮发起攻击。因日军突至，原打算撤出的营部和七连尚未来得及转移，上了北崮。日军在北崮遭失败，便包围北崮，攻击南崮。中午11时，约400名日军进攻南崮，被八连击溃下山。日军5架飞机对崮顶轮番轰炸，至红日西沉始离去。战斗持续进行2天，八连93名指战员依托山崮天险，顽强抗击。入夜便派出战斗小组下崮袭扰敌军，埋设地雷，杀伤敌军。敌攻击不克，改变进攻策略，将南、北崮紧紧包围，轰炸扫射，妄图将八路军战士饿死、困死在山上。八路军战士省吃俭用，依然坚守阵地。敌人软硬兼施，抓来老人、妇女、小孩，强迫他们对山顶喊话劝降。八连战士众志成城，使敌之阴谋未能得逞。

日军遂调来精锐，增派8架飞机、2门重炮、40汽车炮弹，对山崮实行昼夜轰炸，并对守山战士施放毒气。八连战士用成束手榴弹和滚地雷击退敌人一次次的进攻，用石块和刺刀把爬上云梯的敌人一个个砸下去，坚守阵地18昼夜，2人牺牲，7人负伤，毙伤日、伪军300余人，胜利地牵制住40倍于己的敌人，于27日夜12时，乘夜雾迷漫，顺皮绳滑下崮顶，突围后与大部队会师。八路军山东军区通令嘉奖，授予八连以"英雄岱崮连"的光荣称号。

(四) 于学忠东北军的反"扫荡"斗争

依《山东省志·大事记》记载,东北军于学忠部,最初于 1937 年 7 月 7 日入鲁,驻防于青岛及胶济路东段。台儿庄战役后,1938 年 12 月,于部再次入鲁,先后布防于甲子山、沂蒙山及鲁南抱犊崮山区。1939 年 4 月上旬,鲁苏战区总司令于学忠率第五十一军、五十七军约 2 万人,进入鲁中、鲁南地区,驻扎在沂水、莒县、日照、临沂、费县等地。其后,于部与山东军民进行了多次反"扫荡"斗争。直至 1943 年 7 月,于学忠率鲁苏战区总部机关及第五十一军、第五十七军先后离开山东,开赴安徽阜阳地区。

1. 鲁中军民首次粉碎敌"扫荡"

1939 年 6 月 1 日至 7 月 14 日,日军 2 万余人,在植田大将指挥下,分兵 10 路由津浦、陇海铁路及台(儿庄)潍(县)公路各据点出动,采取长驱直入、分进合击的战术,侵入沂蒙中部地区,企图围歼中共山东分局和八路军山东纵队指挥机关及国民党山东省政府机关。敌先后占领了莒县、沂水、日照、蒙阴等县城及东里店、鲁村等重要村镇,向沂蒙腹地进行"扫荡"。6 月,中共山东分局发出反"扫荡"指示,要求各地党、政、军、民众团体,以短小精干为原则,随游击队行动。山东纵队所属各部队及一一五师东进支队广泛开展分散的游击战。

此次"扫荡"中,日军 15 架飞机轰炸东里店。驻东里店镇的国民党省政府被冲散,沈鸿烈等突围逃到临朐县。于学忠部第五十一、五十七军与敌激战至 6 月 25 日,方撤至蒙阴南北山地。其间,五十一军一一四师中将师长方淑洪,率六十九团及师属特务营攻克日伪在沂水太平官庄的据点时,突遭敌大量援军包围,方淑洪率部抗击 3 小时,部队伤亡过半,方本人亦多处负伤,遂自尽殉国。由于日军"扫荡",国民党原在鲁中地区设置的县、区政权大部垮台或瘫痪。共产党便主动担起了组织领导群众进行抗日斗争的重任,在鲁中地区先后建立了 8 个县级抗日民主政权。

2. 鲁苏战区总司令部圈里反"铁壁合围"之战

圈里是沂水县东北部的一个集镇。1939 年 4 月,鲁苏战区总司令于学忠率领第五十一军、第五十七军入鲁后,战区总司令部和五十一军的第一一三师师部及其所属部队,分别驻在圈里附近的各个村庄。总司令部驻许家庄,一一三师师部驻七箭村。整个防区内兵力有:总部直辖的 1 个特务团,总司令部的 1 个卫士排,均配有当时最先进的法国制自动步枪。一一三师直属部队有通讯营、工兵营、轻重机枪营、特务连、高射机枪连,共有 1500 余人。所属旅团有三三七旅六七四团,三三九旅六七七团、六七八团,总兵力 7000 余人,其中六七四团和通讯营常驻安丘县。另外,还有驻莒县的张里元的挺进第一纵队等,这些部队与东北军正规部队相比,虽然人数不少,但战斗力不强。

日本侵略军沿胶济线、津浦线、陇海线和台潍公路驻有第十七、二十、二十一、三十二等 4 个师团和第五、六、十等 3 个独立混成旅团,共 5 万余人。1942 年 1 月底①,日军在华北派遣军司令官畑俊六指挥下,调集上述 4 个师团和 3 个混成旅团 5 万余人及伪治安军 5 万余人,共计 10 万余人,在 28 架飞机掩护下,对鲁苏战区总部和一一三师发动了铁壁合围大"扫荡"。2 月 7 日,日本侵略军开始大举进犯鲁苏战区防区。因东北军早得情报,知敌志在必得,已作好空室清野、整装待发的转移准备。不料敌先头部队路经安丘挺进二纵防区时,国民党地方游击武装竟不战而逃,故使敌从安丘南逯、贾孟一带长驱南侵。一一三师所部在青石胡同奋起阻击,终因双方力量悬殊,未能阻挡进犯之敌。当日下午,敌 3000 余名先头部队进犯至天晴旺东山。干训团教育长温念忠遂组织警卫连迎敌。该连配有轻重机枪 10 余挺、迫击炮 2 门,战斗力较强。为掩护非战斗人员转移,该连官兵奋力拼杀,舍命阻敌,伤亡惨重,其中一排除有 3 人存活外,其余全部殉国。此前,干训团在此地新建了一大片房屋,敌误认为此处系苏鲁战区总部驻地,故出动 28 架飞机,每 4 架为一批,对天晴旺进行轮番扫射与轰炸。由于大批敌人被阻击部队牵制于此,驻许家庄等地的战区总部和政治机关得以趁夜黑踏雪转移。8 日晚,战区总部到达莒北源河村北。9 日晨,战区殿后部队特务团与日军追赶部队在源河村北山上接火,枪炮声顿时响成一片。战斗中,敌派 2 架飞机对中国军队阵地进行低空扫射,被中国军队击落 1 架。这场阻击战打得异常激烈,中国军队坚持阻敌达 2 小时,使大部队顺利穿过台潍公路,转移至

---

①本章反"扫荡"斗争的资料主要取自《临沂地区志》,特别是东北军于学忠部的反"扫荡"斗争,其他志书载录甚少。行文中,年月记载、部队番号称谓,均依该志。凡与《山东省志·大事记》及《山东省志·军事志》相出入者,不作强行统一。如该志称"苏鲁战区",后者多称"鲁苏战区"等,均一仍其旧。又,此次反"扫荡"斗争,与"八路军——一五师反'扫荡'斗争(二)"实为日军的一次大行动,只是不同对象分别叙述而已。

一一一师防区。

日军从沂青公路上排成 6 路纵队赶至圈里一带后,发现苏鲁战区总部已经转移,懊恼至极的敌人便开始摧残当地群众。附近 30 多个村庄均被敌人烧毁,仅涝坡一村就有 10 多个老农被日军用刺刀捅死。半月后,日军在圈里、马站建立了据点,除留部分兵力在据点内盘踞外,大部队随即撤走。一一三师转移至沂青公路以西,六七四团利用游击战术,与敌周旋达 3 月余,歼敌 200 余人。

3. 鲁苏战区总司令部唐王山之战

唐王山、虎眉山和擂鼓山三大山头,位于沂水东北部与安丘接壤处,绵延 10 余公里。1942 年 8 月 12 日,日军组织驻胶济铁路线的独立第五混成旅团(即内田旅团)和独立第六混成旅团共 1.5 万余人,连同张步云部伪军 5000 人,企图包围消灭移驻莒县东 30 里坪头村的国民党苏鲁战区总司令部。得知这一情报后,苏鲁战区总司令于学忠在日、伪军合围之前,即率总部机关北上,向驻谭家秋峪一带的第一一三师靠拢。8 月 20 日凌晨,日军对一一三师驻地谭家秋峪进行炮击,战区总部和师部组织八大处等非战斗人员向位于北部的唐王山一带转移。其部署是:特务团负责保卫战区总部;六七八团在唐王山、虎眉山及其周围与敌作战,协同特务团保卫总部;六七四团驻守擂鼓山,以牵制东、南两面之敌;六七七团在外围作战,作策应和增援之用。这三个山头由西而东列为一线,一一三师凭借险要的山势,发挥熟悉地形和有青纱帐作掩护的有利条件,与敌展开激战。下午 3 时,日、伪军 2 万余人(内含日军最凶悍的竹林部队),配有百余门大炮和 10 余架飞机,从东、南、西三面向中国军队发起猛攻。敌攻击最猛烈时,每分钟内即向一一三师阵地发炮 80 多发,山上山下腾起一片硝烟火海。为鼓舞士气,苏鲁战区上将总司令于学忠站立唐王山顶,在烈日下头盖一块湿毛巾坐镇指挥战斗。战斗中,于学忠被日军密集的炮弹炸伤胳膊,经包扎后仍镇静如常,指挥若定。下午 5 时,战区总部和一一三师师部开始向东北方向撤离。六七八团为了掩护总部转移,坚守唐王山阵地至晚 7 时方撤。坚守擂鼓山的五十一军六七四团打退了日军的 3 次冲锋,毙伤敌 200 余名。

此役历时 5 天 5 夜,共消灭日伪军 400 余人。战斗中,东北军伤亡指战员达 300 余人,少将军务处长兼总部高参张庆澍等以身殉国,上将总司令于学忠及战区中将参谋长王静轩、中将副官长陈策、一一三师少将副师长潘国屏均在战斗中负伤。

4. 鲁苏战区总司令部三宝山血战

1943 年 1 月,原国民党新四师师长吴化文公开投敌。2 月,吴即倾其全力并勾结日本侵略军万余人大举进攻国民党苏鲁战区总部及一一三师防区。经安丘城顶山之战和沂源唐山董家峪之战,一一三师损失颇重,战区总部被迫几经转移,于 5 月下旬抵达蒙阴坡里镇望东海村。为对付日伪军进攻,保护总部安全,战区总司令于学忠命五十一军一一四师六八三团(系五十一军中战斗力最强的团)从沂源马头崮南下,迅速向战区总部靠拢。当六八三团行至蒙阴贾庄时,即遭日伪军万余人阻击。六八三团边打边走,晚上刚到达茶局峪村,即被跟踪追击的日伪军包围。六八三团遂乘夜色迅速突围,抢占村西三宝山有利地势,准备据险迎敌。翌日拂晓,日伪集重兵向三宝山发起强大攻势。六八三团全体官兵同仇敌忾,连续三次击退了日伪军的大规模进攻。中午,日军调来飞机配合攻山,每次有两三架飞机轮番对山顶中国军队阵地进行狂轰滥炸。因山顶没有防空掩体(仅有当地群众以前为防匪修的围墙工事),中国军队伤亡惨重。下午 4 时许,拼杀了一天的六八三团弹药已经耗尽,敌蜂拥而上,官兵们使用刺刀与日军展开肉搏,最后伤亡殆尽。团长张本枝和二营营长都用最后一颗手枪子弹自尽殉国。山上尚存活的 100 余名士兵全部被俘。

第二天,日军将被俘的 300 余名中国士兵(包括途中截俘的百余人)绳捆索绑,押至三宝山东面的一个场地上用战刀砍杀。当砍杀 48 人后,战士王清芝趁敌战刀砍偏之际越沟逃跑,日本军官方下令停止屠杀,将剩下的中国士兵押往济南日军集中营。

此役,由于中国军队拼死血战,日伪军遭受重创。据当事人回忆,有 2000 余名日伪军在攻山时被中国军队击毙。战后,敌将其士兵尸体在崖子河沙滩上摞了三大垛,浇上汽油焚烧了两天火仍未熄灭,其伤员亦连续运送了多辆汽车。

5. 东北军于学忠部与八路军的紧密配合及第一次讨吴(化文)战役

1943 年 5 月上旬,日伪军 2 万余人对东北军于学忠部进行"扫荡",于部转移到八路军防区和抗日根据地内暂避。沂蒙根据地党政军民对于部给予了热情接待和大力支持。6月上旬,蒋介石命于学忠部离鲁,由经常与八路军搞摩擦的第二十八集团军李仙洲部接替于部防务。为此,中共山东分局、山东军区决定,在于部南撤时要尽量给予其便利,此举使于部官兵颇受感动。于部离开前与八路军约定:以烟火为号,八路军见烟火后即可去接防。于部未及李仙洲部前来接防便提前撤离。山东分局、山东军区抓住这一重要时机,部署了与日伪争夺沂蒙山区和诸城、日照、莒县山区的战役,即第一次讨吴(化文)战役。

八路军滨海、鲁中主力部队参加了此次战役,胶东军区亦派十四团1个主力营插入诸、胶边区配合作战。7月5日,滨海军区十三团及六团1个营越过泰石路,至14日,全部控制了东北军放弃的诸城、日照地区。28日,十三团2个营越过台潍公路进入诸、莒边地区,配合鲁中部队作战。8月初,经与日伪反复争夺,八路军控制了街头、洪凝、石场、松柏林等地。随后又击退了伪吴化文部向城顶山、大安山阵地的进攻。经过两个月的作战,八路军控制了沂山区全部和鲁山区一部,面积约2250平方公里,使滨北地区的斗争形势发生重大转折。

附:于学忠简介

于学忠(1890—1964),字孝侯,祖籍蓬莱县(今蓬莱市)于家庄,1890年生于旅顺。少时就读于黄县崇实中学,后从父随营,入毅军任排长、连长。1917年,北洋陆军十八混成旅在湖北成立,于任炮兵营长。1921年秋,川鄂战起,川军大举进攻湖北,紧急关头于学忠以对战事的独到见解博得吴佩孚的赏识,被提任团长。后任十八混成旅旅长、第二十六师师长、长江上游副司令、第九军军长兼荆襄警备区总司令等职。及任苏鲁战区总司令,指挥第五十一军、五十七军,在苏鲁交界处与八路军并肩抗战。1941年底任山东省主席,1942年兼任鲁南游击总指挥。1944年3月,调任重庆政府军事参议院副院长。1945年5月,当选为中国国民党第六届中央执行委员。解放战争期间,任总统府战略顾问委员会委员。1949年初,蒋介石迫其前去台湾,于学忠不从,隐居四川乡村。

中华人民共和国成立后,于学忠任河北省人民政府委员。1954年8

月,当选全国第一届人大代表,9 月,任国防委员。1956 年,被选为中国国民党革命委员会第三届中央委员。1964 年 9 月 22 日,病逝于北京。

(五) 常恩多锄奸与"八三"举义

1."九二二"锄奸运动

早在 1939 年春,国民党第五十七军军长缪澂流的亲信、军部副官长李亚藩,借机去上海秘密投降了日军,成了伪兴亚建国军鲁苏地区总司令,驻苏北桃林集。自此,缪与李信使往来频繁。不久,缪部两个连携械投敌。1940 年 9 月 12 日,缪澂流派第六六五团团长董翰卿和参谋处上校科长于文清为代表,与驻徐州日军鹫津师团的代表,在陇海铁路桃林车站附近秘密谈判,达成"共同防共,互通情报"等协议。

于文清谈判返回驻地后,即将详情报告了三三三旅旅长、中共地下党员万毅。万毅遂在东盘南圩子(今属临沭县)将缪澂流通敌的详情向一一一师师长常恩多作了汇报。常恩多听后激愤异常,与万毅秘密拟定了锄奸方案:确定于 9 月 21 日晚会上包围军部,逮捕缪澂流等大小汉奸。此次行动,由万毅具体指挥,常恩多负责解决一一一师和三三一旅内的民族败类。

9 月 21 日夜,常恩多手令各处,扣押与汉奸案有关的将校。向各方拟发了电报,并分批召见军官谈话,指出:人身上生了脓疱疮,一定得开刀治。我们团体出汉奸,也得坚决地铲除,一点不能爱惜。他号召官兵:忠心爱国,杀敌锄奸,团结抗战,打回老家。万毅秘密召集营以上军官开会,通报了缪的通敌阴谋活动。到会军官一致拥护锄奸行动,并研究决定了具体行动方案。

当日晚,缪为军部移防和迎接由重庆回来的苏鲁战区总部参谋长王静轩等人,设宴接风并请其看戏。万毅命六六七团一营长韩子嘉负责在剧场捉缪,六六六团三营长彭景文负责包围军部。不料,当包围军部的六六六团三营长将战斗信号弹升入夜空时,负责扣压缪澂流任务的六六七团一营长韩子嘉却将万毅捉拿缪的手令交给了缪澂流,缪遂由三三四旅旅长荣子恒保护逃走。通敌的主要牵线人、副军长朴炳珊夫妇和伪北平宣抚班的女间谍徐春圃以及董翰卿等人均被扣押。在共产党"团结抗战"的政策感召下,五十七军军部的千余官兵都拥护常恩多为国锄奸的正义之举。各抗日友军也都派代表，表示"维护正义，支持锄奸"。地方民主政府和广大民众，从百里以外，推着肥猪，赶着牛羊，前往慰劳。

"九二二"锄奸后，常恩多按照合法手续，汇集案情，解送人犯，呈请战区按照军法会审，依法处理奸逆。然而战区却一再推脱、敷衍，并多方为反共通敌的奸逆开脱罪责，甚至将扣押的要犯宋迪玺、徐春圃等升官启用。蒋介石在给第一一一师的电报中，竟说"九二二"锄奸"虽云忠党保国，究难辞犯上误国之咎"。常恩多对此异常愤慨，决意脱离国民党。中共山东分局领导劝他忍辱负重，常恩多接受了分局的意见。他奋笔疾书，写了《"九二二"锄奸运动前后》一文，将锄奸斗争的真相公之于众，以正视听。

2. 东北军"八三"举义

1940年9月，东北军第五十七军第一一一师在师长常恩多领导下发动"九二二"锄奸运动之后，该师内部投降派与抗战派的斗争日趋尖锐复杂。其时，师长常恩多身患重病，师参谋长陶景奎借代行师长职务之机，伙同他人暗中攫夺指挥大权。1941年初，国民党重庆政府军事委员会几次电令一一一师攻打莒日公路以南的八路军，声称如违令则停发军饷。由于常恩多执意不肯，命令没有执行。陶景奎、孙焕彩（第三三一旅旅长）借机攻击常恩多，提出了"为保持本师生命的延续，清除左倾分子"的口号，并秘密拟定黑名单，准备架空常恩多，以刘晋武取代万毅。

1942年2月中旬，蒋介石电示一一一师："肃清共产党，消灭八路军。"陶景奎、孙焕彩等人认为机会已到，于2月17日，以研究军务为名，将万毅骗至师部，强行关押。接着在师部和三三三旅逮捕了一批共产党人和主张抗日的人士。7月，蒋介石手谕苏鲁战区总司令于学忠，就地秘密处决万毅，于学忠对此犹豫未决。

8月2日，病情加重的常恩多深感事态严重，在病床上与苏鲁战区总部政务处长、中共地下党员郭维城研究举义大计和营救万毅的办法，并奋笔写了如下手令：

　　务要追随郭维城，贯彻张汉卿（即张学良）公主张，达到杀敌除奸之大欲。本师官兵须知。

常恩多

随后,郭维城来到关押万毅的张家石汪,以看望万毅为名,伺机将常师长病危、局势严峻的情况告诉了在押的万毅,并告诉其越狱办法。当天深夜,万毅越狱,赶到山东军区驻地。

8月3日夜,万毅在莒南县筵宾村见到了罗荣桓,向罗荣桓汇报了一一一师的全面情况和起义部署。罗荣桓听完汇报后指出:这个事件的发生,是我党中央坚持抗战、反对投降,坚持团结、反对分裂,坚持进步、反对倒退方针的胜利,是蒋介石反共第一、摩擦分裂政策的失败。事件的性质是正义的,是和全国人民的抗战要求一致的。一一一师历史上曾和红军、八路军有过友好的关系,我们的地下党组织和党员在一一一师的工作也是有成绩的,这是发动举义的有利条件。但同时还必须看到不利的一面,在一一一师的中下层中,我们没有骨干,事变缺乏群众基础,加上仓促发动,混乱恐怕难免,也许还会发生大的变动,甚至分裂叛变。为确保这场斗争的胜利,各有关部门要紧急行动起来,采取有效措施,支持这次事变。同时建议万毅和另外一位曾在该师做过地下工作的负责人,立即回到这支部队去,与事变领导人一起商量,共同掌握,稳定队伍。对"口号"问题,罗荣桓提出:用"团结抗战"的口号代替张学良、杨虎城的八大主张。同日,郭维城按与常恩多研究的方案,由副官刘唱凯通知全师团以上军官到师部听常师长手令。副师长刘宗颜、参谋长陶景奎、三三三旅旅长刘晋武等,来到后即被扣押起来。当夜,举义官兵攻打了苏鲁战区总部。8月8日,2700余名官兵在师长常恩多、万毅和郭维城等人率领下,转移到八路军抗日根据地莒南县王家坊前村。9日凌晨,常恩多病逝,时年47岁。

为顾全抗战大局,中共山东分局决定,举义部队仍沿用一一一师番号,师长仍用常恩多名义,万毅任副师长,郭维城任副师长兼政治部主任,于文清任参谋长。不久,中共山东分局、一一五师和抗大一分校派了一批优秀政治指导员和模范战士充实连队。9月,经山东分局批准,组成中共一一一师工委,万毅任工委书记。12月12日,经民主选举,万毅任师长。

（六）胶东、鲁西及山东其他战场上的反"扫荡"斗争

1. 胶东战场上的反"扫荡"斗争

（1）胶东抗日战场的基本形势

抗日战争爆发后，中共胶东特委发动群众举行起义，组建抗日武装，建立抗日根据地。从 1937 年 12 月到 1938 年 3 月，先后发动文登天福山、掖县玉皇顶和威海、荣成、黄县、蓬莱、莱阳、招远等县的武装起义。1940 年 2 月，又在东海地区发动第二次武装起义，先后建立起"山东人民抗日救国军第三军"、"胶东抗日游击第三支队"、"山东人民抗日救国军第九军"等人民武装。

1938 年 2 月 12 日，山东人民抗日救国军第三军负责人理琪率三军一大队从文登县崔家口出发直扑牟平城。13 日拂晓，全歼牟平县伪军，俘虏伪县长以下人员 170 余人，缴枪 100 余支。战斗结束后，三军一大队撤至城南雷神庙，遭烟台增援的日海军陆战队 100 余人包围，日军在飞机掩护下疯狂进攻。三军一大队与敌激战 7 个多小时，打退日军 4 次冲锋，毙伤日军50 余人。战斗中，胶东特委书记理琪牺牲。

3 月 9 日，胶东抗日游击第三支队攻占掖县城，建立掖县抗日民主政府。3 月 16 日，三军九大队在其他抗日武装的配合下，于莱阳花圃头村阻击日军，展开白刃战，毙伤日军 75 人。18 日，三军二路攻克蓬莱城，建立蓬莱县抗日民主政府。4 月中旬，三军四路武力收编王景宋部，建立黄县抗日民主政府。至 1938 年 8 月，胶东第一块抗日根据地——蓬（莱）、黄（县）、掖（县）根据地建成。后，山东人民抗日救国军第三军改编为山东人民抗日游击第五支队。

1938 年初，日本侵略军在胶东总兵力约 1500 人，集中占据烟台、威海等地，其他县则由汉奸建立的伪政权把持。

1939 年 1 月，日酋冒名张宗昌之弟张宗援率伪山东自治军张步云、刘桂棠部，进犯蓬、黄、掖根据地。为保存有生力量，山东人民抗日游击第五支队（简称"五支队"）在三县保卫战后，主动转移平度、掖县山区和栖霞、招远、莱阳、黄县边区。3 月 7 日，五支队司令员高锦纯率六十五团在招、黄边区马家河设伏，将刘桂棠主力胡大超团引入包围圈全歼。10 日夜，五支队攻入招远城，与敌展开巷战，毙敌 200 余人，俘 40 余人，获长短枪 60 余支。

1939年4月,在抗日统一战线旗帜下,五支队与以赵保原为首的国民党军队组成"鲁东抗日联军"(简称联军,赵保原任联军总指挥)。5月初,伪山东自治军张宗援、刘桂棠向栖霞进犯。12日,刘桂棠率1400余人占据栖霞城和古镇都,驻防栖霞的国民党军蔡晋康向联军求援。16日,联军到达栖霞,赵保原以联军总指挥名义,令八路军五支队攻打古镇都守军1000余人的刘桂棠部。而赵则与秦毓堂、徐淑明、蔡晋康4部攻打仅有守军400人的栖霞城。17日,当战斗正激时,赵、秦、徐部撤出战斗,只剩下五支队孤军作战。战至12时,刘桂棠军支撑不住,率残部北逃,栖霞城内守军也弃城逃窜,两处均被五支队收复。5月26日,五支队兵分两路进攻莱阳城。后,张宗援、刘桂棠部于30日绕道占据莱阳城,五支队急赴参战,经一天激战,夺回莱阳城。张、刘率部逃窜,在莱阳县团旺大部被歼,其残部逃向胶县。不久,伪山东自治军被日军改编,张宗援被削去军职,刘桂棠逃至鲁南。

五支队收复栖霞、莱阳后,除在栖霞牙山建立抗日根据地外,仍将两县城分别交由蔡晋康和赵保原驻守。6月以后,以赵保原为首的国民党军队撕毁抗日统一战线协议,维持两个月的"鲁东抗日联军"解体。五支队经数月战斗,又建立以大泽山为中心的平度、掖县、莱阳、招远边区抗日根据地。

(2)前期反"扫荡"

1939年10月,日军独立第五混成旅团一部,分两路经平度、即墨向胶东抗日根据地首次"扫荡"。山东人民抗日游击第五支队在地方武装配合下,在郭家店(属掖县,今莱州市)、要沟(属黄县,今龙口市)两次阻击和五次大破袭,歼日、伪军500多人,粉碎日军的"扫荡"。

1940年1月29日,日军一部在"扫荡"烟青公路以西地区后,会同威海、石岛方面日伪军共1800余人"扫荡"牟平以东地区。2月11日,在海阳县泊村杀害群众63人,后占领文登、荣成。当地国民党地方部队10多部1.8万人,不战自溃。中共东海地委领导人民群众,收拾起国民党军遗弃的枪支弹药,3月8日举行"第二次武装起义",建立"山东人民抗日救国军第九军",进行反"扫荡"斗争,队伍很快发展到1500人。至4月,粉碎日、伪军"扫荡"。

6月上旬,日、伪军9000余人在平度、招远、莱阳、掖县边区及蓬莱等地"扫荡"抢粮。6月11日拂晓,日、伪一部"扫荡"栖霞县官道邢家阁村,杀害群众 20 余名,制造了"邢家阁惨案"。五支队在招远县仰望顶、灵山等战斗重创敌人。6 月下旬,日伪军退却。

12 月 4 日,日军 1 个中队在 300 名伪军配合下,从掖县城进至郭家店安设据点,分割封锁抗日根据地。八路军山东纵队第五旅(由五支队改编,简称五旅)十三、十四团同敌人连续作战 5 个昼夜,毙、伤日、伪军 120 余人,俘日军 2 人,伪军 36 人,将敌人赶出郭家店。

1941 年至 1942 年 10 月,赵保原、蔡晋康、秦毓堂、陈煜、高玉璞等部,配合日、伪军多次"扫荡"抗日根据地。五旅和五支队(新的五支队,由第三军区改编而成)英勇反击,采取分散活动,袭扰、疲惫敌人;敌人集中进攻某地时,则于敌后予以打击;敌人兵分多股合围某地时,则选择兵力较弱的一股集中兵力予以重创;在敌人"扫荡"回窜时,则全线出击,粉碎敌人一次又一次的"扫荡"阴谋。

(3)"马石山惨案"

1942 年 11 月 8 日,日军华北派遣军司令冈村宁次秘密飞抵烟台,指挥日军独立混成第五旅团和独立混成第六、第七旅团各一部约 1.5 万人,加上伪军和赵保原投降派军共 2 万人,对胶东抗日根据地进行 40 多天的"拉网合围"大"扫荡",妄图歼灭胶东军区主力部队。在胶东军区司令员许世友和政治委员林浩的指挥下,以烟青公路为界,将主力部队和地方武装分成路西、路东两个指挥系统,路西由五旅指挥,路东由胶东军区直接指挥。各部队以营、连为单位分散活动,组织群众坚壁清野,采取搬空、藏空、躲空的"三空"办法粉碎敌人的"三光"(烧光、杀光、抢光)政策。

11 月 17 日,日军由青岛、潍县、高密分别向莱阳、栖霞、福山、海阳等地大量增兵。19 日,沿青烟公路构成"隔断网"。21 日,日军采取多路分进合击、密集平推的战术,合围以牙山、马石山为中心的抗日根据地,见山搜山,遇村梳村,烧草堆,挖新坟,掘地堰,清山洞,连荒庵、野寺、土地庙也不放过。夜晚就地露营,燃起篝火,岗哨林立。胶东党政机关及主力部队成功穿越日军封锁线,跳出合围圈向东转移。抗大胶东支校官兵则插入日军侧后,在地方武装配合下,破袭烟青公路栖霞至福山段,三次袭击福山日军。24 日,日军收"网",集中兵力围攻马石山。胶东军区第十六、十七团小分队及地方武装带领部分群众突出重围。25 日,日军占据马石山,屠杀 500 余名手无寸铁的群众,制造了骇人听闻的"马石山惨案"。

11月17日至12月24日,40多天中,日军对牙山、马石山、大泽山等地轮番"拉网"8次,合围5次。①

附:日、伪、顽军胶东部分罪行录

1938年10月26日,蔡晋康和文华区区长孙运生部窜至东夼、康家、清香崮等17个村,残杀群众19人,烧毁房屋949间,近2000人流离失所。

1939年1月16日,日酋张宗援率张步云、刘桂棠等伪军2000余人侵入掖县,五六天残杀抗日干部、家属和群众410余人,军属孙玉恒怀孕8个月,也惨遭杀害。

1月27日,驻烟台的日、伪军在蓬莱县潮水镇将搜捕的104名(其中潮水镇73人)群众驱赶到东庙台上枪杀后,又将尸体洒上药粉焚烧,并烧毁房屋70余间。

8月,日军进犯牟平县曲家口村,烧毁房屋1521间,烧死9人,残杀11人。曲桂芳之母被用烧红的薄铁活活烙死。

1940年2月,日军700余人进犯海阳县战场泊村,杀害群众63人,重伤6人。

6月11日,驻栖霞县观里的日、伪军包围邢家阁村,残杀抗日人员及群众20余人。民兵指导员郑颂文被日军用刺刀穿身后,挖出心脏挂在道旁树上。

1941年2月24日,日、伪军闯入掖县牛盘沟村,烧毁房屋1100余间,杀害群众14人。

7月20日,日、伪军200余人包围掖县车栾庄,将未来得及转移的39名群众赶进村西一大屋里浇上汽油焚烧,38人被烧死,仅1人幸存,全村416间房屋化为灰烬。

12月1日,掖县朱桥据点日、伪军包围北觉孙家村,将未来得及转移的老、弱、妇、孺赶到关帝庙前,枪杀13人。

---

①以上资料取自《烟台市志·军事》。

1942年3月26日拂晓,日军包围文登县营南陈家,将群众赶至村东头,烧毁房屋1008间,杀害群众120余人,其中8户被杀绝。

11月24日,日、伪军将围在马石山上的500余群众尽数杀害。藏在一个采石坑内的陈姓一家9口(内有15岁以下男童5人,6岁女童1人,孕妇1人)被烧成灰烬。招民庄70多岁的农民许德玉被用草苫卷起来活活烧死。西尚山村有一孕妇将近临产,被剥光衣服从悬崖上推下摔死。许多小孩被活活劈成两半,不少群众被剁去四肢、砍去头颅,妇女被割去乳房,其状之惨,目不忍睹。

12月6—7日,日、伪军在荣成县崂山杀害抗日军民300余人,抢劫粮食30多万公斤,毁坏农具8500件,烧毁房屋1.2万间,宰杀大牲畜1500头。

12月16日,日军在栖霞县雷山残杀抗日军民220余人。

12月20—23日,日、伪军在招远南部杀害抗日军民500余人。

2. 鲁西反"扫荡"

(1)1941年初鲁西反"扫荡"

1941年1月8日,一一五师教三旅和鲁西军区第二军分区部队各一部,以围点打援战术,在潘溪渡全歼日军第三十二师团1个中队,毙伤日军160余人、伪军130余人,焚毁汽车4辆,缴获九二步兵炮1门,重机枪2挺,轻机枪6挺,步马枪190支。日军遭此打击,纠集万余兵力对鲁西进行1个月的报复性"扫荡",企图消灭鲁西党政军机关及教三旅部队。

1月中旬,日军第三十二师团、第二十一师团及伪军共万余人,在10多架飞机、20余辆坦克掩护下,分乘400余辆汽车,采取远距离奔袭手段,多路向鲁西抗日根据地围堵。南线由陇海路出菏泽至鄄城、范县,东线由济宁趋梁山,西线由大名插观城。济宁日、伪军15日出动,16日分两路"扫荡"昆山、张秋和郓城西北黄河两岸地区,17日与南路日军会合,夹击位于濮县、范县、观城中心区的教三旅主力。北线临清日军15日乘车南进,东线经聊城至寿张,16日向鲁西中心区进击。同日,西路经莘县至朝城西南雷郑庄一带。西线大名之敌亦于16日进抵南乐,向朝城以西挺进,企图会合北线之敌,截断教三旅向北的退路。

潘溪渡战斗一结束,教三旅旅长杨勇、政委苏振华即率旅部及第七团转移至范县颜村铺、龙王庄地区，未及休整，即接到敌人尾追的情报，继续向北转移。1月17日拂晓，鲁西党委和教三旅机关到达观城东北苏村、马集一带，第七团先头部队首先与南乐东进之敌接触，继受朝城西进之敌夹击。为掩护区党委、旅机关及新四旅（一二九师新四旅南下支援新四军途经此地）转移，旅直特务营奉命在苏村构筑工事，组织防御，阻击牵制敌人。日军以为旅机关就在苏村，将该村四面包围，在飞机、大炮、坦克支援下，步兵进行了多次强攻，八路军与敌反复肉搏10余次，两次突围未果。战至黄昏，营长钟铭新、教导员邱良左等百余名指战员壮烈牺牲，日军冲进村子，特务营剩下的十几人退守一个院落，继续战斗。日军施放毒气，趁势冲进院子，将处于昏迷状态的十几个八路军战士杀害。特务营2个连队的136名干部战士，除数十人生还外，其余全部壮烈牺牲。他们用鲜血和生命掩护了区党委、旅机关和新四旅安全转移。

日军分进合击未达目的，转而实行分区"清剿"。八路军则采取分散坚持的斗争方法，主力部队与地方武装、人民武装密切配合，紧紧依靠群众，以灵活机动的游击战术，到处打击敌人。在20余天的反"扫荡"斗争中，毙伤日、伪军700余人。2月上旬，日伪军全部撤退。①

（2）1942年秋鲁西反"扫荡"

1942年9月下旬，日军第十二军司令官土桥一次，指挥第三十二师团石田支队、第五十九师团大熊支队、骑兵独立第四旅团高原支队及伪军一部共万余人，对冀鲁豫中心区进行"铁壁合围"式的大"扫荡"，企图"对范县附近（第一期作战）及东平湖（第二期作战）区军根据地，采取完全包围、突然袭击战术使之彻底覆灭。"

25日至26日，各路日军分别到达集结地域（大熊支队在聊城、莘县，石田支队在郓城、巨野、济宁，高原支队在濮阳），26日夜间运动，27日拂晓前到达展开线，分八路扑向中心区。

冀鲁豫军区司令员杨得志指挥军区机关及部队，趁敌尚未全部展开之机，与敌相向而行，从范县白衣阁附近向南突围，越过黄河故道，脱离险境。驻郓城北之教三旅旅部于27日拂晓前向东北方向转移，晨7时在罗楼附近

①参见《山东省志·军事志》，山东人民出版社1996年版，第780—782页。

与敌遭遇,稍一接触即折回陈良集,方免遭合击。教三旅政治委员曾思玉率一部兵力向黄河以北转移,12 时到达范县甘草堌堆一带,陷入敌包围。曾指挥部队两次突围未果,遂集中 4 个连队在宽大正面同时展开,将日军 1 个中队击溃,打开了八九百米长的缺口,部队径直向南越过黄河,跳出包围圈。27 日下午,南下支队一部、抗大分校和陆军中学,亦被日军压缩到甘草堌堆一带,这些单位战斗力差,各自为战,盲目乱撞,仅有部分人冲出包围,大部被冲散或被俘。

从 9 月 27 日至 10 月 14 日,历时 18 天的反"扫荡"作战中,共毙伤俘日伪军 350 人。八路军伤亡 297 人,被俘 116 人,失散 800 人,地方干部伤亡、失散 550 人。①

(3)1943 年秋鲁西反"扫荡"(或称冀鲁豫边区反"扫荡")

1943 年夏末秋初,日军为围歼冀鲁豫边区领导机关和主力部队、抢掠秋粮以充军实,在伪第二方面军孙良诚部配合下,纠集第三十二师团、第三十五师团、第五十九师团、独立第四骑兵旅团各一部,共 3 万余人,以"分区合围"、"连环合击"、"拉网扫荡"战法,反复"扫荡"鲁西地区。

9 月 20 日,日军以少数兵力"扫荡"湖西军分区金乡以南、曹县以西地区,企图压迫八路军主力向湖西中心区靠拢。21 日,日、伪军 1.1 万人在坦克、飞机掩护下,分十路向单县东中心区合围。日军采用"三面包围,一面诱伏"的战术,步兵三面压缩,试图驱逐八路军进入伏击圈,骑兵突然出击,合力聚歼。湖西军分区机关和第九、第十、第十一团及地方武装穿插而出,分别转移到丰县、砀山及鱼台北部地区。敌人扑空后,于 25 日扑向丰县北、曹县东地区,28 日合击巨野南地区。10 月 3 日,再次反扑湖西中心区,湖西八路军巧妙地利用日、伪接合部,及时机动转移,跳至外线,少数地方武装略受损失。10 月上旬,日、伪军万余人"扫荡"冀鲁豫第五军分区,在曹县王厂一带将军分区机关、民一团、第二十一团等部包围。第二十一团、军分区骑兵连激战后突出重围,司令员朱程、专员袁复荣阵亡,民一团大部牺牲。

10 月 12 日,日、伪军出动 1.5 万人、汽车 800 余辆、坦克 8 辆、飞机 5 架,分 13 路"扫荡"濮县、范县、观城中心区。冀鲁豫军区机关与第二军区

①参见《山东省志·军事志》,山东人民出版社 1996 年版,第 786—787 页。

主力部队,分别外跳至昆山、张秋地区和巨野、菏泽地区,未遭合击。敌人扑空后,一面在中心区"清剿",一面分兵追击跳转外线的八路军部队。冀鲁豫中心区部队在外线积极出击,进行大小战斗116次,给敌人以一定杀伤,迫使日、伪军于24日撤离中心区。

此次反"扫荡"历时一个月,进行较大战斗35次,毙伤日、伪军1374人,俘伪军2744人,攻克碉堡、敌据点74个,袭击了东明、考城、濮阳、平阴4座县城,攻入东平、延津2座县城,迫敌于10月下旬撤退。①

3. 山东其他战场上的反"扫荡"斗争

(1)冀鲁边反"扫荡"

1941年2月中旬,日军出动3000余人,对冀鲁边区抗日根据地进行了2个月的"扫荡",试图消灭——五师教六旅主力,摧毁抗日根据地。

日军利用冀鲁边区地形平坦、交通便利等条件,大量使用快速部队,反复"扫荡"乐陵、盐山以西地区。3月下旬,转至庆云、无棣一带。国民党顽固派刘景良、张子良等部亦与日军配合,进攻教六旅。八路军部队利用纵横交错的抗日沟作掩护,以营为单位坚持斗争,出没无常,行踪不定,多次避开日、伪、顽军合击。前后两个月,战斗数十次,毙伤日、伪军千余人,但教六旅和后方机关、工厂及群众团体也蒙受重大损失。

(2)1942年底湖西反"扫荡"

1942年12月中旬,日军调集第十七师团、第三十师团各一部及徐州、济宁、菏泽等15个县市的伪军共万余人,以单县东北曹马集为中心,"扫荡"湖西抗日根据地。

19日夜,日、伪军隐蔽开进,第十七师团抵丰县、沛县一线,第三十二师团进至金乡、菏泽到达单县,对湖西中心区形成合围,机动兵力位于巨野南,以截击突围的八路军。

21日,日军成疏开队形前进,向曹马集合围,第一一五师教四旅一部及地方干部约万人,被压缩在曹马集以北、金乡以南的狭小地区内。入夜,被围人员在教四旅掩护下,利用抗日沟分散向鱼台以东突围,当夜转至马良集、大寨、小寨一带。在突围过程中,各部队与敌均发生激战,专员李贞乾、

---

① 参见《山东省志·军事志》,山东人民出版社1996年版,第794—795页;《山东省志·大事记》,山东人民出版社2000年版,第439—440页。

教四旅第十团团长肖明等牺牲。22日、23日,日、伪军在中心区反复"拉网"、"清剿",尔后转向巨南地区"扫荡"。24日,敌留2000余人在湖西中心区强制群众构筑据点,挖沟修路,进行分割、封锁,其余撤回原地。

(3)1943年春鲁北反"扫荡"

1943年1月,日军第五十九师团和独立混成第六、第七旅团一部,共1.2万余人,先后对清河区、冀鲁边区抗日根据地进行"拉网合围"大"扫荡"。

10日,日、伪军7000余人分由广饶、羊角沟、利津、滨县、蒲台、博兴等地出发,向清河军区驻地北隋(今属东营市)一带合围,清河军区机关由蒲台、博兴转向敌后,跳出合围圈。翌日拂晓,日军合围北隋扑空。

14日夜,日、伪军奔袭合击清西军分区部队,至15日凌晨2时,清西部队主力分散跳出包围圈,独立团九连及部分机关干部百余人在大王家(今属高青县)被包围,突围未果,在团参谋长韩子衡率领下,与敌展开多次肉搏战,毙伤日、伪军200余人,终因众寡悬殊,伤亡殆尽,韩子衡自杀殉国。

17日,日军转兵"扫荡"冀鲁边区,在平原、陵县、临邑间组织第一次合围,第二军分区独立第二营、平禹县大队等被围部队分散隐蔽,利用抗日沟突出敌包围圈。军分区副司令员徐尚武带领50名战士掩护机关部队转移,毙伤日、伪军百余,最后全部壮烈牺牲。

23日,日、伪军又在禹城、济阳、临邑间组织第二次合围,二地委、专署、军分区干部千余人被围。八路军部队集中兵力猛击一面,打敌措手不及,趁势突围。

25日,敌在陵县、临邑、商河、德平(今临邑德平镇)间组织第三次合围,主力部队及时跳出包围圈,部分地方武装未能及时突围,蒙受一定损失。

4月22日,日、伪军2万余人又"扫荡"清河区,连续进行三次"拉网合围"。清河军区机关与主力部队在地方武装和民兵配合下,适时转移到外线,经7天苦战,保存了主力,迫使敌人撤退。①

六、"反顽"斗争

(一)抗日战争最艰苦阶段的复杂形势

---

① 此节内容参见《山东省志·军事志》,山东人民出版社1996年版,第782、792—794页。

随着抗日战争进入到相持阶段,特别是最艰苦的 1941 年至 1943 年,各种政治与军事势力都在发生着微妙的变化,敌、友、我犬牙交错,斗争更加尖锐复杂,也更加残酷与不可预测。

依其对抗日的基本态度,各种政治与军事力量可作如下划分:

1. 敌军

主体是日本侵略军,伪军为胁从。对日本侵略军前已有详述,此处只说伪军。

伪军初有"皇协军"、"华北治安军"、"国民自卫军"、"剿共军"、"和平救国军"等不同名称。例如,"皇协军",最初有日军从东北带来的赵保原 1 个旅;"剿共军",有张步云的 4 个独立团,约 5000 余人,还有张宗援、刘桂棠两部1500 余人。伪军中大部分是国民党军队的投敌部队,如:文大可,原为国民党军第三十九军军长,1941 年 11 月 3 日投敌;孙良诚,原为国民党军第三十九集团军副总司令兼鲁西行署主任,1942 年 8 月 22 日投敌;吴化文,原为国民党军鲁苏战区新编第四师师长,1943 年 1 月 18 日率部投敌;宁春霖,原系国民党军山东鲁西保安司令部参谋长,1943 年 1 月 18 日率部投敌;于怀安,原系国民党军新编第一师师长,1943 年 1 月 18 日率部投敌;荣子恒,原系国民党军第五十一军第一一二师副师长,1943 年 6 月 6 日率部投敌;历文礼,原系国民党军鲁苏战区游击第二纵队司令,1943 年 2 月 21 日率部投敌。到 1943年底,山东伪军总数达 20 余万人,为抗日战争时期伪军最多的一年。

1938 年 12 月,国民党副总裁汪精卫公开投降日本,并于 1940 年 3 月在南京成立伪国民政府,以"和平反共建国"为口号,将伪军统编为"和平建国军"。在山东,建立"和平建国军"第三方面军,司令吴化文,副司令宁春霖,辖 1 个军,4 个旅,2 万余人,成为山东伪军的主力部队。1944 年至 1945年,伪军的组成又各有变化。1945 年 8 月日本投降前,山东伪军总数仍有17.34 万人,其中正规军近 5 万人。①

2. 友军

主要指国民党军队。抗日战争时期驻山东时间较长的国民党军队,一是于学忠鲁苏战区的正规军,二是国民党山东省政府沈鸿烈的保安部队,最

①参见《山东省志·军事志》,山东人民出版社 1996 年版,第 403—409 页。

多时达 20 多万人。虽同为国民党部队,其政治态度又有明显的差别。

于学忠部,基本上可以与共产党八路军友好相处,协同抗日。于学忠本人并不敌视共产党,徐向前进入山东后,曾与于当面讨论抗日事宜。其部下,如五十七军———一师师长常恩多,就表现了鲜明的抗日倾向。为反对军长缪澄流的卖国投降行径,1942 年 8 月 3 日,常恩多率部举义,宣布脱离国民党营垒,接受共产党领导,后即整编为八路军的一个组成部分。该军六六七团团长万毅,自 1938 年就加入了共产党。于部在山东驻军长达 4 年,与八路军基本上没有大的摩擦。于部入鲁后,被鲁苏战区收编的顽伪部队,则多属于反共的顽固派。如赵保原部、刘桂棠部,均系反共顽固派。原五十一军的荣子恒(副师长)、五十七军的孙焕彩(旅长)等,也是坚决的顽固派。

沈鸿烈的山东保安部队,特别是秦启荣掌握的别动总队第五纵队(后改为鲁苏战区游击第三纵队),则是坚定的顽固派,是隐藏在抗日阵营中的投降派。在敌伪袭击最紧张的时期,他们或公开投靠日军,或“一面接受日、伪军番号,一面仍保持其国民党军队的番号”,奉行汪精卫的“曲线救国”论,公开声言“宁亡于日,不亡于共”、“宁伪化,勿赤化”等反动主张,实为十分危险的敌人。另如,保安第一师师长张里元,保安第二师师长申从周,保安第三师师长张景月,以及保安旅长张希贤、李德元、蔡晋康等,在一定的阶段也是顽固派。

1942 年 11 月,蒋介石命第二十八集团军总司令李仙洲率部由皖北入鲁,李仙洲也是反共顽固派。

3. 我军

指八路军———五师主力部队,及由各地起义武装组建而成的八路军山东纵队,前者为正规军,后者具有地方部队性质。后来,地方部队中亦有升格编入正规部队者,——五师也多次向山东纵队输送干部,并协助整训。

在上述三种力量中,最常发生变化的,是国民党部队中的顽军与伪军,二者常常相互转化。本章所称“反顽”斗争,主要是反对摇摆于顽、伪之间的军事力量。由于这类力量较多,又太分散,故本章的叙述只取其影响较大者。

(二) 中共中央关于“反顽”斗争的基本方针

1940 年 1 月 30 日,毛泽东提出了“在自卫原则下给进攻者以彻底打击”的原则：

> 不论是中央军、晋绥军及石友三，如果他进攻八路地区，我应在自卫原则下，在有理、有利条件下，坚决反抗并彻底消灭之。应号召我八路全体军队，号召两省全体人民，坚决打击一切从抗日阵线后面进攻者，应公开普遍宣传“从抗日阵线后面进攻的就是汉奸”，“打倒进攻八路军的汉奸”，“打倒进攻决死队的汉奸”，“打倒破坏抗日根据地的汉奸”。只有造成全体军民反汉奸、反进攻的热潮，并给实行进攻者以彻底打击，才能停止那些阴谋家、冒险家的诡计。……此方针同样适用于山东。①

1940年3月11日，毛泽东又写了《坚持有理有利有节的斗争》。提出：

> 第一是自卫原则。人不犯我，我不犯人，人若犯我，我必犯人。这就是说，决不可无故进攻人家，也决不可在被人家攻击时不予还击。这就是斗争的防御性。对于顽固派的军事进攻，必须坚决、彻底、干净、全部地消灭之。
> 第二是胜利原则。不斗则已，斗则必胜，决不可举行无计划无准备无把握的斗争。应懂得利用顽固派的矛盾，决不可同时打击许多顽固派，应择其最反动者首先打击之。这就是斗争的局部性。
> 第三是休战原则。在一个时期内把顽固派的进攻打退之后，在他们没有举行新的进攻之前，我们应该适可而止，使这一斗争告一段落。在接着的一个时期中，双方实行休战。
> ……这三个原则，换一句话来讲，就是“有理”，“有利”，“有节”。坚持这种有理、有利、有节的斗争，就能发展进步势力，争取中间势力，孤立顽固派。②

“反顽”斗争几乎伴随抗日战争之始终。兹举其要选叙于下。

---

① 《毛泽东军事文集》第2卷，军事科学出版社、中央文献出版社1993年版，第513页。
② 同上书，第521页。

（三）胶东反击赵保原等顽固派、投降派的斗争

抗日战争期间,驻胶东区的国民党军队 20 多部 5 万余人,消极抗日,积极反共,进攻人民抗日武装,到处捕杀共产党员、八路军家属。

1938 年 5 月 6 日,国民党"第五战区游击总指挥部第十六支队"队长张金铭,勾结秦毓堂、焦慎卿、刘东阳、"王四呱嗒"（昌邑保安团）等部 3000 余人,分四路围攻胶东抗日游击第三支队。三支队在三军和鲁东抗日游击第八支队的支援下,击退围敌,歼灭张部 800 余人。

10 月,蔡晋康、秦毓堂、陈煜部围攻蓬莱抗日民主政府持续 20 多天,后被击退。

在胶东,反共反人民最疯狂的,就是赵保原。

赵保原,蓬莱县（今蓬莱市）芦洋大赵家村人。少时就读于省立八中,17 岁入东北吉林军官讲习所,毕业后在东北军先后任排长、连长、营长。"九一八"事变后,投靠伪满充当汉奸,多次参与镇压抗日义勇军。1938 年,率部以"满洲国派遣军李支队（旅）"的番号,随日军入关,盘踞山东胶县（今胶州市）一带。同年 11 月,率部 1600 余人反正,在昌邑接受山东省第八区专员厉文礼收编。1939 年 1 月移驻莱阳,1939 年上半年,被委任为国民党山东省第十三区特派员兼保安司令。4 月,与八路军山东纵队第五支队、国民党胶东游击队共同成立"鲁东抗日联军指挥部",赵任总指挥,曾与日、伪军作过战。1940 年,国民党鲁苏战区将赵保原部改编为陆军暂编第十二师,赵任师长。

1939 年上半年,赵保原在胶东站住脚后,即开始制造反共摩擦,破坏抗日统一战线。

1939 年 6 月,赵保原在莱阳捕杀共产党员、八路军家属、青救会员等 200 多人。

8 月 1 日,秦毓堂部袭击八路军山东纵队五支队驻文登葛家办事处,杀害干部 5 名。

11 月,赵保原纠集胶东地区的国民党顽固派,拼凑成"抗八联军",疯狂攻击八路军山东纵队五旅、五支队等抗日武装力量。五旅、五支队在地方武装的配合下进行反击,给予张金铭、赵保原、郑维屏、徐淑明、王兴仁等部以沉重打击。

1940年,赵保原开始与驻青岛日军秘密勾结,双方达成在青岛和莱阳互设办事处的协议。赵通过办事处与日、伪互通情报,将掠夺的物资输送给日军,日军则转送其大批枪支弹药。

1942年,赵部三次配合日军向胶东根据地大举进犯,烧杀抢掠,惨无人道。在其统治区内,强制推行保甲制度,组织"抗八小组",征调民工,修筑据点,大肆捕捉壮丁,苛捐杂税名目繁多,百姓被逼得家破人亡,成群结队逃往八路军抗日根据地。仅莱阳县,1944年逃往根据地的难民就达13万之多人。人民群众稍有抗日言行即遭捕杀,抗日军政家属及进步人士遭杀戮、活埋者数以千计。

为抗击胶东顽固反共势力,1941年2月17日,八路军山东纵队第三旅旅长许世友率清河独立团挺进胶东,组织、领导反投降派战斗。是时,胶东形势极为严峻,以赵保原为首的胶东二三十个大小司令,约5万余人,分别占据胶东的一些重要城镇;八路军山东纵队五旅和五支队的1万多人,被分割在蓬莱、黄县、招远、栖霞边境和文登的昆嵛山区。

1941年3月10日,赵保原重整"抗八联军"1.2万人,自任总指挥,向昆嵛山区抗日根据地进攻。3月14日,中共胶东区委决定,先攻打盘踞牙山的蔡晋康部。

15日傍晚,五旅和清河独立团从艾崮山区分左、中、右三路出击,奇袭牙山。17日,攻占蔡晋康司令部驻地刁崖前,18日,将蔡军大部歼灭于桃村,蔡负伤脱逃。接着,五支队又从昆嵛山出发向西挺进。"抗八联军"副指挥洪彪部不战自溃。当日,又将陈煜部包围于观水村,经激战歼其大部,陈煜率残部逃窜。21日,五支队向驻崖子苗占魁部攻击,全歼其部队500余人,生俘苗占魁(司令)和孙海滨(副司令)。22日下午,秦毓堂、郑维屏、安廷赓、赵汉卿率部增援,被五支队击溃后西窜。同时,五旅和清河独立团进攻赵保原部驻地郭城,歼其一部,残敌突围溃逃。至此,"抗八联军"解体。

4月4日至5月4日,五旅、五支队和清河独立团取得榆山会战胜利。此次战役,赵保原部损失惨重,团长邓学良被击毙;从平度赶来增援的刘景川支队,全军覆没;从鲁南赶来增援的五军1个营(号称1个团)被击溃,残部狼狈逃回沂蒙山区。5月23日至7月27日,五旅、五支队和清河独立团围攻海阳发城,俘赵保原部 2000 多人。

至此,4 个多月的反投降派战斗,打垮赵保原、蔡晋康部十几股投降派武装,打死、打散 2 万余人,俘 8000 余人。

1942 年 4 月 20 日,胶东抗日武装部队全歼为日军"扫荡"效力的赵保原特务二团。

5 月 15 日,发起五龙河战役,全歼赵部第四团,缴获其大夼兵工厂、被服厂、印刷厂。

20 日,五旅又攻克左村,歼灭赵部 1 个保安团和保安一旅第一团。

8 月 3 日,胶东军区主力一部南下海阳,攻克留格庄,全歼秦毓堂部"第十七支队",俘 700 余人。11 日,东进牟平,在东海分区部队配合下,包围腾甲庄丁绰庭部"第五纵队"和秦毓堂部第十六支队。9 月 8 日晚发起总攻,至拂晓战斗结束,俘敌 2000 余人,缴枪 2000 余支。秦毓堂率残部投奔日军,丁绰庭部在其十三支队队长李显帮率领下,接受日军改编。

至此,境内投降派只剩下赵保原残部。

1942 年冬,日、伪军 2 万余人"拉网大扫荡",赵保原又以 3 个团兵力尾随出动,赵自率 1 个团向榆山地区进攻。12 月,胶东军区部队在柞泥沟消灭赵部主力第一团大部,团长李学奎被击毙。

1944 年 2 月 18 日,八路军山东纵队五旅十三、十四团,在地方武装配合下,攻克河源西沟,歼赵部两个团 1500 余人,缴获兵工厂 1 座,机枪 14 挺,长短枪 800 余支。5 月中旬,胶东部队攻克赵部心脏地区析格庄,歼敌 1700 余人。

8、9 月间,赵保原投靠日军,将所属部队秘密改编为"剿共第七路军"。

是年冬,赵被国民党鲁苏战区指挥部任命为"鲁东军区司令官"。此时,赵所辖部队有国民党暂编第十二师 4 个团 5000 余人,有挺进第二、十三、十五、十六、十九、二七纵队及各县保安团(队)等地方武装 2.2 万余人。

1945 年 2 月 11 日,胶东军区集中 5 个团和 5 个营(其中 1 个炮兵营)的兵力,在地方武装配合下,向赵保原据点万第(包括前、后、西万第)发起进攻。以五旅十三、十六团和北海独立团组成中央纵队,担任主攻任务;以东海独立团等组成左纵队,其余组成右纵队,担任阻击与打援。12 日凌晨组织进攻,战至夜 23 时,前万第守军 5 个营被全歼;后、西万第守军大部被歼,余敌溃退。23 时 30 分,前、后、西万第均被攻克。13 日,日军飞机 10 余驾飞临万第上空轰炸,掩护赵率残部向即墨方向逃窜。

此战役共歼赵部 8 个团,计 1.2 万余人,缴获兵工厂、被服厂、粮库各 1 座及大量武器弹药。此后,赵保原率残部不足千人蛰居即墨岙山卫一带。

日军投降后,赵保原重又打出暂编十二师的招牌,招降纳叛,兵力近 2000 人。1946 年 5 月 10 日,胶东军调部二十一小组高密小组举行会谈,赵保原以国民党代表身份参加。共产党代表辛冠吾中校拒绝与其握手,并严词质问美方代表摩尔:这个大汉奸、民族的败类,有何资格参加会谈?摩尔怕和谈破裂,只好将其"请"了出去。

5 月 20 日,辛冠吾返部述职,途经蔡家庄赵保原驻地,被其绑架、杀害。同年 6 月 18 日,胶东军区部队攻克胶县,赵保原在战斗中被击毙。

抗日战争期间,胶东军民共歼国民党顽固派、投降派部队 5 万余人。在胶东战场,反击国民党顽固派、投降派的斗争,成为战争的主旋律之一。[①]

许世友为八路军胶东军区的主要领导人[②]。

附:许世友简介

许世友(1906—1985),原名许仕友,字汉禹,湖北省麻城县(今属河南省新县[③])人。幼家贫,随母乞讨,后入少林寺学艺,曾参加过国民革命军。

1926 年 9 月加入共产主义青年团,同年 11 月参加黄麻起义,翌年加入共产党,在鄂豫皖根据地先后 5 次任敢死队队长,7 次负伤。土地革命时期,曾任红军第三十一师班长、排长、营长,红四方面军十二师三十四团团长,红九军副军长兼二十五师师长。1933 年,参加反四川军阀刘湘的"六路围攻"战役,指挥二十五师坚守大面山阵地达 3 个月之久,粉碎了 30 倍于己之敌的进攻。后任红四方面军第四军军长。1935 年 5 月参加长征,任红四方面军骑兵司令,担负侦察、筹粮等艰巨任务。在雪山、草地与敌战斗 70 余

①②许世友及胶东军区斗争的资料均取自《烟台市志》。
③许世友 1906 年 2 月 28 日出生于今河南省新县许家洼,当时,许家洼属湖北省麻城县。

次,为红四方面军渡过艰险、北上甘南创造了有利条件。

"七七"事变后,时任抗日军政大学校务部副部长的许世友,请缨奔赴抗日战场。1938年春,被任命为八路军一二九师三八六旅副旅长,随朱德总司令出师太行。同年12月,进军冀南,配合陈赓作战。1940年9月,调任山东纵队第三旅旅长,率部同日、伪、顽军战斗在渤海之滨、清河两岸。翌年春,奉命率清河独立一团挺进胶东。

是时,胶东形势极为严峻,许世友针对投降派在力量对比和态势上的优势,提出首先夺取牙山的战略计划:"盘踞牙山的是反共顽固派中较弱的蔡晋康,设有兵工厂,应首先夺取牙山。这样做既符合毛主席'先拣弱敌打'的战略方针,又可以缴到大批枪械、子弹,利于今后作战。"3月15日夜至18日即实现了这一战略计划。

夺取牙山一举成功,许世友又果断地提出"背靠牙山、南下莱阳"的作战方案,指挥部队直扑赵保原部侧背,一举攻克郭城,收复榆山。经过5个多月的反顽固派战役,打垮了赵保原、蔡晋康、苗占魁、陈昱、郑维屏等10余个大小顽固派司令,胶东出现了前所未有的新局面。

1942年春,胶东军区成立,许世友任司令员。是年11月下旬,日、伪军出动2万余人,"拉网"合围以牙山、马石山为中心的抗日根据地。许世友率第十七团,穿越敌人的合击圈,东行冯家,飞插鹊山,逼近烟台,威胁牟平、福山日伪军"扫荡"的主要通道,使敌人拉网"扫荡"扑了空。

1944年8月,组织胶东部队展开大规模的秋季攻势,仅一个月即攻克文登、荣成,歼灭日伪军5000余人,摧毁日、伪据点138处,扩大根据地5000余平方公里,使胶东4个海区根据地完全连成一片,沟通了胶东解放区与鲁中、渤海解放区的联系。

1947年初,胶东军区主力改编为华东野战军第九纵队,许世友任纵队司令员。2月,率部西进,下莱芜,战和庄,坚守白马关,大战孟良崮。该纵队成为华东野战军的主力部队之一。

(四) 甲子山三次"反顽"战役

1. 第一次甲子山"反顽"战役

甲子山区地处滨海区中部的莒南、日照两县交界处,方圆几十公里,群山连绵,系滨海抗日根据地腹地,战略地位十分重要。常恩多"八三"举义后,原驻防于甲子山区的第一一一师撤离甲子山区,到莒南抗日根据地内进行整训。该师原第三三一旅旅长顽固派孙焕彩乘机纠集所属余部,勾结土顽李延修、朱信斋部抢占甲子山区,抢修工事,加固堡垒,妄图长期与抗日军民对抗。为驱逐顽军,夺取甲子山区,山东军区组织一一五师教导第二旅第六团、五十七军独立旅第一团、山东军区第二旅五团、六团及四团一部和滨海军分区独立团等部队,发起了第一次甲子山反顽战役。参战部队于1942年8月14日夜向顽军展开了猛烈攻击。山东军区第二旅四团首先攻击了大、小青山,第二旅六团和独立旅一团迅速抢占了蒲汪、滩井,打开了攻打甲子山的缺口。一一五师教导第二旅六团攻占了东上涧、草岭前两村庄,歼朱信斋部1个连。天将破晓,该团利用浓雾隐蔽接近顽军,乘势突破了三皇山和陡山河一线高地。17日夜,讨顽部队分别从西北、西南两面向甲子山之敌发起攻击。经一夜激战,一一五师教导第二旅六团占领了三六〇、四五〇、五六〇诸高地,毙伤顽军300余人,打退敌3次反扑。此时五十七军独立旅一团亦从正北面突破了甲子山中腰地段敌阵地,歼顽军一部,与一一五师教导第二旅六团会合向东扩大战果,反复冲杀竟日,最后攻占了甲子山主峰——南垛、北垛。18日,顽军分路向北逃窜,甲子山区被收复。

此役,毙伤顽军500余人,俘650余人,缴获轻机枪5挺、平射炮1门及其他军用物资。

2. 第二次甲子山"反顽"战役

1942年10月11日,孙焕彩新组建的国民党军第一一一师纠集土顽朱信斋、李延修等部共4000余人,进攻驻甲子山区的八路军。孙焕彩部三三一旅及朱信斋部,由西向东攻占了薛庆、文疃、草岭前等地后向浮棚山逼进;其三三三旅及李延修部则由北向南攻占了官庄、黄墩、崔家沟、滩井等地,逼近甲子山主阵地。12日,八路军山东军区教导二旅第六团在甲子山、浮棚山等阵地与孙焕彩部展开激战;四团与五团从三皇山、上涧连续向孙焕彩部发起攻击;一一五师教导第二旅第四团赶来增援,掩护六团撤至蒲汪阵地。14日,八路军集中教导二旅四团及滨海军分区部队,向薛庆、草岭前顽军发起攻击,但均未奏效。18日,因侵华日军"扫荡"滨海地区,为组织反"扫荡",八路军遂撤出阵地,孙焕彩部乘机占领甲子山区。

此役,共进行大小战斗 20 余次,毙伤顽军 200 余人。八路军亦伤亡 100 余人。

3. 第三次甲子山"反顽"战役

第二次甲子山反顽战役后,顽军孙焕彩部于 1942 年 10 月 18 日抢占了甲子山区。顽军在占领区横征暴敛,杀害、抓捕抗日干部和家属,且不断派小股部队偷袭滨海抗日根据地边沿地区。为铲除这一心腹之患,中共山东分局和山东军区决定发起第三次甲子山战役。

12 月 16 日下午,山东分局、山东军区在莒南县坪上召开了第三次甲子山战役作战会议,罗荣桓、朱瑞、陈光、陈士榘等人出席会议。罗荣桓在讲话中指出:"这是改变滨海、山东局面的重要一仗。分局和军区下了决心,无论如何也要把这个'钉子'拔掉!"经过研究,决定调一一五师教导第五旅、教导第二旅第六团、山东军区第二旅第五、第六团、滨海军分区独立团、抗大一分校、新一一一师共万余人,组成左、中、右和迂回四路纵队向敌进攻。教导第五旅旅长梁兴初率所部担任主攻任务。17 日晚 10 时,讨顽部队按照预定方案发起了强攻。西路,教导二旅第六团攻占了东璇子口,尔后,向址坊和灯笼山发起进攻。五团迅速攻占了三皇山,切断了顽军向西突围之路;北路,山东军区六团控制了浮棚山、云顶山、蒲汪等地,并将由粮山口南援的朱信斋部击溃。新一一一师、滨海独立团在万毅指挥下迂回到甲子山东,直取南、北垜,再克赵家峪、刘家彩等顽军阵地;南路教导第五旅十三团攻占石场村东大碉堡,顽军十分惊恐。孙焕彩一面命令所部收缩兵力,控制要点;一面又调集 1300 多人,向十三团拼死反扑。十三团与敌反复拼杀 5 次,毙伤敌 300 余人,自己亦伤亡百余人,加上又遭敌侧面攻击,处境十分不利,被迫撤出战斗。

战斗受挫后,教导第五旅决定由旅特务连和十三团一部向樟山进攻。樟山是石场东部的唯一屏障,只要占领了樟山,就等于打开了石场的大门。顽军把樟山看做是生死攸关的战略要地,早在此构筑了坚固的工事,配之以轻重武器,派有重兵把守。天亮后,教导五旅攻击部队刚进入作战阵地,罗荣桓、朱瑞、陈光等领导人便随即赶来。9 时整,部队在两门机关炮的掩护下,向守敌发起了猛烈攻击。顽军依托坚固工事,以密集的火力封锁道路,教导五旅连续 3 次强攻均都失利,伤亡较大。鉴于这种情况,罗荣桓毅然命令部队停止强攻,改变作战方案,把敌人紧紧围在甲子山南麓南北长 5 公里、东西宽不到2.5公里的狭窄地带。并实行工程作业,步步逼近敌人。顽军3次向八路军反击,均被打退。26日,顽军张里元部由路北南援,教导五旅奉命阻击打援,张部受挫后,遂逃回路北。在围困之时,主力部队在民兵的配合下,向顽军开展了强大的政治攻势。顽军久围,内无粮草,外无援兵,军心浮动。

12月30日晚,顽军三三三旅约1200人向北突围。八路军当即前堵后截,顽军除少数人窜逃外,大部被歼。与此同时,孙焕彩率师部及三三一旅在南山口向东突围,被截击,孙焕彩仅带数百人落荒逃走。

在战役进行中,莒南、日照、莒中、临沭等县政府,组织了数千名民兵支前参战,运输弹药粮草,抢救伤员,押送俘虏,参加工程作业,监视封锁敌人。在根据地人民的大力支援下,经过14天的激战,共毙伤顽军1000余名,俘敌1137人,缴获轻重机枪22挺、迫击炮3门、长短枪500多支。战斗中,八路军牺牲连长以下148人,伤500余人。

甲子山战役的胜利,从根本上扭转了滨海区的困难局面。

(五)聚歼刘桂堂匪部

刘桂堂即"刘黑七"。自1915年起,刘桂堂干起土匪勾当,至1928年,队伍发展到万余人。1928年起,他先后投靠蒋介石、阎锡山、张学良、韩复榘、宋哲元等人。"七七"事变后,随日军来山东,成了日本皇协军前进总司令。1938年底,投靠国民党军于学忠部,任国民党新编第三十六师师长。于部撤出山东后,刘桂堂再次投敌,被日军委任为伪"和平救国军"第十军第三师师长,全师2000余人,盘踞在费县、平邑间。刘桂棠集匪、伪、顽于一身,到处杀人越货,袭击八路军,屠杀抗日人员及其家属。

为全歼刘部,鲁南军区于1943年11月,集中主力第三团、第五团及地方武装和民兵,发起讨伐刘桂棠战役。15日,鲁南部队经过远程奔袭,分路向刘指挥部驻地东柱子合击,第二团率先赶到,担任主攻的第三连、第五连同时突入据点外围墙。这次奇袭出乎刘桂棠所料,匆忙组织兵力据守内层小围子抵抗,攻击部队将小围子东北、西北两角炮楼炸掉,突入围内刘部巷战,刘桂棠见大势已去,只身缒墙遁逃,第三团第二营四连战士何荣贵在月光下紧追不舍,终将刘桂棠击毙于田野中。经3

小时激战,伪第三师主力被歼。①

战斗结束后,鲁南人民群情激奋,用粪筐抬着刘桂棠的尸体逐村游行示众,欢庆胜利。

(六)抵制李仙洲入鲁

1942年12月,国民党第二十八集团军李仙洲部奉蒋介石之命,由皖北出发,越陇海路入鲁,向沂蒙山区推进,试图取代于学忠,在山东建立反共基地。1943年1月初,李部先头部队暂编第三十八师抵湖西鱼台地区,建立前进阵地,掩护其主力北上和东进。1月下旬,李部入鲁已达10个团。3月,李集团九十二军之第一四二师2个团进入鲁南。4月,第一四二师师长刘春岭率师部及第四二五团,从鲁西南到达鲁南。5月初,李仙洲率第二十一师、第五十六师抵湖西,至6月8日,其第二梯队亦先后到达。6月,蒋介石令于学忠部离鲁,由李仙洲部接替其防务。

1943年1月,在李仙洲部入鲁之初,中共山东分局即发出《关于李仙洲部来鲁后的统战工作指示》,指出日本战败已成定局,李部入鲁的目的是先机控制前进阵地,确保重要山区,影响伪军,稳定国民党杂牌部队及地方团体,增强国民党在山东的合法地位与军事力量,确立国民党在山东对日斗争的稳定地位及对八路军的绝对优势,以便有效地限制共产党力量的发展,将八路军挤出山东,造成国民党一手控制山东的形势,以独吞抗战胜利果实。有鉴于此,山东分局的对策是:政治上仍以强调疏通团结为主,利用其抗战的一面,推动国民党与敌作战;对其非友好的行为,多用斗争和善意批评态度,不到万不得已,不轻易使用武力反击,但应提高警惕,严阵以待,防其突袭。

当李仙洲入鲁时,冀鲁豫部队一面以地方武装对付其抢掠,以主力部队集结整训,防备其进攻;一面主动与其联系,通报情况,欢迎其入鲁抗日。但是,李仙洲入鲁后,不但不积极抗日,反提出要向八路军抗日根据地"收复失地,夺回政权"的口号,频频向冀鲁豫军区和山东军区部队发动进攻。在

①内容采自《山东省志·军事志》,山东人民出版社1996年版,第798页;《山东省志·大事记》,山东人民出版社2000年版,第443页。

鲁南,刘春岭师强占滕峄边抗日根据地,勾结刘桂棠匪部,摧垮抗日民主政权,捕杀八路军和地方工作人员;在湖西,扶持当地土顽,"吞食"抗日根据地,驱逐八路军地方武装,步步向我中心区推进。

李仙洲制造摩擦、破坏抗日的行径,激起根据地军民的强烈义愤,八路军被迫奋起自卫,给以还击。冀鲁豫军区组织第六军分区第九、第十、第十一团,第二军分区第七团,第五军分区第十九团,以及湖西地方武装,共5000余人,在第六军分区司令员王秉璋、政治委员唐亮指挥下,于6月26日开始第一阶段作战。到7月10日,经大小战斗21次,获得初步胜利。

李仙洲急欲进兵鲁南,无意在鲁西久留,并令位于丰县、砀山地区之第九十二军侯镜如部及尚在皖北的部队火速北上向其靠拢,企图集结后尽速东进。

为将李部滞留于鲁西地区,冀鲁豫军区在司令员杨得志指挥下,于7月24日展开第二阶段作战。以第十九、第二十团和骑兵团为西集团,第七、第九、第十团为东集团,两线同时奔袭李仙洲部。李集团五六千人猬集一团,补给无着,前进困难。地方土顽见此情景,隔岸观火,使李部陷于孤立。李仙洲慑于被歼,遂向南撤退。冀鲁豫军区部队先期赶至黄河大堤一线迎击,再歼一部。李仙洲集团经冀鲁豫军区部队两次反击,损失惨重,又悉于学忠所遗阵地已为山东军区部队控制,入鲁无望,被迫于8月25日回撤皖北。

此役,共歼李仙洲部4600余人,连同溃散逃亡者,李部折损过半。反击李仙洲的胜利,使山东国民党军队势力大为削弱,初步改变了八路军在山东的劣势地位。[1]

(七) 三次讨伐吴化文

吴化文原是韩复榘第三集团军的手枪旅长。韩伏法后,吴部被编为鲁苏战区新编第四师。1943年1月,吴化文率部投敌,被编为伪"和平救国军山东方面军",吴任上将总司令,为山东伪军主力,占据鲁山山区,分布在鲁村、南麻(今沂源县城)、悦庄及其周围2000多平方公里的区域内。吴投敌

---

[1]参见《山东省志·军事志》,山东人民出版社1996年版,第856—858页;《山东省志·大事记》,山东人民出版社2000年版,第430—431页。

后,八路军先后发动过三次讨吴战役。

第一次是 1943 年 7 月,山东军区统一指挥鲁中、滨海、胶东部队与日、伪抢占沂鲁山区和五莲山区时,曾给吴伪以重创。

第二次讨吴战役始于同年 12 月 4 日,鲁中军区集中主力第一、第二、第四团全部及基干武装第十一、第十二团等 5 个团的兵力,在地方武装和民兵配合下,向盘踞鲁山以南东里店、大张庄、石桥地区之吴部发起进攻,经四昼夜战斗,攻克东里店等 20 余处吴伪据点,歼灭吴部 800 余人。

第三次讨吴战役始于 1944 年 3 月,是三次讨吴战役中规模最大、最为激烈的一次。

第二次讨吴战役结束后,山东军区指示鲁中军区,为坚持阵地,粉碎敌人的分割封锁,打通沂、鲁、泰、蒙各山区的联系,改善与清河区的交通,争取有利的反击阵地,鲁中军区应准备于 1944 年春季发起第三次讨吴战役。当时,吴化文部尚有万余人,嫡系第六、第七两个军共 12 个团,用于一线者即 8 个团;纵深多为杂牌武装,防御面大,空隙多,兵力分散。

3 月中下旬,日军调防,伪军整编,部署混乱,鲁中军区抓住有利时机,果断发起第三次讨吴战役。在司令员王建安、政治委员罗舜初指挥下,以第一、第二、第四团及滨海军区第六团为东路梯队,担任主要突击任务;以鲁中军区第十一团及蒙阴独立营为南路梯队,鲁中军区第十二团为北路梯队,分由南、北两线攻击敌之两侧;以鲁中军区第十团为西路梯队,从鲁山主峰以西进攻,断敌后方补给。

3 月 25 日夜,各梯队发起攻击,东路当夜在悦庄东、南突破吴伪防御,攻克大泉庄、豪山、牛山等外围阵地,控制了东线制高点钻天崮,主力突入敌纵深,在磋石、石楼、石桥全歼吴伪第七军 1 个师部零 2 个团,打乱了敌东线指挥,石楼以南之敌争相逃奔,吴化文设防最强的东部防线被击破。在大泉庄战争中,滨海军区第六团二连连长、战斗英雄何万祥光荣牺牲,战后滨海军区授予二连"何万祥连"荣誉称号。

西路梯队直捣敌背后,攻克鲁村以北芦芽店、松仙岭等地,尔后攻占鲁山主峰,消灭北线守敌独立第二旅 12 个连,切断了吴伪由南麻至博山的补给线。

南路梯队突入鲁村内,歼敌一部,驻田庄一带吴伪第六军军部等向西撤退。

北路梯队于 26 日拂晓攻占临朐、南麻公路上的嵩山、三岔店、茹家庄等要点,截断了吴伪东北方的补给线。

至 27 日,吴化文部四面防线均被打乱。28 日,吴化文将其第六、第七两军余部集中于以鲁村、悦庄为中心的狭小地区内,固守待援。

29 日,日军第五十四旅团、独立混成第五旅团各 1 个大队,分由莱芜、临朐驰援。鉴于吴伪集中兵力固守,日军又已出援,运动歼敌已无机会,强攻难以奏效,鲁中军区遂将主力转移至机动位置,待机歼敌,战役第一阶段结束。

30 日,东、西两路日军会师悦庄,当即掩护吴伪重新布防。吴化文留第七军第四十九师在悦庄一带掩护,主力西移鲁村、莱芜间。

日军未发觉鲁中军区主力位置,于 4 月 8 日起陆续回防。鲁中军区乘日军回撤、吴伪调整防务尚未就绪之机,发起第二阶段作战。15 日,鲁中军区主力围攻悦庄吴伪第四十九师,全歼吴伪 1 个团零 4 个连,并以政治攻势招降了据守疃庄吴部独四旅 600 余人,迫吴化文亲率 4 个团东援,16 日抵鲁村。鲁中军区部队又集中主力 5 个团乘吴伪后方空虚,于 18 日晚挥师西进,奔袭莱芜东吴伪后方,再歼其一部。20 日,吴化文部撤至鲁村一带,悦庄地区为八路军控制。至此,第三次讨吴战役胜利结束。

是役,歼吴伪"和平救国军"总部及 2 个师部、7 个整团、6 个整营、9 个整连,共毙伤俘敌 7000 余人,占其总兵力的 60% 以上;攻克重要据点 40 处,重要山寨 12 处,解放村镇千余个,人口 30 余万。从此,八路军控制了战略要地鲁山山区大部,打通了沂、鲁、泰、蒙各山区的联系。鲁中各抗日根据地的形势大大改善。[①]

附:吴化文简介

吴化文是山东近代军事史上最为复杂多变的人物之一,其军事活动贯穿于韩复榘时代及山东抗日战争与解放战争的全过程。

吴化文(1904—1962),字绍周,掖县李家村(今莱州市铁民村)人。8 岁随父母迁居安徽省蒙城县移村集。1920 年离家出走,投西北军冯玉祥部

[①]参见《山东省志·军事志》,山东人民出版社 1996 年版,第 812—814 页。

当兵。因长于构筑工事,被冯提升为排长,后任传令官。1923 年入北京教导团学习,又进北洋军阀开办的陆军大学深造,毕业后回冯部任师参谋长。1930 年冯玉祥倒蒋失败,其第六军长韩复榘投靠蒋介石,吴化文亦弃冯投韩,先后任高级教导团团长、手枪旅旅长兼济南警备司令等职。

1937 年 7 月,日军进犯济南,吴部伤亡惨重。翌年 1 月,蒋介石将韩复榘处决,吴化文的手枪旅被改编为独立二十八旅,吴任旅长,归第三路军总指挥孙桐萱节制,驻守临沂一带。鲁南台儿庄失守后,日军重兵西进,开封告急,孙令吴部随第三路军尾追西进之敌。吴认为孙此举旨在分割拆散自己的部队,坚持留在山东,并致电蒋介石,申明其理由和决心。蒋鞭长莫及,后改编吴部为新四师,吴任师长兼山东保安第一师师长。

抗战初期,吴先后率部在泰安、万德、虎门、柳河等地与日军作战。1939 年,日军"五一"大"扫荡",吴率部在临朐蒋峪与敌鏖战竟日,重创日军,受到八路军的赞扬,其部分伤员亦得到八路军医院的细心治疗。此后,沈鸿烈积极推行蒋介石的内战政策,吴部始与八路军摩擦。但日军不断"扫荡"鲁南山区,吴为保存实力,既不与日军作战,又避免与八路军冲突,惟其驻地戒备森严,凡出入防区的行人,概以密探、敌特治罪。对共产党和抗日人员的家属肆意残害,对缴不起军粮的百姓滥施酷刑,民不聊生,纷纷逃离,致使该区成为无人区。

1943 年,抗日战争进入最困难的时期,吴化文经不起日军的"扫荡"和诱降,受戴笠密谕,投靠汉奸汪精卫,晋见日军侵华总司令冈村宁次,被委任为日伪第三方面军总司令,协同日军进攻八路军。但在八路军鲁中军区多次沉重打击下,其部元气大伤,军心涣散。1945 年 5 月,吴部趁日军"扫荡"之际,南逃安徽。

1945 年 8 月抗战胜利后,受蒋介石委任,吴任第五路军司令兼津浦铁路南段司令,执行蒋介石"防止共军占据铁路交通"的命令。10 月,吴部由蚌埠开赴兖州,进至邹县,其一部被人民解放军击溃。

吴深知蒋介石排斥异己,自己处境险恶,为摆脱困境,保存实力,于1946 年 7 月趁赴南京开会之际,通过冯玉祥、李济深等人与中共负责人周恩来接上联系,表示愿意站到人民方面。1947 年 3 月,蒋介石对山东解放区发动重点进攻,吴化文看到蒋介石有美国支持,继续追随蒋介石。蒋为了笼络吴化文,亲自到兖州将吴部改为国民党整编八十四师,吴任师长,兵力扩充到近2万人。此后,吴与解放军中断联系,率部赴河南开封一带驻防。

为争取吴化文起义,1947年2月,中共胶东西海地委派敌工人员李昌言打入吴部,争取吴妻林世英、父吴亚兰和其他亲属支持,从多方面启发吴的觉悟。1948年3月,华东野战军派敌工干部打入吴部,开展对吴的争取工作。同年4月,吴奉命率部进驻济南,归国民党第二绥靖区王耀武指挥。7月,吴部在解兖州之围途中,一个主力旅被歼,旅长被生俘,吴始为前途担忧。王耀武为稳定吴化文,极力保荐吴为整编九十六军军长,让其防守济南西线。

1948年8月,中国人民解放军包围济南,在外迫内促下,吴化文终于在9月16日率2万名官兵战场起义,对解放济南起了积极作用。毛泽东主席、朱德总司令对吴的义举均致电贺。同年10月,吴部被改编为中国人民解放军第三十五军,吴任军长。此后,吴率军参加淮海战役和渡江战役,为中国人民解放事业作出了贡献,被授予中华人民共和国一级解放勋章。建国后,先后任浙江省政府委员、省交通厅厅长、省政协副主席、全国政协委员等职务。1962年4月,病逝于杭州。①

七、抗日战争的伟大胜利

(一)大反攻时期的到来与抗日战争的伟大胜利

1. 1943年之后国际、国内形势的转化

中国人民的抗日战争,是世界反法西斯战争(即第二次世界大战)的一个组成部分;山东人民的抗日斗争,又是中国抗日战争的一个局部。1937年7月7日"卢沟桥事变",中国人民的抗日战争全面爆发;而世界反法西斯战争的全面爆发,则始自1939年9月1日德军突袭波兰,9月3日,英、法对德宣战。

此后,中国战局的基本形势是:

中国国民党军队的正面战场,先后进行了平津南口作战、淞沪会战、南京保卫战、台儿庄及徐州会战、武汉会战。这些战役虽然未能阻止日军的进攻,但它彻底打碎了日本帝国主义"三个月内灭亡中国"的企图。1938年

---

① 关于吴化文的介绍,参见《临沂地区志》《烟台市志》。

10月,日军占领武汉、广州之后,已无法继续前进,战争进入相持阶段。此后,则是遍及全国的敌后战场的广泛斗争。

中国共产党领导的八路军、新四军,在1937年9月25日首战平型关取得胜利后,又在华北晋、冀、鲁、豫各省广泛展开了敌后游击战,特别1940年8月至12月所发动的"百团大战",大大吸引与牵制了日军的作战力量,此后所进行的极其复杂、残酷的反"扫荡"战争,更是抗击了大部侵华日军与几乎全部伪军。

与此同时,国民党军队又与日军进行了南昌会战、随枣会战、枣阳会战、三次长沙会战、桂南会战等,均大大牵制与消耗了日军的力量。然而,已经陷入困境的日军,还妄图通过掠夺南亚以支持自己的战争。

就国际局势而论:

1940年,德国在西线发动闪击战,先后侵占丹麦、挪威、荷兰、比利时、卢森堡,并进而入侵法国本土,迫使法国投降。1941年6月22日,又悍然撕毁《苏德互不侵犯条约》,拉开了"苏德战争"的序幕。1941年12月7日,日军偷袭珍珠港,"太平洋战争"爆发。至此,世界反法西斯战争已经一体化。而世界战争的总体格局,又时刻牵动着中国战场,特别是太平洋战争的爆发,不但使美、中两国站到了同一条战线,更使日本帝国主义的战争链条拉得太长。日军兵力不足,财力匮乏,补给难继。单是为打通中国的交通线,日军就必须投入巨大的人力、物力。鞭长莫及,物极必反,日军所面对的必然趋势,就是链条的断裂。

时至1942年冬,苏军在斯大林格勒组织了围歼德国军队的会战,于1943年2月,歼灭了德国入侵苏联的精锐部队,从根本上扭转了战局,成为第二次世界大战的转折点。

此间,美英军队在北非与意大利战场取得了重大胜利,使德、意、日这三个"轴心国"之一的意大利于1943年9月宣布投降,世界反法西斯战争的西方战场,率先进入了反攻阶段。

这一总体形势,不但大大鼓舞了世界人民的反法西斯斗志,同时也震撼了德、意在东亚的同盟国——日本。

在中国战场,1943年是日本帝国主义开始垂死挣扎的一年,虽然它仍在进行"扫荡",但已明显力不从心,中国军队已在各地进行局部反击。到

1944 年，八路军、新四军所在之敌后战场，已经进入了局部反攻的阶段。

时至 1945 年，西方战场已开始进入德国本土作战，5 月 2 日，苏军攻入柏林，5 月 8 日，德国宣布投降。这一形势，明朗地敲响了日本帝国主义的丧钟。美、苏均已把矛头指向日本，中国战场也随之进入了大反攻的阶段。

2. 山东战场反攻时期的主要攻势战争

1943 年至 1944 年，三次讨伐吴化文役（前已叙）。

1944 年 5 月，讨伐荣子恒。荣原是于学忠部旅长，1943 年 6 月率部投敌，被编为伪"和平建国第十军"，共 3000 余人，盘踞在鲁南崮口山区。1944 年 5 月，八路军鲁南军区第一次讨伐荣子恒。1945 年 2 月，鲁南军区在鲁中军区配合下，第二次讨伐荣子恒，歼灭荣伪 1600 余人，击毙荣子恒。

1944 年 8 月，八路军冀鲁豫军区讨伐刘本功。刘系土匪出身，1938 年投靠日军，拥有一支 5000 余人的汉奸队伍。8 月上旬，冀鲁豫军区将其主力歼灭。

1944 年 8 月中旬，八路军鲁中军区在军区政治委员罗舜初指挥下，攻克日军在沂蒙山区的重要据点——沂水县城。此役对打破日军的分割、封锁，具有突破性意义。

1944 年 8 月中旬，八路军渤海军区，攻克利津县城。

1944 年春、夏、秋，八路军渤海军区、胶东军区、滨海军区，均结合反"扫荡"斗争，展开了攻势作战。

1944 年冬季，八路军滨海军区解放鲁东重要据点——莒县。莒县驻有日军 1 个中队 100 余人，另有伪军莫正民保安大队 30 个中队 3500 余人。1944 年 11 月，八路军山东军区集中滨海军区、鲁中军区及山东军区特务团等共万余人，发起莒县战役。当八路军兵临城下之际，伪军莫正民部按预定计划挂出了"光荣举义"的白旗，引导八路军逼近日军中队部，激战三日，终于收复莒县全境。战后，延安《解放日报》发表社论称：收复莒县，"是山东我军秋季攻势后的最大胜利"，"也是敌后我军的大胜利之一"。并指出，"伪莫正民部 3500 人光荣反正，并配合我军作战，是此次胜利的极重要原因"①。

---

① 《山东省志·军事志》，山东人民出版社 1996 年版，第 825 页。

至 1945 年,八路军山东军区所辖各军区均全面发起了攻势作战,先后发起的重要战役有:

解放蒙阴战役。毙伤日军 100 余人、伪军 1200 余人。

讨伐厉文礼。厉部有"鲁东和平建国军"1.2 万余人,驻守在潍县、昌乐、安丘一带。此役歼灭日、伪军 7300 余人。

讨伐张步云。张部有伪"山东国民自卫军"第一集团军 3 个师,共 1.3 万余人,盘踞于诸城一带。此役歼灭张部 5000 余人。

在山东其他战场,又先后发动了"郯城、马头战斗"、"蒲台、滨县战斗"、攻克东平、光复阳谷等。经过一系列攻势作战,大大扩大了解放区,缩小了沦陷区。

3. 全面反攻

1945 年 8 月 8 日,苏联政府对日宣战,翌日,百万苏联红军进入中国东北地区,向日本"关东军"发起全面进攻。8 月 9 日,毛泽东发表《对日寇的最后一战》的声明。8 月 10 日、11 日,朱德总司令连续发出七道命令,饬令解放区各抗日武装,迫令日、伪军投降。

中共中央山东分局、八路军山东军区迅速执行中共中央与八路军总部的命令:

1945 年 8 月 11 日,山东军区向日军驻山东最高指挥官、第四十三军军团长细川中康发出限期投降的通牒;14 日,各部队分别向各地伪军、伪政权发出通牒,限其 24 小时内率部出降,拒不投降者,坚决消灭之。

但日、伪军根据蒋介石的命令,拒绝向八路军投降。山东军区遂兵分五路,向日、伪占领的城市和交通要道进军,以武力迫使其缴械投降。

第一路大军由鲁中军区部队组成,辖第三、第四师,警备第一、第二、第三旅,在司令员王建安、政治委员罗舜初指挥下,向胶济路西段、津浦路济南至兖州段之日、伪军进攻,并与渤海第四路大军一起进逼济南。

第二路大军由滨海军区部队组成,辖第一、第二师,警备第十、第十一旅,在司令员陈士榘、政治委员唐亮指挥下,分南、北两线作战:南线向陇海路东段日、伪军进攻,与新四军配合进逼海州、连云港;北线,向胶济路东段进军,并配合胶东第三路大军进攻青岛。

第三路大军由胶东军区部队组成,辖第五、第六师,警备第四、第五旅及海军支队,在司令员许世友、政治委员林浩指挥下,向胶济路东段、青岛外围及沿海各城市日、伪军进攻。

第四路大军由渤海军区组成,辖第七师,警备第六、第七旅,在司令员杨国夫、政治委员景晓村指挥下,向津浦路济南至沧州段及胶济路西段之日、伪军进攻。

第五路大军由鲁南军区部队组成,辖第八师,警备第八、第九旅,在司令员张光中、政治委员王麓水指挥下,向徐州东北外围及津浦路兖州至徐州段日、伪军进攻。①

另有冀鲁豫军区组成的三路反攻大军,在司令员宋任穷、副司令员杨勇、副政委苏振华的率领下,在鲁西南、冀南、豫北一带展开了大反攻。

4. 抗日战争的伟大胜利

1945 年 8 月 10 日,日本帝国主义在中国军民及世界反法西斯力量的打击下,人力、物力消耗殆尽,无力再战,被迫发出乞降照会。同日,朱德总司令电令各解放区抗日军队收缴日、伪军武装。而蒋介石在美帝国主义支持下,为抢夺抗战胜利果实,于 11 日发布命令,令国民党军队向被八路军、新四军包围的城市和交通要道"积极推进,勿稍松懈",要伪军"维持地方治安",要八路军、新四军"原地待命",剥夺了八路军、新四军的受降权利。蒋介石派第十一战区副司令长官李延年为山东地区受降主官,负责济南、青岛、德州等地受降事宜。

国民党军入鲁后,分点将日军缴械,计收缴步骑枪 27886 支、手枪 702 支、轻机枪 657 挺、重机枪 181 挺、掷弹筒 572 具、军刀 9794 把、迫击炮 1115 门、山炮 3 门、野炮 37 门、步兵炮 7 门、榴弹炮 2 门、高射机关炮 1 门、战防炮 10 门。

国民党一方面加紧收缴日军枪械,一方面大批委任伪军军官,使吴化文、张步云、厉文礼等百余股、10 万伪军摇身一变成为"国军",伪省长杨毓珣被任命为先遣军司令,演出了蒋、日、伪合流的丑剧。

鉴于蒋介石公开剥夺八路军的受降权利,中共中央于 1945 年 8 月 26 日再次发出指示,要求各地部队继续进行攻势作战,山东部队先后攻克诸

①参见《山东省志·军事志》,山东人民出版社 1996 年版,第 837—840 页。

城,收复峄县,解放临沂,光复平度,围攻无棣,克复商河,攻取曹县,夺占茌平,并进行了一系列的反顽斗争。

抗日战争刚刚结束,国共双方的争夺战已经在实质上拉开了解放战争的序幕。

1945年8月15日,日本天皇裕仁以广播《停战诏书》的形式宣布无条件投降。9月2日,日本天皇、政府、大本营的代表分别在投降书上签字。中国人民抗日战争胜利结束。

在八年抗战中,山东党政军民取得了辉煌战果:

八路军山东部队发展到27万人,民兵发展到50万人,自卫团发展到150万人;山东抗日根据地军民对敌对战2.6万余次,毙伤俘日、伪军51.3万余人,缴获各种枪支20余万支,各种炮900多门;山东解放区拥有国土12.5万余平方公里,拥有人口2400余万,除几座大城市和铁路沿线外,其他国土均已获得解放。①

(二)八路军高级将领在沂蒙

1. 罗荣桓在沂蒙

1939年3月下旬,八路军一一五师政治委员罗荣桓受中共中央委托,从泰西地区来到沂水县王庄,向中共山东分局和山东纵队机关干部传达中共中央六届六中全会精神。这是他首次到达沂蒙山区。

6月21日,毛泽东致电八路军总部,指出:在日军"扫荡"后,鲁南局面混乱,我应趁此机会将一一五师师部及六八六团和萧华纵队一部开赴鲁南,以巩固鲁南抗日根据地。此后,一一五师主力分三批先后进入鲁南地区。9月1日,一一五师终于到达大炉(今属苍山县)。

当时,日本侵略军侵占了卞庄、郯城、枣庄、泗水、滕县等城镇;国民党东北军五十七军一一二师占据抱犊崮东部地区;以刘桂堂为首的大小几十股土匪和当地地主武装各霸一方,斗争局面非常复杂。面对这种形势,如何打开局面成为罗荣桓考虑的首要问题。在12月26日一一五师召开的干部会议上,罗荣桓指出:目前,我们的任务,是建立以抱犊崮山区为中心的鲁南抗

---

① 参见《山东省志·大事记》,山东人民出版社2000年版,第481—482页。

日根据地,以后再向东北发展,与山东纵队活动地区连成一片。

1940 年 1 月 6 日和 15 日,一一五师召开军队和地方干部联席会议,罗荣桓和代师长陈光分别传达了中共中央指示精神,作了《关于创建抱犊崮山区根据地》和《坚持我们的阵地》的报告。他们在报告中特别强调创建鲁南抗日根据地的重要性和有利条件,努力坚持和巩固自己的阵地;主力部队不仅要搞好对敌斗争,还要建立政权并广泛地建立抗日民族统一战线;要积极建立和扩大抗日武装。这两次会议坚定了部队和地方干部为建立鲁南抗日根据地的信心和决心。

1 月 26 日,罗荣桓指挥鲁南军民攻克了郯城,占领了郯马平原,使部队获得了大量军需品。2 月间,一一五师三次夺取鲁南战略要冲白彦镇,毙伤日、伪军 800 余人,控制了抱犊崮与天宝山之间的战略要地。至 6 月,中共鲁南区参议会和鲁南专署宣告成立。9 月中旬,鲁南军政委员会成立,罗荣桓任书记。

罗荣桓根据毛泽东关于“发展进步势力,争取中间势力,孤立顽固势力”的策略方针,在 9 月召开的一一五师师直机关、各支队主要负责人和中共鲁南区党委负责人参加的高级干部会议(亦称桃峪会议)上,提出“插、争、挤、打、统、反”的六字方针。插,即插入敌人后方及一切空隙地区;争,即争取立足点,建立根据地;挤,即排挤敌伪及顽固势力,扩大进步势力;打,即打击日本侵略军和汉奸武装;统,即坚持统一战线,与国民党特别是在鲁南的东北军疏通关系,搞好团结,孤立顽固派;反,即反“扫荡”、反摩擦。他还在会议上发出“建设铁的模范党军”的号召,提出五条具体要求。会后,罗荣桓和陈光深入到基层连队,对射击、刺杀、投弹、近迫作业等进行具体指导,以提高部队的政治素质和军事技术。

10 月 4 日,罗荣桓向中央军委电告一一五师入鲁以来的工作:一一五师和中共鲁南区委经过一年的努力,开辟了根据地,坚持了对敌斗争,执行了党的抗日民族统一战线政策,主力部队与地方武装已发展到 7 万人。

11 月 8 日,根据中共中央的指示,罗荣桓、陈光率一一五师师部离开鲁南,转移到中共山东分局驻地鲁中区青驼寺西聂家庄(今属沂南县)。从此,山东分局、一一五师师部和山东纵队指挥部便驻在一起,为统一山东抗日根据地的领导奠定了基础。

1941年1月6日国民党制造"皖南事变"后,罗荣桓认为,一一五师师部和山东分局、山东纵队靠拢后,目标太大,给养不好解决。为更好地指挥全局,3月7日,一一五师师部与山东分局机关转移到莒南县西许口,进入滨海区。

本月,中央军委批准以陈光、罗荣桓、萧华、陈士榘、梁必业组成一一五师军政委员会,罗荣桓任书记。

4月8日至14日,一一五师直属队第六次党代会在莒南县后寨子村召开,罗荣桓在会上作了形势报告。7月1日,山东分局和一一五师在临沭县蛟龙湾村联合召开庆祝中国共产党成立20周年大会,罗荣桓在报告中阐述了开展建设山东抗日根据地、坚持抗战、坚持抗日民族统一战线等问题。8月19日,中共中央书记处、中央军委发出《关于统一山东领导的指示》,决定:以山东分局会议为统一山东党政军民的领导机关,山东分局暂由朱瑞、罗荣桓、黎玉、陈光组成,朱瑞任书记;山东纵队归一一五师首长指挥;山东纵队与一一五师两军政委员会合组为山东军政委员会,罗荣桓、黎玉、陈光等7人为委员,罗荣桓任书记。

山东分局委员会的分工是:朱瑞主持党的组织工作,罗荣桓主持军事工作,黎玉主持政府工作,陈光主持财委会工作。

根据9月12日中央军委"一一五师师部与山纵靠拢后,建立集体办公制度或建立会议制度解决军政工作"的电示精神,罗荣桓率一一五师师部从临沭县蛟龙湾向沂蒙山区转移,于10月20日到达青驼寺,与山东纵队指挥部汇合。在这里,他主持召开了山东军政委员会首次会议,研究建立统一指挥问题,并部署秋季反"扫荡"工作。

11月2日,日、伪军5万多人对沂蒙山区进行大规模"扫荡"。11月5日,敌伪军3万余人分兵包围了山东分局、山东省战工会和一一五师领导机关驻地沂南县留田村一带。在罗荣桓在精心指挥下,当日夜,山东党政军领导机关2000多人,没费一枪一弹,无一伤亡地通过敌军三道封锁线。

11月7日,罗荣桓率一一五师师部和朱瑞率领的山东分局机关在费县黄泥崖汇合,指挥部队打击"扫荡"的日、伪军。石岚伏击战,毙伤日、伪军300多人;攻打绿云山日军,毙敌100多人,打死战马40多匹。

12月初,罗荣桓、朱瑞到沂水县南墙峪与黎玉会合,研究山东的军事部署。尔后,他带骑兵排穿越敌占区,于 12 月 20 日到达滨海区沭水县朱仓村,和师部会合。此后,山东党政军领导机关绝大部分时间驻在滨海区。

针对一些领导干部在思想上存在的对敌后斗争的长期性、严酷性认识不足等问题,从 1942 年 7 月至 11 月,罗荣桓连续发表了《坚持我们的边沿游击区》《准备打破敌人紧缩包围封锁我们的根据地》等论著,总结剖析了抗日游击战争的性质和特点,论述了攻歼、伏击、打援、防守、退却、攻心等一系列军事理论问题,创造出"敌打到我这里来,我打到敌那里去"的著名"翻边战术",在实战中取得一个又一个胜利。

由于操劳过度,罗荣桓身患重病,有时不得不躺在担架上指挥作战。

1943 年 3 月,山东纵队与一一五师合并,成立新的山东军区,罗荣桓任山东军区司令员兼政委、一一五师代师长兼政委。9 月,朱瑞奉命去延安,罗荣桓任中共山东分局书记。从此,山东抗日根据地完全实现了党的一元化领导。

10 月 9 日,罗荣桓主持起草了《关于在整风中重新审查干部的指示》,对山东干部的政治状况作出总的估计,认为大部分干部是好的,坏分子只是个别的。这一文件得到了中共中央的肯定。在贯彻中央《开展根据地减租、生产和拥政爱民运动》的指示中,罗荣桓和黎玉深入基层调查研究,发现并处理了"双减"中存在的问题。多次指示部队帮助群众耕种收藏,组织互助合作,发展生产,保障供给,渡过种种困难,使军政、军民关系进一步密切,根据地日益巩固和发展。

1944 年,国际反法西斯战争节节胜利。罗荣桓抓住战机,决定春季发动局部进攻,完全控制沂、鲁山区,扩大诸城、日照、莒县山区根据地,使鲁中、鲁南、滨海战略区连成一片。此后,鲁中军区部队胜利进行第三次讨伐吴化文战役,鲁南军区部队发起讨伐荣子恒战役,滨海部队发起讨伐李永平战役。

1945 年 1 月 3 日,罗荣桓在山东分局、军区直属队干部大会上作了题为《一九四四年的过去和一九四五年的到来》的报告,总结 1944 年的成绩,提出新一年的任务。

4 月 23 日至 6 月 11 日,中国共产党第七次全国代表大会在延安举行,罗荣桓当选为中共中央委员。7 月 7 日,他在《大众日报》上发表《处在总反攻前夜的山东解放区》一文,指出:山东抗日根据地已有1700万人口,20万八路军和游击队,50万民兵和几百万人民自卫武装,已统一组成为一支坚持抗战与建设新民主主义的雄厚势力。

9月19日,中共中央确定了"向北发展,向南防御"的战略方针,决定罗荣桓去东北工作。9月21日,罗荣桓率一一五师师部由莒南大店出发进入临沂城,向陈毅介绍了各方面形势和部队情况,研究了堵击徐州国民党军队北上的作战方案等。10月24日,离开山东解放区首府临沂。11月5日,罗荣桓一行从龙口乘船,离开山东。

2. 徐向前在沂蒙

1939年3月,八路军总部和中共北方局向党中央提出派徐向前、朱瑞到山东工作的建议,得到了中共中央的批准。

5月4日,中共中央北方局根据中央书记处的决定,组建八路军第一纵队。时任中央军委委员、八路军一二九师副师长的徐向前于6月初由河北省威县南行,6月29日到达沂蒙山区沂南县的代庄,与中共山东分局、八路军山东纵队领导人郭洪涛、张经武、黎玉会合。随同徐向前、朱瑞来沂蒙的有王建安、罗舜初、谢有法、刘子超、李竹如、袁也烈、张雨帆等。第二天,徐向前和朱瑞在代庄听取郭洪涛等关于山东情况的汇报。

8月1日,八路军第一纵队在沂水、蒙阴地区正式成立,徐向前任司令员,朱瑞任政委,统一指挥山东、苏北境内的八路军各部队。

8月9日,山东军政委员会成立,朱瑞任书记,徐向前、罗荣桓、郭洪涛等任委员。

8月23日,徐向前亲自部署山东纵队第一、三、四支队各一部,在鲁中淄河流域发起反顽战役。9月中旬,中共山东一区党委第一次党代会在沂南县岸堤召开,徐向前当选出席中共第七次代表大会代表。

当时,国民党苏鲁战区总司令于学忠倾向联共抗日,徐向前便前往其驻地费县上冶、薛庄一带和于谈判,谈判的中心内容是抗日根据地的政权问题。于学忠不同意八路军搞政权,徐向前反驳说:"你的政权,一不给我们粮款,二不给我们枪弹,连薪饷都不给。我们没有政权,吃饭问题都解决不了,还怎么坚持抗日?"经过两个多小时的交谈,最后于学忠默许了徐向前的要求。

　　为做好抗日统一战线工作，徐向前和国民党山东省主席沈鸿烈进行了面对面的斗争。沈鸿烈反复要求徐向前限定八路军在山东的游击队人数、划定占领地及防区。徐向前反问沈鸿烈：你们在山东的部队限额是多少？你们的防区划在什么地方？沈无话可答。此后，沈鸿烈总是躲着不与徐向前见面。

　　10 月，山东纵队第三支队司令员杨国夫到沂南县马牧池八路军第一纵队驻地汇报工作，徐向前提出：第三支队应坚持发展平原游击战争，向小清河以北发展，建立清河区抗日根据地。

　　11 月上旬，原山东抗日军政干部学校（岸堤干校）并入八路军第一纵队随营学校，徐向前兼任校长。

　　12 月 11 日，《大众日报》发表徐向前在鲁南干部大会上的报告提纲——《粉碎敌人的新扫荡与我们的紧急动员工作》。

　　1940 年元旦，《大众日报》发表徐向前与该报记者煤渣的谈话——《精诚团结与开放民主》。强调坚持、巩固和扩大抗日民族统一战线的重要性，要求国民党苏鲁当局彻底纠正反共、限共政策，清洗投降派，彻底开放民主，团结一切抗日力量，共挽危局。

　　1 月 24 日，徐向前、朱瑞、张经武、黎玉电示山东纵队各支队、各军区，确定 2 月到 5 月为山东纵队第三期整训期。此期间，徐向前在《山东纵队建设任务及工作》中，提出部队建设实行"九化"的方针，即主力兵团正规化、地方武装基干化、游击队组织化、自卫团普遍化、党的领导绝对化、战斗力顽强化、行动积极化、生活艰苦化、纪律严肃化。他集中精力抓部队的质量、数量和物资供应等问题。在抓部队军需供给时，徐向前号召大家因陋就简，办起兵工厂、被服厂，基本解决了武器修理、弹药制造和被服问题，保证部队供给，减轻群众负担。

　　3 月 16 日清晨，日军 300 多人、伪军 200 多人向沂南县孙祖一带进犯，妄图袭击中共山东分局和八路军第一纵队指挥机关。徐向前直接指挥了孙祖战斗。战后，徐向前发表题为《孙祖战斗的检讨》总结讲演。4 月 16 日，于学忠致电徐向前、朱瑞："贵部屡次袭敌，多有斩获，殊堪嘉慰。"

　　1940 年 6 月初，徐向前奉调从沂南县青驼寺启程，赴延安准备出席中共第七次全国代表大会。

3. 刘少奇在沂蒙

1942 年 2 月 4 日,毛泽东根据山东抗日根据地处于极端困难、领导人之间急需统一认识的实际情况,致电将要返回延安的中共中央政治局委员、华中局书记刘少奇,让他"经山东时请加考察予以解决"。3 月 18 日,刘少奇(化名胡服)一行由苏北阜宁县单家港启程,于 4 月 10 日到达中共山东分局、八路军一一五师驻地——滨海区临沭县朱樊村。

刘少奇到朱樊后,立即展开工作。他分别与山东分局、一一五师、山东纵队、山东省战时工作推行委员会的负责人谈话,听取意见。同时深入到群众中调查访问,并组织随行人员查阅山东党政军民各方面的资料和《斗争》《大众日报》等党报党刊。在掌握了全面情况之后,刘少奇于 4 月 16 日至 18 日直接领导召开山东分局委员朱瑞、罗荣桓、黎玉、陈光以及一一五师政治部主任萧华、参谋长陈士榘参加的座谈会。刘少奇在会上作了《关于山东工作》的报告,充分肯定了山东工作的成绩,同时也严肃地批评了山东领导工作中存在的错误,主要是没有很好地发动群众,在根据地内没有树立起基本群众的优势。之后,他又召开了山东分局和山东军政委员会联席会议,讨论决定了山东工作的战略方针和部署等问题:一切领导集中于山东分局,分局下设军政委员会;一一五师师部、山东纵队司令部与山东分局合署办公,机关人员精简,干部统一配备。从而解决了山东抗日根据地的统一领导和军事指挥问题。

4 月 25 日至 5 月 2 日,山东分局在朱樊召开扩大会议。从 4 月 26 日起,刘少奇先后作了《群众运动问题》、《中国革命的战略与策略》、《改造政权问题》、《党内斗争问题》、《思想方法问题》、《关于财政粮食问题》等 7 个报告。这些报告,对山东的干部进行了一次系统而深刻的马克思主义理论教育。

4 月下旬,刘少奇正确地处理了"山东国民党抗敌同志协会"(简称"抗协")和"国民抗敌自卫军"问题。随着"抗协"解散,抗敌自卫军人员大部编入一一五师教导二旅。

5 月 4 日,根据刘少奇的指示,山东分局作出实行"双减",改善人民生活的决定,确定以滨海区莒南、临沭两县为"双减"实施中心县,从此,山东抗日根据地的减租减息运动轰轰烈烈地开展起来,进一步密切了党群关系,推动了根据地建党、建政、建立人民武装和群众团体等各项工作的发展。

5月12日,刘少奇和山东分局、一一五师等机关移住临沭县夏庄村。6月5日,山东分局按照刘少奇的指示,发出《关于地方武装组织领导问题的指示》,山东军区发布了《为加强县区人民武装而斗争》的训令,有力地推动了抗日武装的发展。

7月11日,刘少奇随山东分局、一一五师师部由赣榆县大树村重返临沭朱樊村。下旬,刘少奇一行由一一五师教导二旅旅长曾国华率部护送,从朱樊启程返回延安。①

八、人民群众的无私支援

抗日战争时期,毛泽东曾提出一句名言:"兵民是胜利之本。"又指出:"战争的伟力之最深厚的根源,存在于民众之中。""军队须和民众打成一片,使军队在民众眼睛中看成是自己的军队,这个军队便无敌于天下。"②

兵出于民,兵养于民,兵的一切军事活动都离不开"民"的支持,脱离了"民"的军队是不可能胜利的,这是中华数千年的战争历史所反复证明了的铁的定律。

共产党所领导的八路军、新四军,是人民的军队。

(一)兵源,兵养,兵行,兵心

1. 兵源

兵之所起,其源出自人民,由人民之举义,才诞生了人民的军队。

八路军山东纵队之抗日武装,就是山东人民在抗日烽火燃起之时,由数十起甚至上百起人民起义所形成的。军队要发展,战争中的伤亡要补充,兵源同样来自于民。

人民军队产生的基本途径,就是民众地方武装逐步升级,由民兵、自卫队、民团,逐步组建成比较正式的地方武装;地方武装进一步成熟后,即可整编为野战军的武装力量。

①关于罗荣桓、徐向前、刘少奇在沂蒙的资料,均采自《临沂地区志》,略有删节。
②《毛泽东军事文集》第二卷,军事科学出版社、中央文献出版社1993年版,第338—341页。

姑以胶东部队为例：

1937年12月24日,中共胶东特委书记理琪领导胶东人民在文登县天福山举行武装起义,当即成立了山东人民抗日救国军第三军,随即开展了抗击日、伪军的斗争。在此前后,在威海、掖县、黄县、蓬莱、即墨、莱阳等地均有人民起义,有的还建立了政权。至1938年4月,这支队伍发展到7000余人。

1937年12月29日,在中共鲁东工委和寿光县委领导下,张文通、马保三、韩明柱等在寿光牛头镇率众起义,成立八路军鲁东游击第八支队。

12月底,鲁东工委书记鹿省三等在潍县、昌邑北部一带举行武装起义,成立八路军鲁东游击第七支队。

1938年3月,鲁东工委决定第八支队东进潍北,与第七支队合兵一处。4月,两支队合并,组成八路军鲁东抗日游击指挥部。5月,第三军的第二、第四路,与鲁东抗日游击指挥部会师黄县,组成抗日联军,马保三任指挥。

1938年9月18日,第三军与掖县的第三支队统一整编为八路军山东人民抗日游击第五支队,下辖5个团,高锦纯任司令员。

1938年11月,第五支队又改编成3个旅。

1939年2月,第一期整军时,第五支队将部队缩编为第十三、十五2个团和3个直属营。6月,第二期整军又将3个独立营合编为第十四团。高锦纯任司令员,吴克华任副司令员。1940年2月至5月,进行了第三整期军。8月至12月,进行了第四期整军。

之后,第五支队被改编为八路军山东纵队第五旅,下辖第十三、十四、十五3个团,旅长吴克华,政治委员高锦纯。

1941年4月,又进行了第五期整军。

每一次改编、整军,都使部队向正规化迈进一步。至1945年8月大反攻时期,山东军区各主力部队与基干部队已编成山东解放8个野战师,其中,胶东主力被编成野战第五师,师长吴克华;野战第六师,师长聂凤智。另有警备第四旅、第五旅。

上述过程,表明了由“民”而“兵”,由起义武装到正规部队的具体转变过程。

山东其他各地,鲁中、渤海、鲁西、鲁南、滨海各地,转变过程大致相同。

不再叙列。

其次，是兵员的补充。

一是战争的伤亡，一是部队的扩编，都要补充兵员，"兵"之源仍是"民"。

这一形式，主要是动员"民"或"民"之子弟参军。旧军队征兵，是"拉夫"，是"抓壮丁"，"民"之当兵，是为"吃粮"。共产党八路军的部队，则是民众自愿参军。

姑举二例。

其一，八路军一一五师进入鲁南后，为尽快打开局面，主力部队经过多次激烈战斗后，减员较多，兵源困难。当时罗荣桓等提出，深入群众，动员群众，让民众认识到军队对人民生存解放的重大意义。后，基层政权和工、农、青、妇等群众组织积极工作，很快激发了群众的抗战热情："1940 年春天，临沂、郯城、苍山平原出现了参军热潮，仅费南山区就有近千名青壮年报名参军。"①

其二，1944 年，抗日战争已经胜利在望，此时部队急需大批兵源补充。已经经历 7 年的抗日战争，人民群众的觉悟也已大有提高。在莒南县洙边村，有一位 17 岁的女青年梁怀玉，是该村青年妇女识字班长、团支部委员，十分俊俏聪慧。在该村的参军动员会上，梁怀玉公开宣布："谁第一个报名参军，我就嫁给谁！"接着就有一个壮实小伙刘玉明报名参军。梁怀玉也实践了自己的诺言。在梁怀玉、刘玉明的带动下，全县就有 1488 人参军入伍。父母送儿子、妻子送新郎参加八路军，当时已成为一种光荣的时尚。

人民有如此之觉悟，何虑兵源不足！

2. 兵养

军队要吃饭，要穿衣，除在特定条件下可以"屯田"自给，一般说来，都必须依靠人民的支援。抗战期间，沂蒙人民倾其所有，供养了部队。对此，先看《山东省志·军事志》的记述：

> 在艰苦卓绝的八年抗日战争中，由于日军残酷的"扫荡"、"清乡"，人

---

① 王伟编著：《罗荣桓元帅画传》，四川人民出版社 2007 年版，第 125 页。

民的生活极端困苦,粮食棉布奇缺,但是,广大人民群众为了支援八路军作战,发扬自我牺牲精神,节衣缩食,含辛茹苦,宁肯自己吃糠咽菜,穿破衣服,也要把节省下来的粮食供应部队,把生产的棉花、布匹做成军衣、军鞋送给自己的子弟兵。他们在把自己的子弟送到部队杀敌的同时,还积极开展拥军优属活动。据1943年胶东、清河、鲁中、滨海和冀鲁边区的不完全统计,就有92657户抗日军人家属受到粮款照顾,优待粮食133

王换于故居(沂南县马牧池乡东辛庄)

万斤,钱款9万多元。在反"扫荡"期间,群众自动组织起来,站岗放哨,盘查行人;战时严密封锁消息,空舍清野,改造地形,挖抗日沟、地道,配合部队打击敌人。八路军的伤员大部分是疏散在群众家里,敌人搜查时,在敌人的枪口和刺刀面前,许多老大爷、老大娘不顾自己的生命安危,把子弟兵认作自己的儿女,许多大嫂姐妹毫不羞怯地把八路军伤员说成是自己的丈夫、兄弟。他们省出粮食来做饭给伤病员吃;不惜杀掉下蛋的鸡为伤病员熬汤补养身体;甚至减少婴儿的喂奶,省出乳汁救护垂危的伤病员;慷慨地卖掉家产为伤病员求医买药,涌现出许多像沂南县王换于大娘式的子弟兵母亲和明德英式的沂蒙"红嫂"。①

另如,《临沂地区志》等各地市志书,及许多相关的战役纪念馆,均有这方面的详细统计资料。

3. 兵行

---

① 《山东省志·军事志》,山东人民出版社1996年版,第597—598页。

任何军事行动,都是在人民群众生存的环境中进行的,向导引路,粮草运输,伤病员转移、护理,时时离不开人民群众的支持。对此,《山东省志·军事志》还记述了当时抗日政府的许多命令与法规:

> 抗日战争初期,战争规模一般较小,人民支前的规模也很小,多是局部的、分散的、群众自发的,或由基层政权临时组织的,既没有统一的领导机构,也缺少支前的规章制度。进入抗战末期,特别是进入大反攻阶段,山东八路军部队组成野战大军,向日伪军发起全面出击。为了保障这次大规模的、全区性的作战行动,山东省政府于 1945 年 8 月 17 日颁布了《关于集中一切力量支援前线的训令》和《山东人民自卫队战时勤务动员办法》,号召解放区青年、妇女、各人民团体,分别担任各种战时勤务,并规定 16 — 55 岁身体健康的劳动力,一律担任战时勤务。要求农村以自卫队为基础,配以有组织的群众,利用群众的牲畜、运输工具,村编中队,区编大队,分别组成担架队、大车队、小车队、船舶队、担运队、驴骡队,承担战时运输任务。并对出工生活待遇、工具修理、牲畜草料等作了具体规定。翌日,山东省政府、山东军区联合颁布了《战时人民紧急动员纲领》和《山东战时民兵编制办法的命令》,并派出 10 万民兵和 10 万民工参战支前。冀鲁豫行署和军区也于 8 月 11 日和 17 日发出动员令和训令,要求在民兵中组织反攻营,人民群众担负战争勤务,配合与支援冀鲁豫军区部队三路出击。在民兵和人民群众的大力支援下,夺取了抗日战争的伟大胜利。①

军队离开了民众,实在是寸步难行。

4. 兵心

男子上战场,父母要供养,儿女要抚养。抗日战争时期,抗日政权实施了十分广泛的拥军优属政策,人民出钱、出粮、出力,支援抗日战场;同时,还要出钱、出粮、出力,优抚抗日家属,以使战场的军人能全身心地投入战斗。沂南县马牧池乡东辛庄村,沂蒙母亲王换于所创办的"战地托儿所",就是这方面最典型的代表(详情见本章第三节)。

---

① 《山东省志·军事志》,山东人民出版社 1996 年版,第 598—599 页。

或可作这样一个比喻,战场上拼杀的人民军队,如同枪上的刺刀,而广大的人民群众,就是这整个枪身,以及推动枪体勇猛向前的力量,而且是无穷无尽的力量。

共产党八路军进行的战争,是名副其实的人民战争!"军民鱼水情",离开了水,鱼儿一刻也难生存。正是依靠了人民群众的汪洋大海,人民军队才施展出其光照寰宇的才华,才创造出其灿烂辉煌的业绩。

(二)沂蒙人民的无私奉献事迹选录

1. 沂南县青驼寺"沂蒙红嫂"纪念馆

沂南县青驼寺"沂蒙红嫂"纪念馆

"沂蒙红嫂"是沂蒙山区的骄傲和光荣,是千千万万沂蒙老区女性支持革命、献身革命、爱党爱军的群体形象。在那战争形势极为严酷、物质条件极端艰辛的战火纷飞的年代里,为了抗击敌人、消灭敌人,夺取抗日战争和解放战争全面、彻底的胜利,"沂蒙红嫂"们在中国共产党领导下,进行了艰苦卓绝的斗争,付出了巨大的牺牲,作出了不可磨灭的、特殊的贡献,用青春和热血谱写了一曲英勇悲壮的动人乐章。她们送子参军,送夫支前;她们缝军衣、做军鞋,推米磨面烙煎饼;她们抬担架,推小车,舍生忘死救伤员;她们用家里仅剩的一把小米、一只母鸡给伤员熬汤养伤,用自己的乳汁救活了身负重伤、奄奄一息的伤员;她们在敌人的刺刀面前宁死也不暴露我军伤员的藏身之地;她们毅然跳进齐腰深冰冷的河水里搭起"人桥"让我突击部队通

过;她们冒着生命危险抚养我军指战员的后代……①

2. "沂蒙母亲"王换于纪念碑文

1997 年 5 月,沂南县妇女联合会、沂南县民政局和马牧池乡人民政府为"沂蒙母亲"王换于立纪念碑,碑文为:

王氏换于系沂南马牧池乡东辛庄人。一九三八年入党。为党为人民做了大量工作。溯日抗战八载,虽处水深火热之中,但对住其家的徐向前、朱瑞等抗战将领,举家倾满腔之热情,悉心照顾,关心有加。一九三九年夏,受重托办战时托儿所以抚养抗日将士之后代。其间六度春秋。轻骨肉,重所托,不乏舍生忘死。一九四一年冬,日寇举五万虎狼之师犯我沂蒙,母亲换于大义凛然,生死不顾,于白色恐怖之中抚养伤员白铁华,掩埋烈士陈若克,并于千难万险中珍藏《联合会刊》,四十年后,"完璧归赵",成为抗日档案之珍宝。八载抗日,母亲换于功卓绩著,堪称沂蒙精神之楷模。大哉! 为昭彰母亲之伟绩,以励后继,今勒斯碑以示敬仰。

蒙山不老,汶水长流。

母亲风范,永垂不朽。

3. 红嫂明德英纪念碑文

1997 年 5 月,沂南县妇女联合会、沂南县民政局和马牧池乡人民政府为红嫂明德英立纪念碑,碑文为:

一九四一年冬,日寇举五万虎狼之师犯我沂蒙。我军民协力同心奋勇抗战。

隆冬,日寇围我山东八路军指挥部,我将士奋力突围。一八路战士庄新民身伤数处至横河村外,被哑妇明德英收救。是时,日寇追逐在前,搜捕于后,而战士失血过多,生命垂危,明德英悉力照顾,喂其乳汁,继而得救,直到康复归队再战顽寇。壮哉,伟哉! 明德英之举可谓惊天地,泣鬼神,气贯长虹。为弘扬沂蒙精神,继红嫂之芳迹,今铭斯碑以励后人。

---

①这段文字节选自沂南县青驼寺"沂蒙红嫂"纪念馆的《前言》,该纪念馆存列了抗日战争时期与解放战争时期数十位"沂蒙红嫂"的事迹。下面选录抗日战争时期几位"沂蒙红嫂"的事迹。

附:迟浩田上将《红嫂颂歌》①

我永远不会忘记沂蒙人民。沂蒙红嫂用乳汁救八路军伤员的伟大事迹,惊天地,泣鬼神。如果不是沂蒙人民给了我第二次生命,我哪里还有今天!

4. 红嫂祖秀莲纪念碑文

1987 年春,沂水县人民政府为红嫂祖秀莲立纪念碑,碑文为:

祖秀莲,沂水县院东头乡桃棵子村人。一八九一年出生于沂南县马牧池乡一个贫苦农民家庭。

一九四一年秋,日寇扫荡沂蒙山区,八路军侦察参谋郭伍士身负重伤,生命垂危,祖秀莲舍生忘死,把郭伍士转移到安全的山洞里,用慈母心肠,精心护理,终于使人民战士重返前线。六十年代初,小说《红嫂》即取材于祖秀莲的事迹。郭伍士曾撰写《人民,我的母亲》,表达对祖秀莲的深切怀念。中共沂水县委、沂水县人民政府誉她为"战争年代的红嫂,建设时期的英雄"。

祖秀莲于一九七六年加入中国共产党,次年病逝,享年八十六岁。

祖秀莲的革命精神将同青山常在,与绿水永流。

5. 梁怀玉:"谁第一个报名参军,我就嫁给他!"

梁怀玉,莒南县洙边村人,现年 74 岁。

1944 年,抗日战争胜利前夕,部队急需补充战斗力,动员参军任务很重。17 岁的识字班长、团支部委员梁怀玉,长得俊俏、聪慧、活泼,她说唱的小戏《王宝玉参军》闻名遐迩。动员会上,梁怀玉慷慨激昂地发言:

乡亲们,只有积极参军支前,消灭鬼子,才能过上和平的日子。青年们当兵,不要担心找不到对象,俺识字班找对象就找当兵的。……谁第一个报名参军,我就嫁给他!

---

①《情系沂蒙的迟浩田上将》,《临沂日报》1997 年 5 月 16 日。

群众听了她的发言,都一时感到惊讶。

会场上有一位精明的小伙子叫刘玉明,是个民兵,心地和善,长得壮实,勇敢地第一个报名参军。有了带头人,小小村庄11人报名,在梁怀玉、刘玉明的带动下,全县有1488人入伍,有力地支持了部队。二人结婚后,梁怀玉克服了多种困难,对重病在身的公婆照顾得无微不至,在村里成为学习的好榜样。刘玉明在部队南征北战,驰骋沙场,战功赫赫。

6.“沂蒙红嫂”张淑贞的叙说①

在抗日战争如火如荼的艰苦岁月里,转战在鲁中山区的我抗日武装,在当地党组织的全力支持下,经徐向前司令的首肯,在我们东辛庄适时创办起托儿所。我在时任艾山乡副乡长、我的婆母王换于直接领导下,和弟媳陈洪良一起,发动附近村庄的妇女姐妹们,白手起家,因陋就简,凭着对子弟兵的一片真情厚谊,开办了一个个家庭托儿所。第一期开班,陆续接受团以上干部的子女41名,其中有罗荣桓、徐向前的后代。时隔三年,受鲁中区党委委托,我们全家又开办第二期战地托儿所,接收少儿45名。抗日战争胜利后,山东保育小学600余名学生又迁来我村。我们一家人竭尽全力,为师生们的生活起居提供服务。虽然经受了无数艰难困苦,但保证了一大批抗日将士的后代安然无恙,健康成长。

60多年过去了,昔日托儿所的娃娃们如今已是花甲老人。他们继承先辈的遗愿,有的成为卫国戍边的将军,有的担任过党政部门的要职。他们没有忘记当年含辛茹苦抚养过自己的老区人民,特别是退休赋闲以后,相继千里迢迢来沂蒙寻恩。我这个92岁高龄的老太婆,对此深感欣慰。

（1）抗日堡垒村中的堡垒户

抗日战争初期,我们东辛庄隶属南沂蒙(沂南县前身)岸堤区艾山乡。在环境恶劣的对敌斗争中,沂蒙老区的人民群众,始终紧跟共产党,心贴子弟兵。我们村的青年踊跃参军奔赴前线,后方的群众则主动站岗放哨,传送情报,救护伤员,拥军支前。他们为抗战胜利作出过不可磨灭的突出贡献,当时被誉为“抗日堡垒村”。

说起我们家,老少三代十来口人,有4名党员。婆母王换于是1938年

---

①本小节内容摘自张淑贞口述、潘兆仲整理:《沂蒙战地托儿所》,《老干部之家》2005年第6期。笔者2008年去“沂蒙母亲王换于纪念馆”访问时,张淑贞老人已95岁高龄,仍十分健康、健谈。

入党的老党员,曾先后担任过村妇救会长和艾山乡副乡长。我在婆母的影响带动下,于 1939 年 26 岁时光荣加入中国共产党。我的丈夫于学翠和弟弟于学英也是战争年代入的党。自从我入党后,先后担任过东辛庄和西辛庄的妇救会长、党小组长、宣传委员、调解委员和汇报委员。那时节,党员干部都是身兼数职。我三天两头跑乡委,每隔 10 天去区委汇报一次工作,其间,我还在周围 6 个村庄发展了 10 名党员,为党组织壮大了队伍。

当时,山东省委和抗大一分校驻在岸堤,山东纵队和省战工会驻马牧池,《大众日报》和北海银行驻东辛庄和西辛庄。我们这一带实际上是抗日根据地的首脑机关驻地。老一辈的高级将领和省里的党政领导徐向前、罗荣桓、朱瑞、郭洪涛、黎玉、肖华、张经武、马保三、高克亭等人,经常来我们家召开秘密会议,并在这里办公和居住过。记得徐向前和黎玉分别住东边的两间厢房;南屋还曾经是朱瑞和陈若克结婚时的新房。平时,婆母的乡务工作繁忙,领导同志的饮食起居都是由我和弟媳照应。罗荣桓和夫人林月琴作风朴实,平易近人。他们经常来我家,见我婆母总是大娘长大娘短的,格外亲切。林月琴和我都以姐妹相称,更是亲如手足。后来,由陈若克提议,与抗日女干部马南、刘锦如、潘彩琴、王寅等人一起,郑重地拜婆母王换于为干妈。因此,我们家成了远近闻名的抗日堡垒户。

(2)受命于危难之时

1939 年 6 月 29 日,徐向前率八路军第一纵队领导机关进驻东辛庄。当日,他在我们家与山东分局和山东纵队负责人商讨作战事宜。同来的还有几个领导干部的子女,这些孩子由徐向前的夫人黄杰负责照料。由于长期随队四处奔波,孩子们个个面黄肌瘦,弱不禁风。婆母看了心如刀绞,便向徐向前司令员提议,给孩子们找个安定的生活环境。徐向前当场表示赞同,并委托婆母具体负责筹办,把所有团以上干部的子女都集中起来。

经过一段时间筹备,我和婆母在东辛庄和西辛庄考察了所有可靠的人家,做了大量说服动员工作,确定了具体承办方案,于当年秋天正式开办起战地托儿所。

托儿所办起以后,紧接着是大量繁杂的具体工作,考虑到婆母还要忙于乡里的任务,我把托儿所的事情全部担了起来。首批接收的 27 个孩子,大的不过七八岁,小的还在襁褓中。我们先把幼儿安排到有哺乳母婴的家庭,给孩子找个奶妈。稍大一点的孩子,就找经济条件比较好的家庭多安排几个。后来,托儿所的孩子陆续增加,最多时达到41人。

为了便于开展工作,我和弟媳商量要起模范带头作用。我主动把徐向前的女儿小何(乳名)、罗荣桓的女儿罗琳,胡奇才的儿子胡鲁克、胡鲁生、陈沂、马楠夫妇的女儿陈小聪接到家中。后来,又从艾山把罗荣桓的儿子罗东进接过来,当时,他刚满一周岁。西辛庄有户人家本来抚养烈士遗孀刘仕铁的女儿,因为孩子小没有奶吃,瘦得皮包骨头,我也将她接了过来。

当时,我们妯娌俩的孩子都不大,我的长子才刚满7岁,需要有人照料。一夜之间添了这么多张吃饭的口,的确是个难题。弟媳愁眉苦脸地问我咋办,把我也给难住了。当时战事频仍,上级无法提供给养,孩子们的吃饭问题要由抚养户自己解决。以往我们家不断有各地领导来落脚吃住,有限的一点收成早就空空如也,就连种子粮也消耗殆尽,最后只好靠亲戚们接济度日。怎么办?找婆母诉苦吧,实在不忍心难为她老人家。晚上躺在炕上,丈夫见我唉声叹气,就明白是咋回事。丈夫是附近几个村的联防主任,他给我出主意说:"人手不够,把妹妹请来帮忙。没有口粮,我动员周围各村募捐。你是妇救会长,也可以发动妇女想办法。"

丈夫的一席话让我心里豁然开朗,我一骨碌爬起来,去做弟媳的思想工作。弟媳一向对我言听计从,从此安心做好受托幼儿的抚养工作。妹妹来了以后,还教给我儿子春海帮她照看弟弟妹妹,孩子们也都喜欢跟小哥哥一起玩。打那以后,我腾出手来,到附近各村动员募捐。

那年头,山里人家家穷得叮当响,鸡蛋是难得的上等补品。我走村串户,苦口婆心,向群众宣传拥军优属、让子弟兵安心、赶走日本侵略者才有好日子过的道理,并用实际行动感化说服大家,自觉地把口粮节省下来,捐献给托儿所的孩子们。

(3)一切为了孩子

在那段艰苦的岁月里,抚养户家有点粮食和鸡蛋蔬果,都省给托儿所的孩子,自己家里的人只能靠糠菜充饥。我和弟媳都有吃奶的孩子,每当喂奶的时候,都是先把托儿所的孩子喂饱。当时自己的孩子哭着闹着来争食,那情景谁见了都心酸。

1940年夏季,侄子秋江拉肚子,本来孩子体质就弱,一天连泻十多回,造成严重脱水。但弟媳忙着照看托儿所的孩子,顾不上给自己孩子请医生,结果没出三天就丧命了。弟媳大哭一场,痛不欲生。第二天将孩子草草掩埋掉,继续投入工作。那年初冬,我8岁的长子春海感冒发烧,又偏偏遇上鬼子扫荡。春海见大人们忙着转移托儿所的孩子,也帮着护送小朋友。回来的路上,突然下起大雨,浑身淋得像个"落汤鸡"。为躲避敌机轰炸,他拼命地往家跑。结果连冻带吓,病情加重。进门后他一头栽到炕上,浑身发抖,高烧不止,结果感染肺炎而死。我当时心里像刀剜一样悲痛不已,婆母流着泪安慰我:"春海是让日本鬼子祸害的,这个仇迟早也要报。"之后,侄子秋潇和儿子冬马,也惨遭不幸,先后夭折。如今提起这些事,我就会难过好几天。

那时敌人经常来"扫荡",我家抚养的孩子多,目标大,为保证安全,1940年冬在村后挖了一个山洞。挖山洞都是夜间进行,我站岗,由丈夫于学翠兄弟俩挖,挖好后清理现场,作好遮掩。遇到敌人来"扫荡",就带着孩子藏在里面。1941—1942两年间,曾有三次带着孩子躲避敌人"扫荡"。每次进洞,里面点上灯,带着吃的东西、水果和玩具,婆母在远处站岗,我和弟媳在里面哄孩子。第一次进洞,孩子们害怕,2岁的罗东进抱着我的腿不放,小的哭,大的闹。没法子,我把孩子们搂在怀里,让最小的含着奶头,再给大的讲故事,就这样才慢慢安顿下来。以后进洞,孩子们慢慢适应了,也不再哭闹了。

遇到孩子有病,还得去请医生。请医生一是要可靠,二要有技术。经过调查摸底,发现万良庄高玉荣、高西林二位医生比较老实可靠,又有医道,遇到孩子有病,就去请他们。1942年夏天一个夜晚,两个孩子发烧拉肚子,当时下着倾盆大雨,河水暴涨,看看孩子病得厉害,我们急得像热锅上的蚂蚁。最后,只好叫醒熟睡的丈夫,和弟弟一起冒雨去请医生。到万良庄必须过汶河,此时河水涨到300米宽,水深浪急。兄弟俩每人抱着一根树桩作浮漂,在河里劈波斩浪,费了九牛二虎之力才上了岸。东辛庄和万良庄相距5华里,平时抬脚就到。但这次兄弟俩走了十几个小时没回来,我和婆母、弟媳都很焦急,一夜未合眼。既担心请不来医生耽误孩子治病,又担心兄弟俩的安全。直到第二天请来高玉荣医生,我们才松了一口气。

我们妯娌俩对孩子真的是细心呵护,精心照料,并培养他们讲卫生的习惯。陈沂的儿子陈小聪当时 4 岁,平时十分乖巧。一次,孩子饭后喝水,我用他吃饭的碗倒上水,他不喝,问他为什么,他说:"婶婶常说要讲卫生,这碗太脏。"我一听明白了,夸他好孩子,涮好碗重新倒水,他痛痛快快地喝了。孩子们的纯真,我至今记忆犹新。

(4)86 个爱子,沂蒙父老始终惦念着你们

时间进入 1943 年,滨海地区的局势趋于稳定,一一五师师部和山东省党政机关大都迁往莒南县,组织上为减轻沂蒙地区群众的负担,决定把托儿所的孩子接到莒南。临走时,孩子们哭呀闹呀不肯走。有的被大人抱出老远,仍挣扎着回来找娘。此情此景,我忍不住泪水夺眶而出。孩子们毕竟是我们一把尿一把尿拉扯大的,多年养育之情,更是难舍难离。但想到他们就要回到父母身边,心里也就熨帖了。

不久,受鲁中党委和鲁中联办委托,又有 45 名 10 到 14 岁的孩子送到东辛庄,连同第一期未被领走的孩子共计 50 多人,此时,抗战形势日趋好转,上级定期按人头拨来给养,孩子们年龄稍大,管理起来显得轻松了许多。最后一批孩子,直到 1948 年才离开托儿所。对于这段历史,组织上给予了充分肯定。1947 年,世界妇女代表大会召开前夕,马楠同志受组织委托,总结整理了婆母王换于的光辉事迹,蔡畅同志在会上作了专题报告,受到高度赞扬。

新中国成立后,昔日托儿所的孩子和他们的父母没有忘记沂蒙父老的养育之恩。他们时常来电话问候我们,对抚养过他们的老人都是称呼"父母大人"。孩子们和他们的父母,只要有时间就来探望我们,有的还邀请我们去做客。北京军区副司令员胡奇才、上海市委副书记陈沂和夫人马楠都来过我们家,朱瑞将军的儿子和辽宁省委副书记艾楚南的儿子,也多次来过东辛庄。

1985 年,当年姊妹剧团的部分演员来到东辛庄,还拉上婆母和我扭起了大秧歌,婆母高兴地唱起当年流行的抗日歌曲。后来,全国妇联授予婆母王换于"沂蒙母亲"的光荣称号,授予我"沂蒙红嫂"的光荣称号。婆母辞世以后,国家审计署等部门投资 250 余万元,在我们家百年老屋旁,建起"沂蒙母亲王换于纪念馆"。如今,这里已被列为青少年传统教育基地和红色旅游重要景点。

2001年春,罗荣桓元帅的儿子——某部政委罗东进来到我们村。当年他来托儿所时年龄还小,许多事连罗荣桓和林月琴夫妇也说不清楚。为了寻找抚养自己的恩人,罗东进费了不少周折。那年他去沂南县青驼寺瞻仰山东省战工会诞生地,打听到当年战地托儿所就建在东辛庄,遂驱车前来。我们相见不相识,交谈中我说起曾抚养罗林、罗东进时,他才告诉我:"我就是罗东进!"母子相见,悲喜交加。我们娘俩相拥而泣,久久陷入沉思。

风风雨雨60余载,我这个年近百岁的老太婆没有别的奢望,只要当年托儿所的娃娃们还想着我们,就心满意足了。我想说:"86个爱子呀,俺沂蒙父老始终惦念着你们……"

第十一章　解放战争时期的山东战场

一、解放战争初期国共双方的战略态势与布局

(一) 国共双方斗争由来已久

自 1927 年 4 月 12 日蒋介石背叛革命,国共双方即开始了长期持续的斗争。国民党反动派对共产党人必欲赶尽杀绝而后止,共产党则奋力抗争,拿起武器,开展武装斗争,目标就是推翻国民党反动派的反动统治。1927年至 1937 年,十年土地革命时期,就是共产党与国民党反动派的殊死搏斗,屠杀与反屠杀、"围剿"与反"围剿"是此期斗争的基本表现形式。由于第五次反"围剿"的失败,1934 年 10 月,中共中央和红军主力,被迫进行了震惊中外的两万五千里长征,由江西瑞金中央苏区出发,1935 年 10 月,中央红军第一方面军主力到达陕北根据地的吴起镇;1936 年 10 月,中央红军第二、四方面军到达甘肃会宁地区,与第一方面军会师。至此,红军长征胜利结束,最终摆脱了国民党军队的围、追、堵、截,站稳了脚跟,并且形成了新的发展基地——陕北中央革命根据地。

1936 年 12 月 12 日,爱国将军张学良、杨虎城发动"西安事变",逼迫蒋介石抗日,西安事变的和平解决,迫使蒋介石答应了"联合红军抗日"等基本条款。1937 年 7 月 7 日,"卢沟桥事变"爆发,中日之间的民族矛盾立刻明朗地上升为中国社会的主要矛盾;7 月 8 日,中共中央毛泽东和红军总部致电蒋介石,迫切陈词,要求"实行全国总动员,保卫天津,保卫华北,收复失地",并明确表示:"红军将士咸愿在委员长(蒋介

石）领导下，为国效命，与敌周旋，以达保土卫国之目的。"①迫于形势，蒋介石于 7 月 17 日在庐山发表谈话，宣布对日抗战。8 月 13 日，日本帝国主义又悍然向上海发动进攻，直接威胁到了蒋介石的统治，中国军队奋起抵抗。从此，全国正式进入了抗日战争的时代。

民族矛盾上升到了第一位，阶级矛盾及国共双方的政治斗争暂时被掩盖于民族矛盾之下，但是，中国国内的阶级矛盾并没有解决，仍时隐时现。在历时 8 年的抗日战争期间，以蒋介石为代表的国民党反动派就曾发动了三次"反共高潮"。第一次，1938 年 10 月至 1940 年 3 月，以国民党军队制造"平江惨案"、"确山惨案"为起始，进攻中共陕甘宁边区、八路军太行山区等为主要事件。第二次，1940 年 10 月至 1941 年 3 月，以消灭新四军的"皖南事变"为主要事件。第三次，1943 年 3 月，蒋介石发表《中国之命运》一书；6 月，指使特务假冒"民众团体"，要求"解散共产党"，取消"陕甘宁边区"，并调集军队包围陕甘宁边区。这三次"反共高潮"，曾使共产党军队蒙受重大损失，但是，国民党反动派企图消灭共产党的阴谋并没有得逞。

（二）抗日战争即将胜利之际国共双方的战略态势

抗日战争进入到 1943 年，作为第二次世界大战中法西斯一方的德、意、日三国，败局已明显显露。1943 年 2 月，德国兵败苏联的斯大林格勒，成为苏德战争的转折点；1943 年 9 月，意大利投降；此时东方的日本，战线太长，兵力不足，顾此失彼，亦已处于明显的败势。面对这一形势，国共双方已在暗中角力。在山东，蒋介石在发动第三次"反共高潮"的同时，让以坚决反共的李仙洲第二十八集团军入鲁，以取代与共产党八路军友善相处的于学忠部，并在其他战场（如西北陕甘宁边区）积极秘密筹划向解放区进攻。

面对这一形势，中共中央亦有相应的筹划。早在 1942 年 7 月 9 日，毛泽东在给胡服（刘少奇）的电报中就已指出，抗日战争胜利后，既有与国民党继续合作"和平建国"的可能，更有变"抗战"为"内战"的可能，届时，八

---

①见《为日军进攻卢沟桥致蒋介石电》，《毛泽东军事文集》第 2 卷，军事科学出版社、中央文献出版社 1993 年版，第 1 页。

路军与新四军都可能集中到华北,甚至是东三省(今东北地区)去。如果进行这种战略转移,山东实为转移的枢纽地带。至 1943 年 7 月 9 日,毛泽东又给彭德怀发电报《准备对付蒋介石进攻边区的军事部署》。1945 年 8 月 4 日,毛泽东在给郑位三、李先念的电报中说,要"准备应付必然到来的内战局面"。可见,中共中央与毛泽东对内战之危险洞若观火,并已着手应对。

(三) 国民党的兵力部署

1945 年 8 月 15 日,日本天皇裕仁以广播《停战诏书》的形式宣布无条件投降。此时,国民党政府的主力部队均在大后方,距离山东、华北地区及东北三省实在是太遥远。而共产党八路军则在这一地区进行了八年抗战,仅山东一地,山东军区主力部队与各地基干部队已改编成 8 个野战师、12 个警备旅,正式形成山东野战军,连同地方武装,总兵力已达 27 万余人。——国民党部队何以与之争锋?

国民党蒋介石则利用自己掌握"中央"政权的优势,竭力抢占战略先机:

1. 垄断"受降"权利,捆住共产党的手脚

1945 年 8 月 13 日,蒋介石向第十八集团军(即八路军)下了一道命令:"所有该集团军所属部队,应就原地驻防待命。"同时还有"不许向敌人收缴枪械"一类的话。而就在同一天,蒋也向其嫡系部队下了命令:"一切依照既定军事计划与命令积极推进,勿稍松懈。"一个"原地驻防待命",一个"积极推进,勿稍松懈"。就是说,前者不许"受降",后者要尽快去摘取胜利果实。对这一命令,共产党和八路军绝不会上当。1945 年 8 月 10 日,即在日本之"乞降照会"发出之时,朱德总司令即下达命令,解放区所有武装部队均向其附近之敌军发出最后通牒,迫令投降缴械,如果拒绝,"即应予以坚决消灭"。8 月 11 日,延安总部又连续发了六道命令,所属部队均展开积极进攻,迫使日、伪军投降,8 月 13 日,又给蒋介石发去了《坚决拒绝蒋介石的"驻防待命"的命令》的电文。①

2. 收编伪军,充当国民党军队的"先遣队"

---

①参见《毛泽东军事文选》第 3 卷,军事科学出版社、中央文献出版社 1993 年版,第 23 页。

约自 1939 年起,随着日军占领区的扩大,国民党敌后部队不断投敌,其中,既有国民党鲁苏战区收编的伪军,也有国民党保安部队之投敌者,也有国民党正规部队投敌者。到 1945 年日本投降前夕,山东全省仍有伪军 17 万余人。就在日本宣布投降的 1945 年 8 月中旬,重庆蒋介石国民政府就相继任命:

伪"和平建国军"第三方面军总司令吴化文,为华北先遣军第五路军总司令兼济南绥靖区司令;

伪"和平建国军"第三方面军副总司令宁春霖,为华北先遣军第五路军副总司令兼泰兖警备司令;

伪淮海省长郝鹏举,为新编第六路军总司令;

伪青岛特别区皇协军总指挥李先良,为青岛市市长;

伪登州(蓬莱)道尹兼保安队指挥白书普,为烟台市市长;

伪山东国民自卫军副总司令兼国民自卫军第一集团军军团长张步云,为胶高海防司令;

伪威海卫海军司令鲍一安,为青岛海军司令;

······

凡此,均由汉奸部队摇身一变为国民党部队的"先遣军"。

3. 派员控制接收大权,即刻海空运兵

1944 年,国民党在山东的军队,于学忠部既已离鲁,李仙洲又入鲁受阻,被迫退回皖北,残留在山东各地的国民党杂牌部队或者投敌,或者"兼祧"(既保留国民党军番号,又接受伪军番号),但他们仍然隶属于流亡在皖北的国民党山东省保安司令部。其时,国民党的山东省主席兼保安司令牟中珩在安徽阜阳又组成"山东挺进军总指挥部",并兼任总指挥,下属划分为鲁东、鲁南、鲁中、鲁西、鲁西北、鲁北 6 个军区。后,"挺进军总指挥部"又隶属于第十一战区副司令长官部。这个副司令长官,就是李延年。

1945 年 8 月日本投降后,蒋介石便命第十一战区副司令长官李延年,于 9 月到济南成立第十一战区副司令长官部,负责接收济南、青岛、德州地区的日军投降事宜。李延年从徐州带来骑兵第二军、第十二军,及空运到济南的七十三军,同时还重整其"挺进军",收编由伪军组成的

"山东先遣军"。

1945 年 10 月,蒋介石在武汉组织"第二绥靖区",司令官王耀武,副司令官李仙洲、牟中珩、丁治磐。1946 年 1 月,移驻济南,下辖:

第二十集团军,总司令夏楚中,辖 3 个军。

第九十六军,由骑兵第二军编成,军长廖运泽、陈金城,辖 3 个师。

第十二军,军长霍守义,辖 3 个师。

第八军,军长李弥,1945 年 10 月由青岛登陆,辖 3 个师。

第七十三军,军长韩浚,1945 年 9 月空运至济南,辖 3 个师。

第五十四军,军长阙汉骞,1946 年 6 月由广州海运至青岛,辖 3 个师。

整编第四十六师,师长韩练成,1946 年 10 月由上海船运至青岛。

整编第九十六军,军长吴化文,1948 年 7 月以吴部为主在济南建立。

另有,第四绥靖区(1946 年组建),司令官刘汝明,驻菏泽,隶属郑州绥靖公署;

第九绥靖区(1948 年 1 月组建),司令官李良荣,驻临沂,隶属徐州"剿总";

第十绥靖区(1948 年 1 月组建),司令官李玉堂,隶属徐州"剿总";

第十一绥靖区(1948 年 1 月组建),司令官丁治磐,驻青岛,隶属徐州"剿总"。

1947 年 7 月,国民党军为控制胶东,又组建以范汉杰为司令官的第一兵团,辖:

整编第八师,师长李弥;

整编第九师,师长王凌云;

整编第二十五师,师长黄伯韬;

整编第五十四师,师长阙汉骞;

整编第六十四师,师长黄国梁。[①]

鉴于山东是中国海、陆南北联络之要冲,既是国民党"全面进攻"时期的主要战场,更是其"重点进攻"时期的两重点(另一重点为陕北延安)之一,可谓重兵压境。

---

① 参见《山东省志·军事志》,山东人民出版社 1996 年版,第 245—249 页。

(四）共产党的兵力部署

到 1945 年 8 月抗战胜利之时，共产党所领导的人民与军队均有很大的发展，解放区的人口已达 1 亿以上，正规军队及各级地方武装达 127 万人，其中正规军为 61 万人。这个数字较之抗日战争初期大为改观，今非昔比。但是，如果与国民党控制的 3 亿多人口及 430 多万的军队相比，共产党方面显然仍处于劣势。如果就武器装备的"现代化"而言，共产党军队则更是无法相比，而国民党蒋介石还有经济、军事超级大国——美国的支持。

内战一定要打，不可避免，而且角逐的地盘最终必将是整个国家，绝非一城一地或一省一市。由于国民党的军队与政治实力主要在南半中国，他要由南向北，由西向东，"逐步压缩"共产党的地盘。其时，东北地区已被百万苏联红军占领，国民党军队还要通过华北，"接收"东北，占领东北。所以，虽有军队、政权上的很大优势，然距其所要实现的战略目标仍相距甚远，实难遂其所愿，力不从心，鞭长莫及。

立足于这一总体形势，立足于共产党八路军主体力量已居于北方的现实，立足于"东北三省"将是制衡国共双方的重要战略基地这一现实，1945年 9 月 19 日，中共中央确立了"向北发展，向南防御"的战略方针。山东与东北隔海相望，陆路亦有华北海边紧相连接，其时，山东兵力已有 8 个野战师、12 个警备旅，立足于此，中共中央立调山东军队急驰东北，以在东北抢占先机；同时急调苏中新四军收缩北上，充实山东，保卫山东。这就成了共产党兵力部署的两大当务之急。

1. 山东军区主力驰赴东北

进军东北，是中共中央与毛泽东谋划已久的事。早在 1942 年 7 月 9日，毛泽东发给刘少奇的电报中对此就有所预测：

> 须估计日本战败从中国撤退时，新四军及黄河以南部队须集中到华北去，甚或整个八路、新四须集中到东三省去，方能取得国共继续合作的条件。①

---

①《毛泽东军事文集》第 2 卷，军事科学出版社、中央文献出版社 1993 年版，第 681 页。

及至日本投降,从 1945 年 8 月 20 日,至 1945 年 12 月 28 日,毛泽东先后发出关于东北问题的电文即有:1945 年 8 月 20 日,《抽九个团赴东三省》;10 月 19 日,《目前东北发展方针》;10 月 24 日,《东北我军力量的布置》;10 月 30 日,《歼灭霍守义陈大庆李品仙部即是援助华北东北》;10 月 31 日,《抵抗由营口葫芦岛登陆之蒋军迫其缓进》;11 月 3 日,《杨苏(杨得志、苏振华)纵队加速补充十天后赴锦州沈阳》;11 月 10 日,《罗荣桓等渡海后立刻去沈阳会商作战大计》;11 月 11 日,《黄克诚梁兴初两部应取捷径赴锦州》;11 月 14 日,《以锦州地区为战略枢纽布置工作》;12 月 28 日,《建立巩固的东北根据地》。①

可见,中共中央对东北极端重视。

对中共山东分局及东北局,中共中央还有具体指示。

1945 年 9 月 11 日,中共中央指示山东分局:

> 从山东抽调 4 个师 12 个团,共 2.5 — 3 万人的兵力去东北,由肖华前去统一指挥。②

9 月 20 日,中共中央指示东北局:

> 应依靠山东力量在两个半月内,在东北组织 20 万到 30 万能作战的部队;并决定罗荣桓率山东主力 6 万人,由陆、海两路急驰东北。③

依据这一决定,从 1945 年 9 月 20 日至 10 月 20 日的一个月内,"肖华、罗荣桓先后率山东军区机关千余人,和主力部队第一、第二、第三、第六、第七师,渤海新编师,第五师大部,警备第三旅(两个团),东北挺进纵队,军区教导团,以及部分基干武装共 6 万余人,分三批,由陆、海日夜兼程,开赴东北"④。

这些部队进入东北后,分别组成了东北野战军(即"第四野战军")第三十八军、第四十军、第四十一军及第四十三军之主力部队。

当时,出于策略上的考虑,要求不得"声张",故这一行动在党史和中国

---

①《毛泽东军事文集》第 3 卷,军事科学出版社、中央文献出版社 1993 年版,目录。
②③④《山东省志·军事志》,山东人民出版社 1996 年版,第 91 页。

人民解放军的战史上均简单地几笔带过。直到最近几年,方有一些回忆录叙及此事。鉴于这是一次重大的战略行动,兹将相关资料附录于后。

附:十万火急——山东子弟兵跨越渤海"抢关东"①

1945 年,党中央急调 6 万山东部队抢占东北战略要地。当时,出于策略上的考虑,要求不得"声张",故而这一行动,在党史和中国人民解放军的战史上均简单地几笔带过。今天重新审视这段历史,我们可以发现那是一场极为重要的战略行动,其艰难曲折和惊心动魄的程度,与"中原突围"、"三大战役"相比,毫不逊色。

日本投降后,东北成了国共两党争夺最为激烈的战略要地。如果蒋介石控制了东北,就对我解放区形成南北夹击的包围态势;如果我军能控制东北,可以背靠苏联、外蒙、朝鲜,依靠东北发达的工业与丰富的物产,建设成我军的战略基地,并以此为依托,坐北面南同敌人进行斗争,将使我军处于极为有利的地位。谁能取得在东北的控制权,谁就能得天下。

一、中央急令山东抽调主力部队,正在三面作战的山东军区面临两难

中央第一次发出命令调出山东部队去东北是 1945 年 8 月 10 日。毛泽东致电山东分局书记、山东军区司令员兼政委罗荣桓:万毅支队即调东北。毛泽东要求,东北干部凡能调动者,尽可能调至万部。万毅原是东北军一名团长,后率部起义参加了八路军,时任山东滨海军区副司令员兼滨海支队支队长。8 月 11 日,中央发布公开令,要求原东北军吕正操、张学诗、万毅所部向东北进军。

接到中央命令后,罗荣桓立即把万毅召到山东军区驻地,向他传达中央指示。万毅的部队约有 2500 人,这对拥有 23.3 万人的山东部队,是一个不大的数字。山东军区对此非常重视,除了在全军区调东北籍的干部至万毅部,还拨给了几十两黄金。

8 月 19 日,中央政治局召开会议,这次会议正式确立了"向北发展,向

---

① 节录自《老干部之家》2007 年第 6 期,江毅、柴召芹撰文。

南防御"的战略方针。会议决议中有一条:山东主力部队大部分干部迅速向冀东及东北出动……另调3万兵力进入东北发展并加装备。

山东分局接到中央命令后,立即进行了布置和安排。那时,罗荣桓的肾病很严重,毛主席对此十分关心,决定派林彪来山东接替罗荣桓的工作,让罗回延安治病休养一段时间。8月26日,中央电告山东分局:林彪、肖劲光同志昨日乘飞机抵太行转赴山东。分工:罗荣桓为书记、政委,林彪为司令员。

1945年8月的局势可以说是瞬息万变。林彪从太行山下飞机后,骑马向山东赶,刚走到河南濮阳就接到中央的命令,让他去东北任职。

抢占东北是刻不容缓的大事,中央领导心急如焚,总觉得山东部队的动作太慢。8月27日,中央来电:"你们运兵去东北事办理过慢,望速办。其中所有船只要昼夜赶运,什么部队来运什么部队,不要选择。"中央这份电报批评的意味很浓,很显然,中央对万毅部队还未启程不满意。

其实,万毅部队自接到去东北的命令后,一刻也没有耽搁。当时,万毅正带着滨海支队攻打胶县,等把胶县打下来后,滨海支队才进入渡海的准备工作。这期间,中央又要求加强去东北的兵力,于是,山东军区决定以滨海支队为基础组建东北挺进支队。在全区抽调东北籍干部,补充兵员,配备干部,进行物资器材准备和渡海的船只,这些都需要时间。9月下旬,万毅部完成了渡海的一切准备工作,并集结于蓬莱的栾家口,开始渡海。

9月11日,中央致电山东分局:决定从山东抽调4个师12个团共25000—30000人,分散经海运进入东北活动,并派肖华前去统一指挥。接到中央命令后,罗荣桓、黎玉立即致电中央,表示完全同意中央决定,坚决完成中央交给山东的任务,并马上按中央要求调动部队。

9月14日,占领东北的苏军派出代表抵达延安,就我党调兵进入东北的问题,与中共中央达成了谅解。

9月15日,中央作出了"迅速、坚决地在东北发展我党强大力量"的决定,要求"山东等地准备开往东北之部队,继续迅速前进"。

9月17日,中央电示山东分局:"胶东、渤海两军区的全部主力均应进入东北工作,肖华立即率干部数十人穿便衣经大连到沈阳与东北局接洽,不得迟误。"

从接到中央这一指示开始,组织部队去东北,成了山东分局的中心任务。然而,山东当时的局势非常复杂,八路军正在三条战线上作战。一是对不肯向我军投降的日、伪军发起进攻,收复被日军占领的城市。二是阻止顽军沿津浦线由徐州向山东进犯,当时吴化文部和李延年部已向北开进。三是美军太平洋舰队开到山东沿海,要求八路军撤出烟台和青岛,由他们的海军陆战队接收。山东正处在一个生死攸关的时刻,山东部队在任何一条战线打了败仗,都会导致山东局势失控,解放区就会变成国统区。山东局势同样关系到全局。在这个关键时刻,从火线上抽大量的主力部队下来并运过海去,谈何容易?怎么办?山东分局、山东军区虽然立即调整部署,组织部队陆续渡海,但进度却不尽如人意。

9月20日,中央正式通知罗荣桓到东北工作,中央致电山东分局:发展东北,进而控制东北,除各地派去的部队和干部外,中央完全依靠你们山东及山东的部队和干部,原则上山东全部力量去完成这个任务。中央的信任给了山东军民极大的鼓舞。然而,部队在分散作战,集中起来很不容易,加上连续作战,部队的伤亡和消耗都很大,需要休整和补充。另外,大部队渡海,原有的船只根本就不能满足需要,尽管是昼夜不断地发船,还是运得慢。

中央几次来电催促加快进度,批评的话可以说是"重量级"的。如:"不再容许有片刻迟缓。""渡海行动如此迟缓,已是大错,如不立即补救将逃不了历史的惩罚,望坚决完成任务。"

面对中央的批评,山东分局领导承受的压力之大可想而知。重病在身的罗荣桓几乎是夜以继日地工作,以至于天天尿血,严重时只能躺在床上进行指挥。在这种情况下,山东党和部队从上到下,没有一个人向中央喊难、叫屈,可以说竭尽全力去完成任务,以实现中央抢占东北的意图。

其实,造成迟缓并不都是山东方面的原因。按照中央的部署:新四军北移,接替山东部队的防务。新四军到不了,山东的主力部队就无法从火线上撤下来。10月5日,罗荣桓致电各军区并报中央,就阻击顽军北上作出部署。在电文的最后,罗荣桓指出:"如果我不求得在运动中给蒋军以坚决打击,不但影响今后山东阵地的巩固,还特别影响我对东北阵地的控制。"

10月5日,陈毅抵达临沂。10月6日,中央来电指示:"为指挥便利计,罗荣桓暂留山东,待各方部署妥善后,再照中央决定调动。"这份电报是中央对山东工作的理解和肯定。

10 月 16 日,陈毅成立了津浦路前线指挥部,指挥新四军和山东武装一起抗击向山东进犯的顽军。同时,第二批向东北进军的部队,在罗荣桓的指挥下大批地向龙口和蓬莱快速集结,一场声势浩大的海上运兵行动在渤海上展开。

二、昼夜兼程,北上部队争分夺秒快速集结

要完成 6 万部队渡海进军东北的任务,有两个先决条件是不可或缺的。

第一是要有船和畅通的海路,船只是全部渡海工作的最大难题。首批部队渡海时,沿海地区刚解放,渔民还来不及组织起来。在这种情况下,为了争取时间,沿海地区政府派人到海上召唤渔船回栾家口,找来一只船,部队就上去。大船载一个排,小船载一个班,装好一船就走一船。不久,山东军区在龙口组建了海运指挥部,并指定胶东军区司令员许世友负责。在很短的时间内,海运指挥部就动员了 170 余只船用于运送部队。为了打通海路,消灭和驱逐了北长山列岛的伪军,还派出部队占领了濒临辽东半岛的外长山列岛,基本控制了渤海海峡。并在沿途砣矶岛等岛屿设立了兵站,保障了海运畅通与军需供应。

第二是要有人,就是部队要满员、迅速地集结。为了把东北"抢"到手,国共双方在进行着一场调兵竞赛。山东是距东北最近的解放区,能不能抢得先机,就看山东部队能不能及时到达。为此,山东军区命令各北上部队要以最快的速度向渡海出发地集结。不少部队都是战斗一结束,根本不休整就往渡海点赶。胶东军区第十六团老战士刘玉臣回忆说,他们在即墨北营打了三天仗,歼灭日、伪军 200 多人,头天晚上刚从火线上下来,第二天一早

陈毅元帅

就急行军赶到孙守,然后乘上汽车往龙口赶,接着就登船渡海。

山东军区第二师老战士范礼彩当时是团部的侦察员。他说:我们从莒县的坪上出发,每天5点钟动身,晚上7点钟才宿营,总共急行6天,在第6天天黑前到达了龙口。接着就开动员大会,当晚10点就登船过海。

1945年9月27日,山东分局下达了《关于向东北或冀东行动部队做政治动员的指示电》。要求:在机动时,注意保密。高级干部应首先给以明确,部队动员不宜过早,到达海边地点前只提一般的机动口号,如"向北发展"、"准备占领大城市"等,以免泄露,对外不说,保证迅速到达,保证不逃跑。

山东军区第二十三团老战士丁立德所经历的政治动员是这样的:我们凌晨4点到达栾家口,下午4点多就吹哨开饭了。当时大家都预感到要有大行动,但去哪儿谁也不知道,吃完饭,全连集合。连长讲话:"你们今天咋啦?是不是害怕走路连话都不说了?我先告诉大家一个好消息,上边命令,今天不让步行,让坐船过海去东北。去东北是朱总司令下的命令,我们坚决服从,按时到达东北。现在我命令——各排上船!"

三、海陆并进,铁流6万下关东

山东渡海部队选定胶东半岛的龙口和蓬莱的栾家口两个渡口出海,在辽东半岛的庄河、皮口及大连老虎滩等地登陆。

渤海虽是我国的内海,但风急浪大却是有名的,我渡海部队不仅要面对大风大浪,还要应对各种复杂的情况。当时,控制渤海海峡的除了我军以外,还有三股力量。

一是占领东北的苏军。当时苏联与国民党政府签订了《中苏友好同盟条约》。条约给了苏联许多好处,如允许其长期使用旅顺海军基地、中长铁路由中苏共同经营等。作为交换,苏联保证苏军撤出时把东北管辖权交给国民党政府。因此,苏军在国共争夺东北一事上持中立态度。

二是美国海军。美国为了帮助国民党蒋介石运兵,军舰整天在海上游弋。

三是国民党不时地对我渡海渔船进行挑衅。

为了不暴露我军企图,减少各种摩擦,中央要求渡海部队换上便衣,不带重武器,在海上若遇到检查,就说是去东北的劳工。对于这段历史,《塔山名将吴克华》一书中有叙述:"轻装前进,重武器都留给老部队,只携带少许警戒用的轻武器。他们被告知,俟到东北,即可获得优良的装备。出于不便公开的原因,吴部不但留下大部分武器,甚至把八路军番号及灰色军装都留在胶东半岛。他们大都换上宽大的青灰衣裤,不少人头上戴着毡帽,装扮成渔民的模样。一些在胶东掷地有声的名字一夜之间消失了,吴克华也不叫吴克华,而叫吴克中,自接到渡海北上的任务之日起,吴克华就根据上级的意图把名字改了,10月底到海城才改过来。"

然而,山东一时拿不出6万套便衣给渡海部队,每只船只能发几套便衣给在甲板上活动的人员穿,大部分人只能穿着军装躲在船舱里。

船开起来,战士们才发现晕船的生理反应远比美军、国民党军可怕。山东籍的子弟兵大多没有渡海经验,遇到风浪时,船不停地摇晃,不少人大口大口地呕吐,有的把胆汁都吐出来了,躺在舱内不能起来。上船前部队规定了联络信号,一晕船战士们什么也顾不上了。可一听说有敌情,马上精神抖擞地投入战斗。

由于风大浪急船又小,有的船只遇到情况中途只好返回。从胶东半岛龙口港至大连港117海里,大连至庄河约60余海里的行程,快的船只一天一夜即到,慢的用了七天七夜才到。

为了争取时间,山东还有两个师是由陆路进军东北的,即由杨国夫率领的山东军区第七师和由刘其人率领的由渤海军区3个团组成的刘其人师。

截至1945年12月底,山东奉命进军东北的部队全部到达指定位置,总兵力为8个师,3个支队,总计6万余人,胜利地完成了抢占东北的战略任务。

抢占东北揭开了解放战争的序幕,山东兵立下了第一功。

2. 华东新四军入主山东

依照中共中央的总体部署,在山东主力部队开赴东北的同时,华东新四军主力北移:"新四军江南部队撤往江北,新四军军部北移山东,陈毅、饶漱石到山东工作。"1945年9月下旬,新四军军部及部分主力到达山东,陈毅亦由延安抵达临沂。

此间,由于国民党军队急欲由苏北沿津浦线假道山东北上,抢占华北及东北地盘,故新四军及山东部队的当务之急就是阻止国民党军队的北上。
遵照中共中央军委指示:新四军进入山东之部队,要与山东之鲁中、鲁南、滨
海、湖西、泰西之主力部队,组成一支强大的兵团,以阻击国民党军队北上。
依此,山东军队大致有以下几个阶段之变化:

(1)津浦野战军

1945年10月15日,首先组成津浦前线指挥部,由进入山东的新四军
第一纵队、第二纵队、第七师及山东军区第八师组成津浦野战军,由陈毅、黎
玉统一指挥。10月20日,中央任命陈毅兼山东军区司令员,更统一了指挥。

(2)新四军兼山东军区

1945年12月3日,中共中央军委指示:新四军军部兼山东军区领导机

山东临沂新四军军部旧址

关。此时,山东军区所属地方武装已达22万人。其领导机构为:

新四军军长兼山东军区司令员:陈毅;

政委:饶漱石;

第一副军长兼山东军区第一副司令员:张云逸;

第二副军长兼山东军区第二副司令员:罗炳辉;

副政治委员:黎玉;

参谋长:陈士榘;

政治部主任:舒同。

下辖三级军区:鲁中军区、鲁南军区、滨海军区、渤海军区、胶东军区等。

(3)山东野战军

1946年1月7日,撤销津浦前线指挥部,津浦野战军改编为山东野战军,下辖第一、第二纵队和第七、第八师,计7万余人。领导机构为:

司令员:陈毅(兼);

政治委员:黎玉(兼);

参谋长:宋时轮;

政治部主任:唐亮。

(4)华东军区

为进一步统一华东人民解放军的指挥,1947年1月下旬,新四军、山东军区、华中军区合编成华东军区。领导机构为:

司令员:陈毅;

政委:饶漱石;

副司令员:张云逸;

副政委:黎玉;

参谋长:陈士榘;

政治部主任:舒同。

下辖6个军区及其主要负责人:

鲁中军区:司令员王建安,政治委员向明,参谋长张仁初;

鲁南军区:司令员张光中,政治委员傅秋涛,参谋长赵一萍;

渤海军区:司令员袁也烈,政治委员景晓春、张晔,参谋长李发;

胶东军区:司令员许世友、林浩、谭希林,政治委员林浩、向明,参谋长贾若瑜。

另外2个军区为苏中军区、苏北军区(从略)。

(5)华东野战军

1947年1月,山东野战军与华中野战军合编为华东野战军,初辖12个纵队,计27.5万人(不含第十一、第十二纵队),后增至16个纵队。领导机构为:

司令员:陈毅;

政治委员:陈毅(兼);

副司令员:粟裕;

副政治委员:谭震林、粟裕、宋任穷;

参谋长:陈士榘;

政治部主任:刘先胜、张元寿、刘瑞龙、张震;

政治部副主任:钟期光。

下辖纵队及主要领导人:

第一纵队(辖4个师):司令员叶飞,政治委员叶飞(兼);

第二纵队(辖3个师):司令员韦国清,政治委员韦国清(兼);

第三纵队(辖3个师):司令员何以祥、孙继先,政治委员丁秋生;

第四纵队(辖3个师):司令员陶勇,政治委员王集成、郭化若;

第六纵队(辖3个师):司令员王必成,政治委员江渭清;

第七纵队(辖3个师):司令员成钧,政治委员赵启民;

第八纵队(辖3个师):司令员王建安、张仁初,政治委员向明、王一平;

第九纵队(辖3个师):司令员许世友、聂凤智,政治委员林浩;

第十纵队(辖2个师):司令员宋时轮,政治委员景晓春、刘培善;

(第十一纵队、十二纵队驻苏中、苏北,略)

第十三纵队(辖3个师):司令员周志坚,政治委员廖海光;

特种兵纵队:司令员陈锐霆,政治委员张藩。

另有:渤海纵队、先遣纵队、鲁中南纵队,均为1948年后重新编成。

解放战争期间,华东野战军及山东地方部队,为共产党方面山东作战的主力部队。

二、解放战争初期的斗争与鲁南战役

(一) 国共《双十协定》与津浦路战役

1945年8月日本投降之后,国共斗争的历史与现实都表明:内战不可避免。国民党蒋介石根本就不能容许共产党存在,而共产党不但要存在,还要实现自己的政治主张,这显然是蒋介石所不能容忍的。发动内战(蒋介石称为"剿匪"),实为蒋介石既定的不可移易的方针。

1. 国共"双十协定"

　　然而,经过 8 年零 1 个月艰苦、残酷抗日斗争的中国人民,渴望和平建国的愿望已成为当时压倒一切的社会倾向。同时,在国际上,苏、美、英三国均不赞成中国内战。因此,一方面迫于国内、国际舆论的压力,另一方面也由于蒋介石发动内战的条件尚不成熟,其 430 万大军大部分都在大后方,在中国的西南与华南,怎样能立即调至华北、东北与共产党争锋? 出于现实形势与策略上的考虑,蒋介石也需要摇动"和平"旗帜,以为自己争取内战的准备时间。同时,蒋介石对毛泽东"敢不敢"赴重庆,似乎还有一种负面的估计。因此,就在日本宣布投降的当月,蒋介石于 1945 年 8 月 14 日、20 日和 23 日,三次电邀毛泽东赴重庆进行和平谈判。蒋介石的如意算盘是:"三次电邀",充分表现了我"蒋某人"对于和平的"诚意",可由此取得舆论的同情与支持。如果你"毛某人"不敢来重庆,一切罪恶、祸乱的后果都要由你来承担,我更可"光明正大"地对你实施讨伐;如果你来重庆,我则可借"谈判"之机,调兵遣将,从容部署。如此一举多利之措施,我蒋某人何乐而不为? 同三国时"刘备招亲"一样,毛泽东不但敢于亲赴重庆,而且赴重庆之后,其整个行程与活动形势又远非国民党蒋介石所可以控制的。以毛泽东、周恩来、王若飞为首的中共代表团毅然于 8 月 28 日飞赴重庆,同国民党进行了 43 天的谈判,签订了《国共双方代表会谈纪要》,由于协定签订于 1945 年 10 月 10 日,故又称《双十协定》。

　　毛泽东亲赴重庆,并签订了《双十协定》,不但在政治上使共产党居于主动地位,而且使中国共产党的影响大增,而国民党则陷于被动地位。

　　2. 津浦路战役

　　国共双方桌面上的"和平进程",并没有阻止战场上双方的暗中角力,上章所叙关于"抢占东北"的斗争就是其具体实例。在《和平协定》公布与实施的过程中,也伴随着军事斗争。此时,国共双方虽已签订《双十协定》,但这只是"写在纸上的东西",《双十协定》如何付诸实施,仍要继续谈判,而且双方为争取实施中的有利地位,要"边打边谈",甚至以"打"为主,通过"打",来促成"谈"。所以《双十协定》签订后,仍是战事连绵。山东地区为双方军事对垒的主要接触点,故战事最为频繁。

　　(1)津浦路战役:1945 年 10 月 18 日至 1946 年 1 月。

双方战略目标:国民党一方,要"打通津浦路,进军华北、东北",拟将其在华东地区的 17 个军约 40 万人,通过津浦路,推向华北、东北战场。共产党一方:要控制津浦路,阻止国民党军北上。

对此,1945 年 10 月 19 日中共中央就对山东、华中方面作了部署:

10 月 19 日电文:

> 山东除竭尽全力组织渡海外,陈(毅)黎(玉)组织津浦战役是一件关系全局的大事。望陈、黎精心计划,组织一支至少三万五千至四万人的野战军,在徐州、济南间适当地区占领铁路一段并向南北扩大占领区,然后选择时机,歼灭蒋军一两个师,打一个开始的好胜仗。再连续各个击破顽军,准备歼灭顽军四五万人,方能解决问题。此外,再责令渤海军区负责协同冀中占领德州、天津间一段铁路,坚决歼灭北上蒋军,是为作战的辅助方向。①

10 月 22 日电,又依当时的军事进展,重申了这一目标。

1945 年 10 月,新四军军长兼山东军区司令员陈毅至津浦前线。15 日,组成津浦前线指挥部,统一指挥鲁南八路军、新四军及地方人民武装,阻止国民党军北上。

前此,在滞留日、伪军的接应下,国民党军已将其第二、第十二军于 10 月 11 日运达济南,其后,第九十七、第五十九、第七十七、第五十一军,亦向徐州方向开进。为阻止国民党军队北进,以陈毅、黎玉为首的津浦前线指挥部,以新四军军部所率第二、第四、第七师及山东军区留驻山东的部分主力部队为主体,组成"津浦野战军"(后称"山东野战军",简称"山野"),实施了这一战役。10 月 18 日,战役正式发起,前线指挥部命鲁中三师、四师位于兖州、泰安间,新四军五旅、九旅位于界河、两下店间,鲁南八师、警八旅攻邹县。19 日,山野首先攻克邹县、大汶口,歼灭日、伪军 2500 余人,生俘日军 366 人。11 月 3 日,新四军入鲁部队在界河以北伏歼伪军吴化文部 4000 余人。11 月 11 日至 12 月中旬,山野第八师先后攻克滕县及临城(今薛城)外围据点,完全控制了津浦线兖州至徐州段 190 公里,彻底打破了国民党军

---

① 《毛泽东军事文集》第 3 卷,军事科学出版社、中央文献出版社 1993 年版,第 65 页。

打通津浦路的企图。

　　其后,1946 年 1 月 7 日,国民党军又组织 10 余万兵力分三路向津浦路以东地区进犯,山野集中主力部队反击其右路,歼敌 2000 余人,迫敌余部仓皇缩返徐州。

　　此次战役中,在政治斗争与军事压力的双重作用下,促使国民党改编之伪军郝鹏举部万余人在台儿庄地区起义。

　　此次津浦路战役,历时 70 余天,山野以伤亡 6000 人的代价,全歼国民党第五路军总部、第一军军部和 6 个师官兵 28000 余人。在攻占滕县的战斗中,山野第八师师长兼政委王麓水牺牲。

　　(2)胶济、津浦路战役:1946 年 6 月 7 日—16 日,又称"讨逆战役"。

　　1946 年 1 月 10 日,国共双方在《停战协定》上签字。但此后,国民党军及其收编之伪军多次进犯共产党解放区,其收编之土顽伪军尤为嚣张。为打击其气焰,保卫解放区,山东军区留驻当地的部队发起"讨逆战役",分别讨伐了胶济线东段的赵保原,西段的徐振中、张景月,津浦北段德州地区的王金祥,鲁南枣庄地区的王继美等。从 6 月 7 日至 16 日,共歼敌 3 万余人。其中赵保原、王继美被击毙。

　　至此,在山东境内,除济南、兖州、潍县、青岛等少数孤立据点外,已全部成为解放区。

(二)　"军调处"在山东的活动与国民党军"全面进攻"

　　《停战协定》于 1946 年 1 月 13 日生效。及至蒋介石兵力部署均已到达预定位置,"停战协定"立刻就变成了一纸空文。

　　1."军调处"在山东的活动

　　依《停战协定》规定,1 月 13 日午夜"停战令"生效。为监督停战令的实施,组成了由国民党、共产党和美国三方代表参加的"军事三人小组"及"北平军事调处执行部"。为执行《停战协定》,中共方面立即发布紧急命令,要求所属各部严格执行"停战令";然国民党军却无视"停战令"的生效,频频发动袭击中共军事防区的事件。1 月 18 日,军事调处执行部济南小组之三方代表抵泰安视察,同时制止泰安城内国民党军队违约进攻城郊中共山东军区防区之行为。1 月 23 日,军事调处执行部驻徐州之三方代表,由徐州飞抵峄县,会晤新四军军长兼山东军区司令员陈毅,中共方面提出了国民党军队违背《停战协定》的确实资料。1 月 30 日,该小组又飞抵临沂,中共山东军区参谋长陈士榘据实揭露了国民党军队的挑衅与造谣。本月,中共方面曾派邝任农、王彬、王众音、符浩、宋时轮等,分别参加了胶济铁路、德州、泊镇及徐州方面的军事调处执行部的工作。由于《停战协定》不过是蒋介石的缓兵之计,根本无法起到实质性的作用。

1946 年 3 月 2 日,军事三人小组中共代表周恩来、国民党代表张治中、美方代表马歇尔抵达济南,中共新四军及山东军区负责人陈毅、黎玉前往会晤,当日下午,陈毅又陪同三人小组飞抵徐州。此间,陈毅多次参加军事调处活动。

6 月 1 日,新四军军长兼山东军区司令员陈毅向三人军事小组及北平军事调处执行部发出照会,指出,自停战令下达后,国民党军队向华中、山东解放区进攻达千余次,侵占城镇 300 多处,并强烈要求国民党军队停止进攻,退出侵占地区。由于"调处"无效,6 月 7 日,山东军区部队发起了"讨逆战役"(前已叙述)。

6 月 10 日,济南军事调处执行小组中共代表的电台被国民党特务抢走,人员遭围困,济南军事调处工作被迫停止。

2. 国民党军"全面进攻"拉开帷幕

1946 年 6 月中旬,蒋介石悍然撕毁《停战协定》和政协决议,调集 30 万大军企图围歼中共方面的中原野战军(郑位三、李先念、王震部);同时,又调集 46 万兵力至华东战场,以徐州、蚌埠、济南为中心,采取"由南向北、由西向东,逐步压缩"的方针,企图占领中共华东解放区。对此,中共方面亦早有觉察,1946 年 6 月 19 日,中共中央给"郑、李、王"的电报即称:"宁周电①称:蒋决定大打,你处须随时注意敌情,准备突围。"同一天,又发电报给"陈(毅)、舒(同)、刘(伯承)、邓(小平)、薄(一波)",要"准备对付蒋军对胶东、苏中的大举进攻"。②"山雨欲来风满楼",大战在即,各个战场都处于紧张戒备状态。

国民党军对中共山东解放区的全面进攻,始于 1946 年 6 月 22 日在胶

---

① "宁周电"指南京周恩来的来电。
② 《毛泽东军事文集》第 3 卷,军事科学出版社、中央文献出版社 1993 年版,第 274—275 页。

济路沿线的进攻。国民党军共出动 8 个整编师(相当于"军")、21 个旅(相当于"师"),约 17 万人。其中,国民党徐州绥靖公署第二绥靖区司令官王耀武,即指使其所辖 5 个军 15 个师,约 12 万人,分别由济南、潍县、青岛对胶济线发起进攻,并声言:"半个月内打通胶济路。"第三绥靖区司令官冯治安指挥 3 个整编师共 6 个旅,由贾汪、韩庄向台儿庄、枣庄进攻。另有伪军孙良诚、吴化文部亦先后开始进攻。

中共中央亦于 6 月 22 日发出指示:以"着重向南",对付蒋介石之"着重向北";"以胶东部队对付青岛、潍县之敌";"以渤海部队对付济南之敌";"鲁中、鲁南、滨海及新四军主力部队全部南下"。6 月 26 日,中共华东中央局和山东军区由陈毅主持召开区党委、军区和野战部队领导人会议,传达中央指示,确定各部之任务。7 月 1 日,华东局颁发动员令,山东野战军部队开始反击,国共全面内战爆发。

此期,在山东境内主要进行了胶济路东段阻击战(即墨保卫战)、胶济路西段反击战以及淄川、博山地区的保卫战,自 6 月 22 日开始,至 10 月中旬结束,共歼敌 1.2 万人。山东野战军之主力部队,则进入淮北的津浦路以东地区,会同华中野战军第九纵队,进击津浦路之徐州、蚌埠段。

又,为执行《双十协定》和政协决议,中共领导的东江纵队 2500 余人,在司令员曾生、副司令员张作尧率领下,从广东东江地区出发,乘美国登陆舰于 7 月 5 日抵达烟台,后至临沂,编入华东野战军序列。

3. 鲁西南的几次重要战役

国共全面战争虽然同时爆发于全国各地,其实质仍是"全国一盘棋",各个战场相互连动,相互配合,相互影响。为配合中原野战军顺利突围,1946 年 8 月 10 日至 22 日,刘伯承、邓小平率晋冀鲁豫野战军在陇海路开封至徐州段进行了重点反击,解放县城 5 座,破坏铁路 300 余里,歼敌 1.6 万人,迫使蒋介石急忙从陕南、豫西抽调 3 个整编师,从淮北、徐州抽调 1 个军、2 个整编师至冀鲁豫战场 ①,由此,先后形成了定陶战役、巨野战役、鄄南战役、巨金鱼战役。

(1)定陶战役

①数据依《山东省志·军事志》,《山东省志·大事记》的数据略有差异。

1946年8月28日,国民党调集郑州、徐州两绥靖公署的14个整编师32个旅,共约30万人,由东、西两路向冀鲁豫解放区进攻。东路为徐州绥署薛岳所属,自徐州、砀山、虞城一线进攻单县、成武、鱼台等地;西路为郑州绥署刘峙所属,自开封、考城(今兰考县)、商丘一线向东明、定陶、曹县方向推进;另有西路部队13个旅在安阳、新乡地区佯动,以配合主战场作战。

中共方面晋冀鲁豫野战军的部署是:以第三、第六、第七纵队的主力集结于定陶西南地区;将第二纵队集结于东明东南地区;预定在定陶以西、安陵集(菏泽市境)、韩集(曹县境)以东地区,歼灭敌整编第三师;并以第六纵队的2个团,采取运动防御的方式,既阻击和迟滞敌整编第三师的进攻,按计划诱敌至预定战场。

9月3日下午,国民党军整编第三师进至大杨湖地区,其紧相邻的整编第四十七师则被阻隔于桃源集、常乐集之南,敌方其他相邻部队亦各被我方钳制。当日午夜,晋冀鲁豫野战军即对敌整编第三师发起攻击。经6天激战,歼灭该师及整编四十七师等部4个旅,共17200余人,活捉其整编第三师师长赵锡田。

(2)巨野战役

又称"龙堌集运动防御战"或"龙凤之战"。此战为定陶战役的继续,因其初战在龙堌集地区,终战在张凤集地区,故有"龙凤"之称。

定陶战役后,国民党军薛岳绥署之第五军、整编第八十八师及整编第十一师,于1946年9月上旬继续向冀鲁豫解放区进攻,由金乡、单县、成武进占定陶、菏泽,9月25日,复东进巨野龙堌地区。自9月29日至10月8日,晋冀鲁豫野战军发起反击,以运动防御的形式,在龙堌集周围及张凤集(或写作"章逢集")一带,共毙伤俘敌军主力5000余人。

(3)鄄南战役

此战仍是前战的继续,是一次遭遇战。

巨野战役后,国民党军郑州绥署第四绥区刘汝明部及第五绥区孙震之一部共8个整编师,分三路,分别从金乡、柳林集(巨野西南)、菏泽及河南之滑县地区向嘉祥、巨野、濮阳(今山东鄄城)进攻,企图围歼晋冀鲁豫野战军于鲁西南地区。晋冀鲁豫野战军避强击弱,立即向濮阳地区转移。途中,获悉敌第四绥区整编第六十八师第一一九旅及整编第五十五师第二十九旅

第八十六团等部,由菏泽向鄄城孤军冒进,遂当机立断,决定与该部打一次预期的"遭遇战"。当该部进至鄄城以南之高魁庄、苏屯、任庄一带时,晋冀鲁豫野战军即分兵由鄄城东南和西南绕至敌后,南北兜击,激战3日,全歼该敌9000余人,生俘敌第一一九旅旅长刘广信。

(4)巨金鱼战役

这是一次内、外线交叉的较为复杂的战役。1946年11月,国民党军郑州绥署以王敬久整编第二十七军、王仲廉整编第二十六军军部共10个旅6万余人,分别由东明、滑县向濮阳、内黄进犯,企图寻晋冀鲁豫野战军主力决战,晋冀鲁豫野战军以第七纵队于12月22日攻占聊城,巩固后方。以第二纵队及冀南军区独立第四旅及地方武装进至濮县、观城、清丰等地,伪装成野战军主力积极袭扰、阻击,以迷惑敌人,掩护我主力转移。我方主力第三、第六、第七纵队等相机南下向鲁西南敌占区实施外线出击。

1947年1月1日,三纵攻占巨野、嘉祥,三纵、六纵强攻金乡。1月7日、8日,国民党军徐州出援之整编第八十八师第六十二旅及整编第七十师第一四〇旅,经鱼台进至金乡东南地区;另有两部亦从菏泽、巨野驰援金乡。晋冀鲁豫野战军遂将作战方针改为"围城打援",首先在鱼台西北之崔庄、杨庄、胡海子地区,乘风雪夜击徐州来援之敌方先觉部,毙敌2000余人,俘敌旅长以下7000余人;后,又在定陶、成武间继续歼灭刘汝珍、张岚峰两部之部分兵力。至1月16日,战役结束,前后共歼敌正规军3个半旅,连同国民党地方武装,共歼灭1.6万人,收复县城9座,缴获相当数量的车辆、枪支弹药。

这四次战役的最高指挥者为刘伯承、邓小平,其参战部队的具体指挥者为陈再道、杨勇、张霖之、陈锡联、彭涛等将军。

(三)两淮与涟水的经验教训

1. 由苏中"七战七捷"说起

解放战争时期,山东战场是国共交锋的主战场之一。在山东战场,华东野战军是共产党一方的主力部队,其前身是陈毅为司令的山东野战军与粟裕为司令的华中野战军。正是陈毅与粟裕的联手,在苏北与山东战场写下了光辉的篇章。而这篇杰作的实际起点是宿北战役与鲁南战役,其前奏,则是苏中的"七战七捷"与"两淮"（淮阴、淮安）、涟水战役。

1946年6月24日，蒋介石公然宣称："四十八小时以后将有惊人之举。"①这个"惊人之举"，就是调集30万大军围攻中共领导的中原军区湖北宣化店地区的中原人民解放军。这就是全面内战的第一枪。

与中原军区紧相毗邻，蒋介石内战的第二枪便指向了中共华中军区所在地——苏中解放区。华中军区主力部队为华中野战军，辖有第一、第六师和地方武装升格组成的第七、第十纵队，共19个团，3万余人。1946年7月上旬，国民党军第一绥靖区决定派5个整编师共15个旅12万人，进攻苏中解放区。国共兵力数量对比为四比一，而国军武器装备又明显优于共军，故蒋介石部署完毕之后即扬言："三个星期足以收复苏北，再三个星期结束苏皖会战。"②

然而，战争的胜负并不是单纯的军队数量与装备所能决定的。中共苏中部队在粟裕司令员的指挥下，坚持"集中优势兵力，各个歼灭敌人"的作战原则，巧妙地利用内线作战的各种有利因素，使敌方在战场上如聋、如瞎，我方则如鱼在水，进退自如。虽然敌我力量在总体上是四打一，而在每次具体战役的实施中，则正好反过来，我对敌是五打一或六打一，这就是苏中战役"七战七捷"的秘诀所在。自7月13日苏中战役打响，至8月31日战役结束，华中野战军七战歼敌共5.3万余人，几乎是己方军队数量的1.7倍！

经过苏中战役，华中野战军歼灭了蒋军的有生力量，同时也放弃了苏中解放区的一些县城，海安、如皋等均被蒋军占领。由此，国民党军对苏中解放区形成了南北两线作战的形势：南线，经苏中数战，国军被华中野战军阻截于海安、如皋以南地区；北线，国军欲攻两淮（淮阴、淮安），中共中央则令陈毅率山东野战军与之周旋。

2. 两淮战役与涟水战役的经验教训

1946年9月上旬，国民党军徐州绥靖公署决心迅速攻占两淮，进而消灭中共华中野战军。其部署是：以国民党军五大主力之一的整编第七十四师担任主攻，以桂系第七军东渡运河攻占泗阳等地，掩护整编第七十四师的左侧安全，以第二十八师第一九二旅为预备队，紧随整编第七十四师之后跟

①张光彩编著：《开国第一将粟裕》，中共党史出版社2007年版，第35页。
②同上书，第37页。

进,并掩护其右侧安全。整个部署由徐州绥署副主任李延年统一指挥,限定于 9 月 16 日前攻占淮阴。

针对国民党军兵力部署及战略意图的变化,中共方面亦作了相应的调整:其一,为确保鲁、苏两解放区之间的联系,陈毅所部山东野战军由鲁南移师苏北,至江苏省沭阳以南地区,又进一步移至淮阴、泗阳间运河北岸地区;其二,华中野战军由粟裕、谭震林率主力立即开赴两淮,日夜兼程。由此,山东、华中两野战军即开始融为一体,共同对付当面的国民党军。正是从这时开始,华中野战军与山东野战军开始寻求组织上的合并:粟裕、邓子恢、张鼎丞、谭震林于 9 月 20 日联名致电中央军委与新四军军部,希望"两个野战军集中行动以改变战局";次日,陈毅致电中共中央及张、粟、谭,同意他们的建议,并主张两个指挥部合成一个。中共中央军委收到上述电报,表示同意,并提出:"山野、淮野两军集中行动,两个指挥部亦应合一,提议陈毅为司令员兼政委,粟裕为副司令员,谭震林为副政委。"①这就是 1947 年 1 月正式成立的华东野战军。

正是从国民党军攻占"两淮"开始,中共华东野战军与国民党军徐州绥署的主力部队"扭打"在一起,由"两淮",至涟水,至宿北,至鲁南,至莱芜,至孟良崮……

国民党军队的基本目标是:攻克解放区的城镇,"收复"解放区,并进而消灭粟裕的华中野战军,消灭陈毅的山东野战军。所以,当国军整编第七十四师刚刚占领"两淮"之际,李延年立刻为张灵甫向蒋介石请功,称张灵甫"深体委座宏旨,指挥有方","出师三日,连下两淮","粟裕主力死伤殆尽,争相逃之夭夭"。蒋介石闻讯,立即传电三军:"张灵甫不愧为模范军指挥官,李延年果不负党国厚望。两淮既克,平定苏皖不远,希再接再厉,迅速扩大战果,谨备勋章重赏以待。"②

此次攻占淮阴,张灵甫实死伤甚重,阵亡团长两名,营长六名,本拟调回南京休整,然一听蒋通电嘉奖,竟一拍胸脯:"拿下涟水再说。"于 10 月 19日再挥师猛攻涟水。

不料粟裕对此已有预料,早在涟水城南废黄河堤上布下了三道防线,阵

---

① 张光彩编著:《开国第一将粟裕》,中共党史出版社 2007 年版,第 71 页。
② 同上书,第 69 页。

地前沿及河底设置鹿砦(以尖木排列的暗桩),全线以交通壕相连。废黄河堤横亘涟水城南,河底高度超过城墙,一旦跨越河堤,涟水城便如囊中之物。所以,这里也正是张灵甫选定的正面攻击前沿。粟军早有准备,严阵以待,张军装备精良,气焰嚣张,故此次战役,从10月19日到11月1日,激战14天,方告结束。粟部第十纵队司令员谢祥军光荣牺牲,并以伤亡6000多人的代价,换取了歼敌9000多人的战绩,缴获各种炮15门,枪7000多支,炮弹、枪弹40万发。

总体来说,这次基本上是一次"消耗战",但是,它打击了张军七十四师的嚣张气焰,打破了七十四师"不可战胜"的神话。此战之后,张灵甫亦略见清醒,他在给国军整编第十一师师长胡琏、第七军军长方先觉的电文中说:"匪军(指共军)无论战略、战役、战斗,皆优于国军。数月来,匪军向东则东,往西则西。本军北调援鲁,南调援两淮,伤亡过半,决战不能。再过年余,死无葬身之地。吾公以为如何?"①张灵甫的估计还是有点乐观了,涟水战后,不过半年多一点,张灵甫及其整编第七十四师就全军覆没于孟良崮战役。其埋葬者,正是陈毅、粟裕率领的华东野战军。

共产党军队虽然也要守卫地盘,特别像作为华中军区首府的"两淮"(淮阴、淮安),但是,他们更看重的是消灭敌方的有生力量:人存则地存,人亡则地失。对此,陈毅、粟裕都有过类似的表述:

粟裕在总结淮阴失守的经验教训时说:

> 两淮不应该也不可能长期坚守,当时我军还不具备歼灭整编第七十四师的条件。为了保存有生力量,主动撤出两淮,是符合我军战略方针的。若因两淮是华中首府,便以保卫这个城市为目标,同敌人进行战役决战,则是错误的,那就会吃大亏。②

陈毅在离开苏北返回鲁南之前的一次报告中说:

> 两淮能不能守?是不是"马德里"?——失守不可避免,造成的困难是有的,但对整个局势没有大的影响。临沂能不能守?也可以守一

---

① 张光彩编著:《开国第一将粟裕》,中共党史出版社2007年版,第78页。
② 同上书,第70页。

下,最后还是不能守。……延安能不能守? 我看也是要放弃的。这些统统都不要紧,最后全中国都是我们的。①

陈、粟总结经验教训集中到一点:歼灭敌方的有生力量是基本的战略目标,绝不可拘泥于一城一地之得失。

(四) 宿北战役

宿北,指江苏省宿迁市东北部,战场已近沭阳一带。宿北战役,是陈毅、粟裕华东野战军进行大兵团运动歼灭战的开始,是华东战局的第一个转折点。

苏中、苏北战场,经过"七战七捷",经过"两淮"、"涟水"以及"盐城南部反击战",总共歼灭蒋军已有9万人之多。就全国战局而言,经过4个月的作战,已歼灭国民党军32个旅,约占其总兵力的六分之一。然而,就总体兵力对比来看,依然是国民党军占优势,约需歼灭其七八十个旅,国共双方力量方可趋近平衡。因此,共产党军面对的艰巨任务,仍是"大量歼灭敌人的有生力量"。逐步扩大歼灭战的规模,就成为扭转战场形势的关键所在。

对于国民党一方来说,一方面是大量有生力量被歼灭,另一方面是所"收复"的中共解放区的100多个城市,又需要相当一部分兵力去驻守;这一消一长,就使国民党手中的"机动"兵力越来越少。战线拉长,兵力不足,这更促使蒋介石急欲"迅速"解决中共之兵力。正是在这一背景下,蒋介石制定了一个迅速"结束苏北战事"的计划。其具体部署是:在徐州绥靖公署主任薛岳指挥下,集中12个整编师28个旅的兵力,从东台、淮阴、宿迁和枣庄、峄县,分四路进攻,切断山东与华中的联系,聚歼华中野战军(粟裕部),或者迫使华中野战军退至陇海路以北。

此时,粟裕指挥的华中野战军仍在苏北盐城、涟水一带,陈毅指挥的山东野战军主力已经回到鲁南地区。就是说,从鲁南峄、枣地区至苏中东台地区,在此南北绵延千余里的战线上,几十万蒋军已对山东、华中两野战军形

①张光彩编著:《开国第一将粟裕》,中共党史出版社2007年版,第79页。当时中共中央尚未放弃延安。

成了半包围态势。——是危机,也是战机。陈毅、粟裕经反复电商,决定从敌军的四路兵力中,选取一路,集中兵力速歼之。

当时敌情与陈、粟的具体部署是:

敌方由东台、淮阴及北部峄、枣地区出动之敌,行动较谨慎,而由宿迁东犯之敌为敌整编第六十九师和整编第十一师,较骄狂,而且此敌所进击之路线正处于我两支野战军主力之间,更便于我军夹击,陈、粟遂决心歼灭此敌。

1946 年 12 月 13 日,陈、粟第一次以"华东野战军"名义发出预备命令,署名:华东野战军司令员兼政治委员陈毅,副司令员粟裕,副政治委员谭震林,参谋长陈士榘。12 月 14 日将作战方案上报中央军委,第二天 12 月 15 日即收到军委复电:"决心与部署甚好,战况望随时电告。"①

敌方进军路线正如粟裕所料,由宿迁向东北方向之沭阳、新安镇(今江苏省新沂市)攻击前进。由于敌方主力很快呈扇形展开,华野当机立断,立刻实施穿插分割,指挥部队隐蔽接敌,向戴之奇整编第六十九师发起突然袭击。陈、粟的前线司令部先到达宿迁东北的阴平、叶庄,随战役进行,又进至靠近主战场的司吾山五华顶。一位当时曾到过叶庄指挥所的章维仁目睹了陈、粟指挥作战的生动情景:

> 前线指挥所设在阴平西面叶庄的一个独立家院,三间坐北朝南的茅草房。 、
>
> 12 月 15 日晨,章维仁走进房里,只见墙上挂满了作战地图,粟副司令员站在一条长板凳上,一手按着地图,一手拿着话筒,正在与前线指挥员通话。他时而对站在左边的陈司令员讲几句话,陈点点头,又继续与前线通话。大约过了半个小时,才与前线通完电话。
>
> 这时,陈毅司令员转过身来,对章维仁说:"这次我们布了一个口袋阵,六十九师已经被我军完全包围。"他哈哈大笑,用右手指指军服上的口袋说:"这一仗是瓮中捉鳖,我们完全有把握一周之内消灭它!"②

---

①张光彩编著:《开国第一将粟裕》,中共党史出版社 2007 年版,第 81 页。
②同上书,第 82 页。

战役的进展比陈毅预期的还要快,12月15日黄昏战役正式打响,经一夜激战,次日拂晓,华野即占领了该役战略要地峰山,牢牢控制了关系战役全局的制高点。此间,双方多次猛烈冲锋与猛烈反扑,敌六十九师师长戴之奇向徐州绥署副主任吴奇伟苦苦呼救,吴已指挥不动整编第十一师师长胡琏了。至19日,仅4天时间即全歼六十九师3个旅,重创整编第十一师。中将师长戴之奇自杀,中将副师长饶少伟、少将参谋长张东彝被俘。

此役,华野以伤亡8000人的代价,歼灭国民党军2.1万余人。这一数字,为解放战争开始以来一次歼敌的最高纪录,成为华东战场大兵团作战与大规模歼敌的一个新的起点。

(五)鲁南战役

在宿北战役即将结束时,陈毅、粟裕即开始酝酿下一个战役。就在此时,1946年12月18日,中共中央军委即致电陈、粟:宜集中主力歼灭鲁南之敌,相机收复峄县、枣庄、台儿庄地区,以使鲁南获得巩固。由此,山东即成为华东地区的主要战场。

同样,宿北战役刚刚落幕,国民党军徐州绥署也开始了新的部署。一方面,薛岳令张灵甫整编第七十四师、桂系第七军由涟水北进,与整编二十八师相衔接,并欧震兵团到齐后,再审慎北犯;另一方面,先期进犯鲁南的马励武整编第二十六师、第一快速纵队、周毓英整编第五十一师及冯治安整编第三十三军,现仍在峄县、枣庄及台儿庄地区。由于中央军委、毛泽东一再强调鲁南作战的重要性,华野陈、粟也进一步意识到鲁南战略地位的重要,遂下决心,挥师北上。除留谭震林在苏北坚持指挥部分华中部队外,陈毅、张鼎丞、粟裕,于12月底先后移至鲁南。至此,山东军区与华中军区、山东野战军与华中野战军机关正式合并,实行统一领导,统一指挥。

到鲁南,下一个作战目标如何选择,如何确定,成为制约战局的关键所在。

在前述鲁南蒋军中,马励武部及第一快速纵队为蒋介石嫡系,全部美械装备,是该路主力;周毓英部原系张学良的东北军,冯治安部原系冯玉祥的西北军,装备均较差,与蒋之嫡系有矛盾,并不愿意为蒋卖命。若选打弱敌,如冯治安部,虽易打,但难以取得相应的战略效果,选打马励武部,有一定难度,但效果可能扭转华东战局。为实现中央军委的战略意图,陈、粟精心筹划,决心选打马励武。一则马部先期进展顺利,颇有骄横之意;二则华野可以迅速集结 27 个团的兵力,以对付马的 6 个团,兵力四倍于敌,可以占据绝对优势,而敌方对此并不知情,又可收到出其不意的效果。

1947 年 1 月 2 日,马励武以为东进临沂城指日可下,命令部队停在马家庄一线,杀鸡宰羊,欢庆新年,自己亦到峄县县城去寻乐。正在马励武观看京剧《风波亭》时,华野发起了攻击,使毫无觉察的整编二十六师陷入一片混乱状态。经一夜激战,即歼灭其师部及 2 个旅的大部,并把残敌与第一快速纵队包围在吴家桥、作字沟(在苍山县西南部)一个狭小的地区内。

1 月 4 日,正当华野即将发起总攻之际,突然寒风骤至,雨雪纷飞,顿时洼地积水,道路泥泞不堪,敌方第一快速纵队的重装备一下变成了累赘,陷在泥中,无处可逃,敌军竟为这些高级装备苦不堪言。当日下午,整编二十六师与第一快速纵队 3 万余人全部覆灭。

战后,陈毅等巡视战场,一个俘虏坦克兵自吹在抗日战争印、缅战场如何冲锋向前,今天却败得这样惨!陈毅当即哈哈大笑,且即兴赋诗一首:

快速纵队走如飞,印缅归来自鼓吹。
鲁南泥泞行不得,坦克都成废铁堆。
快速部队今已矣,二十六师汝何为?
徐州薛岳掩面哭,南京蒋贼应泪垂。①

就在二十六师面临被歼的紧急时刻,徐州薛岳曾急令整编第三十三军第七十七师火速增援,但该师仅以小部队进至横山、兰陵一带"佯动",师部则率主力撤至台儿庄附近。在二十六师左邻的整编五十一师也未敢增援。

华野在歼灭二十六师之后,迅速向峄城进击,歼灭了二十六师的留守机关及临时抽调的整编五十一师的部分兵力,活捉二十六师中将师长马励武。在 1 月 10 日之后的第二阶段作战中,陈、粟又精心部署,歼灭了驻守枣庄、齐村的整编第五十一师师部及所属 1 个多旅,生俘中将师长周毓英。

鲁南战役,从 1947 年 1 月 2 日至 20 日,共 18 天时间,华野以 8000 人

①转引自《山东省志·军事志》,山东人民出版社 1996 年版,第 894 页。

的伤亡代价,歼灭国民党军整编第二十六师、整编第五十一师和1个快速纵队,共5.3万人,生俘两名中将师长,缴获坦克24辆,汽车474辆,火炮217门,及其他大量军用物资。1947年1月21日,中央军委、毛泽东在发给"陈、粟、谭"的电文中称:

> 三十五天内你们歼灭第六十九、第二十六、第五十一等三个整师,取得空前大捷。①

1947年1月23日,是中国传统的春节,华东战区双喜临门:一是鲁南战役空前大捷;一是华东野战军正式成立(山东、华中两个野战军正式合编),陈毅任司令员兼政委,粟裕、谭震林、陈士榘、唐亮等任职前已叙述,下辖11个步兵纵队和一个新组建的特种兵纵队,总兵力27.58万人。

鲁南战役国共双方战斗序列为:

国民党军——徐州绥署(薛岳):

整编第五十一师(周毓英)——辖第一一三旅、第一一四旅;

整编第二十六师(马励武)——辖第四十四旅、第一六九旅;

第一快速纵队——辖第八十旅及战车团、汽车团、炮兵五团等;

整编第三十三军(冯治安)——辖第五十九师、第七十七师。

另有整编第五十二师之九十八团。

中共山东、华中野战军(陈毅、粟裕):

左纵队——山东野战军第一纵队,辖第一师、第二师、第三师(共7个团);

华中野战军第一师②,辖第一旅、第二旅、第三旅(共8个团)。

右纵队——第八师(3个团)、第九师(3个团)、第十师(3个团)、滨海警备旅(2个团)。

另有鲁中军区炮兵团及第四师第十团。

---

①《毛泽东军事文集》第3卷,军事科学出版社、中央文献出版社1993年版,第632页。
②当时山东、华中两野战军尚未组合成华东野战军。

三、莱芜战役

（一）"集中优势兵力，各个歼灭敌人"

"集中优势兵力，各个歼灭敌人"，是中共中央关于华东战场的战略性指导方针。称之为"战略性指导方针"，是指它并不局限于某一战役，而是这一时期所有战役都必须遵行的基本的作战方针。华东战场自苏中战役以来，先后经过了"两淮"、"涟水"、"宿北"、"鲁南"等重大战役，经验与教训时时表明：要想实现战略上的"以少胜多"、"以弱胜强"，在战役、战术上必须保证以绝对优势"以多胜少"、"以强击弱"。这就是"集中优势兵力，各个歼灭敌人"这一基本作战方针的依据。

明确这一方针，是理解或解释解放战争时期山东战场以及华中、华北各主要战场克敌制胜的一把钥匙。

这一方针本是共产党军队自建军以来多年形成的传统。但是，在抗日战争时期，面对当时的敌我形势与兵力对比，八路军的基本作战形式只能是"以分散兵力打游击战为主，以集中兵力打运动战为辅"。而进入到解放战争时期，情况变了，一方面，共产党所领导的八路军、新四军已经成长为有正规军部队百万人以上的野战军，另一方面，所面对的国民党军队，是在武器装备方面明显优于自己，而且在数量上也超过己方四五倍兵力的一支庞大队伍，不消灭敌方的有生力量，根本不可能改变战局。而近期这一方针的明确提出，则源自华中野战军（粟裕、谭震林部）苏中"七战七捷"的作战经验。1946 年 7 月 13 日至 8 月 31 日，由粟裕任司令员、谭震林任政治委员的华中野战军，依托江苏中部解放区内线作战，连续作战七次，先后歼灭国民党军 1 个整编师师部、6 个旅、1 个团和 5 个交警大队，共 53700 余人，被誉为"七战七捷"。当第七次作战战果尚未报达中央之时，中共中央军委于 1946 年 8 月 28 日即总结《华中野战军的作战经验》，电报传发给中共所属各战略区的首长；次日，又提出《山东、华中的歼敌方针》，下发各部。其后，又于 9 月 13 日、9 月 16 日、9 月 18 日、9 月 20 日，连续重申这一歼敌方针。①

①参见《毛泽东军事文集》第 3 卷，军事科学出版社、中央文献出版社 1993 年版，第 440、478、482—484、487、490 页。

其中,《集中优势兵力,各个歼灭敌人》等文,集中阐释了这一基本方针。摘要于下:

(一)集中优势兵力,各个歼灭敌人的作战方法,不但必须应用于战役的部署方面,而且必须应用于战术的部署方面。

(二)在战役的部署方面,当着敌人使用许多个旅(或团)分几路向我军前进的时候,我军必须集中绝对优势的兵力,即集中六倍、或五倍、或四倍于敌的兵力,至少也要有三倍于敌的兵力,于适当时机,首先包围歼击敌军的一个旅(或团)。这个旅(或团),应当是敌军诸旅中较弱的,或者是较少援助的,或者是其驻地的地形和民情对我最为有利而对敌不利的。我军以少数兵力牵制敌的其余各旅(或团),使其不能向被我军围击的旅(或团)迅速增援,以利我军首先歼灭这个旅(或团)。得手后,依情况,或者再歼敌军一个旅至几个旅。

……

(四)这种战法的效果是:一能全歼,二能速决。全歼,方能最有效地打击敌军,使敌军被歼一团少一团,被歼一旅少一旅。……全歼,方能最充分地补充自己。这不但是我军目前武器弹药的主要来源,而且是兵员的重要来源。全歼,在敌则士气沮丧,人心不振;在我则士气高涨,人心振奋。速决,则使我军有可能各个歼灭敌军的增援队,也使我军有可能避开敌军的增援队。在战术和战役上的速决,是战略上持久的必要条件。

……

(六)集中兵力各个歼敌的原则,是我军从开始建军起十余年以来的优良传统,并不是现在才提出的。但是在抗日时期,我军以分散兵力打游击战为主,以集中兵力打运动战为辅。在现在的内战时期,情况改变了,作战方法也应改变,我军应以集中兵力打运动战为主,以分散兵力打游击战为辅。而在蒋军武器加强的条件下,我军必须特别强调集中优势兵力、各个歼灭敌人的作战方法。

……

(九)集中兵力各个歼敌的原则,以歼灭敌军有生力量为主要目标,不以保守或夺取地方为主要目标。有些时机,为着集中兵力歼击敌军的目的,或使我军主力避免遭受敌军的严重打击以利休整再战的目的,可以允许放弃某些地方。①

这种打法,通全局看来,用力省而成功多,每战必胜,既能全歼,又能速决,必须教育干部普遍采用。②

经验告诉我们:第一,必须集中优于敌人五倍或四倍至少三倍的兵力,首先歼灭敌一个至两个团,振起我军士气,引起敌人恐慌,得手后再歼敌第二部、第三部,各个击破之。切不可贪多务得,分散兵力。③

(二)战前形势与双方兵力部署

在鲁南战役中,国民党军虽被歼5.3万余人,华野亦伤亡8000余人,再加上国民党军各部为邀功请赏,虚报战绩,竟使蒋介石错误地判断:华野"伤亡惨重,续战能力不强"。在国际上,其时苏、美、英三国外长即将开会,为使这次会议中有关中国问题的决议能作出有利于蒋的条款,蒋介石急欲表现出"强大"的实力,甚至实现其消灭华野的愿望。为此,蒋介石、陈诚(蒋的参谋总长)急忙制定了"鲁南会战"计划。其要点是:集中23个整编师(即军)共53个旅(即师)的兵力,由南、北两线会集于山东战场之鲁中南地区,迫使中共华东野战军在临沂附近决战。具体部署是:

南线:

以整编第十九军军长欧震,指挥8个整编师20个旅为主要突击集团,自台儿庄、新安镇(今新沂)、城头一线,分三路沿沂河、沭河向临沂进犯:

右路为第二十五、第六十五2个整编师及第六十七师,由整编第二十五师师长黄伯韬指挥;

中路为第七十四、第八十三2个整编师及第七军,由整编第八十三师师长李天霞指挥;

左路为第十一、第五十九、第六十四3个整编师,由整编第十一师师长胡琏指挥。

---

①《毛泽东军事文集》第3卷,军事科学出版社、中央文献出版社1993年版,第482—484页。
②同上书,第440页。
③同上书,第478页。

另有,第四十二集团军郝鹏举部,位于白塔埠、驼峰地区,担任侧翼掩护。

第二十、第二十八、第五十七、第七十七4个整编师为预备队,位于徐州、海州一线,随后跟进。

北线:

由第二绥区副司令官李仙洲,指挥第四十六、第七十三、第十二军共9个师,为辅助突击集团,从淄川、博山、明水经莱芜、新泰南犯,乘虚袭击华野后方,实行南北夹攻。

此外,还自冀南、豫北战场抽调第五军及整编第七十五师、整编第八十五师等至鲁西南地区,以阻晋冀鲁豫野战军东援或华野西去。①

蒋介石对这次"鲁南会战"十分重视,亲至徐州面授机宜,由其参谋总长陈诚坐镇徐州督战,并将嫡系部队置于第一线担任主攻,声称"党国成败,全看鲁南一役,只许成功不许失败"。此次战役中,中共方面为华东野战军:司令员兼政治委员陈毅,副司令员粟裕。

参战部队序列如下:

第一纵队,司令员兼政治委员叶飞,辖一、二、三师及独立师。

第二纵队,司令员兼政治委员韦国清,辖四、五、六师。

第三纵队,司令员何以祥,政委丁秋生,辖八、九师。

第四纵队,司令员陶勇,政委王集成,辖十、十一、十二师。

第六纵队,司令员王必成,政委江渭清,辖十六、十七、十八师,配属鲁中军区警备第五团。

第七纵队,司令员成均,政委赵启民,辖十九、二十师。

第八纵队,司令员王建安,政委向明,辖二十二、二十三、二十四师。

第九纵队,司令员许世友,政委林浩,辖二十五、二十六师,配属鲁中军区警备第四团。

第十纵队,司令员宋时轮,政委景晓村,辖二十八、二十九师。

特种兵纵队,司令员陈锐霆,政委张藩,辖炮兵一、二、三、五团,工兵一团,骑兵九团。

华野主力部队基本上是集结于鲁南临沂地区休整,机动待命。

---

① 参见《山东省志·军事志》,山东人民出版社1996年版,第896—897页。

(三）讨郝战役

郝鹏举,本系冯玉祥部西北军将领,1930 年投靠蒋介石。抗日战争时期,1941 年率部投靠汪精卫政权,任汪伪淮海省长等职。抗战胜利后,郝部被国民党改编,任命为新编第六路军总司令,进攻中共鲁南解放区。后在我方军事压力与政治说服下,1946 年 1 月 9 日,郝率部起义,改编为华中民主联军。1947 年初,当国民党军大举进攻鲁南解放区时,惯于投机钻营、见风使舵的郝鹏举错估形势,于 1947 年 1 月 27 日又率部叛变,并将新四军敌工部长、驻该部联络代表朱克靖等多名干部杀害。郝部叛变后,又被国民党改编为第四十二集团军,郝任该集团军司令兼鲁南绥靖区司令,遂向鲁南解放区发动进攻。

1947 年 2 月 6 日,华东野战军第二纵队在司令员兼政委韦国清指挥下,发起讨郝(鹏举)战役。当日晚,即一举将石榴、驼峰、鲁兰等地的叛军歼灭,并将郝部的司令部所在地白塔埠团团包围。郝组织所部几次突围,均被歼。7 日黄昏,战斗结束。全歼郝部 2 个师及 1 个军部,共 6000 余人,生俘郝鹏举。

2 月 13 日,郝鹏举被押至临沂县前河湾村,要求面见陈毅。陈毅仍宽大为怀,予以接谈。在谈话中,陈毅指出:"我在这里明白告诉你:对于你拖走部队是料定的,对于你拖走部队后如敢反噬定可迅速缉拿归案惩办也是料定了的。我又可以告诉你,对于你们拖走部队时,竟捕杀派去的联络人员,则出乎我之意料,因为我不料人之无良心竟到了这种地步!"陈毅接着指出:"从你叛变到被俘,前后仅 11 日。凡投机取巧必致身败名裂,最后难逃人民惩罚,你就是一个投机取巧的示范。"

事后,陈毅为此专作《示郝鹏举》诗一首:

> 教尔作人不作人,教尔不苟竟狗苟。
>
> 而今俯首尔就擒,仍自教尔分人狗。

郝在被押往东北途中,渡海时企图逃跑,被击毙。①

---

①此部分内容参见《临沂地区志》。

(四) 重兵集结莱芜

消灭郝鹏举部,只是莱芜战役的一个序曲。

1947 年 1 月 31 日,南线国民党军欧震集团分三路沿沂、沭两河开始北进,其推进形式则采取"队形密集、互为策应、稳扎稳打"的方针齐头并进,每日行程不足 10 公里,至 2 月 3 日,先头部队始进达重坊、郯城、桃林一线。欧震如此审慎推进,华野难以分割,虽曾几次拟定作战方案,或诱使敌方某路孤军突出,但均未出现可乘之机,故华野只能隐蔽待命,未能实施歼敌之目标。

然而此时,北线国民党军之李仙洲部却急速南进,2 月 3 日由淄川、明水(章丘)、博山出发,4 日即进占莱芜、颜庄。

前此,中共中央军委曾明示华野:必要时可以"放弃临沂"。就是说,此次作战未必一定要固守临沂。由此,陈毅、粟裕即提出三个新的方案:一是进攻国民党军郝鹏举部(此时郝部尚未被歼),诱使敌人兵力调动,以寻战机;二是华野主力在临沂以北休整,让南线敌军放胆北进,以求在临沂附近歼敌;三是决心放弃临沂,留一个纵队与南线之敌纠缠,主力隐蔽北上,求歼李仙洲集团。

2 月 6 日,中央军委复电陈毅、粟裕:"完全同意第三方案",并且要求"要装做打南面模样",以使李仙洲部放手南进。此时,华野第二纵队在白塔埠、驼峰镇地区打郝鹏举部,正表现了"打南面模样",而且于 2 月 7 日全歼郝总部及两个师,生俘郝鹏举。由此,既促使南线国民党军更加谨慎,又促使北线之李仙洲集团急切南侵。至 2 月 8 日,李仙洲集团之第四十六军占领新泰,第七十三军进至颜庄,第十二军进占莱芜。这正是华野所预想的歼敌战机。

为了稳住北线敌军,华野在主力北上之前,陈毅、粟裕又巧用心思,迷惑敌人,"多方以误之"。其一,讨伐郝鹏举,已有示敌"南征"之形;其二,安排一个纵队在临沂以南地区,构筑三道防线,由参谋长陈士榘指挥,伪装全军模样,展现宽正面防御,示敌以"决战"的态势,同时,安排小部兵力在陇海线阻击北进的敌整编第七十四师;其三,又示形于西:组织地方武装,在运河上架设浮桥,显示西渡运河以与刘邓军队"会师"的意向。当这一切布置就绪后,1947 年 2 月 10 日,华野即指令地处南线的一、四、六、七纵队与原在

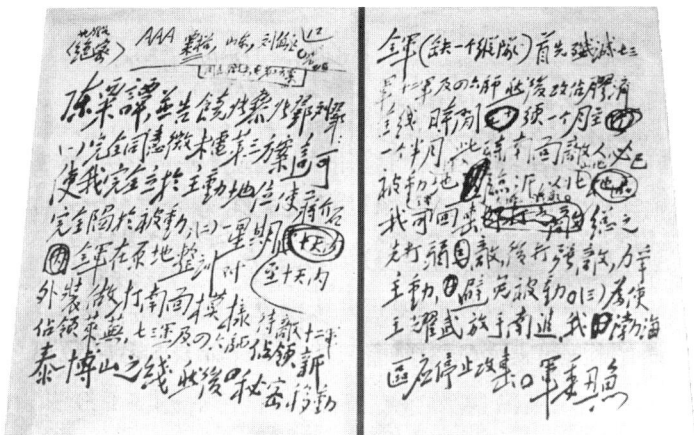

中央军委关于莱芜战役的电报稿(毛泽东手稿)

北线的八、九、十纵队,快速挺进莱芜战场。

至 2 月 15 日,华野主力对李仙洲部的包围圈已趋近形成,在南线担任阻击任务的第二、三纵队,于 15 日又主动放弃临沂,而蒋军在占领临沂后,其下属又向上虚报战果:"在临沂外围歼灭共军 16 个旅。"其实,蒋军所占领的临沂,乃一座空城。然无"战果",何以邀功?故必须"虚报"。而蒋介石、陈诚则认为,既已占领临沂,共军何处存身?遂判定:华野已"全面退却","伤亡巨大,不堪再战",华野"已无力与国军作战,欲与刘邓部会合"。陈诚更是自鸣得意:"鲁南决战空前大胜","山东之大局指日可定!"

此时,坐镇济南的国民党军第二绥靖区司令官王耀武,已经意识到华野北进包围李仙洲部的作战意向,于 2 月 16 日急令李仙洲集团全线后缩,向济南及胶济线靠拢。然而此时的蒋介石、陈诚已对"消灭华野"志在必得,怎能让李仙洲集团回缩北向?遂急令李集团再度南进,再次进入华野的包围圈内。蒋介石、陈诚与王耀武对华野意向的不同判断,竟使李仙洲集团六七万人忽而北缩,忽而南伸,部署较大之变动就有四次之多。

华野部队冒严寒,忍疲劳,运用在解放区内作战的有利条件,边行进,边动员,边准备,于 18 日到达莱城周围地区,形成战役合围态势。至 2 月 19 日,华野对李仙洲部的包围态势已经完成。此时,陈诚、王耀武才明确察知华野军事行动的真实意向,虽急欲摆脱,但为时已晚。

（五）莱芜战役

1947 年 2 月 20 日晚,莱芜战役正式打响了。

翌日,华野八、九两纵队在和庄一带伏击歼灭由博山南下归建七十三军的敌七十七师;一纵和八纵 1 个师攻击莱城李仙洲总部及七十三军,占领城西和北部各要点;六纵一部突入口镇,歼灭十二军新编三十六师一部;十纵击退章丘来敌,占领锦阳关,构成阻击阵地,切断李仙洲集团向北逃路;四、七两纵队在颜庄一带攻击四十六军,迫其于 22 日退入莱城。

23 日晨,李仙洲总部率四十六、七十三军分三路向口镇方向突围。华野布下袋形伏击阵地,放其北进,并将由南线赶到的二纵部署在蒙阴西北地区,防李部向西南逃窜。同时,早与中共有联系的敌四十六军军长韩炼成,在我敌工干部协助下,放弃指挥,拖延突围时间,策应华野行动。上午 10 时,李仙洲集团先头部队抵达芹村、高家洼一线,被华野六纵十八师顽强阻击。12 时,李仙洲集团尾部刚刚脱离莱城,华野四纵一部当即占领莱城,切断后路;一、七纵由西向东,四、八纵由东向西,猛烈攻击,分割围歼。李仙洲集团进退无路,混乱不堪,激战至 17 时大部被歼,李被俘。七十三军军长韩浚率千余人逃至口镇,会同新编三十六师残部逃往博山途中,被华野九纵歼灭,韩也被俘,战役结束。

此役,华野以伤亡 8400 余人的代价,在三天内歼国民党正规军 1 个绥靖区前进指挥所、2 个军部、7 个师,共 5.6 万余人,连同阻击部队及地方武装歼敌,总计 7 万余人,粉碎了国民党军南北夹击的企图。

战役中,俘虏、击毙国民党军将官有:

俘虏:徐州绥靖公署第二绥靖区中将副司令官李仙洲,少将副参谋长王为霖,第三处少将处长陶仲伟;七十三军中将军长韩浚,少将副军长李琰,少将参谋长周健秋;十五师少将代师长杨明,少将副师长徐亚雄,政治部少将主任刘立华;一百九十三师少将师长萧重光,少将副师长柏桂臣,少将副师长兼政治部主任姚尧;四十六军少将参谋长兼政治部主任杨赞谟,十九师少将师长巢威,一百七十五师少将师长甘成城,少将副师长陈炯,少将副师长兼政治部主任游靖湘,一百八十八师少将师长海竟强,少将副师长兼政治部主任罗安。

击毙:七十三军十五师少将副师长梁化中,七十七师少将师长田君健。

文祖 暂12师

龙子庄

北峪庄

上寨村 (1)营/107团

南王庄

桃花泉

77师

特务旅 博山

锦阳关

南栾公泉

吕祖泉

10纵(－29师)
独立师

上游庄

(1)团/新36师

大汶峪

鲁警5团

暗摇头

白杨河
官庄 青石关

不动 和庄

太平洲

上佛羊

9纵

青石桥 (1)团/新36师

(1)营

73军残部新36师一部

东枘山

6纵 吐丝口

新36师(－(2)团)

龙湾角

8纵(－24师)

南苗山

8纵

毛子庄

8纵

郭家镇

元家官庄 73军

1纵 高家洼

方下集 南白龙

十字路

4纵

孝义

徐家店

北铺镇

7纵 矿山

莱芜 李总

4纵

南十里堡

吴家岭

安仙

汶阳庄

鹿城

1纵

沙王庄

栾峪 徐家峪

店子

46军 颜庄

7纵

2纵

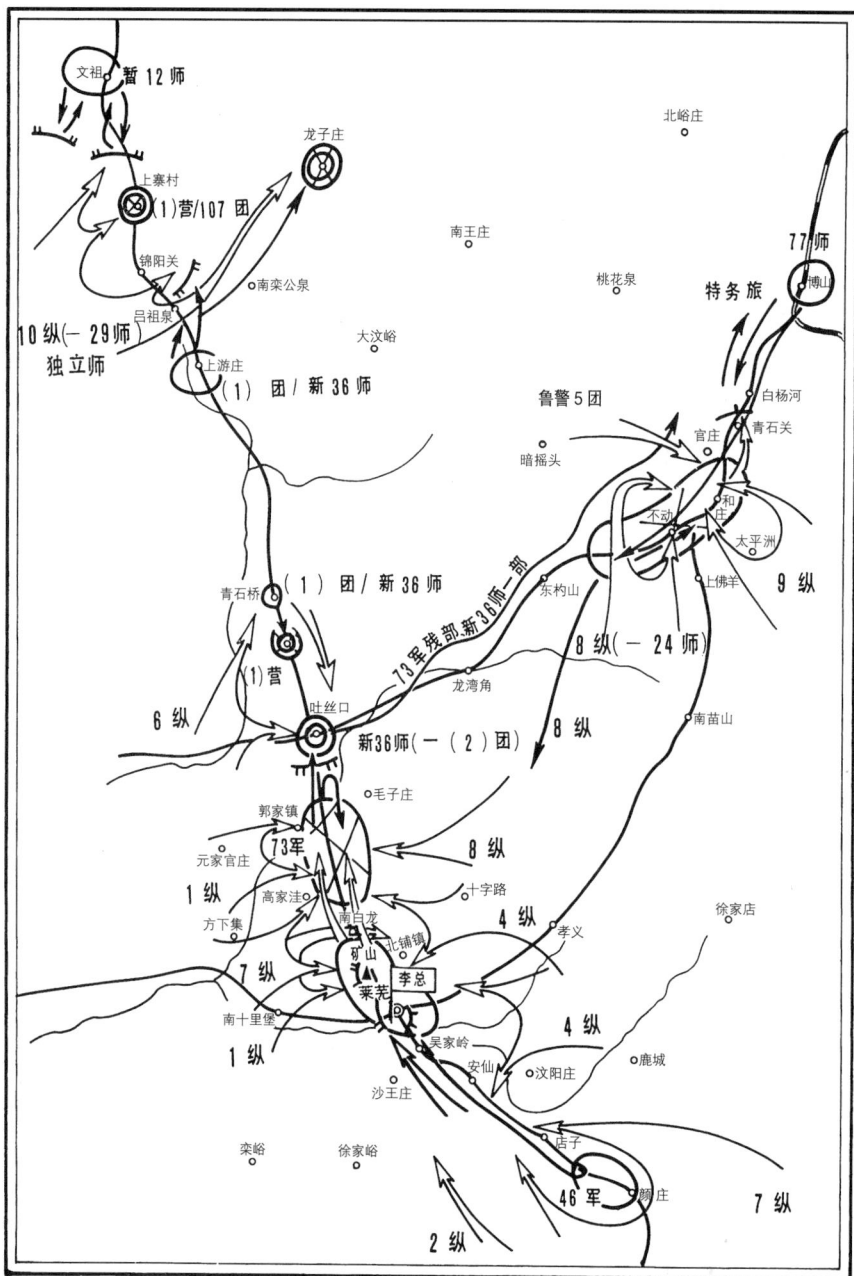

莱芜战役经过要图(采自《山东省志·军事志》)

莱芜战役是中国战争史上的一项杰作,陈毅、粟裕的精确决策与指挥艺术可谓炉火纯青,出神入化,随处可圈可点。兹撮其精要,略叙于下。

一是审慎准确的战略决策。

中国古代兵经《孙子兵法》有言:"践墨随敌,以决战事。""践墨",是指遵循战争的一般规律。就当时国共双方对垒的基本形势而言,共产党的军队兵力数量与装备均居于劣势,要赢得这场战争,战略上只能是"以少胜多"、"以弱胜强",虽然在其他方面有多种因素(比如民心向背、地形环境及军队的牺牲精神与指挥艺术等)优于对方,但是,这些因素的作用还必须通过在战役、战斗中的胜利来展示出来。而实现战役、战斗胜利的基本手段,一般规律又只能是"以众胜寡"、"以强胜弱",这就是中央军委所反复告诫的基本作战方针——"集中优势兵力,各个歼灭敌人"。而何时、何地能够出现这种"战机",必须追随敌情的变化,果断捕捉战机,这就是"随敌"。此次战役展开之前,在鲁南临沂地区,华野曾多次预定"歼敌方案",但屡屡不能得手,"战机"没有出现。及至见到李仙洲迅速南进,便立刻预感到"战机"的来临,并且果断制定新的作战方案,而且这一方案很快得到了中央军委的认可。正是因为有了这一果断准确的决策,有了预案,才有可能付诸实施。

二是多方示形以误敌。

为了隐蔽我方战略意图,使敌方不但毫无觉察,而且要随着我方的"示形",如盲人瞎马,东冲西撞,不着边际,陈、粟几乎将"兵以诈立"等诡道之术运用得出神入化。1947年2月6日讨郝之役,有"示形"于南的效果;其后,陈士榘于临沂南边构筑三道防线,地方武装于鲁西运河架桥,以及主动"放弃临沂"等,都是预谋的"示形"手段,使国民党军统帅部产生了严重的错误判断,从而使莱芜战役更加"出其不意"。

三是利用内线作战优势,取得人民全力支持。

国民党军最初制定的作战计划,叫"鲁南会战",预定战场是临沂地区。为了对付这场战役,鲁中南人民动员了60多万民工,已经运到临沂地区的粮草达亿万斤。华野主力部队20多万人亦集中于临沂地区。如此庞大的队伍,由临沂转移至莱芜,将是一次多么宏大的行军阵容。《开国第一将粟裕》中曾这样描写道:

陈毅、粟裕等在莱芜战役前线

南线主力部队奉命分三路向北急进，不顾山高路险，顶风冒雪，每天从"日落村"出发，到"天亮庄"宿营。同部队一起行进的，还有几十万支前民工。从临沂到蒙阴150公里的地区内，车水马龙，人流滚滚，千军万马，浩浩荡荡，好一派人民战争的壮观画卷。①

对于这样一次惊天动地的大转移，竟能对国民党军瞒得滴水不漏，毫无风声，就算是夜行晓宿，如何能封闭得这样严密？理由只有一条——民众的支持，民众的掩护！只有人民战争，才有可能做到这一点。

四是充分利用敌人内部的矛盾。

国民党军内部的基本矛盾，首先是"中央军"与"杂牌军"，即蒋介石的嫡系部队与蒋收编的东北军、西北军、桂系、川军等之间的矛盾。蒋对"杂牌军"的基本政策是"充当炮灰"，前行、殿后，以掩护嫡系的实力。基于此，"杂牌军"不肯"卖命"，自在事理之中。在北线李仙洲集团中，前锋第四十六军是桂系，殿后第十二军是原东北军，中间第七十三军为嫡系。在桂系第四十六军中，军长韩练成的秘书李一明（本名杨思德）是华东军区派去的内

①张光彩编著：《开国第一将粟裕》，中共党史出版社2007年版，第104页。

线人员,韩的高级情报员刘质彬(本名刘贯一)也是华野的秘密工作人员,他们不但随时可以提供准确情报,同时可以影响韩的态度与行动,他们甚至可以讲明华野对国民党军之"嫡系"与"杂牌"的不同态度,劝他们以"自保"为第一要务,这也正符合韩本人的意愿。此次战役中,正是在李仙洲率部突围的关键时刻,华野内线人员安排韩练成离开了指挥岗位,致使蒋军更加慌乱。

又,由于蒋介石、陈诚和王耀武掌握的军情不同,判断不同,致使命令不一致。王耀武虽然有较为清醒的头脑,但仍然只能听命于蒋、陈,故使军令反复数变。这也是导致蒋军必败的致命伤之一。

五是情报工作及时准确。

华野的行动纵然惊天动地,而如同天罗地网的人民群众能予以严密封锁,致使敌方根本"不知匪军主力所在";而在敌方部队最紧要的部门中(如秘书、情报员),却有我方的内线人员。双方军情、民情如此反差,"国军"何能不败!

六是战役指挥准确、果断、和谐、协调。

在华东野战军组建的时候,陈毅为司令员兼政委,为全军最高领导,而中共中央在给华野的指示中又明确提出:"在陈毅领导下,大政方针共同决定,战役指挥交粟裕负责。"在司令员不缺位的情况下,战役指挥权交给副司令员,这在中外军事史上都是极为罕见的。对此,陈毅十分尊重,陈对粟讲:"我们一如既往,军事上主要由你考虑。""先打谁,后打谁,什么时间,什么地方,怎样打,请你大胆负责地考虑和指挥。"常常在战役发起后,陈毅离开指挥室,并说:"我离开这里很必要,免得粟裕司令事事向我报告,延误时间。"粟裕更十分尊重陈毅的领导和指挥,陈毅在关键时刻亦力挺粟裕,以致人们常说:"粟不离陈,陈不离粟。"而粟裕在战役指挥中,对时间、地点、分寸的把握每每恰到好处,其部下亦津津乐道。在南线部队急速北进时,第六纵队司令员王必成和政委江渭清并辔而行,曾兴奋地议论道:"陈粟会合,相得益彰,挥军自如,连战皆捷。"①

---

①张光彩编著:《开国第一将粟裕》,中共党史出版社2007年版,第104页。

附:李仙洲简介

李仙洲(1894—1988),原名李守瀛,字仙洲。长清县大马头村(今属齐河县)人。1924年4月,考入黄埔军校第一期,同年11月毕业后,任国民革命军教导第一团排长。1925年,参加东征,升任七连连长。1926年7月,参加北伐战争,任国民革命军第一军第二师四团一营营长。1928年4月,参加第二期"北伐",任第一集团军第一军教导团团长,担任蒋介石的警卫工作。北伐完成后,任第一师第一旅副旅长。1930年5月,参加中原大战,任第三师第九旅十三团团长。1931年任三师九旅旅长,参加"围剿"鄂豫皖苏区。后调任第二十一师副师长。1934年,升任二十一师师长。1935年,率部进入山西。1936年2月,率部参加阻截中国工农红军东征。

1937年7月抗日战争爆发后,李仙洲奉命开赴华北,增援宋哲元的第二十九军。先后参加了南口、忻口战役。1938年,任第九十二军中将军长兼二十一师师长。1939年秋,率部由湘北移防鄂西北的襄阳、随县等地。1941年春,移防皖北阜阳,在涡阳、蒙城、太和一线同日军作战。同时,所部还与皖北新四军彭雪枫部发生武装摩擦,进攻新四军根据地。1942年2月,升任二十八集团军总司令,并兼任九十二军军长和鲁西挺进总指挥。1943年4月,率部进军山东,在鲁西、鲁南地区对日军作战。同时执行蒋介石的反共政策,不时进攻鲁西及鲁南地区的八路军部队。1945年抗日战争胜利后,调至济南任第二绥靖区中将副司令长官。1947年2月,指挥整编四十六师和七十三军从明水、淄川南犯莱芜、新泰,企图南北夹击华东野战军。华东野战军发起莱芜战役,李仙洲所率7个师6.5万余人全部被歼,李仙洲本人被俘。此后作为战犯被关押改造教育,于1960年11月被最高人民法院特赦释放。

此后,历任山东省政协委员、常务委员,民革山东省委员会委员、常务委员等职。1978年2月起,任五、六、七届全国政协特邀委员。1983年12月,在中国国民党革命委员会第六次全国代表大会上,被选为中央委员会顾问。后又被选为民革中央监察委员会委员和常务委员。1984年6月,黄埔军校同学会成立后,被推选为理事,任南京黄埔军校同学会名誉会长。1988年10月22日,在济南逝世,终年94岁。

四、孟良崮战役

（一）国民党军由"全面进攻"转为"重点进攻"

1946 年 6 月，蒋介石依恃人众兵强，从中原，到苏中，到陕北、晋北、鲁南、鲁西南、晋察冀，以及东北地区，对共产党领导的军队与解放区发起了"全面进攻"。到 1947 年 3 月，经过 8 个月的内战，国民党军虽然占领了解放区 105 座城镇，然而却付出了损失 71 万人的沉重代价。其中，山东战场歼灭国民党军 25.3 万人，仅宿北、鲁南与莱芜三大战役即歼灭国民党军的精锐之师 12 万余人。这些数字足以使蒋介石胆战心惊。所占地盘又须占用兵力守护，故其能用于一线作战的机动兵力已削减了四分之一。

为实现其"消灭共产党"这一既定目标，1947 年 3 月之后，蒋介石即改"全面进攻"为"重点进攻"。所定"重点"，一是中共中央所在地陕北，另一个就是山东战场。

活跃于山东战场的华东野战军，当时已是共产党军队中兵力最大的集团，故国民党用于"重点进攻"的兵力，有 66% 部署在山东战场。总兵力为 24 个整编师（军），约 45.5 万人。进攻山东的国民党军，分编为三个兵团：

第一兵团：汤恩伯，辖整编第七十四师，整编第八十三师，整编第六十五师，整编第五十七师，整编第四十八师，整编第二十八师，整编第二十五师，第七军。

第二兵团：王敬久，辖整编第八十五师，整编第七十五师，整编第七十二师，第五军。

第三兵团：欧震，辖整编第八十四师，整编第六十四师，整编第二十师，整编第十一师，整编第九师。

另有：

第二绥靖区：王耀武，辖第九十六军，第七十三军，第五十四军，第十二军，第八军。

第三绥靖区：冯治安，辖整编第七十七师，整编第五十九师。①

其中，号称国民党军"五大主力"中的三个，即整编七十四师、整编十一

①见《山东省志·军事志》，山东人民出版社 1996 年版，第 920—921 页。

师和第五军,均调至山东战场。为对如此庞大的兵力进行统一调度与指挥,蒋介石撤销了徐州、郑州两个"绥靖公署",成立"陆军总司令部徐州指挥所",由陆军总司令顾祝同坐镇徐州指挥。其作战方针亦吸取鲁南战役与莱芜战役的教训,确定为"密集靠拢,加强维系,稳扎稳打,逐步推进"的方针。企图以密集兵力,成纵深梯次部署,作弧形一线式推进,从而使华东野战军难以有分割歼敌的机会。

(二)华野主力"耍龙灯"与泰蒙战役

国民党军大军压境,又采取如此稳健的推进方针,华野面临的形势十分严峻。纵然陈、粟等抱定了决心:"即使我们华东野战军全部牺牲,我们也会再建一个新的野战军去参加全国大反攻。"然而毕竟要有具体的方略去实际应对。陈、粟的基本方略是:持重待机"耍龙灯"。即:坚持"集中优势兵力,各个歼灭敌人"这一基本的作战方针,利用敌人内部的矛盾,利用敌方急于"决战"的心态,以小部兵力作为"绣球"引诱敌人,时东时西,忽南忽北,使敌方随我方意愿而行动,让敌军如"耍龙灯"一样摇滚、翻旋,从而疲惫敌人、迷惑敌人,借以创造战机。

1947年4月初至5月初,华野牵引着"重点进攻"的国民党军,进行了长达千余公里的"武装大游行",致使国民党军高级将领焦急烦躁,又无可奈何,其作战方针也由"稳扎稳打,逐步推进",转变成了"急欲决战,全线急进",蒋介石严令顾祝同"加快进剿",限5月初"打掉陈、粟主力"。其"弧形一线推进"的部署也完全乱了套。

一个多月的"无规律"行军,使华野的下层士兵也沉不住气,手心发痒,讲怪话,发牢骚,竟编起了"顺口溜":

> 陈司令的电报嗒嗒嗒,小兵的脚板嚓嚓嚓。
>
> 机动,机动,只走不打,老耍龙灯。

陈、粟在作政治动员时就回答说:我们的电报不"嗒嗒嗒",你们的脚板不"嚓嚓嚓",怎么能调动敌人呢?我们就是要用"耍龙灯"的战法,把敌人拖得疲惫不堪,造成有利的战机,打更大规模的歼灭战。

陈、粟的基本方略,得到了中央军委与毛泽东的充分肯定。正是以这种极有耐心的"蘑菇"战术,华野迎来了具有重大战略意义的孟良崮战役。

1947年4月初,华东野战军在"耍龙灯"的过程中,曾有一次小的机会歼敌,即1947年4月下旬所发动的泰蒙战役。其过程简述于下:

1947年4月6日,国民党军3个兵团、13个整编师、34个旅,共25.5万人,沿临沂、泰安之线进犯蒙阴、新泰地区,企图围歼华东解放军于沂蒙山区。为粉碎国民党对山东根据地的重点进攻,华东野战军于4月22日发动了泰蒙战役。在西线,华野以3个纵队的兵力,从22至26日,全歼泰安守敌第七十二师2万余人,俘该师师长杨文泉,收复了泰安、肥城、宁阳等县城。在东线,华野于22日至27日阻击了国民党军3个师向蒙山东麓的进攻,歼敌4000余人。华野第九纵队一部坚守白马关以南黑山一带阵地,阻击北犯之国民党军整编第十一师。黑山,紧紧扼制着由仲村通向泰安的公路,为白马关南面的天然大门,是国民党军队北上泰安的必经之路。一纵一部在此与国民党军激战7昼夜。国民党军队用三四架飞机对阻击部队阵地轮番轰炸,山炮、野炮、榴弹炮交替发射,步兵一次又一次地组织进攻。一纵阻击部队利用有利地形,机智灵活地打击敌人,坚守阵地,出色地完成了阻击任务。在阻击战中,战斗英雄、某部四连连长魏来国一人就毙敌62人。从莱芜战役中刚解放过来的战士李成荣一天内就毙敌29人。4月29日至5月1日,华东野战军对侵占青驼寺、垛庄之敌发起反击,歼敌2个团。在泰蒙战役中,华东野战军共歼敌近3万人。

(三)狭路相逢,主力对垒孟良崮

从1947年3月起,蒋介石被迫将"全面进攻"改为"重点进攻"。这时,国民党在山东的兵力已达24个整编师、60个旅,45万余人。国民党军以其精锐主力整编第十一、七十四师和第五军为骨干,编成了3个机动兵团,担负主要攻击任务。其进攻计划是:

第一步,以一部兵力打通徐州至济南段津浦铁路,进占兖州至临沂公路,压迫华野部队退出鲁南;

第二步,全线展开向莱芜、新泰、蒙阴、沂水一线进攻,寻找华野主力作战,或压迫华野部队北渡黄河,以期实现占领整个山东解放区的目的。

针对国民党军的战略意图,中共中央军委和毛泽东主席依据全国战局的发展和华东当前的局势,于 3 月 6 日电示华东野战军:对沿津浦路北犯之敌不要阻止,让其分散兵力,进至泰安一线,于我最有利;在尔后作战中务须经常集中 60 个团行动;全军应在 3 月份休整 1 个月,积蓄实力,以利尔后作战。①

遵照中央军委和毛泽东主席的指示,华野前委和华东野战军作出了全军集中在胶济铁路两侧、淄博地区休整的决定。同时,华东局要求各级党委深入发动群众,加速土地改革的进程,开展生产运动,积极参加自卫战争,确保战时支前任务的完成。

3 月下旬至 4 月上旬,国民党军队侵占了鲁南地区。接着,采取"加强纵深,密集靠拢,稳扎稳打,逐步推进"的战法,从临沂、泗水、大汶口向汤头、蒙阴、新泰、莱芜推进。国民党军队的这一进攻队式结构,给华野歼敌造成了相当大的困难。正如陈毅所说:敌人"用豆腐渣胀死老母猪"的办法,使我们难以一口吞掉它。为了调动敌人,创造歼敌战机,华野首长曾 5 次制定歼敌计划,但除在泰安歼灭了国民党军第七十二师主力外(即泰蒙战役),其余均未能实现。这就是华野"耍龙灯"的原因所在。

5 月初,华野调第六纵队插至鲁南国民党军后,正在部署第一纵队再插鲁南、第七纵队南下苏北时,5 月 4 日、6 日,陈毅、粟裕接毛泽东主席和中央军委指示:

> 敌军密集不好打,忍耐待机,处置甚妥。只要有耐心,总有歼敌机会。你们后方移至胶东、渤海,胶济线以南广大地区均可诱敌深入,让敌占领莱芜、沂水、莒县,陷于极端困境,然后歼击,并不为迟。唯(一)要有极大忍耐心;(二)要掌握最大兵力;(三)不要过早惊动敌人后方。因此请考虑,一、七两纵是否暂缓南下为宜,因南下过早,敌可能惊退……但一切由你们自己决定。
>
> 目前形势,敌方要急,我方并不要急,鉴于青驼寺教训,尤不宜分兵。一不要性急,二不要分兵,只要主力在手,总有歼敌机会。②

①参见《毛泽东军事文集》第 4 卷,军事科学出版社、中央文献出版社 1993 年版,第 2 页。
②《毛泽东军事文集》第 4 卷,军事科学出版社、中央文献出版社 1993 年版,第 52、58 页。

遵照以上指示,华野前委和司令部决定:华野主力撤至莱芜、新泰、蒙阴以东地区,让敌军放胆前进,待机歼之;第一纵队、第七纵队停止南下;已经南下的第六纵队继续隐伏于鲁南,准备配合主力作战。

华野主力的战略转移,极大地迷惑了敌人。蒋介石、顾祝同增长了骄狂情绪,产生了错误判断,误认为华野可能继续向东北面的淄川、博山方向撤退。遂命令各部兼程前进,决心"跟踪追剿,进出于莒县、沂水、悦庄、淄博之线",并急令其第一兵团进占坦埠、沂水一线;第二兵团向博山、张店方面进攻;第三兵团集结于新泰、蒙阴地区,待第一、二兵团攻势得逞后,再协力向东发展,以实现其在鲁中山区寻找华野主力决战的目的。

大约是为抢第一功,第一兵团司令汤恩伯也改变了其稳扎稳打的战法,不待其他兵团统一行动,即令整编第七十四师、二十五师于11日自垛庄、桃墟地区北犯,限于12日占领坦埠;第七军和整编四十八师各一部由葛沟、河阳地区向苏村、界湖方向行动,策应第七十四师作战,主力集结于汤头、葛沟;整编第八十三师以一部兵力在第七十四师右侧向马牧池方向进攻,主力控制于青驼寺附近为兵团预备队;整编第六十五师仍担任蒙阴防御,并掩护二十五师左翼安全。

华野主力东移后,曾考虑过以下两个歼敌方案:一是如敌放胆前进,即适时集中华野主力,择其一路歼之;二是如敌仍密集靠拢,龟步不前,华野则再后退一步,以攻取潍县为诱饵,诱歼援敌。

5月10日,得悉国民党军第七军及第四十八师先头部队占领了苗家曲、界湖,并可能进至沂水的消息,鉴于该部为国民党军第一兵团之最右翼,较为暴露,华野决心以第二、七、八纵队歼该部于沂水、苏村之间地区,以第一、四、九纵队进至坦埠、埠前庄以北、沂河以西地区,相机求歼可能由蒙阴、桃墟东援之国民党军一部;以第三、十纵队位于莱芜和口镇东北地区,牵制并相机歼灭北犯之国民党军。

中共中央、中央军委密切注视着山东的战局,先后于5月6日、8日、11日、12日致电陈毅、粟裕,要求前委聚精会神,选择比较好打之一路,不失时机发起歼击。前委遵照上述指示精神,及时调整了部署,撤了打昌潍和歼灭桂军(即原属桂系的国民党军第七军和整编四十八师)的作战计划。

5月11日,国民党军第一兵团整编第七十四师侵犯重山、艾山一线,一部渡过汶河,攻击华野九纵杨家寨、孤山阵地。该师窜犯最急进,态势较为突出。其左翼第二十五师1个旅进占黄斗顶山;其右翼第八十三师一部进占孙祖,但均较谨慎,畏缩不前。第七军虽以一部分兵力向苏村方向骚扰,进展也很缓慢。11日晚,华野完全查清了敌第一兵团的进攻部署,判明了七十四师的行动路线。华野司令员陈毅立即抓住战机,命令正在向东和向南行动的各部队重新返回原地,集结待命。

此时,毛泽东主席和中央军委也电示华野:敌有向淄博等地急进模样,我们应集中主力,待敌进至适当地点,不失时机发起反击,首先解决一两个师。

陈毅、粟裕把谭震林等负责人召集在一起紧急研究分析,一致认为,以"中央突破"对"中央突破",来打敌七十四师最为有利。决定迎歼七十四师于坦埠以南、孟良崮以北地区。

陈、粟等敢下这一决心的根据是:

其一,敌七十四师为国民党军"五大主力"之精锐,战斗力较强,处于战线中央,虽有两翼掩护,但孤立突出;

其二,张灵甫自恃战功,骄狂冒进,容易被我抓住;其友邻各师对他久已心存忌恨,矛盾很深,一旦被围,未必积极增援;

其三,华野主力正集中在该师正面,有5个纵队可以就近转用,围歼该部的兵力足够,特别是隐伏在鲁南的第六纵队,如隐蔽向北急进,可收奇袭和迅速切断其后路之效。

况且,华野上下对该敌早有"灭此朝食"的强烈要求;该地区属鲁中解放区腹地,群众基础好,民兵组织坚强;该地多山,地形复杂,山路少而窄,利于华野部队隐蔽集结,寻隙穿插,而不利于国民党军重装备部队运动;歼灭该师,对震撼敌军,沮丧敌之士气,鼓舞我军斗志,以及转变华东战局,将起到重要作用。

(四)孟良崮战役的具体部署

华野首长下定决心之后,遂召开了各纵队负责人会议,宣布前委迎歼敌七十四师的作战计划。陈毅指出:现在,蒋介石把这只"肥猪"(指七十四师)送上门来了,我们决心迎击七十四师,在沂蒙山区的坦埠以南、孟良崮以北地区,把张灵甫这只肥猪吃掉!

5月12日晨,华野司令部以"南字第七号"向全军下达了歼灭整编第七十四师、整编二十五师的作战命令:

以一纵(司令员叶飞)、八纵(司令员王建安)、四纵(司令员陶勇、政委王集成)、九纵(司令员许世友、政委林浩)、六纵(司令员王必成、政委江渭清)等5个纵队担任主攻围歼任务,其中第一、八纵队从国民党军两翼迂回穿插,抢占芦山,会同由平邑以南地区北上的六纵断其后路,封闭合围口。

上述部队达成合围后,第四、九纵由正面出击,协同第一、八、六纵围歼七十四师。各部的具体任务分别是:

第一,一纵,以1个师攻击曹庄(位于蒙阴县城东南6公里处)南北阵地,阻击蒙阴东援之国民党军;主力由骑马岭、蔡庄地区向黄斗顶山、界牌攻击前进,迅速攻占垛庄、芦山,断其后路。

八纵,由埠前庄、鲁家庄向依汶庄、荆山、垒石山攻击前进,攻占营后庄、泉桥子一线,断七十四师向青驼寺的退路,尔后,由有力一部阻击国民党第八十三师西援,主力迅速攻占万泉山、芦山,与一纵沟通联系。

六纵,由平邑以南经上冶、观上隐蔽北进,从蒙山东麓突袭垛庄、青驼寺,协同一、八纵断敌七十四师后路,阻击敌二十五师、八十三师增援,配合正面各纵围歼芦山、孟良崮地区的敌七十四师。

四纵,以一部控制水明崖、北楼以北地区,阻击国民党军继续向坦埠进攻;当华野迂回部队楔入纵深,国民党军被迫后缩时,即以主力由北楼向黄鹿寨、兴旺庄、石旺崖攻击前进,攻占孟良崮,尔后协同友邻会攻芦山,并以一部向垛庄攻击。

九纵,以一部控制坦埠及其以南一线山地,坚决抗击北犯之敌。当华野迂回部队楔入国民党军纵深,敌被迫后缩时,即以主力由坦埠东南向马牧池、南北瓦庄攻击前进,攻占雕窝后,协同友邻向芦山突击。

第二,以十纵(司令员宋时轮、政委景晓村)、三纵(司令员何以祥、政委丁秋生)、二纵(司令员韦国清)、七纵(司令员成钧、政委赵启民)等4个纵队担任阻援任务。各纵的任务区分别是:

十纵,位于博山西南,以积极攻势牵制莱芜敌第五军等部。

三纵,在战役发起后,进至新泰东南,阻击敌第十一师南援。

二纵,由沂水城以南进入界湖(即沂南县)、黄崖顶、张庄集一带,阻击敌第七军等部,保证八纵侧翼安全,并策应第七纵队作战。

七纵,配属特纵榴炮团,在莒县以西地区,以积极的进攻行动牵制敌第七军及第四十八师。

第三,特种兵纵队(司令员陈锐霆、政委张藩)集结于沂水、夏蔚间,待命参战。

第四,鲁南军区地方武装,向国民党军第八十三师侧后进攻,截断青驼寺至临沂公路,并以一部袭扰临沂,牵制国民党军的行动。

战役定于5月13日晚发起。

为确保战役的胜利,华野首长陈毅、粟裕和谭震林在临战前又三次调整部署:

12日11时,陈毅、粟裕指示:八纵应以埠前庄为中心,先头可伸至鲁家庄;二纵移至苏村以北司马庄地区;七纵于12日移至莒县以西;一纵于12日晚移至蔡庄、大路坡、东西石崮地区;四、九纵于原定位置。

12日13时,陈毅、粟裕指示:七十四师已攻占杨家寨,明天将继续攻占坦埠,二十五师尚在桃墟。我军定于12日晚开始出击。八纵全部于今晚到达沂水西南鲁家庄以东地区,12日黄昏后即开始攻击依汶庄、红山崮、黄石山,以切断敌青驼退路。二纵12日晚以1个师进至界湖东北官庄地区,13日晨向西南攻占鼻子山、高柱山一线,以保证八纵右侧之安全,另两个师可随后进入张庄集地区,以策应七、八纵之作战。六纵以及鲁南各兵团于14日晚可赶至青驼、垛庄公路以西地区。七纵应于13日晚至河阳以北开始对桂顽攻击,以配合主力对七十四师之作战。

13日14时,谭震林指示八纵:以小部监视敌十九旅,迅速攻占垛庄,防止七十四师明晨缩回垛庄以西地区。

遵照华野司令部的命令,全军上下紧张地进行了临战准备,野战军统帅机关及时地完成了战役的组织工作。华野政治部于13日上午,向全军发布了孟良崮战役的政治鼓动号:"歼灭七十四师,活捉张灵甫!"①

---

① 本节资料主要参考《临沂地区志》。

（五）孟良崮战役打响

震惊中外的孟良崮战役于 1947 年 5 月 13 日晚打响。华野两翼迂回穿插部队,除各以一部向正面攻击外,主力寻隙向纵深楔进。当夜,一纵第三师攻占黄斗顶山、尧山,歼敌二十五师一部(大部逃向桃墟)。接着,继续向国民党军纵深猛插,于 14 日上午攻占蛤蟆崮、天马山、界牌等要点,割裂了国民党军七十四师与二十五师的联系,并占领了二八五、三三〇高地及大山场,切断了其由垛庄向北的进军路。八纵发起进攻后,于仁寿庄歼国民党军搜索营。14 日上午,进占桃花山、垒石山、鼻子山等要点,割断了国民党七十四师与八十三师的联系。该纵一部攻占了孟良崮东南之横山、老猫窝。四纵、九纵亦于 13 日夜向当面之敌攻击,攻占了黄鹿寨、佛山、马牧池、隋家店一线。六纵由平邑白彦出发,一昼夜急进 120 公里,于 14 日晨达垛庄西南 20 余公里的观上、白埠地区。至此,华野对七十四师的战役包围态势大体形成。

进攻开始后,国民党军第一兵团和七十四师尚认为是华野小部队夜袭或部分兵力反击,兵团仍于 13 日以"元酉"电令各部:"加紧攻击,控制自己阵地。"蒋介石也于同日 22 时电示一兵团:"速即攻略沂水。"至 14 日 10 时,得知华野已占天马山、垒石山等要点,并正向垛庄、万泉山前进,国民党军始判明华野有围歼七十四师之意图,遂立即向孟良崮、垛庄方向撤退,并拼力向华野一纵反扑,企图打通返回垛庄的通路及与二十五师的联系。

七十四师被围后,蒋介石、顾祝同认为该师战斗力强,又处在有利地形,且左右援兵均较靠近,是同华野决战的好机会,计划以 10 个整编师之兵力,合击华野于蒙阴以东、汶河两岸地区。遂一面命令七十四师坚守阵地,吸住华野部队,一面令新泰之十一师、蒙阴之六十五师、桃墟之二十五师、青驼寺之八十三师、河阳之第七军、第四十八师等,速向七十四师靠拢。并令第五军自莱芜南下,第六十四师及二十师之一三三旅由鲁南向垛庄、青驼寺前进,九师自大汶口向蒙阴前进。七十四师被华野包围后,虽感处境不利,饮食无法解决,难以持久,但也认为建制完整,援兵亦近,必能转危为安,计划以孟良崮、芦山为中心待援,并请求空降粮食、弹药。

鉴于国民党军集重兵向孟良崮增援,意与华野决战,且敌援军近者不足 10 公里、远者仅一至二日行程的战局态势,华野前委一面命令各阻援部队

口镇
大三地
南流泉
莱芜 5军
10纵
东里店
75师
华野
朴里
新泰
11师
西王庄
沂水
骑马岭
朱家坡
3纵
上位
蒙庄
坦埠
4纵
北楼
红山
蓝石山
常路
旧寨
黄鹿寨
9纵
蒙阴
1纵
佛山
大箭
曹庄
黄斗顶山
岸堤
8纵
65师
尧山
艾山
马牧池
7纵
重山
牧虎山
九女关
蛤蟆崮
石旺崖
隋家店
天马山
瓦庄
依汶庄
桃墟
孟良崮
赵家城子
苏村
25师
74师
芦山
盘龙山
2纵
方泉山
仁寿庄
苗家区
牛栏
桃花山
孙祖
汶
7军
64师
望海楼
磊石山
窟田
河阳
18师
张庄巢
崰沟
6纵
上泊
观上
▲770
青驼寺
83师
白埠
沂
20师
汤头
费县
河
白塔
半程
59师
57师

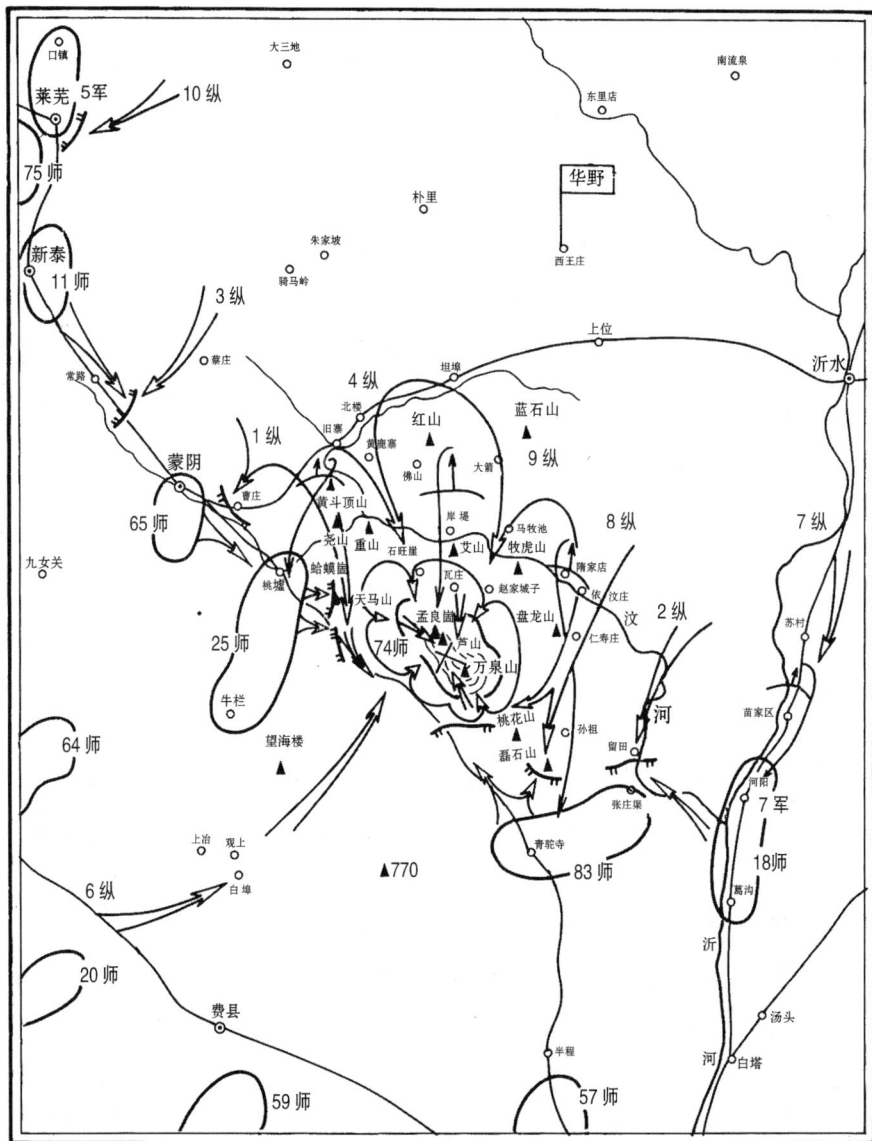

孟良崮战役经过要图(采自《山东省志·军事志》)

坚决阻止住敌援军,一面命令主攻部队加速猛攻,要不惜任何代价,在敌各路援军赶到以前,彻底将七十四师歼灭掉。

15日13时,华野调整部署后,即从四面八方多路向七十四师展开猛攻。七十四师困兽犹斗,拼命顽抗。华野大军越战越勇,敌渐不支,计划夺路突围。先向南,再向东,后向西,但到处碰壁,伤亡惨重。敌被迫龟缩于五二〇高地至芦山、雕窝一线狭小阵地顽抗待援。孟良崮及其周围山头皆为清一色的石头山,山峰陡峭,怪石耸立,草木稀疏。七十四师近4万人马麇集在山上,工事无法构筑,人马无法隐蔽,饥无食,渴无饮,有的饮马血、吞马肉,有的连马尿、人尿也喝了。全师粮弹给养,全赖国民党蒋介石派飞机空投。但由于空间太小,空投下的食物和弹药,大部落入华野解放军手中。至此,七十四师士气低落,军心动摇。华野一线部队勇猛顽强,积极战斗,攻势凌厉,哪里有敌人就往哪里打。七十四师连遭打击,人马乱成一团,互相践踏。

16日,战斗进至白热化阶段。双方展开白刃格斗,有的山头反复争夺达十五六次。这时,陈毅打电话告诉九纵司令员许世友:

> 打援、阻援的部队打得很艰苦、很顽强。现在敌各路援军都已节节逼近。聚歼七十四师,成败在此一举!我们能争得的时间已经不多了。现在要不惜一切代价,把孟良崮拿下来。你们打掉一千,我给你们补一千,打掉两千,我给你们补两千。谁打下孟良崮,谁就是战斗英雄!

许世友遂命令二十五师师长萧镜海:"你们师长当团长,团长当营长,营长当连长,带头冲!"

干部身先士卒,极大地鼓舞了战士。三颗红色信号弹腾空而起,炮火震撼着山谷。崮上,七十四师残部倾其全部火力,倚仗山势拼命顽抗。华野各纵指战员忘记了几昼夜的饥渴和疲劳,前仆后继,扑向山顶。六纵十八师五十二团、五十三团和特务营首先突破孟良崮西侧,直取七十四师指挥所。张灵甫急令参谋长魏振钺率1000名士兵阻击。经反复激烈拼杀,我军击溃了敌军,俘七十四师参谋长魏振钺。一营三连指导员邵至汉冲在最前面,当他带伤率战士冲至洞口时,与敌卫队激战,壮烈牺牲。战士满腔怒火,立即集中火力向洞口扫射。待战士们冲进洞内,只见洞中尸体狼藉,张灵甫已被击毙。

5月16日,攻打孟良崮的战斗空前激烈,从四面八方飞来的炮弹,发出怒吼狂啸,倾泻到孟良崮的山头和它的周身。孟良崮颤抖着,敌人的哀号惨叫从火洋烟海里发出来,和炮弹的呼啸爆炸声搅在一起。敌人在反复突击中伤亡惨重,人马拥挤在山上狭小的空间里,互相践踏,全无斗志,已处于弹尽粮绝的境地。师、旅长躲在山洞里盼望援兵,团、营、连长各自逃命,与士兵混杂在一起,谁也指挥不了谁。

在六○○高地上,我军缴获了敌人6门榴弹炮,一时寻不到炮手,后到俘虏群里临时找了几个炮手。俘虏们边打边说:"长官放心,他们哪里有人,我们都清楚,保险浪费不了炮弹。"

我军继续猛攻负隅顽抗之敌,二十五师同二十六师兵合一处,士气高涨,与敌人展开英勇的白刃战。第一线作战部队的建制编号已打乱,但枪声就是命令,哪里有敌人就向哪里打。

越战越勇的九纵忘记了几昼夜的饥渴和疲劳,一路挥枪杀向孟良崮顶的敌人。下午3时,二十五师七十三团在团长孙同盛指挥下,和兄弟部队一起,将红旗插上了孟良崮主峰。

此时,我军认为七十四师已被歼灭,准备撤出战斗。但前委负责人发现,毙伤敌总数与敌原编制人数相差甚远,即令各纵队迅速复查,结果发现残敌7000余人利用天阴云低、能见度差的气象条件,隐伏于孟良崮与六○○高地之间凹部。华野前委即令各主攻部队不顾疲劳,再次继续攻击。激战至下午4时,终将国民党军"五大主力"之一的七十四师及第八十三师之五十七团全部歼灭。

此役,华野部队以"百万军中取上将首级"的英雄气概,集中优势兵力,打了一个成功的山地运动歼灭战和速决战,共歼敌3.2万多人。华野部队伤亡1.2万余人,代价为三比一。

此役彻底粉碎了蒋介石的重点进攻,使华东战局发生了根本性的转变,促进了全国蓬勃发展的大反攻之势。①

---

①引文及战役过程,均依《临沂地区志》,略有增删。

如果说莱芜战役是中国战争史上一项精心策划、周密布局的杰作,那么,孟良崮战役则是战争双方"自然激荡"所形成的一个突兀而起、不可预期的奇绝巅峰。

国民党45万人大军压境,华野十几万人东奔西躲,与敌方耍起了"龙灯",若明若暗,空旷迷离,正如苍茫暮色中之"乱云飞渡"。然而,几度进退,几度回旋,竟使双方的"王牌"、"劲旅"、"主力"突然间"直面相对","夙敌"、"对手"就在眼前。"踏破铁鞋无觅处,得来全不费工夫。"是危机,也是战机,既身处绝境,又天赐良机。此时,华野之陈毅、粟裕,正如同"乱云飞渡"之中仍然从容面对的"劲松"。

1947年5月10日夜,华野得悉国民党军第七军及整编第四十八师之一部已到界湖(即沂南县),已具有"可以分割歼击"的态势,并且已经制订方案,付诸实施。然而次日晚,又得悉国民党军的王牌军——整编七十四师,要于5月12日攻占华野指挥部所在地——坦埠。敌方的王牌,我方的主力,已处于"面对面"的形势。

何以处置?——"狭路相逢勇者胜"。陈毅、粟裕果断决定:放弃敌第七军与四十八师,改打王牌军整编第七十四师,决定在坦埠以南、孟良崮以北地区予以歼灭。

战机稍纵即逝。当粟裕把此想法告诉陈毅时,陈当即表示:

> 我们就是要有于百万军中取上将首级的气概!

这次战役之险与奇,首先在于,这一具有山东战场上国共双方"决战"性质的战役,竟是一次"遭遇战",是必然中的"偶然",而偶然之中又有"必然"。一只窜到家门上的野猪,你不杀死它,它要吃掉你。打掉它,对于华野来说,不仅是"最佳选择",而且是"别无选择"。

其次,华野一改往日首选"弱敌"歼击的惯例,而是选歼强敌。而且依战前形势分析,如果不作如此抉择,几乎等于自陷绝境。

其三,同样一改往日选歼"侧翼"的作战方法,而是径直以"中央突破"对"中央突破",从虎口中拔牙,直取其心。而这两条都足以形成"出其不意,攻其不备"的奇效。

其四,我围敌军王牌,敌方又以更多、更大的兵力,包围我华野主力,置我军于敌方内外夹击之中,而且,外围敌军距我最近处竟不足 10 公里。我军实处于十分危险的境地:一是对外顽强阻击,二是对内限期、限时歼敌,如有一条失误,将会使我方溃不成军,甚至全军覆没。此次战役之险,尤在于此。

战役过程已叙说于前,其中陈毅与许世友的对话,更可让人直接感受到这一危机。

华野胜利了!

这一胜利,包含了沂蒙儿女在冰冷的汶河上架设"人桥"的功绩。这不仅仅是十几名青年妇女的献身精神,更在于她们能急华野之所急,为华野赢得了宝贵的战机!

这一胜利,华野六纵为抢战机,从平邑白彦到蒙阴,一昼夜行军 240 里,先张灵甫一个小时占领垛庄!

华野之胜利,还在于国民党军近在咫尺却迟迟缓慢援救的"业绩"!

回顾历史,上编为历代兵家所称颂的孙膑"桂陵"、"马陵"之战,若比之"莱芜"与"孟良崮"战役,几乎可视为儿童游戏!

(六) 陈毅在沂蒙

1945 年 9 月 19 日,中共中央根据抗日战争胜利后的新形势,制定了"向北发展,向南防御"的战略方针,决定罗荣桓率山东数万兵力急进东北,新四军江南主力北撤,一部分进入山东。9 月 23 日,中共中央决定陈毅、饶漱石到山东工作。时任中央军委委员、新四军军长的陈毅,9 月 26 日在由延安返回华中途中接到中央"取捷径到山东"的电令,10 月 4 日到达峄县,当天下午乘车抵达山东解放区首府临沂城。

罗荣桓向陈毅介绍了当时山东的形势及部队情况,研究了堵击徐州国民党军队北上的作战方案。根据 10 月 12 日中央军委"华东目前的中心任务除调兵东北外,是切断津浦路,阻击蒋军北上,并求歼其一部"的电示,10 月 15 日,津浦前线指挥部成立,陈毅、黎玉赴鲁南统一指挥津浦前线部队,展开了津浦路战役。此役 10 月 18 日开始,12 月 27 日结束,共歼俘日、伪军 13000 余人,迫使国民党军队 2000 人起义,6000 人放下武器。

10 月 20 日,中央决定陈毅兼任山东军区司令员、山东分局副书记。10 月 25 日,北移山东的华中局和山东分局在临沂合并组成中共华东中央局,统一领导华中和山东的全部工作,饶漱石任书记,陈毅、黎玉任副书记。

12 月底,陈毅由津浦前线返回临沂城。1946 年 1 月 1 日,山东省各机关在临沂城举行 2 万余人的集会,庆祝津浦路大捷。陈毅在致词中提出了三大中心任务:要适应新的斗争形势,继续提高军事技术;加强团结,拥政爱民;动员一切力量支援前线,保卫斗争果实,争取全国和平。5 日,山东大学在临沂举行隆重的开学典礼,陈毅和黎玉出席并讲话:要求山东大学要从实际出发,因陋就简办学,把青年学生培养成为政治的、军事的、经济的、文化的各方面人才,去为人民服务。

1 月 7 日,中央军委决定新四军军部与山东军区合并统一指挥山东和华中部队,陈毅任新四军军长兼山东军区司令员。9 日,国民党新编第六路军总司令郝鹏举在中共政治、军事压力下,率所部 2 万余人在台儿庄附近的马兰屯宣布起义,并向全国发出反内战通电。起义后,该部被改编为华中民主联军,郝鹏举任司令员,新四军联络部长朱克靖任政委。

当郝鹏举邀请陈毅为其部队作思想教育工作后,陈毅只带参谋与几个警卫员到郝部驻地莒县城东张家围子、店子集及城南于家庄一带,协助该部做好整编。

1 月 30 日,北平军调部徐州执行小组美方代表黑里斯上校、国民党代表李树正、中共代表王世英飞抵临沂,会晤陈毅。陈毅向执行小组提交了国民党违约的确实材料,并就有关受降、惩治汉奸等问题进行了商讨。

2 月 2 日,北平军调部济南执行小组美方代表雷克上校、国民党代表涂叙五、中共代表陈叔亮及随员 10 多人飞抵临沂,与陈毅等专谈执行"和字第二号"命令等问题。在两天的会晤中,陈毅对于受降问题表示了极大的不平和愤慨:"剥夺一支战胜军的受降权,这是对我们军队的极大侮辱。我们甚至派一个代表参加受降典礼的资格都没有,我无法向我部下和战士们解释。这不是武器,而是正义与军队的荣誉。我们不想要那几支破枪,你打我七八年,你至少要向我鞠一个躬!我不能不愤慨,我不能不抗议!"①

---

① 见《临沂地区志》,引自李普:《在临沂会见陈毅将军》。

10 日,陈毅和徐州执行小组美方代表黑里斯、国民党代表谢慕松、中共代表王世英会晤,继续商谈停战与恢复交通等问题。

19 日,美国海军陆战队第六师师长豪威尔少将及随员由青岛飞抵临沂。在会晤中,陈毅对美国海军陆战队第六师在青岛制止伪军外出抢掠、对杜鲁门总统关于中国政策的声明、对马歇尔元帅对中国停战的努力表示感谢。

24 日,在同济南执行小组美方代表雷克上校、国民党代表涂叙五交谈时,陈毅对高密伪军赵保原部不断出击、骚扰解放区提出严正看法。雷克等当即表示前往考察。

3 月 1 日,陈毅和黎玉乘济南执行小组的专机飞抵济南,会晤将于翌日抵济的马歇尔、张治中和周恩来。之后,陈毅又随三人赴徐州,商谈苏北、淮阴地区顾祝同部与粟裕部摩擦问题,于 5 日回到临沂。

17 日,陈毅、张云逸、黎玉、舒同致电中共中央,报告山东部队整编复员方案。方案称:山东现有军队官兵 29 万人,其中主力 15 万。拟保存精锐武装 15 万人,其余逐步复员就业。

4 月 12 日,闻叶挺等人于 8 日在陕西省黑茶山殉难消息,作《哭叶军长希夷同志》长诗。

21 日,山东省参议会参议长范明枢由鲁中地区来临沂。在欢迎会上,陈毅到会致词:"范老浩然正气,他以八十二岁的高龄加入中国共产党,是党的政策的正确。"

5 月中旬至 6 月初,中共华东中央局在临沂召开地委书记、军分区司令员以上干部会议,陈毅在会上作了《战争与和平问题》的报告,号召整个华东部队,立即开展练兵运动,整顿部队纪律,进一步提高战斗力,随时准备迎击国民党军队的进犯。

6 月 6 日,陈毅向南京军事执行小组及北平军事调处执行部提出照会。指出:国民党军队自停战以来,向华东解放区进攻千余次,占领城镇 300 多个。要求国民党立即停止向华东解放区进攻,退出侵占我方的地区,并解散枣庄伪军王继美部。

21 日,新四军第二副军长兼山东军区第二副司令员罗炳辉,由峄县返临沂途中突患脑溢血在兰陵逝世。23 日,临沂各界人士沉痛举行罗炳辉葬礼,陈毅高度评价了罗炳辉的一生。

26日,陈毅主持在临沂召开区党委、军区和野战军纵队领导干部会议,传达了本月22日中央关于新四军主力南下配合苏北各地作战的指示精神,分析了全国形势和山东的敌情,确定了各军区和各纵队的任务。会后,陈毅亲赴陇海铁路东段白塔埠郝鹏举驻地,希望郝坚持走人民的道路。他对在郝部工作的同志说:"这里的具体情况随时都有剧变的可能,你们应加倍警惕……你们在这里工作,也是一条战线。和其他战线一样,牺牲在所难免,但也是光荣的。"

7月间,陈毅离开临沂,赴华中地区指挥作战,于12月下旬返回临沂。这时,新四军兼山东军区等机关已转移到沂河东岸的前河湾村。

1947年1月2日,陈毅、粟裕等组织指挥发起鲁南战役。战役历时18天,歼敌5.3万人。陈毅高兴地写了《鲁南大捷》诗。

23日,华东军区和华东野战军成立,陈毅任华东军区司令员、华东野战军司令员兼政委,并担任华野前委书记。1月底,陈毅在前河湾村召开了华野前委扩大会议,作了《一面打仗一面建设》的报告。号召全军加强军队内部建设及军政、军民团结,牢固树立整体观念,统一意志、统一行动、统一组织、统一制度。实行以战养战,学习新知识、新技术,掌握各种新武器,能进行更为复杂、更大规模的会战。

2月6日,陈毅命令华野部队向叛变的郝鹏举部进行讨伐。次日黄昏,歼灭郝部6000余人,活捉郝鹏举。13日,应郝请求,陈毅在前河湾村见郝。令其退时,作《示郝鹏举》诗。

2月15日,华东野战军主动撤离临沂城,陈、粟挥师进入沂蒙山区,于2月20日发起莱芜战役,歼敌5.6万人。

4月22日发起泰(安)蒙(阴)战役,歼敌近2万人。

5月13日发起孟良崮战役,歼敌3.2余万人。陈毅写下了著名的《孟良崮战役》诗。

孟良崮战役胜利结束后,华野前委于5月28日至6月2日在沂水县坡庄召开团以上干部会议,对孟良崮战役进行总结。陈毅作了关于山东战局和军事问题的报告,强调坚决执行中央军委关于运动战、歼灭战的方针,彻底粉碎国民党军队的重点进攻,为转入反攻创造条件。

1947 年 6 月 30 日,刘邓大军渡过黄河,南下开辟大别山根据地。根据中央的部署,华东野战军分为内线兵团(又称东线兵团)和外线兵团(又称西线兵团)。陈毅、粟裕率华野第一、三、四、六、八、十纵队和特纵组成的外线兵团,于 8 月间挺进鲁西南,离开了沂蒙。9 月 7 日,陈毅等发起鲁西南沙土集战役,全歼国民党整编第五十九师 9000 多人。

9 月 26 日,陈毅、粟裕率部越过陇海铁路南进,离开山东。

五、中共转入战略反攻与济南战役

(一)国共双方战略形势之扭转与华野"七月分兵"

1. 国共双方战略形势之扭转

孟良崮战役,国民党军"五大主力"之一整编第七十四师被歼,不仅对于山东战场,而且对国共双方战争之全局,都是一个影响重大的事件。华东野战军及中共解放区之军心、民心大为振奋,延安新华社发表时评说:"华东人民解放军和华东解放区的人民,在全国人民的爱国自卫战争中,担负的任务最严重,得到的成就也最荣耀。"在战役刚刚打响之时,1947 年 5 月 14 日,毛泽东与中央军委即致电陈、粟:"以一、四、八、九纵歼击七十四师,极为正确。"5 月 22 日,再次致电"陈、粟、谭、榘、张、饶、邓、黎":"歼灭七十四师,付出代价较多,但意义极大。"又指出:"现在全国各战场除山东外均已采取攻势,但这一切攻势的意义,均是帮助主要战场山东打破敌人进攻。"[1]可见,孟良崮战役胜利的意义,实为中共全国战局的扭转,是由战略防御转入战略反攻的关键性战役。

对于国民党军来说,同样是这一战役,其失败亦产生了无可挽回的重大影响。蒋介石闻讯,痛心疾首,哀叹整编第七十四师的全军覆灭,"是剿匪以来最可痛心、最可惋惜的一件大事",是国军"空前的大损失","无可补偿的损失"。由于指挥不力,第一兵团司令汤恩伯被撤职,整编第二十五师师长黄伯韬因"救援不力"受了处分,整编第八十三师师长李天霞(战役最吃紧时该部距张灵甫部仅有 5 公里)则因救援不力被送上了军事法庭。[2]

---

①《毛泽东军事文集》第 4 卷,军事科学出版社、中央文献出版社 1993 年版,第 73、81 页。
②参见张光彩编著:《开国第一将粟裕》,中共党史出版社 2007 年版,第 128 页。

孟良崮战役,可以说是解放战争全局的一个实质性的转折点。此后,国民党军不得不暂时停止进攻,而中共华东野战军主力则集结于沂水、蒙阴一带休整,并逐步转入"外线作战",进入战略反攻阶段。

2. 华野"七月分兵"

孟良崮战役于 1947 年 5 月 16 日结束,中共兵力正式进入战略反攻应从 1947 年 6 月 30 日刘邓大军在鲁西南强渡黄河开始。此间,在山东境内,虽然粉碎了国民党军的重点进攻,但国共双方实际的兵力对比,仍是国民党军占优势。国民党军在进行了 40 余天的休整与准备之后,再次向山东解放区发起了进攻。但因欲再调重兵至东北战场,故又不得不急于"结束"山东的战事。

国民党军此次进攻之前,接受前此主力屡次被歼的教训,竟起用日本战犯冈村宁次为顾问,在南京、徐州、临沂等地多次召开军事会议,检讨战局,研究战法,最后确定了"并进不如重迭,分进不如合进,以三四个师重迭交互前进"的指导方针,重新组织进攻兵团,将进攻主力 9 个整编师共 25 个旅摆成方阵。增配山地作战器材及炮兵、工兵,由陆军副总司令范汉杰指挥,在莱芜至蒙阴不及百里的断面上向东推进。

此间,华野曾几次预定歼敌计划,都因客观条件不具备,战机没有出现而未能实现。其中,较为值得关注的战役只有第二次岱崮保卫战、南麻战役、临朐战役等。

1947 年 6 月 29 日,中央军委电示《应取分路出击敌远后方之方针》,指出:

> 蒋军毫无出路,被迫采取胡宗南在陕北之战术,集中六个师于不及百里之正面向我前进,此种战术除避免歼灭及骚扰居民外,毫无作用,而其缺点则是两翼及后路异常空虚,给我以放手歼敌之机会。你们应以两个至三个纵队出鲁南,先攻费县,再攻邹、滕、临、枣,纵横进击,完全机动,每次以歼敌一个旅为目的。以歼敌为主,不以断其接济为主,临、蒙段无须控制,空费兵力。①

这一指示,令华野作出了"三路分兵"的决断与部署:

----

① 《毛泽东军事文集》第 4 卷,军事科学出版社、中央文献出版社 1993 年版,第 113 页。

一路，由叶飞、陶勇率领第一、第四 2 个纵队出击鲁南，进击费、滕、临（今薛城）、枣诸地；

二路，由陈士榘、唐亮率领第三、第八、第十 3 个纵队向鲁西南挺进；

三路，由陈毅、粟裕、谭震林指挥第二、第六、第七、第九 4 个纵队与特种兵纵队，集结于沂水、悦庄公路两侧待机。

这就是华东野战军战史上的"七月分兵"。

（二）第二次岱崮保卫战与南麻战役

1. 第二次岱崮保卫战

1947 年 6 月中旬，为牵制国民党主力，给华东野战军提供在运动战中大量歼敌的机会，并保卫崮上存储的大量弹药，鲁中军区监护营一连在民兵配合下，毅然接受了固守岱崮阵地的任务。由此形成了一次由极少数兵力牵制庞大敌人的奇特战役。

崮，是一种特定的地形，指四周陡峭、顶上较平的山，多处于普通山之顶峰，如抱犊崮、孟良崮等。岱崮，在蒙阴县东北部，有南岱崮、北岱崮、卢崮等几个山峰，当时上面储存了解放军的大量弹药。一连在进入战斗之前作了充分的准备：80 余名民工帮助部队在山上修筑好了工事，储备了粮、水、柴、食油、食盐等，在山下埋了 1000 多个地雷。全连 107 人分守在南、北岱崮和卢崮 3 个山头。连长庞洪江领一排守主峰南岱崮，指导员陈来喜和副连长贾风起领二排守卢崮，文化干事高兆田和三排长李现林领三排守北岱崮。卢崮正中还修筑 1 个防空工事，配置机枪 1 挺，对崮下可射击封锁，有空袭可对空射击。崮东南角安了一架滑车，在这里可靠绳索上下。

6 月 28 日战斗打响后，国民党军连战不逞，便集中 3 个师和 1 个炮兵团的炮火对三崮轰击，18 架飞机轮番轰炸、扫射，崮上工事多被炸塌。7 月 2 日，敌 8 架战斗机、4 架轰炸机向 3 个崮顶俯冲轰炸扫射，满山烟火升腾，石块飞溅。这时，一连发现国民党军在山下贾庄河滩摆满白布，构成箭头形状指向崮顶，战士们也照样用白布、绷带摆成箭头状指向贾庄，致使敌机投下的 7 枚重磅炸弹都落在崮下，炸毁了国民党军建在崮下小红山上的 3 个碉堡。7 月 3 日，营长胡风浩、营部侦察班长王在连率营部侦察组星夜上南岱崮，与连长庞洪江汇合。7 月中旬阴雨连绵，给守崮增加了困难，饭霉了，盐化了,弹药怕湿放在锅里,掩体积水不能睡觉。战士们咬紧牙关,坚守阵地。

7月下旬,华野主力在南麻、临朐同敌人展开激战,围崮敌军在郭家庄和贾庄各留下1个团,其余北上增援。守崮战士发觉后,庞洪江、朱育才带领6名战士袭击了五里沟96号兵站,使敌主力急速返回,牵制了敌人。敌返回后加紧了对崮顶的轰击和封锁,各崮之间失去联系。粮食吃光了,就用野菜充饥,弹药不多了,集中起来给优秀射手用,其余战士则用石头砸。就这样,击退了敌人一次次进攻。茶局峪民兵指导员曹尚法带领民兵向崮顶送粮350余公斤。指导员陈来喜和朱育才、许崇芳等到丰山村弄来缫丝的盐水以解决缺盐的困难。敌人见攻山无望,于8月8日撤走。至此,历时42天的第二次岱崮保卫战胜利结束。其间,共打退敌人百余次进攻,毙伤敌副团长以下官兵250余人。

以一个连107名战士,牵制住敌军3个师、1个炮兵团以及飞机、大炮等如此重大的火力,又坚持42天之久,并且以胜利告终,在中外战争史上是极其少见的。战后,鲁中军区党委授予一连"英勇顽强第二岱崮连"的光荣称号,给全连72名指战员记了功。

2. 解放费县城

为配合刘邓大军南进,华东野战军于1947年6月30日分兵向敌后出击。第四纵队轻装前进,急行军直逼费县县城。守敌为冯治安整编第五十九师第三十八旅,旅长翟紫封率2个团、1个侦察大队、1个保安大队共5000余人驻城内。城外以2个营驻守十几个据点,城南郭家园聚集着一个还乡团大队1000多人。7月1日,战斗打响。激战两日,费城外围据点全部扫清。国民党军龟缩于城内,凭借坚固工事和暴涨的温河洪水负隅顽抗。凶残的敌人预感末日来临,遂对关押在监狱里的共产党干部和革命群众施行屠杀。7月3日上午和晚上两次就枪杀、活埋270多人,其中有麓水县委副书记兼县长张考三、蒙山县武装部长时俊等。

7月3日晚,四纵发起攻击,由第十、十二师攻城,第十一师打援。由于连日大雨,河水猛涨,部队几次攻城未能奏效。至7月7日拂晓,在纵队司令员陶勇指挥下,用百多门火炮猛轰顽敌,用25—50公斤炸药的炸药包将城墙炸开一个大豁口,又经过激烈巷战,方使敌人缴械投降,俘旅长翟紫封。战役历时1周,全歼国民党守军5000多人。

3. 南麻战役

1947 年 7 月 8 日,国民党军整编第十一师占领南麻(今沂南县城)。该师是国民党"五大主力"之一,部队均系美械装备,中将师长胡琏很受蒋介石和陈诚的器重。解放战争开始以来,该敌还未遭重创。该师占领南麻后,构筑地堡群、交通壕、铁丝网、鹿砦等工事,阵地前 500 米以内的农作物全部砍光。并在外围设置多处据点,均派重兵守卫。中共中央和中央军委指示,要趁鲁中山区敌主力一部被迫西撤的有利时机,对驻守南麻的敌整编第十一师展开进攻。华东野战军司令部决定:集中第二纵、六纵、七纵、九纵 4 个纵队,加上渤海军区 3 个团和鲁中军区 2 个团,发起南麻战役,围歼敌整编第十一师。

7 月 17 日,华野各纵按预定部署分路开进,但途中遇暴雨,行动受阻。敌依靠坚固工事顽抗,又因连续暴雨,解放军无雨具,弹药受潮失效甚多,部队伤亡较大。

为避免十一师重蹈七十四师的下场,蒋介石又严令整编第九师、二十五师、六十四师、七十五师等部向南麻急进增援,并令新五军李弥部由潍县星夜赶至临朐,断我退路,妄图对解放军实行反包围。为争取主动,华野令各纵队于当日晚撤出战斗,转移休整。①

(三) 鲁西南战役

1. 刘邓大军强渡黄河

1947 年 5、6 月间,中共中央指示晋冀鲁豫野战军:以主力于 7 月初渡黄河,跃进大别山,在鲁西南突破国民党军防线,打开南进道路。

其时,国民党军主力正继续向山东、陕北重点进攻,在鲁西南及其附近地区取防御态势,从开封至东阿 250 公里的黄河防线,仅有第四绥靖区整编第五十五师、整编第六十八师共 6 个旅,会同地方团队防守。

6 月 22 日,刘伯承、邓小平发布强渡黄河实施鲁西南战役的命令,决心以第一、第二、第三和第六纵队,在东起张秋镇(山东阳谷县东部)、西至临濮集(山东鄄城县西南)150 余公里河面上强渡黄河,

---

① 岱崮战役、费县战役、南麻战役,均参见《临沂地区志》及《山东省志·军事志》。

发起鲁西南战役。

6月30日夜,晋冀鲁豫野战军第一梯队3个纵队,在强大炮火掩护和南岸2个独立旅接应下,从孙口、林楼、于庄等8个渡口起渡,迅速突破敌河防。7月1日,左翼第一纵队及冀鲁豫军区独一旅将敌整编第五十五师师部及所属2个旅包围于郓城;右翼第二、第六纵队及跟进的第三纵队前出到郓城、皇姑庵地区。在南岸我预设部队的接应下,在当地群众的支援下,我一、二、三、六等4个纵队共12万大军,以偷渡与强渡相结合的战术,一举突破黄河天险。敌河防部队立刻全线崩溃。

晋冀鲁豫野战军突破黄河后,国民党军极为震惊,立即自豫北、豫皖苏地区调整编第三十二师、整编第六十六师、整编第五十八师及整编第六十三师第一五三旅,在王敬久统一指挥下,从陇海路方向分两路北援。敌欲以郓城吸引我军并试图围歼我军。

2. 鲁西南战役

我方看穿了敌人的这一诡计,趁势发起了鲁西南战役。我军将计就计,采取"攻其一点,吸其来援,啃其一边,各个击破"的战法:一面坚决围攻郓城,吸引援敌北上,一面派有力部队向西南急进百余里,直插敌人纵深,攻取定陶、曹县;又以一部兵力向正南猛插到冉固集、汶上集地区,拊击敌人的侧背。7月7日至10日,我军攻克郓城,歼敌2个旅及1个师部,同时攻下了定陶、曹县,全歼定陶守敌和敌左路军的1个旅。于是右路敌军3个整编师,就成了一条孤立的长蛇阵,摆在巨野东南、金乡西北的六营集、独山集、羊山集。这时,我各个纵队都腾出手来,遂以远距离奔袭的动作,迅速将敌人的3个师分割包围。独山集的敌人慌忙逃向六营集。14日,我们发起六营集战斗,敌3个半旅及2个师部又被彻底消灭。15日、16日,我军继续攻击困守在羊山集的敌六十六师。22日,首先歼灭了金乡来援之敌1个旅。27日,集中兵力对羊山集的敌人发起总攻,经过一昼夜的激战,终于全歼了这股负隅顽抗的敌人。

晋冀鲁豫野战军突破黄河天险后,经过28天激烈的连续战斗,歼灭了敌人9个半旅和4个师部,共5.6万人,胜利地结束了鲁西南战役,取得了战略进攻的初战胜利,打开了跃进大别山的通路。

与此同时,华东野战军的五个纵队也在津浦路泰安至临城一线发动了攻势,有力地支援了晋冀鲁豫野战军的行动。

(四) 沙土集战役

1. 华野西线兵团

华东野战军"七月分兵"之后,叶飞、陶勇率一、四纵队进军鲁南,先在费县全歼敌 1 个旅,后又收复峄县、枣庄,迫使敌退守运河沿线;陈士榘、唐亮率三、八、十纵队(称陈唐兵团)则向泰安、大汶口方向挺进。其时,正值雨季,洪水遍地,各路国民党军又常常迫近,重重拦截,一、四纵队在赴兖州、济宁间与三、八、十纵队会合时,适逢国民党军几路赶至,情况异常危急,幸有当地人民群众的支援及友邻部队的接应,方摆脱险境,于 7 月 31 日到达兖州、济宁间。此间战斗与非战斗减员达 2 万人。7 月中旬,三、八、十纵队亦曾进攻济宁、汶上等地,亦多因情况不明,甚不顺利。8 月 1 日,一、四纵队与三、八、十纵队在济宁附近会师后,即西渡运河,转移至鲁西南地区,与晋冀鲁豫战军主力会合。

7 月间,陈毅、粟裕,谭震林率二、六、七、九纵队先组织了南麻战役,由于多方原因未能如期得手。7 月 21 日晚停攻南麻,向临朐南部转移,亦因暴雨山洪阻碍,欲攻临朐未果。自南麻战役开始,至临朐撤出,已连续作战半月,虽歼敌 1.4 万余人,但己方亦伤亡较大,且十分疲劳,遂于 7 月 30 日晚分别向胶济路北和诸城地区转移,进行短期休整。

1947 年 8 月 6 日,中共中央电令华东局及陈、粟、谭:

> 同意陈、粟率野直及六纵去鲁西南,谭、黎、许组成东兵团……云逸、子恢、舒同以全力组成西兵团供应。……惟陈、粟应速西去,愈快愈好。[1]

"西兵团",又称"西线兵团"或"外线兵团",包括华东野战军直属机关及第六纵队与特种兵部队,以及先期进入鲁西南的第一、三、四、八、十纵队。留在内线的二、七、九纵队以及由胶东军区武装新组建的第十三纵队,则组成"东兵团",又称"东线兵团"或"内线兵团",许世友

---

[1]《毛泽东军事文集》第 4 卷,军事科学出版社、中央文献出版社 1993 年版,第 177 页。

任司令员,谭震林兼任政治部委员。①后来西兵团南进豫皖苏,东兵团又称"山东兵团"。

2. 沙土集战役

1947年6月30日,刘邓大军强渡黄河挺进大别山,是中国共产党军队的一项重大战略举措,基本目的就是将战场引向国民党统治区,从而使全国之战局由战略防御转入战略进攻。7月23日,中央军委电示"刘邓、陈粟谭",刘邓大军在攻歼济宁、羊山集之敌后,"立即集中全军休整十天左右,除扫清过路小敌及民团外,不打陇海,不打新黄河以东,亦不打平汉路,下决心不要后方,以半个月行程,直出大别山,占领大别山为中心的数十县,肃清民团,发动群众,建立根据地"。而实现这一战略目标的重要支撑,就是"在刘邓到大别山后",由陈、粟"指挥陈唐担负整个内线作战任务"②。8月4日,中央军委再电"陈、粟、谭",要求"粟裕迅即绕道聊城去郓城,指挥陈唐、叶陶五个纵队在郓城地区休整,就现有兵力在鲁西南积极策应刘邓作战,不可丧失时机"③。此后,中央军委又连发数电,指示华野急出鲁西南配合刘邓作战,明确指出:刘邓南下作战能否胜利,一半取决于陈唐、叶陶五个纵队是否能起大作用。

刘邓南下,意在改变全局形势,陈、粟即刻执行中央电示。8月8日,陈毅、粟裕率华野指挥机关及第六纵队、特种兵纵队,从胶济路北广饶、桓台地区出发,绕道惠民、禹城、聊城等地,到达阳谷、寿张地区,渡河进至鲁西南前线。此期的行动、计划,均随时向中央军委通报,并接受指示。8月30日,正在陈粟渡河前夕,又接毛泽东急电,称:国民党军欧震、张淦、罗广文、张轸、王敬久、夏威各部,"均向刘、邓压迫甚紧,刘、邓有不能在大别山立脚之势,务望严令陈、唐积极歼敌"④,陈、粟遂决心立即渡河并发起沙土集战役。

沙土集是郓城西南的一个不甚知名的小山庄,依陈、粟的部署,由陈士榘、唐亮部将敌诱至陈、粟渡河点三四十里之地区,并集中3个纵队,包围敌整编第五十七师或整编第六十八师,另以 1 个纵队钳制敌第五军;陈、粟所率第六纵队、第十纵队和特种兵纵队南渡黄河后,即与陈、唐部一、三、四、八纵队会合于郓城地区。从 9 月 3 日至 5 日,华野 7 个纵队和拨归陈、粟指挥的晋冀鲁豫第十一纵队,均集结于作战地区。当敌整编五十七师与第五军拉开了 20 公里的距离时,9 月 7 日,华野即刻命令发起攻击。敌军退缩至沙土集附近几个村庄中试图顽抗,经两天激战,至 9 月 9 日,即歼灭整编五十七师 9500 余人,俘其中将师长段霖茂以下官兵 7500 多人,缴获大量弹药等军用物资。

沙土集战役的胜利,扭转了华野近几个月来在鲁中、鲁西南战场的被动局面,有力地支援了刘、邓在大别山区的活动,"对南线战局的发展有极大意义"。同时,亦有力保卫了山东解放区,对华野进军豫皖苏打开道路。

(五)胶东保卫战

1947 年 8 月、9 月间,在华野西线兵团挺进鲁西南的同时,东线兵团也在积极组织力量,抵御国民党对胶东解放区的进攻。

1947 年 8 月上中旬,进攻山东的国民党军先后进占胶济路之益都、昌邑及胶县、高密等地,主力集结于潍县。此时,蒋介石已从鲁中等地抽调 7 个整编师回援鲁西南,但为迅速结束山东战事,以便抽出兵力转用于其他战场,仍然制定了进攻胶东的"九月攻势"计划:以整编第八、第九、第二十五、第六十四师和整编第七十四师的第五十七旅共 16 个旅的兵力组成胶东兵团,由陆军副总司令范汉杰兼胶东兵团司令,在海空军支援下,企图先取平度、莱阳,后取烟台,逐渐将华野内线部队压缩在胶东半岛加以消灭。

为粉碎国民党军的"九月攻势",掩护后方机关向渤海地区转移,并钳制山东的国民党军,配合刘邓、陈粟、陈谢三路大军挺进中原的行动,中共中央军委于 8 月 29 日指示华野东线兵团:可就现态势实行内外线配合,以第九、第十三纵队位于胶东内线,采取"半歼灭、半击溃之作战方针",逐次抗击进攻之敌,掩护后方转移,保卫胶东;以第二、第七纵队和 2 个师在现地一面休整,一面寻机打歼敌一旅一团,直接配合内线作战。据此,华野东线兵团决定由许世友率领第九、第十三纵队和胶东地方部队,在胶东地区组织运动防御,并力求歼其一部;由谭震林率领第二、第七纵队和独立师、第十师及滨海地方部队,转战于诸城地区,威胁进犯胶东之国民党军侧背。

9月1日,占领胶济路东段的国民党军胶东兵团,分四路向胶东腹地进攻,华野东线兵团以第十三纵队一部,配合胶东军区武装,沿途节节阻击,主力集结待机。国民党军先后进占平度、掖县、莱阳,于30日进占烟台。至此,国民党军以1.4万余人的伤亡代价,占领胶东10余座孤城,兵力更加分散。

此后,华野东线兵团先后发起胶河战役、胶高追击战、莱阳战役。胶东保卫战持续4个多月,共歼国民党军6.3万余人,彻底打破了敌人占领胶东半岛的企图,改变了山东战场的形势,有力地配合了中原战场人民解放军的战略进攻。

(六) 豫东战役

这次战役的主体背景,是国共双方在鲁西南地区周旋,回还运兵,各寻战机,并无预期的目标。在不经意间,河南开封突现良机,粟裕当机立断,迅速出拳,便打了个"豫东战役"。

1948年3月至6月,依中央军委的战略部署,华野的许谭兵团(许世友、谭震林兵团)与粟裕兵团,分别在山东境内之胶济沿线、津浦沿线及鲁西南地区,先后展开了一系列进攻性战役。许谭兵团主要活动于胶济线与津浦线,先后解放了周村、张店、邹平、桓台、淄川、昌潍及邹县、滕县、兖州、济宁、汶上等地,消灭或钳制了相当数量的国民党军。粟裕兵团则主要活动于中原地区,自河南中部、东部、安徽北部至山东的鲁西南地区,以"汴徐线"即陇海铁路之开封至徐州段为主要活动区段。在这一带活动的国民党军队,主要有邱清泉的整编第五军。

1948年年初,中央军委计划让粟裕兵团"渡江南进",后,粟裕三次"直陈",认为渡江条件不成熟,以暂留黄淮平原大量歼敌更为有利,中央采纳了粟裕的意见。所以,1948年5月5日,中央军委在给刘邓及华东局的电报中即明确指示:"粟裕兵团暂不渡江,集中主力在中原歼敌。"粟部的具体任务,就是"在汴徐线南北地区,以歼灭五军等部五六个至十一二个正规旅为目标"①。此后,军委在5月22日致"刘邓并告陈粟"的电报中又指出:

---

① 《毛泽东军事文集》第4卷,军事科学出版社、中央文献出版社1993年版,第459页。

"总之,夏季作战的重心是各方协助粟兵团歼灭五军,只要五军被歼灭,便取得了集中最大力量歼灭十八军的条件,只要该两军被歼灭,中原战局即可顺利发展。"①

"五军",即邱清泉的整编第五军,"十八军",即胡琏的整编第十八军,都是国民党军主力部队之一,蒋介石的嫡系。而粟裕在执行"歼灭五军"的任务时,并非两眼只盯着五军,仍能纵观全局,寻隙歼敌。对此,《开国第一将粟裕》中曾叙述道:

> 5 月 23 日,粟裕作出了在鲁西南歼击整编第五军的作战部署。先以第三和第八纵队由许昌地区向淮阳方向转移,吸引邱清泉兵团南下;然后以第一、第四、第六纵队和两广纵队、特种兵纵队,乘机由张秋镇、范县(今旧范县)之间南渡黄河,进抵定陶、成武地区,力求歼灭鲁西南守敌一部,开辟战场,吸引邱兵团回兵北上。在邱兵团向北转移时,立即以第三、第八纵队和中野第十一纵队尾敌北进,协同我南渡黄河的各纵队夹击该敌于鲁南地区。②

就在这一方案执行过程中,粟裕再度思索这一方案的利弊条件,总感到不太完美。而就在此时,又得到开封守敌兵力薄弱的情报。开封当时为河南省之省会,是敌方必保之地,若能迅速兵临城下,既"出其不意",又"攻其必救"。此时,在执行"歼灭五军"这一方案的同时,粟裕又在腹中形成了"先打开封,后歼援敌"的备用方案。

当粟裕指挥第三、第八纵队向淮阳开进之后,敌方的五军完全依粟裕预想的方向行动。然敌方兵力集中,队形密集,不易分割,"歼灭五军"的预案难以实现。粟裕立即决定实施"备用方案",6 月 16 日,一面上报军委,一面下令部队执行。机不可失,时不再来。如此处理虽有"先斩后奏"之嫌,然而若贻误战机,则将铸成大错。6 月 17 日,中央军委电复:完全同意 6 月 16 日电报部署,"这是目前情况下的正确方针",并指示:"情况紧张时,独立处置,不要请示。"③得到中央的有力支持,粟裕实施方案更加坚定、顺手。正

---

①《毛泽东军事文集》第 4 卷,军事科学出版社、中央文献出版社 1993 年版,第 463 页。
②张光彩编著:《开国第一将粟裕》,中共党史出版社 2007 年版,第 163—164 页。
③同上书,第 164—165 页。

当国民党之国防部与徐州"剿总"判断华野在鲁西南与第五军决战之时,华野部队如神兵天降,突临开封城下,从6月17日至22日,仅5天时间即拿下开封,全歼守敌3万人,同时阻歼援敌1万人。尔后,华野主动撤出开封,在河南东部之杞县、睢县方向击歼援敌5万余人。至此,"歼灭五军"的方案尚未正式付诸实施,即已歼敌9万在手,提前实现了"在4—8个月歼敌五六个至十一二个正规旅"的预定目标。

这就是"豫东战役"。看似"顺手牵羊",其实际经历之艰苦与复杂,远非"顺手"二字所可表达。据粟裕回忆,豫东战役是他经历最复杂、最激烈、最艰苦的战役之一。

半个世纪过去了,当年的参战者奚原忆及此役的辉煌战绩,曾有《豫东之战——怀念粟裕》诗曰:

> 大将中原解痼愁,攻其必救赛齐侯。
> 忽征古汴三军乱,野战睢杞九万囚。
> 从此王朝沦末路,迎来义勇过山头。
> 心香不忘酬英烈,血洒黄淮为自由。①

(七) 济南战役

1. 济南战役的准备阶段

约自1948年3月,中共中央军委及毛泽东就已有了准备攻打济南的预想。他们密切关注山东及中原战场,多次致电"许谭"、"粟陈"等部,据《毛泽东军事文集》第四卷载录,相关电报先后有:

> 攻克淄川后的行动部署(一九四八年三月二十日);
> 粟裕兵团暂不渡江集中主力在中原歼敌(一九四八年五月五日);
> 许谭兵团休整后向津浦线行动(一九四八年五月七日);
> 许谭兵团是否进入鲁西南依情况而定(一九四八年五月二十八日);
> 许谭兵团应逐一攻占汶上、济宁、兖州等七城市(一九四八年五月

---

① 张光彩编著:《开国第一将粟裕》,中共党史出版社2007年版,第172页。

二十九日);

　　待歼灭七十五师后再打别部(一九四八年六月十五日);

　　许谭兵团一部仍应吸引敌军增援兖州(一九四八年六月二十七日);

　　许谭兵团威胁徐州配合粟裕部作战(一九四八年六月二十七日);

　　许谭兵团集中兵力攻克兖州、济宁是上策(一九四八年七月四日);

　　粟裕部应于十天内完成再战准备(一九四八年七月八日);

　　争取三四日内攻克济宁、汶上(一九四八年七月十四日);

　　许谭兵团宜攻击济南分散敌人(一九四八年七月十四日);

　　粟陈部应阻止邱兵团北援济南(一九四八年七月十六日);

　　争取于十天内外夺取济南(一九四八年七月十六日);

　　……

　　"山雨欲来风满楼",如此密集的电报往来,均为筹划济南战役而发。

　　2. 战役双方的兵力部署

　　济南是国民党军坚固设防、重点防御的战略要地之一,蒋介石为了固守济南,早在1947年2月莱芜战役后即不断加修工事,增驻部队,并拟定了待解放军进攻济南时,以第二、七、十三兵团伺机北援的"济南会战计划"。

　　济南国民党守军第二绥靖区司令王耀武,所辖正规军3个师、9个旅、3个总队(相当于旅),连同特种兵部队,共计110690人。以济南北郊泺口镇至南郊八里洼之线为分界线,分为东、西两个守备区:分界线以东至郭店为东守备区,以整编第七十三师师长曹振铎指挥第七十三师、绥区直属特务旅、山东省保安第六旅、山东自卫总队等5个旅(总队)担任防御;分界线以西至长清为西守备区,以整编第九十六军军长吴化文指挥整编第八十四师、整编第二师、九十六军独立旅、青年教导总队、救民先锋总队、山东省保安第四、八旅等9个旅(总队)担任防御;另外,以整编第二师师长晏子风指挥整编第三十二师五十七旅、整编第八十三师十九旅、整编第七十四师五十八旅一七二团为总预备队。

　　其防御阵地编成为外围据点(距城10—30公里)、警戒阵地(距城7.5—10公里)、主阵地(距城7.5公里以内)和核心阵地(包括外壕和内、外城墙三道防线),构成总面积达 600 余平方公里的永备性防御体系。

中共方面,华东野战军根据军委"攻城、打援,分工协作"的作战方针,于 8 月 25 日在曲阜召开作战会议,研究战役的组织指挥和战役保障工作,定下了既攻克济南又歼灭一部援敌的决心和部署。确定参战兵力为 15 个纵队和部分地方部队,共 138 个团,约 32 万人。

关于"攻城"与"打援"的分工如下:

攻城:

以总兵力的 44%,即 54 个团,约 14 万人,组成北线攻城集团,由山东兵团司令员许世友指挥,下辖东、西两个攻城兵团。

攻城西兵团,由第三纵队、第十纵队、鲁中南纵队、两广纵队、冀鲁豫军区部队、特种兵纵队一部共 30 个团组成,由第十纵队司令员宋时轮指挥。其任务,第一步攻占机场,夺取商埠,尔后配合东兵团夺取济城,为攻济之主要突击方向。

攻城东兵团,由第九纵队、渤海纵队、渤海军区部队、特种兵纵队一部共 24 个团组成,由第九纵队司令员聂凤智指挥。其任务,第一步肃清东部外围阵地之敌,尔后配合西兵团夺取济城。总预备队由第十三纵队担任。

打援:

以总兵力的 56%,即 84 个团,约 18 万人,组成南线打援、阻援集团。其中,以第四、八纵队及冀鲁豫军区独立第一、三旅组成阻援钳制兵团,位于金乡、巨野、嘉祥地区,阻击可能由商丘、砀山北援之敌;以第一、二、六、七、十二纵队及鲁中南纵队、特种兵纵队一部和中原野战军第十一纵队组成打援突击兵团,集结于济宁、兖州、滕县地区,待机歼击北援之敌。

攻城集团各纵队自 1948 年 9 月 9 日起,分别由原驻地向济南开进,16 日全部到达作战地区。山东兵团指挥所设在历城县尹家店(后移至唐家沟)。

中共中央华东局于 8 月 15 日、30 日先后两次召开会议,布置支前工作,成立支前委员会,动员民工 514294 名,制作担架 1.4 万副,筹集小车 1.8 万辆,准备粮食 0.7 亿公斤。对接管济南市的工作也进行了周密部署。

3. 关于"攻济"与"打援"关系之争议

在济南战役谋划之初,曾有关于"攻济"与"打援"之作战方针的争议。

"攻济",即以攻取济南之城为主要目标,对敌方之援军,可阻,可打,而对济南之城,则志在必得。

"打援",则是以消灭敌方的援军为主要目标,对济南之城可打,可围,着力在于消灭敌方的有生力量。

若将济南战役的作战方针定为"攻济打援",则是二者兼得。

这中间,关键又在于如何处理好二者关系,特别是至关重要的兵力分配问题。

华东野战军在豫东战役及兖州战役之后,对于是否立即攻打济南及如何攻打济南,于1948年8月10日曾向中央军委提出过三个作战方案:

一是集中全力转到豫皖苏及淮北路东地区作战(即暂缓打济);

二是以一部阻援,而集中主力攻打济南;

三是攻占济南与打援同时进行,但有重点地使用兵力。①

方案上报后,8月12日,中央军委批准了第三方案,并对各个方案可能出现的后果作了细致的分析。8月28日,中央军委再次致电粟裕:《集中最大兵力阻援与打援》,明确指出:"济南是否攻克,决定于时间;而取得时间,则决定于是否能阻援或打援。"②济南战役的作战方针及最终之兵力分配,就是由此而确定的。

由于当时担任"攻济"指挥的司令员是山东兵团司令许世友,为使许世友能愉快接受这一计划预案,特别是接受关于总兵力部署的安排,中央军委主席毛泽东又专门给许世友发了一份电报,细致说明了"攻济"与"打援"的关系:

> 此次作战部署是根据军委指示决定的,即目的与手段应当联系而又区别。此次作战目的,主要是夺取济南,其次才是歼灭一部分援敌,但在手段上,即在兵力部署上,却不应以多数兵力打济南。如果以多数兵力打济南,以少数兵力打援敌,则因援敌甚多,势必阻不住,不能歼其一部,因而不能取得攻济的必要时间,则攻济必不成功。③

---

①参见《山东省志·军事志》,山东人民出版社1996年版,第965页。
②《毛泽东军事文集》第4卷,军事科学出版社、中央文献出版社1993年版,第580页。
③《毛泽东军事文集》第5卷,军事科学出版社、中央文献出版社1993年版,第6页。

毛泽东起草的济南战役电文

4. 济南战役的过程

1948 年 9 月 16 日 24 时，济南战役正式发起，攻城东、西兵团全线展开攻击，至 17 日晚，西兵团第十、第三纵队分别占领长清藤槐树屯、匡李庄、杜家庙和崮山、潘村，鲁中南纵队攻克仲宫，两广纵队攻克长清县城，全歼守敌绥区特务旅 1 个营及地方武装共 2000 余人。冀鲁豫军区部队 16 日夜攻击齐河县城，敌渡黄河东窜。

东兵团第九纵队 17 日上午突破敌茂岭山、砚池山（今燕翅山）防御，使敌大为震惊，王耀武判断解放军主攻方向在东，即慌忙将第十九、第五十七旅东调，将飞机场以西之第二一一旅调入市区，并以第十五旅及第七十四师一七二团向七里河和马家庄第九纵队实施反击。第九纵队与敌展开激烈战斗，歼敌 5000 余人；渤海纵队攻克了韩仓、郭店，包围了王舍人庄之敌；渤海军区部队攻占了北泺口，将敌压缩于鹊山。第十三纵队于 17 日下午占领了大涧沟等地。

18 日，第三、第十纵队突破敌玉符河防线，分别占领仁里庄、大庙屯和古城、常旗屯等地，各歼敌一部；鲁中南纵队占领井家沟、长庚山；第九纵队占领窑头、红山；渤海军区部队占领梅花山；第十三纵队占领石房峪、甲子坡。当晚，敌整编第九十六军军长吴化文被迫向西兵团接洽起义。为乘机夺取胜利,我方将总预备队第十三纵队加入西兵团作战。

19日,第十纵队占领小金庄、周官庄,歼灭救民先锋总队800余人,晚上将保八旅旅部及其主力包围于吴家堡地区;第三纵队攻击南山(今腊山)。晚20时,吴化文率第八十四师、九十六军独立旅及救民先锋总队2个团共约2万人起义。第十三纵队夺取白马山、辛庄等地,抵近商埠,第九纵队占领马家庄、燕子山,渤海纵队攻克洪家楼、华山,外围战斗结束。

吴化文起义后,王耀武想突围,但蒋介石复电严令其死守待援,王即将二一一旅、青年教导总队等收缩于商埠,将七十三师、十九旅、五十七旅退守城内,固守城垣。

济南战役中山东兵团指挥部所用马灯

20日黄昏,西兵团各纵队同时向商埠实施突击,多路突破敌阵地。第十三纵队突破辛庄"卡子门",沿经七路至经十路之间街巷向东发起进攻;第三纵队、鲁中南纵队分别为十三纵队左、右翼,亦突入商埠。守敌不支,节节败退。21日拂晓,第三纵队进至纬八路,歼灭青年教导总队一部。八师师长王吉文在指挥部队追击逃窜之敌时,中弹牺牲。第十纵队自无影山突入官扎营,占领火车站大部,封锁了永镇门和普利门;第十三纵队占领胜利大街以东街区和永绥门(今杆石桥)、齐鲁大学一线阵地;鲁中南纵队占领省立医院。

22日,西兵团攻占商埠后,王耀武立即调整部署,将七十七旅、二一三旅、保安六旅、特务旅等之残部防守外城,将较完整之第十五、十九、五十七旅集中于内城。

22 日 18 时 30 分,发起攻击外城战斗。东兵团第九纵队、渤海纵队与西兵团第十三纵队、第十纵队,先后突入外城。23 日,各纵队于外城与敌展开巷战,外城守敌除特务旅被第十纵队包围于城西北角之电力公司和面粉公司外,均被歼灭。

23 日 18 时,攻城集团以全部炮兵进行 1 小时火力准备后,第九纵队由新东门至城东南角实施突击,渤海纵队由新东门以北突击,第十三纵队主力由城西南角坤顺门实施突击,第三纵队由西门突击。19 时 53 分,第九纵队七十九团由新东门南侧突破,1 个多连的兵力入城后遭敌反击,血战 1 小时后,全部壮烈牺牲,突破口被敌重占。第十三纵队一〇九团、一一〇团分别从坤顺门左、右侧并肩攻击,但始终未打开突破口。攻城部队全线受挫,被阻于内城外。

在此紧急关头,攻城集团首长经过对敌我情况的反复研究后,深夜再次下达攻击命令。

24 日 1 时 30 分开始炮火准备,再次向内城守敌发起攻击。第九纵队二十五师七十三团于城东南角(今解放阁处)反复突击,2 时 25 分部队迅速登城,与敌恶战 3 个小时,打退敌人多次反扑,终于突破成功,把写着"打进济南府,活捉王耀武"的红旗插上了城头。拂晓,纵队主力和渤海纵队一部由西侧新炸开的 8 米宽、7 米高的缺口突入城内,与敌巷战。

第十三纵队三十七师一〇九团于 2 时左右将城墙炸开 2 米宽的缺口,当 1 个连登上城头、2 个连突入城内时,突破口遭敌三面包围,登城部队与敌展开激烈的肉搏战,经 4 个多小时的战斗,因伤亡过大,突破口于 7 时 40 分被敌重占。

一一〇团于 8 时 45 分在坤顺门右侧突破成功,部队迅速进入城内,在一〇九团已入城内的三连、九连配合下,向一〇九团突破口及纵深攻击,一〇九团突破口被重新打开,部队立即突入城内。师指挥所转移时,遭敌机轰炸,政治委员徐海珊牺牲,师长高锐负伤,但仍坚持指挥战斗。第三纵队因阵地遭敌突击起火,突破未成功,改从第十三纵队突破口入城。

攻城集团突入内城后,按预定计划,东西对进,直插省政府,守敌节节败退,纷纷就擒。王耀武见大势已去,于 24 日 11 时率随员数人由大明湖北极阁经地道逃窜,由参谋长罗辛理接替指挥。十三纵队三十八师于 12 时突入省政府,俘罗辛理以下 400 余人。随后,各纵队先后突入省政府、院西大街和大明湖畔,于 17 时将内城守敌全歼。余敌分别于 25 日、26 日投诚。

由徐州北援之敌,虽经蒋介石再三督促,但因察明解放军打援阻援集团严阵以待,顾虑重重,未敢北援。攻城集团各部队于 24 日至 27 日撤出济南市区,分别在历城、长清等地进行休整。

王耀武为固守济南所修战壕
（摄于济南南部十六里河龟山）

济南战役胜利后,中央军委即于 9 月 24 日授予第九纵队二十五师七十三团以"济南第一团"、第十三纵队三十七师一〇九团以"济南第二团"的光荣称号。

济南战役中共歼灭国民党军 104296 人,其中毙伤 22423 人,俘虏 61873 人,起义 2 万人。俘虏国民党军官 6854 人,其中将级 34 人、校级 414 人。国民党第二绥靖区中将司令官王耀武、中将副司令官牟中珩皆被俘。缴获各种炮 800 余门,枪 56000 余支,飞机 4 架,坦克 13 辆,汽车 500 余辆,铁甲车 4 列。

为夺取济南战役的胜利,山东解放区共出动民工 51.4 万余人支前,动用担架 1.4 万副,小车 1.8 万辆,筹集粮食 7000 万公斤。攻济部队伤亡 26991 人。

济南战役是解放战争中第一次大型攻坚战,其激烈与残酷是空前的。23 日 18 时突击登城,九纵七十九团 1 个多连的兵力入城后血战 1 小时,全部壮烈牺牲,其间又经反复争夺,次日凌晨,九纵七十三团再次突击登城,方获成功。"济南第一团"、"济南第二团",这些用鲜血染红的荣誉,见证了这段壮烈的历史。①

---

①以上关于战役过程的文字叙述,均依《济南市志》,略有删节。

附：王耀武简介

王耀武,山东泰安人,生于1903年。民国时期国民革命军将领。1926年1月黄埔军校第三期毕业后,任国民革命军排长。7月,参加北伐战争,任国民革命军东路军总指挥部宪兵连连长。后任第三路军补充第一旅旅长,参加过对中央苏区的第五次"围剿"和对红军北上抗日先遣队的围攻。抗日战争时期,先后任国民党第五十一师师长、第七十四军军长、第四方面军司令官等职。率部参加过淞沪会战、南京保卫战、武汉会战、南昌会战、长沙会战、长(沙)衡(阳)会战等,与日军作战,多有战绩。

抗战胜利后,王耀武负责长沙、衡阳受降事宜。不久任国民党第二绥靖区中将司令官。1946年2月,移驻济南,10月,兼任山东省政府主席。1948年夏,随着潍县、兖州等地的解放,济南陷于孤立,王耀武率所部10万余众固守济南。9月中旬,中国人民解放军发起济南战役,全歼王耀武守军10万余人(包括起义2万人),解放济南。王耀武于9月24日上午由济南大明湖北极阁潜出城外,化装东行,行至寿光县境被民兵抓获。在押期间,接受人民政府教育和改造,1959年被特赦。1961年,任全国政协文史资料研究委员会专员。1964年,任第四届全国政协委员会特邀委员。1968年5月,在北京病逝。

六、淮海战役

淮海战役是中国人民解放战争三次战略性决战中最大的一个,也是体现国共双方战略意图之意义与效果最鲜明的一次。战役地跨苏、鲁、豫、皖四省,山东既是战役方案酝酿与形成的地方,也是粮草、弹药、民工支前出力最大的大后方。本书兹对战役总体情况略加介绍,而着力讲一讲山东的贡献。

(一)总体情况

淮海战役,以徐州为中心,东起江苏省海州(今江苏省连云港市海州区),西至河南省商丘,北自山东省临城(今山东省枣庄市薛城区),南达安徽省中北部淮河一线,是在苏、鲁、豫、皖连为一体的广大区域内进行的。

战役过程 1948 年 11 月 6 日开始,1949 年 1 月 10 日结束,历时 65 天。

双方投入兵力如下:

国民党一方:初有 3 个兵团,3 个绥靖区,后又增援 1 个兵团,总兵力为 80 万人。

共产党一方:华东野战军 16 个纵队、中原野战军 7 个纵队和华东军区、中原军区,以及华北军区所属冀鲁豫军区的地方武装,总兵力为 60 余万人。

双方指挥机关与首脑人物为:

国民党一方:以国民党徐州"剿总"总司令刘峙、副总司令杜聿明为首,下辖兵团司令有黄伯韬、邱清泉、黄维、孙元良以及援军之兵团等。

共产党一方:淮海战役"总前委"由刘伯承、陈毅、邓小平、粟裕、谭震林五人组成,刘、陈、邓三人为常委,邓为书记。下辖华野、中野各纵队。

战役进程可分为三大阶段:

第一阶段:1948 年 11 月 6 日至 22 日。华东野战军在中原野战军的配合下,在江苏省徐州以东地区之新安镇(今新沂市)、碾庄地区,围歼国民党军第七兵团,击毙兵团司令黄伯韬。同时,国民党军第三绥靖区所属 3 个半师,共 2.3 万余人,在何基沣、张克侠率领下,在台儿庄、枣庄地区起义,从而打开了国民党徐州"剿总"的东北大门。又同一时段,中原野战军攻克宿县,阻断对方由河南确山方向来援之敌。

第二阶段:1948 年 11 月 23 日至 12 月 15 日。中原野战军在华东野战军的配合下,在安徽蒙城与宿县之间的双堆集地区,围歼了敌方第十二兵团,生俘兵团司令黄维。此间,该兵团所属第八十五军第一一〇师,在师长、中共地下党员廖运周率领下,于该军突围中率部起义。同时,此阶段华东野战军将由徐州西逃的杜聿明集团 3 个兵团,包围于河南永城东北青龙集、陈官庄地区,并将其突围的第十六兵团歼灭,仅兵团司令孙元良率少数人逃脱。

第三阶段:1949 年 1 月 6 日至 10 日。华东野战军在中原野战军的配合下,对青龙集、陈官庄地区被围之敌聚歼,经 4 天激烈战斗,全歼该敌第二、第十三 2 个兵团,生俘国民党徐州"剿总"副总司令杜聿明,击毙第二兵团司令邱清泉。至此,战役结束,三个阶段总历时 65 天。

淮海战役全歼国民党军 5 个兵团和 1 个绥靖区的部队,计含 22 个军 56 个师(内有 4 个半师起义),共 55.5 万人。

（二）粟裕献策与淮海战役方案的酝酿、形成

1. 粟裕三次"斗胆直陈"

1948 年 1 月，粟裕率领华野指挥机关和 4 个纵队集结于河南许昌、临颍、漯河地区，根据中央军委的指令，部队要进行一个月的休整。从刘邓大军千里跃进大别山开始，人民解放军在全国各个战场陆续转入战略进攻，国民党军队则被迫由"重点进攻"转为"全面防御"，又由"全面防御"转为"分区防御"。主战场由山东转到了中原地区。

毛泽东为实现 5 年左右打败蒋介石的战略目标，指挥刘邓、陈粟和陈谢三路大军经略中原，强调指出："中国历史告诉我们，谁想统一中国，谁就要控制中原。"要扭转中原战局，发展战略进攻，进而夺取全国胜利，关键又在于集中更大兵力打更大规模的歼灭战，大量消灭敌人的有生力量，使我军在兵力对比上和技术装备上走向优势。

粟裕预计，只要我军能打两三个大歼灭战，在中原战场上取得决定性胜利，并且在数量上技术上取得优势，形势必将改观，战争形势即可急进，全国革命的胜利即可迅速到来。1948 年 1 月 22 日，粟裕将他的战略构想及相应的建议报告中央军委和刘伯承、邓小平。这就是著名的"子养电"——《对今后作战建军之意见》。其要义在于：

> 建议三军（刘邓、陈粟、陈谢）在今后一个时期，采取忽集忽分的作战方式，以求能较彻底地歼灭敌人一路（我们一军如不担负打援，兵力是够用的），只要邻区能及时协同打援或钳制援敌迟进，歼敌一路是很可能的。在此区歼灭战结束，敌向此区集中，则我又分散或转至邻区，总以何区便于歼敌，即向何区集中。如此能有两三次歼灭战，则形势可能变化。管见是否有当，请示知。如认可行，则请刘邓统一指挥。①

粟裕的"子养电"报到中央军委的时候，中共中央已作出了"打倒蒋介石，解放全中国"的战略部署，正在为此运筹谋划、调兵遣将，并且已经决策：由粟裕率领华野三个纵队渡江南进，执行宽大机动作战任务。而粟裕

---

① 张光彩编著：《开国第一将粟裕》，中共党史出版社 2007 年版，第 149—150 页。

"子养电"的到来,引起了毛泽东的重视。从现存中共中央收电译稿上看到,毛泽东在阅读时逐句圈点,送给周恩来、任弼时、陈毅传阅时特别注明:"再送毛。"周恩来阅后批注:"请陈考虑,粟所提各项问题,是否需再议一下?"而复议的结果是:坚持既定决策不变。

1月27日,中共中央军委致电粟裕,要他率领3个纵队渡江南进,执行宽大机动作战任务。

粟裕接到中央的电报后,经过3天缜密思考,又写了一份长达2000字的电报,并于1月31日上报中央军委。这就是二次"斗胆直

粟裕大将

陈"。在这封电报里,粟裕在提出渡江南进时机、地点和方法的同时,重申"子养电"中的观点和建议:"认为我军以原有的政治优势,于反攻中又取得了战略优势,但在数量上及技术上并非优势。"①

接到粟裕的电报,毛泽东特意把原定2月1日动身返部的陈毅留下来一起研究。研究的结果,仍然坚持由粟裕率领3个纵队渡江南进的决策,认为从调动中原敌军主力去江南的意图考虑,向蒋介石的要害地区出击是有效的,但是采纳了粟裕关于渡江时机、地点、方法以及采取"忽集忽分"战法的建议。

为了更好地完成中央军委赋予的战略任务,粟裕率领华野指挥机关和第一、第四、第六、两广和特种兵纵队北渡黄河,于2月下旬进入濮阳地区休整。渡江南进的各项准备工作亦全面展开。与此同时,中共中央调集了大批准备随军南下的干部和民工,组织他们学习和研究新区政策,印制了到新区使用的"东南流通券"。总之,用张震参谋长的话说:当时已是"万事俱

---

① 张光彩编著:《开国第一将粟裕》,中共党史出版社2007年版,第153页。

备,只待渡江"了。

此时,粟裕研究的中心问题是,从战争全局和中原实际情况,是分兵渡江作战有利,还是集中兵力在中原作战有利。他认为,为了改变中原战局,进而协同全国其他各战场彻底打败蒋介石,中原和华东我军还要同国民党军进行几次大的较量,打几个大歼灭战,尽可能多地把国民党军歼灭在长江以北。从当时情况看,要打大规模的歼灭战,分兵渡江南进是做不到的,而在中原黄淮地区打大歼灭战的条件正在成熟。在中原战场,我军有 10 个主力纵队,加上两广纵队、特种兵纵队和地方武装,只要统一指挥,集中力量,是有力量打大歼灭战的。中原黄淮地区地势平坦,交通发达,虽便于敌人互相支援,但也利于我军机动作战。权衡两种方案的利弊得失,粟裕认为,集中兵力在中原黄淮地区打大歼灭战,更有利于改变中原战局,进一步发展全国的战略进攻。①

4 月 18 日,粟裕再次"斗胆直陈",向中央军委建议:华东野战军 3 个纵队暂不渡江南进,而集中兵力在中原黄淮地区打几个大规模的歼灭战。

粟裕关于发展战略进攻,改变中原战局的三次建议,引起了毛泽东等中央领导人的高度重视。接到粟裕 4 月 18 日的电报,毛泽东 4 月 21 日为中央军委起草致陈毅、粟裕的电报,请他们到中央工委开会,"商量行动问题"。

陈毅、粟裕接到中央军委的来电,于 4 月 25 日黄昏从濮阳出发,日夜兼程,于 4 月 29 日到达西柏坡,第二天就同刘少奇、朱德、任弼时等一起到达城南庄。粟裕到毛泽东住地报到。据当时在场的警卫人员李银桥、阎长林回忆,毛泽东一改会见党内同志从不迎出门外的习惯,大步走到门外,同粟裕长时间握手,二人互相热烈地问候。

4 月 30 日,会议第一天,"五大书记"一起听取了粟裕的汇报。粟裕着重汇报了华东野战军第一兵团暂不渡江南进、集中兵力在中原黄淮地区大量歼敌的方案,详细说明了提出这个方案的依据。毛泽东、刘少奇、周恩来、朱德、任弼时听了粟裕的汇报,当即研究决定,在既定战略方针不变的前提下,同意华野 3 个纵队暂缓渡江南进,留在中原黄淮地区大量歼敌。据《周

---

①参见张光彩编著:《开国第一将粟裕》,中共党史出版社 2007 年版,第 154—155 页。

恩来传》叙说,"这是一个重大的战略决策,构成了以后淮海战役设想的最初蓝图"①。

2. 曲阜雏议

淮海战役的第一功臣是粟裕。虽然这一次战略决战的总体部署与最终决策都由中央军委与毛泽东等主要领导人最终定夺,但是,从初起的战略构想,到战役形态结构的初步形成,以及随着战局的发展所最终定格的战役过程与结果,几乎都是伴随着粟裕的战略思路而展开的。整个过程大致可划分三个阶段:

第一阶段:粟裕三次"斗胆直陈",定格"决战中原"(见前述)。

第二阶段:初定"淮海战役"(即本节所叙"小淮海"战役设想)。

第三阶段:献策"大淮海"(见下一小节)。

1948 年 9 月 24 日,当济南战役尚在进行激烈巷战之时,粟裕即向中央军委提出了"进行淮海战役"的建议。当时粟裕的设想是:济南战役结束后,华东野战军应南下兵出徐州、蚌埠线以东为宜:第一步,攻占淮阴、淮安(通称"两淮")及高邮、宝应,并以"攻济打援"之法,将主力布于适当位置以歼灭可能来自徐州、海州的来援之敌;第二步,则以 3 个纵队攻占海州、连云港。这个战役的名字就是由"两淮"到海州,所以叫"淮海战役"。

对于粟裕的建议,中央十分重视,9 月 25 日即复电"饶粟",认为"举行淮海战役甚为必要",并指出:"你们第一个作战应以歼灭黄(伯韬)兵团于新安、运河之线为目标";"歼灭两淮高宝地区之敌,为第二个作战";"歼灭海州、连云港、灌云地区之敌为第三个作战"。② 之后,粟裕等华野指挥员与中央军委又反复商讨了相关的细节。

1948 年 9 月 30 日,粟裕等率领华野指挥机关,冒着连绵的秋雨,由济南战役指挥部所在地山东宁阳转移至曲阜,从 10 月 5 日到 24 日,在儒家圣地曲阜之孔林中,召开了历时 20 天的华野前委扩大会议。会议在传达贯彻中共中央 9 月会议决定的同时,还专门召开了三次作战会议,集中讨论制定淮海战役作战方案。此间,与中央军委多次电报往返,所议基本内容,就是

---

① 中共中央文献研究室编:《周恩来传》(1898—1949),主编金冲及,人民出版社、中央文献出版社 1989 年版,第 721 页。

② 《毛泽东军事文集》第 5 卷,中共党史出版社 2007 年版,第 19 页。

淮海战役决策处曲阜孔林

中央军委1948年10月11日《关于淮海战役作战方针》之内容。其要点是：

> 本战役第一阶段的重心，是集中兵力歼灭黄伯韬兵团，完成中间突破，占领新安镇、运河车站、曹八集、峄县、枣庄、临城、韩庄、沭阳、邳县、郯城、台儿庄、临沂等地。
>
> 第二阶段，以大约五个纵队，攻歼海州、新浦、连云港、灌云地区之敌，并占领各城。
>
> 第三阶段，可设想在两淮方面作战。
>
> 你们（华野）以十一、十二两月完成淮海战役。①

这就是后来史学界所称的"小淮海"战役设想。

3. 临沂献策与"大淮海"的形成

淮海战役的作战方针初步制定后，粟裕等华野领导人一方面紧张地筹划、组织对敌黄伯韬兵团的分割、围歼，同时，又密切注视着黄淮、中原及全国的战局。10月下旬，陈毅、邓小平率中原野战军攻克郑州、开封，已逼近徐州、蚌埠一线。此时，华东、中原两大野战军很快将会由战略上的相互配

①《毛泽东军事文集》第5卷，军事科学出版社、中央文献出版社1993年版，第66—67页。

合,发展到战役上的协同作战。届时,如何统一指挥即提到议事日程。11月1日,粟裕致电中央军委、陈邓、华东局及中原局,建议:"此次战役规模很大,请陈军长、邓政委统一指挥。"这一建议立即得到中央军委及毛泽东的认可:"整个战役统一受陈毅、邓小平指挥。"至11月16日,中央军委又电示"刘陈邓,并粟陈张"等,指令"由刘陈邓粟谭组成总前委,统筹一切","由刘、陈、邓三人为常委,临机处置一切,小平同志为总前委书记"。① 至此,"大淮海"(即后来发展为战略决战的淮海战役)的基本格局已经形成。

此间,11月7日晚,粟裕率华野指挥机关至临沂以西的码头时,针对当时的战争时局,粟裕、张震向中央军委及陈邓等发去了著名的"齐辰电"("齐辰"即11月8日的7至9时),分析了华东、中原及东北的战争进程,预估了蒋介石所可能采取的应对方略,以及我方如何针对不同情况将战局导向更加有利于我的发展方向。11月9日深夜,中央军委复电:

> 齐辰电悉,应极力争取在徐州附近歼灭敌人主力,勿使南窜。华东、华北、中原三方面应用全力保证我军的供给。②

这一决心下定,最终促成"大淮海"战役的形成。

(三) 山东人民的重大贡献

淮海战役的酝酿、谋划与最终形成,粟裕屡次献计献策起了十分重要的作用,而粟裕献策形成的主要地点均在山东。

1. 第一阶段的主战场——鲁南、苏北

淮海战役前夕,国民党军总参谋长顾祝同到徐州主持军事会议。会上,黄伯韬、邱清泉、李弥、孙元良、冯治安等都说防区当面发现共产党军队重兵集结,顾祝同当即决定:放弃海州、连云港,固守徐州,集结兵力于津浦路徐蚌段进行攻势防御。11月5日,国民党军第四十四军从海州西撤新安镇(今新沂市),此时华野主力尚集结于临沂地区,如果依原计划于8日发起战役,黄伯韬兵团必将逃入徐州。粟裕当机立断,将淮海战役发起时间提前

---

① 《毛泽东军事文集》第5卷,军事科学出版社、中央文献出版社1993年版,第161—162页、第230—231页。

② 同上书,第184页。

两天,改为 11 月 6 日晚,一边上报中央军委及陈邓,同时下达命令部队立即执行。正是这个"提前两天",才把黄伯韬兵团截断于苏北新安镇至辗庄地区。11 月 7 日中央军委复电"完全同意",并指示:"在此方针下,由你们机断专行,不要事事请示。"①后来粟裕回忆说:"如果再晚四个小时,让黄伯韬窜入徐州,那仗就不好打了。"②

与华野神速出兵的同时,是何基沣、张克侠的临阵起义。何、张二人系冯玉祥旧部原西北军第二十九军,抗日战争时期曾在喜峰口、卢沟桥与日寇浴血抗战,军队原本就保留了相当的民族革命传统,何于 1939 年秘密加入中国共产党,二人都是中共中央直接联络与掌握的中共党员。此时虽被蒋介石推向"剿共"前线,担任徐州"剿总"第三绥靖区副司令官,驻守徐州东北贾汪、台儿庄地区,但早已对蒋之内战不满。经过积极紧张的策划,何、张冲破蒋介石特务的监视与反动将官的阻挠,毅然于 11 月 8 日凌晨率部起义。参加起义者有 1 个军部及 3 个半师,共 2.3 万余人。何、张之起义,使国民党军徐州之东北大门洞开。

至淮海战役之第二阶段与第三阶段,主要战场便转移至安徽与河南地区去了。

2. 山东——淮海战役的大后方

《鲁南革命史》中有这样几段表述:

> 淮海战役中,鲁南人民全力以赴,积极支前,为战役的胜利作出了重要贡献。淮海战役战场辽阔,解放军参战部队人数众多,加上支前民工,前线人数达 150 万人,每天需粮食、马料 350 万至 500 万斤,战役中调运粮食达 9.6 亿斤,运输弹药 1460 万斤,动用民工 543 万人。支援前线的地区除鲁中南区为临战区外,其余都远离战场,因此,鲁中南区承担了最为繁重的支前任务。

> 为了加强对支前工作的领导,1948 年 9 月,鲁中南区党政军机关分为前、后方两个指挥部。后方指挥部负责日常工作和组织解放区各方面力量支前,前方指挥部则直接跟随主力行动,指挥协调支前队伍的

①《毛泽东军事文集》第 5 卷,军事科学出版社、中央文献出版社 1993 年版,第 177 页。
②张光彩编著:《开国第一将粟裕》,中共党史出版社 2007 年版,第 201 页。

活动。后方由高克亭主持区党委工作,李乐平主持行署工作,钱钧主持军区工作……在前方,成立了鲁中南区支前委员会兼山东省支前委员会前方办事处委员会,由区党委第一副书记傅秋涛任主任,周骏鸣任副主任,张劲夫、程照轩、张雨帆、魏思文等为委员。同时,各地委均设立支前司令部,县设立支前指挥部,区设立支前站,村设立支前委员会。

1948年11月4日,华东局在临沂正式成立了统一的最高支前领导机构——华东支前委员会……傅秋涛任主任,梁竹航任秘书长,张雨帆任政治部部长,魏思文任人力部部长,行署第一副主任张劲夫任粮食部部长……

鲁南地区处在淮海战场的前沿,在支前中,除鲁南部队直接配合主力部队作战外,鲁南人民还在"一切为了前线胜利"的口号鼓舞下,动员组织起各方面的力量,组成了浩浩荡荡的支前大军,建立了有组织的支前体系,以极大的热情全力支前、全面支前和全程支前。

战役一开始,华东野战军大部及支前的几十万民工由鲁南开赴前线,地处沂河西岸的鲁中南五地区有25万人的队伍过境,每天需准备粮食76万斤。当时,该区有三分之一的县遭受水灾,但仍然克服种种困难,完成了3000多万斤的筹粮任务……

山东人民支援前线主要工具独轮车

莒南县 400 辆小车运粮队，运送 11 万斤面粉上前线，在随身所带干粮吃完后的两天一夜中，饿着肚子将面粉如数送到部队。

运输队员李荣祥，随身带的地瓜叶窝头吃光了，就啃咸菜喝白开水充饥，后来竟饿昏过去，醒来后，面对送往前线的满车熟食不舍得吃，啃了几口咸菜，喝了几口开水，又奔走在支前路上。

淮海战役期间，鲁中南区供应前线的柴草达 4153 万斤。为了给部队筹集柴草，郯城县许多群众主动将刚苫到房上的谷草也拿下来支援了部队。

淮海战役期间，鲁中南区妇女共做军鞋 100 万双、军袜 116 万双、军衣 20 万套、棉被 1.6 万床、面袋 20 万条。

华东野战军司令员兼政治委员陈毅对于人民群众的支援给予了崇高的评价。他说："淮海战役的胜利，是山东人民用小车推出来的。"①

陈毅元帅还在《记淮海前线见闻》诗中写道：

> 几十万，民工走不通。
> 骏马高车送粮食，
> 随军旋转逐西东。
> 前线争立功。
>
> 担架队，几夜不曾睡。
> 稳步轻行问伤病：
> 同志带花最高贵，
> 疼痛可减退？②

附：粟裕简介

粟裕（1907—1984），湖南会同人。中国人民解放军将领，无产阶级革

---

①参见中共枣庄市委党史研究室编著：《鲁南革命史》，山东人民出版社 1998 年版，第594—601页。

②袁德金编著：《陈毅元帅画传》，四川人民出版社 2007 年版，第 167 页。

命家、军事家。1926年加入中国共产主义青年团,1927年转入中国共产党,参加了南昌起义和湘南起义。土地革命战争时期,任中国工农红军第十二军连长、营长、支队长,第六十四师师长,红四军参谋长,红一军团教导师政治委员,红十一军参谋长,红七军团参谋长,红十军团参谋长,红军北上抗日先遣队参谋长,挺进师师长,闽浙军区司令员。坚持了南方三年游击战争。抗日战争时期,任新四军第二支队副司令员,新四军江南、苏北指挥部副指挥,新四军第一师师长兼政治委员,苏中军区、苏浙军区司令员兼政治委员。解放战争时期,任华中军区副司令员,华中野战军司令员,华东野战军副司令员、代司令员,第三野战军副司令员,华东军政委员会副主席。中华人民共和国成立后,任中国人民解放军副总参谋长、总参谋长,国防部副部长,军事科学院副院长、第一政治委员,中共中央军委常委。1955年被授予大将军衔。

参考文献

《二十五史》，中华书局标点本。

《中国兵书集成》，解放军出版社、辽沈书社，1987—1992年。

《孙子集成》，齐鲁书社1993年版。

《十三经注疏》，中华书局1980年版。

《春秋经传集解》，上海古籍出版社1988年版。

《国语》，上海古籍出版社1988年版。

《战国策》，上海古籍出版社1985年版。

《资治通鉴》，中华书局1956年版。

谢祥皓：《中国兵学》，山东人民出版社1998年版。

谢祥皓主编：《孙子志》，山东人民出版社2009年版。

《山东省志·大事记》上册，山东人民出版社2000年版。

《山东省志·军事志》，山东人民出版社1996年版。

《山东省志书大全·市志部》2005年电子版：《济南市志》、《枣庄市志》、《烟台市志》、《济宁市志》、《临沂地区志》、《菏泽地区志》、《聊城地区志》、《莱芜市志》、《威海市志》。

中共枣庄市委党史研究室编著：《鲁南革命史》，山东人民出版社1998年版。

刘春明编著：《五三祭》，济南出版社2007年版。

《毛泽东军事文集》第2、3、4、5卷，军事科学出版社、中央文献出版社1993年版。

王伟编著：《罗荣桓元帅画传》，四川人民出版社2007年版。

袁德金编著:《陈毅元帅画传》,四川人民出版社 2007 年版。

刘伯承:《刘伯承用兵战例精选》,当代中国出版社 2006 年版。

张光彩编著:《开国第一将粟裕》,中共党史出版社 2007 年版。

张亚铎等:《一代名将许世友》,解放军文艺出版社 2005 年版。

《老干部之家》,2005 年第 5、6 期,2007 年第 6、7、8 期。

另外,本书还参考了台儿庄战役纪念馆、莱芜战役纪念馆、孟良崮战役纪念馆、济南战役纪念馆以及沂南县青驼寺红嫂纪念馆、马牧池乡王换于纪念馆等解说资料。

后　记

　　《山东军事史》是由韩寓群同志任主编,由山东师范大学地方史研究所组织编写的《山东地方史文库》专史系列中的一部。

　　书稿即将付印之际,不能忘记对本书提供帮助、作出贡献的人们。书稿撰写的基础,一是资料的提供,特别是近现代史料的提供,一是古战场遗迹遗存的考察,只有这两项做好充足的准备,才具有了进行写作的前提。

　　近现代史料,主要得益于山东省地方史志办公室的协助。早期提供志书资料者主要有孙其海副主任、王福航处长,后期则有张敬忠副主任、薛允锋处长。各地、市志书,均以真实、严谨为基本要求,所以,此类资料,均为本书写作的主要依据。

　　古战场考察,最集中的地区是当年战争最激烈、最典型的枣庄市与临沂市。在朱亚非教授与山东省政府蒿峰秘书长的精心安排下,枣庄市政府调研室田主任、孟主任、于主任,台儿庄区张区长,及山亭区政府办公室的同志,全力配合,凡需考察之处完全开放,并有专人陪同。山亭区政府还特地提供了山亭区的区志及《鲁南革命史》,并且细心地标出了相关的章节,可谓关心备至。在临沂市,政府调研室伏胜东主任安排王科长全程陪同,从临沂,到沂南,到蒙阴,银雀山汉墓竹简博物馆,华东烈士陵园,前河湾新四军军部,青驼寺红嫂纪念馆,马牧池乡王换于纪念馆,孟良崮战役纪念馆,莱芜战役纪念馆等,都提供了大量珍贵资料,成为本书中最真实、最亲切、最亮丽的篇章。在马牧池乡东辛庄,已95岁高龄的沂蒙红嫂张淑贞老人,不顾年高体弱,亲自热情接待,饱含深情地讲述一桩桩感人肺腑的往事。难忘之情景至今犹历历在目。

另外,以回顾战争年代革命史迹为主要内容的《老干部之家》所刊柴召芹等同志的采访实录,也成为本书的重要感性资料。

对此,谨深表谢忱。

在撰写过程中,我的家人张萍同志承担了全部书稿的录入工作,谢军则在电脑处理方面提供帮助,均为本书竭尽心力。

本书的撰写分工:古代部分的第一章至第七章,谢德撰写;近现代部分的第八章至第十一章,谢祥皓撰写。

作者

2010 年 4 月

图书在版编目(CIP)数据

山东军事史 / 谢德,谢祥皓著 . —济南:山东人民
出版社,2011.10
(山东地方史文库 . 第二辑)
ISBN 978-7-209-05642-7

Ⅰ.①山… Ⅱ.①谢… ②谢… Ⅲ.①军事史—
山东省 Ⅳ.①E289.52

中国版本图书馆 CIP 数据核字(2011)第 008884 号

责任编辑:王海玲
封面设计:蔡立国

山东军事史

谢 德 谢祥皓 著
———————————————————————————
山东出版集团
山东人民出版社出版发行

社 址:济南市经九路胜利大街 39 号 邮 编:250001
网 址:http://www.sd – book.com.cn
发行部:(0531)82098027 82098028
新华书店经销
山东临沂新华印刷物流集团有限责任公司印装

规 格 16 开(169mm ×239mm)
印 张 37.5
字 数 570 千字 插 页 10
版 次 2011 年 10 月第 1 版
印 次 2011 年 10 月第 1 次
ISBN 978-7-209-05642-7
定 价 162.00 元
———————————————————————————
如有印装质量问题,请与印刷单位联系调换。电话:(0539)2925659